¡Un paso más!

An Intermediate Spanish Course

GENE S. KUPFERSCHMID

THALIA DORWICK

McGRAW-HILL PUBLISHING COMPANY

New York   St. Louis   San Francisco   Auckland   Bogotá   Caracas   Hamburg
Lisbon   London   Madrid   Mexico   Milan   Montreal   New Delhi
Oklahoma City   Paris   San Juan   São Paulo   Singapore   Sydney   Tokyo   Toronto

This is an EBI book.

¡Un paso más!
An Intermediate Spanish Course

Copyright © 1990 by McGraw-Hill, Inc. All rights reserved. Printed in the United States of America. Except as permitted under the United States Copyright Act of 1976, no part of this publication may be reproduced or distributed in any form or by any means, or stored in a database or retrieval system, without the prior written permission of the publisher.

1 2 3 4 5 6 7 8 9 0 DOH DOH 9 5 4 3 2 1 0

ISBN 0-07-557641-4

This book was set in 10/12 Zapf Book Light by Jonathan Peck Typographers.
The project editor was Stacey C. Sawyer;
the production supervisor was Pattie Myers;
the text designer was Michael Yazzolino;
the copyeditors were Pamela Evans and Toni Murray;
the illustrators were Melle Katz and George Ulrich/H. K. Portfolio, Inc.;
the photo researcher was Judy Mason;
the cover designer was Michael Yazzolino;
the color section designer was Rick Chafian.
R. R. Donnelley & Sons, Co. was printer and binder.

Cover illustration: Hotel de los Arcos, Taxco, Mexico;
photo by Hugh Rogers/Monkmeyer

Library of Congress Cataloging-in-Publication Data

Kupferschmid, Gene S.
    ¡Un paso más!: an intermediate Spanish course / Gene S. Kupferschmid,
Thalia Dorwick.
        p.   cm.
    English and Spanish.
    1. Spanish language—Textbooks for foreign speakers—English.
2. Spanish language—Grammar—1950-   I. Dorwick, Thalia, 1944-
II. Title.
PC4128.K8   1990   90-30298
468.2'421—dc20   CIP

Contents

CAPÍTULO 9   Los vicios   197

UNIDAD IV   Las relaciones humanas   217

CAPÍTULO 10   La niñez y la adolescencia   218

CAPÍTULO 11   ¿El regalo, símbolo del amor?   239

UNIDAD VII   La comunicación   415

CAPÍTULO 19   Aquí se habla inglés y español   416

CAPÍTULO 20   Palabras en la pared y palabras al viento   439

CAPÍTULO 21   Lengua y literatura   458

Preface

¡Un paso más! An Intermediate Spanish Course is part of a three-component intermediate Spanish program consisting of this grammar review text, a combination workbook/laboratory manual, and the reader *¡A leer! Un paso más: Reading Strategies and Conversation*. Instructors can choose from these three components to create a course to fit their own approach. The grammar review, with its abundant readings, provides sufficient material for the average intermediate course. When more focus on reading is desired, the grammar review should be used in conjunction with the reader.

As a self-contained grammar review, *¡Un paso más!* has been designed to help students develop communicative proficiency in the four language skills of listening, speaking, reading, and writing, as well as in the area of cultural awareness. Particular emphasis is placed on the development of reading skills through the use of authentic materials, which also reveal the cultural vitality and variety of the contemporary Spanish-speaking world.

As a grammar text, *¡Un paso más!* reviews, then builds on, the average second-year student's knowledge of vocabulary, forms, and structures. Emphasis is given to what students can *do* with the grammar they are studying; most exercises and activities require students to process meaning as well as generate forms. The basic functions of description, narration, and expressing opinion inform exercises and activities throughout the text.

Light and lively in content, tone, and style, *¡Un paso más!* is neither overwhelming nor too rigorous for the average intermediate student. It is equally appropriate for students in a terminal second-year review course as well as for those who plan to continue their study of Spanish. Designed as a second-year follow-up to *Puntos de partida: An Invitation to Spanish* (McGraw-Hill, 1989), it may be used successfully after many other first-year texts as well.

DISTINGUISHING FEATURES

¡Un paso más! includes a number of distinguishing features:

- **Authentic readings and realia.** These pieces come from a wide range of newspapers, magazines, and books published in countries throughout the Spanish-speaking world. In keeping with the emphasis on authenticity, no reading material or realia is a translation, nor has it been adapted, simplified, or standardized in any way. Some reading selections appear in their entirety, whereas others have been excerpted for reasons of interest or length. Some readings are serious, some are humorous, others are polemic. We hope all will give students a view of the cultural, social, and political concerns that are being pondered, discussed, viewed with pride or dismay, and sometimes laughed about in the Spanish-speaking world. Like the world it presents, *¡Un paso más!* is a book of multiple hues and textures.

- **Reading-determined chapter content.** The chapter structure, sequence, grammar content, and vocabulary of *¡Un paso más!* are determined by the reading selections. Rather than being molded to conform to a predetermined model, vocabulary and linguistic structures are suggested by the readings within each chapter, and many exercises are based on the content of the readings. Thus, there is a unified, natural flow throughout, from reading to vocabulary to structures to activities, resulting in constant reinforcement of vocabulary, grammar, and cultural awareness.

- **Spiraling.** Structures are presented in easily managed segments over several chapters and are reviewed throughout the book. For example, the imperfect is presented in Chapter 4, the preterite in Chapter 5, and some aspects of the preterite/imperfect contrast are then presented in Chapter 6. Further aspects of the preterite/imperfect contrast appear in later chapters, and review exercises and activities are inserted at appropriate points throughout the text. For example, before the presentation of the past subjunctive in Chapter 18, preterite forms are reviewed once again.

- **An emphasis on interactive and meaningful practice.** Very few of the activities in *¡Un paso más!* are purely mechanical. Even those activities that are relatively form-focused involve meaning in some way, either through choices students must make before generating forms or because the activity tells a story or has a meaningful sequence of some kind that can then be discussed. Another large group of activities are personalized or opinion-based, with students using the activity format to express their thoughts about the topic at hand. Finally, interactive practice is also emphasized, with an abundance of partner/pair and group activities.

- **Rich cultural content.** The authentic reading selections—written by native speakers of Spanish for native speakers—reflect the attitudes, ideas, concerns, customs, and humor of the Spanish-speaking people as they themselves respond to them, not as interpreted by others, thus setting the tone for the entire text. The cultural richness of the text is further enhanced by the culture-based context of many of the activities, the photographs and realia that illustrate many facets of the text's content, the **¡Es así!** cultural notes, and the color-photograph insert (coordinated with the eight unit topics).

ORGANIZATION OF THE STUDENT TEXT

¡Un paso más! consists of a preliminary chapter followed by 24 regular chapters divided into eight thematically organized **Unidades**. Because intermediate students often have had widely different language-learning experiences and/or need some review after a summer or a term break away from the study of Spanish, the purpose of the **Capítulo preliminar** is to provide both a vehicle for the review of basics as well as to give class members the chance to get to know one another.

The preliminary chapter and the regular chapters do not follow a rigid chapter format. Instead, they are made up of reoccurring "building blocks" (signaled by a square in the text's design) that can occur in any logical sequence. Thus, each chapter contains readings (with accompanying pre- and post-reading activities), vocabulary building, grammar presentations with accompanying practice activities, word study sections, recombination activities, and writing activities. The content is predictable, but the sequence of the presentation varies.*

---

*Instructors familiar with the chapter structure of *Puntos de partida* will find the same types of sections in *¡Un paso más!*, but with different names. Of course, the emphasis given to sections (and thus to different kinds of language learning and experiences) is different in the two texts. The *Puntos de partida* emphasis on vocabulary acquisition (especially in the early chapters) has as its analogue in *¡Un paso más!* the emphasis on reading authentic and author-written materials as an important part of the language-learning process.

The following building blocks make up each chapter of *¡Un paso más!*.*

- **Comentarios de hoy.** The varying textures of *¡Un paso más!* can be seen most readily in **Comentarios de hoy**, the reading selections. Among them are self-tests from popular magazines, an interview with a Spanish rock star, an advertisement for **Renfe** (the Spanish railroad system), a poem by Pablo Neruda, a movie review, excerpts from a novella, a short story, and articles from newspapers, popular magazines, a scholarly journal, and an almanac.

  All readings are made accessible by giving students the preparation, strategies, and support necessary for reading with ease, an appropriate level of comprehension, and enjoyment. Thus, each reading selection is preceded by **Antes de leer**, material that prepares students for the content of the selection in some way. Included are basic reading strategies, background information necessary to comprehend the reading, and clues about content that will help students read with greater ease and increased comprehension.

  Each selection is followed by one or more **Comprensión de la lectura** that often ask students to make inferences about what they have read. It is always assumed that students' productive skills are not as well developed as their receptive skills. Thus, most comprehension activities are relatively guided, providing students with the structure within which to demonstrate comprehension without "getting in over their heads" linguistically. Comprehension activities never demand that students understand the reading word for word. If students can do the comprehension activities, they have understood enough of the reading's content.

- **En otras palabras...** New active vocabulary is presented in these sections, which often precede reading selections but may occur at other appropriate points in the chapter. The format for presenting vocabulary in these sections is varied: drawings, brief narrations, and an occasional bilingual list. Active vocabulary is always indicated in the presentation with boldface type. Most active vocabulary practice and additional vocabulary building activities are found in the *Cuaderno* portion of the student workbook/laboratory manual that is a component of the *¡Un paso más!* program.

- **Lengua y estructuras.** These sections present the structures that form the grammar core of the text. As previously noted, these structures spin off from the readings and are spiraled through the text in a logical and sequential fashion. Whenever possible, examples are taken directly from the reading selections to enhance comprehension and to create a contextual framework for the study of grammar. Points that have been studied in the first year or earlier in the book are always reviewed before the new material is presented, and those that are expanded reflect realistic expectations for students in an intermediate course.

- **¡Es así!** These culture notes often reinforce the content of the reading selections, referring to information mentioned in them. The placement of the cultural notes, however, is particularly flexible. They appear wherever the information is most relevant to students. The culture notes deal with a broad range of topics: history, geography, political events, and the arts, as well as social customs and current linguistic usage.

- **Un paso más hacia la comunicación.** Appearing in the first twelve chapters of the text, these sections present functional vocabulary and phrases for use in conversation: asking for information, interacting with others, and so on.

*Unidad VIII departs from the format of other units in that it contains only readings and reading-related activities (comprehension activities, vocabulary study, and so on). No new grammar structures are introduced. The corresponding chapters of the *Cuaderno* present a systematic review of the grammar points presented in the preceding seven units.

Follow-up activities encourage students to practice this language in real-life situations.

- **Palabras problemáticas.** This supplementary vocabulary section focuses on vocabulary items that traditionally present difficulties for English-speaking students of Spanish: various ways to express *to work*, *to play*, *because*, and so on.

- **De todo un poco.** Occurring at the end of each chapter, the activities in these sections combine the linguistic, cultural, and communicative contexts of the present chapter with those of previous chapters. Each **De todo un poco** section also contains a focused writing activity, called **Con sus propias palabras**. The writing activities often spin off from or are coordinated with the content or the format of the cultural readings. Beginning with a realia form to be completed in Chapter 1, the writing tasks increase in difficulty as students' competence increases.

Finally, within each building block of the chapter, the basic organizer of practice materials is the **Actividad**. Within the wide variety of activities that characterizes *¡Un paso más!*, care has been taken to ensure that activity types are appropriately matched with chapter content. Thus, chapters about "lighter" topics that students readily discuss will have more emphasis on interactive communication. The actvities in chapters with "heavier" themes will provide language experiences that rely less on conversation between students. As previously discussed, all activities involve meaning, personalization, or working with others in Spanish.

All activities have been carefully designed to provide extensive speaking practice and to challenge students, while maintaining a realistic awareness of the productive abilities of the average intermediate student. Never are students simply asked to "discuss" a given topic; suggestions and structures are always provided.

In early chapters, only simple direction lines are given in Spanish, taking into account the fact that not all first year instructors stress the use of Spanish in the classroom. Direction lines ease gradually into the complete use of Spanish by Chapter 7, where command forms are first reviewed.

¡UN PASO MÁS! AND DEVELOPING LANGUAGE PROFICIENCY

Following the philosophy of **Puntos de partida**, the authors of *¡Un paso más!* feel that students' class time is best spent in using Spanish: listening to and speaking with the instructor and one another. Activities in the program have been designed to help students develop proficiency in Spanish rather than simply display their grammatical knowledge. When self-expression and creative language use are goals of the classroom, an optimal language-learning situation is created, one that will prepare students to function in Spanish outside of the classroom.

The following features of *¡Un paso más!* make it an appropriate text to use for developing language proficiency in the intermediate classroom.

- Emphasis on the use of authentic materials of all kinds

- Emphasis on personalized and creative use of language to perform various functions or achieve various goals

- Abundance of partner/pair and small-group activities in which students use Spanish to exchange real information ("information gap" activities)

- Careful attention to skills development rather than exclusive attention to knowledge of grammar

- Cyclical organization in which vocabulary, grammar, and language functions are consistently reviewed and re-entered

- Content that aims to raise student awareness of the interaction of language, culture, and society

Instructors should note in particular an emphasis on the following functions, appropriate for the intermediate level, in the activities that form the text's practice materials: asking and answering questions, surviving in simple and complex situations, describing (present, past, future), narrating (present, past, future), expressing and supporting opinions, and hypothesizing.

SUPPLEMENTARY MATERIALS

The effectiveness of *¡Un paso más!* will be enhanced by adding any of the following components:

Cuaderno/Manual de laboratorio

The combination workbook/lab manual (Gene S. Kupferschmid) is coordinated with the chapter format of *¡Un paso más!*. The workbook section provides vocabulary and grammar practice through a wide variety of controlled and open-ended activities. Drawings and realia form the basis of many of these activities. Innovative writing skills sections introduce students to principles of good writing and provide the basis for composition assignments.

The laboratory portion of the *Cuaderno* emphasizes the development of listening comprehension through a wide range of activities, including interviews, narrative passages, and dialogues. Focused speaking practice activities are also provided for the grammar and vocabulary of the grammar review.

A tapescript to accompany *¡Un paso más!* is also available. Cassette tapes are free to adopting institutions and are also made available for student purchase on request. Reel-to-reel tapes are available for copying.

¡A leer! Un paso más: Reading Strategies and Conversation

¡A leer! (Hildebrando Villarreal, Gene S. Kupferschmid) is a reader that focuses on strategies for developing reading skills through the use of authentic materials. The content and titles of the eight units of the reader correspond to the eight **Unidades** of *¡Un paso más!*, providing a broad range of reading materials. Speaking skills are developed in **¡A conversar!** sections that offer lively interactive activities such as role-plays, structured round-table discussions, focused debates, problem-solving situations, and interviews. As in *¡Un paso más!*, there are also **Con sus propias palabras** sections in each chapter to help students develop writing skills.

Instructor's Manual

The *Instructor's Manual* (Gene S. Kupferschmid) to accompany *¡Un paso más!* offers general guidelines for using the materials, teaching and lesson planning suggestions, specific suggestions for using the materials in each chapter (including supplementary activities, variations on activities in the student text, and follow-up to existing activities), and an answer key for some of the text's activities.

Instructor's Resource Kit

This package of supplementary materials, coordinated with chapters of the student text, includes transparency masters of text visuals and realia, along with optional realia and supplementary activities. Included with the kit is a set of slides (one per adopting institution) from various parts of the Spanish-speaking world, with activities for classroom use.

MHELT (McGraw-Hill Electronic Language Tutor)

This CAI program for IBM-PC,™ Apple IIe and IIc, and Apple Macintosh™ computers includes most of the more controlled activities from the student text. It is available free to adopting institutions.

ACKNOWLEDGMENTS

The publishers would like to thank the following instructors from across the country who provided invaluable feedback and constructive criticism during the development of this text. The appearance of their names does not necessarily constitute an endorsement of the text or its methodology.

Philip Borley, Austin Community College

Pedro Bravo-Elizondo, Wichita State University

Bob Brown, University of Toledo

Danielle Comby, University of Texas

Steve S. Corbett, Texas Tech University

David W. Foster, Arizona State University

Michelle A. Fuerch, Ripon College

Frank González-Mena, Solano Community College

Leonora Guinazzo, Portland Community College

Donald C. Harris, Cañada College

Sam Hill, California State University, Sacramento

Steven Hutchinson, University of Wisconsin

Jane A. Johnson, University of Texas

Donna Reseigh Long, The Ohio State University

Kathleen N. March, University of Maine

Penny Nichols, University of Texas

Frank Nuessel, University of Louisville

David Quinn, University of Hawaii

Kay E. Raymond, University of Alabama

Bernardo Valdés, Iowa State University

Many other individuals deserve our thanks and appreciation for their help and support. Among them are the people who, in addition to the authors, read the manuscript to ensure its linguistic and cultural authenticity and pedagogical accuracy: Laura Chastain (El Salvador) and María José Ruiz Morcillo (España); and Blanca Urízar (Guatemala), who read the workbook.

Special thanks are also due to the following individuals: Dr. Joy Renjilian-Burgy (Wellesley College), for her useful comments on an earlier draft of parts of the manuscript; Dr. María Cantelli Dominicis (St. John's University), for insights shared with the authors during the early stages of work on the project; Elizabeth Lantz, for her help during the first stages of development; Dr. Bill VanPatten, whose ideas and materials provided direction to the authorial team, even when they did not do things exactly as he would have; Drs. Mary Lee Bretz and Trisha Dvorak, whose reading and conversation strategies sections in the **Pasajes** series readers were enlightening to the authors. We would also like to acknowledge the very special contribution of David Kupferschmid, whose photos appear in many of the chapters of *¡Un paso más!*.

Finally, we would like to thank our editorial and production team at McGraw-Hill for their patience in dealing with a complex manuscript and demanding authors: Stacey Sawyer, Jamie Brooks, Lorna Lo, Pattie Meyers. In particular, Heidi Clausen and Lesley Walsh assisted with details that no one sees but that are critical to the success of any book. Last but not least, special thanks to Eirik Børve and McGraw-Hill for their constant and continuing support of our efforts and for caring about quality as much as we do.

Pirámide y familia mayas, de Chichén Itzá, México
© *David Kupferschmid*

Unidad *I*
¿Cómo pasa Ud. su tiempo libre?

San José, Costa Rica © *David Kupferschmid*

Vídeo en España © *Robert Frerck/Odyssey*

Unidad II
Fuera de lo común

Gabriel García Márquez,
escritor colombiano
© *Peter Jordan/Gamma-Liaison*

En la onda en Madrid, España © *David Wells/Image Works*

Don Quijote y Sancho Panza, en Querétaro,
México © *David Kupferschmid*

l mercado de Guanajuato, México © *David Kupferschmid*

Unidad III
Vivir bien

Una comida al aire libre en España
© *Ulrike Welsch*

Un joven deportista de Puerto Rico
© *Stuart Cohen/Comstock*

Unidad IV
Las relaciones humanas

Un café en Buenos Aires, Argentina © *David Kupferschmid*

Abuelo y nieto, México © *David Kupferschmid*

Una boda mexicana
© *David Kupferschmid*

Avenida 9 de julio de Buenos Aires, Argentina
© *David Kupferschmid*

Unidad V
Nuestro mundo

En México, titulares referentes al
medio ambiente © *David Kupferschmid*

Guatemala: el lago Atitlán y los volcanes
Atitlán y Santiago © *David Kupferschmid*

Unidad VI
Ahora la universidad… ¿y después?

Una manifestación estudiantil en Venezuela © *Stuart Cohen/Comstock*

·INSTITUTOS DE INVESTIGACION CIENTIFICA ↗	·BIOMEDICAS ·QUIMICA ·CELE ↗
·INGENIERIA ·ARQUITECTURA ·ZONA DEPORTIVA ↗	·RECTORIA ·BIBLIOTECA CENTRAL ↗
·TIENDA UNAM ·ANTROPOLOGICAS ·CIENCIAS ←	·CENDI ·VETERINARIA ·MEDICINA →
·COMPUTO ·CONTADURIA ·TRABAJO SOCIAL ←	·ODONTOLOGIA ·HUMANIDADES ·PSICOLOGIA →
·CIENCIAS POLITICAS ·CENTRO CULTURAL ←	→

En la Universidad Nacional Autónoma de México
© *David Kupferschmid*

Estudiantes universitarios de Montevideo,
Uruguay © *Beryl Goldberg*

Un quiosco de Nueva York © *Stuart Cohen/Comstock*

La comunicación

Mural de mosaicos en San Francisco
© *J. Oetzel/Comstock*

Mural de Diego Rivera en Cuernavaca,
México © *David Kupferschmid*

Unidad VIII

Los Estados Unidos vistos por ojos hispanos

De Honduras a Miami
© Owen Franken

Llegada a Miami, Florida
© Chip & Rosa María Peterson

Una clase de inglés en España
© Robert Frerck/Odyssey

BERYL GOLDBERG

Estudiantes universitarios de Montevideo, Uruguay

■ COMENTARIOS DE HOY

¿Cómo es Ud.? ¿Cómo son sus compañeros de clase? Haga este cuestionario, contestando francamente cada uno de los puntos. Siga luego las indicaciones para saber más de su personalidad. Así va a conocerse° mucho mejor de lo que° se conoce ahora.

know yourself
de... than

Para conocernos mejor

1. ¿Cuál de estas cualidades prefieres en otras personas?
    a. la inteligencia = 5   b. la honradez° = 3   c. la sensibilidad° = 1
    honesty / sensitivity
2. ¿Qué problema social te molesta más?
    a. las desigualdades° sociales = 5   b. el hambre = 3   c. las drogas = 1
    inequalities
3. ¿A qué lugar te gustaría° viajar?
    a. a la India = 5   b. a Tahití = 3   c. a París = 1
    te... would you like
4. ¿Cuál de estos animales prefieres?
    a. el caballo = 5   b. el perro = 3   c. el pájaro = 1
5. ¿Qué le exiges a° un amigo?
    a. sinceridad = 5   b. compañerismo° = 3   c. lealtad° = 1
    le... do you demand of
    companionship / loyalty
6. ¿Cómo preferirías° pasar esta noche?
    a. en una fiesta o en una discoteca = 5   b. mirando la tele o leyendo = 1   c. cenando con un compañero (una compañera) = 3
    would you prefer
7. ¿Cómo preferirías pasar el fin de semana?
    a. con un grupo de extranjeros interesantes = 5   b. con un buen amigo = 3   c. solo/a = 1
8. Generalmente, ¿tiendes a° preocuparte por... ?
    a. todo lo que pasa bajo el sol = 1   b. absolutamente nada = 5   c. sólo las cosas importantes = 3
    tiendes... do you tend to

9. A la hora de tomar decisiones...
   a. ¿sabes en seguida° lo que quieres? = 5   b. ¿lo haces con
   calma? = 3   c. ¿les preguntas a otros lo que debes hacer? = 1   *en... inmediatamente*
10. Si dices una mentira, ¿lo haces para... ?
    a. ocultar algo = 3   b. impresionar a alguien = 5   c. no ofender a
    alguien = 1
11. ¿Te hacen llorar los libros o películas emotivos°?   *moving, touching*
    a. muy fácilmente = 1   b. a veces = 3   c. nunca = 5
12. Estás solo/a en casa y escuchas un ruido. ¿Qué es lo primero que piensas?
    Que hay...
    a. un fantasma° = 1   b. ladrones = 5   c. un gato = 3   *ghost*

Sume los puntos. La evaluación de su personalidad está en la página 10.

■ EN OTRAS PALABRAS...

Sus amigos

En su opinión, ¿cuáles son las cualidades de un buen amigo? Dé un
número del 1 al 5, según la importancia que cada cualidad tiene para
Ud. El 5 es de máxima importancia.

un buen carácter	1 2 3 4 5	
(la) **honradez**	1 2 3 4 5	honesty
(la) inteligencia	1 2 3 4 5	
(la) **lealtad**	1 2 3 4 5	loyalty
(la) **sensibilidad**	1 2 3 4 5	sensitivity
(el) **sentido común**	1 2 3 4 5	common sense
un buen sentido de humor	1 2 3 4 5	
un sentido de responsabilidad	1 2 3 4 5	
(la) sinceridad	1 2 3 4 5	

ACTIVIDAD 1. **¿Qué opinan Uds.?**

¿Qué cualidad recibió un 5 de la mayoría de la clase? ¿un 4? ¿un 3? ¿un 2?
¿1? ¿Están casi todos de acuerdo o hay gran diferencia de opiniones?

■ LENGUA Y ESTRUCTURAS

A. COGNATES

As you know, a great number of words in English and Spanish are similar
or identical in form and meaning. This is not surprising, because many
Spanish and English words come from the same Latin roots. Such words

are called *cognates* (**los cognados**). Think of them as "instant vocabulary" that is easily accessible without study, memorization, or checking meaning in the dictionary.

However, not all Spanish words that resemble English words have the same meaning. **Sensible** may look like *sensible*, but it means *sensitive* in Spanish. Fortunately, such false cognates are the exception rather than the rule. The majority of the adjectives listed in the following **En otras palabras...** section are cognates. You should be able to recognize the meaning of most of them.

EN OTRAS PALABRAS...

¿Cómo es Ud.?

¿Cuáles son sus principales características?

¿Es Ud....?

admirable	encantador(a) (*charming*)	misterioso/a
atractivo/a	fascinante	prudente
brillante	honrado/a	romántico/a
combativo/a	imaginativo/a	sincero/a
creativo/a	interesante	trabajador(a)
elegante	justo/a (*fair*)	valiente

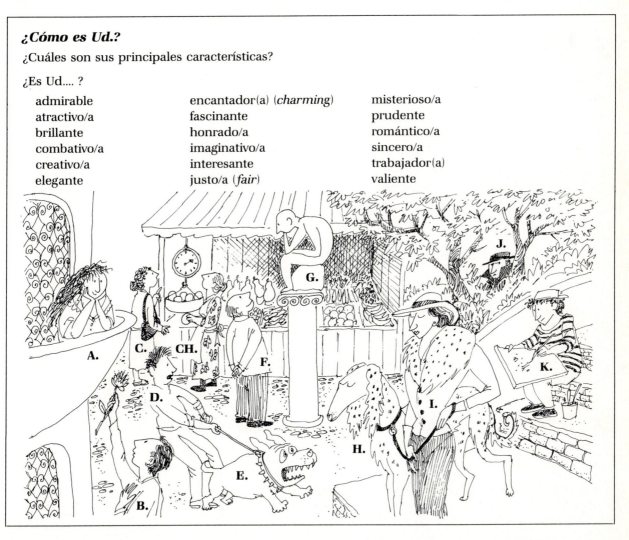

ACTIVIDAD 2. **Pensando en la gente**

When you look at the following words, what men and women of fiction, history, current events, or your own family and friends do you think of? After you have completed this activity, compare your responses with those of your classmates.

		HOMBRE	MUJER
1.	atractivo/a		
2.	brillante		
3.	combativo/a		
4.	creativo/a		
5.	elegante		
6.	fascinante		
7.	honrado/a		
8.	misterioso/a		
9.	romántico/a		
10.	trabajador(a)		
11.	valiente		
12.	¿____ ?		

ACTIVIDAD 3. **Estudio de palabras**

The following people possess certain qualities and look for the same in their friends. Tell what those qualities are by giving the noun that corresponds to the italicized adjective.

MODELO: Nosotros somos *inteligentes*. La *inteligencia* es una cualidad que admiramos en nuestros amigos.

1. Tomás es un joven *honrado*. Para él, la ____ es una cualidad indispensable.
2. Andrea es muy *sensible*. Prefiere tener amigos que comprendan su ____ .
3. Soy una persona *sincera*. La ____ es una cualidad que aprecio en mis amigos.
4. Tú eres *leal*. La ____ es importante para ti.

UN PASO MÁS HACIA LA COMUNICACIÓN

Finding a Partner

Activities with the title **Dime una cosa...** are designed to be done with a partner. But how do you find one? Here are some ways to ask someone to work with you.

¡Hola! ¿Quieres trabajar/hablar conmigo?	¡Sí, cómo no!
¿Te gustaría trabajar/ hablar conmigo?	¡Por supuesto! ¡Claro! ¡Bueno!
¿Por qué no trabajamos juntos/as?	Lo siento. Ya tengo compañero/a.

ACTIVIDAD 4. **Dime una cosa...**

Now that you have a partner, get acquainted by asking each other the following questions.

1. ¿Cómo te llamas?
2. ¿Dónde vives?
3. Según (*According to*) tu madre o tu padre (tu esposo/a), ¿cuáles son tus principales características?
4. Según tus amigos, ¿cuáles son tus características más predominantes?
5. Y en tu opinión, ¿cómo eres?
6. ¿Qué cualidades tienen tus amigos?

LENGUA Y ESTRUCTURAS

B. GENDER OF NOUNS; DEFINITE (*THE*) AND INDEFINITE (*A, AN*) ARTICLES

DEFINITE ARTICLES		INDEFINITE ARTICLES	
el amigo	**la** amiga	**un** amigo	**una** amiga
los amigos	**las** amigas	**unos** amigos	**unas** amigas

Most nouns that refer to males and those that end in **-o** are masculine; they take the definite article **el** when singular and **los** when plural. The corresponding indefinite articles are **un** and **unos**.

Most nouns that refer to females and those that end in **-a** are feminine; they take the definite article **la** when singular and **las** when plural. The corresponding indefinite articles are **una** and **unas**.

Note that **unos** and **unas** mean *some*.

¡Atención!

1. Many nouns ending in **-ma** are masculine.

   el proble**ma**, **el** progra**ma**, **el** siste**ma**

2. Certain frequently used nouns are exceptions to the **-o/-a** rules.

     el dí**a**, **la** man**o**, **la** fot**o** (la **foto**grafía), **la** radi**o**

3. Most nouns ending in **-z**, **-dad**, **-ud**, and **-ión** (**-ción**, **-sión**) are feminine.

     la honrade**z**, **la** sensibili**dad**, **la** actit**ud**, **la** diver**sión**

4. Some nouns ending in **-e** are masculine; others are feminine. Their gender must be learned on a case-by-case basis.

     la gent**e**, **el** desastr**e**

5. Feminine nouns that begin with a stressed **a** sound are used with the masculine article.

     el hambre (but *f.*),   **un h**ambre feroz, **el a**gua (but *f.*, **las** aguas)   **un a**gua clara

6. The words **la persona** and **el individuo** can refer to a man or woman.

     Humberto es **una persona** rara, ¿verdad?

   You will learn more about the gender of nouns in **Capítulo 1**.

ACTIVIDAD 5. **Las opiniones de Vicente**

Use singular or plural definite articles to complete Vicente's ideas about some of the topics you have been discussing.

- _____¹ cualidades que aprecio mucho en las personas son _____² inteligencia, _____³ honradez, _____⁴ sensibilidad y _____⁵ comprensión.
- _____⁶ problemas sociales que me inquietan son _____⁷ desigualdades sociales, _____⁸ hambre y _____⁹ drogas.
- Las cualidades que aprecio en mis amigos son _____¹⁰ sinceridad, _____¹¹ compañerismo y _____¹² lealtad.

ACTIVIDAD 6. **¡Somos amigos!**

Use singular or plural indefinite articles to complete Amalia's description of her friend Víctor.

Mi amigo Víctor tiene _____¹ cualidades admirables. Estudia mucho y es _____² buen estudiante. Tiene _____³ carácter agradable, _____⁴ buen sentido de humor y _____⁵ personalidad dinámica. ¿Y _____⁶ discusiones? Nunca las tenemos. Bueno, casi nunca. Hay solamente _____⁷ problema: Víctor es _____⁸ amigo leal y sensible, pero es solamente _____⁹ amigo. ¡Ya tiene novia y ella también es _____¹⁰ buena amiga mía!

C. GENDER AND NUMBER OF NOUNS AND ADJECTIVES

Adjectives agree in number with the nouns they modify; most adjectives also agree in gender. Adjectives ending in **-e** agree only in number.

The plural of nouns and adjectives ending in a vowel is formed by add-ing **-s**. The plural of nouns and adjectives ending in a consonant is formed by adding **-es**.

el problema grave	los problema**s** grave**s**
una persona sincera	unas persona**s** sincera**s**
el profesor español	los profesor**es** español**es**
una mujer encantadora	unas mujer**es** encantadora**s**

¡Atención!

La gente, la familia, and **el grupo** are singular nouns, used with singular adjectives.

la gente práctica   una familia grande   un grupo alegre

You will learn more about gender and number in **Capítulo 2**.

ACTIVIDAD 7.   ¿Cómo es? ¿Qué hace?

Use the plural form of the phrases in parentheses to tell about Susana, a typical university student.

Susana es una estudiante de primer año en esta universidad. Ella está muy contenta porque tiene (*un curso fascinante*),[1] (*un profesor interesante*)[2] y (*una compañera de cuarto simpática y encantadora*).[3] Es la primera vez que (*esta chica*)[4] viven en una residencia, así que la tentación de charlar, divertirse y comer pizza (*toda la noche*)[5] es muy grande. Pero ellas saben que tienen que prepararse para (*la clase difícil*)[6] del día siguiente.

Susana también es miembro del equipo de tenis de mujeres de la uni-versidad. El equipo tiene (*una jugadora excelente*),[7] pero Susana es una de (*la mejor jugadora*).[8]

(*El fin*)[9] de semana Susana y (*la otra chica*)[10] asisten a (*fiesta divertida*)[11] o van al cine para ver (*película extranjera*).[12] Si van a tener (*examen impor-tante*),[13] estudian.

CH. POSSESSIVE ADJECTIVES

mi amigo	**mis** amigo**s**
tu compañera de cuarto	**tus** compañera**s** de cuarto

In Spanish, possessive adjectives precede the nouns they modify and agree with them in number. Possessive adjectives always agree with what is pos-sessed, not with the possessor.

You will review additional possessive forms in **Capítulo 3**. For now, concentrate on using the **mi/tu** forms.

ACTIVIDAD 8. **Dime una cosa...**

Find a person with whom you have not yet spoken and ask him/her about the topics in the list, following the model.

MODELO: libros para este semestre: caros →
— ¿Son caros tus libros para este semestre?
— Sí, mis libros son muy caros. (No, mis libros no son caros este semestre.) ¿Y tus libros?
— Mis libros también son caros. (Mis libros no son caros. ¡Qué suerte!, ¿verdad?)

1. clases este semestre: interesantes, difíciles
2. profesores: dinámicos, exigentes (*demanding*)
3. compañero(s) o compañera(s) de cuarto: simpáticos/as, serios/as
4. cuarto en la residencia o en casa: bonito, grande

D. MORE ABOUT COGNATES

Many cognates ending in **-ista** function as both nouns and adjectives. The **-a** ending never changes, even to describe a male.

una chica ideal**ista**
Los idealistas quieren un
  mundo ideal.

un hombre real**ista**
Los realistas ven el mundo
  como es.

EN OTRAS PALABRAS...

¿Cómo es Ud.?
¿Cuáles son las palabras que lo/la describen?

¿Es Ud....?

atrevido/a (*daring*) o tímido/a
dinámico/a o tranquilo/a
enérgico/a o perezoso/a
optimista o pesimista
práctico/a o poco práctico/a
realista o idealista
reflexivo/a (*thoughtful*) o impulsivo/a
sensible o insensible

serio/a o divertido/a
simpático/a o antipático/a

¿Tiene...?

espíritu de aventura
mucha intuición
muchas fantasías

ACTIVIDAD 9.   ¡Firma aquí, por favor!

On a piece of paper, write five words or phrases that best describe you, leaving a space for signatures below each one. Then go around the room, asking classmates questions to find five people who share those same characteristics and qualities.

MODELO: dinámica →   *Miguel*
_____

—Miguel, ¿eres una persona dinámica?
—Pues... sí. Creo que soy muy dinámico.
—¡Firma aquí, por favor!

ACTIVIDAD 10.   Dime una cosa...

Get better acquainted with a classmate by describing yourself and asking the following questions. If you like, modify your answers with **siempre**, **a veces**, or **nunca**.

MODELOS: ser optimista/pesimista →
Siempre soy optimista. (Nunca soy pesimista.) Y tú, ¿eres optimista o pesimista?

preferir la gente optimista/pesimista →
—¿Prefieres la gente optimista o la gente pesimista?
—Yo prefiero la gente optimista. ¿Y tú?

1. ser dinámico/tranquilo
2. ser enérgico/perezoso
3. ser reflexivo/impulsivo
4. ser sensible/insensible
5. ser simpático/antipático

6. tener espíritu de aventura
7. tener mucha intuición
8. tener un gran sentido de humor
9. preferir la fantasía/la realidad
10. preferir la gente idealista/realista

COMENTARIOS DE HOY

¡Por fin! Aquí están los resultados de la prueba de las páginas 1–2. ¡A ver cómo salieron Uds.!

Los resultados

50 puntos o más: Tienes una personalidad extrovertida; te sientes a gusto° en compañía de otra gente y te aburres al estar solo/a. Tu fuerza° de carácter es notable. Eres una persona inteligente y práctica que provoca la admiración de todos. Te gusta competir y tienes cualidades de líder, pero también eres muy sensible y piensas mucho las cosas.

30 a 49 puntos: Eres una persona reflexiva y sensible que trabaja con prudencia e intuición. No eres extrovertido/a ni introvertido/a, sino° un poco de las dos cosas. Te sientes bastante bien con la gente. Eres una persona muy equilibrada. Tienes fuerza de carácter para concentrarte y controlar tus sentimientos.°

29 puntos o menos: En ti predominan la fantasía y el espíritu de aventura. Te guías por corazonadas.° Atraes° por tu simpatía y dinamismo. Pero no esperes que los demás° sean como tú porque no hay muchas personas con tus cualidades.

te... you feel comfortable
strength

but rather

feelings

Te... You follow hunches / You attract / los... others

¿Está Ud. de acuerdo con los resultados de la prueba? ¿Es acertada (*on target*) la descripción de su personalidad? Conteste, dando ejemplos cuando sea posible.

MODELO: Es verdad que soy una persona extrovertida, pero a veces me gusta estar solo...

LENGUA Y ESTRUCTURAS

E. THE PRESENT INDICATIVE

Regular Verbs

You will learn a great deal about verbs and how to use them throughout *Un paso más*. This section will help you review and use only the **yo/tú** forms, which will be useful for getting to know your classmates.

viajar (*to travel*)	**leer** (*to read*)	**vivir** (*to live*)
yo viaj**o**	le**o**	viv**o**
tú viaj**as**	le**es**	viv**es**

Stem-Changing Verbs

Some verbs have a change in the stem when the stress is on the stem. The endings are regular; only the stem changes form.

querer e → ie	encontrar o → ue	jugar u → ue*	pedir e → i
yo quiero tú quieres	encuentro encuentras	juego juegas	pido pides

Another verb that follows this pattern is **preferir (ie)**.

Verbs Irregular in First-Person Singular Only

caer	conocer	dar	hacer	poner	saber	salir	traer	ver
yo caigo tú caes	conozco conoces	doy das	hago haces	pongo pones	sé sabes	salgo sales	traigo traes	veo ves

Some Frequently Used Irregular Verbs

decir	estar	ir	oír	ser	tener	venir
yo digo tú dices	estoy estás	voy vas	oigo oyes	soy eres	tengo tienes	vengo vienes

¡Atención!

The verb **haber** has only one form in the present tense: **hay** (*there is* or *there are*).

ACTIVIDAD 11. **Autodescripción: En la clase de español**

Tell a bit about yourself, using **no** when necessary.

MODELO: estar en la clase de español →
(No) Estoy en la clase de español en este momento.

1. hablar bien el español
2. conocer a algunos compañeros de la clase
3. ser un genio
4. hacer muchas preguntas en esta clase
5. siempre traer mis libros a clase
6. decir «¡Caramba!» cuando (no) saber la respuesta
7. preferir hablar español en clase
8. poder dormir en esta clase
9. poner mis cosas donde debo ponerlas o dejarlas caer (*to drop them*)
10. tener _____ libros para la clase
11. jugar a los naipes (*cards*) en la clase
12. haber muchos/pocos exámenes en esta clase
13. querer más/menos exámenes.
14. ¿ _____ ?

*Jugar is the only verb that has a **u → ue** stem change.

ACTIVIDAD 12. **Dime una cosa...**

Find out more about a classmate by asking questions, according to the model.

MODELO: ir a clases los fines de semana →
—¿Vas a clases los fines de semana?
—No, no voy a clases los fines de semana. (Sí, tengo una clase los sábados.) ¿Y tú?

1. ser impulsivo/a
2. tener un gran sentido de humor
3. poner el chicle debajo de (*under*) las sillas
4. dar manzanas al profesor (a la profesora)
5. traer tu perro (gato) a la clase
6. siempre pedir más tiempo para terminar los exámenes
7. ir al laboratorio de lenguas frecuentemente
8. oír las cintas (*tapes*) en casa (en el coche)
9. encontrar a tus amigos en la biblioteca
10. ver a tus amigos en la cafetería
11. decir chistes (*jokes*) durante la clase
12. siempre venir a la clase
13. salir con frecuencia los fines de semana
14. ¿ _____ ?

F. ASKING QUESTIONS; INTERROGATIVES

There are several ways of asking questions in Spanish.

- One way is simply to make a statement in a questioning tone.

    Te gusta viajar.   ¿Te gusta viajar?

When the subject is included in the question, it follows the verb.

    Arturo viaja a México.   ¿Viaja Arturo a México?

- Statements can also be turned into questions by adding a "tag" at the end.

    Tú sales para España hoy, **¿no es cierto?** También vas a Francia, **¿no?** Y vuelves en dos semanas, **¿verdad?**

- Questions can also begin with an interrogative word or expression.

¿cómo? *what? how?*
  ¿Cómo te llamas? ¿Cómo estás?
¿cuál? *which? what?*
  ¿Cuál es tu número de teléfono?
¿cuáles? *which?* (*pl.*)
  ¿Cuáles son tus preferencias?
¿cuándo? *when?*
  ¿Cuándo vas a casa?

¿cuánto/a? *how much?*
  ¿Cuánto es, por favor?
¿cuántos/as? *how many?*
  ¿Cuántas cintas hay para este libro?
¿dónde? *where?*
  ¿Dónde vives?
¿adónde? *where* (*to*)?
  ¿Adónde vas cuando tenemos vacaciones?
¿de dónde? *where* (*from*)?
  ¿De dónde eres?

¿por qué? *why?*
   ¿Por qué tienes prisa?
¿qué? *what?*
   ¿Qué hora es? ¿Qué quieres?

¿quién? *who?*
   ¿Quién es tu profesor(a) de español?
¿quiénes? *who?* (*pl.*)
   ¿Quiénes son tus amigos?
¿de quién? *whose?*
   ¿De quién son estos libros?

¡Atención!

1. Use **¿qué?** to mean *what?* when you are asking for a definition or an explanation.

   ¿Qué es una batidora?   **¿Qué** quieres decir con eso?
   ¿Qué significa la palabra «cachivache»?   **¿Qué** vas a hacer esta noche?

2. **¿Qué?** also expresses *what?* or *which?* when followed directly by a noun.

   ¿Qué coche vas a usar?   **¿Qué palabras** tenemos que aprender?

3. Use **¿cuál?** to express *what?* or *which?* in all other circumstances. A good rule of thumb is to use **¿cuál?** before forms of **ser** (except when asking for a definition or an explanation).

   ¿Cuál es tu coche?   **¿Cuáles son** las palabras que tenemos que aprender?

ACTIVIDAD 13. ¿Cuál es la pregunta?

PACO: Hola, Anita. ¿_____¹?

ANITA: Muy bien, Paco. ¿Y tú?

PACO: Muy bien. Oye, ¿_____²?

ANITA: Nada especial. ¿_____³?

PACO: Pues, hay una película que quiero ver en el Cine Rex. ¿Puedes acompañarme?

ANITA: ¿_____⁴?

PACO: *Viridiana.*

ANITA: ¿*Viridiana?* ¿_____⁵?

PACO: Luis Buñuel.

ANITA: Ah sí, ahora la recuerdo. ¿_____⁶?

PACO: Silvia Pinal y Fernando Rey.

ANITA: Ella es una actriz mexicana, ¿_____⁷?

PACO: Sí, y él es español. Mira, puedo pasar por tu casa para buscarte. ¿_____⁸?

ANITA: Calle Medrano, 467. ¿_____⁹?

PACO: A ver. La película comienza a las 9:00. Si paso por ti a las 8:30, creo que tenemos tiempo suficiente.

ANITA: Muy bien. Y Paco, ¿_____¹⁰?

PACO: ¿Qué importa? ¡Yo te invito!

a. ¿Por qué me preguntas?
b. ¿Quiénes actúan en la película?
c. ¿Cuál es tu dirección?
ch. ¿Cuánto cuesta la entrada?
d. ¿Dónde vives?
e. ¿Cómo estás?
f. ¿no es cierto?
g. ¿Qué haces esta noche?
h. ¿Cómo se llama la película?
i. ¿A qué hora piensas pasar por mí?
j. ¿Quién es el director?
k. ¿verdad?

ACTIVIDAD 14. Dime una cosa...

Ask another classmate questions to elicit the following information.

MODELO: your address → ¿Cuál es tu dirección? (¿Dónde vives?)

1. your name
2. who your advisor (**consejero/a**) is
3. your major (**especialización**)
4. the other courses (**asignaturas**) you are taking this term (**este semestre/trimestre**)
5. your favorite class
6. the year you are going to graduate
7. your phone number
8. where you live
9. how many roommates you have
10. where you will go after this class

G. *GUSTAR*

Gustar and other verbs like it are used with a special construction in Spanish. Read the following examples carefully.

> *indirect object pronoun* + **gustar** in *third-person singular* + *infinitive*

Me gusta nadar.	*I like to swim. (Swimming pleases me.)*
¿**Te gusta** viajar?	*Do you like to travel? (Does traveling please you?)*

> *indirect object pronoun* + **gustar** in *third-person singular* + *singular noun*

> *indirect object pronoun* + **gustar** in *third-person plural* + *plural noun*

¿Te gus**ta** tu **trabajo**?	*Do you like your job? (Does your job please you?)*
Me gust**an** los **perros**.	*I like dogs. (Dogs please me.)*

¡Atención!

Spanish speakers often preface **me gusta** and **te gusta** with the phrases **a mí** and **a ti**, especially when they wish to emphasize a contrast: *A mí me gustan los perros, pero a ti te gustan los gatos*.

Other verbs that are used like **gustar** include the following:

importar	**Me importa** mucho mi trabajo.
to matter, to care	*My work matters to me. (I care about my work.)*
interesar	**¿Te interesan** los deportes?
to interest	*Do sports interest you? (Are you interested in sports?)*
molestar	**¿Te molesta** escuchar la música rock?
to bother, annoy	*Does it bother you to listen to rock music? (Does listening to rock music bother you?)*

As in previous sections of this chapter, you will concentrate on using forms useful for getting to know others. You will learn more about using verbs of this kind in later chapters.

ACTIVIDAD 15.   **Dime una cosa...**

Ask four classmates how they feel about the following subjects.

MODELO: **gustar**: viajar, los aviones →
—¿Te gusta viajar?
—Sí, me gusta (viajar).
—¿Te gustan los aviones?
—No, no me gustan (los aviones).

1. **gustar**:
   tus clases, tu compañero/a de cuarto, la comida de la cafetería, los deportes, los «mixers», esta universidad
2. **importar**:
   tus estudios, tu familia, las notas (*grades*), la inflación, tus amigos, la contaminación (*pollution*), las desigualdades sociales
3. **interesar**:
   la política internacional, los problemas de Centroamérica, tus clases, el feminismo, ser vegetariano/a
4. **molestar**:
   vivir en una residencia, ciertas cosas que hace tu compañero/a de cuarto, tener una clase a las 8:00 de la mañana, el ruido (*noise*) en la residencia, las llamadas telefónicas a las 3:00 de la mañana

UN PASO MÁS HACIA LA COMUNICACIÓN

Interacting Politely

Here are some common ways to meet and greet others and to interact with them politely in Spanish.

GREETINGS

Buenos días.   Buenas tardes.   Buenas noches.   ¡Hola!

¿Cómo está(s)?	*How are you?*
¿Qué tal? ⎫	*How are you?*
¿Cómo andas? ⎭	*How's everything? How are you doing?*

POLITE EXPRESSIONS

Por favor.   Gracias.   De nada.

INTRODUCTIONS

Me gustaría presentarte a... ⎫	*I would like to introduce you to...*
Me gustaría presentarlo/la a... ⎭	
Mucho gusto. ⎫	*Pleased to meet you.*
Encantado/a. ⎭	

EXCUSING ONESELF

¡Ay (¡Huy), perdón!	*Pardon me!, Excuse me!*
Con su/tu permiso.	*Excuse me.* (when leaving the table or a room)
¡Discúlpeme! (*formal*) ⎫	*Excuse me!*
¡Discúlpame! (*informal*) ⎭	

CONGRATULATIONS

¡Felicidades!   *Congratulations!*

FAREWELLS

Adiós.   Hasta luego.   Hasta mañana.

 # ¡ES ASÍ!

What strikes you as odd when a Spanish-speaking friend makes a date to meet you at the movies **a las 7:00 de la tarde**? You probably think of that hour as 7:00 in the evening, or 7:00 at night. In the Spanish-speaking world, however, **la tarde** extends from noon to suppertime. **La noche** begins after supper is eaten. And, as supper is often eaten as late as 9:00 or 10:00 P.M. in many Hispanic countries, **la tarde** can be very long!

ACTIVIDAD 16. Entre amigos

Which polite expression would you use in the following circumstances?
Select an appropriate one from the preceding list.

1. Ud. se encuentra en la calle con su amigo Miguel y le dice «_____,
    Miguel. ¿_____ ?».
2. Miguel lo/la invita a su fiesta de cumpleaños el sábado por la noche.
    Ud. le contesta «_____ por la invitación».
3. El sábado por la noche Ud. llega a la casa de Miguel con un regalo.
    Miguel abre la puerta y le dice «_____ , ¿_____ ?».
4. Ud. le da el regalo y él le dice «_____». Ud. contesta «_____ , Miguel».
5. Miguel pone el regalo en la mesa y le dice «_____ a mis padres». Ellos
    le dicen «_____» y Ud. responde «_____».
6. Estela, la hermana de Miguel, le dice «Ay, no puedo abrir esta botella
    de champán. ¿Puedes abrírmela, _____ ?».
7. Ud. contesta «¡Cómo no!». Saca el corcho (*cork*) y el champán salpica
    (*splashes*) el vestido de Estela. Ud. le dice «¡_____ !».

8.   Estela le contesta «¡Está bien! No es nada. Voy a limpiarme el vestido un poco y en seguida vuelvo.» Al salir (*As she leaves*) de la sala ella le dice «_____».

9.   Todos cantan la canción, Miguel sopla (*blows out*) las velas y Ud. y los otros invitados gritan «¡_____ !».

10.   Son las 2:00 de la mañana cuando los invitados se van por fin. Todos dicen «¡_____ !, Miguel» y «¡_____ !» a su familia.

DE TODO UN POCO

Actividad A.   **Las revistas del mundo hispánico**

Complete the following paragraph with the correct form of the words in parentheses as suggested by the context. When two words are offered, select the correct one.

El cuestionario que comienza este capítulo es de (*un/una*)[1] revista (*latino-americano*)[2]. En España y en los (*país*)[3] latinoamericanos, (*los/las*)[4] revistas son muy (*popular*)[5]. En (*los/las*)[6] quioscos° siempre hay (*un/una*)[7] selección muy grande. Algunas son (*traducción*)[8] o (*adaptación*)[9] de revistas norte-americanas como *Selecciones del Reader's Digest, Mecánica Popular, Ciencia y Tecnología, Buenhogar* o *Cosmopolitan.* (*Otro*)[10] son parecidas° a algunas revistas norteamericanas. Por ejemplo, *Visión* es como *Time* y *Geomundo* es como *National Geographic.* Hay revistas para mujeres con artículos sobre (*el/la*)[11] moda,° (*el/la*)[12] dieta, (*el/la*)[13] ejercicio físico y (*los/las*)[14] niños y (*mucho*)[15] páginas de recetas° de cocina. (*Los/Las*)[16] adolescentes y los niños tienen sus revistas, y hay otras dirigidas° especialmente a los hombres. Para (*el/la*)[17] gente a quien le (*interesar*)[18] (*los/las*)[19] computadoras, (*los/las*)[20] deportes, (*el/la*)[21] política o (*los/las*)[22] negocios, hay revistas (*especial*).[23] No sólo hay revistas que se dedican a los deportes, sino que° hay revistas que se especializan solamente en un deporte, como (*el/la*)[24] fútbol o (*el/la*)[25] ciclismo. Y en (*todo*)[26] los países hay revistas como *People*, porque a todo (*el/la*)[27] mundo le (*gustar*)[28] saber los chismes° de la gente (*famoso*).[29]

newsstands

similares

fashion

recipes

addressed

sino... but rather

gossip

What are the English names of these magazines?

1. *Ciencia y Tecnología*   2. *Mecánica Popular*   3. *Buenhogar*

Actividad B.   **La familia Álvarez**

The members of the Álvarez family listed in Column A have requested that you recommend a Spanish magazine that will interest them. Although not all the names in Column B may be familiar to you, guess their subject matter and select one for each person.

COLUMNA A

1. A la Sra. Álvarez le gusta saber lo que pasa en el mundo.
2. Su hijo Guillermo es un fanático del fútbol.
3. Al Sr. Álvarez le gusta hacer trabajos manuales en su tiempo libre.
4. Su hija Graciela quiere ser bioquímica.
5. A la tía Rosita le gusta cocinar.
6. Su hijo mayor, Andrés, tiene 24 años y es abogado.
7. El tío Bernardo no tiene mucho tiempo para leer. Por eso quiere una revista con lecturas condensadas de otras revistas.
8. Otra hija, Lidia, tiene 16 años y quiere saberlo absolutamente todo sobre las estrellas del cine y de la televisión.

COLUMNA B

a. *¡Gol!*
b. *Gente*
c. *Siete Días*
ch. *Buenhogar*
d. *Hombre de Mundo*
e. *Geomundo*
f. *Cosmopolitan*
g. *Visión*
h. *Ciencia y Tecnología*
i. *Mecánica Popular*
j. *Selecciones del Reader's Digest*

En este quiosco de Santiago, Chile, se venden periódicos y revistas de todo el mundo.

DAVID KUPFERSCHMID

ACTIVIDAD C. **Dime una cosa...**

Complete the following questions with the correct interrogative expression. Then use the questions to interview a classmate.

1. ¿_____ tipo de revista te gusta leer?
2. ¿_____ es tu revista preferida?
3. ¿_____ cuesta la revista?
4. ¿_____ te gusta la revista?
5. ¿_____ sale la revista, una vez por semana o una vez por mes?
6. ¿_____ compras la revista, en un quiosco o en el supermercado? ¿O tienes una suscripción?
7. ¿_____ se llaman las otras revistas que lees?

ACTIVIDAD CH.　**Dime una cosa...**

Get to know a classmate better by forming questions and exchanging the following information.

1. tu nombre　2. el lugar donde vives　3. tu característica positiva principal　4. tu defecto principal　5. tu actividad favorita　6. la materia que más te gusta　7. tus personas favoritas entre la gente que conoces　8. la persona que más admiras

ACTIVIDAD D.　**Con sus propias palabras**

In this preliminary chapter you have learned quite a bit about your classmates. But surely there are questions that haven't been asked yet! For this interview, write in Spanish six questions that you would like to ask a classmate. Then exchange your questions with a classmate and write a brief response to the questions you have received.

MODELO:　LA ENTREVISTA

1. ¿Qué música te gusta?

2. ¿Cuántas personas hay en tu familia?

LAS RESPUESTAS

Me gusta la música rock (clásica).

Hay ocho (personas en mi familia).

¿Cómo pasa Ud. su tiempo libre?

Cuando Ud. tiene tiempo libre, ¿qué hace para divertirse? ¿Le gusta vestirse elegantemente y asistir a algún espectáculo, por ejemplo, a la ópera o a un concierto? ¿Prefiere practicar algún deporte, bailar toda la noche, ir al cine o dedicar el tiempo a su pasatiempo (*hobby*) favorito? ¿O simplemente se quita los zapatos, se sienta en un sillón cómodo y se duerme mirando su programa favorito de televisión o escuchando la radio? En esta unidad vamos a explorar las varias posibilidades de disfrutar del ocio (*leisure time*).

CAPÍTULO
1

Los deportes

ROBERT FRERCK/ODYSSEY PRODUCTIONS

El windsurfing, en Málaga, España

ACTIVIDAD 1.   **Ud. y los deportes**

Los deportes son buenos para la salud, ayudan a aliviar la tensión y además ¡son divertidos! ¿Qué deportes practica Ud.? ¿Qué deportes le gusta mirar en la televisión? Complete el cuestionario; luego compare sus respuestas con las de sus compañeros de clase.

	ME GUSTA PRACTICAR	ME GUSTA MIRAR
el básquetbol (el baloncesto)	☐	☐
el béisbol	☐	☐
el ciclismo	☐	☐
el correr/las carreras (*racing*)	☐	☐
el esquí	☐	☐
el esquí nórdico	☐	☐
el golf	☐	☐
el hockey	☐	☐
el tenis	☐	☐
el vólibol	☐	☐

1. En esta clase, los deportes más populares para practicar son...

   a. _____   b. _____   c. _____

2. Los deportes preferidos para mirar en la televisión son...

   a. _____   b. _____   c. _____

■ EN OTRAS PALABRAS...

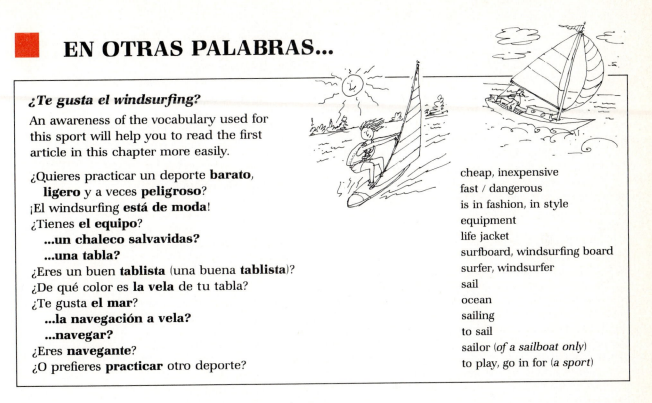

¿Te gusta el windsurfing?

An awareness of the vocabulary used for this sport will help you to read the first article in this chapter more easily.

¿Quieres practicar un deporte **barato**, **ligero** y a veces **peligroso**?	cheap, inexpensive fast / dangerous
¡El windsurfing **está de moda**!	is in fashion, in style
¿Tienes **el equipo**?	equipment
...un **chaleco salvavidas**?	life jacket
...una **tabla**?	surfboard, windsurfing board
¿Eres un buen **tablista** (una buena **tablista**)?	surfer, windsurfer
¿De qué color es **la vela** de tu tabla?	sail
¿Te gusta **el mar**?	ocean
...la **navegación a vela**?	sailing
...**navegar**?	to sail
¿Eres **navegante**?	sailor (*of a sailboat only*)
¿O prefieres **practicar** otro deporte?	to play, go in for (*a sport*)

■ COMENTARIOS DE HOY

Antes de leer

As you read the following article, you may come across unfamiliar words or structures. Don't look them up or stop reading. Simply continue reading in order to find information in these categories.

1. two explanations of the origins of windsurfing
2. the equipment needed for windsurfing
3. some advantages of windsurfing
4. some dangers of windsurfing
5. some details about the popularity of windsurfing in Spain

A toda vela°

A... *At full sail*

Es el más joven de los deportes náuticos y el que está de moda. El windsurfing, o tabla a vela, más que una diversión de verano se ha convertido° en un «boom» social, deportivo y comercial, algo que crece° cada día.

se... *has become*
is growing

Su nacimiento, sin embargo,° no puede ser más frío. O quizá, casual. Según el Tribunal° Supremo inglés, el windsurfing lo inventó hace unos 20 años° un niño, Peter Chilvers—inglés, naturalmente—mientras navegaba por un río sobre una tabla impulsada por las cortinas° de su abuela.

sin... however

Court / hace... about 20 years ago

curtains

Según otra versión no es más que el parto° de una computadora, el invento de dos ejecutivos norteamericanos, Hoyle Schweitzer y Jim Drake, que hace unos 10 años intentaron° una fórmula capaz de combinar los alicientes° del esquí con los bajos costos del surf, junto con° la autonomía de la navegación a vela.

brainchild

tried out / attractions
junto... together with

Con esos datos,° la computadora lo tuvo fácil: el windsurfing, o la simple instalación de un mástil° y una vela en una tabla de surf.

información

mast

Y así empezó todo, hasta hoy. El windsurfing retiene los fundamentos aerodinámicos de la navegación a vela generalmente reservada a bolsillos pudientes,° pero con equipo cómodo y barato. El navegante puede llevar, sin excesivo esfuerzo,° el yate bajo el brazo.°

bolsillos... wealthy pockets

effort
el... his yacht under his arm

«En España, desde hace unos 10 años en que llegó este deporte, ya hay unas cien escuelas de windsurfing, especialmente por la zona del Mediterráneo», declara Guillermo Poyán, secretario de la Federación de Vela.

Su apogeo° actual no es pequeño. Príncipes,° ejecutivos, obreros, estudiantes y amas de casa, una nueva marinería° intuitiva e incontrolada, cabalgan sobre las olas,° tratando de mantener el equilibrio en una tabla.

peak / Princes
group of sailors / cabalgan... ride the waves

Y tanta aventura cuesta poco. El precio de un equipo corriente° de windsurfing suele oscilar entre las 50.000 y las 250.000 pesetas,° incluyendo, con la tabla y la vela, un pantalón bermudas, botines de goma,° guantes y chaleco salvavidas.

average
about $430 to $2000 at 1989 exchange rates
botines... rubber boots

Ir bien equipado es un consejo práctico. Y empezar en frío puede ser fatal. La mayoría de los accidentes musculares—la tendinitis es el talón° de Aquiles de este deporte—se producen en el windsurfing por empezar a navegar sin precalentamiento.°

heel

warming up

El frío y el agotamiento° pueden hacer trágico el día de los aventurados° tablistas. Volcar° y golpearse° con el palo° de la vela o con la tabla puede ser mortal para el navegante porque puede ahogarse° tras un desmayo.° Las tablas también pueden ser peligrosas para los pacíficos bañistas.°

exhaustion / adventurous
Capsizing / hitting oneself / pole
drown / tras... after fainting
bathers

«Tanto entusiasmo por la tabla puede implicar riesgos° muy graves», declara la Cruz Roja del Mar. «De 1316 personas que salvamos de morir ahogadas° el año pasado, el 90 por ciento eran aficionados al windsurfing.»

risks
morir... death by drowning

Pese a todo,° el entusiasmo no decae.° Los fabricantes° de tablas esperan un crecimiento° del mercado para este año superior a un 40 por ciento, especialmente de tablas de espuma° de polietileno o fibra de vidrio° forrada° con poliéster, que son las más estandardizadas.

Pese... Despite everything / decline / manufacturers
growth
foam / fibra... fiberglass / lined

La tabla, alternativa absoluta como deporte de verano, se ha convertido también en otra opción para el ruidoso° motociclista. Sobre una montura° ligera y silenciosa, el baile sobre el agua puede satisfacer a los más exigentes° practicantes del deporte. Y hasta a los ecologistas. El windsurfing no contamina.

noisy / mount
demanding

ACTIVIDAD 2. **Hablando de la lectura**

As you can see, windsurfing has some positive aspects and some negative ones. Tell whether the following aspects of windsurfing are, in your opinion, **positivo** or **negativo**. If they are neither, answer with **no importa**.

El windsurfing...

1. está de moda
2. ofrece autonomía
3. es cómodo y barato
4. es el invento de un joven inglés o de dos ejecutivos norteamericanos
5. no hace ruido
6. no contamina
7. se practica en España por gente muy diversa

El windsurfing es popular porque...

8. el equipo no es complicado
9. se puede llevar la tabla y la vela sin mucho esfuerzo
10. hombres y mujeres pueden practicarlo
11. la gente rica y la gente que no tiene mucho dinero pueden practicarlo

Para practicar el windsurfing...

12. se necesita una tabla, una vela, botines de goma, guantes y un chaleco salvavidas
13. es necesario poder mantener el equilibrio en una tabla

Algunos peligros del windsurfing son los siguientes.

14. Puede producir problemas musculares.
15. La tabla puede golpear a los bañistas.
16. Es posible volcar y golpearse con el palo o con la tabla.
17. Se puede morir ahogado practicando este deporte.

EN OTRAS PALABRAS...

Para hablar más de los deportes

Algunas personas prefieren practicar...

el buceo

la equitación　　la esgrima　　el fútbol　　el fútbol norteamericano

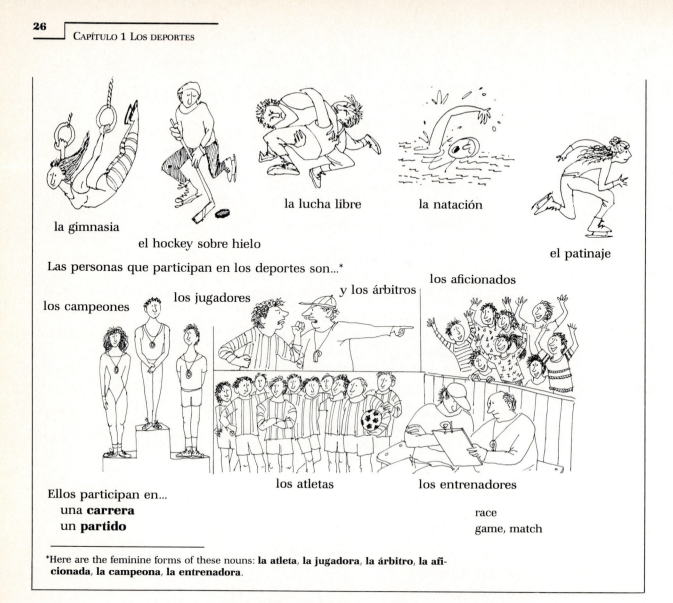

la gimnasia

el hockey sobre hielo

la lucha libre

la natación

el patinaje

Las personas que participan en los deportes son...*

los campeones

los jugadores

y los árbitros

los aficionados

los atletas

los entrenadores

Ellos participan en...
una **carrera** — race
un **partido** — game, match

*Here are the feminine forms of these nouns: **la atleta, la jugadora, la árbitro, la aficionada, la campeona, la entrenadora**.

ACTIVIDAD 3. **¡En sus marcas, listos, ya!** (*On your mark, get set, go!*)

1. Nombre Ud....
   a. los deportes náuticos
   b. los deportes acuáticos
   c. los deportes que se practican sobre hielo
   ch. los deportes que pueden practicar solamente dos personas
   d. los deportes de equipos
   e. los deportes en que hay contacto físico entre los participantes
2. ¿Cuántos jugadores hay en un equipo de béisbol? ¿en un equipo de baloncesto? ¿en un equipo de fútbol norteamericano? ¿en un equipo de fútbol?

UN PASO MÁS HACIA LA COMUNICACIÓN

Working Together

As you know, many of the activities in this book are meant to be done with a partner or in small groups. The following phrases will make communciation with your partner or group move more smoothly.

BEGINNING

¿Quién comienza?	*Who starts?*
¿Quieres comenzar?	*Do you want to begin?*
¿Quién va primero?	*Who goes first?*
Yo puedo (quiero) comenzar.	*I can (want to) start.*

CONTINUING

¿A quién le toca ahora?	*Whose turn is it now?*
Creo que me toca a mí.	*I think it's my turn.*
Te toca a ti (ahora).	*It's your turn (now).*
¿Está bien?	*Is it right?*
No sé.	*I don't know.*
¿No será (que)... ?	*Couldn't it be (that) . . . ?*
Bueno, ¡vamos!	*Okay, let's get going!*

ENDING

Ya terminamos.	*We're finished.*
¡Muy bien!	*Very good!*
¡Fantástico! ⎫	*Great!*
¡Excelente! ⎭	

ACTIVIDAD 4. Trabajando con otros

¿Qué dice Ud. cuando...

1. comienza una actividad?
2. quiere ser el primero?
3. no sabe quién debe hablar?
4. le toca a Ud.?
5. quiere saber si su respuesta es apropiada?
6. no sabe la respuesta?
7. quiere dar otra respuesta posible?
8. termina la actividad?

ACTIVIDAD 5. Dime una cosa...

Find out about a classmate's interests in sports by asking the following questions.

1. ¿Cuál es tu deporte preferido? ¿Cuáles son los aspectos de este deporte que te gustan?

2. ¿Eres miembro de algún equipo de esta universidad? En tu opinión, ¿cuál es el mejor equipo de esta universidad?
3. ¿Qué deportes te gusta mirar en la televisión? ¿Qué deportes prefieres como espectador(a)? ¿Eres aficionado/a de algún equipo? ¿Cuál es? ¿Cómo demuestras tu afición?
4. ¿Qué deporte te gustaría aprender en el futuro? ¿Por qué te interesa? ¿Qué deporte no te gusta nada?

¡ES ASÍ!

Se puede decir, sin exagerar, que el deporte más popular en la mayoría de los países hispánicos es el fútbol. A todo el mundo le interesa: en muchas partes hay equipos de aficionados, y en las ciudades grandes hay varios equipos profesionales. Algunos jugadores profesionales son tan populares como las estrellas de cine, y ¡a veces ganan tanto como ellas! Los que no van a un estadio para mirar un partido de fútbol pueden verlo en la televisión o leer todos los detalles en las páginas deportivas del periódico al día siguiente.

Además, hay revistas dedicadas exclusivamente a este deporte.

Igualmente popular en los países del Caribe es el béisbol, y sus aficionados son tan apasionados como los aficionados al fútbol. Algunos de los mejores jugadores de béisbol de los equipos norteamericanos comenzaron su carrera en un equipo de su país natal. Seguramente Ud. sabe el nombre de algunos de ellos. ¿A cuántos puede nombrar? ¿Con qué equipos juegan?

LENGUA Y ESTRUCTURAS

A. SUBJECT PRONOUNS

SINGULAR	PLURAL
yo	nosotros/nosotras
tú	vosotros/vosotras*
él, ella, Ud.	ellos, ellas, Uds.

Subject pronouns are often omitted in Spanish, because the verb form indicates the subject. Subject pronouns are used, however, to clarify the subject—especially with third-person forms—and to express emphasis or contrast.

---

*The **vosotros** form is used primarily in Spain. In most Latin American countries **Uds.** is used as the plural form of both **tú** and **Ud.** Although the **vosotros** form is not emphasized in this text, it is presented for recognition.

CLARIFICATION: Los Sres. Santana viven en Sacramento. **Él** es profesor de español en la universidad.

EMPHASIS: **Yo** sé que tenemos un buen equipo.

CONTRAST: Alberto y Lidia tienen dos televisores y usan los dos, porque **él** quiere mirar los partidos de básquetbol mientras **ella** prefiere mirar los documentales.

¡Atención!

Subject pronouns are also used after **ser**.

Juan, ¿**eres tú**? —Sí, **soy yo**.   *Juan, is that you? —Yes, it's me.*

¡ES ASÍ!

Choosing between **tú** and **Ud.** when addressing others is generally quite easy, but keep these trends in mind. **Tú** is used by most, but not all, native speakers when speaking to friends, children, and members of the family. In keeping with a growing trend toward informality, **tú** is now used immediately among young people of student age. **Ud.** is used to address older people and acquaintances or to show respect. In fact, in some places people even use **Ud.** to address elderly members of their own family.

In most parts of the Spanish-speaking world, university professors and students address each other as **Ud.** Customs are changing, however, and many young professors, especially, use **tú** with students and expect to be called **tú** in return. The use of **tú** in the classroom is not yet the norm, however. You may wish to ask your instructor what his or her personal experience has been with the use of **tú** and **Ud.**, especially in academic settings. In many classrooms in this country, students address each other as **tú** but use **Ud.** when speaking to their professors.

ACTIVIDAD 6.   **¡Tanto tiempo!** (*It's been such a long time!*)

Antonio has returned home after studying abroad for several years. At a welcoming party given in his honor, he hardly recognizes some of his old friends. A partner will play the role of Antonio. Help him to identify his friends.

MODELO: Ana María → ANTONIO: ¿Quién es? ¿Es Ana María?

UD.: Sí, es ella.

1. Tomás   2. Marcos y Paula   3. Cristina y Teresa   4. Patricia

ACTIVIDAD 7.   **¡Qué sorpresa!**

Now that Antonio recognizes these people, he greets them. Play both roles.

MODELO: Ana María →   ANTONIO: ¡Ana María! ¿Eres tú?

ANA MARÍA: Sí, Antonio. ¡Soy yo!

ANTONIO: ¡Cuánto has cambiado! (*How you've changed!*)

LENGUA Y ESTRUCTURAS

B. THE PRESENT INDICATIVE

Regular Verbs

In the **Capítulo preliminar**, you practiced the **tú** and **yo** forms of regular verbs. Here is the complete conjugation.

viajar (*to travel*)		**leer** (*to read*)		**vivir** (*to live*)	
yo viaj**o**	nosotros viaj**amos**	le**o**	le**emos**	viv**o**	viv**imos**
tú viaj**as**	vosotros viaj**áis**	le**es**	le**éis**	viv**es**	viv**ís**
Ud. viaj**a**	ellos viaj**an**	le**e**	le**en**	viv**e**	viv**en**

Here are some other verbs in the reading that follow this pattern: **intentar** + *inf.* [*to try to* (*do something*)], **salvar** [*to save* (*a person*)].

   Note: Verbs irregular in only the first-person singular of the indicative are not repeated here. You may wish to refer to the list of them in the **Capítulo preliminar**. Some verbs in the reading that follow that pattern are as follows: **crecer** (**-zco**) (*to grow*), **parecer** (**-zco**) (*to seem, appear*).

Stem-Changing Verbs

Stem changes occur in all but the **nosotros** and **vosotros** forms.

querer (**e → ie**)		**encontrar** (**o → ue**)		**jugar** (**u → ue**)		**pedir** (**e → i**)	
qu**ie**ro	queremos	enc**ue**ntro	encontramos	j**ue**go	jugamos	p**i**do	pedimos
qu**ie**res	queréis	enc**ue**ntras	encontráis	j**ue**gas	jugáis	p**i**des	pedís
qu**ie**re	qu**ie**ren	enc**ue**ntra	enc**ue**ntran	j**ue**ga	j**ue**gan	p**i**de	p**i**den

Other verbs in the reading that follow this pattern are as follows: **costar** (**ue**) (*to cost*), **volcar** (**ue**) (*to turn over, overturn, capsize*).

Some Frequently Used Irregular Verbs

Here are the complete conjugations of these verbs.

decir		**estar**		**ir**		**oír**		**ser**		**tener**		**venir**	
digo	decimos	estoy	estamos	voy	vamos	oigo	oímos	soy	somos	tengo	tenemos	vengo	venimos
dices	decís	estás	estáis	vas	vais	oyes	oís	eres	sois	tienes	tenéis	vienes	venís
dice	dicen	está	están	va	van	oye	oyen	es	son	tiene	tienen	viene	vienen

Here is another verb in the reading that follows this pattern: **mantener** (*like* **tener**) (*to maintain, keep, support*).

ACTIVIDAD 8. **La gente y los deportes**

Tell about the following people or things. Use **no** when necessary.

> MODELO: nosotros:
> asistir a un partido hoy →
> (No) Asistimos a un partido hoy.

1. El windsurfing:
   ser un deporte popular, estar de moda, parecer fácil, crecer rápidamente, costar mucho, dar autonomía, tener muchos aficionados, poder ser peligroso, ¿_____?

2. Cuando nuestro equipo de fútbol norteamericano juega, mis amigos y yo:
   asistir al partido, ir con nuestros padres, ser espectadores modelos, gritar como locos, aplaudir a nuestro equipo, tomar mucha cerveza, estar orgullosos (*proud*) de nuestro equipo, ¿_____?

3. En esta universidad los atletas:
   estar siempre en la cafetería, comer mucho, volcar los vasos de leche, ser fuertes, ir a sus clases, ser campeones estatales, tener fama, escuchar al entrenador, jugar bien, casi siempre ganar, ¿_____?

4. Un buen entrenador:
   saber las reglas del juego, querer ganar, poner a los mejores jugadores en el juego, animar a los jugadores, ser comprensivo, ¿_____?

DAVID KUPFERSCHMID

El hockey de campo, en la Argentina

ACTIVIDAD 9.   **¿Qué hacen?**

What do the following people or groups do? What are they like? Try to tell as much as possible about each one.

1. los aficionados al béisbol o al golf
2. un árbitro
3. los jugadores de básquetbol de esta universidad
4. los atletas profesionales
5. los campeones de la Olimpiada
6. el entrenador (la entrenadora) de un equipo de *Little League*
7. los espectadores en un partido de fútbol norteamericano
8. un equipo de natación
9. los espectadores en una corrida de toros
10. ¿——— ?

C. EXPRESSIONS WITH *TENER*

Some ideas expressed with *to be* in English require the verb **tener** (*to have*) in Spanish. For example, in English we say *I am 19 years old*, but Spanish uses **tener ——— años**: **Tengo 19 años**.

Some other **tener** expressions are as follows:

tener calor/frío	to be hot/cold
tener hambre/sed	to be hungry/thirsty
tener miedo (de)	to be afraid (of)
tener prisa	to be in a hurry
tener razón/no tener razón	to be right/to be wrong
tener sueño	to be sleepy
tener suerte	to be lucky

¡Atención!

Because they are nouns, the words that follow **tener** are modified by the adjectives **mucho**, **poco**, or **bastante**.

> Tengo **mucho sueño** y **poca hambre**. ¿Estaré enfermo?   *I am very sleepy and not very hungry. Could I be sick?*

Several **tener** expressions are followed by infinitives:

tener ganas de + *inf.*   *to feel like* (*doing something*)
tener que + *inf.*   *to have to* (*do something*)

> No **tengo ganas de trabajar** hoy, pero **tengo que hacerlo.**   *I don't feel like working today, but I have to (do it).*

ACTIVIDAD 10. **¿Qué dicen?**

What might the following people say in these situations? Use **tener** idioms; more than one expression is possible.

> MODELO: un ciclista, en una carrera →
> El ciclista dice «Tengo mucha prisa».

1. los corredores, en un maratón
2. los jugadores, al árbitro
3. el árbitro, a los jugadores
4. los jugadores, después de ganar un partido
5. los jugadores, después de perder un partido
6. los tenistas, cuando hace mucho calor
7. un buceador, cuando ve un tiburón (*shark*)
8. los aficionados que toman sándwiches y cerveza mientras miran un partido de fútbol en la televisión
9. Los esquiadores, antes de comenzar a esquiar
10. un luchador (*wrestler*) o un boxeador, cuando ve a un oponente más grande que él

ACTIVIDAD 11. **¿Tienes ganas de hacer algo interesante hoy?**

What do you think the following people feel like doing? And what do they have to do?

> MODELO: En este momento sus amigos juegan al básquetbol, pero Vicente está en la biblioteca →
> Vicente tiene ganas de jugar al básquetbol pero no puede, porque tiene que estudiar.

1. Es un día hermoso y Carolina quiere montar en bicicleta, pero su cuarto es un desastre.
2. Enrique invita a Mónica a jugar al tenis. Lamentablemente, ninguno de los dos tiene pelotas (*balls*) de tenis.
3. Hay mucha nieve y brilla el sol. ¡Vamos a esquiar! —¿No sabes que mañana tenemos examen en la clase de historia?
4. Tú tienes mucho interés en mirar un partido de fútbol en la televisión hoy. Pero también tienes tres clases.
5. Me gusta nadar todos los días, pero hoy tengo mucho trabajo.

Y Ud., ¿qué tiene ganas de hacer? ¿Pero qué tiene que hacer? ¿y su profesor(a)? ¡Pregúntele! ¿y sus compañeros/as? Pregúnteles a dos, por lo menos.

ACTIVIDAD 12. **Dime una cosa...**

Find out more about another classmate's interests in and opinions on sports by asking questions about three or more of the following topics. You may want to begin this activity by asking your instructor questions about some of these topics.

1. el deporte que le gusta practicar, si juega bien a este deporte y por qué le gusta
2. su jugador profesional favorito (jugadora profesional favorita), qué deporte juega y por qué admira a este jugador (esta jugadora)
3. un deporte que le fascinó en la última Olimpiada y por qué lo considera fascinante
4. en su opinión, el deporte más violento de todos y el deporte más peligroso de todos
5. si debe haber (*there should be*) más o menos programas de deportes en la televisión y por qué
6. si los jugadores profesionales deben ganar más o menos dinero y por qué
7. si cree que los atletas son buenos modelos para la juventud de hoy y por qué sí (no)

◼ COMENTARIOS DE HOY

Cómo quemar° calorías

to burn

¿Es Ud. consciente del número de calorías que quema cuando juega a su deporte preferido? ¿Practica Ud. un deporte para rebajar de peso° o porque es una diversión? Si a Ud. le gusta quemar energías y sentir que su cuerpo está dando el máximo, juegue al squash, el deporte que más está creciendo en España. Antes el deporte favorito de los ejecutivos y hombres de negocios que querían rebajar de peso, ahora ha llegado a un nivel° competitivo. Algunos de los mejores jugadores del squash de hoy son chicos que tienen 15 años.

rebajar... to lose weight

level

¿No le importa sudar°? Haga mucho ejercicio aeróbico o juegue al fútbol. ¿Detesta sudar? Haga yoga o practique el buceo, el tiro con arco° o el golf. ¿Quiere divertirse? ¡Practique cualquier° deporte!

to sweat

tiro... archery

any

QUEMANDO CALORIAS SEGUN EL PESO (EN 10 MINUTOS)

ACTIVIDAD	110 lbs 49.8 k	117 lbs 53.0 k	123 lbs 55.7 k	130 lbs 58.9 k	137 lbs 62.1 k	143 lbs 64.8 k	150 lbs 68.0 k
Limpiar	31	33	35	37	38	40	42
Cocinar	23	24	25	27	28	29	31
Montar bicicleta	50	53	56	59	62	65	68
Bailar disco	52	55	58	61	64	67	70
Hacer compras	31	33	35	37	38	40	42
Planchar	17	17	18	19	20	21	22
Tocar piano	20	21	22	24	25	26	27
Correr	97	102	108	114	120	125	131
Esquiar (en nieve)	60	63	67	70	74	77	81
Esquiar (en el mar)	68	71	74	77	80	83	86
Jugar squash	106	112	119	125	131	138	144
Nadar (estilo crol)	64	68	72	76	79	83	87
Nadar (de pecho)	81	86	91	96	100	105	110
Caminar	40	42	45	47	50	52	54
Patinar	55	58	61	64	67	70	73
Trotar	62	65	68	71	74	77	80

ACTIVIDAD 13.   **Contando calorías**

Consulte la tabla y repase los números en español (Apéndice 1). Luego indique el número de calorías que se queman haciendo las siguientes actividades.

1. Una persona que pesa 65 kilos...
   - baila disco por diez minutos
   - camina media hora
   - pasa una hora haciendo compras
2. Una persona que pesa 50 kilos...
   - esquía en la nieve por dos horas
   - pasa dos horas limpiando la casa
   - corre media hora en el parque

Entre las actividades indicadas, ¿hay una que Ud. haga regularmente? ¿Cuántos minutos al día hace esa actividad y cuántas calorías quema? ¿Cuántas calorías quema a la semana? Imagine que Ud. quiere quemar más calorías. ¿Qué debe hacer durante una semana típica?

■ LENGUA Y ESTRUCTURAS

CH. THE PERSONAL *A*

The personal **a** is used when a specific person is the direct recipient of the action of the verb. If the person is indefinite or unspecified, the personal **a** is not used. Nor is it used when the recipient is not a person. Compare the following:

SPECIFIC PERSON

Admiro **a** los jugadores   *I admire Argentine players.*
    argentinos.

UNSPECIFIED PERSON

Necesitamos más jugadores   *We need more players for the*
    para el partido del sábado.   *game on Saturday.*

NOT A PERSON

Admiro la destreza de los juga-   *I admire the skill of Argentine*
    dores argentinos.   *players.*

Most Spanish speakers do not use the personal **a** with place names.

¿Conoces Madrid?   *Are you familiar with Madrid?*

The personal **a** is often used with animals.

Siempre llevamos **al** perro   *We always take the dog when*
    cuando vamos al parque.   *we go to the park.*

¡Atención!

Remember that **a** + **el** = **al**.

ACTIVIDAD 14. **¿Quién lo hace?**

Tell whether or not the following people do the things indicated. Be sure to use the personal **a**.

MODELO: mis amigos y yo: mirar / el partido de básquetbol;
             gritar / árbitro →
         Miramos el partido de básquetbol. No gritamos al árbitro.

1. los jugadores: escuchar / el entrenador; comprender / sus explicaciones
2. mi hermano menor: admirar / los atletas famosos; tener / todas sus fotos
3. un buen atleta: respetar / las reglas del juego; apreciar / los otros atletas buenos
4. yo: ir / un partido en el estadio; buscar / mis amigos allí

5. el boxeador: golpear (*to hit*) / su oponente; mirar / el reloj
6. los aficionados: aplaudir / los buenos jugadores; nunca perder (*to miss*) / un partido

D. PRONOUNS THAT FOLLOW PREPOSITIONS

mí	nosotros/as
ti	vosotros/as
él	ellos
ella	ellas
Ud.	Uds.

Note that the pronouns that follow a preposition are the same as the subject pronouns with two exceptions: **mí** and **ti**. The preposition **con** combines with **mí** and **ti** to form **conmigo** and **contigo**.

No tengo ganas de jugar al tenis con **él** (**ella**, **Uds.**).

I don't feel like playing tennis with him (her, you).

¿Quieres jugar al básquetbol **conmigo**? —¿**Contigo**? Pero, hombre, ¡juegas muy mal!

Do you want to play basketball with me? —With you? But, man, you play very badly!

¡Atención!

The subject pronouns **yo** and **tú** are used after the prepositions **entre**, **excepto**, and **según**.

Entre tú y yo...

Between you and me...

Todos juegan al tenis **excepto yo**.

Everyone plays tennis except me.

Según tú, no tengo razón, por lo visto.

According to you, I'm wrong, apparently.

ACTIVIDAD 15. **Entre tú y yo...**

Respond to the following remarks or questions as in the model.

MODELO: La raqueta de tenis es para José. → ¿Para él?

1. El balón (*soccer ball*) es para los futbolistas.
2. Buceo con Elena.
3. El aplauso es de los aficionados.
4. Según el árbitro, el punto es nuestro.
5. El partido es entre nuestro equipo y el equipo de Miami.
6. Hacen todo lo posible por los atletas.
7. Gracias a ti, somos los campeones este año.
8. ¡Es imposible esquiar contigo!
9. Toda mi familia nada con frecuencia excepto yo.
10. ¿Quieres jugar al golf conmigo?

E. THE PRESENT PROGRESSIVE

Although present-tense forms are usually used to describe actions in the present, the present progressive can be used to tell what is going on at the moment of speaking.

> Juegue al squash, el deporte
> que más **está creciendo** en
> España.

> *Play squash, the sport that is*
> *growing the fastest in Spain.*

The use of the present progressive can signal the fact that an action varies from the usual or customary.

> Pero chico, ¿qué **estás**
> **haciendo**? —**Estoy lavando**
> al perro con tu nuevo
> champú, mamá.

> *But child, what are you doing?*
> *—I'm washing the dog with*
> *your new shampoo, Mom.*

The present progressive is formed with **estar** + *present participle* (stem + **-ndo**).

lavar	hacer	salir
estoy lavando	estoy haciendo	estoy saliendo
estás lavando	estás haciendo	estás saliendo
está lavando	está haciendo	está saliendo
estamos lavando	estamos haciendo	estamos saliendo
estáis lavando	estáis haciendo	estáis saliendo
están lavando	están haciendo	están saliendo

As you can see in the chart, the present participle is the verb form that ends in **-ndo**, **-ando** for **-ar** verbs and **-iendo** for **-er** and **-ir** verbs. Note that, when the stem of an **-er** or **-ir** verb ends in a vowel, the **i** of the present participle ending changes to **y**.

> leyendo   oyendo   trayendo

Stem-changing verbs that end in **-ir** show a change in the present participle as well as in the stressed stem of the present indicative. For most verbs, it is the same change.

> pedir (i, i): **pi**do, **pi**diendo
> servir (i, i): **si**rvo, **si**rviendo

For others, however, it is a different change.

> sentir (ie, i): **sie**nto, **si**ntiendo
> dormir (ue, u): **due**rmo, **du**rmiendo

Note that **-ir** stem-changing verbs will have both changes indicated in parentheses in this text.

Estamos corriendo, saltando, lanzando. Y venciendo.

¡Atención!

1. The present participle is an invariable form. It always ends in **-o**.
2. The present participle cannot be used as a noun in Spanish. Only the infinitive is used in that way. Compare the following:

> **(El) Correr** es el deporte que   *Running is the sport I like best.*
> más me gusta.

You will learn more about this use of the present participle and the infinitive
in **Capítulo 21**.

ACTIVIDAD 16.   Una tarde en el parque

¿Qué pasa esta tarde en el parque? ¿Qué están haciendo todos, incluyendo a los animales? ¿Qué *no* están haciendo?

Vocabulario útil: hacer una barbacoa, correr detrás de (*after*)

ACTIVIDAD 17.   En este momento

Use su imaginación para decir lo que las siguientes personas están haciendo en este momento.

1. el presidente de los Estados Unidos
2. los astronautas
3. los miembros de su equipo favorito
4. Betty Crocker
5. Oprah Winfrey o Phil Donahue
6. los clientes de McDonald's
7. el Cocodrilo Dundee
8. ¿——— ?

PALABRAS PROBLEMÁTICAS

Although both words mean *to play*, **jugar** and **tocar** are used differently in Spanish. **Jugar** means *to play a game* or *a sport*. **Tocar** means *to play music* or *a musical instrument*. It also means *to touch*.

ACTIVIDAD 18.   **¿Jugar o tocar?**

¿Qué hacen o *no* hacen las siguientes personas?

MODELO: Fernando Valenzuela juega al béisbol.

Gabriela Sabatini	una orquesta sinfónica	el Scrabble	el tenis
Alicia de Larocha	Diego Maradona	guitarras y trompetas	el fútbol
mis amigos y yo	los mariachis	el piano	el nuevo perro
una persona alérgica	los niños	el gato	música clásica
			¿——— ?

DE TODO UN POCO

ACTIVIDAD A.   **Con sus propias palabras**

Are you trying to organize a team, a league, or a club, or do you just want to play a game once in a while? Write your ad in the form shown here (making sure you leave a space between each word) and read it to the class. How many people are interested in the same thing?

---

*¿Quiere jugar *u* organizar un equipo... ? Note that **o** before a word beginning with **o** (or **ho**) changes to **u**. When **y** comes before a word beginning with **i** (or **hi**), it changes to **e**. **El tenis es aeróbico *e* interesante.**

MODELOS: Quiero jugar al básquetbol los miércoles por la noche en el Centro Deportivo. No soy un jugador excelente, pero juego bastante bien.

Necesitamos dos personas más para formar un equipo de béisbol. Queremos jugar los sábados en la tarde.

ACTIVIDAD B. **Motivos y efectos**

¿Por qué practica Ud. un deporte? Dé un número del 1 al 5, según la importancia que cada aspecto tiene para Ud. El 5 es de máxima importancia.

Practico el/la (<u>nombre del deporte</u>) porque...

1.	es divertido	1	2	3	4	5
2.	me relaciono con otras personas	1	2	3	4	5
3.	me gusta competir	1	2	3	4	5
4.	no me gusta competir	1	2	3	4	5
5.	quiero quemar calorías	1	2	3	4	5
6.	es bueno para la salud	1	2	3	4	5
7.	me hace sentir bien	1	2	3	4	5
8.	admiro·a los atletas que practican este deporte	1	2	3	4	5
9.	está de moda	1	2	3	4	5
10.	no requiere un equipo especial o costoso	1	2	3	4	5

¿Cuál es el motivo más importante para la clase? ¿Cuál es el motivo menos importante?

ACTIVIDAD C. **Para leer y comentar**

El siguiente artículo breve salió en una revista argentina. Léalo rápidamente para sacar las ideas principales y coméntelo después.

DEPORTES ECOLÓGICOS

Con nada más que 2 o 3 años de retraso respecto de los Estados Unidos, prosperan por fin los patines en Buenos Aires. Todas las tardes, pero especialmente los sábados y domingos, gente de todas las edades se va a patinar en los escasos lugares que la ciudad provee o cualquier calle tranquila suburbana. También por las noches triunfan los patines: ya son habituales en algunas boites° como Butterfly. Detrás de la Facultad de Derecho° también se juntan gentes animosas que encienden las luces de sus autos improvisando una pista, ponen la música de sus pasacassettes a todo lo que da y se divierten de lo lindo. Barato, sano y muy divertido.

night spots / Facultad... *Law School*

Compare los siguientes aspectos del patinar en Buenos Aires con el patinar en su ciudad o pueblo.

1. la popularidad   2. cuándo se practica   3. la edad de la gente que lo practica   4. el lugar en que lo hacen   5. la música   6. por qué lo hacen

El cine, la radio y la televisión

Filmando *The Milagro Beanfield War*. ¿Reconoce Ud. al director?

ACTIVIDAD 1. **Hablando de películas**

¿Cómo decide Ud. qué película va a ver este fin de semana? ¿Escucha la recomendación de sus amigos que ya la han visto? ¿La elige (*do you select*) porque es con su actor o actriz preferido? ¿porque le gusta el director? ¿porque presenta un tema que le interesa? ¿O la elige porque ha leído algo interesante sobre la película en el periódico o en una revista? En las siguientes actividades, Ud. va a hablar de estos temas con sus compañeros, además de aprender algo sobre el cine hispano, dentro y fuera de los Estados Unidos. Para empezar, piense en algunas películas recientes que se relacionan con el mundo hispano. ¿Cuántas reconoce Ud.? ¿Cuántas ha visto?

1. *El norte*
2. *Carmen*
3. *Mujeres al borde de un ataque de nervios*
4. *La historia oficial*
5. *La bamba*

a. la historia de un «rocanrolero» que murió muy joven en un accidente
b. la historia de dos hermanos guatemaltecos que tienen que escaparse de su país y que quieren vivir en los Estados Unidos
c. versión de baile flamenco de la ópera de Bizet
ch. la historia de una mujer que le salva la vida a un amante (*lover*) infiel pero que termina rechazándolo
d. la historia de una mujer que quiere saber la verdad sobre su hija adoptiva

EN OTRAS PALABRAS...

Los espectáculos

An awareness of the vocabulary in this section will help you talk about movies you have seen and will help you read the first article in this chapter more easily.

> **shows**

Los actores tienen **papeles** (*m.*) en muchos tipos de espectáculos. Es decir, representan **personajes** (*m.*). A veces los actores **se convierten en** directores. Algunas personas, como Robert Redford, por ejemplo, **reúnen** las características necesarias para **tener éxito** en los dos **campos**.

> **roles**
> **characters**
> **become**
> **bring together / to be successful**
> **fields**

Una **obra** literaria o cinematográfica puede...
  tratar algo de importancia histórica o **actual** o tener un
    tema frívolo
  tratar de hechos verdaderos o ficticios

> **work**
> **to treat / current**
> **theme, topic**
> **to be about, deal with facts, events**

COMENTARIOS DE HOY

Antes de leer

The following article about a recent American movie has a title, a two-sentence introduction, and three subtitles. Read them to find the following general information before reading the whole article.

1. el nombre de la película
2. el nombre de una persona que trabajó en la película
3. uno de los resultados de la película
4. el tema general de la película
5. el nombre del grupo étnico de que se trata

Although it is about a movie, the article does not describe the movie's plot so much as the issues that surrounded the making of the film. As you read, try to find out more details about points 3 to 5.

Hollywood y los hispanos

La película de Robert Redford *The Milagro Beanfield War* ha provocado un cambio en las actitudes del medio cinematográfico de Estados Unidos. ¿Será° definitivo?

Will it be

CONFLICTOS SOCIALES EN UN AMBIENTE° MÁGICO

atmosphere

Hay muchas razones por las que Robert Redford decidió hacer de *The Milagro Beanfield War* su segunda película como director. «Desde que leí la novela de John Nichols pensé que reunía todas las características necesarias para hacer un buen filme», comenta el actor-productor y ahora director. «En realidad, posee todos los elementos que me gustan: una actitud muy positiva, personajes maravillosos, sensibilidad, amor y además trata sobre algo que puede traducirse a nuestra vida actual.»

Pero aparte de las características más o menos cinematográficas de esa novela, para Redford el hecho de trasladar° la historia de Nichols a la pantalla° representó la posibilidad de demostrar el afecto° que siempre ha tenido por la cultura hispana, con la que tuvo sus primeros contactos durante su infancia en Sawtelle, un barrio méxico-americano en Santa Mónica, California. «Los americanos piensan que los hispanos llegaron después de ellos», declara Redford. «Sin embargo, no es así. De hecho,° el suroeste ya estaba poblado° por los indígenas nativos y los españoles mucho tiempo antes que nosotros llegásemos. Gran parte de nuestra cultura más rica e interesante viene de aquí y es parte de la creación de nuestro país. Pero no hay mucha gente consciente° de esta verdad.»

transferring / screen
affection

De... In fact
inhabited

aware

Otra de la razones por las que Redford seleccionó este libro como base para su segunda experiencia como realizador° de cine fue «su extraordinaria mezcla° de elementos fantásticos y reales del norte de Nuevo México. Hay muchos elementos místicos en este lugar y para sus habitantes, los santos° patrones y ángeles son personajes reales de su vida cotidiana°», afirma Redford refiriéndose a su película, que tanta conmoción ha causado últimamente.

director / mixture

saints
daily

« ...Un día tan normal como cualquier otro, José Mondragón decidió sembrar° algunos frijoles° en un pequeño terreno° situado justo frente a° la tumba de sus padres. Era algo que parecía normal y simple; sólo se necesitaba un poco de sol y un poco de agua... Pero este hecho sencillo° fue un acto irrevocable que se convirtió en el elemento catalizador de una serie de tensiones entre hispanos y anglos, que se habían acumulado a lo largo de° muchos años y que desencadenaría° la guerra.» Así escribe John Nichols en su novela *The Milagro Beanfield War*. Nichols es un autor que, en realidad, nunca ha tenido un gran éxito. Así que combinó sus inclinaciones novelísticas con el trabajo de periodismo, que le permitía poner algo de comida en su plato. Empezó a colaborar en el periódico *The New Mexico Review*, y la experiencia que logró° en el trato° de varios años con la gente y la cultura hispana de ese estado se convirtió en la base de su obra, que más tarde sería adquirido por el productor cinematográfico Moctesuma Esparza.

to sow
beans / plot of land / justo...
*   right in front of*
simple

a... throughout / would set off

he gained / dealing

«Me encantó° desde el primer momento», recuerda ahora Esparza. «Me pareció maravillosa la forma en que utilizaba el humor para relacionar importantes temas históricos, políticos, culturales y sociales. Robert Redford me llamó por teléfono y me dijo que estaba interesado en el libro de Nichols para realizar° su segunda película como director. La idea, por supuesto, me entusiasmó. Y, sin pérdida de tiempo, empezamos a trabajar.»

Me... Me gustó

carry out

HOLLYWOOD MIRA A LA COMUNIDAD HISPANA

Por supuesto el tema de esta película de la que tanto se habla exigía° figuras hispanas. Y las hay en gran cantidad.° No se crea° que esto es algo frecuente en Hollywood. A veces se han dado papeles completamente latinos a figuras norteamericanas, con un olvido casi absoluto de nuestros valores.° En este caso, todo fue distinto. «Desde el principio,° uno de los temas que más hablamos Bob [Robert Redford] y yo fue la importancia de tratar con integridad y darles a los hispanos la oportunidad de participar», dice Esparza. Y esto no sólo al frente de la cámara, sino en otros campos de la producción de una película. Muchos hispanos fueron contratados para puestos° de importancia en el equipo técnico, incluyendo al diseñador° de producción, el gerente° de producción y el coordinador de construcción. «Creo que en esta película hay más jefes de departamento de origen hispano que en cualquier otra película de Hollywood», comenta Esparza. «Pienso que eso manifiesta muy claramente la integridad del proyecto.»

Lógicamente cuentan los valores artísticos de nuestra comunidad, y también el punto de vista económico. Los hispanos residentes en Estados Unidos representan un mercado relativamente virgen para Hollywood. Y el hecho de que esta película haya sido estrenada° simultáneamente en inglés y en español es un ejemplo más de lo que puede hacer Hollywood para llegar de un modo° más directo y positivo al pujante° mercado hispano de Estados Unidos.

required
Y... And there are many. / No... Don't think

values

Desde... From the beginning

positions / designer
jefe

haya... was shown the first time
manera / strong

UNA PELÍCULA PARA EL ESPÍRITU HUMANO

Como experiencia de colaboración entre varias culturas, con un trasfondo° de antagonismo y de lucha,° este filme puede ser—debe ser—el inicio° de una nueva etapa° en las perspectivas que Hollywood mantiene hacia° los valores hispanos de Estados Unidos. Hasta ahora, los esfuerzos° para lograr el justo reconocimiento han sido esporádicos, y casi siempre iniciados por figuras hispanas del espectáculo. El apoyo° y la entrega° de Robert Redford a esta causa puede significar el empuje° definitivo. Él mismo° ha dicho que, en el fondo, «esta película trata de cómo una sola persona puede marcar un cambio. Aunque las circunstancias le sean desfavorables, un individuo siempre puede cambiar su rumbo.° Creo que, en definitiva, *The Milagro Beanfield War* es la glorificación del espíritu humano.»

background
struggle / comienzo / stage
toward
efforts
support
devotion / push / himself

direction

ACTIVIDAD 2. **Comprensión de la lectura**

¿Cierto o falso? Corrija las oraciones falsas.

1. La película de Redford se basa en un artículo de John Nichols.
2. Redford se interesa mucho por la cultura hispana.
3. La película tiene lugar en México.
4. En la película, solamente los actores son hispanos.
5. La película fue estrenada en inglés y en español.

De los siguientes elementos, ¿cuáles caracterizan la novela de Nichols, según Redford y Esparza?

_____ una actitud positiva

_____ personajes estupendos

_____ se relaciona bien con la historia de México

_____ no tiene que ver con (*nothing to do with*) la vida actual

_____ la combinación de lo real y lo fantástico

_____ la falta de humor

_____ el efecto que puede tener un solo individuo

ACTIVIDAD 3.   Hablando de la película

En el artículo se habla de un cambio provocado por la película. ¿Cómo cree Ud. que el autor de este artículo completaría las siguientes oraciones para describir la situación anterior?

1.   Antes, los actores hispanos (*siempre/casi nunca*) representaban papeles hispanos.
2.   (*Muchos/Pocos*) hispanos trabajaban en la producción de las películas.
3.   Antes Hollywood (*trataba de/no hacía mucho para*) captar el mercado hispano.

Ahora explique cómo *The Milagro Beanfield War* representa una situación diferente con referencia a estos tres puntos.

■ UN PASO MÁS HACIA LA COMUNICACIÓN

Expressing Preferences

In Spanish, as in English, there are several ways of expressing likes or preferences.

ASKING ABOUT PREFERENCES

¿Te gusta jugar al tenis?	*Do you like to play tennis?*
¿Prefieres el tenis o el golf?	*Do you prefer tennis or golf?*
¿O **quieres** descansar?	*Or do you want to rest?*
¿Te gustaría ir a una discoteca?	*Would you like to go to a discotheque?*
¿O **preferirías** ir al cine?	*Or would you prefer going to the movies?*

EXPRESSING PREFERENCES

Me gusta jugar al tenis.	*I like to play tennis.*
Pero **prefiero** el golf.	*But I prefer golf.*

No, no quiero descansar ahora.	*No, I don't want to rest now.*
No, no me gustaría ir a una discoteca.	*No, I would not like to go to a discotheque.*
Preferiría ir al cine.	*I would prefer going to the movies.*
Me da igual (lo mismo).	*It's all the same to me. (I have no preference.)*

Note that the conditional form (*infinitive* + **-ía** ending) is considered the more polite way of asking a question or giving a reply in this context.

ACTIVIDAD 4. **Dime una cosa...**

With a classmate, talk about where you would like to go at the following times and what you would like to do.

MODELO: el sábado → —¿Qué te gustaría hacer el sábado? (¿Qué prefieres hacer el sábado? ¿Qué tienes ganas de hacer el sábado?)
—Me gustaría ir a una fiesta porque me gusta bailar y quiero ver a mis amigos.

1. después de esta clase   2. esta noche   3. el sábado por la tarde
4. el sábado por la noche   5. el domingo por la tarde o por la noche
6. ¿——?

■ EN OTRAS PALABRAS...

¡Vamos al cine!

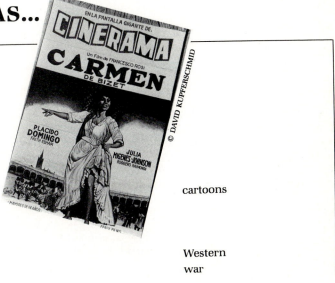

© DAVID KUPFERSCHMID

¿Qué clase de película le gustaría ver?
Quiero ver...
    una película policíaca o de detectives
    una comedia o un drama (serio)
    dibujos animados   cartoons
    un musical
    una película de espionaje o de terror
    una película de ciencia ficción
    una **película del oeste**   Western
    una película de **guerra** o de aventuras   war

¿Cuál es su criterio para **escoger** una película?	to select
Prefiero una película con (sin)...	
un **desenlace** feliz (trágico, triste)	ending
una **trama** interesante (provocativa, **emocionante**, divertida, futurística)	plot / moving, emotional
un director **muy conocido** (una directora **muy conocida**)	well-known
mi actor preferido o actriz preferida en un papel importante	
mucho humor, suspenso, violencia, romance o acción	
subtítulos	
grandes **estrellas** (**artistas**)	stars

¡Atención!

In Spanish an actor or an actress is often referred to as **un(a) artista**. A person called an artist in English, such as Picasso, is called **un pintor (una pintora)** (a *painter*) or **un escultor (una escultora)** (a *sculptor*).

Algunas personas van al cine para...	
aprender algo nuevo	
descansar o divertirse	
escaparse de la realidad	
llorar, reírse* o **sonreír**	to cry / to laugh / to smile
comentar la película después	

¿Qué opina Ud. de la última película que ha visto?	
¡Excelente! ¡Buenísima! ¡Estupenda! **¡Sobresaliente!** ¡Sensacional! ¡Me gustó!	Outstanding!
¡Muy buena! ¡Buena! Bastante buena. **Regular.**	Okay
¡Mala! ¡Un desastre! **¡Pésima! ¡No me gustó (para) nada!**	Awful! / I didn't like it at all!

ACTIVIDAD 5. Dime una cosa...

With a classmate, ask and answer the following questions.

1. ¿Vas al cine con frecuencia? ¿Por qué sí o por qué no?
2. ¿Qué clase de película te gusta ver?
3. ¿Cómo escoges una película?
4. ¿Cómo reaccionas en el cine? ¿Lloras o te ríes fácilmente? ¿O tratas de ocultar tus emociones?
5. ¿Vas a ver una película este fin de semana? ¿Qué clase de película vas a ver?
6. ¿Qué opinas de la última película que has visto?

---

*Note the present-tense conjugation of the verb **reír(se) (de)**: **me río, te ríes, se ríe, nos reímos, os reís, se ríen**. **Sonreír** follows the same pattern.

Nos reímos de lo que decía el cómico, no de él.	*We laughed at what the comedian was saying, not at him.*
Siempre **me río** cuando miro las películas de Eddie Murphy.	*I always laugh when I watch Eddie Murphy's pictures.*

7. ¿Cuál de las películas que viste el año pasado te gustó muchísimo? ¿Cuál no te gustó para nada? ¿Por qué te gustó o no te gustó esa película?

8. ¿Quiénes son tu actor y tu actriz favoritos?

9. ¿Qué opinas de la película que ganó el Óscar este año como la mejor película del año? ¿Recuerdas quiénes eran los actores? ¿el director? ¿Cuál es el argumento de esta película? ¿Cómo es el desenlace, triste o feliz?

ACTIVIDAD 6. **Los miembros del comité**

The committee that names the candidates for the Oscar awards has asked your class for its recommendations. Form groups of four or five people to consider the following questions. Afterward, compare the responses of the different groups. Is there a consensus or not?

1. ¿Qué película recomiendan Uds. como la mejor? ¿Por qué la recomiendan Uds.?

2. ¿Qué película recomiendan Uds. como mejor película extranjera? ¿Por qué? ¿Tiene subtítulos o está doblada (*dubbed*)?

3. ¿A quién recomiendan Uds. como mejor actor? ¿mejor actriz? ¿Por qué?

4. ¿Qué película tiene los mejores efectos especiales? ¿Por qué creen Uds. que son los mejores?

LENGUA Y ESTRUCTURAS

A. GENDER AND NUMBER OF NOUNS AND ADJECTIVES

1. Many nouns ending in **-ista** have the same form for both masculine and feminine referents. The gender of the person is indicated by the definite or indefinite article.

    el art**ista**/**la** art**ista**   **un** tur**ista**/**una** tur**ista**

2. Most nouns ending in **-ie**, **-is**, and **-umbre** are feminine.

    la serie, la crisis, la costumbre

3. Most nouns ending in **-l**, **-n**, **-r**, **-e**, or **-s** are masculine.

    el musical, el pan, el terror, el desenlace, el paraguas

    Here are some common exceptions:

    la imagen, la gente, la parte, la noche

4. Words that end in **-z** change the **z** to **c** before adding **-es** to form the plural.

    la actri**z** → las actri**ces**   feli**z** → feli**ces**
    la vo**z** → las vo**ces**

B. THE CONTRACTIONS *AL* AND *DEL*

There are only two contractions in Spanish. When the prepositions **a** or **de** appear before the masculine definite article, they combine with it to form the contractions **al** and **del**.

> Le van a dar el Óscar **al** actor mexicano.
> Es una foto **del** cantante español Julio Iglesias.

Actividad 7.   ¡Vamos al cine!

Moviegoing customs are somewhat different in Spanish-speaking countries. As you read about them in the following paragraph, complete the sentences with the masculine or feminine definite article. Be sure to form contractions where necessary.

En _____ ¹ países de habla española, _____ ² cine es muy popular. Como en _____ ³ Estados Unidos, _____ ⁴ periódicos tienen páginas de anuncios de _____ ⁵ películas que se presentan. Pero en estos países es posible comprar _____ ⁶ boletos con anticipación.° Y muchas veces _____ ⁷ asientos están reservados. Entonces, si Ud. quiere asistir a _____ ⁸ función° de las 9:00 de _____ ⁹ noche, es buena idea comprar el boleto durante _____ ¹⁰ día, especialmente si no le gusta sentarse en _____ ¹¹ primera fila.° Si no lo compra con anticipación, tiene que hacer cola.° Al entrar el cine, Ud. verá a _____ ¹² acomodador° o a _____ ¹³ acomodadora que le ayudará a encontrar su asiento. ¡ _____ ¹⁴ gente casi siempre le da una propina!° ¡Es _____ ¹⁵ costumbre!

con... beforehand
show

row
hacer... to stand in line
usher
tip

Actividad 8.   ¿Iguales o diferentes?

Tell whether the following aspects of moviegoing in the United States are the same (**igual**) as or different (**diferente**) from those of Spanish-speaking countries, according to the information in the preceding paragraph.

1. la popularidad del cine
2. los anuncios en el periódico
3. boletos comprados con anticipación
4. asientos reservados
5. las colas para comprar boletos
6. un acomodador que le indica su asiento
7. la costumbre de darle propina al acomodador

Actividad 9.   *Carmen*

Carmen is the story of a beautiful gypsy (**una gitana**) who falls in love with a soldier who deserts his regiment to follow her. The soldier is later cast aside when Carmen falls in love with a bullfighter. The tale has been told in opera, dance, musicals, and now in film. Select the appropriate definite or indefinite article to complete this description of the movie. Remember to form any necessary contractions.

¿Todavía no has visto (*el/la*)[1] película *Carmen*, de (*el/la*)[2] famoso director español Carlos Saura? Es (*un/una*)[3] versión contemporánea de (*el/la*)[4] ópera de (*el/la*)[5] mismo nombre. (*El/La*)[6] trama es así.

Antonio Gades, (*el/la*)[7] mejor bailarín° de flamenco de España, es (*el/la*)[8] coreógrafo de (*un/una*)[9] compañía de baile. Él busca (*un/una*)[10] bailarina perfecta para (*el/la*)[11] papel de Carmen, (*el/la*)[12] hermosa gitana. Cuando la encuentra, se enamoran y comienzan a vivir en realidad (*el/la*)[13] historia ficticia de *Carmen*. (*El/La*)[14] música es espléndida, (*los/las*)[15] bailes son magníficos y (*el/la*)[16] intensidad de (*el/la*)[17] amor... de (*el/la*)[18] pasión... son increíbles. ¡Ay, qué película! ¿(*El/La*)[19] desenlace? Ah, no te lo voy a decir. Tienes que ver la película.

dancer

COMENTARIOS DE HOY

¿Escucha Ud. mucho la radio? Si dice que sí, ¿la escucha por la mañana o por la noche? ¿Dónde la escucha, en casa o en el coche? ¿Qué tipo de programas prefiere escuchar, música o los coloquios (*talk shows*)? Si le gustan los coloquios, asóciese (*join*) al Club de Barbas (*Beards*) de Buenos Aires.

Imposible describirlo con palabras. La gente más despierta del país se asocia al CLUB DE BARBAS de Rubén Aldao. De lunes a sábado desde las 2 hasta las 5:30 hs.
Un club de amigos que se juntan para charlar íntimamente, escuchar música y hacerse compañía después del último café, hasta que llega la hora de afeitarse. Para empezar la mañana con más ganas. Para que las horas más largas, sean más cortas.
Si usted no quiere sentirse solo mientras todos duermen, no dé más vueltas. Deje el dial en Radio Rivadavia.
Y asóciese al CLUB DE BARBAS.

awake or lively, sharp
beards

get together
to keep each other
company

don't toss and turn

CLUB DE BARBAS
Lunes a sábado de 2 a 5:30 hs.

LS5 RADIO RIVADAVIA
Escuche Rivadavia. Y vea un líder en acción.

Sólo para los hombres de la clase: ¿Usa Ud. una brocha de afeitar o una afeitadora eléctrica?

ACTIVIDAD 10. Comprensión de la lectura

¿Cierto o falso? Corrija las oraciones falsas.

1. El Club de Barbas es para la gente que no duerme de noche.
2. El anfitrión (*host*) del programa se llama Rubén Aldao.
3. Se puede escuchar todos los días de la semana.
4. En este programa la gente charla, escucha música, se hace compañía y toma café.
5. Es un programa dirigido (*directed*) a hombres y mujeres.
6. La gente que escucha este programa se acuesta muy tarde o se levanta muy temprano.

LENGUA Y ESTRUCTURAS

C. REFLEXIVE PRONOUNS

Reflexive pronouns are used in Spanish when the subject does something to or for him-, her-, or itself; that is, when the subject and the object of the sentence are the same. Many daily routine or personal care activities are expressed reflexively in Spanish and are translated as *-self/-selves* in English.

(Yo) **Me** lavo.	*I wash (myself).*
(Yo) **Me** visto a las 8:00.	*I dress (myself) at 8:00.*

In addition, however, reflexive pronouns are also used with a number of Spanish verbs whose English equivalent implies no reflexive action or activity.

¡**Me** aburro en las fiestas!	*I'm bored at parties!*
Nunca **me** acuerdo de los nombres.	*I never remember names.*

The following chart shows the reflexive pronouns with the verb **despertarse** (**ie**) (*to wake up, awaken*). Note that the pronouns precede conjugated verbs. When a verb is used reflexively, its infinitive will be written with **-se**.

Yo **me** despierto tarde los domingos.	Nosotros **nos** despertamos temprano.
Y tú, ¿a qué hora **te** despiertas?	**Os** despertáis a las 11:00.
Él **se** despierta cuando suena la alarma.	Ellas **se** despiertan a las 7:00.

Note that reflexive pronouns can either precede a present participle or infinitive or follow and be attached to them.

Miguel, $\begin{cases} \text{¿\textbf{te} estás divirtiendo?} \\ \text{¿estás divirtiéndo\textbf{te}?} \end{cases}$ *Miguel, are you having a good time?*

¿**Te** vas a reunir$\Big\}$
¿Vas a reunir**te** $\Big\}$ con Marta el sábado?   *Are you getting together with Marta on Saturday?*

Here is a list of frequently used verbs that occur with reflexive pronouns in Spanish.

aburrirse	to be bored	**irse**	to go away, leave
acordarse (ue) (de)	to remember	**lavarse**	to wash
acostarse (ue)	to go to bed; to lie down	**levantarse**	to get up, rise; to stand up
afeitarse	to shave	**llamarse**	to be called, named
bañarse	to bathe	**olvidarse (de)**	to forget
cepillarse (los dientes, el pelo)	to brush (*teeth, hair*)	**peinarse**	to comb one's hair
despertarse (ie)	to wake up, awaken	**ponerse**	to put on (*clothing*)
divertirse (ie, i)	to have a good time	**quitarse**	to take off (*clothing*)
dormirse (ue, u)	to go to sleep, fall asleep	**reírse (i, i) (de)**	to laugh (at)
		reunirse	to meet, get together
		sentarse (ie)	to sit down
ducharse	to take a shower	**vestirse (i, i)**	to get dressed

ACTIVIDAD 11. La vida cotidiana durante la semana

What are the members of the Ortega family doing on weekdays at the hours indicated? Explain why they do what they are doing, how they feel about it, and give as many other details as you can.

A las 7:30 de la mañana...

MODELO: El Sr. Ortega se afeita. No le gusta afeitarse, pero tiene que hacerlo (tiene que afeitarse) todos los días durante la semana. ¡No se afeita los sábados!

el Sr. Ortega

la Sra. Ortega

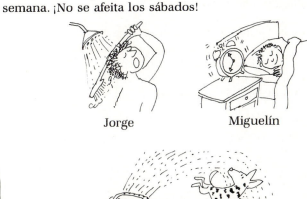

Jorge   Miguelín

Paquita

Anita

A las 9:00 de la noche...

las Sres. Ortega

Jorge

Anita

Miguelín

Paquita

ACTIVIDAD 12. **Su rutina**

Tell what you do at the following times.

MODELO: después de tomar el desayuno →
Después de tomar el desayuno, me visto, me peino...

1. antes de tomar el desayuno   2. después de tomar el desayuno
3. cuando Ud. va a la piscina a nadar   4. al llegar (*on arriving*) a clase
5. después de su última clase   6. antes de acostarse   7. después de
acostarse   8. cuando Ud. escucha la radio   9. cuando Ud. mira la
televisión   10. antes de ir a una fiesta elegante

CH. TELLING TIME

—Sr. Aldao, ¿**a qué hora** se acuesta Ud.?
—Bueno, generalmente me acuesto **a las 8:00**.
—¿**De la noche**?
—No, **de la mañana. ¿Qué hora es** ahora?
—**Son las 8:00 en punto.**
—Entonces, ya **es hora de** acostarme.

Remember that the singular form of **ser** is used with 1:00: *Es la una menos diez.*

For a more detailed review of telling time, see Appendix 2.

ACTIVIDAD 13. **Dime una cosa...**

From Monday to Friday you probably have a daily routine for doing things. But do you follow that routine on weekends as well? Ask a classmate at what time he/she does the following things on weekdays and on the weekends.

MODELO: despertarse →

—¿A qué hora te despiertas todos los días?

—Bueno, durante la semana generalmente me despierto a las 7:00.

—¿Y a qué hora te despiertas los fines de semana?

—Los sábados también me despierto a las 7:00, porque tengo que trabajar. Pero los domingos me despierto a eso de (*about*) las 10:00.

Todos los días... / Los fines de semana...

1. levantarse   2. bañarse/ducharse   3. reunirse con los amigos   4. acostarse y dormirse   5. ¿ _____ ?

D. *ACABAR DE* AND *IR A*

> acabar de + *inf.* to have just (*done something*)
> ir a + *inf.* to be going to (*do something*)

Son las 2:00 de la mañana y Enrique **acaba de volver** del trabajo. Se acuesta, pero no puede dormirse. Entonces enciende la radio y piensa, «**Voy a escuchar** el Club de Barbas un rato».

These two constructions convey the sense of an immediate past and an immediate future.

ACTIVIDAD 14. **Ahora voy a...**

Tell what the following people have just finished doing, according to the cue. Then suggest what they are going to do. Follow the model and use the phrases provided or others of your own.

MODELO: María Elena: trabajar todo el día →
María Elena acaba de trabajar todo el día. Ahora va a ir al teatro.

Frases útiles: acostarse, reunirse con los amigos, ir al teatro, afeitarse, quitarse los uniformes, ducharse, comprar los boletos, divertirse en el centro estudiantil, cepillarse los dientes más a menudo, llamarlo/la por teléfono

1. el Sr. Aldao: presentar su programa de radio
2. mi amigo y yo: jugar al tenis
3. Anita y José: asistir a sus clases
4. tú: acordarse de que vas al cine esta noche con un amigo
5. yo: visitar al dentista
6. el equipo de fútbol: jugar un partido
7. los estudiantes: tomar un examen difícil
8. los niños: bañarse

¡ES ASÍ!

En la mayoría de los países hispánicos, se usa el reloj de veinticuatro horas.
Es muy fácil comprenderlo. Simplemente, reste 12 a la hora: por ejemplo,
13 − 12 = 1. Entonces, Ud. ya sabe que es la 1:00 de la tarde.

2:00 P.M. = 14:00	6:00 P.M. = 18:00	9:00 P.M. = 21:00
3:00 P.M. = 15:00	7:00 P.M. = 19:00	10:00 P.M. = 22:00
4:00 P.M. = 16:00	8:00 P.M. = 20:00	11:00 P.M. = 23:00
5:00 P.M. = 17:00		

EN OTRAS PALABRAS...

Hablando de la televisión

¿Tiene Ud. uno o varios **televisores** en su casa?	TV sets
¿Cuál es **el canal** que Ud. prefiere?	channel
¿Le gusta mirar **los anuncios** o a veces...	advertisements
tiene Ud. ganas de **apagar** el televisor cuando comienzan y...	to turn off
encender lo cuando terminan?	to turn on

COMENTARIOS DE HOY

CANAL 13

DOMINGO ENERO 23

8:00   **LA CANICA[1] AZUL.**
La vida de los niños en otros países.   ENTRETENIMIENTO[2] PARA NIÑOS

8:30   **BARBAPAPA.**
Dibujos animados con mucha fantasía.   ENTRETENIMIENTO PARA NIÑOS

9:00   **CLUB DE DIVERSION.**
Actividades recreativas y sorpresas.   ENTRETENIMIENTO PARA NIÑOS

9:30   **EL GATO FELIX.**
Caricaturas con el felino favorito de todos.   ENTRETENIMIENTO PARA NIÑOS

10:00   **EL GORDO Y EL FLACO.[3]**
Antología de la mejor pareja cómica del cine.   ENTRETENIMIENTO GENERAL

10:30   **ALTO PODER.**
Entrevistas de alta política con Manuel Mejido y Zulema Rashid.   OPINION

11:30   **FERNANDO MARCOS COMENTA...**
...Temas de interés general.   COMENTARIOS

11:45   **FUTBOL SOCCER.**
"Guadalajara Vs. Puebla".   FUTBOL SOCCER

14:00   **BATALLAS[4] DEL PASADO.**
Los hechos bélicos que han influído en el curso de la civilización.   EDUCATIVOS

15:00   **"EL DIA MAS LARGO".**
Película con John Wayne, Henry Fonda y Peter Lawford.   CINE

18:00   **LOS MUPPETS.**
Una auténtica avalancha de diversión.   ENTRETENIMIENTO GENERAL

18:30   **DEPORTV.**   DEPORTES

20:00   **PROGRAMA ESPECIAL**
"El Puente de Adam Rush", con Lee Kalcheim y Lance Kerwin. Estreno.   CINE

21:00   **SIETE DIAS...**
...La historia de cada día.   NOTICIAS, INFORMACION

21:30   **FRENTE A LOS HECHOS.[5]**
Virgilio Caballero y el análisis de los acontecimientos más importantes del mundo actual.   COMENTARIOS

22:00   **CINE CLUB PRESIDENTE:**
"La Ley del Talión", con Robert Redford. Dir. Sydney Pollack.   CINE

0:00   **LA HORA 25.**
Con Luis Spota. Invitada: Sra. Ma. Eugenía "Kena" Moreno.   ENTREVISTAS

Y   **SIEMPRE:**
Recibimos sus Sugerencias en Periférico Sur 4121, C.P. 14141.

---

[1]marble   [2]entertainment   [3]El... *Laurel and Hardy*   [4]battles   [5]hechos

ACTIVIDAD 15. **Hablando de la lectura**

1. Hay cuatro programas para niños en este canal el 23 de enero. Cuando Ud. era niño/a, ¿miraba algún programa de la lista? ¿Miraba los programas del Gordo y el Flaco también? ¿Miraban sus padres el programa del Gordo y el Flaco cuando ellos eran niños?
2. Si Ud. fuera (*were*) niño/a, ¿qué programa de la lista le gustaría ver? Lea bien las descripciones antes de elegir.
3. Vamos a imaginar que Ud. está solo/a en casa. ¿Qué programa le gustaría ver entre las 10:30 y las 14:00? ¿Por qué?
4. Ahora imagínese que toda la familia está en casa y que hay solamente un televisor. ¿Qué programa sería de interés para todos? ¿Por qué?
5. Entre las 15:00 y las 0:00, ¿qué programa miraría solo/a? ¿Qué programa miraría con toda la familia? ¿Por qué?

LENGUA Y ESTRUCTURAS

E. THE INFINITIVE AFTER *AL* OR A PREPOSITION

In English, the present participle frequently follows a preposition or the word *upon* (or *on*). In Spanish, however, only an infinitive can follow **al** or a preposition.

Al levantarme, siempre tomo un café.	*Upon* (*On*) *getting up* (*When I get up*), *I always have a cup of coffee.*
No me despierto **antes de tomar** el café.	*I don't wake up before drinking the coffee.*
Después de tomar el café, me ducho.	*After drinking the coffee, I shower.*
Escucho la radio **en vez de mirar** la tele.	*I listen to the radio instead of watching TV.*
Escucho las noticias **hasta salir** de la casa.	*I listen to the news until I leave* (*leaving*) *the house.*

ACTIVIDAD 16. **Tus costumbres**

What are your television viewing habits? Describe them by selecting elements from each column. If none of the elements in Column C is appropriate for you, complete the sentence with your own words. You can also make the sentences negative.

COLUMNA A	COLUMNA B	COLUMNA C
1. Enciendo el televisor...	al	levantarme, dormir(me)
2. Apago el televisor...	antes de	descansar, divertirme
3. Siempre miro la televisión...	después de	terminar la tarea, estudiar
4. A veces miro la televisión...	en vez de	comer, cocinar
5. Me gusta mirar la televisión...	hasta	llegar a casa, salir de casa
	para	apagar/encender el televisor
6. A veces me duermo...	sin	saber lo que pasa en el mundo
7. Miro una película en la televisión...		¿ —— ?
8. ¿ —— ?		

ACTIVIDAD 17. **Sus preferencias**

¿Qué tipo de programas de televisión suele Ud. (*do you usually*) mirar? ¿Qué tipo de programas le gusta mirar de vez en cuando? ¿Qué programas no mira nunca? Indique sus preferencias en la siguiente tabla.

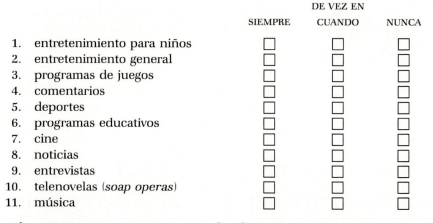

	SIEMPRE	DE VEZ EN CUANDO	NUNCA
1. entretenimiento para niños	☐	☐	☐
2. entretenimiento general	☐	☐	☐
3. programas de juegos	☐	☐	☐
4. comentarios	☐	☐	☐
5. deportes	☐	☐	☐
6. programas educativos	☐	☐	☐
7. cine	☐	☐	☐
8. noticias	☐	☐	☐
9. entrevistas	☐	☐	☐
10. telenovelas (*soap operas*)	☐	☐	☐
11. música	☐	☐	☐

Ahora compare sus respuestas con las de sus compañeros. ¿Qué clase de programas miran Uds. más? ¿Qué clase de programas miran de vez en cuando? ¿Qué clase de programas no miran nunca?

F. VERBS USED IN A REFLEXIVE AND NONREFLEXIVE SENSE

Most verbs that can take an object may be used reflexively.

Miro la televisión.	*I watch television.*
Después de vestirme, **me miro** en el espejo.	*After getting dressed (dressing myself), I look at myself in the mirror.*

However, some verbs have a different meaning when used reflexively.
Compare the meanings of the verbs below with the reflexive verbs on page 53.

aburrir	to bore (*someone else*)	**llamar**	to call
acostar (ue)	to put (*someone else*) *to bed*	**peinar**	to comb (*someone's hair*)
afeitar	to shave (*someone else*)	**poner**	to put, place; to set (*the table*)
bañar	to bathe (*someone*)	**quitar**	to take away, remove; to clear off (*the table*)
cepillar	to brush (*someone or something*)		
despertar (ie)	to wake (*someone up*)	**reunir**	to gather, assemble (*people together*)
divertir (ie, i)	to amuse, entertain (*someone*)		
dormir (ue, u)	to sleep	**sentar (ie)**	to seat (*someone*)
ir	to go	**vestir (i, i)**	to dress (*someone*)
lavar	to wash (*someone or something*)		
levantar	to raise, pick up; to clear off (*the table*)		

¡Atención!

The meaning of some verbs is quite similar whether they are used reflexively or nonreflexively. For example, both **olvidar** and **olvidarse** mean *to forget*; **reír** and **reírse** both mean *to laugh*. Though some Spanish speakers feel that a slightly different meaning is conveyed with the reflexive form, many others do not differentiate the two forms.

Note, however, the following concerning the use of these two verbs.

- **olvidar** + *object* versus **olvidarse de** + *object*

  Olvidé hacerlo. ⎫
  Me olvidé **de** hacerlo. ⎬   *I forgot to do it.*

- **reír(se)** versus **reírse de** + *object*

  (Me) Reí mucho anoche.   *I laughed a lot last night.*
  Me reí mucho **de**l chiste.   *I laughed a lot at the joke.*

ACTIVIDAD 18.   La familia Chávez

Use the correct reflexive or nonreflexive form of the verbs in parentheses to complete this description of a typical day in the life of the Chávez family.

6:30   El reloj despertador (*despertar*)[1] a los señores Chávez. Ellos (*levantar*)[2] y (*duchar*)[3] y el Sr. Chávez (*afeitar*)[4].

7:00   Ellos (*despertar*)[5] a sus hijos. Mientras la Sra. Chávez (*vestir*)[6] y (*peinar*)[7] a sus hijos, el Sr. Chávez (*preparar*)[8] el desayuno.

7:30   Toda la familia (*sentar*)[9] a la mesa para desayunar.

8:00   Los chicos (*mirar*)[10] un programa infantil en la televisión mientras sus padres (*vestir*)[11] y (*preparar*)[12] para ir al trabajo.

8:30   Los padres (*llevar*)[13] a sus hijos a la escuela y ellos (*ir*)[14] al trabajo.

18:00   Cuando los padres vuelven de su trabajo, los chicos ya están en casa. La Sra. Chávez (*preparar*)[15] la cena y el Sr. Chávez (*poner*)[16] la mesa.

19:00   Cuando la cena está lista, toda la familia (*reunir*)[17] en el comedor. Los niños comentan a sus padres sus actividades en la escuela y todos (*reír*)[18] de las cosas graciosas° que cuentan.   *funny*

20:00   Al terminar la cena, todos ayudan a (*quitar*)[19] la mesa.

20:15   Los chicos (*quitar*)[20] la ropa y la Sra. Chávez los (*bañar*)[21]. Ellos (*cepillar*)[22] los dientes y (*poner*)[23] el pijama.

21:00   Los padres (*acostar*)[24] a sus hijos.

21:20   Los señores Chávez (*lavar*)[25] los platos y (*hablar*)[26] de los acontecimientos° del día.   *events*

22:00   Después (*mirar*)[27] las noticias en la televisión.

23:00   Cuando los señores Chávez (*apagar*)[28] el televisor y (*preparar*)[29] para (*acostar*)[30], ellos están cansados y (*dormir*)[31] en seguida.

23:25   Uno de los chicos (*despertar*)[32] y (*llamar*)[33] a sus padres: «Quiero un vaso de agua». Al (*levantar*)[34], el Sr. Chávez le dice a su esposa: «La próxima vez te toca a ti».

ACTIVIDAD 19.   **Sus impresiones**

What is the Chávez family like? Discuss the following aspects of their lives, supporting your statements with some examples from the preceding paragraph.

1.   Los chicos todavía están muy pequeños.
2.   Los padres controlan el tiempo que los chicos miran la televisión.
3.   Los señores Chávez hacen las tareas domésticas (*household chores*) juntos.
4.   Los chicos aprenden a ayudar en casa.
5.   Es una familia unida.

PALABRAS PROBLEMÁTICAS

ir al **cine** para ver una **película**

mirar un programa de **televisión** o un **vídeo** en el **televisor**

ACTIVIDAD 20.   **Dime una cosa...**

To find out more about a classmate's preferences in entertainment, ask him/her the following questions.

1.   Si hay una película nueva que te gustaría ver y de la que todos hablan, ¿vas en seguida al cine a verla, o esperas hasta que sale a la venta en las tiendas de vídeo (o se presenta en la tele)? ¿Por qué?
2.   ¿Qué prefieres hacer los sábados por la noche con tus amigos: mirar un programa de televisión, ver un vídeo en casa o ir al cine? ¿Por qué?
3.   ¿Qué tipo de vídeos prefieres mirar? ¿Compras los vídeos o los alquilas (*rent*)? Si los compras, ¿tienes una colección grande o sólo algunos favoritos? Cuando compras un vídeo, ¿cuántas veces al año lo ves?
4.   ¿Tienes televisor en tu cuarto? ¿Es grande o pequeño? ¿nuevo o viejo? ¿de color o en blanco y negro? ¿Por qué lo tienes en tu cuarto? ¿Hay otro(s) televisor(es) en casa (en la residencia)?

DE TODO UN POCO

ACTIVIDAD A.   **Con sus propias palabras**

Lea la siguiente reseña de la película *Colores*.

La trama de la película trata de dos pandillas callejeras° de Los Ángeles, los | pandillas... *street gangs*
Crips y los Rojos: cómo crecen° y pelean° y cómo entran en el mundo de | *they grow / they fight*
las drogas y cometen un asesinato.° Aunque hay testigos,° éstos tienen | *murder / witnesses*
miedo de hablar.

También es la historia de dos policías que tratan de detener° el tráfico de | *stop*
drogas en la ciudad. Dos oficiales, Danny McGavin (Sean Penn) y Bob
Modges (Robert Duvall), tienen que intervenir en el caso para buscar información sobre el asesinato. Durante la investigación, McGavin conoce a una
joven, Luisa Gómez (María Conchita Alonso) y se siente muy atraído hacia
ella.

El film está basado en situaciones reales y presenta un problema que es
común en muchas ciudades de los Estados Unidos. Es una película con-
troversista° pero buena, en mi opinión. ¡No te la pierdas! | *controversial*

Ahora, siguiendo el modelo de la reseña de *Colores* o del artículo sobre
The Milagro Beanfield War, escriba la reseña de una película que Ud. ha
visto recientemente. Incluya por lo menos lo siguiente:

- el nombre de la película y alguna información de fondo (*background*),
  si es necesario
- un breve resumen de la trama
- los nombres de los actores principales y sus papeles
- su evaluación o recomendación

ACTIVIDAD B.   **La vida de un periodista**

Complete the following paragraph with the correct form of the words in
parentheses, as suggested by the context. When two words are offered,
select the correct one. Use reflexive pronouns when needed.

(*Ser*)[1] la 1:30 de (*el/la*)[2] mañana y Miguel (*volver*)[3] a casa (*del/de la*)[4] oficina
(*de la/del*)[5] periódico donde trabaja. Su esposa y sus hijos ya (*dormir*).[6]
Aunque es tarde, Miguel no (*tener*)[7] sueño porque todavía (*pensar*)[8] en su
trabajo. Para (*calmar*),[9] (*ir*)[10] a (*el/la*)[11] cocina, (*preparar*)[12] un sándwich y
(*servir*)[13] una cerveza. Él (*llevar*)[14] su comida a la sala, (*sentar*)[15] en (*un/
una*)[16] silla cómoda, (*quitar*)[17] la corbata y (*encender*)[18] (*el/la*)[19] televisor.

Como es muy tarde, solamente en (*un/una*)[20] canal hay (*un/una*)[21] programa.
Es (*un/una*)[22] vieja película de ciencia ficción, con monstruos y otros animales grotescos. Por lo general, Miguel (*reír*)[23] de estas cosas, pero después

de 5 minutos, él (*pensar*)[24] «¡Caramba! Si sigo mirando esta película, no voy a poder (*dormir*)[25] porque (*ir*)[26] a ver estos monstruos en mis sueños. Si no duermo, no (*poder*)[27] (*levantar*)[28] por la mañana. A ver si hay algo interesante en (*el/la*)[29] radio».

Pone la radio y escucha (*un/una*)[30] voz que (*decir*),[31] «Si Ud. es una de (*los/ las*)[32] personas que (*levantar*)[33] temprano o que (*acostarse*)[34] tarde, éste es su programa: El Club de Barbas. (*Nosotros: Ser*)[35] un club de amigos que de lunes a sábado (*nosotros: reunir*)[36] para (*charlar*),[37] (*escuchar*)[38] música y (*hacer*)[39] compañía hasta la hora de (*afeitar*).[40]»

«Muy interesante», (*decir*)[41] Miguel, «pero acabo de (*comer*)[42] un sándwich y (*tomar*)[43] una cerveza, y ahora (*tener*)[44] sueño. (*Creer*)[45] que voy a (*acostar*)[46] ahora y a dormir hasta la hora de (*afeitar*).[47]»

ACTIVIDAD C. **¿Quién lo dice?**

Conteste según la historia anterior y la siguiente lista de nombres.

Posibilidades: Miguel, la esposa de Miguel, un hijo de Miguel, un compañero de trabajo de Miguel, un monstruo de la película de ciencia ficción, un científico que aparece en la misma película, el Sr. Aldao.

1. Generalmente me gustan las películas de ciencia ficción, pero ¡ésta es fatal!
2. No sé por qué papá siempre regresa tarde a casa.
3. ¡No, Gloria, no me sigas! Yo me sacrifico... Todo es culpa mía...
4. Hasta mañana, hombre. Ya no puedo trabajar más. Tú lo tienes que terminar a solas.
5. Para apoderarnos del aire y del agua de la tierra, esto es lo que tenemos que hacer.
6. ¿Te vas tan pronto?
7. Esta noche, ¿por qué no empezamos hablando de las próximas elecciones municipales?

ACTIVIDAD CH. **Dime una cosa...**

Find out about a classmate's television preferences and viewing habits by asking him/her questions about the following topics.

1. su programa preferido y por qué le gusta
2. otro programa que mira habitualmente durante la semana
3. otro programa que mira habitualmente los fines de semana
4. su comentarista favorito/a (o canal favorito) para ver las noticias
5. su personaje preferido
6. si mira la televisión mientras estudia (come, descansa)
7. si mira la televisión antes de dormirse (levantarse)
8. cuántas horas al día mira la televisión en un día típico

¡A viajar!

Viajeros jóvenes cruzan la frontera con sus mochilas.

COMENTARIOS DE HOY

¿Quiere Ud. escaparse de la rutina diaria, conocer a otra gente y otros lugares? ¿Tener nuevas experiencias, hacer diferentes actividades, posiblemente hablar otra lengua? Entonces, ¿por qué no hacer un viaje? Para ayudarlo/la a prepararse para el viaje, se da a continuación (*below*) una lista de las cosas que necesita un turista. Pero, ¡una advertencia (*warning*)! Esta lista fue compilada por Landrú, un humorista argentino famoso por sus sátiras y su humor negro.

Unas palabras sobre el vocabulario...

- Algunas de las palabras que se usan en esta lectura son de uso regional. En estos casos, se dan también las palabras más comunes que se usan en otros países.
- Fíjese (*Note*) también en la manera de presentar el vocabulario (**En otras palabras...**) en esta lectura. En vez de formar una lista separada, el vocabulario aparece en negritas (*boldface type*) en la lectura misma. Si cree que en la lectura hay otras palabras útiles para hablar de los viajes, indíquelas Ud. mismo/a.

63

Antes de leer

Antes de hacer un viaje, ¿hace Ud. una lista de todas las cosas que va a llevar? ¿Qué pondría en una breve lista de las cosas absolutamente necesarias para un viaje? ¿Y qué escribiría en una lista de cosas innecesarias pero que le hacen la vida más agradable? ¿Y qué habría en una lista de cosas absurdas para llevar en un viaje? Con otros dos estudiantes, haga las listas mencionadas. Después de hacer las listas, lea el artículo para ver si Uds. han mencionado algunas de las cosas que aparecen en el artículo.

witch doctor
mal... evil eye
aeropuerto de Buenos Aires

Elementos de los que debe proveerse° un turista

En otras palabras...
Para un viaje
be supplied

PARA UN VIAJE

1 pasaporte
2 **valijas** para llevar la ropa — maletas (suitcases)
5 valijas para llevar el exceso de **equipaje** — baggage
1 cámara, colgada al cuello[1] para fotografiarse al lado de la Torre de Pisa,
   de la Torre Eiffel, de la Plaza Mayor[2] o del Coliseo
1 **billetera** repleta de dólares o cheques de viajero — cartera
1 lista de las tiendas más baratas en cada ciudad
1 lista de regalos para la familia
1 **portafolio** para toda la documentación: — briefcase
   tarjetas de abordar, **pasajes** y **boletos de equipaje** — boarding passes / tickets / baggage checks
1 **caja** de comprimidos antigripales[3] — box
1 termómetro
1 caja de aspirinas y 1 caja de vitaminas
1 **reloj despertador** para no perder los aviones — alarm clock
1 bolsa para traer los **recuerdos**: — souvenirs
   ceniceros,[4] lapiceras,[5] **toallas** de hoteles, **cubiertos**, etcétera — towels / silverware
1 sobretodo[6] con muchos **bolsillos** para **guardar** las compras de último momento — pockets / to keep
1 **cinturón secreto** para guardar los dólares — money belt
1 **libreta** con la dirección de todos los amigos, para **enviar** tarjetas desde el extranjero — notebook / to send
   y despertar envidia[7]

---

[1]colgada... *hanging around the neck*   [2]Plaza... una plaza en el centro de Madrid
[3]comprimidos... *antiflu pills*   [4]*ashtrays*   [5]*bolígrafos*   [6]*abrigo*   [7]*envy*

1 par de **anteojos** negros inmensos

1 cuaderno para escribir las impresiones del viaje y no confundir[8] luego Venecia con Bruselas

1 calculadora para saber lo que vamos a gastar en plata[9] argentina cada vez que pensamos en comprar un chirimbolo[10] o dos

Varias camisas «*wash and wear*» para lavarlas de noche en el hotel y no gastar en **lavandería**

1 **monedero** especial para **propinas**

1 amuleto bendecido[11] por el curandero Garrincha contra el mal de ojo

1 par de zapatos cómodos para caminar 200 **cuadras** por día

1 hoja[12] con el itinerario de nuestra **gira**, para mirarla cuando no recordamos en qué país estamos

1 cubreojos[13] para poder dormir bien cuando **nos trasladamos** en **micro** de una ciudad a otra

1 **banqueta portátil** para sentarse en Ezeiza, a la vuelta,[14] mientras esperamos en **la aduana**

gafas (eyeglasses)

laundry
coin purse / tips

(city) blocks
tour

we move / *autobús*

portable stool
customs

ACTIVIDAD 1. **Comprensión de la lectura**

Read the following lines from Landrú's list and tell whether each is a practical suggestion (**una sugerencia práctica**), an exaggeration (**una exageración**), or a satire on the stereotypical tourist (**una sátira del turista típico**). Be prepared to justify your responses.

1. 1 pasaporte
2. 2 maletas para llevar la ropa
3. 5 maletas para llevar el exceso de equipaje
4. 1 cámara, colgada al cuello
5. 1 cartera repleta de dólares o cheques de viajero
6. 1 portafolio para la documentación
7. 1 caja de aspirinas y 1 caja de vitaminas
8. 1 bolsa para traer los recuerdos (ceniceros, toallas de hoteles...)
9. 1 abrigo con muchos bolsillos para las compras de último momento
10. 1 cinturón secreto para guardar los dólares
11. 1 par de anteojos negros inmensos
12. 1 cuaderno para escribir las impresiones del viaje y no confundir luego Venecia con Bruselas
13. 1 amuleto contra el mal de ojo
14. 1 par de zapatos cómodos para caminar 200 cuadras por día
15. 1 hoja con el itinerario de nuestra gira para mirarla cuando no recordamos en qué país estamos

---

[8]*to confuse*   [9]*dinero*   [10]*gadget, little thing*   [11]*blessed*   [12]*sheet (of paper)*   [13]*eyeshade*   [14]*a... upon returning*

ACTIVIDAD 2. **Dime una cosa...**

Find out about your classmate's travels by asking him/her the following questions.

1. ¿Qué estados de este país has visitado? ¿Qué estados te gustaría visitar?
2. ¿Has viajado al Canadá? ¿a México? ¿a Europa? ¿a Centroamérica? ¿a Sudamérica? ¿a África? ¿a Asia?
3. ¿A qué país(es) te gustaría viajar?
4. Por lo general, ¿has viajado solo/a? ¿con tu familia? ¿con amigos? ¿con un grupo de compañeros? ¿con una gira? ¿Cómo prefieres viajar?
5. ¿Dónde pasaste las vacaciones del verano pasado?
6. Cuando viajas, ¿a quiénes envías tarjetas?
7. ¿Qué equipaje llevas, muchas maletas y bolsas o solamente una mochila? ¿Llevas una cámara? ¿una radio o un cassette?
8. ¿Llevas cosas muy prácticas y cosas poco prácticas, o solamente cosas prácticas? Si también llevas cosas poco prácticas, ¿cuáles son? ¿Por qué las llevas?

■ LENGUA Y ESTRUCTURAS

A. USES OF THE DEFINITE ARTICLE

The definite article is used more frequently in Spanish than in English. Note these uses:

1. to refer to a person with a title* such as **profesor**, **doctor**, **señor**, **señora**, or **señorita**

   La señora Jiménez viaja a menudo.

   However, when the person is addressed directly, the definite article is not used.

   Señora Jiménez, ¿viaja Ud. a menudo?

2. with nouns in a series

   El tren, **el** autobús, **el** avión y **el** coche son modos de transporte.

3. with the names of languages or fields of study

   The article is omitted, however, after the prepositions **de** and **en** and when the name directly follows the verbs **hablar**, **aprender**, **estudiar**, **enseñar**, or **leer**.

---

*Note that the article is not used with **don** or **doña**, titles of respect used with someone's first name: **don Félix**, **doña Marta**. These titles are less formal than **Sr.**, **Sra.**, and **Srta.**, and they communicate a feeling of warmth or cordial familiarity. Depending on the context, they can also communicate a sense of respect: **...y éste es mi abuelo, don Gregorio**.

Hablo español e inglés. Estudio biología y química. El libro de biología es más interesante que el de química. Francamente, no comprendo **la** química muy bien.

When one of these verbs is modified, the definite article is used.

¿Hablas **bien el** español? —Pues, hablo **mejor el** inglés.

4. with the days of the week, to express *on*

El avión para Puerto Rico sale **los** lunes, miércoles y viernes.
—Pero... quiero salir **el** martes.

See Appendix 3 if you need to review the names of the days of the week.

5. to refer to articles of clothing and parts of the body, when the context makes the meaning clear

Cuando el Sr. Rivas viaja, lleva **la** cámara colgada a**l** cuello.

When the possessor is not obvious, the possessive adjective is used.

Nilda no se pone **su** abrigo sino el abrigo de su hermana.

6. to refer to a concrete or abstract noun or to a noun used in a general sense

Note that the article is generally omitted in English in this context.

Me gustan **las** tarjetas con vistas panorámicas.
El hambre es un problema serio.

7. to refer to certain countries (optional)

la Argentina	los Estados	el Perú
el Brasil	Unidos	la República
el Canadá	la India	Dominicana
el Ecuador	el Japón	el Uruguay
	el Paraguay	

The article, however, is an integral part of **El Salvador**. Note also that it is capitalized.

ACTIVIDAD 3. **Las preparaciones del viaje**

La Sra. Montoya va a hacer un viaje al extranjero poco después de leer el artículo de Landrú. Aquí estan algunas de sus reflecciones y preguntas. Complete los párrafos con el artículo definido cuando sea necesario. No se olvide de formar contracciones.

«A ver. Ya tengo _____¹ pasaporte, acabo de comprar _____² siete maletas que voy a necesitar y _____³ bolsa para _____⁴ recuerdos, aunque no pienso comprar muchos. ¡Ay, Dios! ¿Dónde está _____⁵ cámara? Ah sí, aquí la tengo, colgada a _____⁶ cuello para no olvidarme de llevarla.

Tengo _____⁷ cheques de viajero en _____⁸ cartera y _____⁹ libreta con _____¹⁰ direcciones de todos mis amigos y familiares. _____¹¹ Sr. Landrú también recomienda llevar _____¹² medicamentos que creo que voy a necesitar. Y aquí están _____¹³ zapatos cómodos, aunque no sé si puedo caminar 200 cuadras en un día. ¡Es mucho! En _____¹⁴ hoja _____¹⁵ itinerario de _____¹⁶ gira no dice que tenemos que caminar 200 cuadras por día. Y _____¹⁷ gafas de sol inmensas... No sé si éstas son inmensas o no, pero sí son grandes.

¿Tengo que llevar _____¹⁸ diccionario español-francés? Aprendí _____¹⁹ francés en _____²⁰ escuela secundaria, pero no sé si _____²¹ franceses me van a comprender. Hmm. El artículo no menciona un diccionario. ¿Qué voy a hacer? ¡Ya sé! Voy a llamar por teléfono _____²² Sr. Landrú para preguntarle si debo llevar uno o no. «¡Hola! ¿_____²³ Sr. Landrú? Habla _____²⁴ Sra. Montoya. En _____²⁵ artículo que Ud. escribió... »

¿Son ciertas o falsas las siguientes conclusiones, según los comentarios de la Sra. Montoya? Corrija las falsas.

1. La Sra. Montoya viaja con frecuencia.
2. Es una persona un poco olvidadiza (*forgetful*).
3. Ha tomado en serio todo el artículo de Landrú.
4. Va a hacer un viaje a la Argentina.
5. Va a ser una turista enérgica e independiente.
6. Landrú va a estar muy contento con la llamada de la Sra. Montoya.

B. THE RECIPROCAL REFLEXIVE; MORE ABOUT REFLEXIVES

1. The plural reflexive pronouns **nos**, **os**, and **se** are used with first-, second-, and third-person plural verbs to describe mutual or reciprocal actions, usually expressed in English with *each other*.

Ana y Federico **se** conocen y **se** llaman **el uno al otro** todas las noches.	*Ana and Federico know each other and they call each other every night.*
Nos escribimos (**una a otra**) con frecuencia.	*We write each other frequently.*

The use of the clarifying phrases—and the use of the article in the clarifying phrases—is optional. When the phrase occurs, however, the forms are masculine unless both subjects are feminine, as in the second example.

2. The clarifying phrases for reflexive pronouns used reflexively (not reciprocally) are **a mí mismo/a**, **a ti mismo/a**, **a sí mismo/a**, and so on.

Con estas enormes gafas de sol, ni **me** reconozco **a mí misma**.	*With these huge sunglasses I don't even recognize myself.*

These phrases can be used as the object of other prepositions as well.

¡Sólo piensas **en ti mismo**!	*You think only of yourself!*
No les gusta hablar **de sí mismos**.	*They don't like to talk about themselves.*

ACTIVIDAD 4. **En el viaje**

Tell what happens during Mrs. Montoya's tour of Europe, using the reciprocal reflexive structure and clarification when necessary.

MODELO: La Sra. Montoya se reúne con las otras personas de la gira. Las otras personas de la gira se reúnen con la Sra. Montoya. →
La Sra. Montoya y las otras personas se reúnen.

1. La Sra. Montoya no conoce a sus compañeros de viaje. Ellos no conocen a la Sra. Montoya.
2. La Sra. Montoya saluda a una señora en el ómnibus. Una señora saluda a la Sra. Montoya.
3. La Sra. Montoya habla con el guía (*guide*). El guía habla con ella.
4. La Sra. Montoya escucha a los franceses. Los franceses la escuchan a ella.
5. La Sra. Montoya no comprende a los franceses. Los franceses no comprenden a la Sra. Montoya.
6. La Sra. Montoya saca fotos de los otros viajeros. Ellos sacan fotos de ella.
7. La Sra. Montoya habla con un caballero español. El caballero español habla con ella.

ACTIVIDAD 5. **Sus relaciones personales**

Form complete sentences as in the model, adding whatever information is necessary to describe yourself and your relationship with others.

MODELO: llamar por teléfono →
Mi novio y yo nos llamamos por teléfono casi todas las noches.

1. comprender muy bien
2. escuchar cuando hay un problema
3. ayudar con la tarea
4. enviar tarjetas de cumpleaños
5. ver todos los días
6. querer
7. pelear (*to fight*)
8. pensar en (sí mismo/a)
9. hablar de (sí mismo/a)
10. ¿———?

■ EN OTRAS PALABRAS...

Más sobre los viajes

Se puede hacer un viaje en autobús, avión, barco, coche o tren. Generalmente es más económico comprar un pasaje de **ida y vuelta**. — round-trip

Muchos estudiantes prefieren llevar una mochila y dormir en **un albergue juvenil** o acampar. — youth hostel

Pero algunas personas quieren pasar la noche en un hotel, en **una pensión** o en **un parador**. — guest house / historic buildings in Spain converted into small hotels

Cuando **están de viaje** algunas personas quieren... — they are on a trip
   asistir a conciertos o a la ópera o al teatro
   ir a un museo para ver el arte, los objetos, **la artesanía** y **las antigüedades** de otras culturas — crafts / antiques
   hacer compras en tiendas o mercados
   mirar los monumentos, **castillos** y otros **sitios históricos** — castles / historic sites

Otras personas prefieren...
   ver un lindo **paisaje** o pueblos **pintorescos** — scenery / picturesque
   escalar montañas — to climb
   relajarse en la playa — to relax
   ver las grandes ciudades del mundo

Pero lo más importante de un viaje es **¡pasarlo bien!** — to have a good time!

■ ¡ES ASÍ!

DAVID KUPFERSCHMID

CARL FRANK / PHOTO RESEARCHERS, INC.

(*left*) Estos alpinistas mexicanos se preparan para escalar el volcán Popocatepetl.   (*right*) Este adorno de oro, de la época precolombina, se puede ver en Bogotá, Colombia.

¿Qué le gusta ver y hacer en un viaje? Sea lo que sea (*whatever it may be*), lo puede encontrar en el mundo hispánico.

¿Le gusta combinar el deporte con un viaje? Si a Ud. le gusta escalar montañas, en España están los Pirineos, mientras en Sudamérica los Andes presentan un desafío (*challenge*) a los alpinistas más expertos. ¿O busca Ud. un lugar para esquiar en los meses de junio, julio y agosto? El esquí es muy popular en Chile y la Argentina, y cuando es verano en los Estados Unidos, es invierno en esos países.

¿Le interesa ver museos? Entre los grandes museos del mundo figuran el Prado de Madrid, con su magnífica colección de obras de muchos pintores europeos y de todos los famosos pintores españoles hasta el siglo XIX; el Museo Antropológico de México, donde se puede estudiar la historia de México a través del arte y de los objetos de las culturas precolombinas; y el Museo del Oro de Bogotá, que contiene un tesoro (*treasure*) incomparable de objetos de oro de las culturas que vivían en la región que hoy es el Perú.

¿O tiene Ud. ganas de ver las maravillas de la naturaleza? El Salto (*Falls*) del Ángel en Venezuela es la catarata (*waterfall*) más alta del mundo. La región de los lagos de Chile y la Argentina ofrece montañas, lagos y panoramas inolvidables. Si tiene interés en ver pingüinos, siga más al sur, a la Antártida. O si quiere tener una experiencia totalmente diferente, vaya a la selva del Amazonas para ver miles de especies de flora y fauna.

Pero si Ud. prefiere descansar, hacer windsurfing y relajarse, vaya a las hermosas playas del Caribe... a las costas del Atlántico y del Pacífico en México... a las playas de Centro o Sudamérica... o al Mediterráneo en España. ¡Que lo pase bien!

ACTIVIDAD 6. **¿Cómo viajan?**

Read the description of the people in the drawings and select the appropriate mode of travel, places, destinations, belongings, and activities for their trips from the lists that follow. Give a reason for each of your selections and add any other details that you can.

A. Bob y Susan son estudiantes norteamericanos que tienen vacaciones en julio y agosto. Estudian español en la universidad y quieren practicar la lengua y estudiar la cultura de Latinoamérica. Tienen un gran deseo de viajar, pero no tienen mucho dinero.

B. María Inés y Francisco son una pareja de jóvenes recién casados. Ella es abogada y él es médico. Tienen dos semanas de vacaciones en julio y les fascina esquiar. Pero también quieren un lugar con mucha vida nocturna.

C. Rosita y Mario tienen dos hijos de 9 y 11 años, y todos van a ir de vacaciones este año. Rosita trabaja en una agencia de viajes, y Mario es ejecutivo en una compañía. Ellos han trabajado muy duro este año, y quieren pasar su mes de vacaciones en un lugar tranquilo, sin hacer nada.

D. Ya que los señores Ochoa están jubilados (*retired*), les gusta hacer un viaje todos los años. Tienen bastante energía, tiempo y dinero, y les gusta ver museos, ir al teatro y a la ópera y adquirir cosas para su colección de antigüedades.

1. Viajan en...
   avión, barco, coche, tren, autobús, ¿_____ ?
2. Viajan...
   solos, en grupo, con unos amigos, con (parientes), ¿_____ ?
3. Viajan con...
   una mochila, una maleta, muchas maletas, un portafolio, ¿_____ ?
4. Llevan...
   una cámara, varias cámaras, medicamentos, un botiquín (*first aid kit*),

una lista de tiendas, un reloj despertador, un cinturón secreto, una libreta de direcciones, gafas de sol, zapatos cómodos, *blue jeans*, trajes de baño, ropa elegante, ¿——— ?

5. Van a quedarse en...
   un albergue juvenil, una pensión, un parador, un hotel modesto, un hotel de lujo, ¿——— ?

6. Quieren ir a...
   conciertos, el teatro, la ópera, museos, sitios históricos, discotecas, ¿——— ?

7. Quieren ver...
   pueblos pintorescos, ciudades coloniales, paisajes hermosos, grandes ciudades, las maravillas (*wonders*) de la naturaleza, ¿——— ?

8. Van a comprar...
   tarjetas, ropa elegante, antigüedades, obras de arte, juguetes (*toys*), camisetas que tienen el nombre del lugar que visitan, crema bronceadora (*suntan lotion*), recuerdos para sus parientes y amigos, ¿——— ?

9. Van a comer en...
   cafeterías, restaurantes de tipo familiar, restaurantes elegantes, ¿——— ?

10. Durante sus vacaciones, quieren...
    caminar mucho, practicar un deporte, bailar toda la noche, conocer a la gente del país, descansar, visitar muchos lugares, nadar, hacer compras, aprender algo nuevo, ¿——— ?

Ahora, siguiendo el mismo esquema, explique cómo quiere Ud. viajar.
Luego hágale preguntas a su profesor(a) para que les hable de lo que hace él/ella cuando va de viaje.

LENGUA Y ESTRUCTURAS

C. DEMONSTRATIVE ADJECTIVES

The demonstrative adjectives are the equivalent of English *this*, *that*, *these*, and *those*. They usually precede the nouns they modify and, like other adjectives in Spanish, agree with the nouns in both gender and number.

SINGULAR			PLURAL		
masculino	*femenino*		*masculino*	*femenino*	
este	esta	*this*	estos	estas	*these*
ese	esa	*that*	esos	esas	*those*
aquel	aquella	*that*	aquellos	aquellas	*those*

¡Qué panorama más her-
moso! Mire **este** lago
cristalino, **esos** árboles y
aquellas montañas. ¡Es
divino!

*What a beautiful view! Look
at this clear lake, those
trees and those moun-
tains over there. It's
gorgeous!*

The **ese** forms refer to objects, places, people, and concepts that are relatively near. The **aquel** forms refer to objects, places, people, and concepts
that are distant in space or time, or that are even farther off once **ese** has
established that distance. The **aquel** forms also convey the meaning of *over
there*.

ACTIVIDAD 7. **Un trabajo difícil**

Paco Benítez is a university student in Spain who has spent the summer
working as a tour guide. With a classmate, play the roles of Paco and the
tourists by answering some of the questions he was asked as he escorted
the group through his country.

MODELO: el palacio que está aquí enfrente / la Alhambra →
—¿Cómo se llama el palacio que está aquí enfrente?
—Este palacio se llama la Alhambra.

1. el deporte que estamos mirando / jai alai
2. los hombres que están en la plaza con el matador / picadores (*m.*)
3. el parador donde estuvimos anoche / el Carlos Quinto
4. el castillo que se ve en la distancia / el Alcázar
5. los jardines que se ven a lo lejos / el Generalife
6. el restaurante donde acabamos de entrar / Sobrinos de Botín
7. la avenida donde hicimos compras esta mañana / la Gran Vía
8. las montañas que se ven en la distancia / la Sierra de Guadarrama

CH. DEMONSTRATIVE PRONOUNS

Demonstrative pronouns take the place of nouns. They are used to avoid
repeating nouns that have already been mentioned. Their English equivalents are *this one*, *that one*, *these*, and *those*.

¿Vas a comprar estos zapatos
o **ésos**? —No sé qué hacer.
Éstos son más lindos que
ésos, pero **ésos** son más
cómodos.

*Are you going to buy these
shoes or those? —I don't
know what to do. These are
nicer than those, but those
are more comfortable.*

The demonstrative pronouns have exactly the same form as the demonstrative adjectives and also agree with the nouns to which they refer in gender and number: **este libro** → **éste**; **esos bolígrafos** → **ésos**. Note the use of the accent mark on the pronouns. The accent is now optional in Spanish, as long as context makes the meaning of the pronoun clear. However, most Spanish speakers continue to use accents on these forms.

¡Atención!

Esto, **eso**, and **aquello** are neuter forms that refer to abstract or general ideas, unidentified things, and statements. They have plural forms and are not accented.

¿Qué quiere decir **eso**?	*What does that mean?*
Esto no me gusta nada.	*I don't like this at all.*

ACTIVIDAD 8.   ¡Mira! (*Look!*)

On Dora's and Roberto's first trip to Spain, they eagerly point things out to each other. Restate their conversations to eliminate unnecessary repetition of nouns, using demonstrative pronouns when appropriate.

1.   —¡Mira ese café nuevo!
     —¿Cuál? ¿Ese café a la derecha?
     —No, el café que está en la otra esquina.
     —Ah, ese café. ¿Quieres tomar algo en ese café?
2.   —¡Mira estas tarjetas!
     —¿Cuáles? ¿Estas tarjetas que tienen escenas de Salamanca?
     —No, las tarjetas con escenas de Madrid.
     —Ah, estas tarjetas. ¿Cuántas tarjetas vas a comprar?
3.   —¡Mira a aquella chica!
     —¿Cuál? ¿Aquella chica sentada en el banco (*bench*)?
     —No, la chica vestida de punk.
     —Ah, aquella chica. ¿Quieres hablar con aquella chica?
4.   —¡Mira a esos turistas!
     —¿Cuáles? ¿Esos turistas a la izquierda?
     —No, los turistas que están sacando fotos de nosotros.
     —Ah, esos turistas. ¿Por qué no sonríes?

COMENTARIOS DE HOY

Antes de leer

Some people have to combine business with the pleasure of a vacation. In the following advertisement, look for the inducements that **Renfe**, the national railroad of Spain, offers the business traveler.

Before you start reading, look at the drawings that illustrate the article. They offer clues to some of the advantages mentioned in it. With a classmate, make a list of the things you think are suggested by the drawings. Later, see how your list compares with what the reading actually conveys.

Actividad 10, which follows the reading, will give you some practice with vocabulary from the article. If you have difficulty with the reading, try doing that activity first.

HAGA NEGOCIOS SOBRE LA MARCHA°

sobre... *on the go*

 Supongamos que usted tiene que hacer un viaje de negocios. Y lo quiere hacer lo más rápido y

lo mejor posible. ¿Qué hacer? Pues eso, no haga nada. Simplemente llame a este número: 91 / 429 82 28. Y diga:

quiero hacer una reserva Y olvídese. Nuestra Central de Reservas se pone automáticamente

en funcionamiento. Supongamos que no quiere ir solo. Pues no hay más que hablar. Por 1.625 ptas. puede

viajar con su pareja. Y si es ida y vuelta, pues eso, el 20% menos.* Ya está en

la estación. Falta media hora y no sabe qué hacer. Pues siéntese. Y espere leyendo el periódico, viendo

televisión o tomando un aperitivo. En las Salas Rail Club da gusto esperar. Le avisarán a tiempo

y si su billete es de Gran Clase, podrá viajar en una cabina dotada con servicio completo de baño. Ducha

incluida. Para que llegue fresco a su destino. ¿Quiere tener un coche en la puerta de la

estación? Pues lo tendrá. De Hertz, para más señas. ¿Quiere disponer de una habitación de

hotel para descansar o preparar su reunión de trabajo? Pues la tiene con sólo presentar el billete en recepción.

 Y ahora supongamos que por algún motivo no ha quedado satisfecho, que es mucho

suponer. En ese caso escríbanos al Apartado de Correos 61.299 de Madrid. Y haremos lo

imposible para corregir errores. Así, sobre la marcha.

 **MEJORA TU TREN DE VIDA.**

Actividad 9. Comprensión de la lectura

Select the expression from Column B that refers to the drawing in Column A.

COLUMNA A

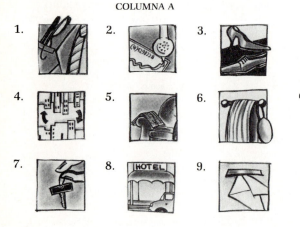

1.   2.   3.

4.   5.   6.

7.   8.   9.

COLUMNA B

a.   En Gran Clase hay baño completo.
b.   Es fácil hacer una reserva.
c.   Si Ud. no está contento/a con el servicio, escriba una carta a Renfe.
ch. Es un servicio especial para personas de negocios.
d.   Se puede alquilar un coche.
e.   Se hace un descuento a las personas que viajan ida y vuelta.
f.   Es fácil reservar una habitación con este servicio.
g.   Hay un precio especial si su pareja lo/la acompaña.
h.   Se puede esperar cómodamente.

Actividad 10. Comprensión de vocabulario

Match the words in Column A with the phrases in Column B that help you to guess their meaning.

COLUMNA A

1.   suponer
2.   una reserva
3.   su pareja
4.   falta media hora
5.   da gusto
6.   el billete
7.   ducha
8.   fresco
9.   su destino
10. disponer de
11. su reunión
12. algún motivo
13. es ese caso
14. corregir

COLUMNA B

a.   es para bañarse
b.   sinónimo de **pasaje** o **boleto**
c.   el lugar donde Ud. quiere llegar
ch. imaginar
d.   sinónimo de **mitin**
e.   tener una cabina o un asiento reservado
f.   tener, obtener
g.   es un placer
h.   tiene que esperar treinta minutos
i.   si esto ocurre
j.   su esposo/a
k.   cambiar un error
l.   antónimo de **cansado**
ll. la razón

Actividad 11. ¡Ahora le toca a Ud.!

Put what you have learned to work by completing the following dialogue. Assume that you are on a business trip to Spain. A classmate will play the role of the reservations agent who answers your phone call.

AGENTE: Buenos días, Renfe. ¿En qué puedo servirle?

UD.: Buenos días, señor(ita). ¿____[1] de Madrid a Valencia?

AGENTE: Sí, señor(ita). Tenemos servicio frecuente y rápido.

UD.: ¡Qué bien! Entonces, ____[2].

AGENTE: Muy bien, señor(ita). ¿Viaja solo/a o acompañado/a?

UD.: Depende. ¿Hacen un precio especial si dos personas viajan juntas?

AGENTE: Sí, señor(ita). Su pareja tiene que pagar solamente ____[3].

UD.: Si es así, ____[4] para mi esposo/a también.

AGENTE: Muy bien, señor(ita). Dos personas. ¿Regresan Uds. a Madrid?

UD.: Sí, quiero dos billetes de ____[5]. Y una pregunta más, señor(ita). ¿Hay algún lugar tranquilo para esperar en la estación?

AGENTE: Sí, cómo no. En ____[6]. ¿Le gustaría viajar en Gran Clase?

UD.: ¿Qué significa Gran Clase? ¿Es un asiento mejor?

AGENTE: No, señor(ita). Es ____[7].

UD.: ¿Tiene ducha también?

AGENTE: ____[8], señor(ita).

UD.: Entonces, ____[9] en Gran Clase. Y si quiero alquilar un coche en Valencia, ¿me puede ayudar?

AGENTE: Cómo no. Y también, si Ud. quiere reservar una habitación en un hotel, ____[10].

UD.: ¡Qué buen servicio!

AGENTE: Gracias, señor(ita). Y en caso de que Ud. no esté satisfecho/a con nuestro servicio, ____[11].

UD.: Estoy seguro/a de que estaré satisfecho/a. Muchas gracias, señor(ita).

LENGUA Y ESTRUCTURAS

D. PLACEMENT OF ADJECTIVES; MORE ON AGREEMENT

You have already reviewed a great deal of information about the placement of adjectives in the exercises and readings in *Un paso más*. Here are some simple rules.

1. Adjectives that describe the qualities of a noun, including its color, size, and shape, generally follow the noun they modify.

   Caracas es una ciudad muy **grande**.
   Las zonas **verdes** de la ciudad son muy bonitas.

2. Adjectives of quantity and possessive, demonstrative, and interrogative adjectives precede the noun they modify.

   Mucha gente vive en la capital de Venezuela.
   Aparte de Caracas, ¿conoce Ud. **otra** ciudad de Venezuela?
   Esta ciudad es muy interesante, sobre todo **sus** barrios antiguos.
   ¿Cuánta gente vive en Venezuela?

The following description of Caracas, taken from an article about the city, demonstrates some additional information about adjective placement in Spanish. As you read it, look at the adjectives in boldface to answer these questions.

- Where are adjectives of nationality and origin placed?
- What happens when more than one descriptive adjective modifies a noun? (Give at least two answers.)

DAVID KUPFERSCHMID

Esta vista panorámica de Caracas, Venezuela, muestra dos aspectos de la ciudad.

Con **legítimo** orgullo Caracas presenta una **increíble** variedad de restaurantes, desde los de la más **auténtica** comida **venezolana** hasta los de la **exótica** comida **asiática**. La comida **española** tiene también su zona. En La Candelaria, **antigua** parroquia° **caraqueña**,° Ud. encuentra restaurantes que le hacen vivir momentos **gastronómicos** sólo comparables con los que pueda Ud. encontrar en el Madrid del Arco de Cuchilleros°...

    Y es que Caracas es eso, un **abigarrado**° mosaico **bizantino** donde se mezclan° los pueblos y las razas para hacer de un **hermoso** mestizaje,° **libre**° y **explosivo**, la **exótica** personalidad del caraqueño.

parroquia° barrio

caraqueña,° de Caracas

Arco... zona famosa por sus restaurantes
abigarrado° *many-colored* / se... *mix*
mestizaje° *racial mixture* / libre° *free, open*

You should have answered the questions in this way.

3. Adjectives of nationality and origin generally follow the noun they modify.

> La comida **española** tiene también su zona.

4. When there are two or more descriptive adjectives, the following is common.

- One may precede and the other follow. Often the shorter adjective precedes, but not always.

    un **abigarrado** mosaico **bizantino**

- If one *must* follow, the other precedes.

    la más **auténtica** comida **venezolana**

- All or most can follow and be linked by **y**.

    un **hermoso** mestizaje, **libre y explosivo**
    una ciudad **grande, fascinante y cosmopolita**

Here are some additional rules that will help you place adjectives correctly and communicate accurately.

5. Certain adjectives (**bueno**, **malo**, **primero**, **tercero**) drop their final **-o** when they precede a masculine singular noun. **Grande** drops its **-de** and **cualquiera** (*any*) drops its **-a** before both masculine and feminine singular nouns.

un buen viaje	una buen**a** excursión
un mal día	una mal**a** noche
un gran hombre	una gran mujer
cualquier curso	a cualquier hora

¡Atención!

Some adjectives change meaning according to their placement in relation to the noun.

Caracas es una **gran** ciudad.	*Caracas is a **great** city.*
Caracas es una ciudad **grande**.	*Caracas is a **big** city.*
Beatriz es una **vieja** amiga.	*Beatriz is an **old** (long-standing) friend.*
Doña Flora es una amiga **vieja**.	*Doña Flora is an **elderly** friend.*

6. Remember the following:

   • **Y** changes to **e** before words beginning with **i** or **hi**.

   Maracaibo es otra ciudad grande **e** importante de Venezuela.

   • **O** changes to **u** before words beginning with **o** or **ho**.

   ¿Sabes el nombre de otro estado **u** otra ciudad en Colombia?

You may not be able to use all of the adjective placement rules with ease at first, but you will become increasingly familiar with this aspect of Spanish the more you listen to and read the language.

ACTIVIDAD 12. **Un viaje al D.F.**

You are on a trip to Mexico City (**México, D.F. = Distrito Federal**), commonly called **el D.F.** Describe some of the sights you have seen by completing the following sentences, using the correct form of the adjectives suggested.

¡Atención!

When more blanks than adjectives appear, you will have to make decisions about adjective placement. Some blanks may take more than one adjective:

Esta cabeza olmeca está en el Museo Antropológico de México.

use **y** when necessary. Think about the meaning of the adjectives as well as about the rules for their placement. Don't always use the adjectives in the order given. Finally, there is sometimes more than one right answer!

> MODELO: El metro es _____ .
> (rápido / cómodo / limpio) →
> El metro es rápido, cómodo y limpio.

1. El _____ Museo Antropológico es _____ .
    (famoso / muy interesante)
2. La _____ gente _____ es _____ .
    (amable / mexicano / simpático)
3. _____ gente _____ vive en _____ barrios _____ .
    (viejo / mucho / tradicional)
4. La Avenida Insurgentes, _____ , divide la _____ ciudad.
    [ancho (*broad*) / grande / hermoso]
5. El _____ Café Tacuba es un _____ sitio _____ . Hay gente allí a _____ hora.
    (fascinante / cualquiera / viejo)
6. Las _____ pirámides de Teotihuacán causan una _____ impresión _____ .
    [inolvidable (*unforgettable*) / enorme]
7. Nunca voy a olvidar la _____ y _____ comida _____ .
    (mexicano / variado / delicioso)
8. El Hotel Camino Real es _____ pero _____ . La próxima vez vamos a quedarnos en _____ hotel _____ .
    (caro / otro / elegante)
9. ¡El precio de la habitación es el único _____ recuerdo _____ que tengo!
    (malo)

ACTIVIDAD 13. **Donde yo vivo...**

Describe your hometown in at least five sentences, using as many adjectives as possible to tell about its physical aspects, points of interest, people, and anything else you may wish to add.

E. POSSESSIVE ADJECTIVES (UNSTRESSED)

In English the forms of the possessive adjectives (*my*, *your*, *his*, *her*, *its*, *their*) do not vary. However, Spanish possessive adjectives agree in number (and, in the case of **nuestro** and **vuestro**, in gender) with the nouns they modify (and *not* with the possessor).

mi maleta	**mis** maletas
tu cámara	**tus** cámaras
su mochila	**sus** mochilas
nuestra bolsa	**nuestras** bolsas
vuestro pasaporte	**vuestros** pasaportes

ACTIVIDAD 14. **El viaje de fin de curso**

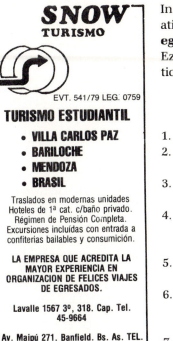

In some Latin American countries, it is customary for a high school gradu-ating class to take a class trip, **un viaje de fin de curso** or **un viaje de egresados**. The following sentences describe a group from Argentina at the Ezeiza Airport in Buenos Aires, on its way to Brazil. Complete the descrip-tion with appropriate possessive adjectives.

MODELO: Luis no encuentra _____ mochila. →
Luis no encuentra su mochila.

1. Tomás ha perdido _____ pasaporte.
2. La profesora Martínez le pregunta: «Pero ¿dónde pusiste _____ pasa-porte?». Por fin Tomás lo encuentra en el bolsillo de _____ chaqueta.
3. Gregorio busca las llaves (*keys*) de _____ maletas. _____ amigos le dicen: «Mira, tienes _____ llaves en la mano».
4. El agente de la aerolínea le pregunta a Mariana: «¿Dónde puso Ud. _____ boletos del equipaje?». Mariana le contesta: «Están en el sobre con _____ pasaje».
5. Mónica llora cuando se despide de (*says goodbye to*) _____ padres, porque es la primera vez que viaja sin ellos.
6. La profesora Martínez les advierte a todos: «Fíjense en el número de _____ asiento en _____ tarjetas de abordar, porque ahora tenemos que subir al avión. Busquen _____ asientos lo más pronto posible.»
7. Y así los estudiantes comienzan _____ viaje al Brasil.

ACTIVIDAD 15. **Dime una cosa...**

Ask a classmate questions about the following topics according to the model.

MODELO: su playa favorita →
—¿Cuál es tu playa favorita? (¿Dónde está tu playa favorita?)
—Mi playa favorita es... (Mi playa favorita está en...)

1. su sitio preferido para pasar las vacaciones de verano   2. su sitio prefe-rido para pasar un fin de semana   3. su modo preferido de viajar   4. su compañero preferido (compañera preferida) de viajes

F. EL CLIMA: ¿QUÉ TIEMPO HACE?

Although English uses the verb *to be* to describe the weather, Spanish often uses the verb **hacer** (*to do; to make*).

Hace (mucho) calor (frío, fresco, sol, viento).	It is (very) hot (*cold, cool, sunny, windy*).
Hace (muy) buen tiempo (mal tiempo).	It is (very) nice out (*bad weather*).

The verbs **llover (ue)** (*to rain*) and **nevar** (*to snow*) are used only in the third-person singular.

> **¿Nieva** mucho en México? —No, pero **llueve** frecuentemente durante la temporada de las lluvias (*rainy season*).

Hay and forms of **estar** are used to describe other weather conditions.

Hay mucha **contaminación** hoy y está muy **nublado**. Mañana va a **estar despejado**.	*There's a lot of pollution today and it's very cloudy. Tomorrow it's going to be clear.*

ACTIVIDAD 16. **El clima y la geografía**

Look at the accompanying map of Latin America as you do this activity. Remember that the seasons are reversed south of the equator and that higher altitudes have lower temperatures.

¿Qué tiempo hace...

1.   en la selva (*jungle*) del Brasil?
2.   en Buenos Aires en julio?
3.   en La Paz, Bolivia, en enero?
4.   en Caracas, Venezuela, en diciembre?
5.   en la Tierra del Fuego en febrero?
6.   en Quito, Ecuador, en abril?

UN PASO MÁS HACIA LA COMUNICACIÓN

Asking for Information

Whether you're traveling within your own city or town or in a foreign country, it is often necessary to ask for information.

ASKING ABOUT LOCATIONS

¿Me puede decir... (*Polite form*)
¿Me podría decir... (*Politer form*)
¿Pudiera decirme... (*Politest form*)
  dónde hay un buen hotel?
  dónde está el Museo de Arte Moderno?
  dónde queda el Café Tacuba?

GETTING THERE

¿Cómo se llega al museo?
¿Cómo se va al aeropuerto?

ASKING PRICES

¿Qué precio tiene?
¿Cuánto es?
¿A cuánto sale?
¿A qué precio está?

ACTIVIDAD 17. **De compras en el D.F.**

You've enjoyed your stay in Mexico City and would like to take home some beautiful handicrafts. You have been told that a good place to shop is a store run by the government, the **Exposición Nacional de Arte Popular**. Ask the hotel clerk where it is and how to get there.

UD.: Por favor, señor. ¿_____[1] la Exposición Nacional de Arte Popular?

RECEPCIONISTA: En la Calle Juárez 89.

UD.: Calle Juárez 89. ¿_____[2]?

RECEPCIONISTA: Sí, cómo no. Es muy fácil. Puede tomar el metro a la estación Hidalgo o a la estación Juárez.

UD.: Y el metro, ¿_____[3]?

RECEPCIONISTA: Está aquí en la esquina nomás (*right here*).

UD.: Gracias, señor.

RECEPCIONISTA: A sus órdenes, (Sr., Sra., Srta.).

Having easily found the store, you see several things you would like to buy. Find out how much they are.

DEPENDIENTE: Buenas tardes, (Sr., Sra., Srta.). ¿Puedo servirle en algo?

UD.: Sí. ¿_____[4] este rebozo (*shawl*)?

DEPENDIENTE: Está en 5.000 pesos.

UD.: ¿Y _____[5] esta cerámica?

DEPENDIENTE: El precio es 4.500 pesos.

UD.: Creo que me voy a llevar las dos cosas.

PALABRAS PROBLEMÁTICAS

buscar *to look for* (*something or someone*); *to seek*

Tengo que **buscar** mi pasaporte porque no sé dónde está.

mirar *to look at*

Vamos al Museo Antropológico para **mirar** los artefactos de las civilizaciones precolombinas.

llevar *to take* (*along*); *to carry*

Pues… ¡yo voy a **llevar** cinco maletas en el viaje! ¿Y cómo vas a **llevar** tú todas tus compras?

sacar *to take* (*something*) *out; to take* (*a photograph*)

Hernando **saca** la cámara de la bolsa para **sacar** una foto.

tomar *to take* (*a bus, course, pill*); *to drink*

    ¿Dónde vas a **tomar** el autobús?
    Tengo que **tomar** dos aspirinas ahora.

ACTIVIDAD 18.   **¿Una turista típica?**

Complete the following dialogue about two tourists in Mexico with the correct present-tense form of one of the verbs in parentheses.

    LUISA: ¿Qué (*buscar/mirar*)[1] tú en la bolsa?

ARNOLDO: La cámara.

    LUISA: ¿Vas a (*llevar/sacar/tomar*)[2] una foto ahora? El camión* va a llegar en seguida.

ARNOLDO: No te preocupes. Lo hago en un segundo.

    LUISA: ¡Ufa! Esta bolsa tuya es muy pesada (*heavy*). ¿Qué (*llevar/sacar/ tomar*)[3]?

ARNOLDO: Unos libros sobre México. Siempre me gusta (*llevar/sacar/tomar*)[4] algo para leer en el camión. También tengo un termo. ¿Quieres (*sacar/tomar*)[5] algo?

    LUISA: De momento, no, gracias. ¿Vas a leer libros sobre México en el camión? Estás en México ahora. ¿Por qué no miras algo en vez de leer sobre el país?

ARNOLDO: Por eso estoy (*sacar/tomar/llevar*)[6] muchas fotos. Así puedo ver México al regresar a casa.

    LUISA: ¡(*Busca/Mira*)[7]! Aquí viene el camión que nos va a (*llevar/sacar/ tomar*)[8] a Guadalajara. ¿Tienes los boletos?

ARNOLDO: Momentito. Tengo que (*mirarlos/buscarlos*)[9].

DE TODO UN POCO

ACTIVIDAD A.   **Con sus propias palabras**

Write a postcard to a friend in a Spanish-speaking country (or to your Spanish instructor) describing a place you have visited recently. Follow the general model of the postcard provided here.

---

*In Mexico a bus is called **un camión**.

BOGOTA – COLOMBIA
Museo del Oro – Banco de la República
Pectoral antropomorfo – Tolima

Querido Antonio:
Este es
solamente un ejemplo
de los fabulosos objetos
precolombinos que hay
en este museo. Bogotá
es una ciudad muy
interesante, especialmente
la parte colonial,
y lo estamos pasando
muy bien.
Te echo de menos
Clara

Sr. Antonio Fuentes
Avenida del Cid,
72, 4 - a
Burgos, España

RP-1027

color print
IMPRESORES
TODO AÉREO 28502 BOGOTA, COLOMBIA

ACTIVIDAD B.   **De trekking por América**

Insert the correct form of the adjectives suggested, in the order given, to complete this description of a new way to travel.

1. El trekking es una forma de hacer turismo.	(nuevo / popular)
2. Caminando por los caminos del mundo, es posible evitar las rutas más comerciales.	(antiguo / legendario / turístico)
3. Es una atracción para los viajeros que están en buenas condiciones.	(apropiado / físico)
4. También es para la gente que desea una aventura fuera de lo común (*out of the ordinary*).	(gran)
5. Cosmo Trek, una compañía, organiza viajes.	(latinoamericano / este)
6. La compañía tiene viajes este mes.	(dos / interesante)
7. En el Perú, el viaje sigue el Camino del Inca.	(primero)
8. Los viajeros llegan a Machu Picchu, la ciudad descubierta por Hiram Bingham, un arqueólogo.	(perdido / norteamericano)
9. Para los viajeros o escaladores (*climbers*), hay un viaje-expedición al Chimborazo, una montaña que está en el Ecuador.	(más atrevido / interesante)
10. Con este viaje-expedición, también hay una excursión a las islas Galápagos.	(optativo)

¿Cuáles de las siguientes personas van a hacer uno de los viajes de Cosmo Trek? Justifique su respuesta.

- una pareja joven que tiene dos hijos pequeños
- un maestro de secundaria que tiene mucho interés en observar las tortugas (*turtles*)
- una profesora de historia que estudia las civilizaciones precolombinas
- un señor jubilado (*retired*) que tiene insuficiencia cardíaca crónica

ACTIVIDAD C.   **Recomendaciones para un turista**

Luis, un amigo suyo de Buenos Aires, tiene la posibilidad de pasar dos semanas de vacaciones en los Estados Unidos este invierno. Luis no habla bien el inglés. Le interesan mucho los deportes, sobre todo los deportes acuáticos y los que se practican en la nieve. Quiere hacer estudios graduados en ingeniería en los Estados Unidos algún día. Aunque no tiene mucho dinero para gastar en el viaje, quiere conocer otros lugares además de la ciudad que visita y divertirse por la noche con gente joven.

¿Cuál de los siguientes sitios le va a recomendar? ¿Qué sitio *no* debe visitar, bajo ninguna circunstancia? Con un compañero (una compañera), escoja esos sitios y justifique sus respuestas. Luego compare sus respuestas con las de los otros compañeros. ¿Hay un lugar que la mayoría prefiere? ¿Están de acuerdo todos sobre el sitio que Luis *no* debe visitar?

Deben considerarse factores como: el clima, los sitios de interés turístico, comodidades para la gente de habla española, la presencia de gente conocida y la vida nocturna.

Sugerencias: Nueva York, Los Ángeles, Boston, Denver, Miami, Chicago, la ciudad donde está situada esta universidad

Fuera de lo común

Lo que esperaba el matador era un toro. Pero lo que tiene delante es un rinoceronte. En vez de un matador agresivo frente a un toro feroz, tenemos a un matador desesperado y un rinoceronte desconcertado. Todo—el animal, la situación y la reacción del matador—es fuera de lo común.

Pero no todo lo extraordinario es absurdo como en este dibujo. Hay también gente fuera de lo común: personas extraordinarias que, por una razón u otra, no son como los demás (*others*). En esta unidad les presentamos a tres de ellas: una cantante española de música rock que tiene unas ideas bastante diferentes, un escritor español que recibió el Premio Nobel por su trabajo científico y un costarricense que se dedica a lograr la paz en Centroamérica.

¿¡Alaska!?

Mecano, un aspecto de «la movida» de España

ACTIVIDAD 1.   La música: Gustos y preferencias

¿Qué tipo de música le gusta a Ud.? ¿Qué tipo de música les gusta a sus compañeros de clase? ¿Quiénes son sus artistas preferidos? Para saberlo, primero haga la siguiente encuesta.

1.   Me gusta escuchar...   _____
         la música clásica   la música *country*
         la música popular   el rock duro (*hard*)
         el jazz   el rock suave
         la música folklórica   el rock punk
2.   ¿Hay un tipo de música que no le guste nada? ¿Cuál es?   _____
3.   Para bailar prefiero...   _____
4.   Cuando voy a un concierto, quiero escuchar...   _____
5.   Un cantante que me gusta mucho es...   _____
6.   La cantante que más me gusta es...   _____
7.   Mi conjunto musical preferido es...   _____
8.   Mi álbum de discos favorito de este año es...   _____
9.   Mi single favorito de este año es...   _____

Ahora organicen Uds. las respuestas de todos y completen esta encuesta para la clase.

	PRIMER LUGAR	SEGUNDO LUGAR	TERCER LUGAR
1. A nosostros nos gusta escuchar...	———————	———————	———————
2. No nos gusta nada...	———————	———————	———————
3. Para bailar preferimos...	———————	———————	———————
4. En un concierto queremos escuchar...	———————	———————	———————
5. El cantante que preferimos es...	———————	———————	———————
6. La cantante que más nos gusta es...	———————	———————	———————
7. Nuestro conjunto musical preferido es...	———————	———————	———————
8. Nuestro álbum favorito de este año es...	———————	———————	———————
9. Nuestro «single» favorito de este año es...	———————	———————	———————

¡ES ASÍ!

© DAVID KUPERSCHMID

La pregunta es: ¿Son turistas extranjeros en España o españoles?

La movida es un término corriente en España para describir la explosión de la cultura «pop» de la década de los 80. Su vitalidad se manifiesta entre la gente joven en la moda de vivir, la ropa, el cine y, por supuesto, en la música. Aunque los conjuntos de rock que los norteamericanos aprecian también son populares en España, hay conjuntos y artistas españoles, como Alaska, que han tenido gran éxito.

Otro tipo de música rock que es popular en España actualmente es lo que se llama «el rock con raíces (*roots*)». Como su nombre sugiere, es una fusión del rock con la música regional y tradicional. ¿Conoce Ud. alguna fusión así en los Estados Unidos? ¿Cómo se llama? ¿Sabe el nombre de algunos de los artistas que interpretan esta música? ¿Le gusta? ¿Por qué?

EN OTRAS PALABRAS...

Hablando de música

En España un músico de rock se llama **rockero**. Generalmente, cuando los rockeros se presentan para **una actuación** en **el escenario**, visten ropa exótica y **llamativa** para mantener cierta imagen. Mire la foto de Alaska. ¿Cómo se viste? ¿Qué tipo de imagen presenta?

performance / stage
attention-getting

COMENTARIOS DE HOY

Antes de leer

Sin duda Ud. sabe mucho de los cantantes y grupos musicales más populares en los Estados Unidos, pero probablemente no conoce los que son bien conocidos en España actualmente. Entonces, para que conozca un poco la música actual española, le presentamos a Alaska, una cantante sensacional que viste la moda punk, que se compara con Madonna y que es bastante original. Al leer el siguiente artículo, busque información sobre los siguientes puntos.

1. algunos contrastes que se encuentran en Madrid actualmente
2. dónde comenzó Alaska su carrera
3. cómo es Alaska
4. algunas cosas o personas que le gustan a Alaska
5. por qué se llama Alaska

«No creo en el punk»

Madrid es la ciudad de la Cibeles,° de la Puerta del Sol,° del Museo del Prado; de los edificios magistrales y los monumentos de piedra.° Pero también es la ciudad del rollo y la movida, de los «antros»° que vibran con la música de los nuevos rockeros españoles. Existen muchos músicos de rock, pero de todos se destaca° una joven bajita, de veintitantos años que lleva ropa excéntrica y llamativa. Alaska, junto con su grupo Dinarama, surgió° con magia de alguna de esas discotecas escondidas° en los sótanos° para convertirse en la máxima representante de la nueva música que está embriagando° a la capital española.

Alaska no es punk, ni hippie; simplemente es diferente, con algo nuevo que ofrecer a su público, canciones que «pegan»° y una imagen muy particular. Alaska ascendió a los grandes escenarios hipnotizando a todos los que esperaban esta novedad.° Hoy, los discos de Alaska se venden como pan caliente y por una actuación cobra hasta 15.000 dólares. Veamos algunos de sus puntos de vista.

El fenómeno de Alaska en España es comparable con lo que ocurrió en Gran Bretaña con Los Beatles hace 20 años. «En el sentido de popularidad es correcta la comparación», dice. «Soy una persona bastante popular, ya que no sólo tengo los conciertos o lo relacionado con la música, sino que° llevo un programa para niños en la TV, y hago entrevistas a políticos y a escritores.»

MADONNA

Cuando le preguntamos qué opina de Madonna y si cree que es una copia de la cantante norteamericana, contestó, «Supongo que ella no sabe que existo. Ella empezó después que yo, aunque Madonna es mayor, así que no creo que seamos una copia. Madonna fue muy inteligente al vestirse de una manera inglesa. En Estados Unidos la gente no

una fuente famosa / Puerta... una plaza en el centro
stone
night spots
se... stands out

sprang forth / hidden / cellars
intoxicating

are catchy

novelty

sino... pero

se vestía así. Su éxito radica° en haber adoptado algo nuevo para el mercado nortea-   *está*
mericano. Me cae bien° y me gustan sus singles».   *Me... Me gusta*

EL PUNK

«No creo en la realidad social del punk», dice enfáticamente. «El punk permitía la libertad
de la persona. Se creó° música que era completamente individual, que permitía mani-   *Se... Was created*
festar tus gustos. Cuando empezaron a salir los grupos musicales punks, uno se daba   *se... realized / lo... the wonderful part/*
cuenta° que era gente común. Eso fue lo maravilloso° del punk, pero a nivel° social, no   *level*
creo en él para nada.» Sin embargo, Alaska ha adoptado una moda° punk: «en realidad   *style*
es una mezcla° del punk, pero sólo me refiero a una forma de vestir inglesa, con otros   *mixture*
elementos exóticos».

UN OLVIDO LLAMADO ALASKA

El verdadero nombre de Alaska es Olvido Gara Jova. El nombre artístico lo escogió°   *she picked*
hace mucho al escuchar la frase de una canción: «y sus amigos la llaman Alaska».
«Me gustó mucho, no tiene ningún significado de frío, ni nada», asegura.

(*Continúa la entrevista.*)

ACTIVIDAD 2. **Comprensión de la lectura**

Select the response that best summarizes what you have read.
1. El primer párrafo de la lectura ofrece...
    a. un contraste entre el Madrid antiguo y el Madrid nuevo
    b. una descripción de los lugares importantes de Madrid
    c. un contraste entre los conjuntos españoles y los ingleses
2. Alaska...
    a. comenzó su carrera en discotecas famosas
    b. representa la música española contemporánea
    c. está embriagada de popularidad
3. Alaska tiene...
    a. una imagen de punk
    b. una imagen muy original
    c. una discoteca
4. Alaska...
    a. se compara con Los Beatles y Madonna
    b. cree que es mejor que Los Beatles y Madonna
    c. dice que no le gustan Los Beatles ni Madonna
5. A Alaska le gusta...
    a. la moda punk
    b. lo que representa el punk
    c. el aspecto social del punk
6. Se llama Alaska porque...
    a. siempre tiene frío
    b. significa algo especial para ella
    c. le gusta el nombre

LENGUA Y ESTRUCTURAS

A. *SER*

Although both **ser** and **estar** are the equivalent of the English *to be*, they are used differently.

In previous chapters you have used **ser** in these ways:

- with adjectives to describe or define the inherent characteristics or qualities of a person, place, or thing

    Alaska no **es** punk, ni hippie; simplemente **es** diferente. **Es** muy atractiva.

- to tell time

    ¿Qué hora **es**? —**Son** las 11:00 de la noche. Ya **es** tarde. **Es** hora de acostarme.

- with **de**, to express possession

    ¿**De** quién **es** este disco? —(**Es**) **De** Raúl, creo.

Some other uses of **ser** are:

- to describe or identify profession, nationality, political affiliation, and religion.

    Alaska **es** cantante. **Es** española. No se sabe si **es** demócrata, socialista o comunista. Creo que **es** católica.

¡Atención!

The indefinite article (**un/una**) is used before nouns that follow **ser** only when they are modified by an adjective.

    Madonna es **cantante**. Es **una** cantante norteamericana.

- with **de**, to tell the material of which something is made

    La mayoría de los monumentos de Madrid **son de** piedra.

- to give the time and place of an event

    El concierto **es** a las 6:00. **Es** en el Auditorio Municipal.

- to introduce impersonal expressions or generalizations, followed by an infinitive

    Es divertido escuchar la música rock.

- with **para**, to indicate a recipient

    Este disco de Alaska **es para** Ud.

EN OTRAS PALABRAS...

¿Cómo es Ud.?

¿Es Ud....

excéntrico/a o normal?

individualista o conformista?

optimista o pesimista?

idealista o realista?

liberal o conservador(a)?

zurdo/a (*left-handed*) o diestro/a (*right-handed*)?

atrevido/a (*daring*) o prudente?

egoísta (*selfish*) o generoso/a?

sincero/a o hipócrita?

cariñoso/a (*affectionate*) o insensible (*insensitive*)?

práctico/a o impráctico/a?

introvertido/a o extrovertido/a?

simpático/a (*nice*) o antipático/a (*unpleasant*)?

capaz (*competent*) o incapaz?

enérgico/a o perezoso/a (*lazy*)?

aburrido/a (*boring*), interesante o fascinante?

ACTIVIDAD 3. **¿Cómo son?**

Form sentences using the words from each group that describe the subjects. Add any additional words you can think of that are appropriate.

MODELO: Alaska: cantante, española, linda, joven, fea, vieja, versátil. →
Alaska es cantante, es española, es linda, es joven, es versátil.

1. Madonna: cantante, inglesa, norteamericana, popular, linda, fea, rubia, morena, actriz, gorda, delgada, ¿_____ ?
2. El concierto de Alaska: a las nueve, por la mañana, en el estadio, en Madrid, en Wichita, estupendo, aburrido, ¿_____ ?
3. El presidente de los Estados Unidos: republicano, demócrata, católico, protestante, judío (*Jewish*), negro, joven, viejo, liberal, conservador, ¿_____ ?

4. Mijail Gorbachov: ruso, polaco, comunista, socialista, el líder de un sindicato (*union*), un líder político, guapo, importante, ¿_____ ?
5. El Papa (*Pope*): católico, polaco, italiano, un líder religioso, un líder político, enérgico, ¿_____ ?
6. Por lo general, los estudiantes de esta universidad: generosos, conformistas, simpáticos, trabajadores, excéntricos, inteligentes, empollones (*grinds*), ¿_____ ?
7. Mis compañeros de clase: divertidos, inteligentes, estudiantes, norteamericanos, mexicanos, jóvenes, estudiosos, raros (*strange*), ¿_____ ?
8. Yo: ¿_____ ?

ACTIVIDAD 4. Dime una cosa...

Find out more about a classmate by asking questions with **¿Eres...?** and the adjectives listed in **En otras palabras...** Then describe that classmate to another person, using as many of the adjectives as you can remember without writing them down.

LENGUA Y ESTRUCTURAS

B. *ESTAR*

In previous chapters, **estar** has been used:

- to form the present progressive

    La nueva música **está embriagando** a la capital española.

Some other uses of **estar** are

- to tell location

    La Puerta del Sol **está** en Madrid.

- to describe physical, mental, or emotional conditions and states (**estados**) that are subject to change, including health

    ¿Cómo **está** Ud. hoy?
    Alaska siempre **está** muy ocupada trabajando, pero **está** contenta.

¡Atención!

Past participles (**-do**) used as adjectives usually occur with **estar**.

    El público **está** entusiasmado. (entusiasmarse)
    Estoy desilusionado porque no puedo ir al concierto. (desilusionar)

- with certain expressions

    ¿Todavía **está de moda** la ropa   *Are punk clothes still in style?*
    punk?

EN OTRAS PALABRAS...

¿Cómo está Ud. hoy?

¿Está Ud....
  alegre (contento/a) o triste?
  de buen humor (*in a good mood*) o de mal humor?
  enfermo/a o bien?
  satisfecho/a o desilusionado/a?
  cansado/a o animado/a (*lively*)?
  deprimido/a (*depressed*) o entusiasmado/a?
  cómodo/a (*comfortable*) o incómodo/a?
  preocupado/a, asustado/a (*frightened*) o tranquilo/a?
  ocupado/a o aburrido/a (*bored*)?
  enojado/a (*angry*) o tranquilo/a?

EXPRESIONES CON ESTAR

¿Estás **en la onda**?   *Are you "with it"?*
¿Está **seguro**?   *Are you sure?*
¿Estás **de acuerdo**?   *Do you agree?*
¿Cuándo vas a estar **de vacaciones**?   *When will you be on vacation?*
¿Está **en buenas o malas condiciones**?   *Is it in good or bad shape (condition)?*

a.

b.

ACTIVIDAD 5.   ¿Cómo estás cuando...?

Ask a classmate how he/she feels in the following situations.

MODELO: perder el autobús →
      —¿Cómo estás cuando pierdes el autobús?
      —Cuando pierdo el autobús estoy enojado/a.

1. tener que hablar en público
2. ver una mosca (*fly*) en la sopa
3. estar enfermo/a
4. ganar en la lotería
5. estar de vacaciones
6. estar de acuerdo contigo todo el mundo
7. después de trabajar mucho
8. escuchar un concierto de tu cantante favorito
9. tener una cita con una persona estupenda
10. estar parado/a (*to be stuck*) el ascensor (*elevator*)
11. estar en malas condiciones tu coche
12. ¿——— ?

ACTIVIDAD 6.   **Sin palabras**

1.   ¿Cómo está el prisionero?
2.   ¿Cómo está el policía?
3.   ¿Cómo están los otros prisioneros?
4.   ¿Son verticales u horizontales las rayas (*stripes*) de los uniformes de los prisioneros? ¿Son anchas (*wide*) o estrechas?
5.   Mire bien al prisionero que está a la izquierda. ¿Está en la onda o no? Explique su respuesta.

ACTIVIDAD 7.   **Hablando de Alaska...**

Complete the following interview with the correct present-tense form of **ser** or **estar**.

¡No, no, no! No hablamos del estado de Alaska, sino de la cantante española que se llama Alaska. Hoy tenemos la suerte de tener una entrevista con ella para nuestra revista. Cuando llegamos a su apartamento, que _____[1] en el centro de Madrid, _____[2] las cinco de la tarde. Alaska _____[3] sentada en un sofá blanco, y _____[4] vestida de negro. Como las paredes° de la sala también _____[5] pintadas de blanco y los otros muebles _____[6] blancos, el contraste entre la cantante y su ambiente _____[7] muy fuerte. Ella nos recibe con una sonrisa grande y nos ofrece un café. Le preguntamos: *walls*

—*Sabemos que Ud. dio un concierto anoche e hizo un programa de televisión esta mañana. ¿Cómo _____[8] Ud. hoy?*
—Pues, (yo) _____[9] un poco cansada, pero también _____[10] muy satisfecha por el éxito del concierto. Yo adoro al público.
—*Entonces, ¿se puede saber cuándo _____[11] su próximo concierto?*
—Sin mirar mi agenda, no _____[12] segura, pero creo que _____[13] en mayo.
—*_____[14] verdad que Ud. tuvo una oferta para hacer una película?*
—Sí, pero no sé si voy a poder hacerla. Entre los conciertos con Dinarama, mis programas de televisión y las grabaciones° de discos, yo _____[15] muy ocupada. También, _____[16] posible que dé conciertos en México. Hace mucho que (yo) _____[17] invitada a dar una serie de conciertos en ese país. ¿Sabe Ud. que los mexicanos _____[18] muy aficionados a mis discos?   *recordings*
—*No lo dudamos. ¿Nos permite hacerle algunas preguntas personales? Su público _____[19] muy curioso y siempre quiere saber más de su vida privada.*
—Depende de las preguntas. ¿Qué les gustaría saber?
—*¿Cómo pasa su tiempo libre, el tiempo en que no trabaja?*
—Ay, tengo muy poco tiempo libre. Yo _____[20] una persona muy enérgica. Me gusta saltar° de un proyecto a otro. Mi trabajo también _____[21] mi diversión. Para mí _____[22] importante tener mucha actividad y libertad. (Yo) _____[23] muy independiente.   *to jump*
—*Algunos dicen que Ud. _____[24] una persona muy ambiciosa.*
—Nunca _____[25] preocupada por lo que dicen los demás. Soy como

_____²⁶. Me gusta correr riesgos° y aceptar desafíos.°   correr... *to take risks / challenges*

—¿*Tiene Ud. pareja*°?   *boyfriend*

—Ah, ésa sí _____²⁷ una pregunta muy personal.

Alaska no estaría de acuerdo con las siguientes afirmaciones. Corríjalas para expresar el punto de vista de ella.

1. ¡El concierto de anoche fue fatal!
2. Las oportunidades artísticas que tengo para el futuro son muy pocas.
3. En una entrevista, siempre contesto las preguntas personales.
4. No mantengo muy separadas mi vida privada y mi vida profesional.
5. Soy como los otros quieren que yo sea.

ACTIVIDAD 8.   Fuera de lo común

Certain people have achieved fame and/or fortune because they are out of the ordinary. In groups of four, describe your favorite personalities and tell why they appeal to you, but do not give their names. Select people from at least two of the following categories. The group will try to guess whom you have described.

1. una estrella de cine   2. una personalidad de la televisión   3. un atleta   4. un político   5. una persona que figura mucho en las noticias actualmente

■ EN OTRAS PALABRAS...

El camino del **éxito**	success
As Alaska is currently very popular in Spain, interviews with her appear regularly in magazines. In the excerpt that follows, she tells about her childhood and reveals more of her personality. Study the following new vocabulary, which is useful for understanding the reading and for talking about it.	
Lo que ayuda a **lograr** el éxito es/son...	to achieve
la capacidad	ability; capacity
los/las demás	others
la personalidad	personality
su perspectiva de **la realidad**	reality
conseguir (i, i) buenas recomendaciones	to get, obtain
darse cuenta de la realidad	to realize, be aware of
estar (bien, mal) vestido/a	to be (well, badly) dressed
estar enamorado/a (de) lo que uno hace	to be in love (with)
llamar la atención de alguien importante	to draw (call) **the attention**

■ COMENTARIOS DE HOY

Antes de leer

Las siguientes preguntas y respuestas son parte de la entrevista con Alaska. Al leer, busque la siguiente información.

1. su signo astral
2. los nombres de algunos artistas que ella admiraba mucho de niña
3. si ella piensa que es como los demás

«Nunca pretendo llamar la atención»

—¿Quién es, realmente, Alaska?
—Alaska es Olvido y Olvido es todo eso, y viceversa. No hay caso de Jekyll y Hyde, ni ninguna doble personalidad.

—Más que doble personalidad parece que haya múltiples...
—Eso sí es cierto. Aunque se supone° que los Géminis tenemos una doble personalidad, yo creo que tenemos doscientas en una, y al mismo tiempo. Por eso no hay desdoblamiento,° una persona que se disfrace° y pase a ser° otra persona. Yo soy siempre la misma. Lo que ocurre es que tengo una personalidad versátil y muy adaptable.

—¿Es esa capacidad de transformación la que le empujó° al mundo del espectáculo?
—A mí me gusta todo lo que rodea° al mundo del espectáculo. Cuando tenía doce años y abría una revista y veía a David Bowie me decía: así quiero ser. Se trataba un poco de lo que yo imaginaba que podía haber en esa vida. Me imaginaba entonces cosas fastuosas° que siempre han sido para mí un aliciente° para seguir adelante.°

—Y el sueño se hizo° realidad; ha conseguido abrir las revistas y encontrar su imagen. ¿En qué medida° le ha ayudado su imagen a conseguirlo?
—Nunca me lo he planteado.° Cuando tenía seis años Lily Munster me parecía guapa y estaba enamorada de Herman Munster, y a los doce descubrí que Bowie era el ser más guapo, cuando llevaba el pelo zanahoria.° Te vas acostumbrando sin darte cuenta de que tus gustos no son los de los demás. Hoy yo no me podría ver vestida y maquillada° de una manera formal. Pero nunca he tenido el propósito° de diferenciarme ni de llamar la atención. Creo que es mucho más cómodo ser como los demás, pero no quiero renunciar a ser como soy, aunque a veces resulte cansado.°

(Continúa la entrevista.)

---

se... one presumes

split personality / se... disguises himself / pase... becomes

pushed
surrounds

splendid / inducement / seguir... to go forward

se... became
¿En... To what extent
Nunca... I never thought about it.

carrot-colored

made up / aim, goal

tiresome

ACTIVIDAD 9.   **Comprensión de la lectura**

¿Cierto o falso? Corrija las oraciones falsas.

1.   Alaska tiene una doble personalidad.
2.   El signo del horóscopo de Alaska es Géminis.
3.   Cuando Alaska tenía 12 años, ya quería ser parte del mundo del espectáculo.
4.   Alaska admiraba a David Bowie.
5.   Lily y Herman Munster le parecían guapos.
6.   Alaska está contenta ahora con su imagen.

ACTIVIDAD 10.   **Dime una cosa...**

Find out if you or your classmates have something in common with Alaska by asking each other the following questions.

1.   ¿Eres Géminis? ¿Cuántas personalidades tienes?
2.   ¿Eres versátil? ¿adaptable? ¿diferente de los demás?
3.   ¿Te importa lo que opinan de ti los demás? ¿Por qué sí o por qué no?
4.   Si pudieras escoger otro nombre, ¿qué nombre escogerías? ¿Por qué?
5.   Cuando tenías 12 años, ¿estabas enamorado/a de algún personaje de la televisión o de alguna persona famosa? ¿Quién era?
6.   ¿Cuáles son las capacidades necesarias para tener éxito en el mundo del espectáculo? ¿Posees algunas de esas capacidades? ¿Cuál(es)?
7.   ¿Te gustaría trabajar en el mundo del espectáculo algún día? ¿Por qué sí o por qué no? ¿Haciendo qué?

LENGUA Y ESTRUCTURAS

C. THE IMPERFECT TENSE

Spanish has two simple past tenses: the imperfect and the preterite. The imperfect refers to past actions or states of being that were habitual, repeated, or in progress over an extended period of time: actions that were not completed during the period of time in question. The preterite narrates actions or states of being that were begun and completed within a specific period of time. But it is above all the point of view or attitude of the narrator (speaker, writer) that determines the choice of the imperfect or the preterite in most cases.

Look back at the second part of the interview with Alaska.

•   What tense predominates as she describes her childhood? Why? What does Alaska's use of that tense tell the reader about her perspective on her childhood at that moment?

- What tense does the interviewer use to comment about specific events (her entry into the world of show business, the realization of her dream)? Why? What point of view is implicit in those questions or comments?

In this chapter of Unit II, you will review the forms and uses of the imperfect tense. In the other chapters of this unit, you will review the preterite and use the imperfect and the preterite together. Don't be discouraged if you don't feel totally comfortable with these tenses by the end of the unit, however. Using the imperfect and preterite accurately to express the meaning you want to convey is a skill that will be developed periodically throughout activities in the rest of *Un paso más*.

Forms of the Imperfect

estar		aprender		vivir	
estaba	estábamos	aprendía	aprendíamos	vivía	vivíamos
estabas	estabais	aprendías	aprendíais	vivías	vivíais
estaba	estaban	aprendía	aprendían	vivía	vivían

¡Atención!

1. **-Er** and **-ir** verbs take the same set of endings in the imperfect.
2. Stem-changing verbs do not undergo a change in the imperfect tense.

    poder: No **puedo** hacerlo. → No **podía** hacerlo.

3. The imperfect of **hay** (**haber**) is **había** (*there was, there were*).
4. There are only three irregular verbs in the imperfect: **ir**, **ser**, and **ver**.

ir		ser		ver	
iba	íbamos	era	éramos	veía	veíamos
ibas	ibais	eras	erais	veías	veíais
iba	iban	era	eran	veía	veían

Uses of the Imperfect

The imperfect tense is used for the following:

- to describe an action in progress

    Alaska **recordaba** su niñez.   *Alaska was remembering her childhood.*

- to describe repeated or habitual actions in the past

    This use corresponds to English *would*, *used to*.

Cuando **abría** una revista y **veía** a Bowie me **decía**...	*Whenever I opened a magazine and saw Bowie, I would say to myself . . .*

- to describe ongoing physical, mental, or emotional states in the past, and to express age

Cuando **tenía** 6 años, Lily Munster me **parecía** guapa y **estaba** enamorada de Herman Munster.	*When I was 6 years old, Lily Munster seemed good-looking to me and I was in love with Herman Munster.*

- to tell time in the past

Eran las 6:00 de la tarde y los chicos miraban «Los Munsters».	*It was 6:00 P.M. and the children were watching "The Munsters."*

- with **mientras que** (*while*), to describe two simultaneous actions in progress

El reportero **tomaba** apuntes **mientras** Alaska **hablaba**.	*The reporter was taking notes while Alaska was talking.*

- with the imperfect of **estar** and the past participle, to form the imperfect progressive

Alaska **estaba hablando** mientras el reportero **estaba escribiendo**.	*Alaska was talking while the reporter was writing.*

The use of the imperfect progressive—in contrast to the simple imperfect—emphasizes the ongoing nature of the actions or conditions described.

Based on what you have read so far in this section, indicate the phrases from the following group that you associate *primarily* with the imperfect tense.

_____ de niño/a	_____ mientras	_____ hoy
_____ el año pasado	_____ *will*	_____ todos los días
_____ *used to*	_____ una vez	
_____ siempre		

ACTIVIDAD 11.   Recuerdos de la niñez

Tell about your childhood (or about your child's childhood) by using the following phrases affirmatively or negatively or by qualifying them with phrases like **siempre**, **a veces**, **a menudo**, **nunca**, **con frecuencia**, and so on.

Es grande, se llama Gargantúa, pueden moverle brazos y piernas y llevarle cogido por el mango, pues tiene ruedas. (Matchbox, 6.000 ptas. Para 4-9 años).

MODELO: Yo: ser el/la menor de la familia →
Yo no era el menor de la familia.

visitar a mis abuelos → Visitaba a mis abuelos a menudo.

1. Yo: ser un diablito (*little devil*); tener una bicicleta; jugar con muñecas (*dolls*); ir al jardín de la infancia (*kindergarten*); mirar a los Muppets en la televisión; estar enamorado/a de Miss Piggy/Kermit; pelear con mis amigos; ¿_____ ?

2. Mis abuelos: cuidarme; ser enérgicos; estar de buen humor; trabajar; tener un perro/gato; creer que sus nietos eran los más maravillosos del mundo; ¿_____ ?

3. Mi familia y yo: pasar juntos las vacaciones; estar contentos; hablar de mis experiencias en la escuela; ir juntos al cine; comer en McDonald's; estar de acuerdo; querer mirar los mismos programas de televisión; tener las mismas ideas; ¿_____ ?

4. Un maestro de primaria: ser simpático/a; leer cuentos a la clase; decir «¡Silencio!»; traer cosas interesantes a la clase; tocar el piano/la guitarra; estar muy animado/a; poner «¡Muy bien!» en mis trabajos; cantar con nosotros; ¿_____ ?

ACTIVIDAD 12. Dime una cosa...

¿Qué recuerdos tiene de su niñez? ¿Qué recuerdos tiene un compañero (una compañera) de clase de la niñez de él/ella? Conteste las siguientes preguntas dando detalles de su propia vida. Luego hágale las preguntas a un compañero (una compañera) para saber los mismos detalles de la niñez de él/ella. Haga por lo menos una pregunta original relacionada con cada grupo de preguntas.

1. ¿DÓNDE... ?

¿En qué ciudad (pueblo) vivías? ¿Vivías en una casa o en un apartamento? ¿Era grande o pequeño/a? ¿Tenías tu propio cuarto o lo compartías (*did you used to share*) con alguien? ¿Con quién? ¿_____ ?

2. HABLANDO DE LA FAMILIA

¿Tenías hermanos? ¿Cuántos? ¿Eran mayores o menores que tú? ¿Jugaban Uds. juntos? ¿Se llevaban (*Did you get along*) bien o mal? ¿Peleaban Uds. de vez en cuando? ¿Por qué motivo? Si eras hijo único (hija única), ¿qué te parecía eso? ¿Te gustaba no tener que compartir tus cosas con un hermano, o querías tener hermanos? ¿Por qué? ¿_____ ?

3. HABLANDO DE LA ESCUELA

¿Te gustaba asistir a la escuela? ¿Cuál era tu materia (*subject*) preferida?

¿Leías mucho? ¿Qué leías? ¿Cómo se llamaba tu maestro preferido (maestra preferida)? ¿Cómo ibas a la escuela? ¿Caminabas o ibas en autobús? ¿En qué mes estabas más contento/a, en junio o en septiembre? ¿_____ ?

4. HABLANDO DE LA TELEVISIÓN

¿Mirabas mucho la televisión? ¿Cuáles eran tus programas preferidos? ¿«Plaza Sésamo»? ¿«El Capitán Canguro»? ¿los dibujos animados? ¿O había otros que te gustaban más? ¿_____ ?

5. LAS CREENCIAS (*BELIEFS*)

¿Creías en Santa Claus? ¿en el Conejo de Pascua? ¿Cuál fue el mejor regalo que te trajo el Papá Noel? ¿Cuántos años tenías cuando no creías más que él existía? ¿Qué creencia rara tenías que no tienes ahora? ¿_____ ?

6. LO QUE TENÍAS Y LO QUE DESEABAS TENER

¿Tenías una bicicleta (un triciclo)? ¿De qué color era? ¿Tenías patines (*skates*)? ¿un trineo (*sled*) o un tobogán? ¿Tenías un perro o un gato? ¿Cómo se llamaba? ¿Era grande o pequeño? ¿Era manso (*tame*) o feroz? ¿Qué cosa querías siempre tener pero nunca tenías? ¿_____ ?

■ EN OTRAS PALABRAS...

> ### *Hablando del terror*
>
> En esta última parte de la entrevista con Alaska, ella habla de uno de sus temas preferidos, de cómo el terror la **aterroriza**... de cómo siempre tiene papeles **maléficos**, de **soñar (ue) con seres extraños** y sus **trucos**, de su interés en el mundo **sobrenatural**. **¡Qué horror!**
>
> terrifies
> evil / to dream about strange beings
> tricks / supernatural / How awful!

■ COMENTARIOS DE HOY

«El terror me aterroriza»

—Ud. tuvo una oferta° para hacer una película de terror y habitualmente suele encarnar° este tipo de papeles maléficos. ¿Le divierte el terror?

—El terror me aterroriza. Lo que ocurre es que lo vivo realmente, aunque de una forma sobrenatural. Yo leo libros y no puedo dormir, veo películas y lo paso fatal.° Conozco todos los trucos y efectos especiales porque compro revistas especializadas, pero me da igual,° siento un miedo atroz.° Para mí todo tiene una connotación de miedo o terror. Me ocurre lo mismo que a Steven Spielberg o a Stephen King, que veían seres extraños en cualquier parte.

offer
suele... *you often play*

lo... *I feel awful*

me... *it's all the same, it doesn't change anything / atrocious*

—*¿Es el terror la sensación más fuerte?*

—Desde luego° que sí. Yo tengo cuatro perros y necesitaría irme a vivir a una casa con jardín, pero ¡qué miedo! La maravillosa casa en un lago con la que todo el mundo sueña. ¡Qué horror!, yo no podría. Seguro que estaría Jason, el de *Viernes 13*, escondido° por allí. De todas formas° nunca desaprovecho° la ocasión cuando voy a Londres para ver maratones de cine de terror. Imagínate lo que es salir del cine en Londres, a las cinco de la mañana, y no encontrar ni un taxi, ni un autobús, ni nada. ¡Estoy aterrorizada, pero me encanta!

Desde... Of course

hidden / De... Anyhow / I miss

ACTIVIDAD 13. **Comprensión de la lectura**

Tell whether Alaska likes or does not like the following, according to the model.

MODELO: leer libros de terror →
A Alaska (no) le gusta leer libros de terror.

1. encarnar papeles maléficos
2. tener perros
3. ver películas de terror
4. comprar revistas de terror
5. sentir un miedo atroz
6. vivir en una casa con jardín

¡Los monstruos llegan a La Paz, Bolivia!

UN PASO MÁS HACIA LA COMUNICACIÓN

Interjections

«**¡Qué horror!**» exclaimed Alaska to indicate her shock or dismay. Interjections are frequently used in Spanish to express personal feelings or to react to what is being said. This type of response keeps the conversation going by encouraging the speaker to continue. Here are some other interjections. Note the pattern **¡Qué** + *adjective* or *adverb.*

- to express congratulations or a positive reaction

    ¡Qué bien!   **¡Ay, qué bueno!**

- to express dismay or shock

    ¡Qué horror!   **¡Qué barbaridad!**   **¡Qué desgracia!**

- to express sympathy or regret

    ¡Qué lástima!

ACTIVIDAD 14. ¡Qué barbaridad!

Respond appropriately to each sentence as Señora Meléndez tells you about her son Tomás.

1. Mi hijo Tomás está en el tercer año de la Facultad de Arquitectura. Es muy buen estudiante, un hijo modelo.
2. Durante las vacaciones fue a pasar dos semanas en Inglaterra para perfeccionar su inglés.
3. Cuando volvió a casa, casi no lo reconocí. Llevaba ropa negra, una chaqueta de cuero (*leather*) y además ¡tenía el pelo verde!
4. Lo miré y no podía creer lo que veía. Él me dijo: «Pero, mamá, es la moda punk y estoy a la moda. Algunos tienen el pelo verde, otros tienen el pelo azul y todos los jóvenes se visten así».
5. Yo le dije: «Hijo mío, vete ahora mismo al baño y lávate la cabeza».
6. Y él me contestó: «Mamá, el color sale solamente cuando el pelo crece». ¡Ay de mí! ¿Qué dirá la gente?

LENGUA Y ESTRUCTURAS

CH. USING VERBS LIKE *GUSTAR*

¡Estoy aterrorizada, pero me encanta!

You have been using **gustar** and several similar verbs since the preliminary chapter, primarily with the pronouns **me** and **te**. Here is some additional information about verbs of this type.

---

indirect object pronoun + third-person verb (singular or plural) + subject

---

Verbs like **gustar** are sometimes called third-person verbs. They are used with indirect object pronouns. The object pronoun varies according to the person or persons whose opinions or feelings are being described, but the verb remains in the third person singular or plural, according to the subject, whether a noun or an infinitve (considered singular).

You have already used **gustar** plus **importar**, **interesar**, and **molestar** to express opinions and feelings. Here are some additional verbs of this type.

encantar	to delight, please; to love, be wild about	**fascinar**	to fascinate; to like a lot
faltar	to need, lack	**parecer**	to seem

Here are the indirect object pronouns (plus clarifying phrases) that you need to use these verbs completely. Note their use in the following sentences.

(a mí)	**me**
(a ti)	**te**
(a Ud., a Juan, a él, a Pati, a ella,...)	**le**
(a nosotros)	**nos**
(a vosotros)	**os**
(a Uds., a los niños, a ellos, a las chicas, a ellas...)	**les**

A Alaska **le gusta** tener éxito.

*Alaska likes to be successful.
(Being successful pleases
    Alaska.)*

Me gustan sus singles.

*I like her singles.
(Her singles are pleasing to me.)*

Nos encantaba el concierto.

*The concert delighted us.
(We loved the concert.)*

No **les faltaba** nada.

*They lacked nothing.
(They didn't need anything.)*

¡**Me fascina** la moda punk!

*Punk fashion fascinates me!
(I love the punk style!)*

¿**Te importa** lo que dicen los
    demás?

*Do you care what others say?
(Does it matter to you what oth-
    ers say?)*

A Alaska **le interesan** los
    libros de terror.

*Alaska is interested in horror
    books.
(Horror books are interesting
    to Alaska.)*

A mis padres **les molesta** la
    música rock.

*Rock music bothers my
    parents.
(My parents are bothered by
    rock music.)*

Lily Munster **me parecía**
    guapa.

*Lily Munster seemed pretty to
    me.*

¡Atención!

1. As in the preceding example, **parecer** is usually followed by an adjec-
    tive or an adjectival expression.

    Me (Nos) parece muy **extraño**.   *It seems strange to me (us).*

2. Use the expression ¿**Qué te (le, les) parece?** to express *What do you
    think?*

3. Note that phrases beginning with **lo que** (*what, that which*) are consid-
    ered singular subjects: ¿**Qué te parece *lo que dice Julio*?**

ACTIVIDAD 15.   **Sus reacciones**

¿Cómo responden las siguientes personas a los temas mencionados? Usando verbos como **encantar**, **faltar** y **fascinar**, conteste afirmativa or negativamente.

MODELO: a Alaska: el terror → A Alaska le fascina el terror.
            A Alaska no le molesta el terror.

1. a mí: la música rock; la política internacional; tener éxito en la vida; los deportes; el dinero; las notas; ir bien vestido/a; las películas de terror
2. a mis padres: la política nacional; su trabajo; ir de vacaciones; estar preocupados; Madonna; los impuestos (*taxes*); ser optimistas; lo que les digo
3. a mis amigos y a mí: llamar la atención; estar en la onda; asistir a conciertos; la personalidad de otras personas; nuestras clases; ser atrevidos; divertirnos; tener exámenes con frecuencia

Ahora pregúntele a su profesor(a) cómo responde a los siguientes temas: enseñar español; el acento de Ud. en español; los estudiantes que llegan tarde; dar exámenes; el progreso de sus estudiantes; la música latina; el sentido de humor.

ACTIVIDAD 16.   **Dime una cosa...**

Find out how a classmate feels about the following topics according to the model.

MODELO: la música → —¿Te gusta el jazz?
            —Sí, me encanta (fascina) el jazz. (No, no me gusta el jazz.)

1. sus estudios   2. algún aspecto de esta universidad   3. sus pasatiempos   4. las cuestiones (*issues*) o personalidades actuales   5. algún aspecto del siglo XX   6. la tecnología moderna   7. algo que necesita
8. hacer algo diferente   9. hacer algo divertido   10. las películas de terror

PALABRAS PROBLEMÁTICAS

aparecer (-zco) *to appear*

¿Espera Carlitos (*Charlie Brown*) a la Gran Calabaza? —Sí, todos los años, pero nunca **aparece**.

parecer (-zco) *to seem*

¿Te **parece** interesante Alaska?

parecerse (-zco) a *to resemble*

> ¿**Se parece** Alaska a Madonna?

darse cuenta de (que) *to realize, notice*

> ¿**Te das cuenta de que** Alaska es alguien fuera de lo común?

realizar *to fulfill, carry out, accomplish*

> ¿Es difícil **realizar** las ambiciones y los sueños?

ACTIVIDAD 17. **¿Qué le parece?**

Conteste lógicamente.

1. ¿A quién se parece Ud. más, a su mamá o a su papá? ¿O se parece Ud. a otro pariente? Si Ud. tiene un hermano mellizo (*twin*) (una hermana melliza), ¿se parece a su hermano/a?
2. En su opinión, ¿a quién(es) se parece Alaska? ¿a alguien que aparece en las películas o en la televisión?
3. ¿Le parece que Alaska es alguien fuera de lo común? ¿en qué sentido? ¿Qué dice Alaska para indicar que ella se da cuenta de que es una persona fuera de lo común?
4. Todos tenemos ambiciones y sueños. Alaska ha realizado sus sueños. ¿Qué ambiciones personales tiene Ud.? ¿Qué tiene que hacer para realizarlas?

DE TODO UN POCO

ACTIVIDAD A. **Con sus propias palabras**

Los reporteros siempre preparan las preguntas antes de empezar una entrevista, sobre todo cuando se trata de entrevistar a una persona famosa. ¿Quiere Ud. entrevistar a una de las siguientes personas? Escoja a una persona de la lista (u otra persona de habla española) y escriba por lo menos cinco preguntas que quisiera hacerle.

1. Alaska
2. Adolfo Domínguez (diseñador de ropa de alta costura [*fashion*])
3. Geraldo Rivera (personalidad de televisión)
4. Gabriela Sabatini (campeona de tenis)
5. Julio Iglesias (cantante)
6. Anthony Quinn (actor)
7. Fidel Castro (dirigente de Cuba)
8. ¿——— ?

ACTIVIDAD B.   **¡Cómo cambian los gustos!**

Complete the following paragraph with the correct present- or imperfect-tense form of the verbs in parentheses, according to the context. When two words appear, select the correct one. Be sure to insert indirect object pronouns where necessary.

Cuando nosotros (*ser/estar*)[1] niños, no (*gustar*)[2] las mismas cosas que (*gustar*)[3] hoy y no (*interesar*)[4] las mismas cosas. Por ejemplo, cuando yo (*ser/estar*)[5] niño, (*encantar*)[6] los helados y (*ser/estar*)[7] capaz de comer dos al día. Ahora yo no (*comer*)[8] helados porque siempre (*ser/estar*)[9] a dieta... y luego hay el colesterol... Claro, todavía a mí (*gustar*)[10], pero tengo que (*ser/estar*)[11] contento con una manzana.

Otro ejemplo: A mi hermano (*fascinar*)[12] los dinosaurios y otros animales prehistóricos. Todos (*pensar*)[13] que algún día sería paleontólogo. Sin embargo, hoy él (*ser/estar*)[14] abogado y no (*interesar*)[15] los dinosaurios.

De niños, nosotros (*mirar*)[16] el programa «Los Munsters» en la televisión. Por supuesto, mis padres (*creer*)[17] que ese programa (*ser/estar*)[18] un horror, pero a nosotros no (*importar*).[19] Lily Munster (*ser/estar*)[20] delgada, se vestía de negro y tenía el pelo largo y negro. A mí (*parecer*)[21] exótica. Su esposo, Herman, (*ser/estar*)[22] enorme y feo. Cuando lo (*pensar*)[23] ahora, me (*dar*)[24] cuenta de que la familia Munster (*ser/estar*)[25] grotesca, pero cuando mis hermanos y yo (*ser/estar*)[26] muy jóvenes, Los Munsters (*fascinar*).[27]

¡Cómo (*cambiar*)[28] las cosas! Yo (*soñar*)[29] con (*ser/estar*)[30] astronauta. En mi fantasía me (*ver*)[31] en una nave espacial o en el planeta Marte. ¿(*Ser/Estar*)[32] yo astronauta hoy? No, ahora que (*ser/estar*)[33] grande, no (*interesar*)[34] las mismas cosas que (*interesar*)[35] cuando yo (*tener*)[36] ocho años.

ACTIVIDAD C.   **En mi opinión...**

¿Está Ud. de acuerdo con la persona que habla en la Actividad B? Exprese sus opiniones, completando las oraciones lógicamente.

1. Me parece que los gustos de los niños _____ .
2. Cuando era niño/a, el helado _____ . Ahora _____ .
3. De niño/a, pensaba que los dinosaurios _____ . Hoy día _____ .
4. Mi programa de televisión favorito era _____ . Este año _____ .
5. Cuando estaba en la escuela primaria, quería ser _____ . Ahora soy (quiero ser) _____ .

CAPÍTULO

5

Un científico extraordinario

¿Reconoce Ud. a esta persona? Recibió el Premio Nobel en 1906.

EN OTRAS PALABRAS...

Familias de palabras

Fíjense en la relación entre las palabras indicadas.

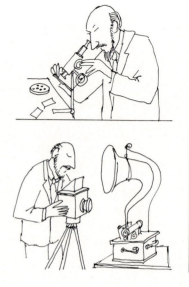

Crear es el acto de producir **una creación**. La persona que la hace, **el creador (la creadora)**, es una persona **creadora**. Hay personas creadoras en muchos campos: en las artes, en las ciencias, en las universidades...

La persona que se dedica al estudio de **las ciencias**, que hace estudios **científicos**, es **un científico (una científica)**. Alejandro Fleming fue un científico que tuvo la suerte de **descubrir** un antibiótico. Su **descubrimiento** fue la penicilina.

Muchos científicos son **investigadores**. El trabajo de **un investigador (una investigadora)** es **investigar**. Hace **las investigaciones** en muchos lugares; por ejemplo, en una biblioteca o en un laboratorio. Tiene **teorías** o trata de aplicarlas.

110

Muchos profesores universitarios son investigadores. La investigación es una parte importante de su trabajo en la universidad. En España la persona que alcanza la posición más alta en una universidad se llama **un catedrático (una catedrática)**, porque tiene **una cátedra**, el equivalente de *Chair* en el sistema universitario norteamericano.

Hay muchas personas creadoras en las artes. Por ejemplo, **un(a) dibujante** puede **dibujar** bien. Hace **dibujos**. Muchos científicos tienen que dibujar como parte de sus investigaciones. Las personas que escriben también son creadoras. **Un escritor (Una escritora)** puede escribir libros, comedias, poemas, artículos o **ensayos**.

COMENTARIOS DE HOY

Antes de leer

Before you begin the reading, look again at the drawings that accompany **En otras palabras...** You will notice that they are all of the same gentleman engaged in a wide range of activities. They illustrate the life's work of Santiago Ramón y Cajal (1852–1934), a Spaniard from the northern region of Navarra who won a Nobel prize in science. Tell at least five things that you think Ramón y Cajal did, based on the drawings. When you've finished the reading, compare what you guessed about Ramón y Cajal with what you learned.

Una biografía breve

LA JUVENTUD

Santiago Ramón y Cajal era un estudiante tan malo cuando comenzó el bachillerato° que su padre le puso a trabajar como zapatero° y barbero. No se preocupaba mucho por los estudios y casi no asistía a clases aparte de las de ciencias naturales, física, química y dibujo, asignaturas que le interesaban. Sin mucho esfuerzo,° porque era muy listo, se convirtió en jefe de un grupo de amigos y participó en tantas pedreas° que siempre tenía la cabeza llena de chichones y cicatrices.°

high school degree / shoemaker

effort
stone-throwing fights
chichones... *bumps and scars*

Una vez decidió construir un cañón° con la ayuda de algunos compañeros entusiastas. Fabricaron el cañón con elementos primitivos y lo dispararon° a la casa de un ricachón° del pueblo. Cuando las autoridades descubrieron que fue el responsable del hecho, llevaron a Santiago a la cárcel.° Su padre lo dejó pasar unos días allá porque pensó que servirían para aplacar° la rebeldía° de su hijo.

cannon
they shot
hombre muy rico
prisión
to calm / rebelliousness

A pesar de la picardía° y travesuras° de su niñez, Santiago Ramón y Cajal llegó a ser° un eminente catedrático universitario, un hábil dibujante, un pionero de la fotografía en color y también del disco fonográfico, ensayista y escritor. Además, en 1906 Santiago Ramón y Cajal recibió el Premio Nobel de Medicina por su obra.

mischievousness / pranks
llegó... became

El genial° científico, que nació en 1852, fue una figura vigorosa, única° y excepcionalmente creadora hasta su muerte en 1934.

muy inteligente / muy especial

LOS DESCUBRIMIENTOS

Antes de los descubrimientos de Cajal, la teoría más aceptada acerca de la estructura del sistema nervioso sostenía° que todas sus células estaban unidas, formando una red° interconectada. Pero Cajal se dio cuenta de que no existe ninguna red. Es más,° los nervios no están conectados entre sí. Cada una de las células nerviosas del hombre, que suman millones, es una entidad autónoma, y generalmente no se tocan. Aunque son de todos los tamaños° y formas, se ajustan a un esquema° común. Cajal descubrió otro hecho sorprendente. Los mensajes° van a lo largo de° las vías nerviosas° sólo en una dirección. Si se toca con un dedo una estufa° caliente, una vía nerviosa informa al sistema nervioso central y por otra vía diferente llega el mensaje que hace retirar° el dedo.

afirmaba
network / Es... Furthermore

sizes / pattern
messages / a... along / vías... nerve paths
stove

withdraw

Para Cajal, el cuadro° resultó fascinante: por fin se tenía una idea clara de cómo funciona el sistema nervioso del hombre. Pero no logró impresionar a sus colegas. Sus ideas diferían totalmente de las de° los libros de texto aceptados. ¿Y qué podía saber de esas cosas un español provinciano°? ¿Quién era él para desafiar° las opiniones de los grandes profesores del resto de Europa?

picture

de... from those of
provincial / to challenge

Cajal, que era muy testarudo,° sabía que tenía razón. Fundó° una revista para publicar los resultados de sus investigaciones y enviaba ejemplares° a investigadores de otros países. Después decidió asistir a un importante congreso de medicina en Alemania. Juntó° el dinero exacto para el billete más barato de tren y partió° con su microscopio, sus laminillas° y sus dibujos.

stubborn / He founded
copies

He got together / salió
slides

Este español de ojos feroces y de baja estatura° causó una profunda impresión en los alemanes. Quizá, decidieron, aquél era el verdadero cuadro de lo que podía ser el sistema nervioso.

de... short (in height)

ACTIVIDAD 1. ## Comprensión de la lectura

Complete las oraciones según la lectura.

1. Santiago Ramón y Cajal vivió en _____ ; nació en _____ .
2. Fue catedrático, _____ , _____ ,...
3. Era un estudiante _____ .
4. Era un muchacho que _____ .
5. Antes de las investigaciones de Cajal, la teoría más aceptada acerca de la estructura del sistema nervioso era que _____ .

6. Cajal descubrió que las células nerviosas _____ .
7. Nadie aceptó las teorías de Cajal porque _____ .
8. Para asistir a un congreso de medicina en Alemania, tuvo que _____ .
9. En el congreso, _____ .
10. En 1906, Ramón y Cajal recibió _____ .

ACTIVIDAD 2. Dime una cosa...

Con un compañero (una compañera), haga y conteste las siguientes preguntas.

1. ¿Qué ciencia estudias ahora? ¿Por qué estudias esta ciencia? ¿Hay cursos obligatorios de ciencias en esta universidad? ¿Cuántos son los que hay que tomar? ¿Qué ciencias estudiabas en la escuela primaria? ¿Y en la secundaria?
2. ¿Qué descubrimientos científicos has visto en tu vida? ¿Cuáles vieron tus abuelos? ¿tus padres? ¿Qué descubrimientos científicos esperas ver en el futuro?
3. ¿Te acuerdas de otro científico eminente que era también un mal estudiante? ¿Quién era? ¿Sabes el nombre de una científica francesa eminente?

■ LENGUA Y ESTRUCTURAS

A. THE PRETERITE TENSE

As you know, the preterite is the other of the two simple past tenses in Spanish. In contrast to the imperfect, the preterite is used to narrate completed actions, events, or states of being in the past. When you think of the preterite, it may be useful to remember the Spanish version of what Julius Caesar said when he returned to Rome: "**Vine, vi, vencí**" ("*I came, I saw, I conquered*"). The original Latin verb forms express the same feeling as the Spanish preterite: they convey completed actions—what took place—and have a sense of finality or completion about them.

Look back at the last paragraph of the reading that begins this chapter, noting the verb forms that narrate Cajal's trip to Germany: **...decidió asistir... Juntó el dinero... partió... causó una profunda impresión...** The preterite-tense verb forms carry the narration forward, from beginning to conclusion. The best English equivalents for them are often simple past forms—*he decided, he collected, he left, he caused*—or else the English past tense with the auxiliary *did: he did decide*, and so on.

You will learn more about using the preterite in conjunction with the imperfect in past-tense narration in the next chapter. Based on what you have read so far, however, indicate which phrases from the following group you would associate with the preterite tense.

_____ en la niñez   _____ ayer   _____ dos veces
_____ *description*   _____ anoche   _____ *used to*
_____ *-ing*   _____ la semana   _____ luego
                                   pasada

Regular Forms of the Preterite

As you review the regular endings for the preterite, remember that the **nosotros** forms of **-ar** and **-ir** verbs are identical in the present and preterite: **hablamos**, **recibimos**. The context makes the meaning clear.

-ar verbs				**-er** verbs			
yo	hablé	nosotros	hablamos	yo	comí	nosotros	comimos
tú	hablaste	vosotros	hablasteis	tú	comiste	vosotros	comisteis
él	habló	ellos	hablaron	Ud.	comió	Uds.	comieron

-ir verbs			
yo	recibí	nosotros	recibimos
tú	recibiste	vosotros	recibisteis
ella	recíbió	ellas	recibieron

¡Atención!

1. Infinitives that end in **-car**, **-gar**, and **-zar** have a spelling change in the first-person singular of the preterite: **tocar → toqué; llegar → llegué; comenzar → comencé**.

2. If the stem of an **-er** or an **-ir** verb ends in a vowel, the **i** of the third-person preterite singular and plural endings changes to **y**: **leer → leyó, leyeron; construir → contruyó, construyeron**.

3. Not all verbs with irregularities in the present tense are irregular in the preterite: **conocer: conozco → conocí; salir: salgo → salí; ver: veo → vi**.

4. **-Ar** and **-er** stem-changing verbs are regular in the preterite; that is, they show no change: **acostarse (ue): me acuesto → me acosté; perder (ie): pierdo → perdí**.

Actividad 3.   **Hechos del pasado**

Use the preterite to tell what the following people did in the past.

1. **Ramón y Cajal...** dibujar, investigar el sistema nervioso, viajar a un congreso, presentar su teoría a los otros científicos, causar una profunda impresión
2. **Los otros científicos...** reunirse en Alemania, al principio no conocer la teoría de Cajal, escucharlo, decidir que tenía razón, aceptar su teoría
3. **En la clase de historia de la ciencia, nosotros...** estudiar los descubrimientos científicos, aprender mucho, leer acerca de la teoría de Cajal, escribir un trabajo, descubrir que la ciencia es fascinante

Actividad 4.   **Dime una cosa...**

Ask a classmate if he/she did any of the following things yesterday.

MODELO: leer el periódico o mirar las noticias en la televisión →
—¿Leíste el periódico ayer o miraste las noticias en la televisión?
—Ayer leí el periódico. (Ayer miré las noticias en la televisión.)

1. participar mucho en una clase o solamente escuchar
2. practicar un deporte o estudiar todo el día
3. escribir, enviar o recibir una carta
4. comer en un restaurante, en la cafetería o en casa
5. llamar a tu familia por teléfono o recibir una llamada de tu familia
6. comenzar un proyecto o terminar un proyecto
7. asistir a todas tus clases o faltar (*cut*) a alguna
8. trabajar mucho o pasarlo bien con tus amigos
9. ¿——— ?

Now ask your instructor the same questions.

B. THE PRETERITE OF *-IR* STEM-CHANGING VERBS

The preterite forms of this type of verb have a change only in the third-person singular and plural. For **e → i** stem-changing verbs, the change is identical to that of the present tense. For others, **e → ie** and **o → ue**, it is the second change, the one you have already used to form the present participle.

	e → ie	o → ue	e → i
PRESENT CHANGE	e → ie	o → ue	e → i
PRETERITE CHANGE	e → i	o → u	e → i
INFINITIVE	sentirse	dormir	pedir
PRESENT PARTICIPLE	sintiendo	durmiendo	pidiendo

yo	me sentí	dormí	pedí
tú	te sentiste	dormiste	pediste
él, ella, Ud.	se sintió	durmió	pidió
nosotros	nos sentimos	dormimos	pedimos
vosotros	os sentisteis	dormisteis	pedisteis
ellos, ellas, Uds.	se sintieron	durmieron	pidieron

Other useful verbs in this category are **divertirse (ie, i)**, **morir (ue, u)**, **preferir (ie, i)**, **repetir (i, i)**, **servir (i, i)**, and **vestirse (i, i)**.

¡Atención!

Note the preterite forms of **reír** and **sonreír**: **(son)reí**, **(son)reíste**, **(son)rió**, **(son)reímos**, **(son)reísteis**, **(son)rieron**.

ACTIVIDAD 5. **¿Qué pasó ayer?**

Tell what the following people did yesterday, using the cues. Then add a logical item of your own.

MODELO: Marcos: correr en una carrera de 5 kilómetros; no ganar porque... →
Ayer Marcos corrió en una carrera de 5 kilómetros. No ganó porque otro chico corrió más rápido que él.

1. yo: jugar en un partido de tenis; ganar fácilmente; ducharse; sentirse fenomenal; asistir a dos clases; llegar tarde a la primera clase, pero...
2. tú: mirar un programa malo en la televisión; apagar el televisor; escribir una composición; terminar tu tarea; reunirse con tus amigos y...
3. Carmen: lavarse el pelo; peinarse; pedir prestado el vestido nuevo de su hermana; vestirse; salir con José y...
4. Carmen y José: caminar por el centro; escuchar un concierto en la plaza; comer churros; pedir chocolate; tomarlo; hablar y reírse mucho; divertirse y después...
5. nosotros: prepararse para un examen; estudiar todo el día; leer cien páginas; beber mucho café; acostarse temprano; dormirse en seguida y esta mañana...

C. THE PRETERITE OF *DAR*, *IR*, AND *SER*

dar		ir/ser	
di	dimos	fui	fuimos
diste	disteis	fuiste	fuisteis
dio	dieron	fue	fueron

Note that the preterite forms of **ir** and **ser** are identical. Context makes the meaning clear.

CH. IRREGULAR PRETERITES

The following irregular preterite verbs are grouped to show the similarities
in their irregular stems.

venir: **vin-**

vine	vin**imos**
vin**iste**	vin**isteis**
vin**o**	vin**ieron**

hacer: **hic-**
poner: **pus-**
querer: **quis-**

decir: **dij-**
traer: **traj-**

estar: **estuv-**
tener: **tuv-**

poder: **pud-**
saber: **sup-**

¡Atención!

1. Note that all forms of these irregular preterites are unaccented.
2. Note the third-person singular and plural ending of **decir** and **traer**:
   dijeron, trajeron.
3. The preterite of **hay (haber)** is **hubo** (*there was, there were*).
4. Verbs that are compounds of these verbs form the preterite from the
   same stem: **mantener**: **mantuv-** ; **imponer**: **impus-** , and so on.

ACTIVIDAD 6.   **Ilustres figuras del pasado**

Tell about these famous historical personalities, according to the model.

MODELO: Jorge Washington: ser el primer presidente de los Estados
Unidos →
Jorge Washington fue el primer presidente de los Estados
Unidos.

1. Santiago Ramón y Cajal: nacer en 1852; ser científico; descubrir la
   estructura del sistema nervioso; escribir ensayos y libros; recibir el Premio Nobel en 1906; morir en 1934
2. Julio César: ser un general romano; decir «Venir, ver, vencer»; vivir en el
   siglo II
3. Pablo Picasso: ser un pintor famoso; tener gran éxito; pintar *Guernica*;
   poner el nombre Paloma (*Dove*) a su hija; también hacer cerámica
4. Cristóbal Colón: recibir dinero de la reina Isabel; salir de España con
   tres barcos; llegar a América en 1492; volver a América dos veces más.
5. Gabriela Mistral: ser la primera mujer latinoamericana que recibió el
   Premio Nobel; escribir muchos poemas de amor y sobre su país y los
   niños; trabajar en las Naciones Unidas

6. Moctezuma: ser el emperador de los aztecas; ver llegar a los conquistadores españoles; mirar los caballos con sorpresa; luchar contra los conquistadores; perder su imperio

Now it's your turn to describe a figure from the past or present. Select one from the following list or choose a different one.

1. Albert Einstein
2. Ronald Reagan
3. Cleopatra
4. William Shakespeare
5. Mahatma Gandhi
6. la reina Isabel
7. John Lennon
8. Marilyn Monroe
9. ¿——?

ACTIVIDAD 7. **Un sábado de verano**

Imagine que Ud. es miembro de la siguiente pandilla (*group*) de amigos. ¿Adónde fueron Uds. ayer? ¿Qué hicieron?

1. yo: ir a la playa; llevar la tabla de vela; ponerla en el agua; practicar 2 horas; encontrarme con mis amigos
2. Silvio: venir a la playa conmigo; querer aprender el deporte; no mantener el equilibrio; darse cuenta de que es difícil; decir «¡Esto no es para mí!»
3. después Silvio y yo: vestirse; ir a un café; pedir pizza y cerveza; reírse de la experiencia de Silvio; estar 2 horas en el café
4. Rita e Inés: hacer compras; ir a muchas tiendas; estar cansadas; no darse cuenta de la hora; tener prisa; volver a casa en taxi
5. tú: estar en casa; no hacer nada; no tener ganas de hacer nada; dormir toda la tarde; no sentirse bien; saber después que haber un accidente enfrente de tu casa

¿Cierto, falso o no se sabe? Corrija las oraciones falsas.

1. A Ud. le interesan los deportes acuáticos.
2. Silvio tiene poca aptitud para los deportes.
3. Tampoco tiene sentido de humor.
4. Silvio e Inés son novios.

ACTIVIDAD 8. **Dime una cosa...**

What did you do yesterday? Find out about each others' activities by asking the following questions. Then share the information you learned with the whole class.

1. ¿Adónde fuiste ayer?
2. ¿Dónde almorzaste ayer?
3. ¿Qué hiciste ayer por la tarde?
4. ¿Dónde estuviste ayer a las 6:00?
5. ¿Tuviste algún examen ayer? ¿mucha tarea?
6. ¿Cuándo y dónde estudiaste?
7. ¿Te divertiste? ¿Cómo?
8. ¿A qué hora te acostaste? ¿Dormiste bien?

COMENTARIOS DE HOY

Antes de leer

Además de ser científico, Cajal fue escritor. Escribió principalmente libros autobiográficos y colecciones de ensayos y aforismos, breves dichos (*sayings*) que tratan de expresar algo importante en pocas palabras. A continuación se dan, en la Columna A, los títulos de algunas obras de Cajal y, en la Columna B, los títulos de algunos capítulos de esas obras. Empareje los libros con los capítulos.

COLUMNA A	COLUMNA B
1. *Mi infancia y juventud*	a. Sobre la amistad, la antipatía, la ingratitud y el odio
2. *El mundo visto a los ochenta años (Impresiones de un arterioesclerótico)*	b. Mis padres, el lugar de mi nacimiento y mi primera infancia
3. *Cuentos de vacaciones*	c. La casa maldita (*cursed*)
4. *Charlas de café (Pensamientos, anécdotas y confidencias)*	ch. Admiración excesiva a la obra de los grandes iniciadores científicos
5. *Reglas y consejos sobre investigación científica*	d. Evocación de Ponce de León. El ansia irremediable de inmortalidad fisiológica

La siguiente lectura se divide en dos partes. Después de leerlas, diga a qué libro de Cajal pertenece cada parte. Al leer, tenga en cuenta que Cajal pertenece a otra época y que escribe en el estilo literario de esa época.

Con sus propias palabras

PRIMERA PARTE

(1) «Para ser feliz en este mundo hacen falta° dos cosas: ser, como dicen los ingleses, "un buen animal" y, además,° *un animal bueno.*»
                                                   hacen... son necesarias / besides

(2) «—Veo que son ustedes muy amigos.
—No tanto..., es que ahora nos necesitamos. Es difícil ser muy amigo de los amigos sin ser algo° enemigo de la justicia.»   *somewhat*

(3) «Crear y saber: Bueno es conocer el nombre y las propiedades° de todas las flores, pero es mejor aún° crear una flora nueva.»   *properties / still*

(4) «Mientras nuestro cerebro° sea un arcano,° el Universo, reflejo° de su estructura, será también un misterio.»   *brain / mystery / reflection*

SEGUNDA PARTE

«Mi educación e instrucción comenzaron en Valpalmas,° cuando yo tenía cuatro años de edad. Fue en la modesta escuela del lugar donde aprendí los primeros rudimentos de las letras; pero, en realidad, mi verdadero maestro fue mi padre, que tomó sobre sí la tarea de enseñarme a leer y a escribir, y de inculcarme nociones elementales de Geografía, Física, Aritmética y Gramática. Tan enojosa° misión constituía para él, más que obligación inexcusable, necesidad irresistible de su espíritu, inclinado, por natural vocación, a la enseñanza. Sentía deleite° incomprensible en despertar la curiosidad infantil y acelerar la evolución intelectual, tan perezosa a veces en ciertos niños...

«Hay, realmente, en la función docente° algo de la satisfacción altiva del domador de potros;° pero entra también la grata curiosidad del jardinero,° que espera ansioso la primavera para reconocer el matiz de la flor sembrada y comprobar la bondad° de los métodos de cultivo.

«...era yo, como la mayoría de los chicos que se crían° en los pueblos pequeños, entusiasta de la vida al aire libre, incansable cultivador de los juegos atléticos y de agilidad, en los cuales sobresalía° ya entre mis iguales. Entre mis inclinaciones naturales, había dos que predominaban... Eran el curioseo° y contemplación de los fenómenos naturales y cierta antipatía incomprensible por el trato° social. Mi encogimiento y cortedad° al encontrarme entre personas mayores constituía gran contrariedad para mis padres.

«Para decirlo de una vez: durante mi niñez fui criatura díscola,° excesivamente misteriosa, retraída y antipática. Aún hoy, consciente de mis defectos, y después de haber trabajado heroicamente por corregirlos, perdura° en mí algo de esa arisca° insociabilidad tan censurada por mis padres y amigos.»

pueblo de Zaragoza

molestosa

placer, gusto

de enseñar
domador... bronco-buster /
* gardener*
worth, value

se... are raised

I excelled
curiosidad
situations
Mi... My shyness and abruptness

desobediente

remains / rude

ACTIVIDAD 9. **Comprensión de la lectura**

Primera parte: Escoja la oración que mejor explique cada aforismo.

1. a. Los animales son buenos.
    b. A los ingleses les faltan buenos animales.
    c. Es importante ser una persona decente.
2. a. Un amigo también puede ser un enemigo.
    b. Cuando necesitamos algo, cualquier persona puede ser nuestro amigo.
    c. No debes tener amigos que son enemigos de la justicia.
3. a. La botánica enseña los nombres y las propiedades de las flores.
    b. El conocimiento es bueno y la creación es aún mejor.
    c. Las teorías son más importantes que los datos.
4. a. El cerebro es un misterio.
    b. La estructura del cerebro refleja la estructura del Universo.
    c. Hasta que comprendamos la estructura del cerebro y la del Universo, los dos serán misterios.

© DAVID KUPFERSCHMID

Segunda parte: ¿Cierto o falso? Corrija las oraciones falsas.

1. Cajal empezó sus estudios con su padre.
2. A su padre no le gustó nada enseñar a su hijo.
3. Según Cajal, en la enseñanza hay algo de dominación y algo de cultivación.
4. En cuanto a su carácter, Cajal era un niño como todos.
5. Como adulto, Cajal era una persona simpática y sociable.

Un experimento químico en la
Universidad Nacional Autónoma
de México

ACTIVIDAD 10.   Hablando de la lectura

Cajal se presenta a sí mismo—de niño y como adulto—como poseedor de ciertas características personales. ¿Cuáles son? ¿Corresponden estas características a algún estereotipo muy conocido? ¿A cuál?

Con un compañero (una compañera), conteste las preguntas anteriores. Luego haga una lista de las características estereotípicas que se atribuyen a las siguientes personas.

1. los que trabajan con computadoras   2. los grandes científicos   3. los cantantes de rock o de punk   4. los políticos   5. los adolescentes

LENGUA Y ESTRUCTURAS

D. *HACE*... TO EXPRESS THE DURATION OF AN EVENT

—¿Cuánto tiempo **hace que estás** en esta universidad?
—**Hace** dos meses **que estudio** aquí.
—¿**Hace** mucho tiempo **que estudias** español?
—No, **hace** poco **que** lo **estudio**. Recién comencé en septiembre.

To tell how long an action has been in progress, Spanish uses the following construction:

> **hace** + *period of time* + **que** + *present-tense verb*

Note the question used to ask how long an activity has been going on:
¿Cuánto tiempo hace que...?

ACTIVIDAD 11. **¿Mucho o poco tiempo?**

The sports center of a university is a busy place. Look at the clock in each drawing, note at what time the following people began their activity, and tell how long they have been doing it.

1. Jorge empezó a levantar pesas a las 3:30.

2. Lidia y Marta comenzaron a hacer ejercicio aeróbico a la 1:00.

3. Ernesto y Manuel están jugando al básquetbol desde las 2:00.

4. Carlos y yo llegamos a las 2:45 y todavía estamos esperando una cancha de tenis.

5. El equipo de vólibol practica todos los días a las 4:00.

6. La profesora Garza nada desde las 7:50.

ACTIVIDAD 12.   **Dime una cosa...**

Ask how long a classmate has been doing certain things.

¿Cuánto tiempo hace que...

1. estás en esta universidad?
2. estudias español?
3. eres estudiante?
4. vives en el mismo sitio?
5. conoces a tu mejor amigo/a?
6. tienes licencia de conducir?
7. ¿——— ?

¡ES ASÍ!

Ahora que Ud. sabe un poco de Santiago Ramón y Cajal, puede apreciar el siguiente homenaje breve, de un almanaque latinoamericano.

HISTORIA

En 1984 se celebró el cincuentenario de la muerte del gran sabio español Santiago Ramón y Cajal.

En diversos lugares, especialmente en España y América, esta conmemoración ofreció la oportunidad para apreciar, con nueva perspectiva histórica, las múltiples facetas de una gran figura, vigorosa, única y excepcionalmente creadora.

Junto con el hombre, también la obra fue revalorizada: sus aportes a la teoría del organismo; sus técnicas y estrategias experimentales; sus monografías científicas y cada uno de sus libros.

Fue la ocasión para recordar al eminente catedrático universitario, cuyas explicaciones ofrecían las primicias de la investigación y los resultados de un saber en continuo desarrollo; al hábil dibujante que sabía prestarle un contorno a las sorpresas del descubrimiento y a todo aquel mundo de formas que el ojo humano no alcanzaba a ver sin ayuda; al pionero de la fotografía en color, tema al que no sólo dedicó un estudio valioso, sino también una injustamente olvidada contribución técnica; al pionero del disco fonográfico; al ensayista y escritor; al patriota, y hasta al capitán médico del ejército español.

LENGUA Y ESTRUCTURAS

E. *SER* AND *ESTAR*

Ramón y Cajal **fue** muy **listo**.

Ramón y Cajal was very clever (bright).

Siempre **estaba listo** para hacer travesuras.

He was always ready for mischief.

With certain adjectives, only **ser** or only **estar** may be used to render the meaning correctly. With other adjectives, either verb may be used, depending on the meaning the speaker wishes to convey. In the preceding example, the meaning of **listo** changes according to the verb used. Here are some other adjectives that change meaning when used with **ser** or **estar**.

ser		estar	
Soy **aburrido/a**.	*I am a bore.*	Estoy **aburrido/a**.	*I am bored.*
Él es **cansado**.	*He is tiresome.*	Está **cansado**.	*He is tired.*
Fue muy **malo**.	*He was very bad.*	Estuvo **malo**.	*He was ill.*
Ella es muy **viva**.	*She is very lively.*	¿Está **viva** o muerta?	*Is she alive or dead?*

With yet other adjectives, the use of **ser** or **estar** gives a slightly different connotation.

La sopa **es** caliente.	*Soup is hot. (Soup is usually hot.)*
¡Pero esta sopa **está** fría!	*But this soup is cold!*
Susana **es** linda.	*Susana is (characteristically) pretty.*
Pero hoy **está** aún más linda.	*But today she is (looks) even prettier.*
Carlos no **es** nervioso.	*Carlos isn't (characteristically) nervous.*
Pero hoy **está** muy nervioso.	*But today he is (seems) very nervous (change from normal).*

As these examples show, **ser** is used with the normal, characteristic state. **Estar** is used to indicate a changed condition or a subjective response, often expressed in English with verbs like *look*, *seem*, *taste*.

■ EN OTRAS PALABRAS...

Adjetivos que se usan con ser *o* estar

caliente ≠ frío/a	hot ≠ cold
(ser) entusiasta ⎱ ≠ indiferente	enthusiastic ≠ indifferent
(estar) entusiasmado/a ⎰	
feliz ≠ infeliz	happy ≠ unhappy
rebelde ≠ obediente	rebellious ≠ obedient
responsable ≠ irresponsable	responsible ≠ irresponsible
rico/a ≠ pobre	rich; delicious (*taste*) ≠ poor
testarudo/a ≠ adaptable	stubborn ≠ adaptable

¡Atención!

Remember that **Tengo calor** means *I am hot.* **Hace calor** means *it is hot* (*weather*). **Es (Está) caliente** means (*Something*) *is hot.*

ACTIVIDAD 13. **Descripciones**

Use the appropriate present-tense forms of **ser** or **estar** to describe the following people and things. Remember to make adjectives agree! Add other modifiers if you like—**muy**, **bastante**, **demasiado**—and try to add at least one adjective or other detail per group.

> MODELO: mi coche:
> > ¿viejo o nuevo? ¿en buenas o malas condiciones? ¿cómodo o incómodo? →
> > Mi coche es viejo. Está en malas condiciones. Es bastante incómodo. (No es cómodo.) Está sucio ahora.

1. yo:
    - ¿en clase en este momento o sentado frente a un escritorio (una mesa)? ¿estudiando o descansando? ¿entusiasmado o indiferente? ¿cómodo o bastante incómodo? ¿preparado o nada preparado para la clase de español mañana?
    - ¿simpático o antipático? ¿perezoso o enérgico? ¿aburrido o fascinante? ¿rico o pobre? ¿zurdo o escribe con la mano derecha? ¿enojado con alguien en este momento o enamorado de todo el mundo? ¿en la onda o totalmente fuera de la onda?
2. mi cuarto en la residencia (en mi apartamento, en casa):
    ¿grande o pequeño? ¿en el primer piso o en el segundo? ¿cómodo o incómodo? ¿en buenas o malas condiciones?
3. mis compañeros (de clase, de cuarto):
    ¿bien o mal hoy? ¿de buen o de mal humor? ¿aquí o en otra parte hoy? ¿siempre o no siempre de acuerdo conmigo? ¿generoso o egoísta? ¿rebelde u obediente? ¿nervioso cuando tienen que hablar en español o tranquilo? ¿entusiasmado o deprimido los sábados por la noche?

Ahora describa a una persona que Ud. admira mucho. Dé su nombre primero y el parentesco (*relationship*) o relación que hay entre Uds. ¿Es su primo? ¿un tío? ¿un buen amigo? Luego descríbalo/la, dando todos los detalles posibles: su edad, su aspecto físico, sus cualidades, etcétera.

ACTIVIDAD 14. **Preguntas discretas e indiscretas**

What can you find out about your classmates by asking them questions with the paired adjectives and phrases in **En otras palabras...** and in **Actividad 13**? Create at least six questions to ask of at least two classmates, using the **tú** form. Try to make your questions form a logical sequence so that you obtain a coherent body of information. Then use what you have learned to give a brief presentation to your classmates about the person you interviewed.

LENGUA Y ESTRUCTURAS

F. THE IMPERSONAL *SE*

The word **se** has many uses in Spanish. Thus far in *Un paso más*, you have used **se** reflexively (**se baña**, **se levanta**) or to express reciprocal actions (**se miran**, **se escriben**). In this chapter and the next, you will learn two more uses of **se**.

The impersonal **se** is used with a third-person singular verb to express the Spanish equivalent of the English *one*, *you*, *people* (in general), and *they*. The impersonal **se** conveys the action of the verb without associating it with specific individuals.

> **se** + *third-person singular verb*

¿Cómo **se dice** *chess* en español?	*How does one (do you) say chess in Spanish?*
Se juega mucho al ajedrez en la Unión Soviética	*Chess is played a lot (They play a lot of chess) in the Soviet Union.*
¡Niño, esto no **se hace** aquí!	*You don't do that here, kid!*
No **se habla** en voz alta aquí.	*One shouldn't speak loudly here.*

ACTIVIDAD 15. Procesos

When a classmate asks you the following questions, use the impersonal **se** to answer, as in the model. Add other verbs if you wish.

MODELO: ¿Cómo se va al centro? (tomar el autobús número 67 en esta esquina, bajar en la Calle Olmos) →
Se toma el autobús número 67 en esta esquina y se baja en la Calle Olmos.

1. ¿Cómo se prepara uno para correr? (comprar un buen par de zapatillas, llevar ropa liviana, hacer precalentamiento, ir a una calle con poco tráfico, ¿____ ?)
2. ¿Cómo se hace un viaje económico? (viajar en tren o autobús, llevar una tarjeta estudiantil, comer en cafeterías, dormir en albergues juveniles, no comprar nada, ¿____ ?)
3. ¿Cómo se aprende a decir *chess* en español? (ir a la biblioteca, sacar un diccionario bilingüe, buscar la palabra, ¿____ ?)

4. ¿Cómo se aprende el español? (estudiar, practicar mucho, escuchar programas en la radio o la televisión en español, leer mucho en español, hablar español en cualquier oportunidad, ¿_____ ?)

5. ¿Cómo se puede conseguir boletos para el teatro? (ir a la taquilla [*box office*] o llamar por teléfono al Boletrónico, enviar un cheque, ¿_____ ?)

■ UN PASO MÁS HACIA LA COMUNICACIÓN

> ### *Reacting to Others*
>
> As we tell about experiences, express ideas, or give opinions, we need response and encouragement from those we are talking with to help us to continue talking. They indicate that our listeners are understanding and have a reaction—positive or negative—to what we are saying. Some Spanish expressions of this kind were given in **Capítulo 4**. Here are some others.
>
> | | |
> |---|---|
> | AGREEMENT | ¡Claro! ¡Claro que sí! ¡Cómo no! ¡De acuerdo! ¡Por supuesto! |
> | ENCOURAGEMENT | ¿Sí? Cuéntame lo que pasó. ¿De veras? ¡No me diga(s)! Y después, ¿qué pasó? ¡No lo sabía! |
> | COMMISERATION | ¡Así es! ¡Qué le vamos a hacer, pues! |
> | INDIFFERENCE | A mí me da lo mismo. Me da igual. |
> | DISAGREEMENT | ¡Al contrario! ¡Claro que no! ¡No estoy de acuerdo! ¡De ninguna manera! |

ACTIVIDAD 16. Un cóctel

Imagine that you are at a cocktail party. As you circulate around the room, you hear the following conversational fragments. Respond to them, using some of the expressions you've just learned.

1. ¡Ayer me pasó algo absolutamente increíble!
2. Se dice que los investigadores ya han descubierto una cura para el cáncer.
3. ¿Yo? Soy catedrático.
4. Pues... yo sí creo que deben legalizar el uso de la mariguana.
5. Estoy seguro de que los Red Sox van a ganar en la Serie Mundial este año. ¿Y tú? ¿Qué opinas?

6. No, no trabajo en ese sitio. La compañía cerró las oficinas en esa
    ciudad.
7. ¿Este dibujo? Es de Picasso. Es un original.
8. Ese hombre tiene una teoría muy interesante. Dice que hay seres huma-
    nos en el planeta Marte.

PALABRAS PROBLEMÁTICAS

¡Atención!

As you use the words in this section, note that several of them are false
cognates: words that do not have the same meaning as the English words
they resemble.

los apuntes *notes* (*taken in class*)

¿Tomas muchos **apuntes** en esta clase?

la asignatura, la materia *course, subject*

Necesito solamente cuatro **materias** (**asignaturas**) más para
graduarme.

el curso *course of study*

La computación es un **curso** muy popular últimamente.

la nota *grade*

Por supuesto, todos quieren sacar buenas **notas**.

ACTIVIDAD 17. **Más información, por favor**

Complete las oraciones con información personal.

1. El curso que yo sigo o pienso seguir es _____ .
2. Mi materia preferida es _____ .
3. Mis asignaturas preferidas en la escuela secundaria fueron _____ , _____
    y _____ .
4. Las materias en que yo tomo muchos apuntes son _____ , _____ y _____ .
5. Las asignaturas en que saco mis mejores notas son _____ , _____ y _____ .

DE TODO UN POCO

ACTIVIDAD A. **Un viaje a España**

Complete the following description of Estela's trip to Spain with the
preterite form of the infinitives in parentheses.

Yo (*hacer*)[1] el viaje en primavera. (*Salir*)[2] de Puerto Rico el 16 de marzo y (*volver*)[3] a casa el 6 de abril. ¡(*Ser*)[4] tres semanas inolvidables! Cuando (*llegar*)[5] a Madrid, (*irse*)[6] directamente al hotel, (*bañarse*)[7] y (*acostarse*)[8] un rato para descansar del viaje. Después (*llamar*)[9] a Carlos Velázquez, excompañero mío de la universidad que ahora estudia en la Universidad Complutense.° Carlos me (*invitar*)[10] a cenar en un famoso restaurante, la Casa de Botín. (*Yo: pedir*)[11] lechoncito,° la especialidad de la casa, y entre los dos (*nosotros: tomar*)[12] una botella entera de vino. ¡Ay, qué rico!

de Madrid

suckling pig

En los siguientes días Carlos y yo (*caminar*)[13] por todas partes de la ciudad, (*pasar*)[14] dos días en el Prado,° (*tomar*)[15] un café en la Plaza Mayor y (*ver*)[16] otros lugares interesantes. Un día Carlos me (*presentar*)[17] a unos amigos suyos y (*ir*)[18] con ellos a una discoteca. ¡Qué simpáticos son! El día siguiente uno de ellos, Rafael, me (*invitar*)[19] a un concierto de Alaska. ¡Fantástico!

museo de arte

La segunda semana yo (*encontrarse*)[20] con mi amiga Luisa y (*viajar*)[21] juntas a Sevilla, Granada y Córdoba. Lo (*pasar*)[22] muy bien en todas partes. Desafortunadamente, Luisa (*perder*)[23] su cámara en Sevilla, pero yo (*sacar*)[24] muchas fotos. ¿Te (*gustar*)[25] la tarjeta que te (*enviar*)[26] de Granada? ¿No la (*recibir*)[27]? ¡Qué lástima!

¿Cierto, falso o no se sabe? Corrija las oraciones falsas.

1. Estela es estudiante ahora.
2. A Carlos no le gustó estudiar en los Estados Unidos.
3. A Estela le gustó mucho Madrid.

Ahora diga lo que hicieron...

- Carlos y Estela (por lo menos cuatro actividades)
- Rafael y Estela (dos actividades)
- Luisa y Estela (tres actividades)

ACTIVIDAD B.   Ambiciones y obligaciones

Complete los siguientes párrafos con el infinitivo o con el presente o el imperfecto de **ser**, **estar**, **tener** o **hacer**.

Lunes, las 10:00 de la mañana

Yo _____[1] deprimido porque acabo de terminar una biografía de Mozart. Él _____[2] un genio que escribió su primera composición musical cuando _____[3] ocho años. Yo ya _____[4] diecinueve años y ¿qué escribo yo? ¡Composiciones para mis clases de inglés y español! Para mí, ya _____[5] tarde. ¡Nunca voy a _____[6] un genio infantil!

Lunes, las 11:00 de la mañana, después de hacer la tarea para la clase de español

Pero, ¡un momentito! Ahora leo que Ramón y Cajal _____[7] muy listo pero que también _____[8] un mal estudiante cuando _____[9] joven. Y sé que Einstein tampoco _____[10] un buen estudiante. Sin embargo, todo el mundo sabe que _____[11] muy inteligente, y decir que alguien _____[12] como Einstein _____[13] como decir que esta persona _____ [14] brillante. Claro, él _____[15] un poco excéntrico, pero ¿qué importa? (Él) _____[16] una persona fuera de lo común. Yo _____[17] ganas de leer más biografías de personas como ellos. Me inspiran y me dan esperanza.

Lunes, la 1:00 de la tarde

Ahora yo _____[18] en la clase de zoología. El profesor García _____[19] muy aburrido y habla y habla sin mirar a los estudiantes. Lo que escribe en el pizarrón no _____[20] legible, sus teorías _____[21] arcaicas y sus exámenes _____[22] muy difíciles. _____[23] evidente que algunos estudiantes _____[24] durmiendo porque _____[25] aburridos, y otros duermen porque _____[26] calor en el aula. Muchos estudiantes simplemente no _____[27] presentes. Nunca vienen a clase cuando _____[28] buen tiempo porque prefieren jugar al *frisbee*. Yo, francamente, también _____[29] sueño, pero _____[30] que estudiar para un examen de historia. El examen _____ [31] a las dos, y _____ [32] fácil estudiar aquí porque yo _____[33] cómodo y el profesor García no se da cuenta de lo que pasa. Él siempre _____[34] contento; no le molesta nada. ¡Dios mío! Ya _____[35] la una y media. ¡Veinte minutos más con el profesor García! ¡_____[36] una tortura!

ACTIVIDAD C.   Con sus propias palabras

Have you ever written **un aforismo**? Give it a try by completing—in your own words—some from the *Charlas de café*.

1. Para ser feliz en este mundo, _____ .
2. Es difícil ser muy amigo _____ .
3. Crear y saber: _____ .

Now create two that are completely original. Here are some possible topics. If you prefer, select your own.

1. el amor   2. la amistad   3. la paz   4. la vida estudiantil

Un hombre de paz

© TONI SICA/GAMMA-LIAISON

El ganador del Premio Nobel, Óscar
Arias, de Costa Rica, con el Rey de
Suecia

ACTIVIDAD 1. **Hablando de Centroamérica**

How much do you know about Central America? Give yourself two minutes
to answer the following questions. When several possibilities are given,
choose the correct one(s). Then compare your answers with those of your
classmates.

1. Hay seis países de habla española en Centroamérica. ¿Cuáles son?

    _____   _____   _____

    _____   _____   _____

2. ¿Con qué país centroamericano se asocia Daniel Ortega? (*Guatemala/
    Nicaragua/Costa Rica*)

3. ¿Qué grupos están en conflicto en Nicaragua? (*los mayas/los Sandinis-
    tas/los «contras»*)

131

◼ EN OTRAS PALABRAS...

Hablando de la política   politics*

La gente que interviene

el/la abogado/a	lawyer
el gobierno	government
los/las guerrilleros/as	guerilla fighters
el/la político/a*	politician
el pueblo	people (nation)
el rebelde	rebel

Asuntos de la política mundial

el aliado	ally
el apoyo	support
la ayuda	help
la cuestión	issue
los esfuerzos	efforts
la fuerza	strength; force
la reunión cumbre	summit meeting

Las cuestiones básicas

la guerra	war
la lucha	struggle, fight
la paz	peace

¿Qué hacen los gobiernos y el pueblo?

discutir	to discuss; to argue
elegir (i, i) (elijo)	to elect; to select
exigir (exijo)	to claim, demand
luchar	to fight, struggle
terminar	to end, finish

¿Cómo son? ¿Cómo están?

aislado/a	isolated
democrático/a	democratic
destruido/a	destroyed
elegido/a	elected; selected
fracasado/a	failed
político/a	political

¡Atención!

1. Remember that the past participle (**-do**) is often used as an adjective. It agrees with the subject in gender and number and is often used with **estar**.

¿Van a firmar el tratado?	*Are they going to sign the treaty?*
—Ya está firmado.	*—It's already signed.*

2. Note the first-person present tense irregularity of verbs that end in **-gir**: **g → j** (**elijo**, **exijo**).

---

*Note that not all Spanish speakers accept **la política** as the equivalent of *female politician*, especially since **la política** also means *politics* or *policy*. Alternate forms include **la mujer político** and **la político**.

ACTIVIDAD 2.   Práctica de vocabulario

Form logical sentences, using one word or expression from each column and conjugating the verbs in Column B in the present tense. The sentences you create will help you to recall details about the political situation in Central America useful for understanding the reading in this chapter.

COLUMNA A	COLUMNA B	COLUMNA C
1. El pueblo de un país democrático	discutir	de una reunión cumbre
2. Los «contras» de Nicaragua	apoyar	socialista
3. Contadora	estar	el plan Arias
4. Un país que no tiene aliados	elegir	guerrilleros
5. Un partido político	luchar contra	a/por sus clientes
6. El gobierno de Cuba	ser el sitio	a sus líderes
7. Los Sandinistas	ser	una fuerza rebelde
8. Los abogados	exigir	aislado
9. Los países centroamericanos	discutir	reformas políticas
		los «contras»
		a su presidente
		esfuerzos hacia la paz

© DAVID KUPFERSCHMID

Un diputado se expresa en la Asamblea Legislativa de Costa Rica.

COMENTARIOS DE HOY

Antes de leer

¿Sabe Ud. quién...

1. ganó el Premio Nobel de la Paz en 1987?
    a. Javier Pérez de Cuéllar   b. Óscar Arias Sánchez   c. Raúl Alfonsín

2. fue el presidente de Costa Rica en 1987?
   a. Daniel Ortega   b. Vinicio Cerezo   c. Óscar Arias Sánchez
3. formuló un plan para lograr la paz en Centroamérica?
   a. Óscar Arias Sánchez   b. Napoleón Duarte   c. Fidel Castro

If you answered Óscar Arias Sánchez to all three questions, you get a perfect score. Keep this information in mind as you read more about his background and why he was given this prestigious award.

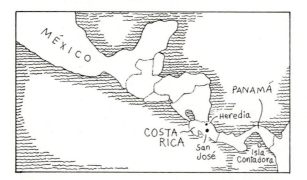

Semblanza° de Óscar Arias, Premio Nobel de la Paz

Biografía breve

En el discurso° con que inauguró la presidencia el 8 de mayo de 1986, Arias urgió a sus vecinos centroamericanos a revivir el moribundo° proceso de Contadora,° diciendo que «no puede haber paz mientras exista intransigencia y una ausencia de diálogo».

speech
dying / sitio de una reunión cumbre

Nueve meses más tarde, en una reunión cumbre de presidentes centroamericanos en Costa Rica, dio a conocer° el Plan Arias, una propuesta° que se convirtió en la espina dorsal° del plan de paz regional firmado en Guatemala el 7 de agosto último.

dio... he made known / proposal
espina... backbone

Arias, descrito por quienes lo conocen como calmado pero persistente, insistió en su plan ante renuentes° gobernantes° de El Salvador, Honduras, Guatemala, Nicaragua y Estados Unidos, argumentando que era la mejor oportunidad para terminar la guerra de guerrillas que había destruido a la región durante casi una década.

reluctant / heads of government

Nacido el 13 de septiembre de 1941 en la provincia de Heredia, de una millonaria familia cafetalera° de Costa Rica, Arias se preparó bien para convertirse en el más joven dirigente° de su país y para asumir el papel de pacificador regional.

coffee-growing
líder

Hizo los estudios primarios en Heredia y los secundarios en el Saint Francis College. Luego estudió premedicina en la Universidad de Harvard y se graduó como abogado en la Universidad de Costa Rica, de la que° más tarde fue profesor.

de... in which

También estudió economía en Costa Rica y tiene un doctorado° de la Universidad de Essex, en Inglaterra. Fue nombrado ministro de Planificación° Nacional en 1974, durante la presidencia de Daniel Oduber. Ha escrito varios libros sobre temas económicos y políticos de Costa Rica.

Ph.D.
Planning

Fue secretario general del Partido Liberación Nacional de 1982 a 1984 y diputado° de 1978 a 1982, luego candidato presidencial del PLN en 1985 y elegido presidente el 2 de febrero de 1986.

representante

Arias, que domina° el inglés, pudo discutir su plan de paz directamente con el presidente Ronald Reagan durante sus visitas a Washington a mediados de° junio y en septiembre último, para decirle que su apoyo a los contras nicaragüenses había dejado° a Estados Unidos aislado de la opinión mundial.

habla bien
a... in the middle of
había... had left

«Ud. que está apostando a° la guerra, ¿por qué no apuesta más bien° a la paz?», le dijo Arias a Reagan.

apostando... betting on / más... instead

Durante una visita a Nicaragua en 1986, Arias le dijo al presidente Daniel Ortega que el gobierno revolucionario Sandinista necesitaba reformas democráticas. «Lo que Uds. llaman democracia no es democracia aquí ni en ninguna parte del mundo», se afirma que Arias le dijo a Ortega.

Arias presentó su plan, que incluye alto al fuego,° amnistía para los guerrilleros, un programa de reconciliación y el término de la ayuda a los rebeldes, en una reunión el 15 de febrero en San José, la capital costarricense.

alto... ceasefire

En esa época, tres años de esfuerzos de Contadora y de su Grupo de Apoyo para lograr un tratado° de paz virtualmente habían fracasado, con Nicaragua renuente a hacer las concesiones que exigían Honduras y El Salvador, los aliados de Estados Unidos.

treaty

Después de varias tentativas° fracasadas, los presidentes de El Salvador, de Guatemala, de Honduras, de Nicaragua y el propio Arias acordaron° reunirse en Guatemala el 6 y 7 de agosto para discutir el plan de paz.

attempts
agreed to

Tras° la reunión presidencial, Arias declaró que «éste es uno de los días más felices de mi vida». «Para muchos esto era un sueño irrealizable,° una utopía, una quijotada,° una ilusión... pero, hay momentos en que las ideas tienen tanta fuerza que llegan a plasmarse en° realidad.»

Después de
unattainable / quixotic deed
llegan... they finally turn into

Arias está casado con Margarita Penon. La pareja tiene dos hijos, Eugenia, de 9 años, y Óscar Felipe, de 7.

ACTIVIDAD 3.   **Comprensión de la lectura**

Complete según la lectura.

1. países de Centroamérica mencionados en la lectura:
    _____ _____ _____ _____
    _____

2. año en que Arias nació: _____

3. países en que Arias hizo sus estudios:
    _____ _____ _____

4. año en que Arias llegó a ser presidente de Costa Rica: _____

5. año en que recibió el Premio Nobel: _____

6. cargos (*posts*) que tuvo Arias antes de llegar a ser presidente:
    _____ _____

7. algunas características de Arias: _____ _____

8. el propósito (*purpose*) del Plan Arias: _____

9. el plan Arias incluye: _____ _____ _____ _____

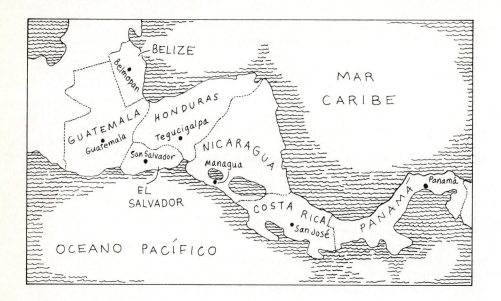

¡ES ASÍ!

Aunque los países centroamericanos forman una región bastante pequeña y su economía se basa principalmente en la exportación de productos agrícolas como la banana, el café y la caña de azúcar, también hay grandes diferencias entre ellos.

- Desde 1949 Costa Rica ha tenido una democracia auténtica, y es uno de los pocos países del mundo que no tiene ejército (*army*) porque lo considera un gasto (*expense*) inútil. Es el país con el segundo ingreso (*income*) más alto *per capita* de la región.
- El Salvador es la república más pequeña de Centroamérica. Sin embargo, tiene la población más grande de la región.
- Aunque casi toda la región centroamericana es tropical, el terreno de Guatemala es básicamente montañoso y por eso tiene una gran variedad de climas. Como también tiene una gran población india, en este país se hablan, aparte del español, cuarenta y cuatro dialectos e idiomas indios.

- Honduras es el más pobre de los países centroamericanos. En este país, como en Guatemala, hay restos de grandes ciudades abandonadas que hace muchos siglos fueron centros religiosos y culturales de la civilización maya.
- Nicaragua es el país más grande de la región. En 1979, cuando el dictador Anastasio Somoza fue obligado a renunciar a su cargo, los Sandinistas formaron un nuevo gobierno.
- Panamá, con los ingresos más altos de la región, es el eslabón (*link*) que une la América del Sur con el resto del continente americano, así como el Canal de Panamá es el eslabón entre el Océano Atlántico y el Océano Pacífico.

Hay un país más en Centroamérica, pero no es de habla española. ¿Cómo se llama? Busque su nombre en el mapa.

ACTIVIDAD 4.   Dime una cosa...

¿Están o no están de acuerdo? Lea las siguientes oraciones e indique su opinión con **sí**, **no** o **depende**. Luego compare sus respuestas con las de un compañero (una compañera). Si tienen opiniones iguales, expliquen su respuesta con una o dos oraciones. Si no están de acuerdo, expliquen su punto o puntos de desacuerdo.

UD.

SÍ   NO   DEPENDE

1. La paz mundial es un sueño irrealizable.   ☐ ☐ ☐
2. Si no aprendemos de la historia, estamos condenados a repetir   ☐ ☐ ☐
    los errores del pasado.
3. La revolución es la única manera de lograr grandes cambios en   ☐ ☐ ☐
    la sociedad.
4. El poder (*power*) corrompe. Por eso todos los políticos son   ☐ ☐ ☐
    corruptos.
5. Las reuniones cumbre siempre logran sus propósitos.   ☐ ☐ ☐
6. El conflicto en Centroamérica pone en peligro (*endangers*) la   ☐ ☐ ☐
    seguridad de los Estados Unidos. Por eso los Estados Unidos
    deben hacer un papel importante allí.
7. La democracia es el mejor sistema de gobierno.   ☐ ☐ ☐
8. ¿————— ?   ☐ ☐ ☐

LENGUA Y ESTRUCTURAS

A. USING *HACE* TO EXPRESS HOW LONG AGO

Spanish uses the word **hace** in combination with preterite verb forms to express or to enquire about how long ago an action took place.

A question beginning with *How long ago . . . ?* can be phrased in Spanish in several ways.

¿**Cuánto tiempo hace***
¿**Hace mucho tiempo*** } **que** te graduaste en la secundaria?   *How long ago did you gradu-ate from high school?*

The form of the answer also varies; the preterite verb form can come at the beginning or end of the sentence.

BEGINNING

> *preterite verb* + **hace** + *period of time*

Me gradué **hace tres años.**

END

> **hace** + *period of time* + **que** + *preterite verb*

Hace tres años **que** me gradué.

ACTIVIDAD 5. Ocurrencias del pasado

¿Cuánto tiempo hace que...

1. nació Óscar Arias?
2. llegó a ser presidente de Costa Rica?
3. presentó el Plan Arias en una reunión cumbre de presidentes centroamericanos?
4. recibió el Premio Nobel de la Paz?

¿Cuánto tiempo hace que...

5. hubo elecciones presidenciales en los Estados Unidos?
6. Ud. votó por primera vez?
7. los Estados Unidos lograron su independencia de Inglaterra?
8. fue asesinado el presidente Kennedy?

Ahora invente por lo menos dos preguntas similares para hacerles a sus compañeros de clase.

ACTIVIDAD 6. Dime una cosa...

¿Cuánto tiempo hace que...

1. te graduaste en la escuela secundaria? 2. comenzaste a estudiar español? 3. conseguiste la licencia de conducir? 4. estuviste de vacaciones? 5. te despertaste? 6. ¿_____?

---

*Specific expressions of time can be substituted for the word **tiempo**: ¿**Cuántas semanas hace...**, ¿**Hace muchos años...**, ¿**Hace poco tiempo...**, and so on.

B. LA FECHA

Oscar Arias nació **el 13 de septiembre de 1941**.
Hoy es **el 2 de noviembre de 1990**.

Dates are given in Spanish according to the following pattern:

> **el** + *day* + **de** + *month* + **de** + *year*

Since the day and the month are given in reverse order in English and in Spanish, the numerical abbreviation for the date also varies in the two languages.

September 20, 1991	=	9/20/91
el 20 de septiembre de 1991	=	20/9/91

¡Atención!

1. The first day of the month is the only one expressed with an ordinal number: ***el primero* de abril**.
2. Years after 999 are always expressed with **mil**.

    1941 = **mil novecientos cuarenta y uno**

See Appendix 3 if you need to review the names of the months in Spanish.

ACTIVIDAD 7. **Fechas importantes**

Exprese en español las fechas de los siguientes acontecimientos (*events*).

1. Cristóbal Colón descubrió América. (October 12, 1492)
2. Los peregrinos llegaron a Plymouth Rock. (December 15, 1620)
3. El Congreso de los Estados Unidos promulgó (*issued*) la Declaración de Independencia. (July 4, 1776)
4. Costa Rica declaró su independencia de España. (October 29, 1821)
5. El primer norteamericano caminó por la luna. (July 16, 1969)
6. Yo nací...

C. VERBS WITH DIFFERENT MEANINGS IN THE PRETERITE AND IMPERFECT

The meaning expressed by some verbs changes depending on whether the preterite or imperfect form is used. Compare the meanings of **poder** in the following sentences.

Arias **podía** hablar inglés.	*Arias could (was able to) speak English.*
Arias **pudo** hablar inglés.	*Arias managed to (did in fact) speak English.*

Verbs with different meanings in the preterite and imperfect follow the pattern shown by **poder**:

- imperfect: reflects the standard meaning of the infinitive, generally a mental condition or ability

   can (do something), *to be able to* (do something)

- preterite: expresses an action that took place, an attempted action, or a change in mental state

   managed to, *did in fact* (do something)

The following verbs reflect this difference between the preterite and imperfect.

conocer(se)

Los presidentes **se conocieron** en la reunión cumbre.	*The presidents **met each other** (for the first time) at the summit conference.*
Los presidentes **se conocían** antes de la reunión cumbre.	*The presidents **knew each other** (were acquainted) before the summit conference.*

poder

Arias **pudo** hablar inglés.	*Arias **was able** to (and did) speak English.*
Podía hablar español, pero el presidente Reagan **no podía** hablarlo.	*He **was able to** (had the ability to) speak Spanish, but President Reagan **could not** (**was not able to**) speak it.*

querer

Los presidentes **quisieron** hacerlo para lograr la paz.
Los presidentes **querían** hacerlo para lograr la paz.

*The presidents **tried** to do it in order to achieve peace.*
*The presidents **wanted** to do it in order to achieve peace.*

no querer

Arias no **quiso** terminar la reunión cumbre sin llegar a un acuerdo.
No **quería** fracasar.

*Arias **refused** to end the summit meeting without reaching an agreement.*
*He **didn't want** to fail.*

saber

El 13 de octubre de 1987 **supimos** que Óscar Arias había ganado el Premio Nobel.
No **sabíamos** que era candidato.

*On October 13, 1987, **we found out** that Óscar Arias had won the Nobel Prize.*
***We didn't know** (were not aware) that he was a candidate.*

ACTIVIDAD 8. **El plan de Arias**

Form complete sentences, using the appropriate preterite or imperfect form of the verbs in parentheses.

MODELO: Algunos presidentes (*no querer*) asistir a la reunión, pero tuvieron que hacerlo. →
Algunos presidentes *no quisieron* asistir a la reunión, pero tuvieron que hacerlo.

1. Arias (*querer*) presentar el plan, pero al principio nadie lo escuchó.
2. Arias fue a Washington y (*conocer*) al presidente Reagan.
3. En la primera reunión, los presidentes (*no poder*) llegar a un acuerdo.
4. Pero en la reunión que tuvo lugar en Guatemala, (*poder*) ponerse de acuerdo.
5. El 14 de octubre de 1987 Arias (*saber*) que había recibido el Premio Nobel de la Paz.
6. Leímos varios artículos sobre Arias porque (*querer*) saber más acerca de este hombre extraordinario.
7. Antes de leer, no (*nosotros: saber*) mucho del plan de Arias.

CH. MORE ABOUT USING THE PRETERITE AND IMPERFECT

As you know, Spanish has two simple past tenses, the preterite and the imperfect. Speakers choose to use one or the other, depending on how they view the event or state. This section expands on the concepts on which those choices are based.

Speakers use the *preterite* when they view an action or state of being as completed or when they wish to focus on the beginning or end of an action or state.

Julio **abrió** su libro y **empezó** a estudiar.

If, however, emphasis is on the "middle" of an event or state, that is, on neither the beginning nor the end but simply on the event or state itself, the imperfect is used. In this context, the imperfect is typically used to convey the following:

- a past action in progress (not its beginning or end)

    Julio **estudiaba** cuando...

- simultaneous actions in progress

    Bebía café mientras **estudiaba**.

- a habitual or repeated past action (with no reference to beginning or end)

    Siempre **estudiaba** en la sala.

- the description of a condition or state, or of the circumstances surrounding an action; that is, its background

    Necesitaba estudiar más.

Compare the use of the preterite and imperfect in the following sentences.

1. the beginning or the end of an action or event (*preterite*)

    Óscar Arias Sánchez, que ayer **ganó** el Premio Nobel de la Paz, **comenzó** su lucha por la paz en Centroamérica desde el momento en que **asumió** su cargo.

    *Óscar Arias Sánchez, who **won** (completed action) the Nobel Peace Prize yesterday, **began** (beginning of action) his fight for peace in Central America from the moment he **assumed** (beginning of action) his post.*

2. the beginning of an action (*preterite*) while another action is in progress (*imperfect*)

    Arias le **dijo** al presidente Daniel Ortega que el gobierno revolucionario Sandinista **necesitaba** reformas democráticas.

    *Arias **told** (completed action) President Daniel Ortega that the revolutionary Sandinista government **needed** (**were in need of**) (in progress) democratic reforms.*

3. the end of an action (*preterite*) while another action is in progress (*imperfect*)

> Arias **presentó** su plan mien-tras los guerrilleros **lucha-ban** en Nicaragua.

> *Arias **presented** (end of action) his plan while the guerrillas **were fighting** (action in progress) in Nicaragua.*

4. two actions or events occurring simultaneously (*imperfect*), with **mientras**

> Los guerrilleros **luchaban** mientras los presidentes **hablaban**.

> *The guerrillas **were fighting** as the presidents **were talking**.*

5. an ongoing activity (*imperfect*) interrupted by a completed action (*preterite*)

> Arias **tomaba** el desayuno con su familia cuando alguien lo **llamó** para darle las buenas noticias del Premio Nobel.

> *Arias **was eating** (ongoing action) breakfast with his family when someone **called** (interruption) to tell him the good news about the Nobel Prize.*

6. to give background information and physical descriptions; to describe mental states and emotions; to describe weather and to tell time in the past (*imperfect*)

> **Eran las** 7:30 de la mañana y la familia **estaba** en el come-dor. Los chicos ya **estaban** vestidos y **se preparaban** para ir al colegio.

> ***It was** (time) 7:30 in the morn-ing and the family **was** (back-ground) in the dining room. The children already **were dressed** (physical descrip-tion) and **were getting ready** (background) to go to school.*

¡Atención!

Remember that contextual clues—a word or phrase—can sometimes but not always determine whether the preterite or imperfect should be used. Which tense do you associate primarily with the imperfect (**I**) or the preter-ite (**P**)?

_____ frecuente-
mente
_____ anoche
_____ luego (*then*)
_____ una vez

_____ por lo
común
_____ hace...
_____ muchas
veces
_____ generalmente

_____ más tarde
_____ siempre
_____ anteayer
_____ el año
pasado

Remember that it is not specific words or phrases but the meaning they
signal—habitual action versus a completed action, for example—that determines the use of the preterite or the imperfect.

ACTIVIDAD 9. Anécdotas famosas del pasado

© PETER MENZEL/STOCK, BOSTON

Una estatua de José de San
Martín, en Buenos Aires,
Argentina

Tell about some famous figures from the past, both real and fictional, by
giving the preterite or imperfect form of the verbs.

> MODELO: Ponce de León *busca* la fuente de la juventud. *Cree* que
> la fuente *está* en la Florida. *Está* triste porque nunca la
> *descubre.* →
> Ponce de León *buscaba* la fuente de la juventud. *Creía* que
> *estaba* en la Florida. *Estaba* triste porque nunca la
> *descubrió.*

1. Cristóbal Colón *cree* que el mundo *es* redondo y que *es* posible llegar a
   la India por el oeste. Le *pide* a la reina Isabel dinero para hacer el viaje.
   Ella *vende* sus alhajas (*jewels*) y le *da* el dinero a Colón. Éste *sale* de
   España con tres carabelas, la Niña, la Pinta y la Santa María, y *llega* a
   América por primera vez en 1492.

2. Hernán Cortés *llega* a México en 1519. Él y sus tropas (*troops*) *buscan*
   oro. *Entran* en Teotihuacán, la capital de los aztecas, a caballo. Los
   aztecas *creen* que los hombres y los caballos *forman* una entidad. Los
   españoles *toman* prisionero al emperador azteca, Moctezuma. *Hay* una
   batalla y los conquistadores *vencen* a los aztecas. Así *comienza* la conquista española de México.

3. Los dos grandes generales que *dirigen* la lucha de los países sudamericanos contra el dominio de España *son* José de San Martín y Simón
   Bolívar. Bolívar *fracasa* dos veces, pero *tiene* éxito en la tercera ocasión
   y *libera* Venezuela y Colombia. San Martín *libera* primero la Argentina;
   luego *forma* un gran ejército (*army*), *cruza* los Andes y *da* la libertad
   a Chile, Bolivia y el Perú con la ayuda del héroe chileno Bernardo
   O'Higgins. Así *ganan* los sudamericanos su independencia.

4. Napoleón *quiere* conquistar toda Europa. Por eso *va* a Rusia con su
   ejército. *Es* invierno y *hace* mucho frío. Los soldados no *tienen* suficiente comida. *Pierden* la batalla y Napoleón nunca *conquista* Rusia.

5. Don Quijote *lee* muchas novelas. *Está* enamorado de Dulcinea y *quiere*
   ser un caballero andante (*knight*). *Tiene* un escudero (*squire*) que se
   llama Sancho Panza y un caballo que se *llama* Rocinante. *Lucha* contra
   molinos de viento (*windmills*) y otros enemigos imaginarios. Todo el
   mundo *cree* que *es* un loco. Cuando el pobre don Quijote *muere*, todavía *sueña* con aventuras.

6. Ícaro *quiere* volar. *Construye* unas alas de cera (*wax wings*) y con ellas
   vuela muy cerca del sol. Las alas se *derriten* (*melt*) e Ícaro *cae*. Por lo
   tanto el primer vuelo del hombre *es* un fracaso.

7. Romeo y Julieta se *enamoran*, aunque sus familias *son* enemigas. Los padres no *permiten* el matrimonio de sus hijos. Por eso Romeo se *va* de Verona. Mientras Julieta lo *espera*, ella *toma* una poción que le *da* la apariencia de estar muerta. Romeo *vuelve*, *cree* que Julieta *está* muerta y se *mata*. Julieta se *despierta*. Cuando *ve* lo que *pasa*, ella también se *mata*.

ACTIVIDAD 10.   **Una autobiografía breve**

Even though you may not be famous yet, it is never too soon to start thinking about your autobiography. Tell the class about yourself—or about one of your children—using the points given below and the suggested infinitives as a guide. Add any other pertinent information.

1. fecha y lugar de nacimiento (**nacer**)
2. hermanos: nombres, edad
3. la escuela primaria (**comenzar**)
4. recuerdos del primer día de escuela (**sentirse, llorar**)
5. su mejor fiesta de cumpleaños: la manera de celebrarla y los regalos
6. su primer empleo   criada
7. su primer día en esta universidad: experiencias y sentimientos (**sentirse**)
8. personas importantes en su vida (**influir, ayudar**)   psicología
9. ¿———?

ACTIVIDAD 11.   **Dime una cosa...**

Create questions based on the following cues to ask someone about a memorable vacation. Then use your questions to interview a classmate and answer his/her questions as completely as possible when you are interviewed.

1. el mes y el año
2. el nombre del lugar
3. la descripción del lugar
4. el tiempo que hacía
5. las personas que lo/la acompañaron
6. la descripción de las personas
7. las actividades
8. un momento muy interesante, alegre o cómico
9. opiniones y comentarios
10. ¿———?

■ COMENTARIOS DE HOY

Todos tenemos opiniones sobre el gobierno y nuestros gobernantes: lo que hacen y no hacen, sus cualidades y sus defectos. Quino es un famoso caricaturista argentino cuyos personajes (*whose characters*) son principalmente niños. Por medio de estos niños, Quino expresa con frecuencia sus opiniones políticas, satirizando tanto al gobierno de la Argentina como a todos

los gobernantes en general. No es de sorprender que las ideas de este caricaturista del hemisferio sur no sean muy distintas de las de sus colegas del
norte.

Lea los siguientes dibujos de Quino e indique si el dibujo se refiere al
gobierno argentino o a una organización internacional. (La niña de pelo
negro se llama Mafalda.) Luego complete las oraciones según los dibujos.

PALABRAS ÚTILES

incapaz	ineffective
el sueño	dream
luchar	to fight
preocuparse	to worry

Dibujos de Quino

DIBUJO 1

hacer... *to make trouble*
No te preocupes

DIBUJO 2

DIBUJO 3

I dreamt
hall
se... *went broke*
nos... *we were left*

ACTIVIDAD 12.   Las opiniones de Quino

Dibujo 1: Mafalda y sus amigos juegan al _____ . La madre de Mafalda cree que van a _____ . Según Mafalda, sin embargo, su madre no debe _____ . Ya que (*Since*) juegan al _____ ... ¡no están haciendo _____ !

Dibujo 2: Los padres de Mafalda están muy _____ : los niños siguen jugando al _____ y el presidente es _____ . Pero cuando _____ pasa corriendo varias veces, saben que los niños estan jugando a _____ ... ¡porque están haciendo _____ !

Dibujo 3: Mafalda le está contando a Felipe un sueño que tuvo _____ . En el sueño estaba en _____ . Había _____ de muchos _____ . Al oír Miguel su descripción, cree que la UN se fundió porque Mafalda usa el _____ del verbo *ser*. Cuando Mafalda le dice que todavía _____ , Miguel está contento. No quería estar sin esta organización, cuyos (*whose*) miembros son _____ pero _____ .

Moraleja: Según Quino, los gobiernos, tanto los nacionales como los internacionales, ¡no hacen _____ ! ¿Está Ud. de acuerdo?

■ LENGUA Y ESTRUCTURAS

D. THE PASSIVE *SE*

In contrast to the impersonal **se**, which is the Spanish equivalent of English *one* (*you*, *they*, *people*) plus a verb, the so-called Spanish passive **se** is rendered in English with the passive voice: a form of *to be* plus the past participle: *is spoken*, *was read*, *were written*, and so on. In both structures, however, the agent of the action is either unknown or unimportant in the context of what is being said. Emphasis is on the action itself or on the recipient of the action. Note the use of the passive **se** in these examples.

Mucha gente cree que en España **se habla** solamente el español.	*Many people think that only Spanish is spoken in Spain.*
Pero en Barcelona **se hablan** español y catalán.	*But in Barcelona Spanish and Catalan are spoken.*
Se venden periódicos en ese kiosko.	*Newspapers are sold at that newsstand.*
¿También **se vende** tabaco allí?	*Are cigarettes also sold there?*

The passive **se** structure is used only with verbs that take direct objects (the recipient of the action of the verb): in the preceding examples, **el español**, **español y catalán**, **periódicos**, and **tabaco**. The verb itself is singular or plural according to the object noun, and can appear in any tense.

In contrast, the verb in the impersonal **se** structure is always singular and the **se** + *verb* phrase is often accompanied only by an adverbial modifier or a prepositional phrase.

> Se come **bien en ese restaurante**.
> No se corre **en esa calle**... ¡Es peligroso!

ACTIVIDAD 13. Para elegir un presidente

Use the **se pasivo** to describe the process of electing a president in the United States.

> MODELO: elegir un presidente cada cuatro años →
>   Se elige un presidente cada cuatro años.

1. escuchar los discursos y los debates de los candidatos
2. necesitar mucho dinero para una campaña política
3. debatir los méritos y los defectos de los candidatos
4. comparar los programas de los candidatos
5. exigir reformas en el proceso electoral
6. pedir el apoyo de los votantes
7. examinar las cuestiones principales
8. mantener el proceso democrático

UN PASO MÁS HACIA LA COMUNICACIÓN

A Speech Versus a Dialogue

Very few activities or occupations require the average person to make a speech. For the most part, our verbal communication with others is conducted in dialogue form. For example, when a friend says on Monday morning "Hi! How was your weekend?" you do not usually reply, "I had an awful weekend. My car broke down, so I couldn't get to my job on Saturday, I had to prepare for a biology test I'm having today, I had a fight with my girlfriend (boyfriend), and I got hives from something I ate." That would be a monologue, with no response or reaction required from the person who said "Hi! How was your weekend." More likely, the conversation would go something like this:

—Hi! How was your weekend?

—Awful!

—Why? What happened?

—Oh, my car broke down, so I couldn't get to work on Saturday.

—What a bummer. So what did you do?

—Well, I have a big biology test today, so I had to stay home and study anyway.

—Say, what's that on your arms and face?

—Is it still noticeable? I broke out in hives, too.

—Something you ate?

—Must have been.

ACTIVIDAD 14. **¿Cómo pasaste el fin de semana?**

Remember that you must be an active participant and a responsive listener to carry on a conversation. Practice those skills by asking several classmates the opening question from the preceding dialogue. They will respond according to one of the situations suggested below. Ask questions that help you get more information and incorporate into your conversation some conversational responses from the **Un paso más hacia la comunicación** sections in previous chapters.

—¡Hola, _____ ! ¿Qué tal? ¿Cómo pasaste el fin de semana?

SITUACIONES

1. Fui al cine.
2. Asistí a un concierto.
3. Fui a (Di) una fiesta.
4. Tuve que estudiar.
5. No hice nada.
6. Fui a (lugar).

PALABRAS PROBLEMÁTICAS

Saber, conocer, reconocer

Spanish has two words to express English *to know*. **Saber** is used to refer to knowledge, to something that has been learned. **Conocer** means *to be acquainted or familiar with* someone, someplace, or something. **Reconocer** means *to recognize* a person, place, or thing.

Yo **sé** todos los verbos que son irregulares en el pretérito.	*I know all the verbs that are irregular in the preterite.*
Conozco a muchos compañeros de clase.	*I (know) am acquainted with many classmates.*
Los **reconozco** cuando los veo en la cafetería.	*I recognize them when I see them in the cafeteria.*

ACTIVIDAD 15. Dime una cosa...

Ask a classmate whether he/she knows, is acquainted with, or recognizes the following people, places, or things.

> MODELO: el vocabulario de este capítulo →
> —¿Sabes el vocabulario de este capítulo?
> —Sí, sé el vocabulario de este capítulo. (No, todavía no sé el vocabulario de este capítulo. Pero lo voy a saber mañana.)

1. quién es el presidente de Costa Rica
2. el presidente de los Estados Unidos cuando su foto sale en el periódico
3. dónde está Costa Rica
4. San José, la capital de Costa Rica
5. los nombres de todos los países centroamericanos
6. una persona famosa cuando la ves en público
7. a tus profesores
8. dónde está la oficina de tus profesores
9. expresarte bien en español

Convertirse en, hacerse, llegar a ser, ponerse

Spanish has several verbs that mean *to become*. Examine the examples that follow; can you distinguish the nuances of meaning?

Arias se preparó bien para **convertirse en** el más joven dirigente de su país...

*Arias prepared himself well **to become** the youngest leader of his country...* (He turned into the youngest president.)

Ramón y Cajal estudió mucho para **hacerse** científico.

*Ramón y Cajal studied a lot **to become** a scientist.* (He became a scientist through conscious effort on his part.)

Alaska **llegó a ser** una artista muy popular.

*Alaska **became** a very popular entertainer.* (This came about gradually over a period of time, through no particular effort on her part.)

El papá de Santiago **se puso** furioso cuando supo que su hijo estuvo en la cárcel.

*Santiago's father **became** angry when he found out that his son was in jail.* (A change in physical or emotional state is indicated. **Ponerse** can be followed only by an adjective.)

ACTIVIDAD 16. **Cambios**

Complete the following sentences with the appropriate form of one of the verbs that can express *to become*.

1. Ronald Reagan era un actor de cine que _____ presidente.
2. ¿Qué quieres _____ después de terminar los estudios universitarios?
3. Cuando su padre vio el coche después del accidente, _____ furioso.
4. Madonna _____ una cantante famosa.
5. Cuando Clark Kent entra en la cabina de teléfonos, _____ Superman.
6. Pregúntele a su profesor cómo _____ profesor.
7. ¿Por qué _____ pálido cuando viajas en avión? ¿Tienes miedo?
8. Ernesto tiene que estudiar muchos años y conseguir mucha experiencia para _____ astronauta.

■ DE TODO UN POCO

ACTIVIDAD A. **Con sus propias palabras**

Write a brief chronological résumé (ten to fifteen sentences) of the article about Óscar Arias. Select only the information that you think is important. Use the preterite or imperfect of verbs, as appropriate. Here is a possible first sentence.

1. Arias nació el 13 de septiembre de 1941 en Costa Rica.

ACTIVIDAD B. **¿Qué leías de niño/a?**

Complete the following anecdote with the correct preterite- or imperfect-tense form of the verbs in parentheses.

Cuando yo (*ser*)[1] niña, me (*encantar*)[2] leer. Y como yo (*poder*)[3] leer muy rápidamente, a veces (*leer*)[4] un libro en un día. ¿Qué tipo de libros me (*interesar*)[5] más? Principalmente novelas, biografías, autobiografías y libros de aventura. Algunos libros (*contener*)[6] una combinación de todas las cosas que me (*fascinar*):[7] personajes reales o ficticios fuera de lo común, héroes o heroínas que (*tener*)[8] grandes romances o aventuras y que vivían en lejanos lugares. En esos libros (*aprender*)[9] historia y geografía y (*descubrir*)[10] la casi infinita variedad que (*existir*)[11] en el mundo. Yo (*soñar*)[12] mientras (*leer*)[13] o, ~~existe~~ como se dice en inglés, yo (*construir*)[14] castillos en España. (*Yo: desear*)[15] ser como esos personajes; (*querer*)[16] viajar a esos lugares exóticos.

Una vez (*leer*)[17] una biografía de Mozart y (*decidir*)[18] ser músico, pero (*cambiar*)[19] de idea cuando me (*dar*)[20] cuenta de que (*ser*)[21] necesario practicar piano muchas horas del día. No me (*gustar*)[22] tocar el piano. (*Ser*)[23] preferible, entonces, leer acerca de grandes aventuras, porque los aventureros nunca (*tener*)²⁴ que estudiar piano. Yo (*querer*)²⁵ saber más de los hombres y las mujeres que (*escalar*)²⁶ montañas que nadie (*haber*)²⁷ escalado antes, o que (*explorar*)²⁸ las selvas amazónicas o que (*viajar*)²⁹ por regiones remotas del Tibet. Y mientras yo los (*acompañar*)³⁰ en sus aventuras (en mi imaginación), yo me (*decir*):³¹ «Algún día haré lo mismo».

Un libro que (*yo: leer*)³² varias veces (*ser*)³³ una novela que se (*llamar*)³⁴ *María*. La (*escribir*)³⁵ un autor colombiano, Jorge Isaacs, en el siglo XIX. (*Ser*)³⁶ una novela romántica, y al final de la historia, María, la heroína, (*morirse*).³⁷ ¡Cómo (*yo: llorar*)³⁸ cada vez que (*terminar*)³⁹ de leer ese libro! Muchos años después, (*hacer*)⁴⁰ un viaje por Colombia y finalmente (*llegar*)⁴¹ a la ciudad de Cali, cerca del lugar donde Jorge Isaacs (*vivir*).⁴² Al ver el lugar que (*conocer*)⁴³ tan bien en mi imaginación, no (*acordarse*)⁴⁴ de la tristeza que siempre (*sentirse*)⁴⁵ cuando yo (*ser*)⁴⁶ niña y (*leer*)⁴⁷ *María*. Más bien, yo (*reconocer*)⁴⁸ esa hermosa ciudad como si fuera° un lugar ya conocido y (*exclamar*):⁴⁹ ¡Pero si es como (*ser*)⁵⁰ en *María*!

como... *as though it were*

Actividad C. Hablando de la lectura

Conteste según la Actividad B.

1. por qué leía la chica
2. los libros que le gustaban más
3. por qué decidió no ser músico
4. el nombre de una novela que le gustaba y su autor
5. su impresión de esa novela

Actividad CH. Dime una cosa...

Compare your reading preferences with those of a classmate, giving reasons for your likes and dislikes.

1. lo que...
   leía durante su niñez _____
   leía en la escuela secundaria _____
   lee durante las vacaciones _____
   lee cuando no puede dormir _____
   lee durante el año escolar _____
2. el libro que...
   más le gustó _____
   ha leído más de una vez _____
   le gustaría leer algún día _____
   va a escribir algún día _____

Vivir bien

© DAVID KUPFERSCHMID

Se come bien en este restaurante de Buenos Aires, Argentina.

Todo el mundo quiere vivir bien. Pero lo que significa «vivir bien» es diferente para cada individuo. A algunas personas el hecho de tener mucho dinero y gastarlo en lujos (*luxuries*) les da la satisfacción de vivir bien. Para otras personas, como los alpinistas (*mountain climbers*) o los corredores de autos de carreras (*racing cars*), vivir bien significa saborear (*to taste*) el peligro, sentir la emoción de correr riesgos (*risks*). Para un atleta que pasa largas horas preparándose para una competición o para los Juegos Olímpicos, vivir bien es ganar el primer lugar. También hay personas para quienes tener un techo (*roof*) y acostarse por la noche con el estómago lleno significa vivir bien. Pero todos comparten una definición primordial (*fundamental*) de lo que es «vivir bien»: estar en buenas condiciones físicas para disfrutar de la vida.

En esta unidad se tratan algunos aspectos del mundo de hoy que contribuyen a mejorar la calidad de vida... y otros que la disminuyen.

Dime lo que comes y te diré quién eres

¿Un mercado? ¡Sí! Un supermercado en México, D.F.

ACTIVIDAD 1. **¡Firma aquí, por favor!**

¿Le importa mucho la comida? ¿O la comida para Ud. no tiene gran importancia y sólo es parte de la rutina de todos los días? Es decir, ¿come Ud. para vivir o vive para comer?

Examine su actitud frente a la comida mediante las siguientes descripciones. Escriba **sí**, **no** o **depende** al lado de cada descripción. Luego busque a un compañero (una compañera) de clase que haya contestado una pregunta de la misma manera y pídale que firme su nombre. Siga haciéndole preguntas y pidiéndole que firme hasta que conteste una pregunta de otra manera. Continúe con otra persona y así sucesivamente.

1. Si no tengo tiempo para desayunar o almorzar, me pongo de mal humor. No me gusta nada perder una comida.

   UD.: _____
   NOMBRE: _____

2. En vez de cenar comida «rápida», prefiero no cenar.

   UD.: _____
   NOMBRE: _____

3. De niño/a, era muy exigente (*fussy*) en cuanto a la comida.

   UD.: _____
   NOMBRE: _____

4. Nadie cocina tan bien como mi madre.

   UD.: _____
   NOMBRE: _____

5. Nunca aprendí a cocinar. Abro una lata (*can*) o preparo algo en el horno de microondas.

   UD.: _____
   NOMBRE: _____

6. Un buen vino... un poco de paté... un pedazo de queso... una ensalada sencilla... pan
caliente... flan o fruta... Total: una perfecta
cena romántica para dos.

UD.: _____

NOMBRE: _____

7. Compro la comida casi diariamente (*daily*)
porque me importa mucho comer alimentos frescos.

UD.: _____

NOMBRE: _____

8. Los días festivos —el cumpleaños de
alguien, por ejemplo, o para celebrar algo
especial— prefiero ir a comer a un restaurante. Es más elegante que la comida
casera (*homemade*).

UD.: _____

NOMBRE: _____

¿Qué significan sus respuestas en cuanto a su actitud frente a la comida?
Comente por lo menos cuatro de las preguntas con un compañero (una
compañera) y comparta sus comentarios con la clase.

■ COMENTARIOS DE HOY

The Chilean poet Pablo Neruda, who won the Nobel Prize for Literature in
1971, is considered one of the greatest poets of the twentieth century. His
poetry often tells of his passion for the Indian heritage of Latin America, his
love for his country, and his concern for humanity. But in his ***Odas elementales*** he celebrates the ordinary, humble objects that make up our daily life,
finding in them unexpected character and beauty. The poetic perspective in
his "**Oda al limón**," "**Oda al piano**," and "**Oda a las cosas rotas**," among
others, offers a new way of looking at objects not usually praised by poets.

Antes de leer

In "**Oda a la alcachofa**," Neruda presents a whimsical portrait of the artichoke as warrior, its tough, erect petals giving it a martial appearance that
belies the tender, delicious heart within. His description makes use of the
device called *metaphor*, an implied comparison: life is a journey, love is a
tender flower, the artichoke is a warrior.

Since the same metaphor is used throughout the poem, it is called an
extended metaphor. As you read the poem, look for the following:

- the words Neruda uses to present and carry through with the metaphor
of artichoke as warrior
- the place that represents the warrior's battleground
- the way in which the martial imagery is lightened in tone

Note that some vocabulary (see **En otras palabras...**) is presented in
negritas (*boldface type*) in the poem itself.

En otras palabras...
Para hablar del poema

Oda a la *alcachofa*

artichoke

La alcachofa
de **tierno** corazón

tender

se vistió de guerrero,[1]
erecta, construyó
una pequeña cúpula,[2]
se mantuvo
impermeable
bajo
sus escamas[3]
a su lado

los vegetales locos
se encresparon,[4]
se hicieron
zarcillos,[5] espadañas,[6]
bulbos conmovedores,[7]
en el subsuelo[8]
durmió la zanahoria

de **bigotes** rojos,
la viña[9]

whiskers

resecó[10] los sarmientos[11]
por donde sube el vino,[12]
la **col**

cabbage

se dedicó
a **probarse** faldas,

to try on

el orégano
a perfumar el mundo,
y la **dulce**

sweet

alcachofa
allí en el **huerto**,

vegetable garden

vestida de guerrero,
bruñida[13]

como una granada,[14]
orgullosa;

proud

y un día
una con otra
en grandes **cestos**

baskets

de mimbre,[15] caminó

---

[1]*warrior* [2]*cupola, dome* [3]*scales* [4]*se... stood on end* [5]*tendrils* [6]*cattails*
[7]*(emotionally) moving* [8]*subsoil* [9]*vineyard* [10]*parched* [11]*vine shoots* [12]*por... from where the
wine rises* [13]*polished* [14]*pomegranate* [15]*wicker*

por el mercado
a realizar su **sueño**:   dream
la milicia.[16]
En hileras[17]
nunca fue tan marcial
como en la **feria**,   **mercado**
los hombres
entre las **legumbres**   **vegetales**
con sus camisas blancas
eran
mariscales[18]
de las alcachofas,
las **filas apretadas**,   rows / tight
las voces de comando
y la detonación
de una **caja** que cae;   box

pero
entonces
viene
María
con su cesto,
escoge
una alcachofa,
no le **teme**,   fears
la examina, la observa
contra la luz como si fuera[19] un huevo,
la compra,
la confunde[20]
en su **bolsa**   bag
con un par de zapatos,
con un **repollo** y una botella   **col**
de vinagre
hasta
que entrando a la cocina
la sumerge en la **olla**.   pot

Así termina
en paz
esta **carrera**   career
del vegetal armado
que se llama alcachofa,
luego
escama por escama,

[16]military service   [17](*military*) *rows, files*   [18]*marshals*   [19]*como... as though it were*   [20]*mixes*

desvestimos   we undress
la delicia[21]
y comemos
la pacífica pasta[22]
de su corazón verde.

---

[21]delicacy   [22]fiber

ACTIVIDAD 2.   **Comprensión de la lectura**

Select the expressions from Column B that describe the vegetables, herbs, and people in «**Oda a la alcachofa**» as seen from Neruda's poetic perspective. More than one description may be appropriate for each noun.

COLUMNA A

1. la alcachofa
2. María
3. la col
4. el orégano
5. los vegetales
6. la granada
7. los hombres del mercado
8. la zanahoria

COLUMNA B

a. tiene bigotes rojos
b. orgullosa
c. mariscales de las alcachofas
ch. vestida de guerrero
d. no tiene miedo a la alcachofa
e. erecta e impermeable
f. lleva faldas
g. tiene un corazón verde
h. locos
i. perfuma el mundo
j. un vegetal armado

ACTIVIDAD 3.   **Una diversión**

Be silly for a moment and imagine that you are a vegetable. Tell which one you would choose to be and why. Think about things like color, texture, taste, and associations with the cooking of different nationalities as you make your choice.

la berenjena

los hongos

el brócoli

las judias verdes

la lechuga

los rábanos

el apio

el ají

el pepino

la mazorkca de maíz

el tomate

las papas

la calabaza

el perejil

los guisantes

el zapallo

la cebolla

la zanahoría

PALABRAS ÚTILES

la cocina	cooking	**fuerte**	sharp (*taste*)
el sabor	taste	**blando/a**	mushy; soft
agrio/a	bitter	**escarolado/a**	frilly

MODELO: Pues... yo soy una berenjena (*eggplant*). Me gusta llevar colores vivos, como el morado de las berenjenas. También soy italiano y... todos sabemos que la berenjena se usa mucho en la cocina italiana.

¡ES ASÍ!

Antes del siglo XVI, cuando los conquistadores españoles la comieron por primera vez en el Perú, el Ecuador o Colombia y la llevaron a España, el mundo europeo no conocía la papa. Pero los incas, que vivían en esa región montañosa, la cultivaban y tenían más de mil palabras para nombrar sus muchas variedades. Una de esas palabras es el nombre que llevaron los conquistadores a España: patata. Hoy en día, sobre todo en los mercados de los países andinos, se puede ver montones de papas de todos los tamaños (*sizes*), formas y colores imaginables. Cada tipo tiene su propio sabor y textura.

© HERMINE DREYFUSS/MONKMEYER

Vendedores en un mercado boliviano

LENGUA Y ESTRUCTURAS

A. SPECIAL USES OF THE PRONOUN *LO*

You probably recognize the object pronoun **lo**, which can mean *him*, *it* (*m.*), or *you* (*m. form.*), depending on the context. You will review those uses of **lo** in Section B of this chapter.

In addition to those specific meanings, however, the pronoun **lo** can refer back to a previously mentioned idea in the form of a word, clause, or whole sentence. Note how **lo** is used in the brief answers to this question.

¿Sabes que Marta y Roberto se van a divorciar?

Ya lo creo.   *I think so.*

¡No **lo** creo!	*I don't think so* (*that*)!
(Ya) **Lo** sé.	*I* (*already*) *know* (*it, that*).
(No) **Lo** dudo.	*I* (*don't*) *doubt it.*

Note that there are several English equivalents of **lo**, and that an equivalent is not always necessary.

ACTIVIDAD 4.   Dichos y refranes

The Spanish language is rich in proverbs and sayings about food. Give your response to some of them by saying **Ya lo creo, No lo creo, Lo sé, Lo dudo.** If some are similar to English expressions, you can add **Se dice lo mismo** (*the same thing*) **en inglés.**

1. La mejor medicina es la buena comida.
2. Más vale ir bien comido que bien vestido.
3. No comas mucha sal, que te harás viejo.
4. Caliente la comida y fría la bebida.
5. De grandes cenas están las sepulturas (*graves*) llenas.
6. Ni mesa sin pan ni ejército (*army*) sin capitán.
7. El queso es el complemento de una buena comida y el suplemento de una mala comida.
8. Teniendo a la mano huevos, cualquiera (*anyone*) es buen cocinero.
9. Una manzana cada día, el médico te ahorraría (*would save*).
10. Lo que no mata, engorda (*is fattening*).
11. El comer a muchos mata, y la dieta a muchos salva.
12. No sólo de pan vive el hombre.

B. DIRECT OBJECT PRONOUNS: *LO, LA, LOS, LAS*

The direct object pronouns replace a specific noun or phrase functioning as the direct object of the verb when that noun or phrase has been mentioned previously.

María escoge una **alcachofa**, **la** examina, **la** observa, **la** compra.	*María selects an artichoke, examines it, observes it, buys it.*

lo	*him, it, you* (**Ud.**)	los	*them, you* (**Uds.**)
la	*her, it, you* (**Ud.**)	las	*them, you* (**Uds.**)

The placement of direct object pronouns (**los complementos directos**) is the same as that of reflexive pronouns. The direct object pronoun precedes the conjugated verb. When the conjugated verb is followed by an infinitive or the present participle, the direct object pronoun can precede the conjugated verb or be attached to the infinitive or the present participle.

> *direct object pronoun + conjugated verb*

María mira **la alcachofa**. **La** mira.

> *infinitive or present participle + direct object pronoun*

María quiere comprar **la alcochofa**. Ella **la** quiere comprar. Ella quiere comprar**la**.
La está poniendo en el cesto. Está poniéndo**la** en el cesto.

■ EN OTRAS PALABRAS...

¡Buen provecho!	Enjoy your meal!

You will want to refer to this vocabulary list when doing the next three activities in particular.

Vamos a hablar de **los alimentos**, de **la comida**.	food / food; meal
¿Cómo le gusta **el bistec**, **tierno** o **duro**?	steak / tender / hard, tough
¿Cómo prefiere el bistec, **bien hecho**	well done
medio hecho	medium
o **un poco crudo**?	rare
¿Le gusta la carne **al horno**	baked, roasted
asada	broiled
hervida	boiled
o **frita**?	fried
¿Prefiere **los sabores dulces**	tastes, flavors / sweet
amargos	bitter
ácidos	sour
salados	salty
o **picantes**?	spicy, hot
¿Come Ud. alimentos **congelados**	frozen
frescos (naturales)	fresh
preparados por Ud.	
o **de lata**?	canned
Es necesario **cortar (ue)** la carne,	to cut
pelar las papas	to peel
y **probar (ue)** la comida para ver si es necesario **echarle**	to try (taste) / to put in
más **sal, pimienta** o **ajo.**	salt / pepper / garlic
¿Quiere comer una comida **deliciosa**, **sabrosa** y **rica**?	= tasty, delicious
¡Sí, es **para chuparse los dedos**!	finger-licking good

ACTIVIDAD 5. **Una ensalada estupenda**

This popular Spanish saying reveals the secret of making a great salad! Read it carefully and answer the questions that follow, using direct object pronouns to replace the italicized nouns.

Para hacer una buena ensalada, cuatro hombres hacen falta: para la sal, un sabio;° para el aceite, un pródigo;° para el vinagre, un avariento° y para revolverla,° un loco; llega luego un hambriento° y se come, en un dos por tres,° lo que hicieron el sabio, el pródigo, el loco y el avariento.

wise man / wasteful man / miser
to toss it / hungry man
en... in a flash

1. ¿Cuántas personas hacen *la ensalada*?
2. ¿Quién echa *la sal*?
3. ¿Quién agrega (*adds*) *el aceite*?
4. ¿Quién agrega *el vinagre*?
5. ¿Quién revuelve *la ensalada*?
6. ¿Quién come *la ensalada*?

ACTIVIDAD 6. **En el restaurante**

Acá se come bien, the Argentines frequently say about their country. Imagine that you are ordering a meal in a restaurant in Buenos Aires. With a classmate, play the roles of waiter and customer.

> MODELO: CLIENTE: De primer plato, quiero el melón. (con jamón o sin jamón)
> MESERO: ¿Cómo lo quiere, con jamón o sin jamón?
> CLIENTE: Voy a probarlo con jamón. (Lo voy a probar con jamón.)

1. Voy a comenzar con la sopa de cebolla. (con queso o sin queso)
2. Luego quiero probar las alcachofas. (con manteca [mantequilla]* o con mayonesa)
3. Voy a pedir las empanadas. (fritas o al horno)
4. Después me trae el bife (bistec), por favor. (bien cocido o medio crudo)
5. Para mí, el pollo, por favor. (a la parilla [asado] o al horno)
6. Y para mí, los canelones. (con salsa de tomate o con salsa blanca)
7. De postre quiero el helado. (con salsa de chocolate o con frutillas [fresas])
8. Y para terminar, el pastel de manzanas. (con crema chantillí o sin crema)

ACTIVIDAD 7. **Dime una cosa...**

Neruda transformed the artichoke with his poetic vision, but the cook in this cartoon sees an eggplant with faulty vision. Starting from the top and reading each row from left to right, ask a classmate the following questions

---

*This activity offers examples of the regional names of foods. The ones given here are used specifically in Argentina. The alternatives in parentheses or brackets are more commonly used in other Spanish-speaking countries.

about the foods on the optometrist's chart. Your partner should use object pronouns when appropriate in his/her replies!

MODELO: —¿Te gustan las salchichas?

—Sí, me gustan. Son muy ricas (sabrosas). (Son para chuparse los dedos.) (No, no me gustan.)

—¿Las comes con frecuencia?

—Sí, las como una vez a la semana. (No, no las como nunca. Las detesto.)

el parvo
el jamón

el coliflor

el queso

el pescado

la salchicha

Ahora siga hablando de gustos y preferencias en cuanto a la comida, pero con otro compañero (otra compañera).

1. el té de plantas (una infusión), como el té de manzanilla (*camomile*)
2. las alcachofas
3. los postres ricos

4. los caracoles (*snails*)
5. la comida «rápida»
6. las bebidas alcohólicas
7. ¿——?

■ LENGUA Y ESTRUCTURAS

C. DIRECT OBJECT PRONOUNS: *ME, TE, NOS, OS*

me	*me*	nos	*us*
te	*you* (fam.)	os	*you* (fam.)

These direct object pronouns refer only to people. Remember to use **lo/la/ los/las** as well.

ACTIVIDAD 8.   **Dime una cosa...**

Con un compañero (una compañera) hable de sus relaciones interpersonales, según el modelo. Cambie los detalles como quiera y use frases como **siempre**, **a menudo**, **a veces** o **nunca** en sus respuestas.

> MODELO: tus abuelos: visitar →
> —¿Te visitan tus abuelos?
> —Sí, me visitan a menudo. Y yo los visito con frecuencia también.

1. tus padres:
   llamar por teléfono / ayudar con los gastos (*expenses*) / comprender perfectamente / ¿_____ ?
2. tu profesor(a) de español:
   ver a veces en la biblioteca / comprender cuando hablas español / invitar a su oficina / ¿_____ ?
3. tus amigos:
   invitar a salir / aceptar incondicionalmente / escuchar cuando estás preocupado/a / admirar / ¿_____ ?
4. el presidente de la universidad:
   conocer / inspirar a estudiar más / ¿_____ ?

ACTIVIDAD 9. **¡Gracias, profe!**

Speaking on behalf of your classmates, describe what your instructor does for all of you: **Nos...** Your instructor will, of course, correct any misperceptions.

1. escuchar con paciencia
2. mirar con atención durante los exámenes
3. ayudar a interpretar las lecturas
4. esperar si llegamos tarde
5. invitar a cenar en un restaurante mexicano
6. ver a veces en la cafetería
7. ¿_____ ?

¡ES ASÍ!

© OWEN FRANKEN/STOCK, BOSTON

Tapas, en Barcelona, España

Las tapas

Por lo general, los norteamericanos acostumbran cenar entre las 6:00 y las 7:00 de la noche. Entonces, ¿qué hace el turista que llega a España y descubre que los restaurantes no comienzan a servir la cena hasta las 8:00? ¿Es necesario morirse de hambre? ¡No! Se va a un bar o una cafetería a comer tapas, como hacen los españoles.

En los bares, en vez de cócteles, se sirve vino y también tapas, pequeñas viandas apetitosas para comer con la bebida. Se puede elegir entre un surtido (*assortment*) de cosas saladas, picantes y ricas como champiñones, chorizo (salchicha española), gambas (*shrimp*), calamares (*squid*), tortilla española o albóndigas (*meatballs*), platos todos preparados al estilo de la casa. Si el turista todavía tiene hambre después de probar tantas cosas deliciosas, tiene que darse prisa (*hurry up*) para llegar a un restaurante, porque a esa hora puede ser difícil conseguir una mesa.

COMENTARIOS DE HOY

Antes de leer

The following reading selection, which tells how to sleep better, contains a number of words that will look familiar to you because they are cognates. You might be tempted to look them up in the dictionary to confirm your guesses, but that isn't necessary. Instead, match the Spanish words in Column A with their idiomatic English meanings in Column B. As you do so, think of synonyms for the English words and pay attention to the sound of the words as you say them aloud. Those strategies may help you to guess the meanings.

COLUMNA A

_____ el ciclo
_____ el insomnio
_____ el organismo
_____ la sensación
_____ establecer
_____ favorecer
_____ impedir
_____ provocar
_____ amplio/a
_____ copioso/a
_____ excesivo/a
_____ fragmentario/a
_____ asiduamente
_____ en principio

COLUMNA B

a. *to promote, encourage*
b. *to prevent*
c. *abundant*
ch. *cycle*
d. *in principle*
e. *wide, big*
f. *to help*
g. *too much*
h. *broken, interrupted*
i. *body*
j. *feeling*
k. *to establish*
l. *regularly, frequently*
ll. *insomnia*

Para dormir mejor

- Hay que° dormir lo necesario. Quedarse° un tiempo excesivo en la cama no favorece al organismo. — *Hay... Es necesario / Estar*
- Conviene° acostarse siempre a la misma hora, para establecer un ciclo regular. — *Es buena idea*
- Practicar un deporte asiduamente favorece el sueño.° Por el contrario,° si el deporte es ocasional, provoca insomnio. — *sleep / Por... On the other hand*
- Una habitación templada° es mejor que otra fría o caliente. La cama debe estar orientada° hacia el Norte. — *temperate / facing*
- El café puede impedir dormirse.
- La sensación de hambre impide el sueño. Pero también las cenas copiosas, especialmente cuando se comen muy cerca de la hora de acostarse.
- El alcohol, que en principio es un inductor del sueño, produce sueños fragmentarios.
- Los ruidos atenuados° provocan el sueño. Los ruidos fuertes y desconocidos, por el contrario, sobresaltan.° — *subdued / startle (us)*
- La cama debe ser amplia, ni blanda ni dura. La altura° ideal de la almohada° debe ser de unos 6 centímetros. — *height / pillow*

ACTIVIDAD 10. **Comprensión de la lectura**

¿Ayuda a dormir bien lo siguiente? Conteste según la lectura.

	SÍ	NO	DEPENDE
1. quedarse mucho tiempo en la cama	☐	☐	☐
2. acostarse tarde una noche, otra noche temprano	☐	☐	☐
3. practicar un deporte	☐	☐	☐
4. la temperatura de la habitación	☐	☐	☐
5. tomar café	☐	☐	☐
6. comer antes de acostarse	☐	☐	☐
7. tomar bebidas alcohólicas	☐	☐	☐
8. los ruidos	☐	☐	☐
9. la cama misma	☐	☐	☐

■ EN OTRAS PALABRAS...

¡Que sueñes con los angelitos!   Sweet dreams!

¡Que sueñes con los angelitos!

¿Cómo dormiste anoche?

¿No pegaste ojo en toda la noche?   You didn't sleep a wink all night?

¿O dormiste como un tronco?   Or did you sleep like a log?

¿Con qué soñaste? **soñar (ue) (con)**   to dream (of, about)

¿Tienes ganas de **bostezar**?   to yawn

¿Te gusta **dormir (ue, u) la siesta** de vez en cuando?	to take a nap
Algunos libros provocan **el sueño**,	sleep
pero otros provocan **sueños**	dreams
y otros provocan **pesadillas**.	nightmares

ACTIVIDAD 11. **Dime una cosa...**

Try to stay awake long enough to ask each other the following questions.

1. ¿Necesitas muchas o pocas horas de sueño? ¿Cuántas horas duermes generalmente durante la semana? ¿Cuántas horas duermes los fines de semana? ¿Cuándo duermes la siesta?

2. ¿Tienes a veces insomnio? ¿Te es difícil dormir cuando tienes un problema? ¿cuando estás preocupado/a? ¿cuando estás nervioso/a? ¿Qué haces cuando tienes insomnio? ¿Cuentas ovejas (*sheep*)? ¿Tomas leche caliente o té de plantas? ¿otra cosa? *escenario.*

3. ¿Sueñas frecuentemente? ¿Te acuerdas de tus sueños? ¿Sueñas en inglés o en español? ¿Sueñas despierto/a a veces? ¿Con qué? ¿Has tenido alguna vez una pesadilla? ¿Qué la provocó?

4. ¿Cómo dormiste anoche? ¿Tienes sueño ahora? ¿Acabas de bostezar? ¿Cuándo bostezas? ¿en tus clases? ¿cuando estudias?

■ LENGUA Y ESTRUCTURAS

CH. EXPRESSING OBLIGATION

No **debes** tomar café antes de acostarse.	*You shouldn't (must not, ought not to) drink coffee before going to bed.*
Hay que dormir lo necesario.	*You (One) should (must) sleep as much as necessary.*
Tienes que practicar un deporte regularmente.	*You have to practice a sport regularly.*

The boldfaced verbs are expressions of obligation, used to imply (rather than state) a command or to make a suggestion. Of the three expressions, **hay que** is the most impersonal in tone; **tener que** is the strongest in tone; and **deber** implies a moral obligation. Note that all are followed by an infinitive.

ACTIVIDAD 12. **Para dormir como un tronco...**

When a classmate asks your advice on getting a good night's sleep, offer suggestions using expressions of obligation. Answer based on your own experience or on information from the article "**Para dormir mejor**."

MODELO: practicar un deporte →

—¿Es bueno practicar un deporte?

—Sí, pero hay que practicar el deporte asiduamente para provocar el sueño.

1. acostarse temprano
2. beber alcohol antes de acostarse
3. apagar la radio y el televisor
4. tener una cama amplia
5. tomarse café antes de acostarse
6. acostarse con hambre
7. hacer ejercicio regularmente
8. pensar en sus problemas

D. ADVERBS ENDING IN -*MENTE*

Vamos a comer una comida **rápida**. Tenemos que comer **rápidamente**.

Adverbs ending in **-mente** are derived from adjectives.

• The adjective ending **-o** changes to **-a** (feminine) before **-mente** is added.

lent**o** → lent**a**mente

• Adjectives ending in **-e** or in a consonant simply add **-mente**.

inteligent**e** → inteligentemente
general → generalmente

¡Atención!

1. When two adverbs are used in sequence, **-mente** is added only to the second one.

Ellos preparan los sándwiches rápida y fácilmente.

Note that the first adjective will end in **a** even though **-mente** is not added.

2. Adjectives that have an accent retain it in the adverbial form.

fácil → fácilmente

ACTIVIDAD 13. **Sus costumbres**

Add **-mente** to one or more of the adjectives from the list at the right to describe the way you do things. Use each adjective only once.

MODELO: comer → Generalmente no como excesivamente por la noche.

1.	dormir	frecuente	inteligente
2.	soñar	general	diligente
3.	bostezar	raro	cuidadoso
4.	tener insomnio	excesivo	rápido
5.	comer	copioso	lento
6.	tomar café	normal	fácil
7.	practicar un deporte	total	correcto
8.	trabajar	parcial	asiduo
9.	estudiar	nervioso	cómodo
10.	vivir	tranquilo	económico
11.	manejar	constante	profundo
12.	hablar español		
13.	¿——— ?		

E. VERB + VERB

Many frequently used verbs are directly followed by an infinitive, with no intervening preposition or other word such as **que**. Some of the most common ones are listed below, along with some examples.

decidir	to decide
desear	to wish, want
esperar	to hope
pensar (ie)	to intend
poder (ue)	can, be able
preferir (ie, i)	to prefer
querer (ie)	to want
saber	to know how

Pensamos ir a México.	*We intend to go to Mexico.*
No **pude dormir** anoche.	*I wasn't able to sleep last night.*
¿**Prefieres comer** en casa o en un restaurante?	*Do you prefer eating at home or in a restaurant?*
¿Quién **sabe preparar** paella?	*Who knows how to make paella?*

Remember that **gustar**-type verbs are also directly followed by an infinitive: **¿Te gusta (molesta, fascina, interesa) ver el programa de Geraldo Rivera?**

Another useful verb directly followed by an infinitive is **soler (ue)**, which is used to talk about what one usually does.

Cuando quieren cenar fuera, ¿adónde **suelen ir**?	*When you want to eat out, where do you usually go?*
—**Solemos cenar** en el restaurante de mi tío.	*—We generally go to my uncle's restaurant.*

ACTIVIDAD 14. **De comidas y sueños**

Haga oraciones completas en el tiempo presente, según las indicaciones.

HABLANDO DE COMIDA

1. yo:
    pensar ir a comer a un restaurante esta noche / no tener ganas de cocinar
2. Julio:
    soler cocinar todas las noches / pensar ser cocinero algún día
3. nosotros:
    no querer comer comida china esta noche / preferir comer pizza
4. Violeta:
    preferir pelar las papas / no querer cortar las cebollas
5. tú:
    tener que aprender a cocinar / ¡no saber hervir un huevo!

¡A DORMIR!

6. los estudiantes:
    a veces no poder pegar ojo en toda la noche / sin embargo no deber bostezar en clase
7. yo:
    no poder dormir con esta almohada / gustar dormir sin almohada
8. tú:
    no tener que decidirlo hoy / deber consultarlo con la almohada
9. los niños:
    soler acostarse temprano / sin embargo a veces no poder dormirse en seguida

■ PALABRAS PROBLEMÁTICAS

Volver (ue) and **regresar** are synonyms meaning *to return* or *to come back*.

¿Cuándo **vuelves**? —**Regreso** mañana.	*When will you return? —I'll be back tomorrow.*

Devolver (ue) means *to return something*.

¿Cuándo vas a **devolver** estos libros a la biblioteca?	*When will you return these books to the library?*

Revolver (ue) has several different meanings. Among them are *to toss* (a salad), *to mix*, and *to stir*.

Tú puedes **revolver** la ensalada mientras yo **revuelvo** la salsa.	*You can toss the salad while I stir the sauce.*

Volver a + *infinitive* means *to go back to, revert to, do (something) again.*

Juan se despertó, miró el reloj, vio que eran las 4:30 de la mañana y se volvió a dormir.	*Juan woke up, looked at the clock, saw that it was 4:30 in the morning, and went back to sleep.*

ACTIVIDAD 15. Actividades típicas

Complete las oraciones lógicamente.

1. Julia Child _____ la ensalada y _____ la masa (*batter*) y _____ a hablar al público que mira su programa.
2. La semana pasada estuve en el centro para comprar regalos de Navidad. Hoy tengo que _____ allí para _____ algunos regalos de Navidad que recibí.
3. El gato Garfield se levanta, come y después _____ a dormir.
4. Hay que _____ los coches alquilados a la agencia en buenas condiciones.
5. Cuando el presidente pasa un fin de semana en Camp David, _____ a la Casa Blanca el domingo por la noche.

UN PASO MÁS HACIA LA COMUNICACIÓN

zumo (España)

jugo (Latinoamérica)

When You Don't Know the Exact Word

Sometimes the same thing has different names in the various countries that share a common language. (Think of *elevator* in U.S. English and *lift* in British English.) This is especially true of foods in the Span-ish-speaking world. For example, you may have learned that a grape-fruit is called **una toronja** in Spanish. That is true in Mexico. But in Argentina that word would not appear on a menu, and a fruit vendor would probably not know the word. Unless you had a dictionary close by, you would have to try to describe what you wanted: **Es una fruta amarilla con sabor ácido, y es más grande que una naranja. Ah**, your listener would reply. **Es un pomelo.**

Here are some phrases that can help you describe what you don't know how to say.

Es una cosa para...   Es algo así como...
Es un lugar donde...   Se parece a... pero no es...
Es una persona que...   Es algo que sirve para...

ACTIVIDAD 16. ¡Es así!

Imagine that you don't know how to express the following ideas in Spanish. (In fact, you probably don't!) Try to explain them to a Spanish-speaking friend, using expressions from **Un paso más hacia la comunicación** when possible.

1. a watermelon   2. a sleeping bag   3. an ice-cream sundae   4. a hot air balloon   5. apple cider   6. yoghurt   7. a water bed   8. lemon meringue pie

DE TODO UN POCO

ACTIVIDAD A. Con sus propias palabras

Can you wax poetic about a certain food? Following the model of the short, unrhymed lines of Neruda's "**Oda a la alcachofa**," write a poem of ten to fifteen lines about it. Think, for example, of your feelings about spinach (**las espinacas**), what you associate with your favorite ice cream flavor (**el helado**), or the shape, color, and texture of an orange (**una naranja**) or liver (**el hígado**). The following guide may be helpful.

* Name the food.
* Describe its physical appearance.
* Describe its taste.
* Tell what you associate with it.
* Tell how you feel when eating (or avoiding) it!
* Tell why you like or don't like it.

ACTIVIDAD B. ¡La comida es motivo de controversia!

Parece que hoy en día todo el mundo se preocupa por lo que come. Hay quienes tienen que evitar (*to avoid*) el colesterol o la sal o la cafeína... y otros tienen que comer más fibra. Se nos advierte (*warn*) que la humilde hamburguesa, base de la comida «rápida» y tal vez el plato más típico de la cocina estadounidense, es fatal por la grasa y las calorías que contiene. ¿Y la manzana diaria? ¡Cuidado! Se usan sustancias químicas para cultivarla y para darle brillo.

A continuación hay dos recortes (*clippings*) que tratan de convencernos de que es bueno comer o beber algo. Léalos, fijándose en las ventajas que se mencionan. Luego, con un compañero (una compañera), escoja dos comidas o bebidas y haga una lista de sus ventajas y desventajas desde el punto de vista de la salud, la nutrición y la comodidad.

Cerveza, una bebida natural con menos calorías que una manzana

La cerveza es una bebida rica, noble y única por sus ingredientes naturales: cebada, agua pura, lúpulo y levadura. Una bebida con menos calorías que una manzana. Y menos calorías que un vaso de vino blanco, o que un yogurt con sabor. Ahora que lo sabe, no se prive más del placer de una buena cerveza en sus momentos de amistad y alegría, como aperitivo o en sus comidas de todos los días. Por su baja graduación alcohólica, su consumo moderado, quita la sed y reconforta, brindándonos todos los beneficios de sus ingredientes naturales.

MOMENTO PARA UNA CERVEZA

La inevitable hamburguesa

Muchos son sus detractores, pero lo cierto es que a los niños les encanta y a los padres nos resulta muy cómoda. Si se combina con lechuga, tomate y pepinillo, constituye un valioso alimento, tanto si se prepara en casa como si se consume en un lugar de confianza. También las patatas fritas tienen peor fama de la que merecen...

1. la hamburguesa
2. las papas fritas
3. la cerveza o el vino
4. la carne de ternera (*veal*)
5. las uvas (*grapes*)
6. las manzanas
7. el café
8. los cereales que se comen en el desayuno

ACTIVIDAD C. **Una cena especial**

Imagine que Ud. puede invitar a cenar a tres personas, de cualquier época de la historia. ¿A quién va a invitar? ¿Cómo será la cena? Dé todos los detalles que pueda.

1. los invitados
2. por que los eligió
3. el día, la hora y el lugar de la comida
4. el menú y por qué lo eligió
5. las bebidas y por qué las eligió
6. algunos temas de conversación que Ud. piensa iniciar

CAPÍTULO 8

Para sentirse bien

La ciclovía en Bogotá, Colombia, donde no se permite la entrada de coches.

ACTIVIDAD 1. **¿Qué te molesta más?**

Todos vivimos bajo presiones y tensiones. Hay presiones en la vida personal, profesional, familiar, estudiantil... Pero lo que causa grandes presiones en una persona puede no causar ninguna presión en otra.

En su opinión, ¿cuáles son las profesiones sujetas a mayores presiones? ¿Y cuáles son las peores presiones de la vida estudiantil? Dé un número del 1 al 5 a las siguientes profesiones y preocupaciones estudiantiles. (El 5 es de máxima presión.) Luego compare sus respuestas con las de otros compañeros de clase. ¿Están todos de acuerdo?

PROFESIONES

_____ maestro/a de primaria	_____ político/a
_____ piloto/a	_____ veterinario/a
_____ vendedor(a)	_____ secretario/a
_____ amo/a de casa	_____ ¿_____ ?

PREOCUPACIONES ESTUDIANTILES

_____ tener que hablar ante la clase

_____ los exámenes de tipo ensayo

_____ los exámenes de tipo respuesta múltiple

_____ hablar con el profesor (la profesora)

_____ tener que cumplir con un requisito

_____ escribir un informe extenso (*term paper*)

_____ tener que leer mucho para un curso

_____ ¿_____ ?

EN OTRAS PALABRAS...

Hablando del stress

Se sienten los efectos del stress en...
el estado de ánimo	spirits, mood
la mente	mind

Para **acabar con** el stress o para **evitar**lo, es bueno...
dar un paseo	to take a walk; to stroll
mimarse	to spoil oneself
quedarse tranquilo/a	to stay, remain
sentir el viento en **el rostro**	face

COMENTARIOS DE HOY

Antes de leer

Read the title of the article in this section.

> Para acabar con el stress

What word in it tells you what the subject of the article is? Now read the first sentence of the article.

> ¡Ésta es la era de la tensión!

What is the key word in this sentence?

Now that you have a general idea of the reading topic, look at the following words—some familiar, some new—that appear in the reading. Even though they are cognates, some are spelled differently enough to make them seem unfamiliar initially. As you read, try to guess their meaning, given the reading's topic. Pronouncing them aloud may also help.

COGNADOS

la imaginación	aliviar	en orden
el masaje	asumir	puro
los músculos	imaginar(se)	
los poros	ordenar	
la presión	relajar	
la responsabilidad	utilizar	
la rutina		

PARA ADIVINAR

The meanings of these words can be guessed, because of their relation to words you already know. The first word gives you a clue to those following.

bañarse → el baño; la bañadera   cómodo → acomodarse
cambiar → el cambio   la bicicleta → montar en bicicleta
pensar → los pensamientos   la tensión → tensionar

Finally, before beginning the reading, look at its format. What do you notice about the way the reading is organized? What accompanies each of the points? Visual clues of this kind will help you understand each paragraph and reduce the stress you might feel upon encountering unfamiliar words!

Para acabar con el stress

¡Ésta es la era de la tensión! ¡Todos vivimos bajo° presiones! Y esto se refleja en nuestro estado de ánimo, nuestro carácter y en nuestra salud física. ¿Qué hacer? Hay infinidad de maneras de aliviar esa tensión. Aquí hay diez de ellas, algunas un poco fuera de lo común, pero que dan resultado. ¡Pruébelas!°

under

Try them!

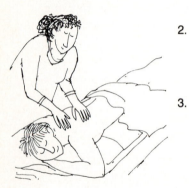

1. Acuéstese, tensione cada músculo, ¡déjelo relajar después! Póngase° cómodo. Cierre los ojos. Vuelva a poner en tensión los músculos, uno por uno. Comience con el pie izquierdo, después el derecho. Luego las piernas, hasta llegar a la cabeza. Siempre que° tensione un músculo por varios segundos, déjelo relajar después. Después de hacer esto con todos los músculos del cuerpo, quédese tranquilo unos minutos más. Piense en una escena tranquila o imagínese flotando sobre un lago.

Make yourself

Siempre... Whenever

2. Tome un largo baño caliente en la bañadera. Cierre los ojos y sienta cómo el calor va limpiando cada uno de sus poros.

3. Busque quien° le dé un masaje. Lo mejor es un masaje profesional por todo el cuerpo, pero si no tiene esta oportunidad, busque a un miembro de su familia que frote° aquellas partes de su cuerpo donde sienta más tensión. ¡Un buen masaje le hará sentir mejor!

someone who can

que... who can rub

4. Deje que el aire bata sobre su rostro. Maneje con la ventanilla° baja;° o aún mejor, camine alrededor de la cuadra° o monte en bicicleta. Lo que importa es que sienta el aire puro batir sobre su rostro. Los resultados son increíbles.

ventana / *down*

alrededor... *around the block*

5. Medite. Siguiendo el ejemplo de los más antiguos sabios,° la humanidad ha comprendido el valor de la meditación. Sin embargo, cada día dedicamos menos tiempo a pensar. Busque un lugar tranquilo. Cierre los ojos. No importa que de pronto° los pensamientos se agolpen.° ¡Ordénelos! Ud. puede controlar sus ideas. Con la mente en orden, el cuerpo sentirá cómo la tensión se alivia.

wise men

de... *suddenly*
se... *come rushing in*

6. Esté solo de vez en cuando. El no tener tiempo a solas° con uno mismo puede ser poco saludable.° Defienda sus ratos° de tranquilidad y utilícelos al máximo. Un largo paseo por la playa (o a orillas° de un río) puede ser mejor para aliviar la tensión que cualquier tranquilizante.

a... solo / *healthy*
momentos
shores

7. ¡Sueñe! Sí, sueñe despierto. ¡Todo el mundo tiene fantasías! Dé rienda suelta° a su imaginación. Nadie puede controlar sus pensamientos. En ellos, Ud. puede ser lo que quiera.° ¡No desdeñe los sueños como algo imposible!

Dé... *Give free rein*

lo... *whatever you want*

8. ¡Mímese! Cómprese algo nuevo. O salga o disfrute de una buena comida. Inclusive, váyase° fuera de la ciudad un fin de semana. Cualquier cosa que represente un cambio de rutina hará milagros° para aliviar nuestra tensión.

go away

miracles

9. Escuche música. Seleccione sus discos favoritos, especialmente los que considera más melódicos. Sírvase una copa de su bebida favorita. Acomódese en la silla más suave. Cierre los ojos, y ponga atención a la melodía seleccionada. ¡Evite pensar!

10. ¡Aprenda a jugar de nuevo°! ¡Sea niño otra vez! ¡Haga castillos de arena! El asumir nuestras responsabilidades adultas no significa que no podamos disfrutar de ese otro aspecto de la vida que los niños conocen tan bien.

de... otra vez

ACTIVIDAD 2. Comprensión de la lectura

According to the article, what should you do to relieve stress and tension, and what shouldn't you do? Begin each sentence with **Uno debe...** or **Uno no debe...**.

MODELO: cerrar los ojos → Uno debe cerrar los ojos.

1. acostarse
2. tensionar todo el cuerpo de pronto
3. relajar todos los músculos
4. tomar una ducha fría
5. pedir que le den un masaje
6. manejar con la ventanilla cerrada
7. dar un paseo
8. controlar los pensamientos
9. meditar
10. evitar estar solo
11. tener fantasías
12. mimarse
13. cambiar la rutina
14. escuchar música rock
15. jugar al fútbol
16. evitar responsabilidades serias
17. dejar el trabajo
18. quedarse en cama

ACTIVIDAD 3. **Su diagnóstico**

Not feeling like your normal self? Are you wondering if you are suffering from stress or tension? Take the following test to see if your symptoms indicate stress.

TABLA DE SÍNTOMAS INDICATIVOS DE STRESS

	NUNCA	OCASIONALMENTE	FRECUENTEMENTE	CONSTANTEMENTE	
1. dolores de cabeza	☐	☐	☐	☐	
2. insomnio	☐	☐	☐	☐	
3. fatiga	☐	☐	☐	☐	
4. hambre obsesiva	☐	☐	☐	☐	
5. alergias	☐	☐	☐	☐	
6. nerviosismo	☐	☐	☐	☐	
7. pesadillas	☐	☐	☐	☐	
8. consumo excesivo de alcohol o tranquilizantes, con o sin prescripción médica	☐	☐	☐	☐	
9. pequeñas infecciones	☐	☐	☐	☐	
10. indigestiones	☐	☐	☐	☐	
11. pensamientos sombríos	☐	☐	☐	☐	
12. dermatitis	☐	☐	☐	☐	
13. náuseas y vómitos	☐	☐	☐	☐	
14. irritabilidad	☐	☐	☐	☐	
15. pérdida del apetito	☐	☐	☐	☐	
16. dolores musculares en el cuello° y en los hombros°	☐	☐	☐	☐	neck shoulders
17. ataques de asma	☐	☐	☐	☐	
18. depresiones	☐	☐	☐	☐	
19. resfríos° y gripe	☐	☐	☐	☐	colds
20. pequeños accidentes	☐	☐	☐	☐	

SU DIAGNÓSTICO

Si Ud. ha marcado «frecuentemente» o «constantemente»...

- de **una** a **tres** veces, está en muy buenas condiciones de salud física y mental. ¡Felicidades!
- de **cuatro** a **ocho** veces, ¡tenga cuidado! ¡Éste es el momento de aprender a controlar el stress!
- más de **ocho** veces, ¡lea el artículo otra vez y siga todos los consejos!

■ LENGUA Y ESTRUCTURAS

A. THE SUBJUNCTIVE MOOD; REGULAR FORMAL COMMANDS

All of the verb forms you have worked with so far in **Un paso más** have been in the indicative mood, which is used to describe, report facts, and ask questions. The indicative objectively expresses real-world actions or states of being.

As you know, there is another mood in Spanish, the subjunctive. You will learn more about the subjunctive in the next chapter of this unit and in future units. For now, keep in mind that the subjunctive expresses more subjective or conceptual actions or states: things that we want others to do, for example. In fact, the formal (**Ud.** and **Uds.**) command forms are part of the subjunctive system.

Commands are the verb forms used to tell someone to do something: *Go home! Don't do that, please.* Commands convey an order very directly and in few words. Spanish commands sound as direct and abrupt as do the English commands just given: *¡Vaya a casa! No haga eso, por favor.*

In Spanish, the formal commands—both affirmative and negative—are the **Ud.** and **Uds.** forms of the present subjunctive. The forms for regular verbs appear in the following chart, which shows all of the present subjunctive forms. Remember that, in the subjunctive, **-ar** verbs take **-e** endings and **-er** and **-ir** verbs take **-a** endings. In the following chart, the command forms are highlighted.

PRESENT SUBJUNCTIVE OF REGULAR VERBS					
hablar		**comer**		**vivir**	
hable	hablemos	coma	comamos	viva	vivamos
hables	habléis	comas	comáis	vivas	viváis
hable	hablen	coma	coman	viva	vivan
	speak		*eat*		*live*

¡Atención!

1. The stem for the subjunctive forms is the first-person singular of the present indicative, minus its **-o** ending. This means that present-tense irregularities, including stem changes, are reflected in the **Ud.** and **Uds.** commands.

cerrar (ie) →	cierro	cierre	cierren
volver (ue) →	vuelvo	vuelva	vuelvan
repetir (i, i) →	repito	repita	repitan

tener →	tengo	teng**a**	teng**an**
hacer →	hago	hag**a**	hag**an**
conocer (zc) →	conozco	conoz**ca**	conoz**can**
exigir (j) →	exijo	exi**ja**	exi**jan**

2. Verbs ending in **-car**, **-gar**, and **-zar** have a spelling change in the **Ud.** and **Uds.** command forms, to preserve the **c**, **g**, and **z** sounds of the infinitive.

bus**que**(n)   lle**gue**(n)   almuer**ce**(n)

This is the same spelling change you have already seen in the first-person preterite of verbs with these endings.

ACTIVIDAD 4. **¡Practique!**

Now that you are actively working with commands, the instruction lines of most of the **Actividades** will be in Spanish. Practice some simple classroom instructions with **Uds.**

MODELO: practicar los mandatos → Practiquen los mandatos.

1. leer este artículo
2. escribir un párrafo
3. cambiar los verbos
4. preguntar a un compañero (una compañera)
5. escuchar a su profesor(a)
6. contar lo que hacen las siguientes personas

7. hacer esta actividad
8. empezar ahora
9. emparejar (*to match*) las expresiones
10. escoger la palabra apropiada
11. adivinar (*to guess*) el significado de esta expresión
12. pronunciar las palabras

ACTIVIDAD 5. **Consejos**

Muchas personas nos dicen lo que debemos hacer y lo que no debemos hacer. Cuente Ud. lo que generalmente nos dicen las siguientes personas.

MODELO: el dentista: comer dulces → ¡No coma dulces!

1. el dentista:
   abrir la boca; tener miedo; gritar, por favor; venir a verme dos veces al año; comprar otro cepillo de dientes; poner los dientes en un vaso de agua todas las noches; ¿———?

2. el médico:
   hacer más ejercicio; fumar; tomar bebidas alcohólicas con moderación; decir «ahhh»; indicar dónde le duele; tomar dos aspirinas; comer alimentos nutritivos; ¿———?

3. sus profesores:
   leer cien páginas para mañana; preparar la tarea; escribir una composición para el lunes; llegar a la clase a tiempo; faltar (*miss*) a la clase; venir a mi oficina mañana; dormir en esta clase; bostezar en esta clase; ¿———?

4. los anuncios (*advertisements*) en el diario:
   comprar ahora; pagar después; probar nuestro producto; tomar este refresco; conducir un coche norteamericano; comer nuestras hamburguesas; volar en la mejor aerolínea; exigir lo mejor; ¿_____ ?
5. el artículo «Para acabar con el stress:
   tensionar cada músculo; después relajar los músculos; pensar en una escena tranquila; tomar un baño caliente; montar en bicicleta; meditar; buscar un lugar tranquilo; utilizar sus ratos de tranquilidad al máximo; soñar; escuchar música; aprender a jugar; ¿_____ ?

■ EN OTRAS PALABRAS...

Formas de reír

una carcajada burst of laughter
   soltar (ue) una carcajada to burst out laughing
la risa laugh; laughter
   morirse (ue, u) de risa to die laughing

la risita giggle
reírse sin motivo to giggle
la sonrisa smile
   sonreír (i, i) to smile

■ COMENTARIOS DE HOY

A reír, que hace mucho bien

¿Tiene Ud. un rato libre°? ¿Acaso le fascina leer antes de dormir? No «secuestre»° un libro de misterio de la biblioteca ni «capture» una historia de guerra; rechace° los avances de esa novelita rosa° y corra a buscar un buen libro humorístico. ¿Por qué? Porque es

rato... *free time / kidnap*
turn down
novelita... *romance novel*

bueno para Ud. Ya se ha dicho mucho, pero vale repetirlo, porque es cierto: reír es bueno para la salud física, mental y emocional. Hay personas que, además de trata-miento médico, usan una «fórmula de risa» para mejorarse,° porque al reír, todo el cuerpo se oxigena y los órganos funcionan mejor. Y esto no es todo: la alegría de una buena carcajada mejora su estado de ánimo, el cual, a su vez, influye en el físico. Ya lo sabe: ¡a reír!

to get better

(Es más, aseguran algunos expertos en la materia, que Ud. debe reír varias veces al día... aunque no tenga ganas ni haya motivo de risa.)

ACTIVIDAD 6.   **Comprensión de la lectura**

Complete las oraciones según el artículo.

1. Es bueno leer _____ .
2. El reír _____ .
3. Cuando se ríe, _____ .

4. Una buena carcajada _____ .
5. Ud. debe reír aunque _____ .

LENGUA Y ESTRUCTURAS

B. IRREGULAR FORMAL COMMANDS

Verbs that do not end in **-o** in the present indicative tense have an irregular command stem. Their endings, however, follow the same pattern as those of regular verbs.

	INDICATIVE	COMMANDS	
INFINITIVE	**yo**	**Ud.**	**Uds.**
dar	doy	dé	den
estar	estoy	esté	estén
ir	voy	vaya	vayan
saber	sé	sepa	sepan
ser	soy	sea	sean

ACTIVIDAD 7.   **¿Qué dice el médico?**

El doctor Balcarce tiene un programa de quince minutos en la radio una vez por semana en el cual habla de problemas de salud y da consejos. Esta semana su tema es el stress. Haga el papel del doctor Balcarce y dígales a sus oyentes lo que deben hacer y lo que no deben hacer para evitarlo. Con-sidere cada opción con cuidado antes de usar un mandato afirmativo o negativo.

MODELO: ver una película de Ingmar Bergman / mirar una comedia de
Woody Allen →

No vea una película de Ingmar Bergman. Mire una comedia
de Woody Allen.

1.   ir al cine a ver una película de los Hermanos Marx o de Charlie
Chaplin / mirar las noticias en la televisión
2.   dar un paseo / quedarse en cama
3.   saber relajarse / estar tenso
4.   reír frecuentemente / soltar una carcajada varias veces al día
5.   estar mucho tiempo en casa / ir al campo
6.   aprender a meditar / pensar en sus problemas constantemente
7.   estar solo de vez en cuando / salir con amigos
8.   ser niño otra vez / sonreírle a la gente desconocida

C. DIRECT OBJECT PRONOUNS WITH COMMANDS

Direct object pronouns precede negative commands and are attached to
affirmative ones.

> *affirmative command* + *direct object pronoun*
>
> **no** + *direct object pronoun* + *negative command*

¡Hága**lo** ahora! ¡**No lo** haga después!
¡Llámen**me** temprano! ¡**No me** llamen después de las 10:00!

¡Atención!

When another syllable is added to a two-syllable (or more) affirmative
command, an accent is placed over the stressed syllable: **diga** → **dígalo**;
prepare → **prepárelo** (but **den** → **denlo**).

ACTIVIDAD 8. **Su opinión**

Hoy en día se habla mucho de la salud y de cómo mantenerla. Algunos consejos se basan en investigaciones científicas, pero otros simplemente son creencias populares. Diga si en su opinión las siguientes ideas son verdad o no y dé sus recomendaciones.

> MODELO: El yogurt es bueno para el organismo. (comer) →
> Sí, es verdad. Cómalo. (No es verdad. No lo coma.)

1. Tomar vitamina C ayuda a evitar resfríos. (tomar)
2. Las dietas populares son buenas para la salud. (seguir)
3. Comer mucha carne roja aumenta el colesterol. (comer)
4. El agua mineral es menos contaminada que el agua del grifo. (beber)
5. El chocolate causa acné. (comer)
6. El azúcar y la sal son malos para la salud. (usar)
7. Hay menos colesterol en la margarina que en la mantequilla. (comprar)
8. La avena (*oatmeal*) ayuda a bajar el nivel de colesterol. (preparar)
9. La meditación ayuda a aliviar el stress. (meditar)
10. ¿——— ?

CH. REFLEXIVE PRONOUNS WITH COMMANDS

The position of reflexive pronouns with regard to commands is the same as that of direct object pronouns.

¡Acuéstese! *Lie down!* ¡No se acueste ahora! *Don't lie down now!*

¡Mímense! *Spoil yourselves!* ¡No se mimen siempre! *Don't spoil yourselves all the time!*

ACTIVIDAD 9. **Para vivir bien**

Dé consejos para vivir una vida saludable y feliz, según el modelo.

> MODELO: acostarse temprano / levantarse tarde →
> ¡Acuéstese temprano! ¡No se levante tarde!

1. acordarse de las cosas buenas / olvidarse de las cosas malas
2. mimarse de vez en cuando / preocuparse siempre
3. irse de vacaciones con frecuencia / quedarse en casa siempre
4. divertirse frecuentemente / dedicarse sólo a trabajar
5. aislarse de vez en cuando / reunirse siempre con gente
6. morirse de risa si tiene ganas de hacerlo / fruncir el entrecejo (*to frown*)

ACTIVIDAD 10. **Para mantenerse en buena salud**

Ud. está escribiendo un artículo para decirles a sus lectores cómo mantenerse sano. Haga oraciones completas con los siguientes elementos, agregando (*adding*) la expresión o preposición apropiada de la lista. Acuérdese de que el infinitivo se usa con las preposiciones **antes de**, **después de**, **hasta**, **para** y **sin**.

MODELO: no irse al trabajo / tomar el desayuno →
No se vaya al trabajo sin tomar el desayuno. (No se vaya al trabajo antes de tomar el desayuno.)

1. tensionar los músculos / relajar los músculos
2. bañarse con agua caliente / no agitarse más
3. montar en bicicleta / sentir el aire en el rostro
4. buscar un lugar tranquilo / meditar
5. no estar siempre con otra gente / quedarse a solas con Ud. mismo
6. dar un paseo / aliviar la tensión
7. sentarse en una silla cómoda / cerrar los ojos
8. leer este artículo / acabar con el stress

ACTIVIDAD 11. **Para mimarse**

Como Ud. ya sabe, el mimarse ayuda a reducir el stress de la vida diaria. ¿Qué deben hacer las siguientes personas para mimarse? Déles todos los consejos que pueda.

1. La Sra. Rodríguez trabaja demasiado. Siempre se queda en la oficina hasta muy tarde y trabaja hasta los fines de semana. Nunca toma vacaciones. Nunca ve una película. ¡Sólo trabaja!

2. Los Sres. Sandoval tienen cinco hijos. Son muy buenos padres, pero... ¡parece que han olvidado que son esposos también! ¡Siempre están con los niños! Nunca salen los dos solos.

Y Ud., ¿es como la Sra. Rodríguez o como los Sres. Sandoval? ¿Siempre piensa en trabajar—es decir, en estudiar—o en las necesidades de los demás? ¿Nunca le dedica tiempo a su persona? ¿Qué debe Ud. hacer para mimarse? ¿Qué va Ud. a hacer para mimarse este fin de semana?

ACTIVIDAD 12. **Ahora le toca a Ud.**

¿Qué pueden hacer los profesores para aliviar el stress de los estudiantes? Déles consejos para los siguientes casos, por medio de mandatos.

PALABRAS ÚTILES

la tarea	homework
cancelar	to cancel
posponer	to postpone
aumentar/reducir (zc)	to increase/to decrease

1. durante la clase 2. antes de un examen 3. después de un examen
4. los lunes 5. los viernes 6. cuando Ud. no siente bien 7. antes de las vacaciones 8. cuando Ud. no está preparado/a para la clase o los exámenes 9. ¿ _____ ?

D. VERB + *A* + INFINITIVE

In **Capítulo 7** you reviewed verbs that can be followed directly by an infinitive (another verb) with no intervening preposition. Other common verbs require the preposition **a** before an infinitive. Here is a list of the most frequently used verbs of this type.

acostumbrarse a	**comenzar (ie) a**	**invitar a**
aprender a	**empezar (ie) a**	**ir a**
ayudar a	**enseñar a**	**venir a**

| ¿**Te acostumbraste a comer** con palillos? | *Did you get used to eating with chopsticks?* |
| Sí, **aprendí a comer** con ellos. | *Yes, I learned to eat with them.* |

Remember also the special meaning of **volver a** + *infinitive* (*to do* [*something*] *again*).

¡ES ASÍ!

«**Te invito a tomar una cerveza**» le dice su amigo hispano. Claro, esta invitación no solamente dice que su amigo quiere que Ud. conozca su bar favorito y que pruebe algunas de las tapas que se sirven allí. También significa algo más.

Cuando llega la cuenta (*bill*) y Ud. quiere pagar o se ofrece a pagar su parte, su amigo le dirá «**Ah, no. Yo te invité**». La palabra **invitar** también implica «**Yo voy a pagar la cuenta (la entrada/ el boleto)**».

ACTIVIDAD 13. **Dime una cosa...**

Con un compañero (una compañera) háganse preguntas para saber lo siguiente. A cada grupo de preguntas, añada una inventada por Ud.

1. lo que el otro va a hacer...
   después de clase hoy
   después de cenar esta noche
   ¿_____ ?
2. quién es la persona que lo/la invita...
   al cine con frecuencia
   a comer en restaurantes elegantes
   a comer en McDonald's
   a ir a fiestas
   ¿_____ ?
3. los años que tenía cuando aprendió a...
   leer / nadar / montar en bicicleta / ¿_____ ?
4. el nombre de la persona que le enseñó a...
   leer / nadar / montar en bicicleta / cocinar / manejar un coche / ¿_____ ?
5. cuántos años hace que comenzó a...
   aprender español / estudiar aquí / trabajar / ¿_____ ?
6. para los que viven en una residencia o en una casa (un apartamento) con otros: si ya se acostumbró a...
   compartir el cuarto de baño/el teléfono
   dormir con mucho ruido
   ¿_____ ?

   para los que están casados: si ya se acostumbró a...
   estar constantemente con otra persona
   compartir todas las decisiones con su pareja
   ¿_____ ?

7. quién es la persona que le ayuda a...
    practicar el español / arreglar su coche / buscar un libro en la
    biblioteca / escoger sus cursos / ¿_____ ?

■ LENGUA Y ESTRUCTURAS

E. INDIRECT OBJECT PRONOUNS

You have already reviewed the forms of the indirect object pronouns with
verbs like **gustar**. As you look at them again in this section, note that they
are, with the exception of the third-person singular and plural, identical to
direct object pronouns.

me	*me; to me; for me*	nos	*us; to us; for us*
te	*you; to you; for you*	os	*you; to you (pl.); for you*
le	*him; to him; for him* *her; to her; for her* *you; to you; for you*	les	*them; to them; for them* *you (pl.); for you*

La compañía de teléfonos **me**
manda la cuenta todos los
meses.

*The telephone company sends
me the bill every month.*

Les digo a mis compañeros de
cuarto cuánto **me** deben.

*I tell them (my roommates)
how much they owe me.*

Voy a hacer lo siguiente. **Te**
voy a pagar las cuentas este
mes.

*I'm going to do the following.
I'm going to pay your bills for
you this month.*

If no prior information explains whom **le** or **les** represents, both the
noun and the indirect object are used in a sentence, although it may seem
redundant.

Sus padres **le** dan dinero a
José para pagar su cuenta de
teléfono.

*His parents give Jose money to
pay his telephone bill.*

Indirect object pronouns follow the same position pattern as direct object pronouns.

PRECEDE	FOLLOW AND ARE ATTACHED TO	PRECEDE OR FOLLOW
conjugated verb negative command	affirmative command	infinitive present participle
Siempre **te digo** la verdad. ¡**No me digas** mentiras!	¡**Dígame!**	Voy a decir**te** } **Te** voy a **decir** } un secreto. Estoy **diciéndote** } **Te** estoy **diciendo** } algo importante.

EN OTRAS PALABRAS...

Algunos verbos que se usan frecuentemente con complementos indirectos

¿Qué hace Pilar hoy?

Le **contesta** al profesor en español cuando él le **habla** en español.

Le **da** la respuesta correcta.

Le **dice** que comprende cuando él le **hace una pregunta**.

Les **devuelve** a sus amigos el dinero que le **prestaron**.   **prestar** = to lend

Ahora no les **debe** dinero.   **deber** = to owe

Les **escribe** una carta a sus padres para **pedir**les más dinero.

Le **manda** un cheque a la compañía de teléfonos.

Y le **envía** una tarjeta de cumpleaños a su hermano.   **enviar** = to send

En la tarjeta, le **ofrece** sus esquís.

Mira las fotos que su amiga Liliana le **muestra** del hermano de ella.   **mostrar (ue)** = to show

Le **pregunta** a Liliana, «¿Cuándo vas a **presentar**me a tu hermano?».   to introduce

Liliana le dice, «Mañana tengo una fiesta y **prometo** presentártelo   **prometer** = to promise
   si vienes».

ACTIVIDAD 14. ¿Qué hacen?

Cuente lo que hacen las siguientes personas, según el modelo.

MODELO: Santa Claus / a los niños →
           Santa Claus les trae regalos a los niños.

Frases útiles: contestar las preguntas, querer vender un coche, hablar por televisión, mandar la cuenta, ofrecer consejos, dar la mano (*to shake hands*), enseñar gramática, escribir postales, dar recetas (*recipes*), pedir una contribución, enviar tarjetas de Navidad, decir «Te quiero»

1.   Querida Abby / a sus lectores
2.   Julia Child / (a nosotros)
3.   la compañía de teléfonos / (a mí)
4.   los profesores / (a nosotros)
5.   el profesor Mendoza / a sus colegas
6.   la Cruz Roja / (a ti)
7.   el presidente / al pueblo
8.   nuestros amigos / (a nosotros)
9.   un novio / a su novia
10. Lee Iacocca / (a ti)

ACTIVIDAD 15. Dime una cosa...

Hágale preguntas sobre lo siguiente a un compañero (una compañera) para conocerlo/la mejor. Pídale que le conteste con oraciones completas.

1. lo que siempre les promete a sus padres
2. a quién le habla en español
3. a quién(es) le(s) envía tarjetas de Navidad
4. a quién(es) le(s) debe dinero y quién(es) le debe(n) dinero a él/ella
5. lo que les presta a sus amigos y lo que éstos le prestan a él/ella
6. algo que nunca les presta a sus amigos
7. la persona que siempre le da consejos
8. lo que le hace a su esposo/a (novio/a, padre/madre, etcétera) para mimarlo/la

ACTIVIDAD 16. **¿Vivir bien?**

Explique lo que pasa en el dibujo, escogiendo los complementos directos e indirectos apropiados entre los que están entre paréntesis. Los números de las frases en la página 192 corresponden a los números de los dibujos.

1. El pobre (*le/lo*) pide dinero al hombre que está comiendo. (*Le/Lo*) dice, «¿Podría dar(*me/le*) dinero para comer?».

2. El hombre que está comiendo intencionalmente no (*le/lo*) mira. Corta la carne y no (*le/la*) ofrece nada al pobre.

3. El pobre va y (*le/lo*) repite la pregunta al hombre que está tomando sopa.

4. El hombre (*le/lo*) grita al pobre «¡Váyase!» y no (*le/lo*) da nada.

5. El pobre (*le/lo*) hace la misma pregunta al hombre que está tomando café y el hombre (*le/lo*) escucha.

6. El hombre busca algo en su cartera y...

7. ... (*le/lo*) da mucho dinero al pobre y (*le/lo*) dice que puede tener un banquete, con pavo, jamón, lechoncito (*suckling pig*), pasteles y otras cosas ricas porque cree que es lo que el pobre realmente quiere.

8. El pobre va a una mesa desocupada mientras un mesero (*le/lo*) mira con curiosidad.

9. (*Le/Lo*) muestra el dinero al mesero y (*le/lo*) dice, «¡Tráiga(*me/le*) panes con veinticinco salchichas! ¡(*Les/Las*) quiero bien cocidas! ¡Y no se olvide de la mostaza!

ACTIVIDAD 17. Perspectivas diferentes

En esta serie de dibujos se puede ver que no todas las personas tienen la misma idea de lo que es «vivir bien». Los gustos y preferencias de los que tienen dinero para comer en el restaurante son diferentes de los del pobre que no tiene dinero para comer. ¿Quién hace las siguientes afirmaciones, el hombre pobre, el primer (segundo, tercer) cliente o el camarero? Justifique su respuesta en cada caso.

1. ¡Ay, cuánto me molestan estos vagos que se acercan a pedirle a uno mientras come! No le voy a hacer caso (*pay attention*) a éste.

2. Sí, señor, sólo le pido para una miserable salchicha.

3. Creo que este pobre diablo merece algo.

4. ¡Qué raro! Parece que el hombre que andaba pidiendo dinero va a sentarse.

5. Eso sí que es comer: pescado, jamón, pavo...

6. Sí, señor, en seguida se las traigo.

7. ¡Imbécil! ¿Qué derecho tiene de molestarme mientras como?

8. Así como suena (*sounds*): ¡veinticinco!

PALABRAS PROBLEMÁTICAS

«¿Qué le gustaría **pedir**?» me **preguntó** el mesero.

"What would you like to order?"
the waiter asked me.

«Antes de decidir, quiero **hacerle una pregunta**», le contesté.	*"Before deciding, I want to ask you a question," I answered (him).*
El cocinero **ordenó** los pedidos después de recibirlos.	*The cook put the orders (requests) in order after receiving them.*

pedir (i, i)   to ask for; to request (*something*)
preguntar   to ask for (*information*); to ask a question
hacer una pregunta to ask a question
ordenar   to put (*things*) in sequence, order

ACTIVIDAD 18.   ¿Qué hace Ud...?

Escoja solamente las expresiones apropiadas para completar las oraciones.

1. Tengo que ordenar...
    mi cuarto, la comida, mis papeles, los documentos, más café, mis ideas, flores para la fiesta
2. El oculista le pidió al cocinero...
    ¿Dónde trabaja Ud.?, ¿Cómo prepara Ud. la berenjena?, 500 pesetas, una receta, ¿Qué ve Ud. en la tercera línea?
3. El cocinero le preguntó al oculista...
    Y eso, ¿qué es?, la cuenta, otra silla, ¿Necesito otras gafas?, una olla, ¿No tiene unos dibujos más grandes?
4. Quiero hacerle una pregunta.
    ¿Cuál es su dirección? Tráigame la cuenta, por favor. Quiero un vaso de agua. ¿Qué hora es?, ¿Puede prestarme cien pesos?

UN PASO MÁS HACIA LA COMUNICACIÓN

Making Introductions

To introduce another person to you, a Spanish-speaking person would say the following:

> Me gustaría presentar(te/lo/la) a...
> Quiero presentar(te/lo/la) a...

You and your new acquaintance would then say the following to each other.

> Mucho gusto en conocer(te/lo/la).
> Encantado/a.

In Spanish-speaking areas, men always shake hands (**darse la mano**) when they are introduced. Women often shake hands as well.

When Spanish-speaking people run into friends, they usually demonstrate their pleasure at seeing each other physically as well as verbally. Women kiss (**darse un beso**) and men either shake hands or give a hearty embrace (**darse un abrazo**).

The kiss or hug is accompanied by a greeting such as the following.

¡Qué gusto de verte de nuevo!	*What a pleasure to see you again!*
¡Tanto (¡Cuánto) tiempo!	*It's been a long time!*
¿Cómo te (le) va?	*How's it going?*

Young people usually greet friends more casually, with expressions such as **¿Qué tal?**, **¿Cómo andas?**, or **¿Cómo te va?**

ACTIVIDAD 19. **Un año en el extranjero**

Encuentre y salude a las siguientes personas. Sus compañeros de clase van a hacer el papel de las personas indicadas.

1. Los señores Morales: Ud. va a vivir con ellos y su familia durante su año en el extranjero.
2. Luz y Diego Morales, sus hijos: Luz tiene 15 años y Diego, 18 años.
3. La señora Gutiérrez: Es la madre de la señora Morales y vive con la familia.
4. Lucía de la Vega: Pasó un mes en la casa de Ud. cuando ella estuvo en los Estados Unidos en un programa de intercambio. Hace un año que Ud. no la ha visto.
5. Guillermo Arroyo: Es el novio de Lucía.
6. La profesora Echegaray: Es la directora de su programa en el país extranjero.

DE TODO UN POCO

ACTIVIDAD A. Los pilotos y el stress

Complete el siguiente párrafo con la forma correcta de la palabra entre paréntesis. Cuando se dan dos palabras, escoja la más apropiada.

(*El/—*)[1] doctor Enrique Gil, médico psiquiatra de una aerolínea (*español*),[2] indicó en una entrevista que los pilotos (*sufrir*)[3] menos depresiones y problemas emocionales de lo común.° Este dato, afirmó el médico, no (*ser/ estar*)[4] consecuencia de su actividad profesional, porque para (*ser/estar*)[5] piloto se tiene que ser (*especial*)[6] estable.

    lo... most people

«Debido a su profesión, el piloto de (*un/una*)[7] avión (*ser/estar*)[8] sometido a fuertes presiones, tanto por (*trabajar*)[9] en un medio° hostil como es el aire, como por la (*grande*)[10] responsabilidad con respecto al aparato que tripula° y a las vidas que transporta.»

    environment

    he flies

Según el doctor, el piloto de un avión debe (*ser/estar*)[11] una persona capaz de (*tomar*)[12] decisiones comprometidas en cuestión de dos segundos, (*sereno*),[13] con capacidad para (*ser/estar*)[14] líder, que sepa° mandar y al mismo tiempo escuchar y atender al resto de la tripulación.°

    que... someone who knows how to

    crew

En oposición a estos rasgos positivos, el piloto (*poder*)[15] desarrollar un culto desmesurado por el «yo» que le puede (*hacer*)[16] narcisista, egocéntrico y demasiado orgulloso de (*sí/si*)[17] mismo, añadió el psiquiatra.

El personal del vuelo debe (*seguir*)[18] dietas pobres° en grasa para controlar la obesidad y evitar problemas cardiovasculares o de colesterol. Los pilotos (*soler*)[19] practicar (*regular*)[20] (*alguno*)[21] deporte y vigilar (*escrupuloso*)[22] su salud. No es de extrañar° que la mayoría llegue a la edad de jubilación, los sesenta años, en una estupenda forma física y mental, porque ellos son los primeros interesados en cuidarse, dijo el médico.

    low

    No... It isn't surprising

¿Cierto o falso? Corrija las oraciones falsas.

1. Los pilotos sufren más del stress que la mayoría de la población.
2. No se cuidan bien.
3. Por lo común, los pilotos son algo egoístas.

ACTIVIDAD B. Con sus propias palabras

Como ya se sabe, leer un buen libro nos puede ayudar a aliviar el stress porque nos ayuda a olvidarnos de las tensiones del día o nos hace reír. Utilice su imaginación para escribir un anuncio como éste, sugiriendo otra cosa para acabar con el stress. Aquí hay algunas sugerencias para la primera y la última línea.

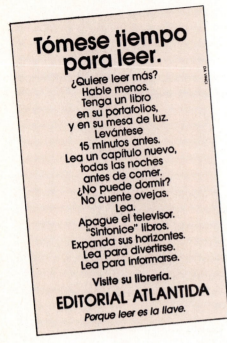

PRIMERA LÍNEA	ÚLTIMA LÍNEA
¡Varíe su rutina!	¡Visite un museo!
¡Organice una fiesta fantástica!	¡Que se diviertan!
¡Mímese!	¡Ud. se lo merece!
¡A reír!	¡Es para morirse de risa!
¡Pase sus vacaciones en México!	¡Buen viaje!

ACTIVIDAD C.   La experiencia personal

En la vida de un estudiante hay muchas cosas que causan gran stress. ¿Cuál es la mejor solución para aliviar el stress en las siguientes situaciones? En grupos de cuatro personas, busquen esas soluciones y luego compárenlas con las de otros grupos. ¿Qué grupo ha encontrado las mejores soluciones?

1. Ud. tiene que entregar mañana un trabajo para una clase y sabe que el profesor (la profesora) es muy estricto/a. Pero Ud. no lo tiene listo, porque...
2. Mañana tiene un examen muy difícil. Ud. ha estudiado mucho, pero todavía no comprende bien la materia. Y ya son las 3:00 de la mañana.
3. Ud. ha sacado una mala nota aunque ha estudiado mucho. Ud. va a hablar con el profesor (la profesora), y...
4. Ud. tiene una cita esta noche con una persona absolutamente fantástica. Es la primera vez que salen juntos.
5. Ud. tiene una discusión (*argument*) con su compañero/a de cuarto por una tontería.
6. Sus padres lo/la llaman para decirle que un miembro de su familia está gravemente enfermo.

Los vicios

EN OTRAS PALABRAS...

Algunos verbos para hablar de la lectura

aconsejar	to advise, counsel	**entregar**	to deliver, hand in or over
agradecer (zc)	to thank for; be grateful for	**recorrer**	to go through, pass through
dejar de + *inf.*	to give up, stop (*doing something*)	**regalar**	to give as a gift

COMENTARIOS DE HOY

Antes de leer

The article in this section is from a newspaper in Buenos Aires, the capital of Argentina. Its title, **LALCEC celebrará hoy el «Día del Aire Puro»**, and the drawing that illustrates it (on the opening page of this chapter) offer clues to its content. Based on them, what do you think is the general topic of the article?

- la contaminación industrial del aire
- la contaminación del aire que resulta del humo (*smoke*) de tabaco

To get a better idea of the article's specific content, quickly scan the first paragraph.

Hoy, tercer jueves de noviembre, LALCEC celebrará por cuarto año consecutivo el Día del Aire Puro, así denominado porque, como en oportunidades anteriores,° la entidad° aspira a que éste sea «un día sin humo», a partir de° su propuesta:° «Hagamos posible que nadie fume en todo el país, durante esas 24 horas».

previous / organización
a... *as suggested by* / *proposal*

Based on this paragraph and on what you can observe about the acronym **LALCEC**, what do you think **LALCEC** is?

- un individuo que se opone al uso del tabaco
- una organización que se opone al uso del tabaco

As you continue reading, look for the following information:

- more specific details about **LALCEC**
- more about its purpose as an organization
- the ways in which it tries to achieve its goals

LALCEC celebrará hoy el «Día del Aire Puro»

Hoy, tercer jueves de noviembre, LALCEC celebrará por cuarto año consecutivo el Día del Aire Puro, así denominado porque, como en oportunidades anteriores, la entidad aspira a que éste sea «un día sin humo», a partir de su propuesta: «Hagamos posible que nadie fume en todo el país, durante esas 24 horas».

«El éxito alcanzado° en años anteriores» —dice LALCEC— «nos permite ser optimistas y reiterar a la población que disfrute de una jornada° saludable.° El mensaje° «tabaco o salud» se expresará simbólicamente en el acto de entregar una flor a cambio de° un cigarrillo. Hoy centenares° de adherentes° a la Liga van a recorrer las calles de las ciudades del país. Ellos, con una sonrisa y un ademán° gentil,° cambiarán flores por cigarrillos «para evitar que el humo contamine el aire puro que estamos prometiendo conseguir».

achieved
día / *healthy* / *message*

a... *in exchange for* / *cientos* / miembros
gesture / simpático

PROPUESTAS

Las propuestas de LALCEC para este día se resumen así. Al fumador que tiene la constante intención de dejar de fumar pero que nunca encuentra el momento propicio° para hacerlo, le dice que hoy puede ser el día esperado. Le recomienda que luego se acerque a la entidad, que lo ayudará a abandonar definitivamente el hábito.

right

«Propóngase no fumar hoy y no fume» —dice LALCEC a los fumadores—; «en cambio° luzca° orgulloso una flor en el ojal,° como una honrosa condecoración; sus pulmones° también agradecerán la tregua.° Y a los no fumadores la Liga les aconseja que influyan° simpáticamente en sus parientes y amigos para que no fumen. «Regáleles una flor a cambio de un cigarrillo», recomienda.

en... *instead* / *show off* / *buttonhole*
lungs / *truce*
prevail upon

EN LAS CALLES

En la Capital, hay puestos° en muchas esquinas° de las 17:00 a las 19:00, para inter- *stands, stalls / street corners*
cambiar° flores por cigarrillos. Colaborarán en esa tarea los niños de cua- *to exchange*
renta y dos escuelas de la Capital, que colocarán° en las calles carteles° preparados *will place / posters*
en cada una de ellas. En vidrieras° de la Calle Florida se expondrán° también carteles *store windows / se... will be exhibited*
y postales realizados° por escolares° de todo el país para un concurso° promovido por *hechos / estudiantes / contest*
el Ministerio de Educación.

Las Autoridades Sanitarias advierten que:
FUMAR PERJUDICA SERIAMENTE LA SALUD.

ADVERTENCIA DEL CIRUJANO GENERAL: Dejar
de Fumar Ahora Reduce Enormemente
Los Graves Riesgos Para Su Salud.

ACTIVIDAD 1. **Comprensión de la lectura**

Complete las oraciones según la lectura.

1. LALCEC es...
    a. una entidad que se dedica a la ecología.
    b. un grupo que fomenta el estudio del arte en las escuelas.
    c. una organización que ayuda a los fumadores a dejar de fumar.
2. LALCEC propone eliminar el humo...
    a. industrial.   b. de los cigarrillos.   c. del transporte.
3. Su propuesta es...
    a. hacer lo posible para que nadie fume.
    b. intercambiar una flor por un cigarrillo.
    c. hacer que todos luzcan orgullosamente una flor en el ojal.
4. En los años anteriores, LALCEC...
    a. tuvo éxito.   b. fracasó.   c. no hizo nada.
5. Los miembros de LALCEC van a dar una flor a cambio de...
    a. un ademán.   b. una sonrisa.   c. un cigarrillo.
6. Según LALCEC, el Día del Aire Puro es el día de...
    a. recorrer las calles.   b. dejar de fumar.   c. resolverse a no
        fumar más.
7. Si alguien necesita ayuda para dejar de fumar, LALCEC...
    a. lo ayudará.
    b. aconseja que sus parientes y amigos lo ayuden.
    c. le regala una flor.
8. Hay puestos en las calles...
    a. todo el día.   b. de las 5:00 a las 7:00.   c. todos los días.
9. Los niños de cuarenta y dos escuelas...
    a. colocan carteles hechos por LALCEC.
    b. recorren las calles.
    c. hicieron los carteles.

ACTIVIDAD 2. Dime una cosa...

Ésta es la oportunidad de hablar con sus compañeros de los vicios. Pero, primero, una pregunta importante: ¿Qué es un vicio? Probablemente todos estamos de acuerdo en llamar al uso del tabaco en cualquier forma un vicio. También es probable que todos digan que el uso habitual del alcohol constituye un vicio. Pero éstos son vicios obvios. ¿Hay otros vicios menos obvios?

Con su compañero/a, indique si los siguientes hábitos son vicios o no.

1. tomar refrescos como la Coca-Cola o la Pepsi en grandes cantidades   sí   no
2. consumir cafeína en cualquier forma (en el café, en el té, en los refrescos)   sí   no
3. comer mucho azúcar, por ejemplo, en forma de dulces o chocolates, helados, pasteles   sí   no
4. comerse las uñas (*to bite one's nails*)   sí   no
5. mirar mucho la televisión   sí   no
6. correr una hora al día   sí   no

Ahora, basados en sus respuestas, traten Uds. de dar una definición de un vicio. Luego hagan y contesten las siguientes preguntas para saber algo de los vicios o hábitos del otro.

1. ¿Qué vicios o hábitos tienes? ¿Fumas? ¿Tomas refrescos, vino, cerveza o bebidas alcohólicas en exceso? ¿Eres adicto/a a la cafeína en alguna forma? ¿Comes mucho chocolate? ¿Te comes las uñas? ¿Te obsesiona algún deporte?

2. ¿Conoces a estudiantes que fumen? ¿Dónde se permite fumar en esta ciudad? ¿Dónde se prohíbe fumar? ¿Qué le dices a una persona que fuma en un lugar donde está prohibido hacerlo? ¿Te importan más los derechos de los fumadores o los de los que no fuman?

3. ¿Se toman muchas bebidas alcohólicas o mucha cerveza en esta universidad? ¿Cuál es la bebida alcohólica que se toma más? ¿Quiénes la toman? ¿Cuándo la toman? ¿Dónde? ¿en las fiestas? ¿en las casas de fraternidades? ¿en los partidos de fútbol?

¡ES ASÍ!

© BERYL GOLDBERG

Un café al aire libre en Madrid

Hoy en día es menor el número de personas que fuman en los Estados Unidos, y con frecuencia se prohíbe fumar en muchas tiendas, restaurantes, aviones y otros lugares públicos. Pero en España y Latinoamérica la actitud hacia el cigarrillo todavía es bastante diferente.

Aunque se han organizado campañas en contra del tabaco, y se advierte (*warn*) al público de los peligros de fumar y hasta es prohibido hacerlo en ciertos lugares, el hábito de fumar sigue siendo (*continues to be*) bastante común. En realidad, se considera descortés fumar en un grupo sin ofrecerles cigarrillos a las otras personas.

LENGUA Y ESTRUCTURAS

A. VERB + *DE* OR *EN* + INFINITIVE

You have already learned a number of expressions in which the preposition **de** precedes an infinitive: **acabar de** + *infinitive*, **acordarse (ue) de** + *infinitive*, **olvidarse de** + *infinitive*. Here are some additional verbs that take **de** or **en** before an infinitive.

DE		EN	
alegrarse de	to be happy to	**consistir en**	to consist of
cansarse de	to get tired of	**insistir en**	to insist on
dejar de	to stop, give up	**tardar en**	to delay in, take
tratar de	to try to		a long time to

ACTIVIDAD 3. **El tercer jueves de noviembre**

Haga oraciones completas con una palabra o frase de cada columna para describir lo que pasa durante el Día del Aire Puro en Buenos Aires.

MODELO: un estudiante / acabar de / colocar →
Un estudiante acaba de colocar un cartel.

COLUMNA A	COLUMNA B	COLUMNA C
1. algunos fumadores	consistir en	entregar
2. los miembros de LALCEC	dejar de	regalar
3. los no fumadores	tratar de	celebrar
4. los niños	insistir en	fumar
5. la población	alegrarse de	recorrer
6. LALCEC	cansarse de	conseguir
	tardar en	colocar
	acordarse de	agradecer
		influir
		¿——?

B. INFORMAL COMMANDS

Tú Commands

As you know, the formal (**Ud.**, **Uds.**) commands are part of the subjunctive system. Negative informal (**tú**) commands are also part of that system, ending of course in **-s**. Affirmative **tú** commands are also part of an existing system: they are identical to the third-person singular of the present indicative.

	AFFIRMATIVE	NEGATIVE
entregar	¡Entrega una flor!	¡No entregues cigarrillos!
comer	¡Come zanahorias!	¡No comas papas fritas!
consumir	¡Consume más leche!	¡No consumas bebidas alcohólicas!

Some frequently used verbs have irregular affirmative **tú** forms. (The negative command form of these verbs is identical to the present subjunctive **tú** form.)

	AFFIRMATIVE	NEGATIVE
decir	¡**Di** siempre la verdad!	¡Nunca digas mentiras!
hacer	¡**Haz** algo!	¡No hagas nada!
ir	¡**Vete** inmediatamente!	¡No vayas mañana!
poner	¡**Pon** atención!	¡No pongas nada aquí!
salir	¡**Sal** en seguida!	¡No salgas ahora!
ser	¡**Sé** bueno!	¡No seas malo!
tener	¡**Ten** cuidado!	¡No tengas miedo!
venir	¡**Ven** aquí!	¡No vengas tarde!

¡Atención!

1. The informal affirmative command of **ir** is usually used in the reflexive form: **vete**.
2. The position of object pronouns with informal commands is the same as that of formal commands. Object pronouns are attached to affirmative commands and precede negative ones. Note that an accent is used if the command has two or more syllables.

   ¡Da una flor a ese hombre! ¡Da**le** una flor!
   ¡No fumes este cigarrillo! ¡No **lo** fumes!
   ¡Tome la sopa! ¡Tóme**la**!

Vosotros Commands

Like **tú** commands, **vosotros** commands have different affirmative and negative forms. Affirmative **vosotros** commands are formed by substituting **-d** for the final **-r** of the infinitive. Negative **vosotros** commands are expressed with the present subjunctive.

entregar → entrega**d**   comer → com**ed**   consumir → consum**id**
      no entre**guéis**   no com**áis**   no consum**áis**

The position of object pronouns is the same as for all other command forms: **Comprád*melo*. No *me lo* compréis.**

Note: None of the activities in this textbook explicitly practices **vosotros** forms. However, if you wish, you can use the activities that focus on **tú** commands to practice **vosotros** commands as well, by making simple adjustments to the context. Your instructor may help you to do this if working with **vosotros** commands is a course goal.

ACTIVIDAD 4. **Para vivir hasta los cien años**

Doña Emilia Peralta cumple hoy cien años. Cuando sus bisnietos (*great-grandchildren*) le preguntan cuál es el secreto para llegar a esa edad, ella le da un consejo a cada uno. Repita sus consejos según el modelo, usando complementos cuando sea posible.

> MODELO: comer verduras / pedir solamente papas fritas →
> ¡Come verduras! Sí, cómelas todos los días.
> ¡No pidas solamente papas fritas! ¡No las pidas nunca!

1. beber leche / tomar cerveza
2. respirar aire puro / fumar cigarrillos
3. caminar mucho / mirar televisión todo el día
4. hacer ejercicio / ser perezoso
5. tener paciencia / ser impaciente
6. evitar el stress / pensar siempre en los problemas
7. pedir café descafeinado / tomar bebidas que tienen cafeína
8. ir de vacaciones de vez en cuando / trabajar día y noche
9. probar cosas nuevas / tener miedo de probarlas
10. poner jugo de limón en la comida / echar sal a la comida

ACTIVIDAD 5. **Consejos y recomendaciones**

Jorge es un estudiante universitario. No es muy responsable y, aunque es inteligente, no tiene mucho interés por los estudios. Prefiere divertirse y no preocuparse por nada. ¿Cuáles son los consejos o recomendaciones que sus padres y sus amigos le dan? Determine si son afirmativos o negativos e incluya los complementos donde sea posible.

> MODELO: sus padres:
> gastar el dinero en tonterías →
> ¡No gastes el dinero en tonterías!

1. sus padres:
    comprar la motocicleta, llamarnos una vez por semana, sacar buenas notas, limpiar el cuarto, hacer la cama también, escucharnos, manejar

el coche a 120 kilómetros por hora, pagar la multa (*traffic ticket*) que le pusieron, usar mucho tu tarjeta de crédito, ¿____?

2. sus amigos:

preocuparte, divertirte, venir a la fiesta, traer a tu novia a la fiesta, jugar al fútbol con nosotros, ser un empollón (*grind*), fumar, tocar la trompeta a las 2:00 de la mañana, ¿____?

3. su novia:

decirme que me amas, presentarme a tus padres, darme un beso, esperarme después de la clase, olvidarse de mí, tener miedo a mi papá, llamarme todas las noches, ¿____?

4. el jefe del lugar donde trabaja los sábados:

llegar tarde al trabajo, tomar dos horas para almorzar, contestar el teléfono, decirme «Sí, señor», poner los pies en el escritorio, buscar otro trabajo, ¿____?

ACTIVIDAD 6. **Querido compañero de cuarto...**

Siempre es difícil compartir el espacio —un cuarto, un cuarto de baño, una casa— con otra persona, así sea un compañero (una compañera), un hermano (una hermana) o el esposo (la esposa). Imagine que Ud. tiene que vivir con otra persona. ¿Qué es lo que Ud. quisiera decirle que hiciera o no hiciera con respecto a las siguientes cosas? Dígaselo en forma de mandatos informales.

MODELO: su estéreo → Ten cuidado con mi estéreo. No lo toques nunca.

1. la limpieza del cuarto   2. la ropa de él/ella   3. su ropa   4. el televisor   5. su reloj despertador   6. el teléfono   7. fumar   8. comer
9. los amigos de Ud.   10. los amigos de él/ella   11. el dinero   12. el cuarto de baño   13. ¿____?

ACTIVIDAD 7. **Una encuesta de la opinión pública**

¿Qué opina su clase de las siguientes cuestiones actuales? Escriban sus respuestas en una hoja de papel y después analícenlas para saber lo que opina la mayoría.

	ESTOY DE ACUERDO	NO ESTOY DE ACUERDO	NO TENGO OPINIÓN
1. No debe haber una edad legal para tomar bebidas alcohólicas.	☐	☐	☐
2. Necesitamos leyes (*laws*) que limiten la venta de bebidas alcohólicas.	☐	☐	☐
3. Deben haber castigos (*penalties*) más severos para la gente que maneja bajo la influencia de bebidas alcohólicas.	☐	☐	☐
4. El gobierno debe legalizar la venta de la mariguana.	☐	☐	☐
5. El problema más grave que tiene este país es el de las drogas.	☐	☐	☐

6. Hay que imponer la pena de muerte (*death penalty*) a los trafi-
   cantes de drogas. □ □ □
7. Se debe prohibir que se fume en esta universidad. □ □ □
8. Se debe prohibir el fumar en las residencias. □ □ □

Ahora sume el número de respuestas en cada categoría y calcule los por-
centajes. ¿Cuántos están de acuerdo? ¿no están de acuerdo? ¿no dieron su
opinión?

■ EN OTRAS PALABRAS...

El sol

Los rayos del sol pueden ser peligrosos para **la piel**. Sin embargo, a
mucha gente le gusta **broncearse** o **tostarse**. Pero algunos se **queman al sol**.

rays / skin
to get a suntan
get sunburned

■ COMENTARIOS DE HOY

Antes de leer

© STUART COHEN/COMSTOCK

¡Cuidado! El sol sale para todos is the title of the brief article you are
about to read. Look at the photo that accompanies it and think about the
title. What word in the title indicates what the article is about? What word
indicates the attitude adopted in the article? Keep your answers to these
questions in mind as you read.

El sol sale para todos... en la playa
de Punta del Este, Uruguay

¡Cuidado! El sol sale para todos

Si quieres evitar que los rayos inclementes del sol destrocen tu piel, aprende estos
pequeños consejos:

1. Aplícate una loción protectora de alto grado.
2. Ponte un sombrero ancho, tipo mexicano.

3. Escoge ropa guarecedora,° ojalá un abrigo de pieles° o un traje de
   buzo.°

4. Enciérrate en un armario° oscuro.

5. No salgas del armario sino después de la medianoche y antes de las 5:00.

protective / fur
scuba diving
closet

ACTIVIDAD 8. **Comprensión de la lectura**

Empareje los dibujos con los consejos apropiados.

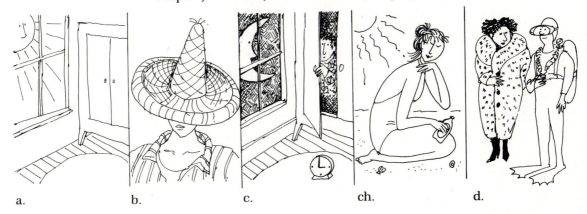

a.   b.   c.   ch.   d.

Ahora conteste estas preguntas sobre los consejos. ¿Es en serio o en broma
el primer consejo? ¿el segundo? ¿y el tercero, el cuarto y el quinto? Cambie
los consejos 2, 3, 4, y 5 por consejos en serio, como el número 1.

■ LENGUA Y ESTRUCTURAS

C. THE SUBJUNCTIVE MOOD; FORMS OF THE PRESENT SUBJUNCTIVE

You have already briefly reviewed the difference between the two Spanish
moods, the indicative and the subjunctive. The indicative expresses real-
world actions or objective states of being, and the subjunctive expresses
more subjective or conceptual actions or states. Thus, forms of the subjunctive are used to express many commands: what we want someone else to
do is a conceptual action, not one that has already occurred.

Forms of the Present Subjunctive

The subjunctive forms for regular verbs are given in Section A of **Capítulo
8**. Here is some additional information about forming the present
subjunctive.

- In **-ar** and **-er** stem-changing verbs, the pattern of the stem change is
  the same as in the present indicative: all forms change except **nosotros**
  and **vosotros**.

pensar	
piense	pensemos
pienses	penséis
piense	piensen

volver	
vuelva	volvamos
vuelvas	volváis
vuelva	vuelvan

- **-Ir** stem-changing verbs show the present indicative stem change in the same persons in the present subjunctive. They also show the second stem change (e → i, o → u) in the **nosotros** and **vosotros** forms.

pedir	
pida	pidamos
pidas	pidáis
pida	pidan

dormir	
duerma	durmamos
duermas	durmáis
duerma	duerman

- Because the present subjunctive is based on the first-person singular (**yo**) of the present indicative, verbs irregular there will show that irregularity in *all* forms of the present subjunctive.

INFINITIVE	PRESENT INDICATIVE: **yo**	PRESENT SUBJUNCTIVE	
hacer	ha**g**o	ha**g**a	ha**g**amos
		ha**g**as	ha**g**áis
		ha**g**a	ha**g**an
conocer	cono**zc**o	cono**zc**a	cono**zc**amos
		cono**zc**as	cono**zc**áis
		cono**zc**a	cono**zc**an

- Verbs that do not end in **-o** in the present indicative **yo** form have irregular present subjunctive stems. Their endings, however, follow the same pattern as those of regular verbs.

  dar: dé, des, dé...

  estar: esté, estés, esté...

  ir: vaya, vayas, vaya...

  saber: sepa, sepas, sepa...

  ser: sea, seas, sea...

- The present subjunctive of **hay** (**haber**) is **haya** (*there is, there are*). This form is invariable.

CH. USES OF THE SUBJUNCTIVE

There are syntactic (structural) reasons for using the subjunctive. It is almost always used in sentences with two clauses: a main, or independent, clause and a subordinate, or dependent, clause. A main clause can stand alone as a simple sentence; it consists of a subject and a verb and expresses a complete thought. Here are some examples of simple sentences.

> Yo me aplico una loción protectora.
> Yo quiero aplicarme una loción protectora.
> Yo pruebo muchos productos nuevos.
> Yo espero probar muchos productos nuevos.

A subordinate clause also has a subject and a verb, but it cannot stand alone. Subordinate clauses are often introduced by **que** in Spanish.

INDEPENDENT CLAUSE	DEPENDENT CLAUSE
Yo quiero	**que** tú te **apliques** una loción protectora.
Los fabricantes esperan	**que** yo **pruebe** muchos productos nuevos.

Note that the subjunctive is used in the dependent clause.

However, the subjunctive is not used in all sentences that have both a main and a subordinate clause. Rather, it is used in the subordinate clause only when (1) the main clause expresses certain subjective messages and (2) there is a change of subject in the dependent clause (as compared to the main clause).

- What is the subjective message in the preceding example sentences?
- What are the different subjects in the main and subordinate clauses?

The different subjective messages that cue the use of the subjunctive in the dependent clause will be presented gradually throughout the rest of this text.

D. THE SUBJUNCTIVE TO EXPRESS PERSUASION

Look at the commands in the following advertisements and think of what they imply.

Beba salud.

Villavicencio
El agua mineral.

El Nuevo Yoghurt Dietético Finesse viene en cuatro deliciosos sabores Alpina: Natural, Fresa, Mora y Melocotón.
Finesse es totalmente descremado, bajo en calorías y contiene el revolucionario Nutra-Sweet, el endulzante Natural con sabor a azúcar asimilable por el cuerpo humano.
Prueba el Nuevo Yoghurt Dietético Finesse de Alpina. Es una nueva y deliciosa forma de estar en forma, te gustará !

Una deliciosa forma de estar en forma.

¡Prueba el nuevo yoghurt! (¡Pruébalo!)   Beba salud.

What the manufacturers are saying can be expressed in other ways.

Queremos que Ud. lo **pruebe**.	*We want you to try it.*
Esperamos que Uds. lo **prueben**.	*We hope you will try it.*
Le **recomendamos** a Ud. que **beba** salud.	*We recommend that you drink "health."*
Deseamos que Uds. la **beban**.	*We wish you would drink it.*

The independent clauses in the preceding example sentences all have in common the desire to persuade someone to do something. Persuasion is one of the most frequently used subjective cues that triggers the use of the subjunctive in the dependent clause. Other verbs that can be used to persuade are **aconsejar**, **insistir en**, **pedir (i, i)**, **preferir (ie, i)**, and **sugerir (ie, i)**. Each of these verbs expresses a different degree of persuasion.

¡Atención!

1. Not all the words and phrases that express persuasion are listed here. It is important to keep the *concept* of persuasion in mind and not just memorize a list of specific verbs.
2. Note the use of the indirect object pronoun in the example with **recomendar**: *Le recomendamos a Ud. que...* The indirect object pronoun corresponds to the subject of the dependent clause. You will see exam-

ples of this usage in the activities in this section, and will practice the usage explicitly in **Capítulo 12**.

ACTIVIDAD 9.   **¿Qué quieren?**

Hoy en día parece que todos quieren que hagamos algo: los fabricantes, las agencias del gobierno, los profesores... Exprese algunos de estos deseos, haciendo oraciones según el modelo.

MODELO: El fabricante de yoghurt nos recomienda...
Comemos yoghurt. →
El fabricante de yoghurt nos recomienda que comamos yoghurt.

1. Cada aerolínea quiere...
Viajamos en su aerolínea.
Volamos en avión con frecuencia.
La llamamos cuando pensamos viajar.

2. La oficina de correos (*post office*) recomienda...
El público envía los regalos de Navidad antes del 15 de diciembre.
No esperamos hasta el último momento.
Envolvemos (*We wrap*) bien los paquetes.

3. El gobierno insiste...
Pagamos los impuestos (*taxes*) para el 15 de abril.
No entran drogas en este país.
No se venden bebidas alcohólicas a menores de 18 años.

4. El médico aconseja...
Yo hago más ejercicio.
No como solamente hamburguesas y papas fritas.
No me bronceo mucho.

5. LALCEC sugiere...
Los fumadores dejan de fumar.
Llevan una flor en el ojal.
Vienen a sus clases.

6. La Cruz Roja pide...
Donamos sangre.
Le ayudamos en su trabajo.
Contribuimos con dinero.

7. Los fabricantes de Coca-Cola esperan...
Tomamos su producto.
No bebemos Pepsi.
Probamos sus otros productos.

8. Las cadenas (*networks*) de televisión desean...
Todos miran sus programas.
Sus programas ganan un Emmy.
Los televidentes prefieren su programación.

ACTIVIDAD 10.   **Mandatos y sugerencias**

Imagine que unos amigos y parientes le piden a Ud. consejos para resolver sus problemas. Contésteles primero con un mandato, después con una sugerencia o recomendación, según el modelo.

MODELO: el amigo que va a la playa: ¿Me aplico una loción? →
Sí, aplícate loción. Recomiendo (Sugiero) que te apliques una loción.

1. la amiga que tiene insomnio:
¿Tomo café por la noche? ¿Compro otra almohada? ¿Pienso en mis problemas? ¿Hago ejercicio regularmente? ¿Me quedo en cama todo el día si no puedo dormir por la noche? ¿Duermo una siesta? ¿Apago el televisor?

No sabes lo que haces al fumar

... cáncer... impotencia... ... alvéolos pulmonares... vías respiratorias... infarto°... tos°...

Fumaba más tranquilo de pequeño a escondidas°

El tabaco solo era peligroso si te lo veía tu padre

heart attack
cough
a... in secret

2. el amigo que fuma:
   ¿Compro más cigarrillos? ¿Voy a Fumadores Anónimos? ¿Dejo de fumar? ¿Como dulces en vez de fumar? ¿Me como las uñas?

3. el amigo que quiere rebajar de peso (*to lose weight*):
   ¿Como helados? ¿Pido ensalada en la cafetería? ¿Tomo mucha cerveza? ¿Camino mucho? ¿Voy a los *Weight Watchers*? ¿Me compro ropa más grande?

ACTIVIDAD 11. Deseos y sugerencias

¿Qué quiere Ud. que las siguientes personas hagan? Complete las oraciones lógicamente. Luego compare sus respuestas con las de los otros miembros de la clase. ¿Hay algunas respuestas que se repitan con frecuencia?

AMIGOS Y PARIENTES

1. Quiero que mis padres...
2. Les sugiero a mis amigos que...
3. Insisto en que mi compañero/a de cuarto (esposo/a, ¿_____?)...
4. Le voy a pedir a mi mejor amigo/a que...

EN LA UNIVERSIDAD

5. Deseo que la administración de esta universidad...
6. Le aconsejo a un estudiante que piensa asistir a esta universidad que...
7. Recomiendo que todos los estudiantes de primer año...
8. Espero que las vacaciones de Navidad (primavera)...

EN UN CONTEXTO MÁS GRANDE

9. Espero que los científicos (descubran...)
10. Quiero que el presidente de los Estados Unidos (cambie...)
11. ¿_____?

■ PALABRAS PROBLEMÁTICAS

pensar (ie) *to think*

¿Piensas antes de actuar?   *Do you think before acting?*

pensar + *inf. to intend* (*plan*) *to* (*do something*)

    Pienso dejar de fumar.   *I intend to stop smoking.*

pensar en *to think about, contemplate*

    ¿**En** qué **pensabas**? —**Pen-**   *What were you thinking about?*
    saba en el libro que acabo   —*I was thinking about the*
    de leer.   *book I just read.*

pensar de *to think about, have an opinion about*

    ¿Qué **piensas de** la vida uni-   *What do you think about uni-*
    versitaria? —¡Pienso que   *versity life? —I think it offers*
    ofrece demasiadas   *too much to do!*
    diversiones!

¡Atención!

1.   Note that a question with **pensar de** is answered with **pensar que**, as in the preceding example.
2.   Spanish speakers often use **creer** to express *to think*: **Creo que tienen razón.**

        ACTIVIDAD 12. **Dime una cosa...**

Hágale las siguientes preguntas a un compañero (una compañera). Debe contestar con tres oraciones completas, usando la forma apropiada de **pensar**.

1.   ¿Qué planes tienes para las próximas vacaciones?
2.   ¿Qué opinas de la última película que viste? ¿del último libro que leíste? ¿del último concierto que escuchaste?
3.   ¿En qué piensas cuando sueñas despierto/a?
4.   ¿Crees que vivimos en una época difícil? ¿que la vida era más fácil en otras épocas? ¿que había menos stress en la forma de vida de épocas pasadas? ¿en cuál(es)?

■ UN PASO MÁS HACIA LA COMUNICACIÓN

Reacting to Stressful Situations

At one time or another we are all called upon to react to the problems or worries of other people. Here are a few of the many ways of responding to these situations.

    ¡Cuánto lo siento!   *I am so sorry!*
    Comparto su dolor.   *I share your grief.*

¡Tómalo con calma!	*Take it easy!*
¡No te preocupes!	*Don't worry!*
Tú, tranquilo/a.	*(Be) calm. Settle down.*
¡No te hagas mala sangre!	*Don't upset yourself!*
¿Qué se puede hacer? Es el destino.	*What can you do? It's fate.*
El hombre propone, pero Dios dispone.	*Man proposes, but God disposes.*

ACTIVIDAD 13. **Tú, tranquilo.**

Escoja Ud. la expresión apropiada para las siguientes circunstancias.

¿Qué le(s) dice Ud. a...

1. un amigo que está enojado?
2. una amiga que no consiguió el empleo que quería, aunque ya pensaba que lo tenía?
3. una vecina cuyo (*whose*) esposo murió el día anterior?
4. sus padres cuando no pueden dormir porque su hermano se llevó el coche y todavía no ha vuelto aunque ya son las 2:00 de la mañana?
5. un amigo que siempre compra billetes de lotería pero nunca gana nada?
6. una amiga que está nerviosa porque acaba de tener un accidente con el coche?

DE TODO UN POCO

ACTIVIDAD A. **Con sus propias palabras**

Imagine that you have been selected to act as an advisor during freshman orientation week at your university. Write a list of suggestions, gathered from your own experience, that you would give to an incoming freshman. Use the command form, the subjunctive, and object pronouns wherever they are appropriate. Here is an example.

MODELO: para comer bien →
¡No pidas hamburguesas en la cafetería! No son buenas. Te recomiendo que comas pollo, porque es mejor.

1. para llevarse (*to get along*) bien con su compañero/a de cuarto
2. para hacer nuevos amigos
3. para no sentir nostalgia por su casa (*be homesick*)
4. para escoger clases interesantes y buenos profesores
5. para no aumentar de peso (*gain weight*)
6. para conocer la ciudad o pueblo donde está situada la universidad
7. para adaptarse fácilmente a todo

ACTIVIDAD B. **Los vicios... ¡en las noticias!**

Complete los siguientes breves artículos con la forma correcta de las palabras entre paréntesis. Cuando se dan dos palabras, escoja la más apropiada. Dé el pretérito o el imperfecto de los infinitivos marcados con asterisco (*).

NICOTINA PARA DEJAR (*DE/EN*)[1] FUMAR

No es la (*primero*)[2] vez que se (*utilizar*)[3] la nicotina para dejar de (*fumar*).[4] En Suiza se (*poner**)[5] de moda una goma de mascar° a base de nicotina   goma... *chewing gum* que, al (*ser*)[6] ingerido, (*disminuir**)[7] la ansiedad. Aunque la goma podría (*ser/estar*)[8] igualmente perjudicial para (*el/la*)[9] salud, (*ser**)[10] claro que no (*afectar**)[11] a los pulmones como lo haría el (*aspirar*)°[12] el humo del tabaco.   respirar

    Ahora se (*ser/estar*)[13] ensayando° un nuevo sistema que consiste (*en/*   *trying out* *de*)[14] aplicar la nicotina como una crema o pomada en la boca. (*El/La*)[15] absorción (*eliminar*)[16] el ansia de fumar y evita (*los/las*)[17] problemas dentales o gastrointestinales. Un grupo de diez fumadores (*someterse**)[18] a la experiencia° con (*bueno*)[19] resultados.   *experiment*

(*MORIR*)[20] UNA MUJER POR (*CONSUMIR*)[21] PAJARITOS INTOXICADOS

Una mujer de 62 años (*fallecer**)°[22] la pasada madrugada° en la Residencia   morir / *early morning hours* Sanitaria de Jerez de la Frontera a consecuencia, al parecer, de haber consumido pajaritos intoxicados con pesticidas.

    (*Otro*)[23] tres personas, que como la fallecida° (*venir**)[24] del pueblo de   *dead person* Sanlúcar, se (*encontrar*)[25] en grave estado en el mismo centro y con similares síntomas de intoxicación.

    Según (*parecer*),[26] (*el/la*)[27] grave intoxicación de (*este*)[28] cuatro personas (*producirse**)[29] al ingerir° en (*alguno*)[30] establecimiento de Sanlúcar, pajari-   *to ingest* tos fritos que, antes de ser cazados,° (*estar*)[31] intoxicados por los productos   *shot* químicos (*utilizar*)[32] por los agricultores de la zona.

Sólo uno de los dos artículos se refiere a un verdadero vicio. ¿Cuál es? Explique por qué en el otro artículo no se habla de un vicio.

Complete lógicamente según los artículos.

NICOTINA PARA DEJAR DE FUMAR

1. Aunque parezca raro, la nicotina se usa para _____ .
2. La nicotina se ingiere en forma de _____ .
3. En el futuro, es posible que se use en forma de _____ .

MUERE UNA MUJER POR CONSUMIR PAJARITOS INTOXICADOS

4. el número de personas que murieron: _____
5. el número de personas que se encuentran enfermas: _____
6. la causa de la enfermedad: _____
7. la causa de la intoxicación: _____

ACTIVIDAD C. **Mesa redonda**

Algunas de las cuestiones sociales importantes en la actualidad se refieren a las dependencias. Formen una mesa redonda de cuatro personas para comentarlas. Use las preguntas para guiar su conversación.

1. tomar bebidas alcohólicas:
    ¿Cuál es la edad permitida legalmente para tomar bebidas alcohólicas en este estado? ¿Está Ud. de acuerdo con esta ley, o está en contra? ¿Cree que es necesario tener más leyes para limitar la venta de bebidas alcohólicas? Piense en los sitios donde se venden, los días y las horas que se venden, las personas que las venden, etcétera. Si dice que sí, ¿qué leyes propone Ud.?

2. las drogas:
    ¿Cree Ud. que el gobierno debe legalizar la venta de mariguana? ¿Por que sí o por que no? ¿Es la mariguana una droga como la cocaína y el *crack*? ¿Qué diferencia hay entre el uso del alcohol y el uso de la mariguana? En su opinión, ¿cómo se puede controlar la entrada de drogas en este país? ¿Qué pena (*penalty*) hay que imponer a los traficantes de drogas?

Las relaciones humanas

El amor, con una vista panorámica de Santiago, Chile

Madre e hija en Panamá

Padres e hijos, hermanos y hermanas, amigos y amigas, novios y novias, esposos y esposas: éstas son solamente las más íntimas de las muchas relaciones que tenemos con otros seres humanos. ¿Cómo son estas relaciones? ¿Son hoy como eran antes? ¿Qué cambios y tensiones de la época actual las afectan? ¿Qué podemos esperar de estas relaciones? ¿Cómo podemos mejorarlas?

En esta unidad se tratan estas cuestiones, comenzando con la relación fundamental de padres e hijos. Luego se consideran las relaciones entre los adolescentes, el significado de los regalos en varias relaciones y, al final, las relaciones matrimoniales.

La niñez y la adolescencia

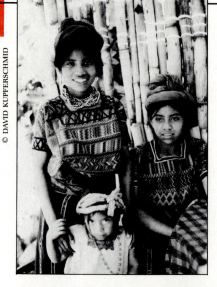

© DAVID KUPFERSCHMID

Tres hermanas de Panaja-chel, Guatemala: ¿Cómo será la adolescencia para ellas?

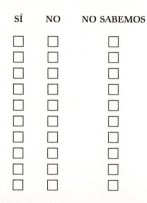

COMENTARIOS DE HOY

Antes de leer

Sin duda, la mayor influencia que reciben los hijos es la influencia de sus padres. Éstos los ayudan a desarrollarse, les enseñan lo necesario para defenderse en este mundo y les dan consejos para prepararlos para la vida. En fin, los hijos aprenden de lo que dicen y hacen los padres.

Pero... ¿tienen los padres siempre razón? El siguiente dibujo ofrece unos consejos y sugerencias para los padres desde la perspectiva de una niña que se llama Flo. ¿Qué va a querer Flo que sus padres digan? ¿Qué va a querer que hagan? Con un compañero (una compañera), diga si es probable que los siguientes temas se mencionen en los consejos de Flo.

	SÍ	NO	NO SABEMOS
1. el dinero semanal (*allowance*)	☐	☐	☐
2. el buen comportamiento	☐	☐	☐
3. la atención de sus padres	☐	☐	☐
4. las horas que puede mirar la tele	☐	☐	☐
5. las mentiras que dicen los padres	☐	☐	☐
6. la confianza (*trust*) de los padres	☐	☐	☐
7. los juguetes (*toys*)	☐	☐	☐
8. el cariño (*affection*) de los padres	☐	☐	☐
9. la condición de la habitación de Flo	☐	☐	☐
10. las comidas	☐	☐	☐

¿Pusieron Ud. y su compañero/a más énfasis en las preocupaciones afectivas (*emotional*) o en las materiales? A ver lo que dice Flo.

¡OJO! Los nueve puntos de la Actividad 1, Comprensión de la lectura, se corresponden con los nueve consejos de Flo. Si no puede interpretar bien alguno de los dibujos, lea la pregunta que se corresponde con el dibujo.

Flo

Por Maitena

something in my eye

anyhow
lo... I say so
¡Yo... It wasn't me!

me... they trust me
Come on! Wait a minute!
I'm writing it down

unreasonable
training

Actividad 1.   **Comprensión de la lectura**

Hay varias interpretaciones que se puede dar a los dibujos. Escoja una o más de las interpretaciones que le parezcan más razonables.

1. Mamá llora y le dice a Flo que tiene una basurita en el ojo. Es posible que mamá...
    a. esté triste por algo que le pasó.
    b. mienta porque está acostumbrada a mentir.
    c. no tenga una basurita en el ojo.
    ch. no quiera que Flo sepa por qué llora.

2. Cuando mamá ve que Flo se pone su maquillaje (*makeup*) y grita «¡¡La mato!!», es probable que mamá...
    a. la mate.
    b. esté furiosa.
    c. sea violenta con Flo.
    ch. sencillamente no quiera que Flo se ponga el maquillaje.

3. Después de buscar las llaves por todas partes, los padres de Flo las encuentran. Sin embargo dicen que...
    a. Flo las perdió.
    b. Flo tiene la culpa.
    c. Flo las encontró.
    ch. ellos no las perdieron.

4. Cuando Flo le pregunta «¡Pero mamá! ¿Por qué?», mamá le contesta «¡Porque lo digo yo y se acabó!» En vez de decir eso, es recomendable que...
    a. mamá castigue (*punish*) a Flo.
    b. mamá sea razonable.
    c. mamá escuche a Flo.
    ch. mamá conteste la pregunta de Flo.

5. Papá mira el florero (*vase*) roto y acusa a Flo de haberlo roto. Es necesario que papá...
    a. le crea a su hija.
    b. compre otro florero.
    c. no diga que su hija miente.
    ch. confiese que él rompió el florero.

6. Flo dibuja mientras papá habla por teléfono. Cuando él quiere anotar algo, le quita el lápiz de la mano. Es preferible que papá...
    a. grite «¡Nunca hay un lápiz en esta casa cuando uno lo necesita!».
    b. le pregunte a Flo «¿Me prestas el lápiz por un momento?».
    c. le pida el lápiz.
    ch. busque otro lápiz.

7. Mamá le dice a Flo que diga que no está en casa porque no quiere atender el teléfono ahora. Flo repite exactamente las palabras de mamá. Es terrible que...
    a. mamá quiera que Flo mienta.
    b. Flo mienta.
    c. alguien llame cuando mamá no puede atender el teléfono.
    ch. Flo repita lo que dice mamá.

8. Mamá y su amiga están charlando en un banco de la plaza. Flo quiere decirle algo a mamá. Es preciso que mamá...

a.   escuche a su amiga.
b.   escuche a Flo.
c.   le preste atención a su hija.
ch. hable menos.

9.   Papá acuesta a Flo, apaga la luz y se olvida de darle un beso. Es mejor
     que...
a.   le dé un beso.
b.   papá no la mime.
c.   no la escuche.
ch. demuestre su cariño.

■ EN OTRAS PALABRAS...

Relaciones familiares

Para ser buenos padres, es necesario...

amar a los hijos	to love
compartir todo con ellos	to share
criar bien a los hijos	to raise (*children or animals*)
cuidarlos	to take care of
decirles **la verdad**	to tell the truth
hacerles **caso**	to pay attention
tratar de **llevarse bien con** ellos	to get along well with
mimar a los hijos un poco	
quererlos (**ie**)	to love
respetarlos	to respect
tenerles **confianza**	to trust

Es preferible no...

echarles siempre **la culpa** a los hijos	to blame
llevarse mal con ellos	to get along badly with
mentir (ie, i)	to lie
odiar	to hate
pelear	to fight
decir «**¡Tienes la culpa!**»	You are to blame! (It's your fault!)

Flo dice que a los niños

les **hace(n) falta**...	need
un abrazo	hug, embrace
(el) amor	love
un beso	kiss
(el) cariño	affection
(los) juguetes	toys
(los) padres	parents
algunos **parientes** que los mimen	relatives
(el) respeto	respect

No quieren...

(las) mentiras	lies
(el) odio	hate
(las) peleas	fights

Adjetivos

mayor / menor	older / younger
razonable / irracional	reasonable / unreasonable

¡Atención!

1. **Hacer falta**, like **gustar** and **faltar**, is used with indirect object pronouns.

    ¿Qué **te hace falta**? —No **me hace falta** nada.

2. **No hacer caso** also means *to ignore*.

    Flo quiere decirle algo, pero su mamá está hablando y no **le hace caso**.

Actividad 2.   **Relaciones ideales**

¿Cómo deben ser las relaciones entre los siguientes parientes? Descríbalas, usando todas las palabras y frases que pueda de **En otras palabras...** Tenga en cuenta que va a hablar de relaciones ideales. Siga el modelo.

> MODELO: entre padres e hijos →
> Los padres quieren a sus hijos. Los miman. Les tienen confianza...

1. entre padres e hijos
2. entre hermanos
3. entre hermanos menores y mayores

4. entre abuelos y nietos
5. entre padres y abuelos
6. ¿——— ?

Ahora diga cuáles son los parientes que se asocian con las siguientes frases y explique su respuesta.

7. compartir los juguetes
8. mimarlos demasiado
9. pelearse

10. ser comprensivos (*understanding*) cuando los otros «no entienden»

Actividad 3.   **¿Cierto o falso, para ti?**

Como todos sabemos, la perfección no existe. Lo que es más, ¡qué aburrido sería si todos fueran perfectos, ¿verdad? De las siguientes declaraciones, ¿cuáles describen la familia de Ud.? Compare sus respuestas con las de los otros compañeros de clase... ¡para asegurarse de que su familia es «normal»!

En mi familia...

1. hay un pariente que todos consideran «loco» o excéntrico.
2. los hermanos mayores lo pasaron peor. Tuvieron que luchar todas las batallas y ahora los hermanos menores tienen mucha libertad.
3. hay algunos parientes que no se llevan bien. En efecto, se pelean cada vez que se encuentren.
4. yo a veces resiento lo que tienen los otros hermanos (primos).
5. parece que los abuelos tienen un nieto preferido (una nieta preferida).
6. es difícil independizarse a una edad temprana.

¡ES ASÍ!

Cuando los norteamericanos hablan de la familia, generalmente se refieren a la familia nuclear: padres, hijos, hermanos. Pero la misma palabra, «familia», significa algo más para los hispanos. Cuando ellos la usan, también están hablando de los abuelos, tíos, primos y cualquier otra persona que tenga un parentesco con la familia, ya sea por nacimiento o por casamiento.

Tradicionalmente, los hijos hispanos vivían con los padres hasta casarse. En los últimos años

El almuerzo familiar del domingo, en Buenos Aires, Argentina

han comenzado a vivir fuera del hogar cuando trabajan, pero este cambio se nota solamente en las grandes ciudades. Existen pocas residencias de ancianos (*nursing homes*) porque por lo general los abuelos que son viejos y no pueden cuidarse viven con su familia. Entonces, no es nada raro ver a tres generaciones que viven en la misma casa.

Con los cambios sociales y económicos de nuestra época, la familia hispana no es tan grande como antes, especialmente en los grandes centros urbanos o entre la gente profesional. Sin embargo, los campesinos (*country folk*) siguen teniendo muchos hijos para tener quien les ayude con el trabajo y después, quien los cuide cuando llegan a viejos.

 # LENGUA Y ESTRUCTURAS

A. USING DOUBLE OBJECT PRONOUNS

—¿Le dijo mamá la verdad a Flo?
—Sí, **se la** dijo.
—¿Se puso Flo el maquillaje de mamá?
—Sí, **se lo** puso.

When both a direct object pronoun and an indirect object pronoun occur with the same verb, their order is invariably as follows.

> *indirect object pronoun + direct object pronoun*

When both the indirect object (usually a person) and the direct object (usually a thing) are in the third person, **le/les** is replaced by **se**.

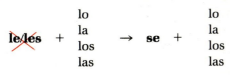

Me dijo el secreto.	*He told me the secret.*
Me lo dijo.	*He told it to me.*
Te dije la hora.	*I told you the time.*
Te la dije.	*I told it to you.*
Le doy las llaves.	*I'll give you the keys.*
Se las doy.	*I'll give them to you.*
Nos van a cuidar las plantas.	*They're going to take care of the plants for us.*
Nos las van a cuidar. (Van a cuidár**noslas**.)	*They're going to take care of them for us.*
Les presto mi coche.	*I lend them my car.*
Se lo presto.	*I lend it to them.*

The relative position of the pronouns remains the same regardless of where they appear: before a conjugated verb or negative command, after an affirmative command, or before or after an infinitive or present participle.

With reflexive pronouns the order is invariably as follows.

> *reflexive object pronoun + direct object pronoun*

Me voy a poner el abrigo.	*I'm going to put my coat on.*
Me lo voy a poner. (Voy a ponér**melo**.)	*I'm going to put it on.*
Quítate los zapatos.	*Take off your shoes.*
Quíta**telos**.	*Take them off.*
No te quites los calcetines.	*Don't take off your socks.*
No **te los** quites.	*Don't take them off.*

Again, placement of the pronouns follows the usual rules.

Actividad 4.   ¿De qué se habla?

Las siguientes oraciones contienen dos pronombres. ¿A qué se refiere el pronombre indicado? Use la imaginación y piense en los temas de los capítulos anteriores.

Palabras útiles: la cerveza, la loción protectora, la flor, el masaje, los dientes, el Premio Nobel, las alcachofas

1. Se *la* entregó una mujer en la calle, a cambio de su cigarrillo.
2. Me *lo* da mi esposo cuando estoy muy tensa.
3. Aplícate*la* antes de ir a la playa.
4. Me *los* voy a cepillar después de comer, mami.
5. Se *las* comió todas. ¡Le encantan!

6. Se *lo* entregaron en 1987.
7. Hombre, yo te *la* pago. Yo te invité.

ACTIVIDAD 5.   **La historia de Flo**

Describa lo que pasa en la historia de Flo, contestando las siguientes preguntas. Use complementos directos e indirectos, según el modelo.

MODELO: ¿Le dijo mamá una mentira a Flo? → Sí, se la dijo.

1. ¿Se puso el maquillaje Flo?
2. ¿Le quitó papá el lápiz a Flo?
3. ¿Le mostró respeto?
4. ¿Le dijo Flo la verdad a la persona que llamó por teléfono?
5. ¿Quería Flo decirle algo importante a su mamá?
6. ¿Le dio papá el beso a Flo?
7. Cuando papá vio el florero roto, ¿le echó la culpa a Flo?
8. ¿Le contó la historia de la Cenicienta (*Cinderella*) antes de acostarla?
9. ¿Les hace Flo buenas sugerencias a sus padres?
10. ¿Es necesario dar consejos a los hijos y también a los padres?

ACTIVIDAD 6.   **Dime una cosa...**

Con un compañero (una compañera), haga y conteste preguntas sobre los siguientes temas, según el modelo.

MODELO: pagar la matrícula → —¿Quién te paga la matrícula?
—Mis padres me la pagan. (Yo la pago con mi dinero.)

1. dar buenos consejos
2. dar el dinero que necesitas a veces
3. prestar sus apuntes
4. escribir cartas
5. mandar flores
6. hacer muchos favores
7. conseguir los libros que necesitas

ACTIVIDAD 7.   **¿Y Uds.?**

¿Quién(es) les hace(n) las siguientes cosas? Elijan entre todos la respuesta más lógica.

¿Quién...

1. les explica la gramática?
2. les prohíbe fumar en los sitios públicos?
3. les da las noticias en la televisión?
4. les manda galletas (*cookies*) de vez en cuando?
5. les hace preguntas constantemente?
6. les entrega los exámenes?
7. les ayuda a ponerse el abrigo?

ACTIVIDAD 8. **Buenos consejos**

Seguramente Uds. son expertos en cómo criar a los hijos. Imagine que Ud. escribe una columna en una revista que se llama «Padres». Dígales a los padres lo que deben o no deben hacer en los siguientes casos.

MODELO: ¿Es bueno comprarles muchos juguetes caros a mis hijos? →
Sí, cómpreselos, especialmente si son juguetes bien hechos (*well made*) y son educativos.
(No, no se los compre. No es necesario darles juguetes caros. Además los chicos los van a romper.)

1. ¿Es malo ofrecerles dulces a los hijos?
2. ¿Puedo decirles a mis hijos una mentira de vez en cuando?
3. ¿Tengo que darles buen ejemplo?
4. ¿Tienen que cepillarse los dientes después de cada comida?
5. ¿Deben lavarse las manos antes de comer?
6. ¿Sugiere que les permita tomar un poquito de vino?
7. ¿Es necesario darle dinero semanal a mi hija de 8 años?
8. ¿Estoy mimando demasiado a mis hijos si les doy mucho cariño?

■ EN OTRAS PALABRAS...

Para hablar de las **actitudes**	attitudes		
la crítica	criticism	**no servir (i, i) para nada**	to be useless, good for nothing
la mayoría	majority		
la minoría	minority		
el trato	behavior, dealings	**tener vergüenza**	to be ashamed
criticar	to criticize	**débil / fuerte**	weak / strong
pertenecer (zc)	to belong		
rechazar	to reject		
servir (i, i) para algo	to be of use, good for something		

■ COMENTARIOS DE HOY

Antes de leer

El siguiente artículo fue escrito por un adolescente. Lea el título: «Nosotros también somos víctimas del sexismo». Ahora trate de adivinar algo del contenido del artículo antes de leerlo.

1. Este artículo fue escrito por...
   a. un chico
   b. una chica
   c. un miembro de un grupo minoritario
   ¿Cuál es la pista (*clue*) que le llevó a esta conclusión?
2. El tema del artículo será...
   a. la adolescencia
   b. la desigualdad
   c. la discriminación
   ¿Cuál es la pista que le llevó a esta conclusión?

Lea el artículo por lo menos una vez y haga la Actividad 9, Comprensión de la lectura. Luego vuelva a leerlo, prestando atención a las frases y oraciones cuyas (*whose*) primeras palabras aparecen <u>subrayadas</u>, y haga la Actividad 10.

JUAN BALLESTA

ANTES CREÍA QUE ERAS UN GRAN HOMBRE. AHORA VEO QUE SÓLO ERES UN HOMBRE GRANDE

Nosotros también somos víctimas del sexismo

El año pasado <u>resulté electo</u> para un puesto,° que hasta el momento había sido exclusivo para las mujeres. Por supuesto, <u>ser el primero</u> en algo significa llamar la atención, recibir preguntas, salir publicado en los periódicos de la localidad° y hasta aceptar críticas y felicitaciones. Pero todas esas experiencias me sirvieron para darme cuenta de que los hombres también sufríamos del problema del sexismo.   *position*

    área

El sexismo es una actitud discriminatoria de los hombres en su trato con las mujeres. Pues bien, a mí también me tocó vivir la experiencia de que las personas me discriminaran, debido a que° pertenecía a lo que se conoce como el sexo fuerte, todo porque <u>fui elegido presidente</u> de un club de decoradores.   *debido... porque*

<u>Muchas personas no</u> podían entender cómo un chico podía ser presidente de este club y mantener, al mismo tiempo, su masculinidad. <u>Para un adolescente</u> o un joven como yo, la imagen lo es todo, especialmente la imagen que les proyectamos a las chicas. Nos pasamos mucho tiempo tratando de ubicarnos° en un grupo, pero a veces ni siquiera° lo logramos. Pensando en esto, me di cuenta de que el estereotipo de los adolescentes varones° se puede dividir en tres categorías: los impecables,° los genios-tontos y los rudos.°   *to place ourselves* / *ni... don't even* / *male / untouchables* / *tough guys*

Los impecables se reconocen porque tienen una imagen perfecta, limpia. Están bien construidos físicamente, son atléticos y tienen un gran sentido de coordinación. Sin embargo, sus compañeros los rechazan por tanta perfección.

Los genios-tontos, que también se conocen como *nerds*, son super-inteligentes, pero además carecen de° coordinación, no son atléticos, pueden ser muy flacos° o muy gordos, y definitivamente no tienen una imagen impecable.   *carecen... no tienen / delgados*

La tercera categoría pertenece a los rudos. Son los chicos toscos° del grupo, levantadores de pesas° y se consideran los más avanzados.   *rough* / *levantadores... weightlifters*

Mi problema, como la mayoría de los jóvenes, es que no cabemos° en ninguna de las categorías; pero independientemente de éstas, se supone° que somos fuertes y agresivos. No se nos permite demostrar nuestros sentimientos. ¿Pero es justo?

     no... we don't fit
     se... it is supposed

Cuando fui a ver la película *E.T.*, no me importó que la gente me viera° llorar. También en la cinta° *El color púrpura*, tuve que llorar y no sentí vergüenza de que las personas que estaban sentadas cerca de mí se dieran cuenta de lo que me pasaba. A partir de° esas dos experiencias, disfruto del llanto° cada vez que lo siento o lo creo necesario, porque créelo o no, uno se siente bien cuando llora. Las lágrimas son un respiro° o como una liberación de algo que te está oprimiendo.°

     saw
     film
     A... Starting with
     crying
     breather
     oppressing

En nuestra sociedad, se supone que nosotros, los hombres, somos fuertes y silenciosos, tipo Chuck Norris en la película *Invasión a los Estados Unidos* o Clint Eastwood en casi todas sus cintas.

Recientemente, cuando tuve un problema en mi vida, un amigo me dijo que buscara a una chica para conversar y discutir mi tragedia. Sí, un hombre me aconsejó que buscara la comprensión femenina para resolver mi problema. Después de aconsejarme, él siguió hablando sobre la pelea de boxeo que transmitieron la noche anterior.

Durante este año que ha pasado, he aprendido muchas cosas. Aprendí cómo se siente ser diferente, cómo piensa una mujer cuando desea ir a una escuela militar. Descubrí que nadie en la tierra es responsable por nadie, pues cada uno de nosotros es responsable de sí mismo, y que todos somos seres humanos luchando para tratar de alcanzar° las metas.°

     to reach / goals

Hasta hace poco yo pensaba que las mujeres no hacían ciertas cosas, como construir puentes° o trabajar en minas de carbón.° Pero ahora me doy cuenta de que tengo que aceptar esta situación si quiero llorar en una película tierna,° educar a mis hijos y hacer las cosas que el sexo débil acostumbra hacer.

     bridges / coal
     tender, moving

He aprendido que algunas veces nuestra debilidad nos hace fuertes.

ACTIVIDAD 9.   **Comprensión de la lectura**

Complete las oraciones lógicamente según la lectura.

1. El joven que habla fue elegido presidente de _____ .
2. A causa de esta experiencia, aprendió mucho sobre _____ .
3. Muchos creen que un chico no puede ser presidente de este club y al mismo tiempo _____ .
4. El joven dice que los adolescentes se preocupan mucho por _____ .
5. Hay tres tipos de adolescentes varones, según el joven: _____ , _____ y _____ .
6. Sin embargo, la mayoría de los chicos no _____ .
7. Además, a los chicos no se les permite _____ .
8. El joven del artículo cree que es diferente del estereotipo de los adolescentes varones, porque sí _____ .

ACTIVIDAD 10.　Hablando de la lectura

Al leer, Ud. encontró subrayadas las primeras palabras de algunas frases y oraciones de la lectura. Vuelva a leer estas frases y oraciones e indique si hay sexismo o no en las ideas que contienen. Explique sus respuestas.

　　Por ejemplo, la primera frase subrayada es «...resulté electo para un puesto que hasta el momento había sido exclusivo para las mujeres». ¿Encuentra Ud. una actitud sexista en la frase? Explique.

ACTIVIDAD 11.　Y Ud., ¿qué opina?

Aquí hay unas generalizaciones que se escuchan frecuentemente. ¿Está o no está Ud. de acuerdo con ellas? Explique su respuesta.

LOS ADOLESCENTES

1.　A los adolescentes les es muy importante pertenecer a un grupo.
2.　La mayoría de los adolescentes son conformistas.
3.　Los adolescentes tienden a criticar a sus padres.
4.　Los adolescentes siempre rechazan la crítica de sus padres.

HOMBRES Y MUJERES

5.　Los hombres no deben llorar.
6.　Físicamente, la mujer es más débil que el hombre.
7.　El trato entre el hombre y la mujer ha mejorado (*has improved*) en nuestra época.
8.　El sexismo es una actitud discriminatoria de los hombres en su trato con las mujeres.

LENGUA Y ESTRUCTURAS

B. THE SUBJUNCTIVE TO EXPRESS FEELINGS, EMOTION, OR JUDGMENT

The following sentences exemplify another subjunctive cue that triggers the use of the subjunctive in the dependent clause.

¡Me alegro de que hoy en día los hombres **expresen** más sus emociones!	*I'm glad that men today are expressing their emotions more!*
Me molesta (No me gusta) que se **usen** tanto las drogas.	*It bothers me (I don't like the fact) that drugs are used so much.*

- What is the subjective message in these sentences?
- What are the different subjects in the main and subordinate clauses?

Other verbs and expressions that can express feelings, emotion, or judgment in the independent clause are **estar contento/triste**, **sentir (ie, i)** (*to feel*), **temer**, **tener miedo**, and many of the **gustar**-type verbs you have already learned (**molestar**, **preocupar**, and so on).

C. THE SUBJUNCTIVE WITH IMPERSONAL EXPRESSIONS

In the subjunctive sentences you have seen so far, there have been two obvious subjects, one in the independent and one in the dependent clause. The subjunctive is also used in the dependent clause after generalizations (impersonal expressions) that express the subjective cues that trigger the subjunctive. The subject of these generalizations is best expressed in English with *it*.

FACTUAL STATEMENT

Los hombres **expresan** sus sentimientos.

PERSUASION

Es importante que los hombres **expresen** sus sentimientos.

FEELINGS, EMOTION, JUDGMENT

Es normal que los hombres **expresen** sus sentimientos.

Note the following impersonal expressions of persuasion or feeling, all of which trigger the use of the subjunctive in the dependent clause.

PERSUASION

es importante	it's important	**es preciso**	it's necessary
es necesario	it's necessary	**es preferible**	it's preferable

FEELINGS, EMOTIONS, OR JUDGMENT

es absurdo	*it's absurd*	**es sorprendente**	it's surprising
(ridículo)	*(ridiculous)*	**es terrible**	it's terrible
es bueno	it's good	**es triste**	it's sad
es curioso	it's odd, strange	**es (una) lástima**	it's a pity (shame)
es malo	it's bad	**¡qué lástima!**	what a pity (shame)!
es mejor	it's better		
es normal	it's normal		

¡Atención!

1. Even when the impersonal expressions listed above are used negatively or in question form, they require the use of the subjunctive.

    ¿**Es importante** que yo **acepte** la crítica?
    No, **no es necesario** que la **aceptes**.

2. When the subject of the second clause is not expressed, the impersonal expression is followed by an infinitive.

> Es bueno **aceptar** la crítica.

3. Not all impersonal expressions of persuasion or feeling are listed here. Be alert to others that convey the same subjective message that triggers the subjunctive.

    ¡Ojalá (que)... is an invariable expression that always requires the use of the subjunctive.

> **¡Ojalá (que) cambie** de actitud!   *I hope he changes his attitude!*

ACTIVIDAD 12. Hablando de los sentimientos

Escoja la forma apropiada del verbo para completar la oración.

1. Me alegro de que mis padres (*son/sean*) sinceros y justos.
2. Es importante que me (*tienen/tengan*) confianza.
3. Quiero que ellos siempre me (*dicen/digan*) la verdad.
4. También me gusta que me (*dan/den*) el ejemplo.
5. Es preciso (*dar/dé*) mucho cariño a los niños.
6. Yo le aconsejo al autor del artículo que no (*tiene/tenga*) vergüenza de llorar.
7. Es triste que los hombres también (*son/sean*) víctimas del sexismo.
8. ¿Es justo que no nos (*permiten/permitan*) demostrar nuestros sentimientos?
9. Es bueno que (*hay, haya*) cambios de actitud hoy en día.
10. Ojalá que Clint Eastwood (*lee/lea*) este artículo.
11. Después de leerlo, es posible que él (*cambiar/cambie*) de actitud... ¡pero no lo creo!

ACTIVIDAD 13. Y Ud., ¿qué dice?

Escoja una de las expresiones entre paréntesis y úsela en forma afirmativa o negativa para formar oraciones completas que expresen sus opiniones sobre el artículo «Nosotros también somos víctimas del sexismo».

> MODELO: (*Es bueno/Es una lástima*) El autor del artículo rechaza el sexismo. →
>   Es bueno que el autor del artículo rechace el sexismo. (Es una lástima que el autor del artículo rechace el sexismo.)

1. (*Es sorprendente/Es terrible*) Los hombres también son víctimas del sexismo.
2. (*Es mejor/No es bueno*) El trato de los hombres con las mujeres cambia.
3. (*Es normal/Es absurdo*) El autor es presidente de un club de decoradores.

4. (*Es absurdo/Es triste*) Mucha gente todavía cree que los estereotipos sirven para algo.
5. (*Es bueno/Es una lástima*) Algunos hombres tienen vergüenza de demostrar sus sentimientos.
6. (*Me gusta/Me molesta*) El autor critica las actitudes masculinas.
7. (*Es curioso/Es terrible*) Los hombres no quieren escuchar los problemas de otros hombres.

ACTIVIDAD 14. **En mi opinión...**

Agregue palabras para expresar sus propios sentimientos.

MODELO: Las actitudes discriminatorias existen. →
Es sorprendente (absurdo/triste/¿_____?) que las actitudes discriminatorias todavía existan.
Temo (Siento) que las actitudes discriminatorias todavía existan.

1. El hombre y la mujer se respetan y se tienen confianza.
2. Eliminamos todas las formas de discriminación.
3. El trato entre los sexos cambia.
4. Algunas personas se refieren a las mujeres como «el sexo débil».
5. Algunos hombres son decoradores, cocineros y secretarios.
6. Los viejos estereotipos todavía existen.
7. Un hombre tiene vergüenza de hablar de sus sentimientos.
8. Los hombres también lloran.
9. Los hombres se acostumbran a hacer las cosas que hacían las mujeres.
10. Algunos hombres creen que tienen que ser como Clint Eastwood.
11. Las mujeres ya ingresan en las academias militares.
12. ¿_____?

CH. UNEQUAL COMPARISONS

To make unequal comparisons (*more than . . ./less than . . .*), the following patterns are used in Spanish.

$$\left.\begin{array}{l}\textbf{más}\\\textbf{menos}\end{array}\right\} + \textit{adjective/adverb/noun} + \textbf{que}$$

Se supone que el hombre es **más fuerte que** la mujer.
Se dice que la mujer llora **más fácilmente que** el hombre.
Según las estadísticas, hay **menos hombres que** mujeres en este país.

$$\textit{verb} + \textbf{más/menos} + \textbf{que}$$

Se dice que las mujeres **lloran más que** los hombres.

Es cierto que los hombres **trabajan** en la casa **menos que** las mujeres.

A few adjectives have both regular and irregular comparative forms.

ADJECTIVES	REGULAR	IRREGULAR
grande	más grande(s)	} mayor(es)
viejo	más viejo (a/os/as)	
pequeño	más pequeño (a/os/as)	} menor(es)
joven	más joven (jóvenes)	
bueno	más bueno (a/os/as)	mejor(es)
malo	más malo (a/os/as)	peor(es)

The regular comparative forms of **grande** and **pequeño** are used primarily to refer to size.

Jorge es **más grande** que su hermano.	*Jorge is bigger than his brother.*
Su hermano es **más pequeño** que Jorge.	*His brother is smaller than Jorge.*

The irregular forms **mayor/menor** usually refer to age when used to describe people. When used with things, they refer to importance or degree.

Mi abuela es **menor** que mi abuelo.	*My grandmother is younger than my grandfather.*
El problema de las drogas es **mayor** que los otros problemas sociales.	*The drug problem is greater than other social problems.*

To refer to the age of objects, the expressions **más/menos nuevo** and **más/menos viejo** are used.

Mi coche es **más viejo** que su coche.	*My car is older than his car.*

Bueno and **malo** are used primarily to refer to the moral qualities of people, and **mejor** and **peor** are used to describe their abilities and characteristics.

Alicia es **más buena** que su hermana. Pero su hermana es **mejor** estudiante que ella.	*Alicia is a better person than her sister. But her sister is a better student than she is.*

Mejor and **peor** are also the irregular comparative forms of **bien** and **mal**.

Y su hermana juega al tenis **mejor** que Alicia.	*And her sister plays tennis better than Alicia.*
¿Cómo estás hoy? —**Peor** que ayer.	*How are you today? —Worse than yesterday.*

ACTIVIDAD 15. **Hablando de estereotipos**

Hay muchos estereotipos sobre las diferencias entre los sexos. Expréselos según el modelo.

MODELO: Los hombres son fuertes. →
Los hombres son más fuertes que las mujeres.

1. Las mujeres son sentimentales.
2. Las mujeres son débiles.
3. En un matrimonio, el esposo debe ser mayor.
4. La esposa debe ser baja.
5. Los hombres hablan de sus sentimientos.
6. El hombre es independiente.
7. Los hombres son buenos atletas.
8. El hombre tiene que ganar más dinero.
9. El hombre piensa lógicamente.

ACTIVIDAD 16. **Para comparar las cosas**

Compare las siguientes personas y cosas para expresar su opinión sobre ellas. Puede añadir más palabras si quiere.

MODELO: Meryl Streep y Shelly Winters:
mayor, lindo, ganar dinero →
Shelly Winters es mayor que Meryl Streep. Meryl Streep es más linda que Shelly Winters y gana más dinero que ella.

1. una manzana y una barra de chocolate:
nutritivo, calorías, delicioso, tener vitaminas, ¿_____ ?
2. mis padres y yo:
mayor, menor, conservador, tener experiencia, ¿_____ ?
3. un Honda y un Cadillac:
grande, barato, caro, gastar gasolina, rápido, ¿_____ ?
4. un partido de básquetbol y un torneo de golf:
interesante, rápido, emocionante, ¿_____ ?
5. el presidente actual de los Estados Unidos y el presidente anterior:
viejo, liberal, inteligente, popular, ¿_____ ?
6. Texas y Delaware:
grande, habitantes, petróleo, lejos de California, ¿_____ ?

7. Clint Eastwood y Michael Douglas:
   fuerte, silencioso, viejo, joven, guapo, ¿_____ ?

8. los perros y los gatos:
   cariñoso, independiente, inteligente, ¿_____ ?

9. la niñez y la adolescencia:
   difícil, feliz, divertido, ¿_____ ?

PALABRAS PROBLEMÁTICAS

There are a number of ways to express the word *time* in Spanish. Each has a different meaning and use.

El tiempo expresses time in a general or abstract sense, as in the following expressions.

perder (ie) el tiempo	*to waste time*
el tiempo libre	*free time*
llegar a tiempo	*to be* (arrive) *on time*

La hora expresses time with reference to the specific hour of the day.

¿Qué hora es?	*What time is it?*
¿A qué hora tienes la clase de biología?	*What time do you have biology class?*

La vez refers to a specific occurrence or event.

¿Otra vez te enamoraste? **¿Cuántas veces** te has enamorado este año? —**A veces** no me acuerdo, porque **cada vez** es como **la primera vez**.	*You've fallen in love again? How many times have you fallen in love this year? —Sometimes I don't remember, because each time it's like the first time.*

Note that **vez** occurs in many idiomatic expressions in addition to those shown in the examples: **una vez** (*once*), **dos veces** (*twice*), **de vez en cuando** (*from time to time*).

There are two ways to express *at the same time*: **al mismo tiempo** and **a la vez**.

Un rato expresses *a short period of time, a while.*

Llego **en un rato** (**un ratito**).	*I'll arrive in a while* (*a little while*).
Julio ya llegó **hace un rato**.	*Julio arrived a while ago.*

ACTIVIDAD 17. **Diálogos breves**

Escoja la respuesta apropiada de la Columna B para contestar la pregunta de la Columna A. Luego trate de inventar un contexto para cada diálogo. ¿Quiénes son las personas que hablan? ¿Dónde están? ¿Qué van a decir luego?

COLUMNA A		COLUMNA B
1. ¿Hace mucho que me esperas?	a.	A veces.
2. ¿Eres puntual?	b.	No/Sí. Nunca pierdo el tiempo.
3. ¿Qué hora es?	c.	En un ratito.
4. ¿Me lo puedes repetir?	ch.	¿Otra vez?
5. ¿Eres perezoso/a?	d.	Solamente cuando tengo tiempo libre.
6. ¿A qué hora te despiertas?	e.	Sí, llegué hace un rato.
7. ¿Por qué no me contestas?	f.	Pero si te lo dije tres veces...
8. ¿Cuándo vas a servir la comida?	g.	Sí. Siempre llego a tiempo.
	h.	A las 6:00.
9. ¿Trabajas mucho?	i.	Porque todos hablan a la vez y no oigo nada.
10. ¿Vas mucho al cine?	j.	Son las 8:00 en punto.

UN PASO MÁS HACIA LA COMUNICACIÓN

Asking People to Do Things

In Spanish, as in English, there are different ways of asking people to do things and various tones that can be adopted by the speaker. Imagine that a mother is trying to get her son to clean his room, and compare these ways of asking him.

Julio, ¡tu cuarto es un desastre!

- Hay que limpiarlo, ¿sabes?
- ¿Por qué no lo has limpiado?
- ¡Límpialo, por favor!
- ¡Tienes que limpiarlo!
- ¿Podrías limpiarlo?
- Es necesario (Es mejor, Es preciso) que lo limpies.
- Debes limpiarlo.
- Quiero que lo limpies en seguida.

Of the different ways of asking Julio to clean his room,

- which is the most direct?
- which implies that the child has a moral duty to do so?
- which is the most forceful without actually giving an order?
- which is rather impersonal, almost like an offhand comment?
- which sounds the most like a polite request and the least like an order?

ACTIVIDAD 18.   ¿Qué vas a hacer?

Con un compañero (una compañera), invente breves diálogos para dos de las siguientes situaciones.

1. Ud. tiene que estudiar esta noche porque tiene un examen importante mañana. Pero su compañero/a de cuarto está mirando un programa de televisión y tiene el volumen muy alto. Ud. no puede concentrarse por el ruido.
2. El profesor quiere el trabajo (*paper*) para mañana y Ud. no lo tiene listo todavía. Ud. le quiere pedir una prórroga (*extension*) hasta el lunes.
3. Ud. y unos amigos están esquiando cuando uno de sus amigos se cae. Parece que tiene la pierna quebrada (*broken*). ¿Qué les dice a los otros amigos? ¿Qué le dice al amigo herido (*injured*)?
4. Ud. trabaja en un campamento de niños todos los veranos. Hay un chico muy impaciente que nunca quiere esperar su turno.
5. Durante la clase, Ud. se da cuenta de que un compañero está copiando las respuestas de su examen.

▮ DE TODO UN POCO

ACTIVIDAD A.   Con sus propias palabras

En la historia de Flo con que empieza este capítulo, ésta explica lo que espera de sus padres, hablando desde la perspectiva de una niña. Es natural entonces que lo que espera un adolescente de sus padres y vice versa sea muy distinto de lo que espera Flo.

Siguiendo la historia de Flo tanto como sea posible y basándose en las experiencias que Ud. tuvo en su adolescencia—o en las de sus hijos—, complete las siguientes ideas.

Los padres de un(a) adolescente: Está muy claro lo que esperamos de nuestro hijo (nuestra hija). Primero...

Un(a) adolescente: Yo sé lo que esperan mis padres de mí... pero... ¿Sabrán lo que espero de ellos?

ACTIVIDAD B.   ¿Los niños son mejores en matemáticas?

Complete el siguiente breve artículo con la forma correcta de las palabras entre paréntesis. Cuando se dan dos palabras, escoja la más apropiada. Dé el pretérito o el imperfecto de los infinitivos marcados con asterisco (*).

Aunque nadie tenga razones muy (*claro*)[1] para explicarlo, los niños (*ser/estar*)[2] más dotados° para las matemáticas (*que/como*)[3] las niñas. Un estudio (*realizar*)[4] sobre más de 100.000 niños americanos lo (*ratificar**)[5].

°*gifted*

Por supuesto, lo primero en que se pensó (*ser**)[6] en la posibilidad de que hubiera alguna razón ambiental. No (*haber*)[7] ni mayores ni mejores estímulos en el caso de los niños. Y, desde luego, se (*eliminar**)[8] la posibilidad de que niños y niñas tuvieran en su infancia diferentes aficiones (*y/e*)[9] incluso diferentes juguetes. La misma prueba se (*aplicar**)[10] a estudiantes (*alemán*)[11] y chinos. Y todos (*señalar**)[12] que los varones (*ser/estar**)[13] mejor dotados para las matemáticas.

Según la profesora que (*hacer**)[14] el estudio, (*el/la*)[15] razón puede (*ser/estar*)[16] en la testosterona. Afirma que si antes de (*nacer*)[17] un niño (*ser/estar*)[18] sometido a altos niveles de testosterona, (*ser/estar*)[19] más fácil (*que/como*),[20] además de dotado para las matemáticas, (*ser*)[21] zurdo y alérgico. También (*demostrar**)[22] que entre los número uno en matemáticas, el porcentaje de zurdos o de alérgicos (*ser**)[23] mucho mayor.

¿Cierto, falso o no lo dice el artículo?

1. Hay un estudio que demuestra que los niños son mejores en matemáticas.
2. Se ha demostrado sin lugar a dudas por qué los niños son mejores en matemáticas.
3. El estudio no tomó en cuenta la posibilidad de las influencias ambientales.
4. Los muy buenos en matemáticas también sufren más de alergias.

Falta la última oración del artículo. Aquí está, en forma incompleta. Complétela lógicamente, según el artículo: «La razón última de esta diferencia parece estribar en que...

- los padres tratan a los varones de una manera diferente en lo que a ciencias y matemáticas se refiere».
- la testosterona influye en el hemisferio derecho del cerebro, donde reside la capacidad lógica».

El regalo, ¿símbolo del amor?

EN OTRAS PALABRAS...

Para hablar del Día de San Valentín

Símbolos del amor

él anillo   el corazón   la pareja

Él **está enamorado de** ella. Ella **está enamorada de** él. Están tristes porque él tiene que **despedirse de** ella.

El comercio

el/la comerciante   la mitad   el precio   la venta

COMENTARIOS DE HOY

Antes de leer

En el mundo hispano como en los Estados Unidos, muchos días festivos (*holidays*) son dedicados a ciertos individuos: el Día de la Madre, el Día del Padre, el Día de las Secretarias... y en los periódicos y revistas hay muchos anuncios relacionados con estas fiestas. La siguiente carta salió en una revista mexicana. Mire el título de la carta y la firma (*signature*) y piense en las palabras que Ud. acaba de leer en **En otras palabras...** ¿Cuál de las siguientes oraciones expresa mejor el tema de la carta?

- A esta pareja le gusta el aspecto comercial del Día de San Valentín.
- A esta pareja le molesta el comercialismo de la fiesta.

Lea la carta para ver si acertó (*you guessed right*). También busque la respuesta a la siguiente pregunta: ¿Qué es el amor para esta pareja?

Carta a un comerciante en el «Día de San Valentín»

Nos dirigimos° a Ud. para felicitarlo por el próximo 14 de febrero: una fiesta más en su honor, un día más para honrar al comercio, una fecha más que hay que celebrar... gastando. ¡El día del amor... al dinero! | Nos... *We address*

«La gran venta del amor», anuncia Ud. en sus almacenes, y eso nos recuerda que ya andamos° prostituyéndolo todo. ¡Qué barbaridad! ¿A qué conclusión puede llevarnos una fecha tan romántica, tan «*nice*» y llena de corazoncitos? Pero, por favor, no vaya Ud. a pensar que somos renegados del amor, de la pasión o del romanticismo. Todo lo contrario. Sólo que nos parece que una fecha nos limita demasiado y que el comercialismo puede distorsionarlo por completo. | *we are*

Como casi todas las parejas, no sabemos explicar bien qué es el amor, pero como todas, sabemos sentirlo. Además pensamos que, como se trata de un sentimiento, tratar de analizarlo, muy a lo intelectual, resultaría difícil, al menos para nosotros. Parece que se trata de una emoción que los poetas dicen que golpea° al corazón, y los gastroenterólogos aseguran que causa gastritis que puede convertirse en úlcera. Y mientras los siquiatras sostienen° que es 50 por ciento físico y 50 por ciento síquico, los economistas juran° que el amor del 14 de febrero es mitad tiendas, mitad centros nocturnos,° y por lo tanto,° 110 por ciento más caro. | *strikes* / dicen / *swear* / centros... *nightclubs* / por... *therefore*

Amor resulta° caro porque° el regalo, porque la comida, porque la bailada... Amor es... una película que ganó millones de dólares. Amor es... llaveritos° que se vendieron por millones después del éxito de esa película. Amor es... tarjetitas° que dicen en filosofía barata o en humor caro lo que dicen los llaveritos que se fabricaron a partir de aquella película. | *turns out to be* / *because of* / *key chains* / *little cards*

Entonces, amor es... dinero. Pero, por otra parte, ¿qué otra cosa podía ser el amor cuando el mundo estalla° en cólera,° en bombas, en hambres,° en hijos sin padres y en parejas rivales?

    explodes / anger / famines

    Muchos piensan que el amor puede cambiar al mundo. Nosotros pensamos que hay que cambiar al mundo a ver si vuelve a parecerse al amor. Porque nosotros no sabemos lo que es el amor, pero sí sabemos lo que *no* es: no es regalos que cuestan dinero, ni fechas, ni anillos que parecen eslabones° de cadenas° que atan° a la pareja. No es la realización° de un ser humano a costa de la anulación° del otro. Amor no es que ella lave el piso° con Ajax pino para que a él no se le ensucien° las suelas° de los zapatos, ni que las manos de ella queden descarapeladas° de tanto lavar sus calcetines con Vel Rosita° para que la piel° de sus pies masculinos se conserve tersa° como pétalo de rosa.

    links / chains / tie
    fulfillment / annulment
    floor / dirty / soles
    raw
    Vel... detergente / *skin / smooth, satiny*

    Nosotros sabemos, perdón, nosotros sentimos, que el amor sólo puede darse entre iguales° y eso va por la pareja, las clases sociales, las razas° y los países. No creemos, por tanto, en un amor sano° y pleno° mientras el sexismo, el racismo, el desarrollo° o el subdesarrollo o el simple precio de un obsequio° nos haga desiguales.

    equals / races
    healthy / complete / development
    regalo

    Discúlpenos por no poder asistir a su fiesta, perdón, a su tienda, el próximo 14 de febrero. Se despiden de Ud. afectuosamente,

    Una pareja de novios que quiere quererse así nomás°... porque sí.

    así... just this way

ACTIVIDAD 1. **Comprensión de la lectura**

¿Cierto o falso, según la pareja que escribe la carta? Corrija las oraciones falsas.

1. El Día de San Valentín es una fiesta comercial.
2. El comercialismo distorsiona por completo el significado de las fiestas.
3. Es fácil explicar qué es el amor.
4. Como el amor es un sentimiento, es casi imposible analizarlo.
5. Amar resulta caro porque hay que gastar dinero en regalos y otras cosas.
6. El amor puede cambiar al mundo.
7. Los regalos no son necesarios para demostrar el amor.
8. La mujer puede demostrar su amor lavando los calcetines del hombre.
9. El amor puede darse sólo entre iguales.

Ahora, conteste según el comerciante a quien se dirige la pareja. Use **cierto**, **falso** o **no me importa** y corrija las oraciones «falsas».

ACTIVIDAD 2. **Hablando de la lectura**

¿Está Ud. de acuerdo con la pareja? ¿O le gusta el comercialismo de los días festivos? ¿Es posible que el problema se deba sencillamente a que se exagera el aspecto comercial de las fiestas? Exprese su opinión, completando la siguiente oración.

Creo que los días festivos...

- no deben tener nada que ver con el comercio.
- deben ser muy comercializados porque así todos salimos ganando: el público, los comerciantes...
- deben ser menos comercializados de lo que son ahora.
- ¿———?

Ahora piense en sus propias costumbres en cuanto a las fiestas. ¿Para qué fiesta(s) compra Ud....

- tarjetas?
- regalos?
- flores o dulces?

Compare sus respuestas con las de los otros miembros de la clase. ¿Cuál es, según la clase, la fiesta más comercializada?

«Con todo el corazón» de México

© DAVID KUPFERSCHMID

■ EN OTRAS PALABRAS...

Para hablar más de las relaciones humanas

La pareja **se enamora** y quiere **comprometerse**. Después la pareja feliz quiere **casarse**. Invitan a todos sus parientes y amigos al **casamiento**. Antes del casamiento hay **una despedida de soltero** y **una despedida de soltera**. **La boda** generalmente es en la iglesia. Des-

falls in love / to get engaged
to get married
wedding / bachelor party
bridal shower / wedding
ceremony

pués del casamiento, **los recién casados** van de **luna de miel**. Si **el matrimonio** no se lleva bien, la pareja piensa en separarse. A veces, después de una separación, deciden divorciarse.

newlyweds / honeymoon
married couple

ACTIVIDAD 3.   **Historia de un matrimonio**

Complete la siguiente historia de un matrimonio con las palabras apropiadas.

María Teresa y Miguel se conocieron en una fiesta y _____¹ a primera vista.° Habían salido juntos solamente tres o cuatro veces cuando decidieron _____.² Los padres de María Teresa sugirieron que esperaran un año antes de _____,³ para conocerse mejor, pero ellos les dijeron: «No podemos esperar. Éste es un amor verdadero». Invitaron a todos sus parientes y amigos al _____.⁴ Dos semanas antes de la boda, las amigas de María Teresa le dieron una _____,⁵ y la noche anterior los hermanos y amigos de Miguel le dieron a él una _____.⁶ La _____⁷ fue en la catedral y después todos asistieron a la recepción en un salón del Hotel Plaza.

a... at first sight

Pasaron la _____⁸ en el Brasil, y cuando volvieron comenzaron a arreglar su nuevo apartamento. Tenían muchos desacuerdos. Se peleaban por cualquier cosa sin importancia. María Teresa decidió que sería una buena idea _____⁹ por una temporada° y regresó a vivir con sus padres. Después de vivir aparte por unos meses, decidieron que sus problemas no tenían remedio, que sus caracteres eran tan diferentes que sería mejor _____.¹⁰ ¿Es lástima o no? ¿Qué opina Ud.?

short period

ACTIVIDAD 4.   **¿Quién lo dijo?**

Haga una lista de las personas que figuran en la historia de María Teresa y Miguel. Luego indique quién hizo las siguientes afirmaciones y, si es posible, cuándo.

1.   «¡Ay, chica, cuánta envidia te tengo! Vas a estar muy contenta con este novio, que es un sueño.»
2.   «Claro que puedes llegar mañana por la tarde, pero... ¿no te lo dije yo?»
3.   «No sé, no sé... Tal vez tuvimos demasiada prisa... »
4.   «Hombre, ¿adónde vas? Es temprano todavía. ¡Ésta es la última noche!»
5.   «Perdón. Me llamo Miguel y... te he estado mirando y... »
6.   «Lo siento, pero no puedo dejar de llorar. ¡Si es mi única hija!»
7.   «¡Bienvenidos! ¡Les tenemos preparada una habitación especial que estamos seguros que les va a gustar!»
8.   «¿Que no te dije que regresaba tarde para cenar? Es que no me escuchas, chica.» «¿Que no te escucho *yo*?»

■ ¡ES ASÍ!

Cuando María Teresa García y López se casó con Miguel Reyes y Valverde, ella no cambió su apellido (*surname*). Simplemente agregó Reyes, el apellido de Miguel, a su apellido: María Teresa García **de Reyes** o María Teresa García **Reyes**. López era el apellido de su madre, pero ya no lo usa. Valverde es el apellido de la madre de Miguel, y solamente él lo usa. Es posible que en su trabajo María Teresa siga usando solamente García, su apellido de soltera o que se llame simplemente María Teresa Reyes.

■ LENGUA Y ESTRUCTURAS

A. THE SUBJUNCTIVE WITH IMPERSONAL EXPRESSIONS OF DENIAL, DOUBT, OR UNCERTAINTY

When the speaker uses an impersonal expression (generalization) to refer to something he or she knows, is certain of, and about which he or she has no doubts, the indicative is used in the subordinate-clause verb. However, when an impersonal expression of doubt, uncertainty, or denial is used in the main clause, the subjunctive is required in the subordinate. Doubt, uncertainty, and denial are subjective cues that trigger the subjunctive.

EXPRESSIONS USED WITH THE SUBJUNCTIVE

es dudoso	it's doubtful	**puede ser**	it could be (it's possible)
es increíble	it's incredible		
es posible	it's possible	**es probable**	it's probable
es imposible	it's impossible	**es improbable**	it's improbable

Es posible que Pepe y Luisa **estén** enamorados.
Puede ser que se **casen**.
¡**Es increíble que** ya **estén** divorciados!

When used affirmatively, the following impersonal expressions do not require the subjunctive in the subordinate clause because they indicate that the statement is factual from the speaker's point of view. However, when used negatively, they indicate doubt and therefore require the subjunctive.

es claro	it's clear	**es obvio**	it's obvious
es evidente	it's evident	**es verdad**	it's true

Es obvio que están enamorados. **Es evidente que son** felices. **No es verdad que** se **divorcien**.

¡Atención!

1. Remember that an impersonal expression is followed by an infinitive when there is no change of subject.

   En algunos países latinoamericanos, **no es posible divorciarse**.

2. Not all generalizations of doubt, denial, and negation are listed here. Remember that it is the subjective cue itself that triggers the use of the subjunctive. Be alert to the concepts of doubt, denial, and negation; don't just look for phrases that are on these lists.

ACTIVIDAD 5. **Y Ud., ¿qué opina?**

Use una expresión impersonal para comentar «Carta a un comerciante...» y la «Historia de un matrimonio».

> MODELO: La pareja de novios... es mexicana →
> Es posible que la pareja de novios sea mexicana. (Es verdad que la pareja de novios es mexicana.)

La pareja de novios...

1. cree en la igualdad de los sexos   2. está enamorada   3. es cínica   4. es muy moderna en sus actitudes   5. protesta contra el comercialismo de ciertas fiestas   6. se hace regalos el Día de San Valentín

María Teresa y Miguel...

7. están divorciados ahora   8. se casan rápidamente otra vez   9. todavía creen en el amor a primera vista   10. escuchan ahora los consejos de sus padres   11. ahora son más maduros (*mature*)   12. salen juntos a veces

ACTIVIDAD 6. **Dime una cosa...**

PRIMERA PARTE

¿Qué opina Ud. de las siguientes afirmaciones? Léalas e indique su opinión. Luego sume las respuestas de todos para ver qué opina la clase.

	ESTOY DE ACUERDO	NO ESTOY DE ACUERDO	NO TENGO OPINIÓN
1. Es necesario que todos se casen.	☐	☐	☐
2. Es mala idea casarse antes de los 21 años.	☐	☐	☐
3. Es evidente que la mayoría de la gente se casa con personas que conocen muy bien.	☐	☐	☐
4. Es imposible enamorarse a primera vista.	☐	☐	☐
5. Es bueno tener un compromiso largo.	☐	☐	☐

6. Es mejor que los dos novios terminen sus estudios antes de casarse. ☐ ☐ ☐
7. Es absurdo tener una boda muy grande. ☐ ☐ ☐
8. Es probable que una mujer norteamericana cambie de apellido al casarse. ☐ ☐ ☐
9. Es mejor casarse con una persona de la misma religión. ☐ ☐ ☐
10. Es improbable que un matrimonio entre un hombre de 21 años y una mujer de 40 tenga éxito. ☐ ☐ ☐

SEGUNDA PARTE:

Con un compañero (una compañera), haga preguntas basadas en las afirmaciones en la primera parte. Si su compañero/a no está casado/a, siga el primer modelo, haciéndole preguntas sobre lo que piensa hacer algún día. Si ya se casó, siga el segundo, haciéndole preguntas sobre lo que hizo.

PRIMER MODELO: Es necesario que todos se casen. →
—¿Piensas casarte algún día? (¿Es necesario que todos se casen? ¿Es bueno que todos se casen?)
—No, no pienso casarme nunca. (No, no es necesario que todos se casen.)

SEGUNDO MODELO: Es necesario que todos se casen. →
—¿Cuándo te casaste? (¿Por qué te casaste?)
—Hace 15 años. (¡Porque estaba muy enamorado/a!)

B. MORE ABOUT USING THE SUBJUNCTIVE TO EXPRESS DOUBT, DENIAL, AND NEGATION

In the preceding section, you used generalizations (impersonal expressions) to express the subjective cues of doubt, denial, and negation. In all of these expressions, the implied subject of the main clause was *it*. The subjective cues in this section are personal; that is, they can be used with specific subjects. Remember that when the speaker expresses something that he or she knows, is certain of, or has no doubts about, the indicative—not the subjunctive—is used.

EXPRESSIONS USED WITH THE INDICATIVE	EXPRESSIONS USED WITH THE SUBJUNCTIVE
creer que	no creer que
estar seguro/a (de) que	no estar seguro/a (de) que
pensar (ie) que	no pensar (ie) que
no dudar que	dudar que
no negar (ie) que	negar (ie) que

No creo que sea necesario darle un anillo a la novia. *I don't think it's necessary to give one's fiancée a ring.*

No dudo que ella te **ama**. *I don't doubt that she loves you.*

¡Atención!

When **creer** and **pensar** are used in the main clause of a question, the choice of subjunctive or the indicative reflects the opinion of the speaker.

¿Crees que ella te **ama**?	*Do you think she loves you? (I think so.)*
¿Crees que ella te **ame**?	*Do you think she loves you? (I doubt it./I don't know.)*

ACTIVIDAD 7. Un pequeño drama

Complete las oraciones del diálogo con la forma apropiada del verbo entre paréntesis.

> MODELO: Dudo que él (*salir*) con otras chicas. →
> Dudo que él salga con otras chicas.

ELLA: No creo que tú me (*seguir*)[1] amando. Mi amiga te vio con otra chica. Sé que me (*mentir*)[2] cuando me dices que estás enamorado de mí.

ÉL: Puede ser que yo (*salir*)[3] de vez en cuando con otras chicas, pero te juro que eres la única a quien quiero.

ELLA: Dudo que me (*decir*)[4] la verdad. Si me quieres tanto, ¿por qué sales con otras?

ÉL: Pues,... no sé. Pero no creo que esto (*afectar*)[5] nuestras relaciones.

ELLA: ¿Cómo puedes decir eso? ¿No piensas que yo (*sufrir*)[6] al[1] saber que estás con otras chicas?

ÉL: Ay, Rosa. Puedes estar segura de que (*ser*)[7] el amor de mi vida. Tú sabes que yo te (*querer*)[8] mucho. Mira, como hoy es el Día de San Valentín, te traje estas lindas flores. Rosas para mi Rosa.

ELLA: ¡Ahora sí no creo que tú me (*decir*)[9] la verdad!

ÉL: ¿Por qué? ¿No te gustan las rosas?

ELLA: ¡Sinvergüenza! ¡Las rosas sí me gustan! ¡Pero creo que tú (*olvidarse*)[10] de que me llamo Margarita!

ACTIVIDAD 8. Sus impresiones

Exprese su opinión del diálogo con una frase completa de duda, negación, certidumbre (*certainty*) o incertidumbre.

> MODELO: Él está enamorado de ella. →
> No creo (No estoy seguro/a de) que él esté enamorado de ella.
> Pienso (No dudo) que él está enamorado de ella.

1. Ella está enamorada de él.
2. Ella tiene confianza en él.
3. Él le dice la verdad a ella.
4. Él miente.
5. Ella cree lo que él le dice.
6. Ella es la única a quien él quiere.
7. Ella tiene alergia a las flores.

ACTIVIDAD 9.   Dime una cosa...

Con un compañero (una compañera), comente las ideas de la «Carta a un comerciante...», según el modelo. Sus respuestas pueden ser afirmativas o negativas. Use la palabra o frase entre paréntesis o cualquier otra.

MODELO: La pareja de novios es romántica. (creer) →
—¿Crees que la pareja de novios es (sea) romántica?
—Sí, creo que es romántica. (No, no creo que la pareja de novios sea romántica.)

1. El 14 de febrero es un día más para honrar al comercio. (creer)
2. Las fiestas son muy comerciales hoy en día. (pensar)
3. Es fácil explicar qué es el amor. (dudar)
4. El amor se presenta tal como es en las películas. (pensar)
5. El amor es 50 por ciento físico y 50 por ciento síquico. (estar seguro/a de)
6. Amar resulta caro hoy en día. (negar)
7. El amor puede cambiar al mundo. (dudar)
8. El amor es regalos, fechas y anillos. (negar)
9. El amor sólo puede existir entre iguales. (creer)
10. La pareja de novios está en contra del comercialismo, el racismo y el sexismo. (estar seguro/a de)

En México se celebran los cumpleaños infantiles con una piñata.

EN OTRAS PALABRAS...

***Una fiesta de cumpleaños* infantil**	children's
En una fiesta hay...	
(los) globos	balloons
(los) invitados	guests
(los) juegos	games
(los) paquetes	packages
(las) pilas para los juguetes mecánicos	batteries
una torta/un pastel con **velitas**	cake / little candles
Los pequeños invitados van a...	
desanimarse si los juguetes no **funcionan**	to get discouraged / work
marcharse al final de la fiesta	to leave
portarse bien (mal)	to behave
romper los globos	to break, tear
No van a **parar** en toda la tarde.	to stop
El cumpleañero (La cumpleañera) va a...	birthday boy/girl
cumplir los 7 años y...	to turn (7 years old)
soplar las siete velitas.	to blow out

Después de la fiesta, los padres están **agotados**,	worn out
los niños están satisfechos y los juguetes están **rotos**.	broken
La torta está **encima de/sobre** la mesa,	on top of
con un número 7 **encima**.	on top
El cumpleañero está **ante** la torta.	before (in front of)
La leche con chocolate está **de un lado**.	to (on) one side

■ COMENTARIOS DE HOY

Antes de leer

The article you are about to read has a title and a subtitle. Read both of them and tell the following:

- who you think the subject of the article is
- what event will be described
- what will happen during the event

As you read the article, be particularly alert to the use of different verb tenses. Noting the use of tenses will help you divide the article into three distinct sections.

In this article you will find that some unfamiliar words are not glossed. That should not be a problem, however; the context should give you a good idea of what the words mean. Don't stop when you come to an unfamiliar word. Simply continue reading. At the end of the reading, **Actividad 10** will help you to focus on the meaning of some of these words.

¿Cómo frustrar a un niño en su cumpleaños?

LOS JUGUETES ELÉCTRICOS SON UNA ILUSIÓN QUE DURA MINUTOS

Alejandro José no disimulaba° la alegría. Su abuela, sus tíos y sus primos estaban en la fiesta. Además, todos los amiguitos estaban llegando, pero lo mejor de todo era que cada uno llegaba con su paquetico en la mano. El clásico regalo.   *no... couldn't hide*

    Sobre la mesa del salón de fiesta descansaba una gran torta, con un número 7 encima. Alrededor,° las bandejas° con gelatinas, manjar, caramelos y todas esas cosas que sirven para engordar un poquito.   *All around / trays*

    Pero Alejandro José sólo pensaba en el momento de abrir los paquetes con los regalos.

    Al fin llegó el momento. Todos los invitados se marcharon y Alejandro José quedó solo ante el montón de paquetes y comenzó a romper los envoltorios.

Una caja de creyones, una franela,° un lego, otro lego, un carro de pilas bellísimo, un juego con pistola y tiro al blanco° eléctrico, el Arturito de *La guerra de las galaxias*, más carritos, libros de cuentos y otras menudencias.°

flannel board
tiro... target
pequeñas cosas

El pequeño Alejandro José rápidamente escogió los regalos; de un lado la ropa y los útiles escolares y de otro los juguetes. Lo primero que quiso poner a funcionar fue el Arturito. Su papá leyó las instrucciones, pero Arturito no caminaba.

Alejandro José no se desanimó y le echó mano a° la pistola eléctrica con el blanco que parecía una lechuza.° Le puso las pilas, pero la tapa° no cerraba. ¡Qué mala suerte! Tampoco servía. A su lado estaba el carrito rojo. Todo una belleza.° Parecía más bien un juguete para adultos. Le puso las pilas, lo echó a andar,° el carro corrió un poquito y se paró.

le... he reached for
owl / cover
beauty
lo... he started it

Registrándolo,° el padre de Alejandro José se encontró con que los contactos de las pilas tenían un cable roto.

Checking it out

Un poco triste, el cumpleañero preguntó: ¿Papá, por qué a los niños les regalan juguetes que no sirven?

El caso del niño Alejandro José se repite después de muchas fiestas infantiles. Sucede que gran cantidad de esos juguetes electrónicos vienen con defectos de fábrica y después que la gente los compra, no tienen ninguna garantía. Además, pocas personas están dispuestas a volver a la tienda para reclamar su dinero. También pasa que quien hace el regalo nunca se entera de que el aparato que compró estaba malo.

La Superintendencia de Protección al Consumidor tal vez no ha recibido reclamos sobre este tipo de artículos. Sin embargo, no estaría demás° que investigue ese fraude que se comete con los niños.

no... it wouldn't be a bad idea

ACTIVIDAD 10. **Comprensión de la lectura**

El artículo puede dividirse en tres partes. ¿Cuáles son estas partes y cuáles son los tiempos verbales más importantes en cada parte?

Parte 1: _*el imperfecto*_

Parte 2: _____

Parte 3: _*comentario del escritor*_

Ahora complete las oraciones lógicamente. ¡Ojo con el pretérito y el imperfecto!

1. Alejandro José estaba...
2. Llegaban... Todos le traían...
3. Alejandro sólo esperaba...
4. Por fin los invitados... y Alejandro empezó a...
5. Recibió...
6. Arturito... La pistola eléctrica... El carrito rojo...
7. Los regalos no sirven porque...
8. La gente no reclama... y los que hacen los regalos no...

ACTIVIDAD 11. **Palabras en un contexto**

¿Cuál es el significado de las palabras en cursiva? ¡OJO! No tiene que dar el significado exacto de cada palabra en todo caso. Basta explicar la categoría a que pertenece: «Es algo que leer (comer)». Luego explique cómo adivinó el significado del contexto.

1. Alrededor, las bandejas con *gelatinas*, *manjar*, caramelos y todas esas cosas que sirven para *engordar* un poquito.
2. Alejandro José quedó solo ante *el montón* de paquetes y comenzó a romper *los envoltorios*.
3. Escogió los regalos; de un lado la ropa y *los útiles escolares* y de otro los juguetes.
4. Además, pocas personas *están dispuestas a* volver a la tienda para *reclamar* su dinero.
5. También pasa que quien hace el regalo nunca *se entera de* que el aparato que compró estaba malo.

ACTIVIDAD 12. **Dime una cosa...**

¿Todavía recuerda Ud. las fiestas de cumpleaños infantiles que tuvo Ud. (o los de sus hijos)? Complete las siguientes oraciones para organizar sus recuerdos. Luego, con un compañero (una compañera) haga y conteste preguntas para compartir sus recuerdos.

1. Me acuerdo de la fiesta cuando cumplí...
2. Tuve una fiesta...
3. Vinieron...
4. En la fiesta había...
5. La torta era...
6. Comimos...
7. Soplé las velas...
8. Abrí los paquetes...
9. Me regalaron...
10. Nadie...
11. Todos los invitados...
12. Después de la fiesta mis padres...
13. Yo...
14. ¿_____ ?

◼ LENGUA Y ESTRUCTURAS

C. SUPERLATIVES

In a comparative statement, two elements are being compared. In a superlative statement, one element is being compared to an entire group and is found to be outstanding or different in one way or another.

> *article* + *noun* + **más/menos** + *adjective* + **de**

Es la película más interesante (del año, de todas).

It's the most interesting movie (of the year, of all).

Note that **de** expresses *in* or *of* in this context.

> Era **la mejor (peor) fiesta** de
> cumpleaños **de** todas.

> *It was the best (worst) birthday*
> *party of all.*

¡Atención!

Note that the irregular forms **mayor/menor** and **mejor/peor** precede
rather than follow the noun in the superlative.

ACTIVIDAD 13. **¡Los mejores y los peores del año!**

¿Quién diría Ud. que es «el mejor» y «el peor» en las siguientes categorías?
¿Están de acuerdo todos? Justifique sus preferencias.

MODELO: el cantante →
Prince es el mejor cantante del año. Mick Jagger es el peor.

1. el actor
2. la actriz
3. la película
4. el programa de televisión
5. el libro
6. la canción
7. el cómico (*comedian*)
8. el disco
9. la atleta
10. el atleta
11. el equipo de fútbol americano
12. el equipo de básquetbol
13. el equipo de béisbol
14. la tira cómica (*comic strip*)

ACTIVIDAD 14. **Dime una cosa...**

Haga las siguientes preguntas a un compañero (una compañera) para conocer mejor sus experiencias y opiniones.

¿Cuál fue...

1. la mejor de todas tus fiestas de cumpleaños?
2. el mejor regalo que recibiste el año pasado?
3. la sorpresa más agradable de tu vida?
4. el peor susto (*fright, scare*) de tu vida?
5. el día más feliz de tu vida?

En tu opinión,...

6. ¿quién es el político más interesante (de todos)?
7. ¿cuál fue la crisis más grave del año?
8. ¿cuál es la ciudad más bella de los Estados Unidos?

CH. THE SUBJUNCTIVE IN NOUN CLAUSES: A SUMMARY

The uses of the subjunctive that you have reviewed so far can be grouped
under the category of the subjunctive in noun clauses. The term *noun
clauses* is used because the subordinate (**que...**) clause functions like a

noun in the sentence. Note the use of the subjunctive clauses in these sentences.

SUBJECT: ¡Me molesta que el carro no funcione!

DIRECT OBJECT: Quiero que laves las ventanas.

OBJECT OF A PREPOSITION: No estoy muy seguro de que haya tiempo para hacerlo.

The preceding sentences also demonstrate some other things you have learned about the subjunctive and the sentences in which it is used. Review what you know by filling in the missing information.

- In general, the subjunctive is used in sentences that have two _____ , often linked by the word _____ . Each _____ has a different _____ .
- Three subjective cues that trigger the subjunctive are _____ , _____ , and _____ .

ACTIVIDAD 15. **Hablando de la lectura**

Resuma el contenido de «Carta a un comerciante... », haciendo oraciones completas con las oraciones que se dan a continuación y una cláusula creada con una palabra o frase de cada columna. Dé la forma apropiada de los verbos y use **no** cuando sea apropiado. Lea las oraciones antes de empezar.

MODELO: El amor resulta caro. →
La pareja de novios siente que el amor resulte caro.

1. El Día de San Valentín es una fiesta comercial.
2. En todas las tiendas se anuncia «la gran venta del amor».
3. El mundo tiene graves problemas.
4. Hay desigualdad entre los sexos.
5. El amor resulta caro.
6. La pareja está enamorada.
7. La pareja no gasta dinero en tarjetas, flores,...

COLUMNA A	COLUMNA B	COLUMNA C
la pareja de novios	sentir	que
los comerciantes	querer	
a la pareja	les gusta	
a los comerciantes	les molesta	
¿_____ ?	creer	
	temer	
	les sorprende	
	saber	
	¿_____ ?	

ACTIVIDAD 16.   **La fiesta de cumpleaños**

Haga oraciones completas para describir lo que está pasando en la fiesta de Alejandro José. Use **que** y **no** cuando sea apropiado.

1. Alejandro José quiere... Se alegra de... Siente...
   todos le traen regalos / hay muchos globos / soplar las velitas / alguien le regala un lego / algunos juguetes no funcionan
2. Los parientes están (contentos)... Esperan...
   ser invitados a la fiesta / Alejandro José cumple los 7 años / los chicos se divierten / se portan bien
3. A los invitados les gusta... Prefieren... Sienten...
   la torta es de chocolate / hay grandes porciones / participar en todos los juegos / Alejandro José no abre los regalos en seguida / tienen que marcharse
4. Los padres de Alejandro José tienen miedo... Creen... Les molesta... Esperan...
   algunos chicos se enferman de comer demasiado / nadie se pelea / los invitados están contentos / los globos se rompen fácilmente / algunos juguetes son defectuosos / su hijo está desilusionado

D. THE SUBJUNCTIVE WITH *TAL VEZ, QUIZÁ(S)*, AND *ACASO*

All the uses of the subjunctive you have learned up to this point in *Un paso más* have been in the dependent clause of a complex (main-clause + subordinate-clause) sentence. But the subjunctive can also be used in a simple (one-clause) sentence.

Tal vez, **quizá(s)**, and **acaso** express *perhaps* or *might* in conjunction with a verb. They all refer to doubtful or hypothetical events and are associated with the subjunctive for that reason.

¿Cuándo llegan tus amigos?   *When are your friends arriving?*
—Tal vez **lleguen** mañana.   *—They might arrive (Perhaps they will arrive) tomorrow.*

If there is little uncertainty in the mind of the speaker, the indicative may be used: **Tal vez** *llegan* **mañana.**

ACTIVIDAD 17.   **Dime una cosa...**

Cuando un compañero (una compañera) le hace las siguientes preguntas, conteste con **tal vez**, **quizás** o **acaso** si Ud. no está seguro/a de la respuesta.

MODELO: ¿Vas a sacar una «A» en la clase de español? →
Tal vez (Quizás, Acaso) saque una «A», tal vez (quizás, acaso) no. (¡Seguro que voy a sacar una «A»!)

1. ¿Va a llover mañana?
2. ¿Te va a dar una buena nota el profesor (la profesora)?
3. ¿Vas a ser rico/a y famoso/a algún día?
4. ¿Vienes a la próxima clase de español?
5. ¿Vas a tener un buen empleo después de graduarte?
6. ¿Vas a llegar a ser presidente de este país algún día?
7. ¿———?

¡ES ASÍ!

Un deseo en tus 15 años

¿Cuáles son las fiestas o días especiales que Ud. celebra con regalos? ¿La Navidad? ¿El Día de la Madre? ¿El Día del Padre? ¿El Día de San Valentín? ¿Los cumpleaños? En el mundo hispano también se celebran las mismas fiestas y... ¡varias más!

- Mucha gente hispana también celebra el día de su santo, el día en que la Iglesia Católica honra a un santo en especial. Y a veces esta fecha coincide con la de su cumpleaños. Por ejemplo, una persona que se llama Tomás y que nació en el día de Santo Tomás celebraría el día de su santo y su cumpleaños a la vez.

- En algunos países y en ciertas clases sociales las jovencitas tienen una celebración muy especial cuando cumplen 15 años. Sus padres dan una fiesta grande y elegante que se llama «la Fiesta Rosa». Invitan a todos sus parientes y amigos. Hay regalos, música, baile, comida, bebida... ¡y todos se divierten!

- En los Estados Unidos y en otros países se acostumbra dar los regalos el día de Navidad. Pero en muchas partes de Latinoamérica se celebra la Navidad solamente de forma religiosa y se dan los regalos a los chicos el 6 de enero, que es el Día de los Reyes Magos (*Wise Men*).

LENGUA Y ESTRUCTURAS

E. DIMINUTIVES

Diminutives are used frequently in Spanish to express smallness or affection. Their forms vary from country to country and from region to region within the same country. Some of the most common diminutive endings are as follows.

-ito (-ita, -itos, -itas)

These endings are generally added to nouns and adjectives that end in **-o**, **-a**, or **-l**.

perr**o** → perr**ito**   gat**a** → gat**ita**   papel → papel**ito**

-cito (-cita, -citos, -citas)

These endings are generally added to nouns and adjectives with endings other than **-o**, **-a**, or **-l**.

caf**é** → cafe**cito**   exame**n** → examen**cito**   luga**r** → lugar**cito**

In the Caribbean countries and in parts of Spain, the ending **-ico** is also used with some frequency.

¡Atención!

1. Note the spelling changes that occur when a word ends in **-co** or **-go**.

chico → chi**qu**ito   chicas → chi**qu**itas
amigos → ami**gu**itos   amigas → ami**gu**itas

2. As the preceding examples show, the diminutive endings have feminine and plural forms.

ACTIVIDAD 18. **En la fiesta de cumpleaños de Alejandro José**

Dé el diminutivo de las palabras indicadas.

1. ¡Mira! El cumpleañero lleva un *traje* lindo.
2. Este *globo* es de *Paco*.
3. ¿Quién te dio esta *tarjeta*?
4. ¡Mira los *corazones* en la tarjeta!
5. Todos tus *amigos* vinieron a la fiesta.
6. ¡Qué lindo *juego*!
7. ¿Quién te trajo el *carro*?
8. ¿Quieres comer un *poco* más?
9. Dale un *beso* a tu *abuela*.
10. Te adoro, mi *amor*.

Ahora piense en las personas que estaban en la fiesta de Alejandro José. ¿Quién dijo cada una de las frases y oraciones anteriores? ¿A quién se la dijo? ¡Use la imaginación!

PALABRAS PROBLEMÁTICAS

¡Mi coche no **anda**, el teléfono no **funciona** y todavía tengo que llegar a **trabajar**!

My car doesn't run, the phone isn't working (is out of order), and I still have to get to work!

The verb **andar** literally means *to walk*. However, it is used in Spanish to describe the functioning of a car or other vehicle. English uses the verb *to run* in this context.

Mi coche **anda** bien ahora.

My car is working (running) well now.

Andar is also used in the colloquial expression **¿Cómo anda(s)?** (*How's it going?*).

Funcionar refers to the functioning of mechanical, electrical, or electronic devices.

De repente mi reloj dejó de **funcionar**.

My watch suddenly stopped running (working).

Only **trabajar** can express *to work* with reference to people.

ACTIVIDAD 19. Problemas

Use the appropriate word to tell that the following people or objects aren't working.

> MODELO: la cámara → La cámara no funciona.

1. la computadora
2. el juguete con pilas
3. el reloj
4. el comerciante
5. los trenes
6. el lavaplatos (*dishwasher*)
7. la radio
8. una persona que está de vacaciones

UN PASO MÁS HACIA LA COMUNICACIÓN

Expressing Polite Disagreement

When you don't agree with what people say, it isn't necessary to tell them directly that they are wrong and you are right. There are a number of more polite or gentle ways of presenting your point of view while at the same time expressing disagreement.

No me parece que... + *indicative*
Lo siento, pero... + *indicative*

It doesn't seem to me that...
I'm sorry, but...

Siento no estar de acuerdo, pero... + *indicative*	*I'm sorry not to agree, but...*
Dudo que... + *subjunctive*	*I doubt that...*
Es probable que... + *subjunctive*	*It's probable that...*
Puede ser, pero... + *indicative*	*It could be, but...*
Creo que... + *indicative*	*I think that...*
No creo que... + *subjunctive*	*I don't think that...*
Es cuestión de opinión, ¿sabe(s)?	*That's a matter of opinion, you know?*
No estoy de acuerdo.	*I don't agree.*

ACTIVIDAD 20.   **No estoy de acuerdo**

Ud. está en un cóctel y escucha los siguientes comentarios. ¿Cómo va a contestar?

1. El gobierno debe legalizar la venta de cocaína.
2. Hoy en día todas las fiestas están muy comercializadas.
3. ¡Los norteamericanos son muy materialistas!
4. El inglés es ahora la lengua internacional. Por eso, no es necesario aprender otra lengua.
5. Es fácil aprender una lengua si se duerme con el libro debajo de la almohada.
6. No vale la pena leer libros, porque se puede ver todo en la televisión.
7. El problema de los productos defectuosos no existe en este país.
8. Creo que el sexismo es el problema más grave de este país.

▪ DE TODO UN POCO

ACTIVIDAD A.   **Hablando de los días festivos**

others (people)
paga... bonus
lasts

Según Óscar, la gente está muy contenta durante los días de Navidad. Sin embargo no todos lo pasan bien durante la Navidad u otros días festivos.

    ¿Cómo pasa Ud. los días festivos? Usando palabras de la lista de **Palabras útiles**, u otras si quiere, indique cómo se siente en los días indicados.

PALABRAS ÚTILES

maravilloso/horrible   contento/deprimido
cómodo/incómodo   satisfecho/insatisfecho
entusiasmado/aburrido   cansado/con mucha energía

EL DÍA DE MAMA

Porque mamá está siempre pensando en nosotros, no está de más demostrarle que lo sabemos. Que nosotros también la queremos. Y que no nos olvidamos de ella. Por eso, el próximo 5 de Mayo, demuéstrale tu cariño con un beso y un regalo de El Corte Inglés.

El Corte Inglés

Solicite nuestro Servicio de Empaquetado Especial para Regalo.

	ME SIENTO...	LA MAYORÍA DE LA CLASE
1. el Día de Gracias	_____	_____
2. el Día de la Independencia	_____	_____
3. el Día de la Madre	_____	_____
4. el Día del Padre	_____	_____
5. el Día de San Valentín	_____	_____
6. la víspera (*eve*) del Año Nuevo (la Nochevieja)	_____	_____
7. la Navidad	_____	_____
8. el día de mi cumpleaños	_____	_____

Ahora sume las respuestas de la clase para determinar cómo se siente la mayoría de los estudiantes de la clase durante los mismos días festivos. ¿Es Ud. como la mayoría?

ACTIVIDAD B. Con sus propias palabras

¿Cómo celebran Ud. y su familia alguna fiesta especial? Conteste las siguientes preguntas para describir esta fiesta a una persona de un país hispanohablante.

1. ¿Cómo se llama la fiesta?

2. ¿Cómo se organiza la fiesta? Es decir, ¿quiénes están presentes? ¿Dónde se reúnen?

3. ¿Qué hacen durante la fiesta? Es decir, ¿qué comidas y bebidas se sirven? ¿Se hacen regalos? ¿Hay alguna celebración religiosa? ¿Hay algunos símbolos significativos?

4. ¿Cómo se siente Ud. antes de la celebración? ¿durante la celebración? ¿y después?

5. ¿Cómo se sienten las otras personas que están presentes? ¿Lo pasan bien todos? ¿Algunas personas no se llevan bien con los otros?

ACTIVIDAD C.　**El amor en las películas**

> **EL GRADUADO**
>
> Esta película aclamada en la década del sesenta, y por la cual su director Mike Nichols obtuvo un Premio Oscar, está plenamente vigente. Con el transcurrir de los años, no ha perdido interés, y además muestra los inicios del actor Dustin Hoffman.
>
> Es la historia de un joven egresado de la Universidad que sabe mucho de libros, pero en amor es un inexperto. Esto despierta el interés de la "señora Robinson" (Anne Bancroft), una ex alcohólica que está dispuesta a seducirlo. En sus intentos triunfa. Es así como el joven graduado, "Benjamín", se ve envuelto en una relación sentimental con esta señora, que además es la esposa del principal socio de su padre.
>
> La trama se complica cuando "Benjamín" conoce a la hija de su amante (Katherine Ross), de la cual se enamora perdidamente. La situación no es aceptada por la "señora Robinson", quien hace todo lo posible para que esa relación no se concrete, llegando incluso a decir que fue el joven quien la sedujo.
>
> Es una película ágil, con una excelente fotografía y con una mejor música. Todos los momentos impactantes del filme están acompañados de temas interpretados por el dúo norteamericano Simon and Garfunkel.
>
> Estados Unidos
> **Protagonistas:** Dustin Hoffman, Anne Bancroft y Katherine Ross.
> **Dirección:** Mike Nichols.
> **Censura:** Mayores de 21 años.
> **Duración:** 105 minutos.
> **Distribuidora:** CCN Video.
> **Subtítulos:** Electrónicos en español.

En «Carta a un comerciante... », se refiere a una película que tenía que ver con el amor y que ganó millones de dólares. ¿De qué película cree Ud. que se trata? Compare su respuesta con las de sus compañeros de clase. ¿Están todos de acuerdo?

Una cosa en que todos pueden estar de acuerdo es que la forma en que se presenta el amor en la televisión y en las películas no es del todo realista. A continuación se da una reseña (*review*) de otra película que tiene que ver con el amor. Lea la reseña, tratando de no buscar palabras en un diccionario. El hecho de que (*The fact that*) Ud. probablemente conozca la trama de la película lo/la debe ayudar a leer con facilidad. Luego haga una lista de los estereotipos del amor que aparecen en la película.

Trate de adivinar el significado de las palabras indicadas, según el contexto.

1. Esta película... está *plenamente vigente.*

2. ...muestra *los inicios* del actor Dustin Hoffman.

3. ...un joven *egresado* de la universidad...

4. ...el joven graduado se ve *envuelto* en una relación sentimental...

5. Todos los momentos *impactantes* del film están acompañados...

El matrimonio

© BERYL GOLDBERG

Esta noche le toca cocinar a papa en Montevideo, Uruguay.

© DAVID KUPFERSCHMID

Una cinematógrafa filmando en Barcelona, España

EN OTRAS PALABRAS...

El matrimonio moderno

el caso	case
los derechos	rights
el esposo/la esposa	husband/wife
el gasto	expense
el hogar	home
el marido	husband
los quehaceres domésticos/las labores del hogar	household chores
los deberes domésticos	housework
el salario/el sueldo	salary

■ ¡ES ASÍ!

In Spanish the terms **esposo/esposa** or **marido/mujer** are both used as equivalents for *husband/wife*. Note that the word **marido** does not have a feminine form; **mujer** is used instead: *Mi mujer trabaja en el centro*. The word **hombre**, however, is not used to refer to one's husband.

ACTIVIDAD 1. Y Ud., ¿qué opina?

Las siguientes afirmaciones tienen que ver con la primera parte de la lectura de este capítulo. Antes de leerla, examine sus propias actitudes sobre algunos aspectos del matrimonio.

		SÍ	NO	NO IMPORTA
1.	En un matrimonio o en una familia, el marido es la «cabeza» de la familia.	☐	☐	☐
2.	La mujer no debe contribuir económicamente a la casa con su salario.	☐	☐	☐
3.	Cuando los dos esposos trabajan fuera de la casa, deben compartir las labores del hogar.	☐	☐	☐
4.	El esposo que ayuda a lavar los platos es «un liberado».	☐	☐	☐
5.	Si el trabajo que hace «él» fuera de la casa es de más prestigio que el que hace «ella», «él» todavía debe ayudar en casa.	☐	☐	☐
6.	Si la mujer trabaja fuera de la casa, es sólo para ayudar a la familia en un momento difícil.	☐	☐	☐

■ COMENTARIOS DE HOY

Antes de leer

Lea el título y examine la estructura de la siguiente lectura.

- ¿En cuantas partes se divide la lectura?
- ¿Quiénes son Ana, Pablo, Susana y Juan?
- ¿Se presenta la solución para cada caso en esta parte de la lectura?

Mientras lee, busque la siguiente información.

- ¿Cuáles son las circunstancias económicas y domésticas de cada pareja?
- ¿Cuál es el conflicto en cada caso?

En el matrimonio: ¿se deben compartir los gastos?

ANA VERSUS PABLO

Un día típico en el hogar de los Méndez: suena la alarma del despertador para Ana... media hora antes que para Pablo, pues ella debe preparar el desayuno de ambos°   los dos antes de irse al trabajo. Después del desayuno, lava los platos mientras él hace «jogging» por el vecindario°; a las 8:30 los dos toman el autobús para el trabajo. Ella es secretaria; Pablo es vendedor en un almacén. Esto quiere decir que sus sueldos no son muy generosos; los dos salarios son imprescindibles° para cubrir gastos. Por lo mismo,° Ana contribuye económicamente a «la casa» con la mitad de su sueldo, exactamente igual que su esposo.

neighborhood

necesarios / *Por... That's why*

Después del trabajo, ella llega a preparar la cena, mientras Pablo ve la tele; más tarde ella lava los platos y él lee un libro sobre espionaje.

¿Los fines de semana? Ana aprovecha° la mañana para lavar la ropa, limpiar el apartamento y realizar otros quehaceres domésticos... mientras Pablo «duerme toda la mañana» o va a jugar fútbol o baloncesto° con algunos de sus amigos.

takes advantage of

básquetbol

El conflicto: Ana siente que le ha tocado la «ley del embudo°»: todo para él y poco para ella. Como salta a la vista,° Ana debe contribuir económicamente tanto como su marido... pero las labores del hogar no están repartidas muy equitativamente°; a ella le corresponde hacerlo ¡*todo*!

ley... one-sided agreement

salta... es obvio

fairly

Esta situación está creando resentimiento en la relación; Ana opina que su esposo es injusto y, según sus palabras, «cómodo». Pablo opina que es ella la injusta. Éste es su razonamiento°: «Ana no entiende que el hombre y la mujer tienen papeles diferentes en la vida; yo llego a casa muy cansado... no estoy en disposición de° ponerme a lavar los platos para hacerme el "liberado"». Cuando se le dice que Ana **también** trabaja y, por lo mismo, llega a casa igualmente agotada, Pablo contesta: «¡Es diferente! No es posible comparar el trabajo de Ana con el mío; ella es secretaria y yo tengo que tratar con el público y cumplir° con todas sus exigencias.° No es sólo el cansancio° físico, sino el agotamiento° mental. ¡Yo tengo sobre mis hombros° todas las presiones de la casa!». Al recordarle° que su esposa contribuye económicamente tanto como él, ésta es su respuesta: «En estos momentos es necesario, pero la situación es temporal°; cuando reciba mi aumento,° me haré cargo° de toda la economía de la casa. Yo soy la "cabeza" de esta casa y mi trabajo es lo primero; el de ella solamente es algo momentáneo».

reasoning

en... in the mood to

fulfill / *demands* / *tiredness*

exhaustion / *shoulders*

reminding him

temporary

raise / *me... I will take charge*

SUSANA VERSUS JUAN

Ella es maestra, él es ejecutivo de una aerolínea. Como sus salarios se los permiten, ellos le pagan a una muchacha para que limpie el apartamento una vez por semana; el resto de los quehaceres domésticos —lavar los platos, hacer las camas, preparar el desayuno— se los reparten. ¿Una relación pareja°? Nada de eso. Susana quiere contribuir económicamente en el hogar... pero Juan se niega. Su razón: «Yo soy la "cabeza" de la familia; a mí me corresponde afrontar° los gastos. No me importa ayudar en la casa haciendo una cama o preparando un almuerzo, pero no creo que el hombre deba permitir que su esposa afronte *sus* responsabilidades».

igual

to face up to

El conflicto: Susana se siente... inútil; le parece injusto permitir que su esposo lleve todo el peso° de la economía por simple orgullo. ¿Juan... ? ¡No cede°!

weight / *¡No... He won't give in!*

(*Continúa la lectura.*)

ACTIVIDAD 2.   **Comprensión de la lectura**

Complete la siguiente tabla según la lectura.

EL CASO DE ANA VERSUS PABLO

1.   Una mañana típica para Ana: _____ _____ _____
2.   Una mañana típica para Pablo: _____ _____
3.   El trabajo de Ana: _____
4.   El trabajo de Pablo: _____
5.   La contribución económica de Ana: _____
6.   La contribución económica de Pablo: _____
7.   Lo que hace Ana cuando vuelve del trabajo: _____ _____
8.   Lo que hace Pablo cuando vuelve del trabajo: _____ _____
9.   Lo que hace Ana los fines de semana: _____ _____ _____
10. Lo que hace Pablo los fines de semana: _____ _____

¿Cuál es el conflicto, según Ana? ¿Y cuál es el conflicto, según Juan?

EL CASO DE SUSANA VERSUS JUAN

11. El trabajo de Susana: _____
12. El trabajo de Juan: _____
13. El trabajo de la muchacha: _____
14. Los deberes domésticos que hace Susana: _____ _____ _____
15. Los deberes domésticos que hace Juan: _____ _____ _____
16. La contribución económica de Susana: _____
17. La contribución económica de Juan: _____

¿Cuál es el conflicto, según Susana? ¿Y cuál es el conflicto, según Juan?

ACTIVIDAD 3.   **Y Ud., ¿qué opina?**

Las siguientes preguntas se refieren a los dos casos. Contéstenlas.

1.   ¿Cuál es el defecto principal de la esposa, según el esposo?
2.   ¿Cuál es el defecto principal del esposo, según la esposa?
3.   ¿Cuál de los dos cree Ud. que tiene razón? ¿Por qué?
4.   ¿Cómo reaccionaría Ud. en esta situación?

En la segunda lectura de este capítulo, encontrará un análisis de los mismos casos. ¡A ver si su opinión coincide con la de los «expertos»!

EN OTRAS PALABRAS...

Para hablar más de los casos

Hablamos...
    de **los detalles** de los casos   details

d**el machismo** del esposo	exaggerated masculinity
del papel de él y de ella	
d**el valor** del trabajo de cada uno	value

En estos casos, uno de los esposos quiere...

aprovechar(se) del otro	to take advantage of
comparar el trabajo fuera y dentro de la casa	to compare
contribuir equitativamente	to contribute
cumplir con sus obligaciones	
hacerse cargo de la situación	to take charge of
repartir las tareas	to divide
tomar una decisión	to make a decision
valorar el trabajo del otro	to value

ambos/as	both
(ser) **útil/inútil**	useful/useless

¡Atención!

Ambos/as can be used as either an adjective or a pronoun.

> **Ambos esposos** trabajan.
> **Ambos** trabajan.

ACTIVIDAD 4. **Y Ud., ¿qué dice?**

Dé su opinión de los siguientes comentarios sobre el matrimonio, comenzando cada oración con frases como **Es bueno...**, **Es malo...**, **Es necesario...** o **Es inútil...**.

1. Uno se aprovecha del otro.
2. Uno no valora la contribución de la otra persona.
3. Un matrimonio se reparte las tareas domésticas.
4. La pareja toma junta las decisiones.
5. Ambos esposos contribuyen equitativamente al mantenimiento de la casa.
6. El esposo compara el valor de su trabajo con el de su esposa.
7. La mujer se hace cargo de todas las labores del hogar.
8. El esposo cumple con su parte en los quehaceres domésticos.

ACTIVIDAD 5. **Mesa redonda**

Forme una mesa redonda de cinco o seis compañeros/as para comentar las siguientes preguntas. Cada persona debe dar su opinión sobre cada pregunta. ¿Están todos de acuerdo o hay gran diferencia de opiniones? ¿Hay diferencia de opiniones entre los hombres y las mujeres? ¿Cuáles son?

1. ¿Debe Pablo ayudar a Ana con los quehaceres domésticos, si acepta su contribución económica? ¿O debe rechazar su ayuda económica si es

que él no está dispuesto a colaborar en estas labores?
a. Yo creo que...   b. No creo que...

2. ¿Cómo se puede resolver el problema de Ana y Pablo?
a. Es necesario que...   b. Es posible que...

3. ¿Opina Ud. que, si su esposo no acepta su contribución económica, Susana debe hacer todas las labores domésticas?
a. Yo sugiero que...   b. Recomiendo que...

4. ¿Cómo se puede resolver el problema de Susana y Juan?
a. Es importante que...   b. Dudo que...   c. Temo que...

■ LENGUA Y ESTRUCTURAS

A. ANOTHER LOOK AT THE SUBJUNCTIVE TO EXPRESS PERSUASION

In subjunctive constructions, some verbs of persuasion require the use of an indirect object pronoun in the main clause, corresponding to the subject of the dependent clause.

Te permito que contribuyas con tu sueldo.	*I allow you to contribute your salary.*
Le prohíbe **a su mujer** que trabaje fuera de casa.	*He doesn't permit his wife to work outside the home.*

Other verbs like **permitir** and **prohibir** are **aconsejar**, **decir**, **pedir (i, i)**, **recomendar (ie)**, and **sugerir (ie, i)**.

Note that the subjunctive can be avoided with some of these verbs by using the infinitive.

Te permito **contribuir** a los gastos.
Le prohíbe a su mujer **trabajar** fuera de casa.

You will not actively practice this subjunctive-avoidance structure in *Un paso más*, but you will see it frequently in readings and other authentic materials.

ACTIVIDAD 6. **¿Está permitido o está prohibido?**

Hoy en día tenemos que observar muchas reglas (*rules*). Haga una oración completa para decir lo que está permitido o lo que está prohibido.

MODELO: Los pasajeros fuman en vuelos de menos de 2 horas. (las aerolíneas) →
Las aerolíneas prohíben (no permiten) que los pasajeros fumen en vuelos de menos de 2 horas.

1. Yo manejo a una velocidad de 55 millas por hora. (las leyes de este estado)

2. Los menores de 15 años obtienen una licencia de conducir. (las leyes de este estado)
3. Las drogas entran en este país. (el gobierno de los Estados Unidos)
4. Los turistas visitan la Argentina sin visa. (el gobierno de la Argentina)
5. Los estudiantes que viven en las residencias cocinan en sus habitaciones. (la administración de esta universidad)
6. Yo saco libros sin tarjeta o identificación. (la biblioteca)
7. Yo viajo solo/a por Latinoamérica durante un año. (mis padres)
8. Nosotros cantamos, bailamos y tomamos vino en esta clase. (nuestro profesor [nuestra profesora])

B. AFFIRMATIVE AND NEGATIVE WORDS AND EXPRESSIONS

algo	something	**nada**	nothing
alguien	someone, some-body, anyone	**nadie**	no one, nobody, not anyone
algún, alguno/a/os/as	some, any	**ningún, ninguno/a**	none, not any, no, neither
siempre	always	**nunca, jamás**	never, not ever
a veces	sometimes		
algún día	someday		
también	also	**tampoco**	not either, neither
todavía	still	**todavía no**	not yet
o... o	either . . . or	**ni... ni**	neither . . . nor

Patterns of Negation

Spanish patterns of negation differ substantially from those of English, although the simplest and most common pattern is the same in both.

> **no** + *verb*
> *negative word* + *verb*

No lo **sé**.   *I don't know.*
Tampoco lo **sabe** Carlos.   *Carlos doesn't know either.*
Nadie lo **sabe**.   *No one knows.*

In contrast to English, however, a "double" negative must be used in Spanish if there is a negative word *after* the verb.

> **no** + *verb* + *negative word*
> *negative word* + *verb* + *negative word*

No lo **sabe** Carlos **tampoco**.
No lo **sabe nadie**.

Spanish also permits the use of multiple negatives in the same sentence.

Martina **no** necesita **nunca nada de nadie ni** de **nada**.	*Martina never needs anything from anyone or anything.*

Additional Comments on Affirmatives and Negatives

- **Alguno/Ninguno** and their plural forms express *someone/no one* when the speaker has a particular group in mind and is referring to an unspecified member of that group. **Alguien/Nadie** express *someone/no one* without reference to a group.

Parece que no hay **nadie** en casa.	*It appears that no one is home.*
Seguramente **alguno** (de los niños) está allí.	*Surely someone (one of the kids) is there.*

- When **alguno/ninguno** and **alguien/nadie** are used as direct objects, they are preceded by **a**.

¿Ves **a alguno** de tus amigos aquí? —No, no veo **a ninguno**.	*Do you see any (one) of your friends here? —No, I don't see any of them.*

- When **alguno/ninguno** are used as adjectives, they agree in gender and number with the nouns they modify. Before a masculine singular noun, they shorten to **algún/ningún**, like some other adjectives you have learned (**bueno, malo, primero, tercero**). The plural forms of **ninguno** are rarely used. In the following example, note that the plural **algunos** is used in the question, but the singular **ningún** (**ninguno**) in the answer.

¿Haces **algunos** quehaceres domésticos? —No, **no** hago **ningún** quehacer doméstico. (**No** hago **ninguno**.)	*Do you do any household chores? —No, I don't do any household chores. (I don't do any.)*

- When two singular subjects are joined by **o... o** or **ni... ni**, the verb may be either singular or plural. Spanish speakers generally use a plural verb when the subject precedes the verb and a singular verb when the subject follows.

Ni Ana **ni** Susana **están** contentas. ⎫ **No está** contenta **ni** Ana **ni** Susana. ⎭	*Neither Ana nor Susana is happy.*

● **Algo** and **nada** can be used as adverbs to modify adjectives.

¿Estás **algo** cansado/a? —No,
no estoy **nada** cansado/a.

*Are you somewhat tired? —No,
I'm not tired at all.*

ACTIVIDAD 7.   Las tareas domésticas

Haga negativas las siguientes oraciones, cambiando las palabras indicadas por expresiones negativas y haciendo otros cambios necesarios.

1.   Algunos hombres *a veces* hacen *algo* en la casa.
2.   ¿Conoces a algunos que cocinen bien? —Sí, conozco a *algunos*.
3.   El esposo de mi amiga Anita lava la ropa *o* plancha.
4.   Mi primo Osvaldo ayuda a su mamá con los quehaceres domésticos y su papá *también* lo hace.
5.   Y... ¿hay algunas tareas que tú prefieras hacer más que otras? —Sí, hay *algunas*.

ACTIVIDAD 8.   De mal humor

Imagínese que Ud. está de mal humor y conteste negativamente cuando un compañero (una compañera) le haga las siguientes preguntas.

MODELO: ¿Quieres escuchar algo cómico? →
No, no quiero escuchar nada cómico.

1.   ¿Tienes algunos planes para esta noche?
2.   ¿Te gustaría hacer algo divertido?
3.   Anda, tenemos que hacer algo. ¿Te gustaría ir al cine o dar un paseo?
4.   ¿Tienes algunas sugerencias para divertirnos?
5.   ¿Te gustaría estar con alguien o prefieres estar solo/a?
6.   ¿Estás siempre de mal humor?
7.   ¿Cuándo vas a dejar de tener esta actitud negativa?
8.   A mí no me gusta nada esta conversación.

ACTIVIDAD 9.   Dime una cosa...

Comente la lectura, contestando las siguientes preguntas cuando un compañero (una compañera) se las haga.

1.   ¿Conoces algún caso como el de Ana y Pablo?
2.   ¿Crees que Pablo le da algún valor al trabajo de Ana?
3.   ¿Crees que Pablo contribuye equitativamente a la limpieza de la casa y que cumple con sus obligaciones?
4.   Por experiencia, ¿es algo típico el caso de Susana y Juan?
5.   ¿Conoces a algún hombre como Juan?
6.   Susana no cree que Juan tenga razón. ¿Y tú?
7.   ¿Crees que Juan debe aceptar alguna contribución económica de Susana?
8.   ¿Crees que Pablo y Juan son buenos esposos?

COMENTARIOS DE HOY

Antes de leer

A continuación se ofrece la segunda parte del artículo sobre los casos de Ana y Pablo y Susana y Juan. Al leer, compare este análisis con el suyo.

Un análisis de los casos

Si el mundo fuera° perfecto, el matrimonio ideal compartiría los gastos y deberes domésticos a la mitad —o al grado° en que *ambos* se sintieran cómodos— sin grandes conflictos. Ella ayudaría a pagar los gastos de alquiler, luz, agua y comida... y él contribuiría con una parte de los quehaceres de la casa.

 ¡Esto no es un sueño imposible! Algunos lo han logrado... pero la mayoría de los matrimonios no saben «negociar» sus diferencias para llegar a un término medio° que satisfaga° a los dos. ¿Por qué? Ya señalamos° las dos razones más comunes.

were

degree

término... *compromise*

satisfies / indicamos

ANA Y PABLO

La situación económica de la pareja requiere que ella contribuya a sobrellevar° los gastos de la casa... pero además de trabajar fuera del hogar, tiene que cumplir con todos los deberes domésticos sin la ayuda de su esposo... porque él considera que eso no va de acuerdo con el «papel» del hombre.

 ¿Qué es lo que *realmente* se oculta° tras esta actitud?

to carry

se... *is hidden*

• Un machismo casi hostil. Él la considera a ella «menos que YO» en todos los órdenes°: personal y económico. Su esposa lo sirve en todo... y encima trabaja, pero él considera que su *verdadera* misión es servirlo a él, ya que su trabajo es «una solución temporal» y, realmente, «no cuenta».

levels

• Un afán° por ponerla en «su lugar»... que está *muy* por debajo del suyo.° Es su forma de decirle: «Recuerda cuál es tu verdadera misión en la vida».

deseo / *his*

SUSANA Y JUAN

Aquí tenemos un caso más insidioso: parece que todo marcha a las mil maravillas,° salvo° en un pequeño detalle: él no permite que ella contribuya económicamente en el hogar. El detalle es pequeño, pero NO insignificante. En realidad, éste encierra un mundo.°

 ¿Qué es lo que realmente se oculta tras esta actitud?

a... *wonderfully* / excepto

éste... *there's much more to it*

• Aparentemente, Juan es super-generoso, pues ayuda en las tareas del hogar y no pide contribución económica. ¡Ahí radica° el problema! Él es un gran egoísta. El egoísmo o la generosidad dependen de lo que cada cual considere valioso.° La persona que le concede° gran valor al dinero es generosa si lo comparte y egoísta si lo acumula, aun ante la necesidad ajena.° De la misma forma, aquélla que atesora° su tiempo libre es generosa si lo comparte y egoísta si no lo hace. El esposo de Susana valora el *poder*°; es eso lo que no está dispuesto a compartir con su esposa;

está

valuable

da

de los demás / *treasures*

power

Juan sabe perfectamente que si ella fuera° igual a él en todos los campos,° dejaría   *were / áreas*
de verlo como la «cabeza» del hogar. Esto nos lleva a...

• Sus derechos. Al no ser ella tan «responsable» como él, queda en una actitud   *quita*
dependiente... y esto le resta° autoridad. Cuando hay que tomar una decisión, él   *él... he calls the shots / razón*
lleva la voz cantante.° Ahí tiene la raíz° de todo.

ACTIVIDAD 10.   Comprensión de la lectura

¿A quiénes se refieren las siguientes oraciones? ¿Al matrimonio ideal, a Ana, a Pablo, a Susana o a Juan? ¡Ojo! Una oración puede referirse a más de una persona.

1. La pareja comparte los gastos.
2. Ella trabaja fuera de casa.
3. Su actitud oculta un machismo casi hostil.
4. Ayuda en las tareas del hogar y no pide contribución económica.
5. La situación económica requiere que ella contribuya a cubrir los gastos de la casa.
6. La pareja comparte los quehaceres domésticos.
7. No ayuda con los quehaceres domésticos porque no va de acuerdo con el papel del hombre.
8. No quiere compartir el poder con su esposa.
9. Considera que el trabajo de su esposa «no cuenta».
10. No quiere que su esposa participe en tomar decisiones.

■ EN OTRAS PALABRAS...

Preposiciones útiles

En las dos partes del artículo que Ud. acaba de leer, hay varias preposiciones útiles.

ante   faced with, confronted by
   Ante la actitud de su esposo, Ana se sintió inútil.

antes de/después de   before/after
   Ella preparaba el desayuno { **antes de** las 8:00.
   después de bañarse.
   antes de ir al trabajo.

debajo de   below, under
   Él siente que su lugar está por **debajo de**l suyo.

fuera de   out(side) of
   Ella trabaja **fuera de** casa.

> **tras**   behind, after
>
>   Hay algo más **tras** su actitud.
>
> Una expresión con **por**:
>
> **por lo mismo, por eso**   for that reason; that is why
>
>   **Por lo mismo (Por eso)** ella es infeliz.

Actividad 11.   **Una tarde como todas...**

Complete el párrafo con palabras o expresiones apropiadas de **En otras palabras...** Dé también la forma apropiada de los verbos entre paréntesis, en el imperfecto o el pretérito.

(*Ser*)[1] una tarde de primavera. Los chicos por fin (*volver*)[2] del colegio, uno _____[3] otro. Después (*llegar*)[4] su marido, Gregorio. Mientras los chicos (*hacer*)[5] la tarea y Gregorio (*mirar*)[6] la tele, Irene (*preparar*)[7] la cena. Como ella (*ser*)[8] sólo ama de casa y no (*trabajar*)[9] _____[10] casa, a veces la gente (*pensar*)[11] que ella no (*hacer*)[12] nada en todo el día. _____[13] ella (*sentirse*)[14] frustrada porque (*saber*)[15] que _____[16] esta actitud había otra: la que ponía al ama de casa _____[17] las mujeres que tienen un empleo, en la opinión de muchos.

LENGUA Y ESTRUCTURAS

C. THE SUBJUNCTIVE IN NOUN CLAUSES: MORE PRACTICE

The following activities offer more practice with the subjunctive in noun clauses. You may wish to look over Section CH in **Capítulo 11** before doing them.

Actividad 12.   **¿Qué dirían?**

¿Cómo responderían Ana, Pablo, Susana o Juan a los siguientes comentarios? Explique cómo responderían *dos* de los esposos del artículo para cada comentario. Comience sus opiniones con frases como **Creo que...**, **No creo que...** y **Dudo que...**

    MODELO: La mujer debe contribuir equitativamente a mantener la casa. →

            Susana respondería: «Creo que la mujer debe contribuir con su sueldo a mantener la casa».

            Juan respondería: «No creo que la mujer deba contribuir con su sueldo a mantener la casa».

1. La mujer debe hacerse cargo de todos los deberes domésticos aun cuando trabaje fuera de casa.
2. El hombre pierde «algo» —la masculinidad, quizás— si ayuda a su esposa en el hogar.
3. La mujer debe tener tantas responsabilidades económicas como su esposo.
4. El hombre no debe permitir que su esposa asuma las responsabilidades económicas del hogar.
5. La contribución económica otorga (*gives*) derechos.
6. El ama de casa debe recibir un sueldo de acuerdo con las tareas que hace.
7. Se debe repartir las labores de la casa en proporción al trabajo que el matrimonio haga fuera del hogar.

ACTIVIDAD 13.   ¡Ud. es el consejero (la consejera)!

© LARRY MANGINO/IMAGE WORKS

Madre, padre e hija en España

Imagine que los matrimonios de los dos casos van a un consejero (una consejera) para aprender a «negociar» sus diferencias. Quieren llegar a un término medio que satisfaga a los dos. Haga el papel del consejero (de la consejera) y hable con los matrimonios, haciendo oraciones con los elementos de la Columna A y la Columna B o inventando una oración que exprese sus ideas más exactamente. Dirija sus comentarios a la persona apropiada, según el modelo.

MODELO: Es necesario...   aprender a negociar sus diferencias. →
Ana y Pablo (Susana y Juan), es necesario que Uds. aprendan a negociar sus diferencias.

COLUMNA A		COLUMNA B
1. Yo creo...	a.	aprender a compartir sus obligaciones de una manera más equitativa.
2. No creo...	b.	examinar su actitud hacia las tareas domésticas y comprenderla.
3. Es necesario...	c.	aceptar la contribución económica de su esposa.
4. Dudo...	ch.	comprender los sentimientos de su esposo/a.
5. Les recomiendo...	d.	dar más valor al trabajo de su esposa.
6. Es posible...	e.	cambiar su actitud en cuanto al dinero.
7. Les aconsejo...	f.	llegar a un acuerdo que satisfaga a ambos.
8. Ojalá (que)...	g.	no ser machista.
9. Estoy contento/a...	h.	tomar las decisiones juntos.
10. Temo...	i.	en vez de tener resentimiento, hablarse francamente.
	j.	venir a hablar conmigo otra vez.

CH. USE OF THE SUBJUNCTIVE TO REFER TO THE UNREAL OR INDEFINITE

As you begin this section, keep in mind the fundamental difference between the indicative and the subjunctive moods.

- Which mood is used to report actions that have actually happened?
- Which is used to report subjective actions or states?
- Which is associated with objective reporting?
- Which is associated with conceptual actions or states?

Keeping in mind what you already know about the indicative and the subjunctive, explain why each mood is used in the following sentences.

> Ana tiene un esposo que no la **ayuda** en la casa.
> Su hermana mayor quiere un esposo que la **ayude** en la casa.
> Su hermana menor busca un esposo que **quiera** tener muchos
> hijos.

The indicative is used to describe the existing spouse. The subjunctive is used to describe spouses who do not exist yet: they are wished for (**Su hermana mayor quiere...**) or searched for (**Su hermana menor busca...**), but they are as yet unreal, existing only in the minds of the sisters.

Note that the use of the subjunctive in the example sentences conforms to what you have come to expect about the structure of subjunctive sentences: The subjunctive occurs in the dependent clause; there are different subjects in each clause; and the clauses are linked by **que**.

These sentences differ from the noun-clause sentences you have seen previously, however: the dependent clause in all three is an adjective clause. That is, the entire clause functions as an adjective that modifies **esposo**. Adjective clauses are usually introduced by **que** when a person or thing is described, and by **donde** when a place is described.

Pablo **tiene** un empleo que no le **paga** bien.	*Pablo has a job that doesn't pay him well.*
Busca un empleo que le **pague** mejor.	*He is looking for a job that will pay him better.*
Viven en un lugar donde **nieva** mucho.	*They live in a place where it snows a lot.*
Quieren vivir en un lugar donde nunca **nieve**.	*They want to live in a place where it never snows.*

These sentences are similar to the earlier examples in that they show the use of the subjunctive to refer to a noun that is unreal, existing so far only in the mind of the speaker. Now compare the use of the indicative and the subjunctive in the following sentences.

—¿**Hay** alguien que los **pueda** ayudar?	*—Is there someone who can help them? (Does that person exist? Will he/she be found?)*
—Sí, **hay** alguien que **puede** ayudar a Ana y Pablo.	*—Yes, there is somebody who can help Ana and Pablo. (The person exists and is known.)*
—No, **no hay nadie** que los **pueda** ayudar.	*—No, there is no one who can help them. (The person does not exist.)*

In the first example, the use of the subjunctive underscores the speaker's lack of knowledge at the time the question is asked. The two responses contrast the use of the indicative to affirm the existence of an individual who can help and of the subjunctive to deny that such a person exists.

ACTIVIDAD 14. **Realidad y deseos**

¿Qué tienen ahora las siguientes personas? ¿Qué les gustaría tener? Complete las siguientes oraciones con la forma apropiada de los verbos. Luego conteste la pregunta que aparece al final de cada situación.

1. La secretaria de la Sra. Ortega nunca (*llegar*) al trabajo a tiempo, (*almorzar*) durante dos horas, no (*saber*) usar una computadora, se pinta las uñas (*nails*) en su escritorio y (*hablar*) por teléfono con todos sus amigos en horas de trabajo. La Sra. Ortega pone un aviso en el periódico para buscar una secretaria que (*ser*) puntual, que (*comer*) rápidamente, que (*saber*) usar una computadora, que (*tener*) una actitud más profesional y que no (*perder*) el tiempo.

   ¿Qué tipo de trabajo va a buscar esta secretaria cuando la Sra. Ortega la despida?

2. Esmeralda tiene un novio que siempre (*querer*) quedarse en casa, que (*mirar*) el boxeo en la televisión, que (*tomar*) mucha cerveza y eructa (*belches*), que nunca le (*decir*) «Te quiero», que (*fumar*) y que (*parecerse*) a Danny DeVito. Ella sueña con tener un novio a quien le (*gustar*) salir, que la (*invitar*) a la ópera, que le (*comprar*) champán, que no (*fumar*), que (*ser*) romántico y que (*parecerse*) a Michael Douglas.

    ¿Qué tipo de novia quiere el novio de Esmeralda?

3. El Sr. Reyes es vendedor y necesita su coche para su trabajo. El coche que (*tener*) es viejo, (*gastar*) mucha gasolina, (*estar*) oxidado (*rusted*), (*necesitar*) arreglos constantemente y nunca (*andar*) realmente bien. Necesita un coche que (*ser*) más nuevo, que no (*estar*) oxidado, que no (*gastar*) tanta gasolina, que (*estar*) en buenas condiciones y que (*andar*) bien en general.

    ¿Cómo es el coche que el vendedor le muestra al Sr. Reyes?

4. Alberto ya tiene cinco asignaturas este semestre, pero tiene que (*tomar*) seis si quiere graduarse en mayo. Entonces, él busca una asignatura que no (*requerir*) mucha lectura, que (*ser*) interesante y que no (*exigir*) mucho trabajo. También, prefiere un profesor que (*olvidarse*) de pasar lista (*to take roll*) y que no (*venir*) a clase a menudo.

    ¿Qué tipo de estudiante prefiere el profesor?

5. Isabel comparte un apartamento con tres chicas que (*hacer*) mucho ruido, que nunca (*limpiar*) la cocina, que (*ocupar*) el cuarto de baño muchas horas, que (*recibir*) llamadas telefónicas a cualquier hora de la noche y que (*ser*) antipáticas. Ella quiere compartir un apartamento con chicas que no (*hacer*) ruido, que (*ser*) limpias, que (*tener*) amigos considerados, que (*ser*) simpáticas, y que no (*pasar*) mucho tiempo en el cuarto de baño.

    ¿Qué tipo de compañera van a buscar las tres chicas cuando Isabel encuentre otro apartamento?

Ahora invente Ud. todos los detalles para describir los siguientes casos.

- El club de tenis tiene socios (miembros) que no... Los directores han decidido buscar nuevos socios. Prefieren tener socios que...
- El empleo de Pablo... Ana, la esposa de Pablo, sugiere que Pablo...

ACTIVIDAD 15. Dime una cosa...

Haga las siguientes preguntas a un compañero (una compañera) para saber lo que desea.

1. ¿Cómo quieres que sea tu futuro esposo (futura esposa)? (Quiero un esposo [una esposa] que...)

2. ¿Cómo quieres que sea tu futuro empleo? (Busco un empleo que...)
3. ¿Dónde quieres vivir después de graduarte? (Quiero vivir en un lugar donde...)
4. ¿Qué esperas que tenga el lugar donde quieres pasar las vacaciones? (Prefiero un lugar donde...)
5. ¿Qué cualidades buscas en tus amigos? (Prefiero tener amigos que...)

D. EQUAL COMPARISONS

To express equality between two elements, Spanish uses the following patterns.

---

tan + *adjective or adverb* + **como**

Susana es **tan** trabajadora **como** Juan.	Susana is as hardworking as Juan.
Él cocina **tan** bien **como** ella.	He cooks as well as she (does).

---

tanto/a/os/as + *noun* + **como**

Ella trabaja **tantas** horas **como** él.	She works as many hours as he (does).

---

verb + **tanto como** + *noun or pronoun*

Ella trabaja **tanto como** él.	She works as much as he does.

¡Atención!

1. Note that **tanto** agrees with the noun in gender and number.
2. **Tan** is also used to mean *so*.

¡Estos casos son **tan** interesantes!	These cases are so interesting!

ACTIVIDAD 16.   Descripciones

Describa los siguientes dibujos con formas comparativas o superlativas.

1. Ana, Eduardo y Óscar

2. La familia Gómez y
   la familia Iturralde

3. Alejandro
   y Javier

4. Mónica y su
   hermano Carlitos

ACTIVIDAD 17. Análisis de los casos

Lea con cuidado las siguientes oraciones y exprese el significado de cada
una con una expresión de igualdad, según el modelo.

> MODELO: Ana contribuye a mantener económicamente la casa exacta-
>   mente igual que su esposo. Esto quiere decir que Ana con-
>   tribuye... →
>
>   Ana contribuye con tanto dinero como su esposo. (Ana con-
>   tribuye económicamente tanto como su esposo.)

1. Los dos sueldos son imprescindibles para cubrir gastos. Esto quiere
   decir que un sueldo es...
2. Las labores del hogar no están repartidas equitativamente. Esto quiere
   decir que Pablo no trabaja...
3. Pablo llega a casa cansado. Ana llega a casa igualmente cansada. Esto
   quiere decir que Ana está...
4. Susana y Juan se reparten los quehaceres domésticos. Esto quiere decir
   que Juan hace...
5. Juan quiere tener más responsabilidades que su esposa. Esto quiere
   decir que Juan no quiere que su esposa tenga...
6. Pablo hace menos quehaceres domésticos que Ana. Esto quiere decir
   que Pablo no hace...
7. Según Juan, él tiene más presiones que Susana. Esto quiere decir que
   Susana no tiene...

PALABRAS PROBLEMÁTICAS

pagar	to pay (for)
gastar	to spend (*money*)
pasar	to spend (*time*)
ahorrar	to save (*money, time*)
guardar	to keep, set aside, put away

ACTIVIDAD 18. Un cuento breve

Complete el cuento con las palabras apropiadas.

Decidí participar en la revolución tecnológica y comprarme una computadora personal. Entonces, (*ahorré/guardé*)[1] una parte de mi sueldo todos los meses y por fin tuve suficiente dinero (*ahorrado/guardado*)[2] para comprármela. Fui a una tienda donde se venden computadoras y elegí una computadora último modelo. El vendedor me dijo que con esta computadora podría llevar las cuentas,° (*ahorrar/guardar*)[3] todos mis documentos en un pequeño disco, (*pagar/gastar*)[4] mis cuentas y, como la computadora me (*guardaría/ahorraría*)[5] mucho tiempo, podría (*gastar/pasar*)[6] el tiempo en otras cosas. ¡Fantástico! (*Gasté/Pagué*)[7] la cuenta y llevé mi computadora flamante° a casa. ¡Pero no es tan fácil participar en la revolución tecnológica! ¡Ahora (*paso/gasto*)[8] mucho tiempo aprendiendo a usarla!

llevar... *keep accounts*

brand-new

UN PASO MÁS HACIA LA COMUNICACIÓN

> *Exaggerating*
>
> All of us probably stretch the truth a bit in casual conversation, just to make a point. And, of course, the atmosphere of a heated argument is the perfect climate for exaggerations. Up to this point in *Un paso más*, you have learned the following techniques that can help you to stretch the truth... or if, you prefer, to "tell it like it is."
>
> THE SUPERLATIVE CONSTRUCTION
>
> Mi niña es la (niña) más inteligente de la escuela.
>
> ADJECTIVE CLAUSES WITH THE SUBJUNCTIVE
>
> No hay esposo que cocine como el mío.
>
> Here is an additional form you can use either to describe "the ultimate" in something or to exaggerate.

SUPERLATIVES ENDING IN -ÍSIMO

Use the ending **-ísimo** with adjectives or adverbs to add the idea of
very, very (*extremely, extraordinarily, super*) to the quality.

bueno → buenísimo	ricos → riquísimos
cansada → cansadísima	largas → larguísimas
difícil → dificilísimo	feliz → felicísimo

rápido → rápidamente → rapidísimamente
tranquilo → tranquilamente → tranquilísimamente

¡Atención!

- Note the spelling changes in adjectives ending in **c**, **g**, and **z**. These are the same changes you have seen in the preterite and present subjunctive of verbs ending in **-car**, **-gar**, and **-zar**.
- Note that the accent in the **-ísimo** ending takes precedence over an accent in the original adjective or adverb.

ACTIVIDAD 19.   **¡No me digas!**

Cuando su amigo Rodolfo le diga lo siguiente, contéstele exagerando lo que Ud. dice.

1. Mi abuela es una cocinera estupenda. Prepara paella, gazpacho, flan,... Nos encanta ir a su casa para comer.
2. Mi especialización, la química, es tremendamente difícil. ¡No te puedes imaginar cuánto tengo que estudiar!
3. Mis padres tienen una casita muy bonita en las montañas. La usan sólo los fines de semana y a veces para las vacaciones.
4. Mi hermano es muy simpático, ¿sabes? Y también ha tenido mucho éxito en el mundo de los negocios. ¡Gana una barbaridad!

De todos los miembros de la clase, ¿quién ha exagerado mas? Pero... momentito... ¿Es esto una buena cualidad o un defecto en un amigo?

■ DE TODO UN POCO

ACTIVIDAD A.   **Un noviazgo desastroso**

Complete los párrafos con el indicativo, el subjuntivo o el infinitivo. Cuando se dan dos posibilidades, escoja la más apropiada.

Hace dos años que Elena y Marcos salen juntos. Entonces, ¿por qué no se casan? Marcos acaba (*que/de*)[1] (*comenzar*)[2] a ejercer° como médico, y toda- *to practice* vía no gana mucho. Elena (*ser/estar*)[3] trabajadora social. ¿Por qué esperan? ¿Qué quieren?

Pues, Elena dice: «Quiero un esposo que (*ser/estar*)[4] en casa todas las noches». Marcos, por supuesto, muchas veces (*tener*)[5] que trabajar largas horas en el hospital. Marcos, por su parte, quiere (*vivir*)[6] cerca del hospital, mientras Elena dice: «Vamos a buscar una casa que (*ser/estar*)[7] cerca de la casa de mis padres». Cuando tienen (*tiempo/rato*)[8] libre, Marcos sugiere que (*quedarse*)[9] en casa y que (*buscar*)[10] un buen programa en la televisión. Pero a Elena le (*gustar*)[11] los conciertos, el cine y los restaurantes de la ciudad y ella quiere (*salir*).[12] Y cuando salen a comer y Marcos dice «Vamos a (*comer*)[13] una pizza», Elena contesta, «No me (*gustar*)[14] la pizza. Prefiero algo que (*tener*)[15] menos calorías». A Marcos le gusta ir los domingos a un partido de fútbol, pero Elena quiere (*ver*)[16] una película francesa.

Entonces, ¿por qué no busca ella un novio que (*tener*)[17] gustos más parecidos a los gustos de ella? ¿Por qué no busca Marcos una novia que (*compartir*)[18] sus intereses y que (*ser/estar*)[19] más comprensiva? ¿No hay nadie para los dos que (*ser/estar*)[20] más compatible?

Por este motivo, anoche decidieron salir con diferentes personas.

Ahora complete las siguientes oraciones según la historia.

- Elena busca un novio que...
- Marcos necesita una novia que...

ACTIVIDAD B.   Con sus propias palabras

Hoy en día los tradicionales papeles de esposo y esposa, de padre y madre, han cambiado mucho y parece que van a seguir evolucionando. El dibujo de Mafalda representa, con humor, un estereotipo que, en una época, se vio mucho en la televisión estadounidense: el de la mamá que cuida a los niños y que es muy buena y muy simpática... pero no muy inteligente.

witty remarks (lit. *sharp things*)

Describa los papeles tradicionales de esposo y esposa. Debe hablar de...

- el aspecto económico del matrimonio
- las tareas de la casa
- la crianza (*raising*) de los niños
- las cualidades que deben tener los esposos
- el aspecto sentimental del matrimonio

MODELOS: Tradicionalmente, el esposo... Debe... (No) Tiene derecho a...
No tiene que...
Tradicionalmente, la esposa... Tiene que... (No) Tiene derecho
a... No debe...

ACTIVIDAD C. **Una encuesta**

¿Cómo eran sus padres —o cómo son— con respecto a los papeles tradicionales de esposo y esposa? Indique si su padre (**P**) o su madre (**M**) hacía —o hace— las acciones indicadas en la lista. Si Ud. está casado/a, puede hacer la encuesta para describir su propio matrimonio.
¿Quién...

_____ sacaba la basura?
_____ preparaba las comidas, generalmente?
_____ lavaba el coche?
_____ trabajaba fuera de casa?
_____ tenía bajo su responsabilidad la crianza de los niños?
_____ conducía el auto cuando toda la familia salía junta?
_____ pagaba las cuentas?
_____ acostaba a los niños?
_____ predominaba en el momento de tomar decisiones?
_____ sacaba el perro a caminar?
_____ salía mucho con sus amigos/as por la noche?
_____ ¿ _____ ?

Ahora compare las respuestas de todos. De las acciones indicadas, ¿cuáles eran anteriormente cosa de hombres? ¿cosa de mujeres? ¿Han cambiado mucho en la actualidad los papeles tradicionales?

¿Sigue Ud. el consejo de este letrero de Puebla, México?

Nuestro mundo

Canto°
¿Solo así he de irme°?
¿Como las flores que perecieron°?
¿Nada queda en mi nombre?
¿Nada de mi fama aquí en la tierra?
¡Al menos flores, al menos cantos!

Canción
he... *am I to leave?*
murieron

(Canción precolombina tallada [*carved*] sobre la entrada de una de las salas del Museo Antropológico de México)

Los sitios arqueológicos que visita hoy en día el viajero en Latinoamérica eran antes grandes centros religiosos y culturales de las tres civilizaciones precolombinas más importantes: la maya, la azteca y la inca. En estos sitios arqueológicos se pueden ver todavía los edificios y artefactos de estas civilizaciones que existieron hace miles de años. Hoy, muchos de los habitantes de los países que fueron centros de esas culturas son descendientes de ellos, pero esas civilizaciones ya no existen. Algunas desaparecieron a causa de los conflictos con otras culturas, otras por razones de tipo ecológico. Para otras hay teorías sobre su desaparición, pero no se sabe definitivamente lo que les pasó.

En la actualidad, cuando se habla tanto de los problemas ecológicos, de cómo éstos están cambiando nuestro mundo en el presente y de los efectos que esto tendrá en el futuro, algunos se preguntan: ¿Qué quedará en nuestro nombre en miles de años?

CAPÍTULO 13

¿Qué hemos hecho?

© DAVID KUPFERSCHMID

La belleza natural del Lago Atitlán, en Guatemala

■ EN OTRAS PALABRAS...

Para hablar de la ecología y el medio ambiente

Muchas de las palabras que se usan para hablar de la ecología y el medio ambiente son cognados, mientras hay otras que parecen cognados pero no lo son. Aquí se dan estas palabras en grupos familiares con el sustantivo, el verbo y el adjetivo que les corresponde.

SUSTANTIVOS		VERBOS	ADJETIVOS
la amenaza	threat	**amenazar**	**amenazado/a**
el avance	advance	**avanzar**	**avanzado/a**
el bosque	forest, woods		
la conciencia	awareness		**consciente**
la contaminación	pollution	**contaminar**	**contaminado/a**
el daño	harm, damage	**dañar**	**dañado/a**
el desarrollo	development	**desarrollar**	**desarrollado/a**
la destrucción	destruction	**destruir**	**destruido/a**
la enfermedad	illness	**enfermar(se)**	**enfermo/a**
el medio ambiente	environment		**ambiental**
la naturaleza	nature		**natural**
la política	policy		**político/a**
la protección	protection	**proteger**	**protegido/a**
los recursos naturales	natural resources		
la salvación	salvation	**salvar**	**salvado/a**

el suelo	ground, soil	
la supervivencia	survival	**sobrevivir**
la sustancia química	chemical substance	

ACTIVIDAD 1. **¿Qué le preocupa más?**

Complete las siguientes oraciones con las dos terminaciones que mejor expresan sus ideas y preocupaciones. Dé la forma apropiada del verbo donde sea necesario.

1. Yo creo que... (dos afirmaciones)
   a. hemos progresado mucho en la tecnología.   b. el medio ambiente ya está destruido.   c. la explotación de los recursos naturales es más importante que la condición del medio ambiente.   ch. el medio ambiente está amenazado.   d. los grupos como el Sierra Club exageran la situación.   e. los grupos como el Sierra Club describen la situación tal como es.   f. ¿_____ ?

2. De los problemas ecológicos actuales, dos de los más graves son...
   a. la contaminación del medio ambiente.   b. las amenazas a varias especies de animales.   c. el daño a la capa (*layer*) de ozono.   ch. el desarrollo de las zonas verdes.   d. la destrucción de los bosques.   e. las enfermedades causadas por la contaminación.   f. la salvación de los recursos naturales.   g. las sustancias químicas en la comida.   h. la amenaza de serios desastres nucleares.   i. la supervivencia del ser humano.   j. ¿_____ ?

3. Es necesario que (nosotros)... (dos sugerencias)
   a. proteger los recursos naturales.   b. contaminar menos.
   c. desarrollar nuevas políticas.   ch. destruir las sustancias químicas que causan la contaminación.   d. salvar a las ballenas (*whales*).
   e. sobrevivir a la destrucción del medio ambiente.   f. ser más conscientes.   g. ¿_____ ?

COMENTARIOS DE HOY

Antes de leer

Hoy en día todo el mundo es muy consciente de la importancia de la ecología y los problemas ambientales. En los países de habla española se habla y se escribe tanto sobre estos temas como en los Estados Unidos porque los problemas son igualmente graves en todas partes del mundo. El siguiente artículo, por ejemplo, es de una revista española.

Para tener una idea de lo que el artículo trata, lea rápidamente el título y el primer párrafo.

La nueva conciencia ecológica

Al celebrarse el día Mundial del Medio Ambiente se han renovado° los llamamientos,° tanto a escala° nacional como europea, sobre la necesidad de desarrollar una conciencia ecológica e integrar la protección del medio° en las diversas políticas desarrolladas por la Comunidad Europea y sus Estados miembros.

renewed / calls, appeals
scale
medio ambiente

Escoja la frase que mejor resuma las ideas de este párrafo.

1. Es necesario que la Comunidad Europea desarrolle una conciencia y una política ecológica para proteger el medio ambiente.
2. Ya se ha desarrollado una nueva conciencia política en la Comunidad Europea.

Si ha elegido la respuesta 1, Ud. escogió la respuesta correcta. Ahora, al leer el artículo entero, tenga en cuenta estos puntos.

- los problemas ecológicos que hay en el mundo según el artículo
- las medidas (*measures*) que se han tomado o que se piensan tomar para solucionarlos

La nueva conciencia ecológica

Al celebrarse el día Mundial del Medio Ambiente se han renovado los llamamientos, tanto a escala nacional como europea, sobre la necesidad de desarrollar una conciencia ecológica e integrar la protección del medio en las diversas políticas desarrolladas por la Comunidad Europea y sus Estados miembros.

Mil novecientos ochenta y siete fue declarado Año Europeo del Medio Ambiente, lo que prueba que no se trata sólo de una preocupación de los «verdes°» o de los partidarios° de la vuelta° a la Naturaleza.

European political party with ecological concerns
advocates / return

Los problemas y las voces de socorro° surgen° por todas partes. En Francia, las abejas° y las águilas° están en peligro de muerte y en Chile los cactos agonizan por causas del hombre. Cada minuto desaparecen en el mundo 21 hectáreas° de bosque, víctimas de la sequía,° las enfermedades y la acción humana. En las zonas rurales del Tercer Mundo, millones de seres humanos, sobre todo mujeres, ven amenazada su salud, e incluso su vida, por la contaminación del aire producida por el carbón de leña,° la turba° o el estiércol° empleados para calentar° sus casas. La propia ozonosfera está en peligro.

voces... *cries for help* / *vienen*
bees / eagles
1 hectárea = 2.471 *acres*
drought

carbón... *charcoal*
peat / dung / to heat

La ozonosfera es esa capa de ozono que, a una altura de 18 a 26 kilómetros de la superficie° terrestre, protege de los rayos ultravioleta del sol a todo ser vivo° en nuestro planeta. Las amenazas a esta capa proceden° de las explosiones nucleares, de ciertas sustancias químicas, del óxido y el dióxido de nitrógeno procedentes de los fertilizantes, etcétera.

surface / *que vive*

vienen

LLUVIA ÁCIDA Y MORTAL

Un capítulo aparte merece la lluvia ácida: residuos en la atmósfera de dióxido de azufre,° óxidos de nitrógeno e hidrocarburos, procedentes de la combustión de materias fósiles (petróleo° y carbón°) y los escapes° de los coches. Las combinaciones químicas de estos productos en el aire caen al suelo en forma de ácidos sulfúricos y nítricos. En los últimos cinco años, la mitad de los bosques alemanes han sido afectados por esta «plaga°». Los demás países no se libran.°

sulfur

oil / coal / exhaust

plague / no... *are not free of it*

Se está trabajando en buena parte del mundo para combatir estos riesgos° y para crear en la gente una sensibilidad ante los graves peligros que se ciernen° sobre la utilización de fertilizantes nitrogenados en la agricultura. Hay que proteger los bosques heridos de muerte.° Hay que buscar alternativas a las combustiones dañinas.

risks
se... *loom*

heridos... *mortally wounded*

La ciencia y la tecnología ofrecen instrumentos y armas° para este combate. Un sistema británico computarizado permite regular la concesión° de licencias para el comercio° internacional de especies en peligro, como los cocodrilos, los corales y las orquídeas. El sistema cuenta con° datos sobre 15.000 especies y utiliza la clasificación aceptada por la Convención Internacional de Especies de Fauna y Flora Salvajes° amenazadas de extinción.

weapons
granting
trade
cuenta... *tiene*

Wild

Esta Convención está ahora empeñada° en salvar a los elefantes por medio de° un sistema de limitación de las exportaciones de marfil.°

determined / por... *by means of*
ivory

En España se creará una federación de espacios naturales para coordinar los parques y las zonas protegidas.

FRENAR° EL DESIERTO

Stopping

La Comunidad Europea se propone realizar en África una tarea de dimensiones gigantescas, para frenar el avance del desierto, por medio de la repoblación forestal y el regadío.° Al mismo tiempo, se trata de fomentar° la capacidad de los países africanos para el autoabastecimiento° agrícola. Desde el pasado primero de mayo está vigente° el III Tratado° de Lomé, que une a todos los Estados del África negra (junto a países del Caribe y del Pacífico) con la Comunidad Europea.

 Como hemos dicho, 1987 fue el Año Europeo del Medio Ambiente. Se pretende° así potenciar° las tareas de la Comunidad y dar nuevos impulsos a la política medioambiental que ha quedado recogida,° como campo de acción comunitaria en el Acta° firmada por todos los Estados miembros. La naturaleza otorga° a los países europeos un verdadero sentido de comunidad y de solidaridad, tanto en la protección y el uso racional del suelo como en la protección de la flora y la fauna y la gestión° de los recursos naturales. Los temas ambientales han pasado a° ocupar un lugar prioritario en la Europa de los Doce.°

irrigation / encourage
self-sufficiency / in effect
Treaty

Se... We are trying
to make possible
held back / official document
da

management
han... have come to
los... los doce países de la Comunidad Europea Económica

ACTIVIDAD 2. **Comprensión de la lectura**

Complete la siguiente tabla con información de la lectura.

Flora que está amenazada: _____ _____ _____ _____
Fauna que está amenazada: _____ _____ _____ _____
Problemas con el aire/la atmósfera: _____ _____ _____
Problemas con la tierra misma: _____

ACTIVIDAD 3. **¿Problema o solución?**

En el artículo se mencionan los problemas ambientales de varias partes del mundo y las soluciones que se han propuesto. Indique si las siguientes frases describen un problema o una solución.

1. Las abejas, las águilas y los cactos están en peligro.
2. Se trata de crear en la gente una sensibilidad ante los peligros.
3. Se propone la repoblación forestal y el regadío para frenar el avance del desierto.
4. Cada minuto desaparecen 21 hectáreas de bosque.
5. Se ha creado una federación para proteger los parques y espacios naturales.
6. La salud está amenazada por la contaminación.
7. Se buscan alternativas a las combustiones dañinas.
8. Explosiones nucleares y ciertas sustancias químicas amenazan la ozonosfera.
9. Los temas ambientales ocupan un lugar prioritario en la Comunidad Europea.
10. La lluvia ácida afecta a la naturaleza.
11. Se puede regular la concesión de licencias para el comercio de especies en peligro.

¡ES ASÍ!

El río Amazonas, el segundo más largo del mundo, nace en los Andes del Perú y pasa por miles de kilómetros de la selva (*jungle*) del Perú y Brasil a desembocar en el Océano Atlántico. Recientemente, los ecologistas y conservacionistas se han dado cuenta de los resultados de la deforestación en masa de las selvas de esta región tropical y húmeda. La tala (*cutting down of trees*) indiscriminada para la cultivación, la explotación de minas de hierro (*iron*) y de oro y la construcción de edificios, especialmente en la zona amazónica del Brasil, han provocado cambios meteorológicos notables. Al modificarse el

régimen (*pattern*) de lluvias, se ha añadido un factor que ha cambiado el crecimiento de los ríos, contribuyendo en alguna medida al problema de las inundaciones (*floods*). Además, en esta región existen más de 40 mil especies de plantas, muchas de ellas con excelentes virtudes medicinales. Según los expertos, estas plantas, como también las bacterias y hongos (*fungi*) con las que conviven, representan una de las más valiosas y gigantescas reservas de recursos naturales acumulada en el transcurso de billones de años.

ACTIVIDAD 4.   ¿Qué se puede hacer?

La Comisión Nacional de Ecología del Gobierno Federal de México ha hecho una lista de las 100 acciones necesarias para enfrentar (*to confront*) los aspectos más urgentes de la degradación ecológica de este país. Aquí aparecen algunas de las medidas. ¿Se han tomado las mismas medidas o medidas similares para controlar la contaminación en su región (o en los Estados Unidos)? Indique su respuesta en la columna apropiada. Si dice que no, indique también si cree que es necesario tomarlas.

Una capa de aire contaminado cubre la capital de México

© BERYL GOLDBERG

	SÍ	NO	NECESARIO
1. aplicación de tecnologías más avanzadas de reducción de contaminación en los vehículos nuevos	☐	☐	☐
2. eliminación de tecnologías obsoletas de efectos contaminantes en el transporte público	☐	☐	☐
3. campaña (*campaign*) para la disminución del número de automóviles en circulación	☐	☐	☐
4. control de la contaminación industrial y uso de agua en zonas críticas	☐	☐	☐
5. desconcentración territorial de la industria contaminante	☐	☐	☐
6. ahorro de energía	☐	☐	☐
7. control de basura (*garbage*)	☐	☐	☐
8. centros de recepción de depósitos vacíos (*empty*) de vidrio (*glass*) y plástico	☐	☐	☐
9. reducción de ruido	☐	☐	☐
10. limpieza (*cleanup*) de bahías (*bays*), lagos y ríos	☐	☐	☐
11. creación de áreas verdes y parques	☐	☐	☐
12. protección de bosques y reforestación	☐	☐	☐
13. red (*network*) de áreas naturales protegidas	☐	☐	☐
14. sistema de protección de especies animales y vegetales	☐	☐	☐
15. control y reglamento de plaguicidas (*pesticides*)	☐	☐	☐
16. control de residuos de plaguicidas en alimentos	☐	☐	☐
17. acciones educativas de salud ambiental	☐	☐	☐
18. vigilancia (*watch*) de la salud en relación a la contaminación atmosférica	☐	☐	☐

ACTIVIDAD 5. **Investigaciones (*Research*)**

Los siguientes casos son ejemplos de problemas ambientales de varios tipos. ¿Con cuál de las cuatro categorías que se dan a continuación se asocian?

Chernobil	«pulmones	Love Canal
las águilas (*eagles*)	negros»	el Amazonas
	la Antártida	

1. las áreas de la tierra y los fenómenos naturales amenazados por problemas ambientales
2. las especies que están en peligro de extinción o que han desaparecido ya
3. las enfermedades causadas por la contaminación
4. los efectos de las sustancias químicas y de la contaminación nuclear

Ahora, con cuatro o cinco compañeros, hagan una lista de casos que pueden usarse como ejemplos que ilustren cada categoría. Pueden basarse en la lectura que acaban de leer y en lo que ya saben del tema. Usen un diccionario bilingüe cuando sea necesario. Después de 10 minutos, comparen su lista con las de otros grupos.

LENGUA Y ESTRUCTURAS

A. USING *POR* TO EXPRESS CAUSE, SOURCE, OR MOTIVE

The prepositions **por** and **para** have different uses and cannot be used interchangeably. The choice between them depends on the meaning that the speaker wishes to convey. That choice is complicated by the fact that both can express *for*, depending on what *for* implies in English.

You will work with **por** and **para** in a number of sections in this chapter and the next one. Learning to use them accurately takes time, however, so don't be discouraged if the topic is not an easy one for you.

Por is often used to introduce a cause, source, or motive. In this context, it expresses *by, because of, on account of, due to*. What is the English equivalent of **por** in the following excerpts, which are taken from the article you just read?

1. ...las diversas políticas desarrolladas **por** la Comunidad Europea y sus Estados miembros.
2. Los problemas y las voces de socorro surgen **por todas partes**.
3. ...en Chile los cactos agonizan **por** causas del hombre.
4. ...millones de seres humanos... ven amenazada su salud... **por** la contaminación del aire producida **por** el carbón de leña...
5. La Comunidad Europea se propone realizar en África una tarea de dimensiones gigantescas, para frenar el avance del desierto, **por medio de** la repoblación forestal y el regadío.

Note that, in excerpt 1, **por** gives the *source* of the policies that have been developed. In excerpt 3 it introduces the *cause*. In excerpt 4 the source and cause also follow **por**. In excerpts 2 and 5 **por** forms part of an *idiomatic expression*. Some expressions with **por** that you have seen in previous chapters follow.

por ciento	percent	**por lo mismo**	for that reason
por cierto	certainly	**por medio de**	by means of
por completo	completely	**por suerte**	fortunately
por fin	at last	**por supuesto**	of course
por lo menos	at least	**por todas partes**	everywhere

You will learn more expressions with **por** later in this chapter.

B. USING *PARA* TO EXPRESS PURPOSE OR EFFECT

Whereas **por** usually introduces the cause, **para** is used to present an effect, purpose, goal, or objective.

1. Se está trabajando... **para** combatir estos riesgos y **para** crear en la gente una sensibilidad...

2. La ciencia y la tecnología ofrecen instrumentos y armas **para** este combate.

3. ...licencias **para** el comercio internacional de especies en peligro...

Note that **para** is used to express a *purpose*, as in excerpt 1, and an *intended goal* or *recipient* as in excerpts 2 and 3.

¡Atención!

1. Both **por** and **para** can precede an infinitive, but the resulting meanings are quite different.

...trabajando **para** combatir estos riesgos...	...*working to (in order to) combat these risks...*
Sufrimos ahora **por** descuidar el medio ambiente antes.	*We suffer now because of (due to) neglecting the environment before.*

2. Two frequent uses of **por** and **para** are related to the cause-versus-purpose distinction, and it is a good idea to learn them as set phrases:

Gracias por (el regalo, tu ayuda...).	*Thanks for (the present, your help . . .).*
¿Es **para mí**? ¡No me digas!	*Is it for me? You're kidding!*
—Sí, es **para ti**.	*—Yes, it's for you.*

ACTIVIDAD 6. Dime una cosa...

Escoja una expresión u oración de la Columna B para contestar la pregunta de la Columna A que le va a hacer un compañero (una compañera). Hay más de una respuesta posible para algunas preguntas. Luego trate de inventar un contexto para cada diálogo. ¿Quiénes hablan? ¿Dónde están?

COLUMNA A

1. ¿Cómo leíste el artículo, completamente o sólo una parte?
2. ¿Comprendiste todas las palabras?
3. ¿Te preocupan los problemas ecológicos?
4. ¿Vas a leer los otros artículos?
5. ¿Existen problemas ecológicos solamente en los Estados Unidos?
6. ¿Cómo crees que se puede solucionar los problemas ecológicos?
7. ¿Ha ocurrido en los Estados Unidos un desastre como el de Chernobil?
8. El artículo es bastante largo. ¿Qué dijiste al terminar de leerlo?

COLUMNA B

a. ¡Por suerte, no!
b. ¡Por fin!
c. Por lo menos el 80 por ciento.
ch. ¡Por supuesto!
d. ¡Por cierto!
e. ¡Por completo!
f. No. Los hay por todas partes.
g. Por medio de esfuerzos internacionales
h. ¿——— ?

ACTIVIDAD 7.   Siguiendo el tema

Complete el párrafo con **por** o **para**.

_____¹ no preocuparnos suficientemente _____² la preservación de los recursos naturales, ahora podemos ver las consecuencias _____³ el equilibrio del medio ambiente. La actual situación atmosférica constituye una grave amenaza _____⁴ la vida de todos. _____⁵ ejemplo, cada año la contaminación destruye _____⁶ lo menos 11 millones de hectáreas de bosques. En los países del Tercer Mundo más de 25 mil personas mueren diariamente _____⁷ enfermedades causadas _____⁸ la falta de agua potable. La legislación ambiental es un paso _____⁹ lograr una mejor calidad de vida _____¹⁰ todos los habitantes de este planeta.

ACTIVIDAD 8.   Situaciones

¿Qué le diría a un amigo hispano en las siguientes situaciones? Tal vez lo/la ayuden las palabras entre paréntesis.

1. the purpose of the mug-type of glass he is holding, which has your college or university insignia on it (**cerveza**)
2. whom the package on the table is for (**él**)
3. why you want to go to Mexico next year (**el español**)
4. why you didn't come to the party last night (**el examen**)
5. the difference between the long-stemmed crystal glass and the short round one (**el vino versus el helado**)
6. your gratitude for his help with your composition for Spanish class (**la composición**)

■ EN OTRAS PALABRAS...

Otros aspectos de nuestro medio ambiente

La naturaleza

la concha	shell	**el grado**	degree
el mar	sea	**el tamaño**	size
la nube	cloud	**la tonelada**	ton
la roca	rock		
el vapor	steam, vapor	**Lo que pasa**	
		enfrentar	to confront
Medidas		**liberar**	to release, liberate
la cantidad	quantity		

COMENTARIOS DE HOY

Antes de leer

El siguiente artículo lleva el título «Lluvia ácida en la prehistoria» y una breve introducción, que se da aquí. Lea esta introducción rápidamente para descubrir el tema del artículo y después conteste las preguntas.

En una época remota, los dinosaurios eran los amos° del mundo. Hasta que llegó el cataclismo. Las últimas investigaciones apoyan° la teoría de que la lluvia ácida, provocada por el impacto de un meteorito, acabó con ellos.°

owners
support
acabó... finished them off

1. La época a que se refiere el artículo: _____
2. El animal a que se refiere: _____
3. La teoría a que se refiere: _____

Lluvia ácida en la prehistoria

En una época remota, los dinosaurios eran los amos del mundo. Hasta que llegó el cataclismo. Las últimas investigaciones apoyan la teoría de que la lluvia ácida, provocada por el impacto de un meteorito, acabó con ellos.

Una excavación submarina está arrojando° más luz sobre uno de los misterios más inquietantes° con que se enfrentan los paleontólogos: Por qué hace unos sesenta y cinco millones de años muchas especies de plantas y animales, en especial los dinosaurios, fueron borradas° de la faz de la tierra. La mayor parte de los restos fósiles en las rocas desaparecen súbitamente° cuando comienza la era Terciaria. Incluso los amonites, unos pulpos° prehistóricos que poblaban° los mares por millones, se extinguieron.

Los investigadores han empezado a encontrar respuestas interesantes. En dicha° excavación submarina han extraído y analizado foraminíferos fósiles de finales del período Cretácico, en la era Secundaria. Los foraminíferos son animales minúsculos del tamaño de una célula, protegidos por una concha calcárea. Al morir, sus conchas forman los suelos de los mares.

Los científicos han descubierto en estas conchas cantidades anormales de estroncio 87, un elemento radiactivo inestable y relativamente raro en el mar. Para explicar tan altas cantidades de estroncio han reafirmado la hipótesis de que hace sesenta y cinco millones de años un asteroide o cometa impactó sobre nuestro planeta. Al entrar en contacto con nuestra atmósfera, el calor liberó millones de toneladas de gases, en especial óxidos de nitrógeno. Estas nubes gaseosas se combinaron con el vapor de agua para formar gigantescas cantidades de ácido nítrico que se precipitaron en forma de lluvia ácida. Una lluvia que pudo causar daños ecológicos y liberar de los continentes grandes cantidades de estroncio 87, arrancándolo° de las rocas para arrastrarlo° al mar.

throwing
disturbing

eliminadas
suddenly
octopuses / vivían en
esta

pulling it / to carry it off

Las consecuencias habrían sido° terribles. Casi todo el plancton marino podría haber muerto. Los océanos se habrían calentado° seis o siete grados, matando millones de seres, y la temperatura global del planeta podría haberse incrementado. La situación duraría medio millón de años, sucumbiendo° muchas especies terrestres.

habrían... *must have been*

heated up

muriendo

ACTIVIDAD 9. **Comprensión de la lectura**

Complete la secuencia de sucesos, según la lectura, con las oraciones apropiadas del Grupo B.

GRUPO A

1. Había muchos dinosaurios y amonites en el mundo en una época remota.
2. _____
3. Se liberaron muchas toneladas de gases, que formaron una lluvia ácida.
4. _____
5. Esta situación duró muchísimos años, tal vez medio millón.
6. _____
7. _____
8. Creen que la presencia de estroncio 87 en cantidades anormales en los foraminíferos fósiles confirma la teoría del asteroide.

GRUPO B

a. Por consecuencia murió el plancton marino, se calentaron los océanos y se elevó la temperatura global.
b. Por eso, se cree que desaparecieron los dinosaurios y los amonites, al comienzo de la era Terciaria.
c. En la actualidad, un grupo de investigadores ha hecho una excavación submarina para investigar el fenómeno.
ch. Un asteroide o cometa impactó sobre la tierra.

■ LENGUA Y ESTRUCTURAS

C. PRESENT PERFECT TENSE

All the tenses you have worked with so far in *Un paso más* have been simple tenses, that is, verb forms of only one word: **yo *trabajo***, **Ud. *leía***, **tú *pusiste***, **que Ana *haga***, ***conteste* Ud.**, **no me *digas***.

The perfect tenses are compound; that is, they are made up of more than one word, in this case, a form of **haber** plus the past participle of a verb. In the perfect tenses, only the form of **haber** varies. It can be present indicative (the present perfect tense), imperfect (the pluperfect tense), present subjunctive (the present perfect subjunctive), and so on. This section focuses on the forms and uses of the present perfect.

The word *perfect* in the name of the perfect forms is used to imply completion, that is, to indicate that the action described by the verb is seen as completed with respect to some point in time. You will find that the use of the perfect tenses in Spanish corresponds roughly to the use of the perfect tenses in English.

¿Qué **has hecho** hoy? —**He asistido** a clases, **he escrito** una composición...

What have you done today? —I've gone to classes, written a composition . . .

---
present tense of **haber** + past participle

Los investigadores **han empezado** a encontrar respuestas interesantes.

The researchers have begun to find interesting answers.

La excavación submarina **ha arrojado** más luz sobre este misterio.

The underwater excavation has thrown more light on this mystery.

	-ar	-er	-ir
yo **he**	estado	desaparecido	combatido
tú **has**	estudiado	sido	sobrevivido
Ud. **ha**	cambiado	protegido	salido
nosotros **hemos**	terminado	podido	contribuido
vosotros **habéis**	desarrollado	aprendido	venido
Uds. **han**	contaminado	comido	repetido

The present perfect of **haber** is **ha habido** (*there has/have been*). **Ha** is invariable.

¡Atención!

1. In this construction, the past participle is invariable, always ending in **-o**. It does not change in gender or number to agree with the subject.
2. Object and reflexive pronouns precede the complete conjugated verb.

¿Ya has leído el artículo? —No, todavía no **lo** he leído.

¿**Te** has dado cuenta de las consecuencias? —Sí, **me** he dado cuenta de ellas.

ACTIVIDAD 10. **¿Qué ha pasado?**

Explique lo que ha pasado en los últimos veinte años, cambiando los verbos del presente al presente perfecto.

MODELO: El interés por la ecología aumenta. →
El interés por la ecología ha aumentado.

1. En algunas regiones la contaminación y los incendios destruyen los bosques.
2. Algunas personas se enferman por los efectos de las sustancias químicas.
3. Yo soy más consciente de los problemas ecológicos.
4. Ocurren desastres como Bhopal y Chernobil.
5. Los Estados Unidos y los países de Europa empiezan a combatir este problema.
6. Las explosiones nucleares amenazan la ozonosfera.
7. Pedimos una legislación para protegernos de los contaminantes.
8. La combinación de contaminantes contribuye a la lluvia ácida.
9. Los bosques están afectados por la lluvia ácida.
10. Tenemos que buscar alternativas a las combustiones dañinas.
11. En España se crea una federación de espacios naturales.
12. La naturaleza cambia.

ACTIVIDAD 11.   Dime una cosa...

Es evidente que el mundo ha cambiado. ¿Qué ha pasado en los últimos diez años con respecto a los siguientes temas? Hágale preguntas a un compañero (una compañera) para saber sus opiniones.

MODELO: las películas que te gustan →
—¿Qué cambios has visto en los últimos diez años en las películas que te gustan?
—Pues... las películas que me gustan han cambiado mucho. Antes veía solamente películas de Disney. Ahora veo películas de muchos tipos.

¿Qué cambios has visto en los últimos diez años en...

1. el precio de un helado?
2. tu dieta?
3. tu familia?
4. tu ciudad o pueblo?
5. tus intereses?
6. tus gustos?
7. tus ambiciones?
8. la tecnología que utilizas en la vida diaria?

CH. IRREGULAR PAST PARTICIPLES

Los científicos **han descubierto** en estas conchas cantidades anormales de estroncio 87...

The scientists have discovered abnormal quantities of strontium 87 in these shells . . .

The following verbs have irregular past participles.

abrir	**abierto**	morir	**muerto**
cubrir	**cubierto**	poner	**puesto**
decir	**dicho**	romper	**roto**
escribir	**escrito**	ver	**visto**
hacer	**hecho**	volver	**vuelto**

¡Atención!

Compound verbs like **des*cubrir***, **des*cribir***, **im*poner***, **pre*ver***, and **de*volver*** have the same past participle as the base verb (indicated in italics).

ACTIVIDAD 12. ¿Qué ha pasado?

Cuente lo que ha pasado en la naturaleza en los últimos diez años.

MODELO: las combustiones / dañar la naturaleza →
Las combustiones han dañado la naturaleza.

1. los peces / morirse en los lagos y ríos contaminados
2. yo / ver evidencias de los efectos de la contaminación
3. los científicos / decir que buscan soluciones a los peligros ambientales
4. muchos / escribir artículos sobre la amenaza de las sustancias químicas
5. mis amigos y yo / hacernos miembros del Club Sierra
6. los problemas ambientales / volverse graves
7. todos / preocuparse por la sobrevivencia del mundo
8. algunas personas / no volver a comprar un cinturón de cocodrilo
9. ningún país / romper el tratado
10. nosotros / abrir la discusión con más preguntas
11. algunos investigadores / descubrir que los dinosaurios desaparecieron a causa de una lluvia ácida

■ EN OTRAS PALABRAS...

La extraña **criatura**	strange
Tiene **una cola poderosa** y **un cuello** largo.	tail / powerful / neck
Los indígenas están **convencidos** de que **se esconde (esconderse)** en la jungla. Los científicos **planean una búsqueda**. ¿Le gustaría acompañarlos en su expedición?	natives / convinced / hides itself plan / search

COMENTARIOS DE HOY

Antes de leer

A cada rato aparecen en los periódicos noticias del monstruo de Loch Ness, del abominable hombre de las nieves o de pata grande. ¿Qué cualidades tienen en común todos estos fenómenos? Indique los que los describan.

_____ Resultan de accidentes nucleares.
_____ Son de la prehistoria.
_____ Viven en las ciudades grandes.
_____ Viven en áreas remotas.
_____ Poca gente «civilizada» los ha visto.
_____ Hay muchos testigos (*witnesses*) de su existencia.

El artículo que Ud. va a leer tiene que ver con un animal especial. Lea primero el título y la primera oración de la lectura.

A la caza° del dinosaurio

hunt

¿Se esconde todavía una bestia prehistórica en los laberintos boscosos de la República del Congo?

Por lo que Ud. ha leído del artículo, ¿qué puede predecir de su contenido? Después de leer, compare sus predicciones con lo que aprendió sobre este dinosaurio.

A la caza del dinosaurio

¿Se esconde todavía una bestia prehistórica en los laberintos boscosos de la República del Congo? Pudiera ser,° dice Roy Mackal, veterano rastreador° de animales extinguidos y biólogo en la Universidad de Chicago. Mackal regresó el año pasado de una expedición al Congo, convencido de que una criatura extraordinaria vive en las junglas y pantanos° de Likouala, una extensa e inexplorada región entre los ríos Ubangi y Sangra. Planea

Pudiera... Es posible / tracker

marshes

volver al Congo para una búsqueda sistemática, ayudado en su tarea por un sofisticado equipo de seguimiento° electrónico que incluye dos satélites de telecomunicaciones. Durante su visita del año pasado, más de treinta nativos de la zona le aseguraron haberse topado con° un extraño animal, del tamaño de un hipopótamo, al que llamaban *mokele-mbembe* y describían de color marrón-rojizo,° con largo cuello, cabeza pequeña y una larga y poderosa cola. Cuando les pidió que identificaran al monstruo entre una amplia serie de láminas° de animales, invariablemente los indígenas señalaban° imágenes de saurópodos, el grupo de dinosaurios que incluye al brontosaurio, el animal más grande que ha existido sobre la tierra. Mackal ha hecho notar que Likouala ha cambiado muy poco desde la época de los saurópodos, hace sesenta millones de años. Los habitantes de Likouala no han sido los únicos en apercibirse de la existencia de esa extraña criatura. Durante el siglo XVIII, algunos misioneros franceses aseguraron haberse encontrado con él; y en pleno° siglo XX, dos distintas expediciones alemanas se referían a este evasivo monstruo. Todas estas informaciones han convencido a Mackal de que el *mokele-mbembe* es una criatura real que no se corresponde con otras especies vivientes, si bien no está del todo convencido de que se trate de un saurópodo.

tracking

haberse... to have come across

reddish-brown

drawings / pointed out

en... in the middle of the

Actividad 13. **Comprensión de la lectura**

1. ¿En qué continente se dice que existe una bestia prehistórica?
2. ¿Cómo ayudará la tecnología moderna a Roy Mackal?
3. ¿Qué evidencia existe de que esta criatura existe?
4. Si existe este animal, ¿cómo es?
5. ¿Está convencido Roy Mackal de que existe?

Actividad 14. **Sus teorías**

1. ¿Está Ud. convencido de que existe una bestia prehistórica en la jungla del Congo? ¿Por qué sí o por qué no?
2. Si existe este animal, ¿cómo cree Ud. que ha sobrevivido? ¿Cómo cree que ha escapado el impacto del cataclismo descrito en el artículo anterior? ¿Cómo lo afectarán los cambios ambientales de nuestra época? ¿Cree que es el último de su especie? ¿una especie en peligro?
3. ¿Cree Ud. que el monstruo de Loch Ness, el abominable hombre de las nieves o pata grande puedan relacionarse con el *mokele-mbembe*? ¿Le interesaría ser miembro de una expedición que los buscara? ¿Por qué sí o por qué no?

LENGUA Y ESTRUCTURAS

D. PASSIVE VOICE

In sentences in the active voice, the subject of the sentence, the agent, acts on an object, the receiver of the action. Most of the sentences you have seen in the activities of *Un paso más* up to this point have been in the active voice.

ACTIVE VOICE

agent + *verb* + recipient of the action

SUBJECT/AGENT	VERB	RECIPIENT OF THE ACTION
Los ecologistas *Environmentalists*	combaten *combat*	la contaminación. *pollution.*
Los nativos *The natives*	vieron *saw*	el monstruo. *the monster.*
El biólogo *The biologist*	identificó *identified*	los animales. *the animals.*

In the passive voice, the sequence is reversed. The receiver of the action is the subject and the agent who does the action is expressed with a prepositional phrase (*by* + agent).

As in English, the active voice in Spanish is used in speech whenever possible; the passive voice is used more frequently in writing in both languages.

PASSIVE VOICE

recipient of the action + form of **ser** + *past participle* + **por** + agent

---

SUBJECT/RECIPIENT	**SER** + *PAST PARTICIPLE*	AGENT
La contaminación *Pollution*	es combati**da** *is combated*	por los ecologistas. *by environmentalists.*
El monstruo *The monster*	fue vist**o** *was seen*	por los nativos. *by the natives.*
Los animales *The animals*	fueron identifica**dos** *were identified*	por el biólogo. *by the biologist.*

¡Atención!

1. Note that in the passive voice the past participle functions as an adjective, agreeing with the subject/recipient in gender and number.

2. The verb **ser** can be used in any tense or mood.

> El bosque **va a ser** destruido por la lluvia ácida.
> Las sustancias químicas **fueron** descubiertas por los científicos.
> Es posible que el medio ambiente **sea** salvado por nuestros esfuerzos.

ACTIVIDAD 15. **¡No, no, no!**

Cuando un compañero (una compañera) le haga las siguientes preguntas equivocadas, conteste con una oración completa en voz pasiva. Sustituya la información entre paréntesis por las palabras *en cursiva*.

MODELO: —¿Sabías que la contaminación amenaza la salud de *miles de personas*? (millones) →
—¡No, no, no! La salud de millones de personas es amenazada por la contaminación.

¿Sabías que...

1. *la lluvia* produce la contaminación? (la combustión de materias fósiles y los escapes de los coches)
2. un sistema *norteamericano* computerizado regula la concesión de licencias para el comercio internacional de especies en peligro? (británico)
3. España creó una federación para coordinar *los centros urbanos*? (los espacios naturales)
4. *la ecología* une a los países europeos? (la naturaleza)
5. un sofisticado equipo de seguimiento electrónico ayudó a *los nativos*? (Roy Mackal)
6. los nativos dieron una descripción de *los misioneros franceses*? (extraño animal)
7. los indígenas señalaban dibujos de *hipopótamos*? (saurópodos)
8. todos hemos causado a *la desaparición de los dinosaurios*? (los problemas ambientales)

■ EN OTRAS PALABRAS...

Transitional Phrases with por

There are many transitional phrases in Spanish that introduce, modulate, or even clarify a comment, statement, or remark. You are undoubtedly familiar with some of them already. Only those that begin with **por** are presented here.

por casualidad	by chance	**por eso, por lo**	that's why, for that
por cierto	certainly; by the way	**mismo**	reason
por ejemplo	for example	**por lo común**	generally

por lo general	in general	**por si acaso**	just in case
por otra parte	on the other hand	**por (lo) tanto**	therefore
por otro lado	on the other hand		

ACTIVIDAD 16.   Dime una cosa...

En un grupo de cuatro personas, dé su opinión de los siguientes comentarios, usando expresiones de **En otras palabras...** para iniciar, cambiar o aclarar la conversación.

MODELO: Los automóviles contribuyen a la contaminación. →
Por cierto contribuyen a la contaminación en las ciudades.
Por eso, trato de usar el transporte público lo más posible.
Pero por otra parte (por otro lado), son absolutamente necesarios en lugares donde no hay transporte público.

1. La energía nuclear es barata y eficiente.
2. Hay muchos animales y muchas plantas en este planeta. Si algunas especies desaparecen, no importa, porque vamos a descubrir otras que todavía no conocemos.
3. Las estufas de leña (*woodburning stoves*) son un peligro para el ser humano y la naturaleza.
4. Es imposible desarrollar la economía si nos preocupamos por la naturaleza.
5. El problema de la destrucción de la basura no tiene solución.
6. Los dinosaurios desaparecieron por problemas ecológicos.

PALABRAS PROBLEMÁTICAS

There are a number of ways to express *because* and equivalents (*since*, *due to*, *as*) in Spanish.

Puesto que, **ya que**, and **como** can occur at the beginning of a compound sentence. They introduce the dependent clause (a subject and conjugated verb).

Como (Puesto que, Ya que) me interesa el medio ambiente, estudio ecología.	*Because (As, Since) the environment interests me, I study ecology.*
Puesto que (Ya que, Como) Roy Mackal está en la jungla, es imposible comunicarse con él.	*As (Because, Since) Roy Mackal is in the jungle, it is impossible to communicate with him.*

The word **porque** cannot occur at the beginning of a compound sentence. **Porque** can, however, introduce the dependent clause.

Estudio ecología porque me interesa el medio ambiente.
Es imposible comunicarse con Roy Mackal porque está en la jungla.

Por is always followed by a noun or an infinitive, never by a conjugated verb.

Por mi interés en la naturaleza, contribuí al Sierra Club.

Because of (Due to) my interest in nature, I contributed to the Sierra Club.

Por ser ecologista, Pablo se interesa mucho en el futuro de los océanos. Todos lo respetan **por sus esfuerzos**.

Because he is an environmentalist, Pablo is very interested in the future of the oceans. Everyone respects him for (because of) his efforts.

ACTIVIDAD 17.   Ideas sobre la conservación de los recursos

Complete las oraciones con una palabra o expresión apropiada.

1. _____ nosotros somos los culpables de la situación actual, tenemos que hacer algo.
2. Va a ser difícil corregir todos los problemas _____ algunos están en un estado avanzado.
3. _____ cada uno de nosotros consume lo que consumen ochenta personas del Tercer Mundo, tenemos que tratar de consumir menos.
4. Contaminamos tanto _____ nuestro alto nivel de industrialización.
5. No se puede nadar en este lago _____ está contaminado.
6. Y, _____ el alto nivel de contaminación, tampoco se puede pescar aquí.
7. _____ quiero hacer algo por la conservación de los recursos, llevo mis latas y botellas vacías a un centro de reciclamiento.
8. _____ es ecologista, el Sr. Moreno hace solamente safaris fotográficos.

■ DE TODO UN POCO

ACTIVIDAD A.   ¿Qué ha hecho Ud.?

¿Es Ud. ecologista? Si dice que no, ¿por lo menos se interesa un poco en los asuntos ecológicos? Explique lo que ha hecho este año y lo que debe hacer para proteger el medio ambiente.

MODELO: Este año he...
No he...
No he... pero pienso hacerlo en el futuro.

Palabras útiles: contribuir con dinero, contribuir con tiempo como voluntario/a, dejar de usar... , usar menos... , ahorrar (energía, gasolina,...), usar los centros de recepción para vidrio y plástico

ACTIVIDAD B. Con sus propias palabras

Imagine que Ud. y sus compañeros de clase son periodistas. La mitad de la clase va a escribir por lo menos seis preguntas que le gustaría hacerle a Roy Mackal en una entrevista antes de su expedición al Congo. La otra mitad va a escribir preguntas para después de la expedición. Después de que todos hayan escritos sus preguntas, deben intercambiarlas con un compañero (una compañera). Luego pueden usar las preguntas para hacer entrevistas orales o en forma escrita.

ACTIVIDAD C. Antes del safari

Complete la siguiente historia con el presente perfecto de los verbos y con **por**, **para** o una expresión con **por**.

_____[1] los señores Urquiza siempre (*pasar*)[2] las vacaciones en Europa, pero este año ellos (*decidir*)[3] que quieren hacer algo diferente. _____[4] ellos (*pensar*)[5] en hacer un safari. «Nosotros nunca (*ir*)[6] al África y todos nuestros amigos nos (*decir*)[7] que es muy interesante» dice el Sr. Urquiza. «Sí», responde su esposa. «_____[8] decir la verdad, estoy aburrida de pasar las vacaciones siempre en Europa y creo que debemos hacer un safari una vez en la vida.» Los dos están muy entusiasmados con la idea. Dice la Sra. Urquiza: «Nunca (*ver*)[9] una manada° de elefantes!» Y el señor Urquiza co-   *herd*
menta: «Siempre (*querer*)[10] tener la cabeza de una cebra en la pared de mi oficina». Su esposa piensa un momento y después le dice: «(*Pensar*)[11] tú en matar los animales solamente _____[12] decorar tu oficina?» «¡_____[13]!» le contesta su marido. «La caza es el motivo principal _____[14] hacer un safari.» «Ay, no», responde la Sra. Urquiza. «Es mejor decir que *era* el motivo principal. _____[15] hoy en día nadie piensa así. Puedes sacar una foto de una cebra _____[16] tu oficina.» «Ajá», dice el Sr. Urquiza, «me doy cuenta de que tú te (*hacer*)[17] ecologista, mi amor». «_____[18]», responde su esposa. «_____,[19] vamos a hacer un safari fotográfico. Y, _____[20] comenzar, ¿por qué no vamos al centro _____[21] comprarnos una buena cámara?»

¿Qué hicieron los señores Urquiza antes de, durante y después del safari? Haga oraciones completas con una palabra o frase de cada columna.

COLUMNA A	COLUMNA B	COLUMNA C
los señores Urquiza	poner	las fotos que tomaron
la señora Urquiza	comprar	una camara de vídeo / de 8 milímetros
el señor Urquiza	admirar	un safari tradicional / fotográfico
sus amigos	hacer	elefantes, jirafas, rinocerontes e hipopótamos
	ver	las cabezas / fotos de varios animales en su oficina
	gustar	¿_____ ?
	tomar	
	matar	
	¿_____ ?	

CAPÍTULO 14

¿Qué pasó?
¿Qué pasará?

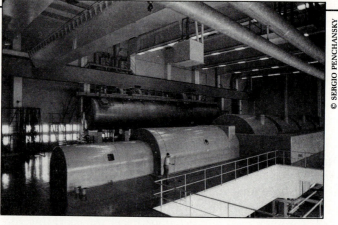

© SERGIO PENCHANSKY

La turbina del reactor en una instalación nuclear en la Argentina

ACTIVIDAD 1. **La energía nuclear**

La energía—¿cuánta energía usamos? ¿de dónde viene? ¿qué debemos hacer para economizarla?—ha sido uno de los temas más importantes de la segunda mitad del siglo XX. Para algunos, la energía nuclear, con reactores ahora en casi todas partes del mundo, representa la solución de todos nuestros problemas. Pero... la energía tiene sus ventajas y desventajas.

¿Qué opina Ud.? De las siguientes características, ¿cuáles son para Ud. las ventajas de la energía nuclear? Póngalas en orden según la importancia que tienen para Ud., del 1 (más importante) al 6.

Para mí es importante que...

_____ 1. los reactores no contaminen el medioambiente.

_____ 2. los reactores mismos sean de larga duración.

_____ 3. no se tengan que consumir los recursos naturales como los bosques, el petróleo, etcétera, para crear la energía nuclear.

_____ 4. una instalación nuclear pueda crear energía suficiente para muchas personas.

_____ 5. la energía nuclear sea barata en comparación con la energía creada de otras maneras.

_____ 6. una vez que la instalación nuclear esté construida, no hagan falta muchos técnicos para hacerla funcionar.

_____ 7. ¿_____?

EN OTRAS PALABRAS...

Algunas consecuencias de una catástrofe nuclear

- La gente no puede **permanecer** mucho tiempo **al aire libre**.   to stay, remain / outdoors
- **El humo** y **el polvo** radioactivos **asolan las cosechas**.   smoke / dust / devastate / crops, harvest
- **La mitad** de la tierra **se halla** contaminada.   half / finds itself
- **Las estadísticas** son horrendas.   statistics
- Los movimientos antinucleares luchan por **detener el armamento** nuclear.   to stop / arming, weapons

---

COMENTARIOS DE HOY

Antes de leer

Chernobil es un pueblo de la Union Soviética, situado en la región llamada Ucrania. Si Ud. no se acuerda bien de lo que pasó allí hace pocos años, lea el título y la primera oración de este artículo para refrescar su memoria.

La consecuencia de la catástrofe de Chernobil para personas y animales en Europa

En Chernobil, en la noche del viernes al sábado de la última semana del mes de abril [de 1986], ocurrió lo *inimaginable* en un reactor de este tipo.

¿A qué se refiere la frase «lo *inimaginable*» en este contexto?

- a la invención de un nuevo tipo de reactor
- a un accidente nuclear

Según el título, ¿cuál es el tema que expone el artículo? ¿Cuál es la palabra clave que lo indica?

- lo que ocurrió antes del accidente
- lo que ocurrió después

La consecuencia de la catástrofe de Chernobil para personas y animales en Europa

En Chernobil, en la noche del viernes al sábado de la última semana del mes de abril, ocurrió lo *inimaginable* en un reactor de este tipo. El sistema de refrigeración por agua no funcionó y las barras° del combustible radiactivo se sobrecalentaron° e iniciaron una   *rods / se... overheated*

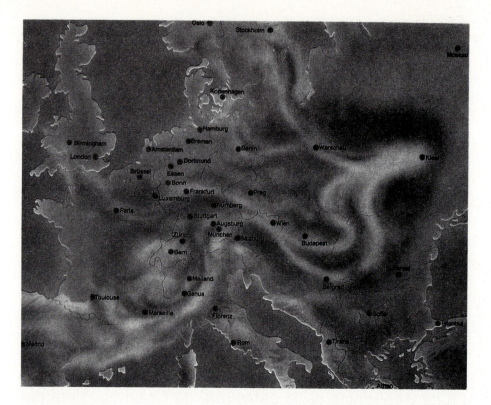

combustión incontrolada. Toda la pared de grafito° se convirtió en una especie de estufa° ardiente° y, tras varias explosiones, el humo y el polvo radiactivo se elevaron hacia la atmósfera.

    La vieja Europa no olvidará nunca ese mes de abril de 1986, el año del cometa Halley. Las epidemias de peste° medievales no pueden competir con la malignidad y las posibilidades de la técnica moderna. Los expertos críticos, no coaccionados° por los gobiernos, están empezando a comprender ahora la magnitud de la catástrofe que asola y asolará probablemente a gran parte de Europa en los próximos años, quizá decenios.° Es un hecho que la mitad del continente, en especial los países del Este, se halla actualmente contaminada. A sus habitantes de momento se les aconseja no permanecer mucho tiempo al aire libre, no tomar verduras ni leche fresca y alimentarse de conservas° y productos de cosechas anteriores. Se aconsejan también dos duchas° al día a presión, así como una prohibición absoluta de que los niños jueguen en terrenos° arenosos° y que correteen° por los prados.° Todos los animales deben permanecer en sus establos y ser alimentados con pienso° de cosechas anteriores, seco° o importado.

    Los gobiernos indican que no existe peligro agudo° para quien haya recibido una dosis elevada de rems, pero no excluyen—más bien callan°—que a largo plazo,° en dos o tres años, las estadísticas de cánceres de tiroides y pulmón° se van a disparar°

graphite / hotbox
burning

plague
compelled

décadas

canned foods / showers

ground / sandy / they run around / meadows
fodder / dry

severe
más... rather they silence / a... in the long run
lung / break out

en la Europa Central. Los institutos ecológicos independientes afirman que quien consuma alegremente productos contaminados puede tener problemas graves de salud también a corto plazo, ya que la dosis de contaminación en el suelo es alta.

Dada la influencia de las radiaciones en las células genéticas, los niños y mujeres embarazadas° corren el mayor peligro y, de ser posible, deberían abandonar Europa Central.   *pregnant*

LA SITUACIÓN ACTUAL

Nadie sabe exactamente cómo habrá que° actuar en los próximos meses. Es probable que las cosechas de trigo° en Ucrania tengan que destruirse, lo que significa hambre para la Unión Soviética. Es casi seguro que a causa del accidente en Ucrania morirán miles de personas en los próximos cinco años por diversas enfermedades. Dentro de dos semanas o tres como máximo los habitantes de los países germánicos y de la Europa del Este agotarán° sus alimentos frescos. Verduras y alimentos no contaminados habrán de° venir del sur de Europa, donde la contaminación parece menor o muy atenuada.°   *habrá... one will have to* *wheat* *will use up* *habrán... will have to* *lessened*

Esperemos que esta catástrofe de consecuencias imprevisibles° aún sea la última señal° que despierte a la población de su letargo e impulse° a los movimientos anti-nucleares en su lucha por detener la muerte atómica. Chernobil está en todas partes, pero ahora especialmente en Europa.   *unforeseeable* *signal / impels*

ACTIVIDAD 2.   Comprensión de la lectura

En el artículo se mencionan algunas de las consecuencias de la catástrofe de Chernobil en forma de consejos y pronósticos. Explíquelos con oraciones breves.

Consejos que se dan a los habitantes de algunos países europeos, especialmente a los del Este, con respecto a...

1. permanecer al aire libre
2. comer verduras
3. tomar leche fresca
4. ducharse
5. alimentar a los animales
6. dejar que los niños jueguen en el campo

Lo que se puede esperar en el futuro con respecto a...

7. las enfermedades
8. las cosechas de trigo en Ucrania

ACTIVIDAD 3.   Mesa redonda

Un desastre nuclear es uno de los resultados de la tecnología moderna. Sin embargo, la tecnología avanzada también ha permitido muchos inventos y descubrimientos que son de gran beneficio para la humanidad. Formen grupos de cuatro o cinco estudiantes. Cada grupo debe elegir un invento o descubrimiento tecnológico y hacer una lista de sus ventajas y desventajas.

Inventos tecnológicos para considerar: las computadoras, la televisión, los coches, el radar, las insecticidas, los rayos X, ¿_____ ?

PALABRAS ÚTILES

el veneno	poison
envenenar	to poison
diagnosticar	to diagnose
facilitar	to make easier
tener acceso a	to have access to
sumar y restar	to add and subtract
ser espectador(a)	to be a spectator

LENGUA Y ESTRUCTURAS

future
prayers

A. THE FUTURE

Europa no **olvidará** nunca el mes de abril de 1986.	*Europe never will forget the month of April 1986.*
Están empezando a comprender ahora la magnitud de la catástrofe que asola y **asolará** probablemente a gran parte de Europa.	*They are now beginning to understand the magnitude of the catastrophe that is devastating and probably will devastate a large part of Europe.*

The future is used to refer to actions and events that will take place at a future time. It is used less frequently in Spanish than in English. Instead, the immediate future is often referred to in the present tense, especially when a specific time is mentioned, or with the **ir** + **a** + *infinitive* construction.

Hoy **estudiamos** el tiempo futuro.	*Today we will study the future tense.*
Vamos a leer el artículo mañana.	*We are going to read the article tomorrow.*

FORMS OF THE FUTURE			
	olvidar	**permanecer**	**recibir**
yo	no olvidar**é**	permanecer**é**	recibir**é**
tú	no olvidar**ás**	permanecer**ás**	recibir**ás**
él, ella, Ud.	no olvidar**á**	permanecer**á**	recibir**á**
nosotros	no olvidar**emos**	permanecer**emos**	recibir**emos**
vosotros	no olvidar**éis**	permanecer**éis**	recibir**éis**
ellos, ellas, Uds.	no olvidar**án**	permanecer**án**	recibir**án**

Note that, in the future, **-ar**, **-er**, and **-ir** verbs all have the same endings.
For regular verbs, the infinitive is the stem.

ACTIVIDAD 4. **Voces de visionarios**

Durante toda la historia ha habido personas de ideas avanzadas o de una imaginación muy fértil. ¿Qué dijeron las siguientes personas?

MODELO: los hermanos Wright: (*construir*) un avión y (*volar*) por
el aire →
Construiremos un avión y volaremos por el aire.

1. Leonardo da Vinci: (*Dibujar*) una máquina que (*volar*).
2. Julio Verne: Algún día los hombres (*viajar*) 10.000 leguas bajo el mar.
3. Alejandro Graham Bell: Con este aparato que (*inventar*), (*ser*) posible hablar con gente distante.
4. Cristóbal Colón: Yo (*navegar*) hacia el oeste y así (*llegar*) al este.
5. La gente que luchaba por los derechos civiles: Ellos no nos (*mover*).
6. Jorge Orwell: En el año 1984 todo el mundo (*vivir*) en un estado totalitario y el Gran Hermano nos (*vigilar*).
7. Ponce de León: Yo (*ir*) al Nuevo Mundo y allí (*hallar*) la fuente de la juventud.
8. Los rebeldes de las trece colonias: ¡Nosotros no (*pagar*) el impuesto del té! ¡(*Luchar*) para independizarnos de Inglaterra!
9. Pablo Picasso: Yo (*crear*) un nuevo estilo de pintura y lo (*llamar*) cubismo.
10. Santiago Ramón y Cajal: (*Presentar*) mi teoría sobre el sistema nervioso a los otros investigadores y se la (*probar*).

B. IRREGULAR FUTURE STEMS

Some verbs have an irregular future stem ending in **-r**. Note, however, that the future endings are the same as those used with regular verbs.

INFINITIVE	FUTURE STEM	yo
decir	**dir-**	diré
haber (hay)	**habr-**	habrá
hacer	**har-**	haré
poder	**podr-**	podré
poner	**pondr-**	pondré
querer	**querr-**	querré
saber	**sabr-**	sabré
salir	**saldr-**	saldré
tener	**tendr-**	tendré
venir	**vendr-**	vendré

ACTIVIDAD 5. **Pronósticos del futuro**

Ahora le toca a Ud. predecir cómo será el mundo del futuro. Haga sus predicciones para el año 2025 en forma afirmativa o negativa, según el modelo.

MODELO: Nosotros podemos visitar la luna. →
           Nosotros (no) podremos visitar la luna.

1. Cada casa tiene un robot que hace las tareas domésticas.
2. Hay una inyección para prolongar la vida y yo quiero ponérmela.
3. Pequeños hombres verdes vienen del planeta Marte a la tierra.
4. Los científicos saben hacer clones de los seres humanos.
5. No salimos de casa sin una máscara de oxígeno porque no podemos respirar el aire contaminado.
6. El gobierno nos dice dónde podemos vivir porque las ciudades son muy grandes.
7. Las computadoras lo hacen todo y nosotros no tenemos que hacer nada.
8. Una mujer es presidenta de los Estados Unidos.
9. ¿——— ?

ACTIVIDAD 6. **Dime una cosa...**

Hágale las siguientes preguntas a un compañero (una compañera), según el modelo, para saber si ya ha hecho o piensa hacer o no las siguientes cosas en el futuro.

MODELO: hacer un viaje a la Antártida →
           ¿(Ya) Has hecho un viaje a la Antártida? —No, no he hecho un viaje a la Antártida, pero algún día lo haré.
           (Sí, he hecho un viaje a la Antártida y algún día lo repetiré.)
           (Sí, he hecho un viaje a la Antártida y nunca más lo haré.)
           (No, no he hecho un viaje a la Antártida y nunca lo haré.)

1. hacer un safari
2. ver un dinosaurio vivo (¡fuera de un museo de historia natural!)
3. ir a la luna
4. comer calamares (*squid*)
5. salir en la televisión
6. votar en las elecciones
7. leer todos los dramas y comedias de Shakespeare
8. vivir en un país extranjero
9. realizar todos sus sueños
10. hacerse famoso/a
11. ¿——— ?

ACTIVIDAD 7. El año 2025

Ud. ya ha hablado de cómo será el mundo en el año 2025. ¿Qué otros cambios habrá? Use la imaginación para describir cómo serán las siguientes personas, cosas y lugares.

> MODELO: los robots →
> Habrá un robot en cada casa. Harán los quehaceres domésticos.
> Serán económicos y eficientes.

1. las computadoras
2. la energía nuclear
3. los aviones
4. las enfermedades como el cáncer y el SIDA (*AIDS*)
5. los Estados Unidos
6. las Naciones Unidas
7. los jóvenes
8. Ud.

ACTIVIDAD 8. Los anacronismos

¿Sabe Ud. lo que es un anacronismo? Es algo o alguien que está fuera de su sitio cronológicamente; es decir, algo del pasado que está en el futuro o, al revés, algo del futuro que está en el pasado. Por ejemplo, si un personaje en una comedia que tiene lugar en el siglo XIX dijera que va a usar el teléfono, esto sería un anacronismo, porque el teléfono no existía entonces.

En el siguiente dibujo se ven varias cosas del pasado que no están de acuerdo con esta visión del futuro. Encuentre Ud. todos los anacronismos y explique por qué lo son. Hay por lo menos cinco.

> MODELO: ...es un anacronismo porque la gente ya no usará...
> porque...
> Ya no habrá... porque...

C. THE FUTURE OF PROBABILITY

Not only does the future refer to future actions or events, but it is also used to express conjecture, uncertainty, or probability. Compare the following sentences.

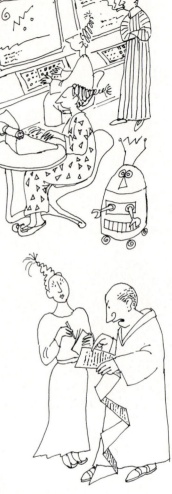

PRESENT: EXPRESSION OF FACT

¿Qué **hacen**?	*What are they doing?*
Hacen algo.	*They are doing something.*

FUTURE: PROBABILITY, UNCERTAINTY, OR CONJECTURE

¿Qué **harán**?	*I wonder what they will do.*
Harán algo.	*They'll probably do something.*

Note in the preceding examples that English *I wonder. . .* and *probably* have no direct equivalent in Spanish. Their sense is expressed by the use of the future.

ACTIVIDAD 9. **«Crónicas de los ecologistas»**

Imagine que Ud. leyó con mucho interés el siguiente aviso en el periódico pero después lo perdió. Conteste las preguntas de un compañero (una compañera) que tiene interés en la ecología, según el modelo.

MODELO: ¿Cómo se llama el programa? (Historias de los ecologistas) →
EL/LA COMPAÑERO/A: ¿Se llamará «Historias de los ecologistas»?
UD.: No me acuerdo exactamente pero... creo que se llamará «Crónicas de los ecologistas».

MINISTERIO DE CULTURA

Instituto de la Juventud.

Crónicas de los Ecologistas

Conferencias
Debates
Vídeos sobre la Naturaleza

29 de abril al 4 de mayo
11 y 19 horas
Estación de Chamartín. Madrid

Colabora: Revista Quercus

Crónicas de juventud

LOS JOVENES EN ESPAÑA 1940-1985

1. ¿Quién lo presenta? (el Ministerio de Recursos Naturales)
2. ¿Cuándo comienza? (el primero de abril)
3. ¿Cuál es el último día del programa? (el 4 de abril)
4. ¿A qué hora de la mañana comienza? (a las 10:00)
5. ¿A qué hora termina todos los días? (a las 5:00 de la tarde)
6. ¿Dónde tiene lugar? (la Estación Atocha)

CH. *POR* AND *PARA*: ADDITIONAL USES

It is quite easy to differentiate some uses of **por** and **para** because their equivalents in English are quite different. However, both **por** and **para** can be used to express *for*, but with quite different meanings and implications. As you read the following section, remember what you have already learned about **por** and **para**.

- Which preposition is used to express the motive or cause of an action or state?
- Which preposition looks forward or ahead to the effect of an action or the recipient of it?

In addition to the meanings you have already learned, **por** expresses the meanings of the following English prepositions.

- *by, by means of,* to express an agent

> El informe fue escrito **por** un comité presidencial.
>
> Los contaminantes entran al suelo **por** la lluvia ácida.

> *The report was written by a presidential commission.*
>
> *Pollutants enter the soil by means of acid rain.*

- *through(out),* and *along*

> La lluvia ácida es un problema **por** todas partes.
>
> Pasaron **por** los Pirineos para llegar a Francia. Luego viajaron **por** la costa del Mediterráneo.

> *Acid rain is a problem throughout the world (everywhere).*
>
> *They went through the Pyrenees to get to France. Then they traveled along the Mediterranean coast.*

- *per,* as a unit of measure

> Para ahorrar gasolina, los coches no deben ir a más de 55 millas **por** hora.

> *In order to save gasoline, cars should not go at more than 55 miles per hour.*

Por expresses *for* when it means:

for = in exchange for

> Vamos a pagar **por** nuestros errores.

> *We will pay for our mistakes.*

for = on behalf of, in place of

> Un portavoz habló **por** el presidente.

> *A spokesperson spoke for the president.*

for = duration or length of time

> **¿Por** cuánto tiempo ha existido este problema? —**Por** muchos años.

> *(For) How long has this problem existed? —For many years.*

¡Atención!

Many native speakers of Spanish do not use **por** when referring to duration; they simply omit it or use alternative constructions.

> ¿Cuánto tiempo ha existido este problema?
>
> ¿Hace mucho (tiempo) que existe este problema?

Para expresses the meaning of the following English preposition.

- *by* (to indicate a future point in time)

Tenemos que estudiar este capítulo **para** mañana.	*We have to study this chapter by (for) tomorrow.*

Para expresses *for* when it means:

for = a place or destination

Salgo **para** mi próxima clase en media hora.	*I'm leaving for my next class in a half hour.*

for = expressing a point of view, reference, or comparison

Para (ser) un tema complicado, está muy bien explicado en este artículo.	*For a complicated topic, it's well explained in this article.*
Para mí, es una cuestión de la mayor importancia.	*For me, it's an issue of major importance.*

¡Atención!

What is the difference in meaning conveyed by the use of **por** and **para** in the following pairs of sentences?

1. Lo hizo **por ser profesor**.
   Lo hizo **para ser profesor**.
2. El abuelo lo hizo **por su nieta**.
   El abuelo lo hizo **para su nieta**.

3. Lo terminaré **para mañana**.
   Lo terminaré **por la mañana**.
4. Salieron **por Los Ángeles**.
   Salieron **para Los Ángeles**.

ACTIVIDAD 10. **Una visión del futuro**

Hasta este punto la visión del futuro que se ha presentado en el **Capítulo 14** ha sido la suya, a través de actividades que le han permitido expresar sus opiniones y pronósticos. Ahora se le da la palabra a un científico anónimo, cuyas (*whose*) predicciones sobre ciertos aspectos del futuro se presentan aquí. Complételas con **por** o **para**, según sea necesario.

Diversos avances y cambios radicales transformarán la vida de los ciudadanos del siglo XX.

* La explotación de nuevas fuentes de energía y la energía solar darán a los consumidores una opción _____[1] sustituir la energía geotérmica y solar _____[2] los escasos° y caros productos derivados del petróleo. *scarce*
* El agua será también escasa. Su distribución se hará solamente durante cuatro horas _____[3] la manaña. En las tiendas se podrá comprar agua embotellada o en bolsas de polietileno, porque el agua de las tuberías° estará contaminada _____[4] bacterias. *plumbing*
* También los alimentos naturales serán escasos: La necesidad de produ-

cir más alimentos _____⁵ tantos millones contrastará con las pocas tierras disponibles° _____⁶ el cultivo.   *available*

- El campo se pondrá poco atractivo, por encontrarse todavía mejores
  opciones en las ciudades. _____⁷ eso, el 80 _____⁸ ciento de la población
  del país vivirá en las zonas urbanas.

- Se creará una fuerte industria alimentaria que explotará la tierra, produ-
  ciendo alimentos _____⁹ ser procesados y ofrecerlos al público en latas°   *cans*
  o bolsas de polietileno. Los alimentos como frutas, verduras, granos,
  etcétera, solamente se encontrarán envasados°; la leche estará disponi-   *en latas*
  ble únicamente en polvo y será importada. Los huevos y la carne, además de ser escasos, serán considerados _____¹⁰ todos como alimentos
  de lujo, _____¹¹ su precio elevado.

La visión anterior se divide en cinco partes. Describa en una palabra o frase
el tema de cada parte. Luego dé un resumen de su contenido en una oración breve.

ACTIVIDAD 11.   **Dime una cosa...**

Complete las siguientes preguntas con **por** o **para** y hágaselas a un compañero (una compañera) que las contestará según lo que opina.

MODELO: —¿Crees que es necesario sustituir el petróleo por otro
            combustible?
            —Sí, creo que es necesario. Para mí, es una cuestión
            importante.

¿Crees que...

1. el hombre es responsable _____ la contaminación ambiental?
2. los efectos de ciertas tecnologías son devastadores _____ el medio
   ambiente?
3. tenemos que tomar medidas _____ la preservación de los recursos
   naturales?
4. las condiciones atmosféricas actuales constituyen una grave amenaza
   _____ todos?
5. el desastre de Chernobil sirvió _____ despertar nuestra conciencia a los
   peligros nucleares?
6. tenemos que sustituir el coche _____ otros medios de transporte?
7. el aire que respiramos es peligroso _____ la salud?
8. tenemos que encontrar la solución a los problemas ambientales _____ el
   año 2000?
9. es una buena idea limitar la velocidad de los coches a 55 millas _____
   hora?

ACTIVIDAD 12. Situaciones

¿Qué preguntas hay que hacer para obtener la siguiente información de un amigo de habla española?

1. how much he paid for an article of clothing he is wearing
2. what he will probably do tomorrow morning
3. one thing that it is easy for him to do and one thing that is very hard
4. how long he has been in this country
5. how fast he generally drives

El escritor colombiano
Gabriel García Márquez

© SOPHIE BAKER

COMENTARIOS DE HOY

Antes de leer

El distinguido novelista colombiano, Gabriel García Márquez, es uno de los escritores latinoamericanos más destacados de este siglo. Su novela *Cien años de soledad* ha sido traducida a muchas lenguas, y en 1982 le fue otorgado el Premio Nobel de Literatura. El siguiente discurso (*speech*), escrito por García Márquez, fue leído en una reunión del Grupo de los Seis en Ixtapa, México, en el año 1986.

Lea la primera línea del discurso.

Un minuto después de la última explosión, más de la mitad de los seres humanos habrán° muerto.

will have

¿A qué se referirán las palabras **la última explosión**? Según García Márquez, ¿quiénes sobrevivirán esta explosión? Según la primera oración, ¿qué tipo de descripción anticipa Ud. en el resto del discurso?

Una perspectiva del futuro que nos espera

Un minuto después de la última explosión, más de la mitad de los seres humanos habrán muerto. El polvo y el humo de los continentes en llamas° derrotarán° a la luz solar, y las tinieblas° absolutas volverán a reinar en el mundo. Un invierno de lluvias anaranjadas° y huracanes helados° invertirá el tiempo de los océanos y volteará° el curso de los ríos,

flames / harán desaparecer

darkness / orange-colored

freezing / will reverse

cuyos° peces habrán muerto de sed en las aguas ardientes,° y cuyos pájaros no encon-   *whose / burning*
trarán el cielo. Las nieves perpetuas cubrirán el desierto del Sahara, la vasta Amazonia
desaparecerá de la faz del planeta destruido por el granizo,° y la era del rock y de los   *hail*
corazones trasplantados estará de regreso a su infancia glacial. Los pocos seres humanos que sobrevivan al primer espanto,° y los que hubieran° tenido el privilegio de un   *horror / may have*
refugio seguro° a las 3 de la tarde del lunes aciago° de la catástrofe magna,° sólo habrán   *safe / fateful / enorme*
salvado la vida para morir después por el horror de sus recuerdos.

La creación habrá terminado. En el caos final de la humedad° y las noches eternas,   *humidity*
el único vestigio de lo que fue la vida serán las cucarachas.

Actividad 13.   Comprensión de la lectura

¿Cuál es la visión de García Márquez del futuro? Indique si los siguientes
comentarios son ciertos o falsos según su pronóstico.

1. Más del 50 por ciento de los seres humanos morirán poco después de
    la última explosión.
2. No habrá luz en la tierra, solamente oscuridad.
3. El tiempo cambiará por completo.
4. Los océanos estarán helados y el cielo será ardiente.
5. Hará aún más calor en el desierto.
6. Nuestra cultura y tecnología desaparecerán.
7. Algunos seres humanos sobrevivirán y la humanidad empezará de
    nuevo.
8. El mundo terminará.
9. Las únicas criaturas que sobrevivirán serán algunos insectos.

■ ¡ES ASÍ!

No es nada raro que el distinguido novelista
Gabriel García Márquez dé un discurso sobre un
tema que nos preocupa a todos. Muchos escritores latinoamericanos de este siglo no sólo han
recibido el Premio Nobel por sus obras, sino que
también han desempeñado (*played*) un papel
activo en la política de su país o han escrito
sobre las cuestiones importantes de su época. El
poeta chileno Pablo Neruda, que escribió sobre
las injusticias sufridas por los latinoamericanos,
es uno de ellos. García Márquez; el guatemalteco,
Miguel Ángel Asturias; el cubano, Alejo Carpen-
tier; y el paraguayo Augusto Roa Bastos escribie-
ron novelas sobre la tiranía de las dictaduras
latinoamericanas. A Asturias también le fue otorgado el Premio Nobel.

La mexicana Rosario Castellanos, aparte de
ser novelista y poeta, también escribió ensayos
sobre el feminismo. Hoy en día, el autor peruano
Mario Vargas Llosa no sólo escribe novelas sobre
la situación política y social, presente y pasada,
de Latinoamérica sino que también participa activamente en la vida política de su país. Por esta
razón fue candidato para la presidencia del Perú
en 1990.

Si Ud. quisiera leer la poesía o las novelas de
estos autores, las puede conseguir en muchas
bibliotecas. Últimamente muchas de sus obras
han salido en inglés, así que los puede leer en
inglés o en español.

ACTIVIDAD 14.   ¿De dónde son?

¿De qué país son los autores mencionados en ¡**Es así!**? ¿Cuál es la nacionalidad de cada uno? Empareje la nacionalidad de la Columna B con el nombre de la Columna A y después dé el nombre del país en la Columna C.

COLUMNA A	COLUMNA B	COLUMNA C
1. Augusto Roa Bastos	a. guatemalteco/a	_____
2. Pablo Neruda	b. peruano/a	_____
3. Gabriel García Márquez	c. cubano/a	_____
4. Mario Vargas Llosa	ch. mexicano/a	_____
5. Miguel Ángel Asturias	d. colombiano/a	_____
6. Alejo Carpentier	e. chileno/a	_____
7. Rosario Castellanos	f. paraguayo/a	_____

ACTIVIDAD 15.   El «boom» de la novela latinoamericana

La vitalidad de la novela latinoamericana en las últimas décadas ha sido extraordinaria. Tal vez Ud. leerá algun día las obras de algunos de estos novelistas... ¡en español! De momento, aquí tienen algunas cosas en que pensar: el resumen de una novela famosísima y lo que dice uno de los novelistas sobre el proceso creativo.

● Complete el siguiente resumen de una novela de García Márquez con las formas apropiadas de **ser** o **estar** según el contexto.

Cien años de soledad (*ser/estar*)[1] la historia de la familia Buendía, que (*ser/estar*)[2] del pueblo colombiano de Macondo. Los miembros de la familia (*ser/estar*)[3] excéntricos y como Macondo (*ser/estar*)[4] un pueblo imaginario, así es que la novela tiene lugar en un ambiente encantado donde todo, hasta lo más extraordinario, (*ser/estar*)[5] posible. Entre los temas que se tratan (*ser/estar*)[6] la violencia política y social y los problemas económicos. También (*ser/estar*)[7] de gran importancia en la novela las cuestiones existenciales, tales como la soledad y la mortalidad del hombre.

● Complete las siguientes oraciones de Mario Vargas Llosa con el presente, el presente perfecto o el presente del subjuntivo de los verbos indicados.

«Todo libro (*ser/estar*)[1] producto de ciertas experiencias personales, que (*ser/estar*)[2] el mecanismo que (*poner*)[3] en acción el proceso creativo. Puede (*ser/estar*)[4] que (*haber*)[5] escritores en quienes la creación (*ser/estar*)[6] de principio a fin un acto de imaginación. En todos los cuentos y novelas que [yo] (*escribir*)[7] ocurren ciertas cosas porque me (*ocurrir*)[8] a mí en un momento dado.»

◼ LENGUA Y ESTRUCTURAS

D. THE FUTURE PERFECT

The future perfect expresses what will have happened by a given point in the future. It is formed as follows.

> *future of* **haber** + *past participle*

yo habré cambiado   nosotros habremos salido
tú habrás dicho   vosotros habréis hablado
él, ella, Ud. habrá leído   ellos, ellas, Uds. habrán logrado

Un minuto después de la última explosión, más de la mitad de los seres humanos **habrán muerto**.	*One minute after the last explosion, more than half of the human beings will have died.*
La creación **habrá terminado**.	*The world will have ended.*

The future perfect can also be used to express conjecture or probability.

¿Habrá tenido razón García Márquez?	*Will García Márquez have been right?*

ACTIVIDAD 16. ¿Es Ud. optimista o pesimista?

¿Cuál es su perspectiva del futuro? Conteste las siguientes preguntas afirmativa o negativamente, según el modelo.

MODELO: Para el año 2025, ¿la ciencia y la tecnología solucionarán los problemas del medio ambiente? →
Sí, la ciencia y la tecnología habrán solucionado los problemas del medio ambiente.
(No, la ciencia y la tecnología no habrán solucionado los problemas del medio ambiente.)

Para el año 2025...

1. ¿aprenderemos a controlar la contaminación?
2. ¿los científicos desarrollarán otras técnicas para solucionar los problemas del medio ambiente?
3. ¿las naciones del mundo terminarán la carrera armamentista (*arms race*)?
4. ¿habrá una guerra nuclear?
5. ¿los médicos descubrirán la cura para enfermedades como el cáncer y el SIDA?
6. ¿los norteamericanos se adaptarán a otro modo de vida?
7. ¿la colonización de otros planetas comenzará?
8. ¿la calidad de vida mejorará?

ACTIVIDAD 17. Dime una cosa...

Con un compañero (una compañera) intercambie información sobre las cosas que Ud. espera haber hecho para el año 2025.

MODELO: tener empleo (¿más de uno?) →
                —¿Habrás tenido más de un empleo?
                —Sí, habré tenido varios empleos.
                (No, habré tenido el mismo empleo por muchos años.)

1. casarse (¿cuántas veces?)
2. tener hijos (¿cuántos?)
3. comprar una casa (¿dónde?)
4. viajar (¿por dónde?)
5. ganar el primer millón de dólares (¿cómo?)
6. escribir su autobiografía (¿cuál será el título?)
7. ver su nombre en los titulares (*headlines*) de los periódicos (¿por qué?)
8. recibir el Premio Nobel (¿por qué?)

E. SUBJUNCTIVE WITH ADVERBIAL CLAUSES OF TIME

You have studied two types of dependent clauses: *noun* clauses and *adjective* clauses. This section introduces the third kind of dependent clause, the *adverbial* clause. Adverbial clauses function like adverbs, answering the question *when?* or *how?* with respect to the action or state described by the main verb.

In the following groups of three sentences, try to determine the circumstances in which the present subjunctive, the present indicative, or a past indicative tense are used with an adverbial conjunction relating to time.

Siempre tenemos una prueba cuando **terminamos** un capítulo.
Vamos a tener una prueba cuando **terminemos** este capítulo.
Tuvimos una prueba ayer cuando **terminamos** el Capítulo 13.

No supe la noticia de su muerte hasta que **escuché** la radio. Nunca sé las noticias hasta que **leo** el periódico. No sabré las noticias esta noche hasta que **vea** la tele.

Te lo dije tan pronto como lo **supe**. Siempre te lo digo todo tan pronto como lo **sé**. Te lo diré todo tan pronto como lo **sepa**.

When the events or actions of the main and the subordinate clause are habitual (customary) or have already happened, indicative forms are used in the subordinate clause because the action or event is viewed as objective fact, within the speaker's experience. However, when the action or event of the main and the subordinate clauses is anticipated or will take place at

some future time (that is, the action has not happened yet), the subjunctive
is used in the subordinate clause to describe the as yet unrealized action or
state.

The tense of the verb in the main clause is a good—but not perfect—
indicator of the tense to use in the dependent clause. Remember that when
the present indicative signals a habitual action, use the indicative in the
dependent clause.

MAIN CLAUSE	SUBORDINATE CLAUSE
present indicative past indicative }	+ *adverbial conjunction of time* + indicative
present indicative future, including **ir a** + *infinitive* }	+ *adverbial conjunction of time* + subjunctive

Here is a list of the adverbial conjunctions that follow this pattern.

cuando	when	**hasta que**	until
después (de) que	after	**mientras (que)**	while, as long as
en cuanto	as soon as	**tan pronto como**	as soon as

¡Atención!

1. Until now you have used the subjunctive in dependent clauses that had
   a subject different from that of the independent clause. However, the
   subjunctive may be used with the adverbial conjunctions **cuando**, **en
   cuanto**, **mientras (que)**, and **tan pronto como** even when there is no
   change of subject.

   (Yo) Lo pienso hacer tan
   pronto como **(yo) termine**
   la lectura.

   *I intend to do it as soon as I
   finish the reading.*

   Julio va a España para estudiar tan pronto como **(Julio)**
   se **gradúe**.

   *Julio will go to Spain to study
   as soon as he graduates.*

2. The conjunctions **después (de) que** and **hasta que** can also be followed by the subjunctive when there is no change of subject. However,
   it is possible to use the prepositions **después de** and **hasta** plus the
   infinitive.

   Lo pienso hacer **después de que termine** la lectura.
   Lo pienso hacer **después de terminar** la lectura.

   Julio no va a España para estudiar **hasta que se gradúe** aquí.
   Julio no va a España **hasta graduarse** aquí.

ACTIVIDAD 18. **Hablando de las lecturas**

Complete las siguientes oraciones con una frase apropiada. Consulte la lista de **Frases útiles** si no recuerda lo que dicen las lecturas.

1. El profesor Mackal llevará un sofisticado equipo cuando _____ .
2. No sabremos definitivamente si todavía existen dinosaurios en África hasta (que) _____ .
3. Vamos a estudiar los problemas ambientales hasta (que) _____ .
4. El mundo es más consciente de los riesgos nucleares después de (que) _____ .
5. Es probable que el mundo se olvide de Chernobil hasta (que) _____ .
6. Los habitantes de ciertas regiones no podrán estar al aire libre mientras que _____ .
7. Viviremos con el peligro de una explosión nuclear hasta (que) _____ .
8. Según García Márquez, la mitad de los seres humanos morirán tan pronto como _____ .

Frases útiles: lo que ocurrir en Ucrania, explotar una bomba nuclear, resolverlos por fin, hacer la expedición al Congo, estar contaminado el aire, regresar a los Estados Unidos y publicar los resultados de su investigación, haber otro accidente nuclear, eliminar las armas nucleares

ACTIVIDAD 19. **Dime una cosa...**

Hágale las siguientes preguntas a un compañero (una compañera) para saber algunos de sus planes para el futuro. Su compañero/a debe utilizar en sus respuestas las expresiones entre paréntesis.

1. ¿Hasta cuándo estudiarás español?
   (hasta que)
2. ¿Cuándo te irás de vacaciones?
   (en cuanto)
3. ¿Cuándo buscarás un buen trabajo?
   (cuando)
4. ¿Cuándo vas a hacer un viaje a Europa?
   (tan pronto como)
5. ¿Por qué no puedes comprarte un Alfa Romeo?
   (mientras que)
6. ¿Cuándo vas a encontrarte con tus amigos?
   (cuando)

ACTIVIDAD 20. **Problemas y soluciones**

Mafalda, como nosotros, se preocupa por los problemas mundiales. Pero, hay una diferencia: Mafalda dialoga con el mundo. Lea el dibujo y conteste las preguntas.

1. Si el sufijo **-ólogo** significa *persona que estudia o busca algo*, ¿qué significan **problemólogo** y **solucionólogo**, las palabras inventadas por Mafalda? Defínalas en español.
2. Según Mafalda, hay _____ en el mundo.
   muchas pilas / muchos problemas / muchas soluciones
3. Mafalda cita una serie de problemas mundiales. ¿Cuáles son? ¿Y cúales son los sufijos con que terminan?
4. ¿Puede Ud. formar otras palabras que terminan en **-ismo** y que se refieren a asuntos mundiales? Trate de inventarlas tomando como base estas palabras: **el terror**, **el fascista**, **el comunista**.

PALABRAS PROBLEMÁTICAS

Consider the words **alcanzar, lograr**, and **tener éxito**. **Alcanzar** means *to reach* a desired goal or *to reach* for something physically.

¿Cuándo piensas **alcanzar** tus metas?	*When do you intend to reach your goals?*
No **alcanzo** el último estante.	*I can't reach the last shelf.*

Lograr means *to succeed in* achieving or obtaining a desired goal, or *to manage to* do something. **Lograr** is often followed by an infinitive.

Lograron descubrir el secreto del átomo.	*They succeeded in discovering (managed to discover) the secret of the atom.*

Tener éxito means *to be successful* in a general or career-related sense.

Ricardo **ha tenido mucho éxito** en su carrera.	*Ricardo has been very successful in his career.*

Now consider **ocurrir**, **pasar**, and **suceder**. All three can express *to occur, to happen*.

¿Qué **ocurrió**? ¿Qué va a **pasar** ahora? ¿Qué **ha sucedido**?	*What happened? What is going to happen now? What has happened?*

ACTIVIDAD 21.   **¿Qué pasa?**

1. ¿Qué ha logrado hacer Ud. este año?
2. ¿Cuáles son las metas que Ud. espera alcanzar en los próximos diez años?
3. ¿Cuál es su definición personal de «tener éxito»?
4. ¿Le ha pasado algo interesante este año? ¿Qué es?
5. ¿Le ha sucedido algo interesante, importante, curioso o divertido esta semana? ¿Le gustaría contárselo a la clase?
6. ¿Qué noticias de gran importancia han ocurrido en el mundo esta semana?

DE TODO UN POCO

ACTIVIDAD A.   **Con sus propias palabras**

Imagínese que Ud. es reportero/a de la televisión y tiene que dar las noticias de Chernobil al público en 2 minutos. Escriba un breve resumen de los acontecimientos que incluya todos los datos importantes: (1) el lugar en que la explosión ocurrió, (2) la fecha en que ocurrió, (3) una breve explicación de lo que pasó y (4) una lista de los posibles efectos.

ACTIVIDAD B.   **Un día en el futuro**

Complete la siguiente visión del futuro con la forma apropiada de los infinitivos. Use el presente perfecto de los verbos indicados con asterisco (*) y el pretérito, el futuro o el presente del indicativo o del subjuntivo de los otros infinitivos. Cuando se dan dos palabras entre paréntesis, escoja la más apropiada. Llene los espacios en blanco con **por** o **para**.

Hoy (*es/está*)[1] el 21 de agosto del año 2019, fecha que Matilde (**marcar*)[2] con un círculo rojo en su calendario, porque este día (*presentarse*)[3] _____[4] primera vez a su nuevo empleo en el Ministerio de Industria y Tecnología, que (*fue/estuvo*)[5] creado _____[6] el gobierno en 1993.

Matilde (*es/está*)[7] muy contenta hoy. Hace más de un año que no (*trabajar*),[8] desde que (*dejar*)[9] la empresa° constructura que (*declararse*)[10] en quiebra° _____[11] utilizar materiales de construcción obsoletos. Después de que los plásticos (*invadir*)[12] este campo, la empresa había tenido serios problemas _____[13] enfrentarse a la competencia de aquellas empresas constructoras que (*utilizar*)[14] el «plasticoncreto».

compañía / declararse... to go bankrupt

Aunque (*es/está*)[15] ingeniera mecánica, Matilde pertenecía al grupo de los desempleados.° El desempleo en esta ciudad pronto (*llegar*)[16] a 18 ____[17]   *unemployed*
ciento. ____[18] su parte, Matilde (*depender*),[19] durante este lapso, del dinero que ganaba Ramón, su esposo, que (*es/está*)[20] profesor universitario. Ellos (*casarse*)[21] hace 6 años y tienen sólo un hijo.

Mientras (*pensar*)[22] en los sucesos del pasado, Matilde se prepara el desayuno: jugo de naranja en polvo mezclado con agua, cereal y leche también en polvo. No (*preparar*)[23] el desayuno ____[24] su familia. Ellos (*comer*)[25] después de que ella (*salir*)[26] ____[27] su trabajo.

¿Ya (*ser*)[28] las 5:15 de la mañana? Antes de (*salir*)[29] de la casa, Matilde se pone una mascarilla filtradora de aire que deben usar todos los que andan ____[30] la calle ____[31] la mañana ____[32] evitar la irritación de los ojos, nariz y garganta° causada ____[33] la contaminación que (*aumentar*)[34] durante el día.   *throat*

Después aborda el tren rápido que la (*llevar*)[35] a la estación del metro. Mientras (*viajar*),[36] Matilde observa a la gente que también viaja en el tren. Nadie habla ni sonríe, pero ella recuerda que (*es/está*)[37] en una ciudad que pronto (*tener*)[38] más de 38 millones de habitantes y que ella misma (*es/está*)[39] cansada de ver a tanta gente.

Cuando ella (*llegar*)[40] a la estación del metro ya son las 6:30 y todavía tiene que hacer cola ____[41] más de media hora ____[42] (*tomar*)[43] un autobús que la (*llevar*)[44] al Ministerio.

A esta hora—piensa—mi hijo (*ser/estar*)[45] tomando su clase de «Inglés para niños» ____[46] televisión hasta que (*ser/estar*)[47] la hora de su turno° en la escuela.   *shift*

Tan pronto como (*terminar*)[48] su trabajo—después de solo cinco horas, porque las máquinas y computadoras (*hacer*)[49] el resto—Matilde (*regresar*)[50] a su casa ____[51] la misma ruta, (*preparar*)[52] una sopa en polvo de papas ____[53] su hijo y (*mirar*)[54] ____[55] unas horas la televisión. Su esposo no (*volver*)[56] de la universidad hasta muy tarde.

Los siguientes comentarios sobre «Un día en el futuro» son ciertos. Dé un ejemplo de cada uno.

1. No hay suficiente trabajo para todos.
2. Mucha gente vive lejos de su trabajo.
3. Se sustituyen otros materiales por el plástico.
4. No es necesario pasar mucho tiempo en la cocina para preparar una comida.
5. La contaminación es un problema grave.
6. La superpoblación afecta a la gente.
7. Gran parte del trabajo es hecho por máquinas y computadoras.
8. La televisión tiene un papel importante en la vida de los ciudadanos.

Hacia el futuro

© MARK ANTMAN/IMAGE WORKS

Campos de arroz en Valencia, España

El futuro del mundo no tiene que ser inevitablemente desastroso. En el capítulo anterior se presentaron varias visiones negativas del porvenir (*future*). En este capítulo se presentan algunas sugerencias, ideas y teorías para enfrentar (*face, deal with*) el porvenir. Algunas son prácticas y otras son especulaciones, pero todas nos dan una idea de lo que nos puede esperar en el próximo siglo.

■ EN OTRAS PALABRAS...

Para hablar de la alimentación de hoy y del porvenir

Sustantivos

el adelanto	advance
la calidad	quality
la cantidad	quantity
el cultivo	crop
el fin	end
la fuente	source
la ingeniería	engineering
el mejoramiento	improvement
el placer	pleasure
la población	population
el veneno	poison

Otras expresiones

en lugar de	in place of, instead of
sobre todo	especially, above all

Verbos

cosechar	to harvest, pick
cultivar	to plant/raise crops
disponer(se) de	to have available
mejorar	to improve
resolver (ue)	to resolve
respirar	to breathe

Adjetivos y adverbios

agrícola	agricultural
cotidiano/a	daily
ligero/a	light

Actividad 1. **¿Qué comeremos?**

Está claro que la comida—una comida sana y abundante para todos—va a ser uno de los problemas más grandes que tendremos que enfrentar en el futuro. ¿Cómo cree Ud. que será la comida del futuro? Piense en lo que leyó en las lecturas y actividades del capítulo anterior y también en lo que Ud. sabía del tema antes. Luego, usando el vocabulario de **En otras palabras...**, haga la siguiente actividad.

A continuación se dan cuatro oraciones que describen la comida del próximo siglo. Indique si Ud. está de acuerdo con ellas o no, y cambie las oraciones como sea necesario para que expresen sus ideas. Luego invente cuatro oraciones más y léalas a sus compañeros para ver si están de acuerdo.

1. La ciencia y la ingeniería podrán evitar catástrofes en cuanto a la cantidad de alimentos.
2. La calidad de la comida será menor que la de siglos anteriores.
3. Tendremos que aprender a comer cosas que nosotros en el Oeste no acostumbramos comer, como los insectos, por ejemplo.
4. Ya no habrá alimentos frescos; todo nos llegará en latas o congelado.
5. → 8. ¿_____?

■ COMENTARIOS DE HOY

Antes de leer

El título y el largo subtítulo del siguiente artículo nos dan una idea de lo que nos espera. Léalos rápidamente y conteste las preguntas que siguen.

La alimentación del porvenir

CONTRARIAMENTE A TODAS LAS PREVISIONES° PESIMISTAS, EN EL SIGLO XXI COME-   pronósticos
REMOS CON ABUNDANCIA Y MÁS RICO QUE NUESTROS ABUELOS DEL SIGLO PASADO.
EL SECRETO: LOS ÚLTIMOS ADELANTOS° DE LA AGROBIOTECNOLOGÍA.   avances

Aunque la palabra **pesimistas** aparece en la primera oración, hay también una palabra clave que nos hace pensar desde el principio que el artículo no es pesimista. ¿Cuál es?

En su opinión, ¿cuál de las siguientes oraciones va a resumir mejor el punto de vista del artículo?

- Gracias a la ciencia, vamos a comer bien en el futuro.
- No tenemos todavía los secretos que necesitamos para resolver el problema de la comida.

La última palabra del largo subtítulo es una palabra compuesta de tres ideas: **agrobiotecnología**. ¿Cuáles son las tres ideas que encierra esta palabra? ¿Qué significa la palabra? Compare su definición con las de sus compañeros.

La alimentación del porvenir

CONTRARIAMENTE A TODAS LAS PREVISIONES PESIMISTAS, EN EL SIGLO XXI COMEREMOS CON ABUNDANCIA Y MÁS RICO QUE NUESTROS ABUELOS DEL SIGLO PASADO. EL SECRETO: LOS ÚLTIMOS ADELANTOS DE LA AGROBIOTECNOLOGÍA.

Frente a todos los problemas que agobian° al mundo en este fin de siglo—económicos, sociales, políticos, demográficos y ecológicos—el problema ecológico amenaza con transformarse en una verdadera catástrofe que puede tener repercusiones incalculables a largo plazo, sobre todo a causa de las radiaciones nucleares. Cualquier persona consciente puede mostrarse ligeramente inquieta y plantearse° la pregunta de ¿qué comerán nuestros hijos mañana en el caso de que logren respirar todavía?

    Pues bien, no hay por qué preocuparse en absoluto.° El problema, informan los científicos en la materia,° está resuelto o casi. En efecto, la ingeniería alimenticia ha hecho progresos gigantescos en los últimos años y nos promete una mesa cotidiana tan bien servida—en cantidad y, punto esencial, en calidad—como las de nuestros abuelos que todavía conocieron los maravillosos productos auténticos y no adulterados de la tierra: pan fresco, carne suculenta, lechuga recién cortada, frutas deliciosas, etcétera.

overwhelm

hacerse

en... at all
tema

LA CIENCIA SALVARÁ LA GASTRONOMÍA

Muchos especialistas argumentan que la principal fuente de proteínas provendrá° de los tan despreciados° insectos que se cocinarán fresquitos, apenas salidos del criadero° que habrá en cada hogar: chapulines° fritos, avispas° con vino tinto, hormigas° con queso o tacos de larvas de escarabajo.° Contrariamente, ciertos ingenieros sostienen° la teoría (con aplicaciones prácticas que tal vez dentro de poco tiempo tendremos en nuestro plato) de que la ciencia será capaz de barrer° con muchos mitos° actuales en cuanto a catástrofes o hambrunas° futuras.

    Ha sido abandonada por completo la idea de recurrir a° alimentos alternativos o a nuevas fuentes de proteínas gracias a los progresos de la agrobiotecnología. Los adelantos de las técnicas agrarias° han permitido aumentar la producción a tal grado° que países con una agricultura deficitaria, como la India, por ejemplo, se han convertido en países exportadores de productos agrícolas. Algunos investigadores opinan que para el año 2000 se dispondrá a nivel mundial de los recursos y las materias primas° suficientes para el consumo, y se podrá ofrecer alimentos frescos, naturales, higiénicos y equilibrados.

will come
despised / hatchery
grasshoppers / wasps / ants
beetle / hold

do away / myths
famines
recurrir... *hacer uso de*

agrícolas / a... to such a degree

materias... *raw materials*

MODERNAS TÉCNICAS DE CONSERVACIÓN

Tanto los nutriólogos como los industriales, están convencidos de que antes del fin de siglo veremos una fuerte baja° en el empleo° de colorantes y conservadores artificiales. Además, la carne, las frutas y verduras, dulces y bebidas tendrán una envoltura° cada vez más higiénica y protectora, que permitirá evitar toda pérdida° de color y sabor, una maduración° excesiva o cualquier contaminación.

    La técnica de la dehidrocongelación° dará un aspecto totalmente fresco y recién cosechado a las verduras, además de que no habrá que lavarlas, pues ya vendrán perfectamente limpias. Una mezcla exacta de congelación con una ligera deshidratación° es el secreto de este método que impedirá que los alimentos se echen a perder° y que los conservará fresquecitos.

    La cocción° con microondas reemplazará al método actual de esterilización, al calentar° de una vez° y en pocos segundos toda el agua contenida en la carne, agitando las moléculas unas contra otras. Si se reduce aun más la duración del proceso, se preservan proteínas y vitaminas. Otra técnica permitirá conservar la leche elevando la temperatura hasta 140°C durante dos o tres segundos, en lugar de hacerlo durante una hora a 118°C.

    La industria alimentaria se va a automatizar cada vez más con el empleo de computadoras y métodos cada vez más sofisticados. Además se va a integrar cada día más con la agricultura en un proceso de fusión y concentración.

reduction / uso
wrapping
loss
ripening
freeze-drying

dehydration
se... spoil, rot

cooking
heating / de... all at once

LA INGENIERÍA GENÉTICA

La otra faceta de esta evolución asombrosa° consiste en los adelantos de la ingeniería genética para incrementar la producción agrícola gracias a investigaciones sobre el mejoramiento de las plantas. Por ejemplo, se estudian métodos para permitir a los cultivos resistir mejor a los agentes parásitos y tener una producción óptima.

    Otro ejemplo es la hibridación de las plantas que presenten las mejores características mediante° fusión de células para que una de las plantas «absorba» las características genéticas de la otra. La planta obtenida se defiende entonces sola contra los insectos, los herbicidas, los virus y, además, tiene una producción mayor.

    La agrobiotecnología no siempre tiene que recurrir a la ingeniería genética. Para luchar contra plagas se puede utilizar un sistema de detección que da la alarma cuando se inicia la enfermedad. Entonces, y sólo entonces, se interviene. Resultado: costos menores,° impacto reducido sobre el medio ambiente con los insecticidas y mejor calidad del producto.

    Por lo tanto, se prevé° una importante reducción del uso de insecticidas, de fertilizantes químicos y la abolición progresiva de todos los venenos empleados hoy contra las plagas. En cuanto al placer° de la mesa, pues, el futuro es prometedor.°

astonishing

por medio de

reducidos

se... is foreseen

En... As for the pleasure / promising

    ACTIVIDAD 2.   **Comprensión de la lectura**

        Complete las siguientes oraciones con la frase más apropiada, según el artículo.

1. La ciencia salvará la gastronomía...
   a. con alimentos alternativos y nuevas fuentes de proteínas.
   b. a través del progreso de la agrobiotecnología.
   c. usando la India como modelo.
2. Con las modernas técnicas de conservación la comida del porvenir...
   a. tendrá más colorantes y conservadores artificiales.
   b. será concentrada.
   c. será de mejor calidad de la que comemos ahora.
3. La ingeniería genética hace investigaciones para...
   a. incrementar la cantidad y mejorar la calidad de los cultivos.
   b. incrementar y mejorar el uso de insecticidas y fertilizantes.
   c. incrementar y mejorar las plagas.

ACTIVIDAD 3.   Y Ud., ¿qué opina?

En la lectura se mencionaron muchas soluciones para el problema de la comida del futuro. ¿Qué opina Ud. de ellas? Si cree que alguna solución es una mala idea, explique por qué.

		BUENA IDEA	NO SÉ	MALA IDEA
1.	Comeremos insectos como principal fuente de proteína.	☐	☐	☐
2.	La tecnología va a ayudar a aumentar la producción de alimentos por medio de la ingeniería genética.	☐	☐	☐
3.	Se usarán menos los insecticidas.	☐	☐	☐
4.	Se usarán menos los fertilizantes.	☐	☐	☐
5.	Se usarán menos las sustancias artificiales para conservar la comida.	☐	☐	☐
6.	Toda la comida se tratará con varias técnicas antes de llegar al mercado.	☐	☐	☐

¡ES ASÍ!

«Cada uno a su gusto» se dice en español, y esta expresión se refiere a los placeres de la mesa también. En España y Latinoamérica se comen varios alimentos que muchos norteamericanos no acostumbran comer. Algunas comidas populares en España, por ejemplo, son el pulpo (*octopus*) y los calamares (*squid*), que se preparan con una salsa sabrosa. En muchas partes de Latinoamérica el conejo (*rabbit*) y el chivo (*goat*) son una fuente abundante y económica de proteínas. Como Chile es un país con una costa larga en el Océano Pacífico, abundan los mariscos como los camarones (*shrimp*), la langosta (*lobster*) y también las ostras (*oysters*), los mejillones (*mussels*) y los erizos de mar (*sea urchins*). En la Argentina, donde la carne de res (*beef*) es una parte importante de la dieta nacional, una parrillada mixta (*mixed grill*) o un asado (*cookout*) incluye todas las partes del animal: la molleja (*sweetbreads*), los riñones (*kidneys*) y los chinchulines (*tripe*).

Tal vez Ud. ya coma estos productos o tal vez no los conozca. Pero acuérdese de que cada país tiene otras costumbres. ¡A muchos hispanos la idea de comer jamón con piña les parece horrorosa!

ACTIVIDAD 4.   **Las ventajas y las desventajas de la tecnología**

Se sabe que las computadoras ya tienen un papel muy importante en muchos aspectos de nuestro mundo, y que en el futuro ocuparán un lugar aún más vital. En este dibujo, Quino nos da su perspectiva de la odontología del futuro. ¿Cree Ud. que será posible que una computadora haga las funciones del dentista? ¿que el dentista no tendrá que hacer más que meter la información y la computadora hará el resto? Comente estas preguntas con varios compañeros y, entre todos, hagan una lista del papel que la computadora tendrá en el futuro de las siguientes personas.

MODELO: los dentistas →

La calidad del trabajo de los dentistas mejorará. No tendrán que hacer más radiografías (rayos X). Harán su trabajo más rápidamente. Tendrán más tiempo para estudiar los últimos adelantos de la odontología.

Palabras útiles: los delitos (*crimes*), el límite de velocidad, la tarea (*homework*), diagnosticar, la enfermedad, el recreo (*recess*)

1. los pacientes de los dentistas
2. los médicos
3. los ecologistas
4. los conductores de coches
5. los agricultores
6. los cocineros
7. los policías
8. los/las amas de casa
9. los profesores de lenguas
10. los estudiantes de primaria
11. Ud.
12. ¿_____ ?

■ LENGUA Y ESTRUCTURAS

A. SUBJUNCTIVE WITH OTHER ADVERBIAL CONJUNCTIONS

In the previous chapter you learned about the use of the indicative and subjunctive in adverbial clauses of time, with conjunctions like **tan pronto como**, **después (de) que**, and so on. The conjunctions in this section also introduce adverbial clauses (those that modify the verb in the main clause), but it is not necessary to decide whether to use the indicative or the subjunctive with them, since they always require the subjunctive. They do so because they refer to anticipated events; in all cases with these conjunctions, the action of one clause is dependent on that of the other. For this reason, these conjunctions are sometimes called conjunctions of proviso or purpose.

a condición (de) que *on the condition that*
a menos que *unless*
antes (de) que *before*
en caso de que *in case*

con tal (de) que *provided that*
para que *so that, in order that*
sin que *without, unless*

¡Atención!

Note that, although it is a conjunction of time, **antes (de) que** is included in the group of conjunctions that *always* take the subjunctive.

A menos que las **cuidemos**, algunas especies desaparecerán. Tenemos que hacerlo **antes de que sea** demasiado tarde.

Unless we take care of them, some species will disappear. We have to do it before it's too late.

Tendremos suficiente **con tal que** no **malgastemos** nuestros recursos naturales. Y si el gobierno coopera…. Los científicos no podrán seguir sus estudios **sin que** el gobierno les **dé** fondos.

We'll have enough provided that we don't waste our natural resources. And if the government cooperates. . . . Scientists cannot continue their studies without the government giving (unless the government gives) them funds.

¡Atención!

1. When the subject of the main and the dependent clause is the same, a corresponding preposition (**a condición de**, **antes de**, **en caso de**, **con tal de**, **para**, **sin**) plus infinitive is preferred to the subjunctive.

    (Yo) Compraré una computadora **con tal de (en caso de) necesitarla** (yo).

    I will buy a computer provided that (in case) I need one.

2. **A menos que**, however, does not have a prepositional equivalent.

    (Yo) No compraré una **a menos que** (yo) **tenga** suficiente dinero.

    I won't buy one unless I have enough money.

ACTIVIDAD 5. **«La importancia de plantar un árbol…»**

Se da por entendido que es importante plantar árboles pero… ¿por qué? Complete las oraciones con el infinitivo o el subjuntivo para expresar sus ideas y opiniones. Use **nosotros** como sujeto cuando sea apropiado.

1. Es importante plantar un árbol para (que)…
    disfrutar de su sombra (*shade*) / prevenir (*to prevent*) cambios drásticos en el ecosistema / detener la erosión / respirar mejor / tener productos hechos de madera
2. Plante Ud. un árbol antes de (que)…
    ser demasiado tarde / destruir uno / empezar a sufrir los efectos de la deforestación
3. El año próximo plantaré un árbol a condición de (que)…
    tener jardín / hay espacio en el jardín
4. El árbol no crecerá a menos que…
    tener espacio y aire / llover / cuidarlo
5. El árbol crecerá bien con tal de (que)…
    no haber plagas / tener suficiente oxígeno / ser una variedad que puede adaptarse a este clima
6. No habrá bosques sin (que)…
    cuidarlos la gente / eliminar las causas de los incendios forestales / crear el gobierno un sistema de reforestación

7.   Y ¿qué harán Uds. en caso de (que)...?
     no haber bosques en el futuro / volverse el mundo un desierto / cambiar el ecosistema de su región

ACTIVIDAD 6.   **Problemas familiares**

Aunque parezcan menores en comparación con los problemas mundiales, los problemas familiares no son por eso menos molestos. ¿Qué dicen los siguientes miembros de la familia Mendoza para resolver una serie de problemitas familiares típicos? Combine las dos oraciones con la conjunción adverbial indicada, haciendo los cambios necesarios.

1.   Madre, al hijo menor: «Tienes que tomar la sopa. Te sirvo el postre.» (antes de que)
2.   Padre, al hijo mayor: «No te daré el coche. Prometes manejar con cuidado.» (a menos que)
3.   Madre, a la hija mayor: «Te dejaré salir esta noche. Vuelves a casa antes de medianoche.» (a condición de que)
4.   Madre, a la hija mayor: «Llámame. Tienes problemas con el coche.» (en caso de que)
5.   Padre, al hijo menor: «No debes pegar al otro chico. Él te pega.» (antes de que)
6.   Madre, al hijo menor: «Cuéntamelo más despacio. Comprendo lo que pasó.» (para que)
7.   El hijo mayor a sus padres: «Les diré lo que me pasó con el coche. Uds. no se enojan conmigo.» (con tal de que)

8. Los padres al hijo mayor: «A veces las cosas pasan. Uno se da cuenta.» (sin que)

Ahora indique cómo cree Ud. que estos problemas van a resolverse.

- El hijo menor...
- La hija mayor...
- El hijo mayor...

ACTIVIDAD 7. **Volviendo a temas trascendentales...**

Complete las oraciones del Grupo A lógicamente para expresar algunas de sus ideas sobre los temas de esta unidad. Puede usar frases del Grupo B, si quiere.

GRUPO A

1. La vida será buena en el futuro con tal de que (nosotros)...
2. La ingeniería alimenticia hace investigaciones para que...
3. No habrá mejor transporte público sin que...
4. No voy a comer insectos a menos que...
5. La contaminación en esta ciudad será peor a menos que...
6. La población no volverá a Chernobil antes de que...
7. Los dentistas comprarán computadoras a condición de que...

GRUPO B

no hay otra cosa para comer
la gente no lo pide
los habitantes lo utilizan
la municipalidad aumenta los impuestos
la clase media cambia sus actitudes
comemos mejor
la agricultura se mejora
no tenemos que comer insectos en el futuro
la comida es tan rica como la de nuestros abuelos
las computadoras son baratas
una computadora puede ayudarle en su trabajo
los pacientes no se quejan
la computadora limpia también los dientes
me los sirven con salsa de chocolate
nadie me dice que son insectos
las fábricas se trasladan al campo
el gobierno promulga leyes para controlarla
los ciudadanos toman medidas para controlarla
la municipalidad prohíbe la circulación de coches en el centro
cuidamos los recursos naturales

todo el mundo ahorra la energía

los habitantes de este planeta se dan cuenta de que el ecosistema es frágil

pensamos hoy en el mañana

el peligro no existe más

pasan muchos años

el reactor nuclear no funciona nunca más

ACTIVIDAD 8. **Ahora le toca a Ud.**

Complete las siguientes oraciones lógicamente, con sus propias ideas.

1. _____ a condición de que tenga una oportunidad.
2. _____ a menos que salga bien en todas las materias.
3. _____ con tal de que termine todo el trabajo.
4. _____ para que ellos me comprendan mejor.
5. _____ en caso de que haya una emergencia.
6. _____ antes de que sea demasiado tarde.
7. _____ sin que nadie me ayude.

ACTIVIDAD 9. **Ud. y el transporte**

¿Qué hace Ud. para mejorar el problema de la contaminación del aire? ¿Usa menos el coche? ¿Qué hacía en el pasado? Para analizar sus hábitos pasados y presentes en cuanto al transporte, complete la siguiente encuesta. Luego sume las respuestas de sus compañeros para describir las costumbres de todos.

1. Cuando Ud. era niño/a, ¿cómo iba a la escuela?
   a. a pie   b. en bicicleta   c. en coche   ch. usaba el transporte público
   d. en un autobús especial que iba sólo a la escuela   e. ¿_____ ?
2. ¿Cómo iban sus padres al trabajo?
   a. a pie   b. en coche   c. usaban el transporte público
3. Si usaba Ud. el transporte público, ¿por qué lo hacía?
   a. era económico   b. era conveniente   c. era rápido   ch. ¿_____ ?
4. ¿Cómo es el sistema de transporte público donde Ud. vive ahora?
   a. es económico   b. es limpio   c. es rápido   ch. es conveniente
   d. tiene muchas rutas   e. ¿_____ ?
5. ¿Con qué frecuencia lo utiliza?
   a. siempre   b. a veces   c. cuando mi coche no funciona   ch. nunca
6. Si lo usa con cierta frecuencia, ¿por qué lo usa?
   a. no tengo coche   b. no hay dónde estacionar el coche   c. no tengo otro medio de transporte   ch. me gusta   d. ¿_____ ?
7. Si *no* lo usa, ¿por qué no lo usa?
   a. prefiero caminar   b. prefiero ir en bicicleta   c. tengo coche   ch. no es conveniente   d. es caro   e. es sucio   f. no hay rutas suficientes
   g. ¿_____ ?

EN OTRAS PALABRAS...

Para hablar más del transporte

Sustantivos

la clase media/baja/alta	middle class/lower class/upper class
los medios de transporte	means of transportation
el riesgo	risk
el tranvía	streetcar, trolley
los valores	values

Verbos

experimentar	to experience
renunciar	to give up

Adjetivos

factible	possible
oportuno/a	appropriate

Expresiones

más allá (de)	beyond
tarde o temprano	sooner or later

COMENTARIOS DE HOY

Antes de leer

© DAVID KUPERSCHMID

Este atasco (*traffic jam*) es en la capital de México, pero podría ser en cualquier parte del mundo.

La siguiente lectura viene de un artículo llamado «Los lunes no contamino», lema (*slogan*) de una campaña anticontaminación. Como punto de partida, el autor del artículo encuentra ilógico el lema. De las siguientes razones, ¿cuál será la que ofrece?

- Hay más contaminación los fines de semana, así es que debe cambiarse el enfoque temporal de la campaña.
- El lema implica que el no contaminar un día es bastante para reducir el problema... y eso no es cierto.

En la parte del artículo que Ud. va a leer, el autor señala una causa primordial del problema de la contaminación y ofrece una solución.

La contaminación: Una causa y una solución

Para quienes tenemos la suerte de vivir en la Ciudad de México, la contaminación ambiental se nos ha venido convirtiendo en un problema cada día más alarmante y cada vez más concreto. Se nos ha informado que los automóviles que circulan por nuestras calles generan más de dos terceras partes de los contaminantes suspendidos en la atmósfera que respiramos. Cada invierno la historia se repite, y por los periódicos nos enteramos° que los niveles que alcanzan los contaminantes más peligrosos superan° dos o tres veces las marcas establecidas como límites aceptables, más allá de los cuales los seres humanos incurrimos en riesgos serios para nuestra salud.

Cuando yo era pequeño, nuestra ciudad era también pequeña y no tenía los problemas que hoy nos afectan, aunque tenía otros. Un hecho singular que recuerdo con claridad es que casi nadie tenía automóvil, todo el mundo viajaba en camión° de pasajeros o en tranvías y en realidad no la pasábamos tan mal. Había camiones de primera° y de segunda, había también transportes suburbanos y los tranvías más grandes y lentos eran muy baratos. Era frecuente ver también numerosos jóvenes y aún adultos que se transportaban en bicicletas.

Quizás se piense que todo eso estaba bien en otros tiempos, cuando había menos gente, cuando la ciudad era mucho menos extensa, y las distancias por lo tanto más cortas, y sobre todo porque precisamente había menos autos, pero hoy en día regresar a todo esto sería inconcebible.° Yo no pienso así, y creo que tarde o temprano regresaremos a un sistema de transporte urbano similar al del pasado, simplemente porque es bastante mejor, como debiera enseñarnos lo que sucede en otras ciudades.

Estoy cierto que la solución al problema actual es muy difícil porque entraña° cambios de conducta social, de conceptos y esquemas° arraigados,° incluso de valores que difícilmente podremos hacer a un lado.° Considero que el camino está en ofrecer un transporte público digno° y acorde a las posibilidades económicas de cada persona. Pienso que la clase media que tiene acceso y es propietaria° del mayor número de autos sólo renunciará a su uso, cuando se le ofrezca un servicio de transporte equiparable° al que obtiene de su propio auto. Esto no sólo es factible, sino que traería beneficios secundarios de gran magnitud e impacto social.

Imaginemos un servicio de camioneta° de 10 a 12 personas, con un nivel de amplitud° y comodidad similar al que hoy en día se tiene en un automóvil intermedio° (tales vehículos existen en la realidad, pero nada tienen que ver con las "combis°" que hoy compiten por nuestras avenidas) y en número suficiente como para asegurar un servicio oportuno y con un número de rutas e intercambios° capaces de conectar dos puntos cualesquiera° de la ciudad (a condición de que haya trechos° razonables a cubrir caminando). El éxito de un sistema así podría disminuir el volumen de tráfico de autos a la tercera o cuarta parte del volumen actual, en la medida en que° el usuario° del auto optara por este medio de transporte.

La reducción del número de vehículos en tal proporción, además de disminuir el nivel de contaminación en forma significativa, haría más fluido el tráfico de vehículos de transporte, reduciendo sus costos de operación y haciendo factible elevar la calidad del servicio.

Deseo que podamos ver en un futuro cercano un cambio de este tipo, y que para ello no se requiera experimentar la muerte por asfixia o envenenamiento° de algunos miles de nosotros. Cuando este cambio se logre, creo que estaremos viviendo en una ciudad más humana y divertida.

nos...	*we find out* / *surpass*
autobús*	
primera clase	
inconceivable	
it involves	
plans / fixed	
hacer... put aside	
worthy	
owner	
comparable	
van / espacio	
medium-sized	
minibuses	
transfers	
any / distancias	
en... to the extent that / persona que usa	
poisoning	

---

*In Mexico, a bus is usually called **un camión**. In Argentina it is called **un micro** or **un colectivo**, in the Caribbean **una guagua**. Other regional words for *bus* are **un autobús** and **un ómnibus**.

ACTIVIDAD 10. **Comprensión de la lectura**

1. Según el autor, el nivel de contaminación en la ciudad de México es...
   a. altísimo. b. bajo. c. aceptable.
2. Cuando el autor era pequeño, los problemas de la ciudad eran...
   a. aún más graves. b. los mismos. c. diferentes.
3. Antes, la mayor parte de la población viajaba en...
   a. automóvil. b. transporte público. c. bicicleta.
4. El autor cree que un sistema de transporte urbano...
   a. es factible. b. es inconcebible. c. estaba bien en otros tiempos.
5. La mayoría de los propietarios de coches son de la clase...
   a. baja. b. media. c. alta.
6. El autor sugiere que se ofrezca un transporte público que sea...
   a. como el de antes. b. económico. c. solamente para los propietarios de coches.
7. También sugiere que este sistema de transporte consista en...
   a. camiones. b. tranvías. c. camionetas.

¡ES ASÍ!

El autobús: En algunas partes es grande y moderno, en otras partes es pequeño y antiguo, pero en todas partes es, sin duda, el medio de transporte público más popular de España y Latinoamérica. En las ciudades es económico y ofrece extensas rutas y servicio frecuente, pero también contribuye mucho al aumento del nivel de la contaminación. En el campo a veces es el modo de viajar de un lugar al otro o de llevar los productos—frutas, verduras, granos e incluso animales—al mercado.

En algunas grandes ciudades como Madrid, Caracas, México y Buenos Aires hay también metro. Por lo general, los metros son limpios, eficientes, económicos y, por supuesto, no contaminan. En el metro de México, durante las horas de mayor congestión se reservan carros exclusivamente para mujeres, niños y ancianos.

Las estaciones del metro de la Ciudad de México merecen una mención especial porque son también obras de arte que incorporan

© DAVID KUPFERSCHMID

El templo azteca en la estación de metro Pino Suárez, en la capital de México

murales y decoraciones típicas en su diseño. Cuando se construía la estación de Pino Suárez, una de las 105 que forman el sistema, los obreros descubrieron un templo azteca cuando hacían las excavaciones. Entonces, los ingenieros rediseñaron la estación para que el templo formara parte de la estructura.

ACTIVIDAD 11. Promesas para un futuro menos contaminado

Complete las oraciones con la forma apropiada del verbo entre paréntesis.

1. La gente dejará de viajar en coche a condición de que (*haber*) un buen transporte público.
2. Pero en el caso de que el transporte público no (*mejorar*), el público seguirá viajando en coche.
3. Antes de (*viajar*) en coche, es necesario pensar en el estacionamiento.
4. En muchas ciudades no hay suficiente espacio para (*estacionar*) los coches.
5. En un caso de emergencia, (*ser*) mejor llamar un taxi o una ambulancia.
6. Es necesario desarrollar buenos sistemas de transporte público antes de que el nivel de contaminación (*subir*) más.
7. Yo viajaré en metro con tal de que (*haber*) una estación cerca de mi destino.
8. Todos tenemos que cambiar nuestras costumbres para que nuestras ciudades (*estar*) más limpias.

■ LENGUA Y ESTRUCTURAS

B. RELATIVE PRONOUNS: *QUE, QUIEN, QUIENES, LO QUE, EL QUE, EL CUAL*

The principal relative pronouns in English are *that*, *which*, *who*, and *whom*. The relative pronouns are most frequently expressed in Spanish with **que**.

Los automóviles **que** circulan por nuestras calles generan más de las dos terceras partes de los contaminantes que respiramos.	*The cars that circulate through our streets generate more than two-thirds of the contaminants that we breathe.*
El accidente fue causado por un conductor **que** no sabía las reglas del camino.	*The accident was caused by a driver who didn't know the rules of the road.*

The relative pronouns **quien** and **quienes** (not **que**) express *who* or *whom*:

- when the clause introduced by *who* or *whom* is set off by commas

El hijo de los Suárez, **quien** vive todavía con sus padres, estudia para ser ecologista. Sus padres, **quienes** se interesan mucho por las cuestiones ambientales, lo apoyan en todo.	*The Suarez's son, who still lives with his parents, is studying to be an ecologist. His parents, who are very interested in environmental concerns, are totally supportive of him.*

- when *who* or *whom* follows a preposition

> García Márquez, **de quien** te hablaba, escribió el artículo que leímos.
>
> *García Márquez, about (of) whom I was speaking to you, wrote the article that we read.*

> Carlos, **a quien** le vendimos nuestro coche, nos dijo luego que usaba mucha gasolina.
>
> *Carlos, to whom we sold our car, told us later that it used a lot of gasoline.*

Remember that when *what* means *that which*, it is expressed in Spanish with **lo que**.

> ¡**Lo que** necesito es tiempo! ¡**Lo que** tengo son deberes!*
> Esto es **lo que** debes hacer.
>
> *What I need is time! What I have are things to do!*
> *This is what you should do.*

¡Atención!

The preceding points about **que**, **quien**, **quienes**, and **lo que** are the most important points to remember about relative pronouns. There are other relative pronouns in Spanish, however. These forms, **el/la que**, **los/las que**, **el/la cual**, and **los/las cuales**, are used in formal writing and formal speech. Learn to recognize these forms when you see or hear them.

    El/La que and **los/las que** can replace **que**, **quien**, or **quienes** for clarity or emphasis, especially after short prepositions like **a**, **de**, **en**, or **con**. **El/La cual** and **los/las cuales** can also be used in this context, but the **que** forms are preferred.

> Los problemas **de los que (los cuales)** hablábamos aquella noche todavía existen. Los señores **con los que (los cuales)** hablábamos eran senadores.
>
> *The problems we talked about that night still exist. The men we were talking with were senators.*

The **cual** forms are used instead of **que**, **quien**, or **quienes** after prepositions of more than one syllable and especially after **por**, **sin**, and **para**.†

> Éste es el plano **sin el cual** no podemos continuar.
>
> *This is the map without which we cannot continue.*

---

*Note that when a plural noun follows **lo que**, the verb "anticipates" the plurality of the noun.

†This is to avoid confusion with the conjunctions **porque**, **sin que**, and **para que**.

Éstas son las excavaciones **al lado de las cuales** construyeron la estación Pino Suárez.	*These are the excavations next to which they built the Pino Suárez station.*

¡Atención!

1. In English we laughingly say that a preposition is a word that one cannot end a sentence with! However, the rule holds in Spanish: A Spanish sentence may never end with a preposition.

¿Es éste el hombre de que hablaron?	*Is this the man they talked about?*

2. Although relative pronouns are often omitted in English, they are never omitted in Spanish.

Éste es el libro que necesito.	*This is the book (that) I need.*

ACTIVIDAD 12. **Comentarios en la residencia**

Antes hablábamos de problemas familiares. Ahora hablemos de lo que le dice Estela a su compañera de cuarto el primer día del semestre. Complete las oraciones con **que, quien** o **lo que**, según sea necesario.

1. Esta foto es de mi hermana, _____ está en otra universidad. Es ella de _____ te he contado varias historias.
2. Éste es mi osito (*teddy bear*), a _____ adoro.
3. Voy a poner aquí mi computadora, _____ seguramente voy a necesitar.
4. La máquina de escribir es de mi hermano, _____ también asiste a esta universidad.
5. Mi madre, _____ trabaja en el Ministerio de Transportes, me ha prestado su coche para toda la semana.
6. Este libro fue escrito por un profesor _____ enseña en esta universidad. _____ le fascinan son los dinosaurios y por eso ha escrito este libro, _____ ha tenido mucho éxito.
7. Y esta foto es de mi novio, de _____ ya te he hablado.
8. Y ahora, ¿_____ es _____ tenemos que hacer?

ACTIVIDAD 13. **Parada (*Stop*) obligatoria**

Roger Johnson acaba de llegar a Caracas, Venezuela, en un viaje de negocios. Ha alquilado un coche y está para salir a la carretera cuando lee el siguiente anuncio. Léalo Ud. también y después conteste las preguntas que Roger le hace al empleado de la agencia de autos que trabaja en la salida (*exit*) de la agencia.

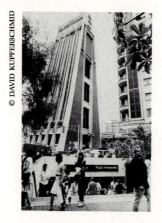

Plaza Venezuela, una
estación de metro en
el centro de Caracas,
Venezuela

Hoy no saldrán a la calle los vehículos con placas° que terminen en 2 y 7.   *license plates*
Mañana no circularán los vehículos con placas que terminen en 3 y 8.
El día de parada es obligatorio en toda el área metropolitana de Caracas.
Los infractores serán multados° con 200 bolívares.   *fined*
No se circula de 7:00 A.M. a 8:00 P.M.

—Perdón, señor, ¿a _____ se dirigen estas reglas?
—A toda persona _____ quiere manejar un coche en Caracas.
—Y ¿cuáles son los vehículos _____ no pueden salir hoy?
—Los que tienen placas _____ terminen en 2 y 7.
—¿_____ hago entonces?
—No se preocupe, señor. La suya termina en 8. No debe preocuparse hasta
  mañana...

Ahora explíquele a Roger cómo puede llegar a sus citas de negocio mañana,
combinando las dos oraciones.

1. Aquí en Caracas tenemos un metro nuevo y rápido. Este metro le
   puede llevar a su destino.
2. La estación del metro está cerca de su hotel. La estación se llama Plaza
   Venezuela.
3. La parada obligatoria no se aplica a los taxis. Los taxis son muy
   baratos.

PALABRAS PROBLEMÁTICAS

A number of Spanish words express the meaning of *to support* or *to bear*,
but they are used in different situations. **Apoyar** is used to mean *to back* or
to favor, as in supporting a candidate, an idea or argument, or offering
emotional support.

Apoyamos al candidato de nuestro partido y también sus ideas.	*We support our party's candidate and also his ideas.*
No estás solo; yo te **apoyo**.	*You are not alone; I support you.*

Mantener means *to support financially.*

Los padres **mantienen** a sus hijos.	*Parents support their children.*

Soportar and **sostener** mean *to bear,* in the sense of bearing a load.

No sé si el pedestal puede **sostener** (**soportar**) el peso de una estatua tan grande.	*I don't know if the pedestal can bear the weight of such a large statue.*

Soportar and **tolerar** mean *to bear* (*to stand*) in an emotional or physical sense.

No **soportó** (**toleró**) más el dolor.	*He couldn't bear* (*stand*) *the pain anymore.*

ACTIVIDAD 14.   Problemas y soluciones

Complete las oraciones con la forma correcta de la palabra apropiada.

1. Las Naciones Unidas dan dinero para _____ proyectos para conservar la naturaleza.
2. El ecosistema no puede _____ más abusos.
3. Hay varias organizaciones que _____ el trabajo de los ecologistas.
4. Es necesario que todos _____ los esfuerzos de los que trabajan para prevenir el aumento de la contaminación.
5. El ruido también es una forma de contaminación que muchas personas no quieren _____ más.
6. La desertización ocurre cuando la tierra no puede _____ más la flora y la fauna.

DE TODO UN POCO

ACTIVIDAD A.   Madrid tendrá su mapa acústico

El ruido también constituye una de las molestias de la actualidad. Para saber más de esta forma de contaminación, complete los siguientes párrafos.

En 9000 puntos de Madrid se van (*a/de*)[1] instalar unos medidores° perma-   *measuring devices*
nentes de los ruidos (*para/para que*)[2] registrar los datos (*que/lo que*)[3], pro-

cesados, elaborarán (*el/la*)[4] mapa acústico de (*el/la*)[5] ciudad. En una primera fase 180 puntos (*ser/estar*)[6] analizados (*por/para*)[7] los científicos, precisamente los puntos en (*que/lo que*)[8] se presume que (*hay/haya*)[9] un (*mejor/mayor*)[10] nivel de tráfico y, (*por/para*)[11] lo tanto, de ruido.

Los medidores actuarán desde las 10:00 (*de/por*)[12] la mañana (*hasta/hasta que*)[13] las 6:00 (*de/por*)[14] la tarde y grabarán,° cada media hora, 5 minutos de ruido. Cuando ya (*conocerse*)[15] los niveles de ruido y las zonas de mayor incidencia, se tendrá un dato objetivo (*para/para que*)[16] jerarquizar las soluciones que (*haber*)[17] que tomarse.° En un estudio de (*hacer*)[18] muchos años, la calle (*muy/mas*)[19] ruidosa (*ser/estar*)[20] la de Onésimo Redondo, donde (*haber*)[21] una estación de trenes.

they will record

be taken

¿Cierto, falso o no se sabe? Corrija las oraciones falsas.

1. Los medidores de ruidos ya están instalados.
2. Los medidores estarán en sitios de poco y mucho ruido.
3. Se cree que el tráfico se relaciona con el ruido.
4. También ayuda a aumentar el ruido el uso de radios portátiles.
5. Nunca se ha hecho un estudio de este tipo en Madrid.

ACTIVIDAD B. **Con sus propias palabras**

¿Dónde vive Ud., en el campo, en el centro de una ciudad o en las afueras (*suburbs*)? ¿Le gusta el sitio donde vive? ¿Dónde le gustaría vivir en el futuro? Antes de contestar estas preguntas, escriba dos listas. En una lista, ponga las ventajas y las desventajas de vivir en el campo. En la otra escriba las ventajas y desventajas de vivir en el centro o en las afueras de la ciudad. Después, compare sus listas con las de dos compañeros y conteste las preguntas. ¿Será posible que Ud. cambie de idea después de escribir y leer las listas?

Ahora la universidad, y después...

En la Universidad de Costa Rica

La vida universitaria, para los estudiantes en todas partes del mundo, son años de alegría, diversiones, esperanzas, sueños acerca del futuro. También es una época de responsabilidades, de preparación, de fijar metas y, a veces, de sacrificios. Naturalmente se oyen algunas quejas.

¿Qué los espera después de estos años? ¿Sueños realizados y metas alcanzadas o un futuro incierto? En esta unidad se trata de la vida universitaria en tres países de habla española: España, la Argentina y México. Mientras lea, piense en las similitudes y las diferencias entre el presente y el futuro de los universitarios de estos países y la actualidad y el porvenir de los estudiantes de los Estados Unidos.

La vida estudiantil

© DAVID KUPFERSCHMID

Universidad de Panamá

EN OTRAS PALABRAS...

Los exámenes	
Un examen, o **una prueba**, sirve para **evaluar** y **medir (i, i) el apren-dizaje** y **los conocimientos** de los estudiantes.	quiz; test / to evaluate / to measure learning / knowledge
Muchos estudiantes creen **andar bien** en los estudios, aunque a veces **andan mal**. Algunos estudiantes **salen bien**, pero otros **salen mal**. A veces los estudiantes tienen motivos para quejarse.	to do well they do badly / come out well come out badly
Los profesores se ocupan de **la enseñanza**. Además, tienen que **cor-regir (i, i)** y **calificar** los exámenes. No quieren que los estudiantes tengan **quejas**.	teaching to correct / to grade complaints

ACTIVIDAD 1. Una encuesta

Ud. es experto/a en el tema de esta encuesta: el sistema de exámenes. Primero, complétela para expresar sus propias opiniones. Luego, sume las respuestas de sus compañeros para saber qué es lo que piensan todos de los exámenes.

	SIEMPRE	A VECES	NUNCA
1. Los exámenes son la única forma de evaluar los conocimientos.	☐	☐	☐
2. Los exámenes que tomo son una evaluación justa de mis conocimientos.	☐	☐	☐
3. Es preferible tener más de un examen en una materia.	☐	☐	☐
4. Creo que mis profesores me preparan bien para los exámenes.	☐	☐	☐
5. Para salir bien en un examen, es necesario tener buena memoria.	☐	☐	☐
6. Me pongo nervioso/a antes de un examen.	☐	☐	☐
7. Cuando salgo mal en un examen, me siento muy mal.	☐	☐	☐
8. En general, creo que los profesores califican los exámenes de una manera justa.	☐	☐	☐

COMENTARIOS DE HOY

Antes de leer

Las siguientes entrevistas con estudiantes y profesores salieron en un artículo publicado en un periódico argentino. Lea primero el título.

Exámenes: Lo bueno, lo malo, lo feo

¿Le recuerdan estos tres adjetivos una frase común en inglés? ¿Cuál es? Pensando en estos adjetivos, ¿cómo va a ser el punto de vista de las personas entrevistadas?

- Todos van a estar de acuerdo en condenar los exámenes como forma de medir los conocimientos de los estudiantes.
- Se va a presentar distintos puntos de vista, unos positivos y otros negativos.

Al leer las entrevistas, tengan en cuenta los resultados de la encuesta de la Actividad 1 para comparar las opiniones de sus compañeros de clase con las de los profesores y estudiantes argentinos.

Exámenes: Lo bueno, lo malo, lo feo

Un examen, una prueba de estudios, aspira siempre a ser el instrumento con el cual ha de medirse el grado° de conocimientos alcanzado en un proceso de aprendizaje. Aparece así, entonces, como la culminación natural, como el paso último y necesario de todo aquel aprendizaje.   *degree*

Para muchos estudiantes, sin embargo, el examen es una experiencia dolorosa° y traumática; algunos educadores, incluso,° lo consideran un procedimiento de evaluación ya obsoleto, que debiera ser reemplazado a breve plazo.°   *painful*   *también*   *a... pronto*

UN PROFESOR

«La escuela tradicional está fundada en estos pilares: la lección, la nota, el texto y el examen. Yo creo que éstos son elementos que han continuado vigentes° mucho más tiempo del debido°; la escuela se ha acomodado a su funcionamiento. El examen es la última parte, es la culminación de todo ese proceso de enseñanza y aprendizaje. Está relacionado con la necesidad de evaluar los conocimientos. Pero los exámenes, tales como° los seguimos concibiendo° en la Argentina, son certámenes° artificiales de conocimientos adquiridos a través de° un esfuerzo nemotécnico°; no responden, ya, a los modernos objetivos de la educación.»

in use
necesario

tales... such as / thinking of / competitions
a... through / mnemonics (memory system)

UNA ESTUDIANTE UNIVERSITARIA (1)

«Hay que tener en cuenta° que se trata de evaluar conocimientos, no la persona del alumno. Por eso un bochazo° no nos tiene que hacer sentir seres despreciables, como sucede. También está el fantasma° del que nunca recibió un bochazo y cree que en cualquier momento le va a tocar. Y por otro lado hay profesores que se aprovechan de la situación de poder° en que se encuentran.»

tener... to bear in mind
miserable failure
ghost

power

UNA PROFESORA

«¡Es curioso que mantengamos este sistema con el que pretendemos° ayudar a los alumnos! Después que han fracasado durante nueve meses de curso lectivo° los sometemos,° en diez o quince días más, a la prueba final y definitiva. ¡Pero sin ofrecerles ninguna ayuda especial! Para el que anduvo bien, todo está resuelto; el que tuvo inconvenientes,° que se arregle solo.°»

tratamos de
lecture
we subject

dificultades / que... let him manage on his own

UNA ESTUDIANTE UNIVERSITARIA (2)

«De alguna forma hay que medir lo que se sabe. Yo creo que hay que tomar exámenes. No se me ocurre otra manera de calificar. Con esto no quiero decir que me guste. Por lo contrario, me ponen terriblemente nerviosa. La noche anterior no puedo dormir aunque haya estudiado, y la mañana del examen siempre tomo té de tilo°: es lo único que me calma. Se me ocurre que debieran tomarse exámenes de una manera más natural, menos atemorizante.° Es que, además, la eximición° no debería depender de una sola nota. Si a una le fue mal en la última prueba del año... ¡por ahí por un solo punto se va el examen!»

té... té de plantas

frightening / passing

UN ESTUDIANTE UNIVERSITARIO

«No entiendo por qué uno tiene que estudiar para determinado día, sin ningún tipo de concesión posible, mientras los profesores pueden traer los exámenes corregidos cuando quieren. Deberían devolverlos indefectiblemente la clase siguiente, y no quince o veinte días después. Cualquier excusa es válida para atrasar° las correcciones; pero ninguna sirve para postergar° el examen.»

to delay
posponer

ESTUDIANTE DE SECUNDARIA

«Los exámenes son una pavada°! Alcanza con tener buena memoria. No se exige más   tontería
que eso. Nunca dan nada para expresar la opinión de una o para relacionarlo con lo
que una piensa....»

ACTIVIDAD 2.   **Comprensión de la lectura**

Escoja la respuesta que mejor resuma las opiniones de las personas
entrevistadas.

1. El profesor opina que...
   a. es necesario mantener las tradiciones de la escuela.
   b. los exámenes son una evaluación válida de los conocimientos.
   c. los exámenes en la Argentina no responden a los modernos objeti-
      vos de la educación.
2. En la opinión de la primera estudiante universitaria,...
   a. un examen es una evaluación de conocimientos, no del estudiante.
   b. los estudiantes que salen mal se deben sentir mal.
   c. el profesor tiene la culpa si un estudiante no sale bien.
3. La profesora cree que...
   a. el sistema de exámenes no es curioso.
   b. hay que ayudar a los estudiantes que no andan bien.
   c. los exámenes son demasiado largos.
4. La segunda estudiante universitaria dice que...
   a. el sistema de exámenes en la Argentina es injusto.
   b. tiene miedo de los exámenes.
   c. no cree que los exámenes sean necesarios.
5. El estudiante universitario se queja de que...
   a. algunos estudiantes den excusas para no tomar un examen.
   b. algunos profesores no sean flexibles con respecto a los exámenes.
   c. los estudiantes tengan que tomar el examen en una fecha determi-
      nada, mientras los profesores pueden devolverlos cuando quieren.
6. La estudiante de secundaria no cree que...
   a. los exámenes sean una brillante idea.
   b. sean una buena manera de evaluar los conocimientos de los
      estudiantes.
   c. se exija suficientemente de los estudiantes.

ACTIVIDAD 3.   **Y Ud., ¿qué opina?**

¿Qué opina Ud. de los comentarios dados en las entrevistas? ¿Expresan lo
que Ud. piensa o siente? Comente con «Estoy completamente de acuerdo»,
«Estoy más o menos de acuerdo» o «No estoy nada de acuerdo». Explique
su punto de vista si no está de acuerdo.

1. El examen es una experiencia traumática que produce mucha tensión.
2. Hay que crear otras formas de evaluar los conocimientos de los estudiantes porque el examen ya es obsoleto.
3. El examen es la culminación lógica del proceso de enseñanza y aprendizaje.
4. El examen es para evaluar los conocimientos, no al estudiante.
5. El examen es la única forma válida de medir lo que los estudiantes han aprendido.
6. Los profesores deben corregir y devolver los exámenes lo más pronto posible.
7. Algunos exámenes no miden la capacidad de pensar y razonar sino la memoria de los estudiantes.

Ahora pregúntele a su profesor(a) qué opina de los exámenes, usando las mismas oraciones como guía.

ACTIVIDAD 4. **Dime una cosa...**

Intercambie sus experiencias y opiniones con un compañero (una compañera).

1. ¿Te ponen nervioso/a los exámenes? ¿Por qué? ¿Qué haces para calmarte? ¿Puedes dormir la noche antes de un examen? ¿Qué haces si no puedes dormir?
2. ¿Cómo te preparas para un examen? ¿Lo haces poco a poco o lo dejas todo para la noche anterior? ¿Prefieres estudiar solo/a o con compañeros? ¿Cuáles son las ventajas y desventajas de los dos métodos?
3. ¿Prefieres los exámenes orales o los escritos? ¿Por qué? ¿Prefieres los exámenes que dependan de la memoria o los que requieran la comprensión de la materia? ¿Qué opinas de los exámenes en que el estudiante escoge entre varias respuestas dadas (*multiple choice*)?
4. En tu opinión, ¿cuáles son los dos factores que más afectan el resultado de un examen? Respuestas posibles: la memoria, la asistencia a clases, el estado de ánimo del estudiante el día del examen, el libro de texto.

ACTIVIDAD 5. **Para pensar y comentar**

Aquí están los comentarios de varias personas—estudiantes, profesores y escritores—sobre los exámenes. Con tres o cuatro compañeros, escojan uno y analícenlo y coméntenlo. Luego presenten sus conclusiones a la clase para ver si todos están de acuerdo.

1. «Estudio sólo la noche anterior a los exámenes. Con eso me alcanza. No me hace falta estudiar más.»
2. «Lo ideal sería una educación con métodos diferentes de evaluación. No exámenes.»

3. «Algunos profesores y maestros usan los exámenes para disciplinar a los estudiantes.»
4. «Un profesor no debe corregir los exámenes de sus propios estudiantes porque no puede ser objetivo.»
5. «La evaluación afecta negativamente las relaciones entre el profesor y el estudiante. No es posible que el/la estudiante tenga confianza en un profesor (una profesora) que después lo/la tiene que juzgar (*to judge*).»

■ LENGUA Y ESTRUCTURAS

A. *LO* + ADJECTIVE

The neuter pronoun **lo** followed by the masculine singular form of an adjective is used to express an abstract idea or quality.

Exámenes: lo **bueno**, lo **malo**, lo **feo**.	*Exams: the good (thing or part), the bad, the awful (ugly).*
Lo bueno son las preguntas orales.	*The good (thing, part, aspect) are the oral questions.*

¡Atención!

When a plural noun follows a form of the verb **ser**, the verb "anticipates" the plurality of the noun, as in the preceding example. You have seen this same phenomenon in sentences beginning with **Lo que**.

ACTIVIDAD 6. **Sus evaluaciones**

Complete las siguientes oraciones lógicamente para expresar sus ideas u opiniones sobre sus clases y las diferentes formas de evaluación.

MODELO: Lo peor es/son… →
Lo peor es tener tres exámenes en un día.

1. Lo bueno de mis clases…
2. Lo malo de los exámenes orales…
3. Lo ideal sería tomar una materia…
4. Lo último que tengo que hacer antes del examen de español es/son…
5. Lo curioso es que algunos profesores todavía…
6. Lo único que me calma antes de un examen es/son…
7. Lo más natural sería tener exámenes…
8. Lo más interesante de aprender una lengua es/son…
9. Lo mejor que me puede pasar en mis clases es/son…
10. Lo difícil de esta clase es/son…

B. USING THE INDICATIVE OR THE SUBJUNCTIVE WITH *AUNQUE*, *COMO*, AND *DONDE*

aunque   although; even though; even if
como   as; how
donde   where

These conjunctions require the use of the subjunctive in the dependent clause when the results or outcome of the main clause are unknown or unclear in the mind of the speaker. Compare the following examples.

Tuvimos el examen **aunque** el profesor no **estuvo** presente.	*We had the exam even though the professor wasn't present.*
Tendremos el examen **aunque** el profesor no **esté** presente.	*We will have the exam even though (even if) the professor may not be present. (We don't know if he will be present or not.)*
Hazlo **como quieras**.	*Do it however (any way) you want. (I do not know how you will do it.)*
Hazlo **como** yo lo **hago**.	*Do it as (the way) I do it. (I know how you will do it.)*
Siéntate **donde haya** un asiento libre.	*Sit down wherever there is an empty seat. (I don't know if there are any empty seats.)*
Siéntate **donde están** los otros.	*Sit down where the others are. (I have indicated an exact place.)*

When deciding whether to use the subjunctive, remember this rule of thumb: The subjunctive is usually not required when talking about past events. Compare these past-tense versions of the two preceding examples.

Lo hice tal **como** lo **querías**.	*I did it the way you wanted it done (wanted me to).*
Se sentó por fin **donde estaba** David.	*He finally sat down where David was (sitting).*

¡Atención!

Note that, as with other conjunctions, the subjunctive is used even when the subject of the dependent clause is the same as that of the independent clause:

(**Yo**) Dejaré de trabajar a las 6:00, aunque (**yo**) todavía **tenga** algo que hacer.

ACTIVIDAD 7.   Ahora le toca a Ud.

Complete las oraciones lógicamente.

1. Algun día, quiero pasar las vacaciones en un lugar donde...
2. El año pasado pasé las vacaciones en un lugar donde...
3. Soy optimista (pesimista) con respecto al futuro aunque...
4. De niño/a, siempre hacía la tarea aunque...
5. ¿La comida? La preparo como...
6. Voy a... aunque todos me digan que no lo haga.
7. Estoy completando estas oraciones... como me lo indican las instrucciones.

C. INDIRECT COMMANDS

Thus far in *Un paso más*, you have learned a number of ways to ask (or tell) people to do things, including direct commands and wishes that are expressed in two-clause sentences with the subjunctive.

DIRECT COMMAND: No lo **hagas**, Jorge.
Estudien más, niños.

SUBJUNCTIVE: No quiero que Jorge lo **haga**.
Es necesario que los niños **estudien** más.

The same idea can also be expressed via an indirect command, often introduced with *let* in English.

> **Que** + *third-person subjunctive* + *subject* (*singular or plural*)

Que no lo **haga** Jorge.   *Don't let George do it.*
Que estudien más los niños.   *Make the kids study more.*

¡Atención!

1. The subject frequently appears at the end of the sentence, as in the preceding examples. Object pronouns still precede the verb, as with other conjugated forms.
2. Note that **Que...** does not have an accent mark in this construction. It is not the **¡Qué...!** of exclamations (**¡Qué bonita estás!**) but rather the relative pronoun **que**.

ACTIVIDAD 8.   Situaciones

Imagine que Ud. está en la clase de filosofía de la profesora Arenales. Considere las situaciones que se dan a continuación y sugiera lo que deben de hacer los estudiantes o la profesora. Siga el modelo y trate de dar varias soluciones para cada caso.

MODELO: Los estudiantes todavía no están preparados para el examen. →
¡Que se preparen mejor!
¡Que estudien más!
¡Que posponga el examen la profesora!

1. Algunos estudiantes se quejan del calor que hace en la clase.
2. También se quejan de la gran cantidad de libros y artículos que hay que leer para la clase.
3. Hoy es la primera vez en dos semanas que Tina asiste a la clase. La clase es a las 8:00 de la mañana y ella no puede levantarse tan temprano.
4. Jorge salió mal en el último examen porque no estudia. Tampoco presta atención durante las conferencias (*lectures*).
5. Anoche Ricardo estuvo en una discoteca hasta las 2:00 de la mañana. Ahora está durmiendo.
6. Raquel quiere saber quién es ese tipo que se llama Aristóteles... y la profesora está por perder la paciencia.
7. Hoy la profesora lee su conferencia. Generalmente se dirige a los alumnos.
8. Mañana es el primer día de las vacaciones de primavera.

■ EN OTRAS PALABRAS...

La educación. Por lo general, en la cultura hispana cuando se habla de **la educación**, se habla de lo que una persona joven aprende en casa de sus padres para relacionarse con los demás: las normas de cortesía, los buenos modales y costumbres y la educación moral y cultural. La escuela le da la enseñanza, **la formación** o **la preparación**.

Un estudiante que quiere seguir **estudios superiores**—es decir, **la enseñanza superior**—puede **ingresar** en la universidad y **matricularse** si hay suficiente **cupo** o sea, **plazas** disponibles. Cuando está en la universidad, el estudiante sigue **una carrera**, un programa de estudios orientado exclusivamente a la preparación profesional. Por lo general, la carrera consiste en determinados **cursos** (**asignaturas, materias**).

higher education
to enroll
to register / space / slots
course of studies

courses

Al terminar esta serie de cursos, el estudiante recibe **un título** (**se gradúa**). Recibe **el bachillerato** al terminar sus años de **colegio** (**la escuela superior**) y cuando termina sus estudios universitarios obtiene **la licenciatura**.

degree
graduates / high school diploma
high school
college degree

¡ES ASÍ!

Como en los Estados Unidos, los educadores de otros países se preocupan por la calidad de la enseñanza superior en su país. Para comprender mejor los artículos de esta unidad, es necesario saber que, en los países de habla española, no sólo es diferente el sistema universitario sino que la relación entre la universidad y el estado también es distinta. En España y Latinoamérica la mayoría de las universidades son estatales. Esto quiere decir que el gobierno las administra, que son públicas y que la matrícula (*tuition*) es gratuita. También significa que cuando los estudiantes quieren protestar por algo o quejarse de la administración, tienen que dirigirse al gobierno. Por eso, ya es una tradición salir en manifestaciones (*demonstrations*) o irse a la huelga para protestar por la política del gobierno o para llamar su atención sobre un problema que les preocupa.

En el pasado, muchos jóvenes no pensaban en asistir a la universidad porque no habían recibido la preparación necesaria en la escuela primaria o secundaria o porque tenían que trabajar a una edad temprana. Sólo una pequeña minoría podía permitirse el lujo de ser estudiante universitario. Pero los tiempos cambiaron y un número creciente de estudiantes comenzó a seguir con sus estudios, algunos bien preparados y otros con una preparación mediocre.

Las universidades reaccionaron de dos maneras: impusieron un examen de ingreso para limitar el número de estudiantes o eliminaron el examen de ingreso y los aceptaron a todos. En ambos casos, tuvieron que añadir más clases para acomodarlos aunque en muchos casos carecían de (*they lacked*) fondos para pagar más profesores, construir más bibliotecas, instalar laboratorios o comprar suficientes equipos técnicos o científicos.

Hoy en día, hay un creciente número de universidades privadas en estos países, pero el precio de la matrícula es alto y el número de estudiantes que pueden seguir una carrera en ellas es limitado.

ACTIVIDAD 9.   ¿Diferencias o similitudes?

© DAVID KUPFERSCHMID

Compare la enseñanza superior de los países hispanoparlantes con la de los Estados Unidos. ¿Son diferentes o similares en los siguientes puntos?

1. el examen de ingreso
2. el número de plazas disponibles
3. los cursos de estudios orientados exclusivamente a la preparación profesional
4. los cursos obligatorios y los optativos (*electives*)
5. las relaciones entre la universidad y el estado
6. la matrícula
7. las huelgas estudiantiles
8. los estudiantes que están bien preparados y los que no lo están
9. las bibliotecas, los laboratorios y los equipos técnicos o científicos
10. las universidades privadas

■ EN OTRAS PALABRAS...

En algunas universidades...

Note: The vocabulary in this section will help you understand the next reading more easily. Those words marked with *, however, are regionalisms. They are appropriately used in an article written in Argentina by Argentine authors for Argentine readers, but they are not necessarily appropriate for conversing with Spanish speakers from all parts of the world.

Sustantivos

*	**el/la asistente**	la persona que asiste a las clases
	el aula	la sala (el salón) donde se dan las clases
*	**el/la cronista**	el/la periodista
*	**el/la docente**	un profesor (una profesora)
*	**el/la educando/a**	el/la estudiante
	el motivo	la razón
	el trámite	un proceso administrativo

Verbos

abrirse paso	entrar en
egresar	graduarse
enterarse	llegar a saber

Adjetivos

*	**irrestricto/a**	sin restricciones
	sencillo/a	simple

■ COMENTARIOS DE HOY

Antes de leer

El siguiente artículo presenta la perspectiva de unas personas sobre la situación actual en la Universidad de Buenos Aires (UBA). Al leer, tenga en cuenta lo que aprendió en **¡Es así!** pues van a comentarse algunos de los mismos temas.

En este artículo, los autores utilizan la metáfora[†] del minotauro, un monstruo de la mitología griega con cuerpo de hombre y cabeza de toro que vivía en un laberinto. Muchas personas entraron en el laberinto para matarlo, pero se perdieron y por fin fueron devorados por el minotauro.

Lea ahora el título y el primer párrafo del artículo.

[†]Si no recuerda lo que es una metáfora, vuelva a leer la definición que se encuentra en el Capítulo 7.

Universidad: El lugar sin límites

La Universidad de Buenos Aires es un gigantesco laberinto que 250.000 almas° recorren | personas (lit. *souls*)
cada día en busca no ya del sexto Nobel[†] sino, sencillamente, de una salida y un título
que abrirá las puertas a otros laberintos. Sólo un 15 ó 20 por ciento termina el recorrido.
Los demás se pierden en la eternidad de sus pasillos° y escaleras,° desaparecen, son | *hallways / stairways*
devorados por bestias mitológicas en un ascensor° o a la salida de un trabajo práctico.° | *elevator* / trabajo... *lab session*
Y cada año, pese a° las perspectivas, 50.000 exploradores más ingresan por la puerta | pese... *in spite of*
grande del Ciclo Básico Común.° | Ciclo... *core curriculum for entering students*

Piense en el título del artículo. ¿Tiene implicaciones positivas o negativas?
¿En qué basa su opinión?

Ahora analice la metáfora, completando la siguiente tabla.

EL MITO GRIEGO		LA METÁFORA
el laberinto	=	_____
los que entraron para matar al minotauro	=	_____

En el primer párrafo no se dice explícitamente con quién se compara el
minotauro, pero Ud. puede deducirlo. ¿Qué será?

Al leer el artículo, fíjese sobre todo en lo que los autores dicen directamente o lo que implican con relación a los siguientes aspectos de la
Universidad.

1. el número de estudiantes
2. por qué hay tantos estudiantes
3. las condiciones de la enseñanza
4. el número de estudiantes que reciben título
   Además de los datos anteriores, trate de captar la actitud de los autores
   hacia lo que escriben.

¡OJO!   Las palabras que llevan el símbolo * son de uso regional en la
Argentina.

Universidad: El lugar sin límites

La Universidad de Buenos Aires es un gigantesco laberinto que 250.000 almas recorren
cada día en busca no ya del sexto Nobel sino, sencillamente, de una salida y un título
que abrirá las puertas a otros laberintos. Sólo un 15 ó 20 por ciento termina el recorrido.
Los demás se pierden en la eternidad de sus pasillos y escaleras, desaparecen, son
devorados por bestias mitológicas en un ascensor o a la salida de un trabajo práctico.
Y cada año, pese a las perspectivas, 50.000 exploradores más ingresan por la puerta
grande del Ciclo Básico Común.

[†]Los cinco argentinos que han ganado el Premio Nobel o eran profesores de la Universidad de
Buenos Aires o habían estudiado allí.

En 1983 la llegada del ingreso *irrestricto planteó° nuevas necesidades para el funcionamiento de la universidad, aún hoy insatisfechas° pese a que desde ese año se incorpora personal académico prácticamente sin límite: en la cátedra° de Torcuato Di Tella,° en el Ciclo Básico (Estudio de la Sociedad y el Estado), hay 16.000 estudiantes. Sus clases teóricas son sesiones de vídeo seguidas por 500 *pibes° que pasan dos horas hacinados° en un salón mirando una pantallita,° condiciones no precisamente aptas para la producción de algún conocimiento. Las condiciones no varían demasiado en otras cátedras del Ciclo Básico. Un *cronista tuvo oportunidad de presenciar° cómo, en una clase típica del CBC, un *docente intentó sin éxito durante dos largas horas que los 240 *asistentes al curso le prestaran alguna atención. Caños de escape° de camiones que cada minuto y medio se acoplaban° al micrófono, auriculares de walkman sobre los oídos de los *educandos, y los propios educandos que charlaban animadamente sobre tópicos varios, fueron los principales saboteadores° de cualquier saber° que intentara abrirse paso en las adolescentes *testas.° Cada tanto, desde el fondo° del salón de 30 metros de largo, se hacía oír una voz que parodiaba su propia indignación: «¡Más alto! ¡No se escucha nada!» El docente, como si el reclamo° fuera sincero, repetía lo suyo.° Más tarde, en los pasillos, el cronista quiso saber por qué esos jóvenes que llevaban carpetas° de apuntes y libros en el sobaco° asistían a la Universidad. Siete de los diez consultados al azar° respondieron, risueños,° cándidos, que no sabían y que, en todo caso, si al cronista se le antojaba imprescindible° saberlo, que fuera a preguntárselo a sus señores padres.

Después de semejante experiencia, no es improbable tener la sensación de que, en ciertos niveles, la carrera universitaria consiste en asistir a la facultad, cumplir con los trámites administrativos necesarios delante de la ventanilla correcta, subir y bajar escaleras, conseguir un asiento en un aula, enterarse de qué fotocopias es necesario conseguir, encontrarse en los kilométricos listados° que por diversos motivos forran las paredes,° y de vez en cuando—sólo de vez en cuando—adquirir alguna información para devolverla bajo la forma de un parcial° sin mayor elaboración ni riesgo de adquirir una idea nueva.

Un estudiante de segundo año de Medicina lo pone en estos términos: «A veces tengo la sensación de que esto es un curso por correspondencia... *Llegás° a la Facultad y te *encontrás° con un cartel que dice que para tal° día *tenés° que saber tal cosa».

.

.

.

Las razones de los jóvenes para ingresar a la Universidad son sencillas: ¿Qué alternativa tiene socialmente un digno clase media que egresa del colegio secundario? Engrosar° las filas° del desempleo o las de los oscuros empleados administrativos. La Universidad aparece, pese a todo, como vía posible de movilidad social, aun cuando la posibilidad de modificar la situación económica personal por ese medio sea remota. Es que movilidad y jerarquía° social van de la mano° y siempre da más status ser arquitecto, médico, contador° o antropólogo que nada.

Miguel, 22 años, estudiante de Economía, quiso ingresar a la Armada° al egresar del secundario, pero fue *bochado° por ineptitud física. Cuando se le pregunta por qué estudia Economía, aduce° razones no sólo monetarias. «¡Qué voy a hacer! Si no estudio, me quedo. Todos mis amigos son estudiantes o profesionales. Si quiero seguir en ese

---

creó
unmet, unfulfilled
clase
Torcuato... nombre de un profesor
jóvenes
crowded / little screen

ver

Caños... Exhaust pipes
se... joined with

saboteurs / knowledge
cabezas / back

llamada
lo... what he had said
cuadernos / en... under their arms
al... at random / con sonrisas
se... era importante

listas
forran... line the walls
examen

Llegas
encuentras / such-and-such / tienes

Aumentar / lines

hierarchy / van... go hand-in-hand
accountant
Armed Forces
rechazado
ofrece, da

ambiente, tengo que estudiar una carrera universitaria. Las presiones sociales y familiares te llevan a la Universidad como por un tubo, no hay otra.» Las presiones del
medio, la familia, los amigos, la perspectiva de ascender en la escala social, proponen
a la Universidad como «destino ineludible°».   *inescapable*

.

.

.

En la población estudiantil de la UBA hay dos grupos bien definidos: el de las
profesiones liberales (Arquitectura, Ingeniería, Derecho, etcétera) y el de las carreras
sociales y humanísticas (Antropología, Letras, Filosofía, etcétera) que dividen sus
intereses de manera obvia respecto de inquietudes° intelectuales, práctica profesional   *preocupaciones*
y relación con la realidad cotidiana. Entre ambos grupos se encuentran los estudiantes
de Medicina, de los que el año pasado había más de 53.000 en todo el país,† ame-
nazando con elevar aún más el índice de médicos por habitante, que ya es de lo más
alto del mundo: 1/400. De alguna forma, para que pueda seguir funcionando, la Facultad
debe «filtrar» a sus estudiantes. Los aspirantes a médico concentran sus temores° en   *miedos*
Histología, una materia que cumple las funciones del Minotauro, ayudada por una
computadora que nadie nunca vio y que sortea° a los inscritos° de manera tal que casi   *draws by lot /* estudiantes
todos caen en cátedra 1, de la cual no se sale ileso° si no se sabe mucho, pero mucho,   matriculados
de Histología. Julián, que ya va por el cuarto intento° de pasar el cedazo° histológico,   *unharmed*
llega a una amarga conclusión: «Antes, con el examen de ingreso, muchos nos que-   *attempt / strainer*
damos sin la posibilidad de estudiar. Ahora las cosas se han democratizado—se nos
da a todos la posibilidad de ser descartados° con materias específicas».   *rechazados*

Con algunas variaciones, el panorama es el mismo en las facultades superpobladas.
No más del 15 por ciento salen con el ansiado título en la mano. Después vendrá otra
lucha: conseguir un lugar en un mercado que no está en condiciones de absorber
semejante masa de profesiones, tarea para la cual los competidores se alientan° dicién-   *se... encourage each other*
dose: «Por ahí le toca a otro quedarse afuera».

ACTIVIDAD 10. **Comprensión de la lectura**

De todas las respuestas dadas, solamente una es inapropiada. Indique la
respuesta incorrecta.

1. En la Universidad de Buenos Aires...
    a. hay 250.000 estudiantes.
    b. hay 53.000 estudiantes de Medicina.
    c. 50.000 estudiantes ingresan al año.
    ch. hay 500 estudiantes en una clase.

---

†La Argentina tiene aproximadamente 28 millones de habitantes.

2. Hay tantos estudiantes porque...
   a. no hay examen de ingreso.
   b. hay presiones sociales y familiares para asistir a la universidad.
   c. algunos jóvenes no hallan otra cosa que hacer.
   ch. los estudiantes quieren ser profesionales.
   d. no hay otra alternativa para la clase media.
3. La Universidad de Buenos Aires...
   a. ha aumentado el número de profesores.
   b. tiene que dar el ingreso a cualquier estudiante que lo quiera.
   c. da una preparación excelente.
   ch. les permite a los estudiantes que repitan un curso varias veces.
   d. los acepta a todos y después hace que les sea imposible salir bien en ciertas materias.
4. Según el artículo...
   a. los estudiantes escuchan atentamente al profesor y toman apuntes.
   b. se enseñan algunas clases con vídeo.
   c. es difícil que los estudiantes presten atención.
   ch. las clases son muy impersonales.
   d. los estudiantes tienen una gran curiosidad intelectual.
5. Los autores comparan la universidad con el laberinto del minotauro porque...
   a. tiene muchos pasillos y escaleras.
   b. los estudiantes pasan mucho tiempo perdidos allí.
   c. solamente un 15 ó 20 por ciento de los estudiantes salen con el título.
6. Lo que los autores del artículo quieren decir es que...
   a. la universidad es un laberinto sin salida.
   b. es imposible aprender en estas circunstancias.
   c. es una situación cómica.
   ch. es un problema grave.
   d. los estudiantes pasan el tiempo en la universidad pero aprenden poco.

ACTIVIDAD 11. **Y Ud., ¿qué opina?**

En su opinión,...

1. ¿es más democrático tener universidades sin restricciones en el ingreso?
2. ¿en qué clases es útil aprender con vídeo?
3. ¿cuál es el número ideal de estudiantes en una universidad? ¿en un aula?
4. ¿es bueno permitir que los estudiantes repitan un curso hasta aprobarlo?

5. ¿hay que pasar demasiado tiempo haciendo trámites en su universidad? ¿cuáles?

6. ¿le es fácil o difícil enterarse de lo que sus profesores actuales quieren de Ud.?

ACTIVIDAD 12. **Mesa redonda**

Con pocas excepciones, la enseñanza de las universidades españolas y latinoamericanas está dirigida a una preparación profesional. Por ejemplo, después de obtener el bachillerato, los estudiantes ingresan directamente en la facultad (*school*) de su especialización, como la Facultad de Medicina o la Facultad de Derecho. En los Estados Unidos los estudiantes generalmente pasan 4 años en la universidad antes de ingresar en la facultad de su especialización. Ambos sistemas tienen sus ventajas y desventajas. Formen grupos de tres o cuatro personas para hacer una lista de las ventajas y desventajas de cada sistema. Después, explíqueles a los demás compañeros lo que su grupo ha escrito.

LENGUA Y ESTRUCTURAS

CH. PAST PERFECT TENSE

The present perfect describes actions completed with respect to some point in the present. The past perfect (**el pluscuamperfecto**) describes an action completed with respect to some point in the past. By and large, the past perfect in Spanish corresponds with the past perfect in English.

Hoy **he tomado** el examen de Histología... ¡y por fin **he salido** bien! Lo **había intentado** ¡cinco veces!

Aunque nunca **había trabajado** con una computadora, aprendí rápidamente a usarla. Pero te debo confesar que no **he dominado** la impresora todavía...

Today I've taken the Histology exam... and I've finally passed it! I had tried it five times!

Although I had never worked with a computer, I learned to use it quickly. But I have to confess that I still haven't mastered the printer...

---

imperfect of **haber** + *past participle*

---

yo había ingresado
tú habías aprendido
Ud., él, ella se había graduado

nosotros habíamos sido
vosotros habíais hecho
Uds., ellos, ellas habían ido

The point in the past to which the past perfect has reference is often expressed in the preterite in Spanish. Note the interaction of the two tenses in this paragraph.

> La primera vez que Julia **tomó** el examen de sociología, lo **aprobó**. Siempre **había sido** una estudiante muy buena en ciencias sociales. En cambio, no **salió** muy bien en el examen de chino, pero las lenguas orientales son difíciles y nunca antes **había estudiado** ninguna.

Actividad 13. Un año en el extranjero

Los siguientes estudiantes mexicanos pasaron un año en la Universidad de Buenos Aires. Como nunca habían estado en la Argentina, vieron e hicieron muchas cosas por primera vez. Explíquelo según el modelo.

> MODELO: Roberto / ver la pampa →
> Roberto vio la pampa. Nunca había visto la pampa. (Nunca la había visto.)

1. Betina y Luisa / escuchar una ópera en el Teatro Colón
2. Marcos y Daniel / tomar mate (un té de plantas)
3. María Elena / comer puchero (*Argentine stew*)
4. todo el grupo / pasar un fin de semana en una estancia (rancho)
5. el profesor que acompañaba el grupo / bailar el tango
6. Enrique / viajar a la Antártida

Actividad 14. Dime una cosa...

¿Qué ha hecho Ud. desde que está en la universidad que ya había hecho o que no había hecho antes? Conteste francamente cuando su compañero/a le haga las siguientes preguntas.

> MODELO: estudiar alguna lengua / ¿Cuál es? →
> —¿Has estudiado alguna lengua?
> —Sí, he estudiado español.
> —¿Lo habías estudiado antes?
> —Sí, lo había estudiado en la secundaria.
>   (No, no lo había estudiado nunca.)

Continúe la conversación, si puede, con otras preguntas: ¿Por cuántos años? ¿Por qué le interesaba? etcétera.

1. compartir tu habitación / ¿Con quién?
2. asistir a conferencias / ¿Dónde?
3. estudiar sociología / ¿Cuándo?
4. asistir al laboratorio de lenguas / ¿Por qué?
5. conocer a gente de otras partes / ¿De dónde?

6. vivir en una residencia estudiantil / ¿Cuándo?
7. hablar español fuera de la clase / ¿Con quién?
8. ser miembro de un *fraternity* o *sorority* / ¿Dónde?

ACTIVIDAD 15. **Explicaciones**

Complete las siguientes oraciones con las frases indicadas. Use el presente perfecto o el pluscuamperfecto de los verbos.

1. Alicia estudió en España el año pasado. Era la primera vez que ella...

   salir de los Estados Unidos, estar tan lejos de su familia, vivir en un país extranjero, tomar apuntes en español, tener que hablar español todo el tiempo

   Ahora que está de vuelta, (ella)...

   decirles a todos sus amigos que España es una maravilla, escribirles a todos sus amigos españoles cinco veces, hacer ya planes para regresar el año que viene

2. «Usamos este sistema de evaluar a los estudiantes en esta universidad porque siempre...»

   hacerlo así, resultarnos bien, ser más fácil usarlo que cambiarlo

3. Según el rector (*president*) de la universidad,...

   cambiar la administración el sistema de calificar a los estudiantes, escuchar los profesores las quejas de los estudiantes, salir bien la mayoría de los estudiantes, ser suspendidos pocos

   Me enteré ayer de lo que...

   pasar, decir el rector, pedir los estudiantes, mi amigo Héctor escribir en el periódico estudiantil

PALABRAS PROBLEMÁTICAS

la carrera   course of study, career

Una carrera es un programa de estudios en una universidad hispánica. Por eso un estudiante hispánico puede decir: Estoy haciendo la carrera de Computación. En inglés, **carrera** podría interpretarse **especialización** (*major*). **Carrera** también expresa *career*.

la lectura   reading   **la conferencia**   lecture

Un lector es la persona que lee **una lectura**. Ud., por ejemplo, ha leído muchas **lecturas** en *Un paso más*.

Muchos profesores dan **conferencias**. Mientras las dictan, los estudiantes escuchan y toman apuntes.

el título   degree (*academic*); title

Los estudiantes que siguen una carrera, al terminar sus estudios reciben **un título**. Por ejemplo, Raúl Vázquez estudió Arquitectura. Entonces tiene el título de arquitecto. Su tarjeta dice «Arq. Raúl Vázquez».

aprobar (ue)   to pass   **ser suspendido/a**   to fail

El estudiante que sale bien en un examen lo **aprueba** y puede seguir con sus estudios. Pero si sale mal, **es suspendido** y tiene que repetir la asignatura.

ACTIVIDAD 16.   **Dime una cosa...**

Con un compañero (una compañera) háganse preguntas sobre los siguientes temas.

1.   su carrera o especialización
2.   su definición de una buena conferencia
3.   la cantidad de lectura que se requiere en algunas materias
4.   si es justo ser suspendido cuando dan sólo un examen en un curso y uno no lo aprueba
5.   la importancia de un título en la actualidad

DE TODO UN POCO

ACTIVIDAD A.   **Con sus propias palabras**

PRIMERA PARTE

Para escribir los dos artículos que hay en este capítulo, los autores entrevistaron a varios estudiantes y profesores. Para saber lo que piensan los estudiantes y profesores de *su* universidad, hágales entrevistas en español a dos estudiantes y dos profesores, por lo menos. Hágales preguntas sobre los siguientes temas o sobre otros que a Ud. se le ocurran.

1.   los exámenes
2.   el número de estudiantes en una clase típica
3.   la actitud del estudiante típico
4.   la preparación que se da a los estudiantes
5.   los aspectos físicos de la universidad (como la biblioteca, las residencias, etcétera)
6.   las esperanzas y aspiraciones de los estudiantes

SEGUNDA PARTE

Ahora, con otros dos o tres compañeros, imagínense que Uds. son un grupo de periodistas que van a hacer un reportaje sobre algunos aspectos de esta universidad. Compartan entre sí el resultado de sus entrevistas (Primera parte) y escriban juntos algunos párrafos para su reportaje.

ACTIVIDAD B.   Esperanzas y realidad

Antes de llegar a la universidad, Ud. seguramente se había formado una buena idea de lo que lo/la esperaba, porque había leído mucho al respecto y hasta tal vez la había visitado, o porque tenía personas conocidas que habían asistido a la misma universidad. Sin embargo, ¡cada experiencia es única! ¿Qué esperaba antes de llegar? ¿Y cuál ha sido su experiencia en la vida real? ¿Coincidieron sus esperanzas con la realidad o se encontró con algo muy diferente?

Haga una lista de las cosas que había imaginado. Luego cuente cómo fueron las cosas en la realidad, especialmente el primer día de clases y el primer semestre.

MODELO: Había esperado (pensado, creído, querido)... →
Pero la realidad era...
En realidad fue...

ACTIVIDAD C.   ¿Está Ud. en la onda?

Lo que estuvo de moda o lo que fue muy popular ayer, puede estar pasado de moda o ser arcáico hoy. Por ejemplo, los estudiantes argentinos entrevistados en este capítulo usan la palabra **boche** en vez de **fracasar** o **ser suspendido**. La palabra **boche** no figura en el diccionario, sino que es una palabra que está de moda.

En cada país los estudiantes universitarios que están en la onda saben cuáles son las palabras de moda y las que ya pasaron de moda. ¿Cuáles son las palabras, las acciones o las cosas que están de moda, de momento, en su universidad? ¿Se acuerda de algunas que ya pasaron de moda?

1. la ropa para hombres
2. la ropa para mujeres
3. la comida
4. la bebida
5. las diversiones
6. el tipo de fiesta
7. la música
8. el baile
9. el lugar para encontrarse con los amigos
10. el libro
11. el programa de televisión
12. la canción
13. las cuestiones actuales
14. ¿——?

CAPÍTULO 17

La situación actual

© GEORGES BARTOLI/GAMMA

El 11 de febrero de 1987, miles de estudiantes españoles salieron a la calle en huelga.

ACTIVIDAD 1. La universidad y el empleo

Conteste las siguientes preguntas para examinar sus opiniones sobre la relación que existe entre el mundo académico y el mundo del trabajo.

¿Cree Ud. que...

	SÍ	NO	NO SÉ	PUEDE SER
1. hay una correlación importante entre los estudios y el empleo?	☐	☐	☐	☐
2. los que tienen un título universitario generalmente tienen más oportunidades de empleo?	☐	☐	☐	☐
3. los que tienen un título ganan más que los que no lo tienen?	☐	☐	☐	☐
4. el gobierno debe limitar, con algún tipo de examen, el ingreso de estudiantes a la universidad?	☐	☐	☐	☐
5. debe haber becas (*scholarships*) para todo estudiante que quiera estudiar en la universidad?	☐	☐	☐	☐
6. se debe aumentar el porcentaje del presupuesto (*budget*) nacional que se dedica a la educación?	☐	☐	☐	☐

Éstas son algunas de las preguntas que también preocupan a los hispanos, como verá en los artículos de este capítulo.

■ EN OTRAS PALABRAS...

> ### *Los estudios y el trabajo*
>
> **Sustantivos**
>
> | | | | |
> |---|---|---|---|
> | **la beca** | scholarship | **la política** | policy; politics |
> | **el/la becario/a** | scholarship student | **el presupuesto** | budget |
> | **la competencia** | competition | **el sindicato** | (trade) union |
> | **el desacuerdo** | disagreement | **el/la universitario/a** | university student |
> | **el/la desempleado/a** | unemployed person | | |
> | **el desempleo,** | unemployment | **Verbos** | |
> | **el paro** (*España*) | | | |
> | **el/la egresado/a** | graduate | **asegurar** | to assure |
> | **el/la obrero/a** | worker (*usually a* | **inscribir(se)** | to register, enroll |
> | | *manual laborer*) | **llegar a un acuerdo** | to reach an agreement |
> | | | **negociar** | to negotiate |

■ COMENTARIOS DE HOY

Antes de leer

En el título y los primeros dos párrafos del siguiente artículo, hay tres palabras clave: **el/la pasota**, **el pasotismo** y **el destape**. Las palabras **pasota** y **pasotismo** son jerga (*slang*) de España y se derivan del verbo **pasar** (*to happen, occur*). **El destape** se refiere a una época reciente en la historia de España.

Se encuentran definiciones para estas palabras en los primeros párrafos. Léalos y luego conteste las preguntas. Al leer, tenga en cuenta que el artículo se refiere a las acciones de los jóvenes españoles en 1987.

¿Qué pasó, pasota?

Los jóvenes españoles que han tomado la calle, nacieron en 1968. Son niños del *destape*, esa revancha° anti-autoritaria con la que la sociedad española dio la bienvenida a la libertad.   *backlash*

¿Qué pasó?
Hasta antes de la lucha—derrotada°—que desarrollaron el año pasado en contra de la permanencia de España en la OTAN,* el único fenómeno político que su generación había producido se llamaba *pasotismo*, eran los *pasotas*. ¿Política? —Paso. ¿Cultura? —Paso. ¿Progreso? —Paso, no me comprometo,° allá que se arreglen,° no es mi rollo.°   *defeated*

no... I don't get involved / que... let them figure it out / no... it's not my thing

---

*****OTAN** = *NATO*. En 1986 los jóvenes españoles protestaron la participación de España en la OTAN. Sin embargo el gobierno español reafirmó sus obligaciones con la organización.

¿Cómo se definen las palabras clave?

- **El pasotismo** significa...
  a. un fenómeno político.   b. una lucha por el desarrollo económico.   c. una falta de interés en casi todo.
- **Los pasotas** son personas...
  a. apáticas.   b. comprometidas.   c. patriotas.
- Desde 1936 hasta 1975 el Generalísimo Francisco Franco fue el líder del
  gobierno autoritario de España. Después de su muerte en 1975, España
  volvió a la democracia y empezó la época del destape. Entonces, ¿qué
  palabra será sinónimo de **destape**?
  a. derrota   b. cerrar   c. liberación

Con esta información, Ud. ya tiene bastantes antecedentes (*background*)
para comprender el artículo. Sin embargo, si quiere saber más sobre los
pasotas, lea **¡Es así!** en este capítulo.

¿Qué pasó, pasota?

Los jóvenes españoles que han tomado la calle, nacieron en 1968. Son niños del
destape, esa revancha anti-autoritaria con la que la sociedad española dio la bienvenida
a la libertad.

¿Qué pasó?
Hasta antes de la lucha—derrotada—que desarrollaron el año pasado en contra de la
permanencia de España en la OTAN, el único fenómeno político que su generación
había producido se llamaba *pasotismo*, eran los *pasotas*. ¿Política? —Paso. ¿Cultura?
—Paso. ¿Progreso? —Paso, no me comprometo, allá que se arreglen, no es mi rollo.

Por eso sorprende un movimiento que arranca° a principios de diciembre rechazando   *starts out*
los exámenes de admisión para entrar a la universidad y que sólo dos semanas después
tiene paralizada toda la educación media y superior del país, con millones de estudiantes
en las calles. Sorprende que este nivel de participación y movilización se mantenga por
más de tres meses, que el descontento explote contra la política más progresista del
gobierno de Felipe González,° y sorprende, en fin, que sus protagonistas° sean los más   *primer ministro de España / leading*
jóvenes, los «rebeldes del acné», los «patito°-babies», los que tienen entre 14 y 18   *figures*
años.   *little ducky*

Lo que no sorprende es que una generación que ha permanecido marginada° de   *on the fringes*
la historia decida luchar por un lugar en ella. Y no es retórica: Fuera de° la historia están   *Fuera... Outside of*
el 21% de los españoles que no consiguen trabajo, la mitad de los cuales no tiene aún
25 años; los millones que se ven forzados° a vivir en casa de mamá hasta casi los 30   *forced*
(sólo el 5% de los jóvenes de 18 años consiguen independizarse económicamente); los
701.000 desempleados que tienen entre 20 y 24, los 480.000 de menos de 19 y luego
ellos, los «rebeldes del acné» que son—según datos de la revista *Cambio 16*,—
3.311.708. Para ellos la única historia conocida es el desempleo—el *paro* como le
dicen—y ya no están dispuestos a aceptarla.

Juan Ignacio Ramos, dirigente° del Sindicato de Estudiantes, lo ha dicho así: «Somos los expulsados del mercado de trabajo. Una sociedad incapaz de asegurar el futuro de sus jóvenes está en bancarrota°».

líder

bankruptcy

Lo que pasó, pues, es que los jóvenes han ubicado° el examen de selección para entrar a la universidad como la primera puerta que la sociedad les cierra, y contra ella se rebelan. Contra la falta de oportunidades, contra la feroz presión de la competencia.

placed, established

Poco importa lo que el Ministro de Educación pueda incluir entre sus logros° de cuatro años de gobierno (la ampliación° de trescientos mil lugares en el cupo de las universidades, la contratación de 20.000 nuevos profesores, el incremento de más del 300%—de noventa mil a doscientos ochenta mil—del número de becarios en enseñanza media y la apertura° a la participación estudiantil en las decisiones de la vida de las escuelas) o el difícil horizonte que espera a los egresados universitarios: Hay más estudiantes de periodismo° inscritos en la Universidad Complutense de Madrid que periodistas trabajando en todo el país; más historiadores° trabajando en la recolección de basura que en escribir su historia. La respuesta está en la calle.

achievements

addition

opening

journalism

historians

LA RESPUESTA ESTÁ EN LA CALLE

Entre el 9 y el 13 de febrero los estudiantes españoles realizaron un boicot a las clases, y fue entonces cuando su movilización alcanzó los índices más altos de participación y radicalismo. Día con día, millones de jóvenes tomaron las calles de las más importantes ciudades españolas, rechanzando el examen de selección y exigiendo «universidad para los hijos de los obreros».

Durante un período de cuatro meses, el Ministro Maravall ha negociado en cuatro ocasiones con los estudiantes, aunque las autoridades se quejan de que no exista un interlocutor° suficientemente representativo, que garantice° la capacidad de llegar a acuerdos y ponerlos en práctica. Así, por ejemplo, las negociaciones que se tenían programadas para el 11 de febrero con la Coordinadora de Estudiantes, no pudieron realizarse por los desacuerdos entre el estudiantado° al nombrar sus representantes.

someone to talk to / guarantees

student body

Al concluir la semana del boicot, las posiciones se mantienen irreductibles°: La selectividad, como el único punto en el que Maravall ha declarado explícitamente que no dará marcha atrás,° y el aspecto económico, formulado así por Juan Ignacio Ramos: «Queremos que se incrementen los presupuestos de educación, porque es la única forma de mejorar la calidad de la enseñanza en nuestro país».

unyielding

no... he will not retreat

Dice José Luis de Zárraga, sociólogo especializado en problemas juveniles: «Aparentemente esta generación de jóvenes "pasa" de la sociedad. Pero en realidad, es la sociedad la que está pasando de ellos: No sabe qué hacer con una generación entera° que ha tenido la inoportunidad° de presentarse en plena° crisis y le ha transferido el problema a las familias, que tampoco saben qué hacer con los jóvenes pero pueden tenerlos sentados a su mesa».

entire

bad timing / the midst of a

¿Qué pasó, quién resultó más pasota?

ACTIVIDAD 2. **Comprensión de la lectura**

PRIMERA PARTE

Complete la siguiente tabla dando las palabras clave para resumir el contenido del artículo.

1. lo que hicieron los estudiantes: _____
2. el efecto que esto tuvo: _____
3. el tiempo que esto duró: _____
4. tres cosas por las que protestaron los estudiantes:
   _____ (un problema de todos)
   _____ (algo de la universidad)
   _____ (otra cosa de la universidad)

SEGUNDA PARTE

Empareje los hechos de la Columna A con los hechos o consecuencias de la Columna B. Algunas oraciones pueden tener más de una pareja.

COLUMNA A	COLUMNA B
1. Los jóvenes de hoy nacieron en 1968.	a. Los jóvenes no aceptan el paro.
2. Hay mucho desempleo.	b. Los jóvenes salieron a la calle.
3. No hay una correlación entre la oferta (*supply*) y la demanda de trabajos.	c. Los jóvenes no pueden independizarse de sus padres.
4. La universidad quiere imponer un examen de ingreso.	ch. Los jóvenes rechazan el examen de admisión.
5. El Ministro de Educación ha hecho muchos cambios.	d. No había una persona que representara a todos los estudiantes.
6. Los estudiantes realizaron un boicot a las clases.	e. La educación está paralizada.
7. El ministro quería negociar con los estudiantes.	f. El gobierno aumenta la participación estudiantil en las universidades.
8. Las posiciones del ministro y de los estudiantes se mantienen firmes.	g. Hay más estudiantes de periodismo que periodistas trabajando en el país.
	h. Son niños del *destape*.

¡ES ASÍ!

Los pasotas son un fenómeno de España que se puede comparar con el de los hippies y los punks, aunque no son ni lo uno ni lo otro porque no tienen los ideales que tenían los hippies ni la rabia (*anger*) que tienen los punks. Son principalmente jóvenes desorientados y alienados que prefieren «pasar», es decir, no participar en la sociedad actual. Son de la generación que nació al principio del «milagro económico», un crecimiento rápido en la economía que se inició todavía durante la dictadura de Franco. Llegaron a la adolescencia después de la muerte del Generalísimo, durante el destape, el período en que se eliminaron la censura y la moralidad estricta impuestas por el gobierno y cuando las costumbres y tradiciones españolas estaban cambiando rápidamente. Salieron de la escuela secundaria cuando una recesión económica limitaba las oportunidades de empleo y España tenía las primeras elecciones generales desde el comienzo de la dictadura de Franco. Por estos dos hechos, no tenían muchas posibilidades de empleo y no les quedaban serios motivos políticos para protestar. Sin la posibilidad de incorporarse a la fuerza laboral y sin participar en el proceso político, algunos jóvenes eligieron el ser pasotas. Ahora, así como sucedió con los hippies y los punks, los pasotas gradualmente están desapareciendo, por los cambios económicos y políticos en España.

ACTIVIDAD 3. **Un diálogo**

Imagínense que Manuel Ibarra, un universitario español, visita su clase de español. Claro, a Uds. les gustaría hacerle muchas preguntas, y Manuel también tiene preguntas que hacerles a Uds. sobre las universidades de los Estados Unidos. Entre todos, contesten sus preguntas y háganle preguntas sobre los mismos aspectos de las universidades españolas.

1. ¿Es verdad que, en la mayoría de las universidades de los Estados Unidos, no hay un sindicato de estudiantes? Entonces, ¿quién os representa?
2. ¿Os dan un examen de admisión para ingresar en la universidad? ¿Cómo es? ¿Podéis asistir a cualquier universidad?
3. He visto que en los Estados Unidos hay universidades del Estado y también universidades privadas. ¿Cuáles son las diferencias entre ellas? ¿De dónde provienen los fondos para sus presupuestos?
4. ¿Qué papel tiene el gobierno federal en la administración de las universidades de este país?
5. ¿Me podéis decir cuál es el porcentaje de becarios de esta universidad? ¿Hay muchas becas disponibles? ¿Y quiénes las reciben?
6. Si hay algún desacuerdo entre la administración de la universidad y los estudiantes, ¿qué hacéis vosotros? ¿Cómo llegáis a un acuerdo? ¿Quién os representa? ¿Me podríais dar un ejemplo de alguna decisión de la administración con la cual vosotros no estáis de acuerdo?
7. ¿Tienen dificultades para obtener empleo los egresados de esta universidad? ¿Esperáis vosotros conseguir un trabajo rápida y fácilmente?
8. ¿Se comprometen los estudiantes de esta universidad en la política en general? ¿en cuestiones estudiantiles? ¿En qué otras actividades os comprometéis?

LENGUA Y ESTRUCTURAS

A. THE CONDITIONAL

The conditional consists of the infinitive with the conditional ending. Verbs that are irregular in the future have the same irregular stem in the conditional.

FORMS OF THE CONDITIONAL			
llegar	**ser**	**inscribirse**	**salir**
yo llegaría	sería	me inscribiría	saldría
tú llegarías	serías	te inscribirías	saldrías
él, ella, Ud. llegaría	sería	se inscribiría	saldría
nosotros llegaríamos	seríamos	nos inscribiríamos	saldríamos
vosotros llegaríais	seríais	os inscribiríais	saldríais
ellos, ellas, Uds. llegarían	serían	se inscribirían	saldrían

The conditional is used as *would* is used in English.

No sé qué **haría** sin tu ayuda. *I don't know what I would do without your help.*

However, when *would* is used in the sense of *used to*, it is expressed by the imperfect.

Escuchábamos atentamente cuando el profesor hablaba. *We would (used to) listen attentively when the professor was speaking.*

The conditional is used to refer to future actions or events as seen or thought of from a point in time in the past. In the following sentences, note the contrast between the use of the conditional and the future.

Papá **dijo** que jamás **votaría** por un demócrata. *Dad said (that) he would never vote for a Democrat.*

Papá **dice** que jamás votará por un demócrata. *Dad says (that) he will never vote for a Democrat.*

Cecilia **dijo** que **tendría** su título en enero. *Cecilia said (that) she would have her degree in January.*

Cecilia **dice** que **tendrá** su título en enero. *Cecilia says (that) she will have her degree in January.*

In the preceding examples, the preterite and conditional report what someone said they *would* do; the present and future report what they say they *will* do.

The conditional is used to make polite requests.

¿Me permitiría sentarme aquí? *May I (Would you allow me to) sit down here?*

¿Podría decirme la hora? *Could you tell me the time?*

The conditional has other important uses in Spanish, especially in sentences that express hypotheses: If I were . . . I *would*. . . . You will learn about that use of the conditional in later chapters of *¡Un paso más!*

ACTIVIDAD 4. **¡Sacarse el gordo!**

Complete las siguientes oraciones según el modelo para contar lo que harían las siguientes personas al sacarse el gordo (*winning the big prize*).

MODELO: Si me sacara el gordo...
estar loco/a de alegría, abrir una botella de champán para celebrarlo →
Estaría loco de alegría. Abriría una botella de champán para celebrarlo.

1. Si los señores Carballo se sacaran (*were to win*) el gordo en la lotería,...
poner el dinero en el banco, pasar unos meses en el extranjero de viaje, comprar una casa en Acapulco, fundar una fundación para otorgar becas, vivir un año en Ibiza, dar dinero a obras de caridad, hacer todas las cosas con las cuales han soñado, no tener más preocupaciones, ¿_____?

2. Después de sacarse el gordo en la lotería, Gabriela Sotelo no contestaría más su teléfono. ¿Por qué? Gabriela...
no querer conceder entrevistas a los periódicos, necesitar tiempo para pensar, ir de viaje, salir mucho, estar aturdida (*stunned*), estar ocupada en gastar el dinero, ¿_____?

3. Y Ud., ¿qué haría? —Yo (no)...
irse de aquí en seguida, viajar por el mundo, querer cambiar mi vida, estar contento/a de ser multimillonario/a, sentirse feliz, por fin poder hacer lo que quiera, saber qué hacer, ¿_____?

Ahora pregúntele a su profesor(a) qué haría.

ACTIVIDAD 5. **Dígamelo cortésmente, por favor**

La dependienta de la librería contesta la pregunta del cliente muy cortésmente, pero... ¡de todas formas todavía mete la pata (*she still sticks her foot in her mouth*)! ¿Quién no reconocería el nombre del personaje literario más famoso del mundo hispánico?

Sin embargo, imite su cortesía, usando la forma más cortés para hacer las preguntas o pedir los favores que siguen, primero a un compañero (una compañera) y después a su profesor(a).

1. ¿Tiene(s) tiempo para hablar conmigo ahora?
2. ¿Puede(s) explicarme algo, por favor?
3. ¿Me permite(s) mirar lo que ha(s) escrito?
4. ¿Quiere(s) almorzar conmigo?
5. ¿Puede(s) hablar en voz más alta, por favor?

ACTIVIDAD 6. Dime una cosa...

Hágale a un compañero (una compañera) preguntas sobre las siguientes decisiones difíciles. Después, hágale las mismas preguntas a su profesor(a).

MODELO: ¿Qué harías con un millón de dólares? →
No trabajaría más.
Los invertiría.

¿Qué harías con...

1. mucho dinero?
2. más tiempo?
3. un kilo de caviar?
4. un yate?
5. la lámpara de Aladino?
6. un papagayo (*parrot*)?
7. un cuadro de Picasso?
8. un pasaje de ida a Alaska?

ACTIVIDAD 7. Reacciones

¿Qué haría o diría Ud. en los siguientes casos? Conteste todas las preguntas. Luego, entre todos, comparen sus respuestas para ver quién ha resuelto cada situación de la manera más original.

1. «El profesor me dijo que he salido muy mal en el último examen de biología y que ahora corro peligro de ser suspendido. ¡Y sueño con ser médico/a!»
   ¿Qué haría en esta situación? ¿Qué le diría al profesor? ¿Qué les diría a sus padres (amigos)?
2. «Cuando llegué a la clase de español, el profesor (la profesora) dijo: "Ahora vamos a tener un examen". Yo había olvidado por completo de que hoy era el día del examen.»
   ¿Qué haría en esta situación? ¿Cómo se lo explicaría al profesor (a la profesora)?
3. «Llegué a España para estudiar, pero al día siguiente, los estudiantes comenzaron un boicot a las clases.»
   ¿Qué haría? ¿Cómo se lo contaría en una carta a sus padres (amigos)? ¿Qué les diría a sus amigos españoles?
4. «Mientras tomaba un examen, me di cuenta de que otro estudiante copiaba lo que yo escribía.»
   ¿Qué haría? ¿Le diría algo al profesor (a la profesora)? ¿Qué le diría?

5. «Ayer encontré dos billetes de cien en la calle. Sin cartera ni nada, sólo los billetes.»
¿Qué haría? ¿Por qué lo haría?

6. «Anoche una persona que no me gusta mucho me llamó y me invitó a una fiesta en su apartamento. No sabía qué decirle.»
¿Qué le diría? ¿Iría a la fiesta?

B. REVIEWING THE PRETERITE AND THE IMPERFECT

The following sentences are taken directly from the reading at the beginning of the chapter. Read the English translations, then complete the sentences with the preterite or the imperfect, as needed. Then tell why each was used.

Entre el 9 y el 13 de febrero los estudiantes españoles (*realizar*)[1] un boicot a las clases, y (*ser*)[2] entonces cuando su movilización (*alcanzar*)[3] los índices más altos de participación y radicalismo. Día con día, millones de jóvenes (*tomar*)[4] las calles de las más importantes ciudades españoles...

Between the 9th and the 13th of February the Spanish students carried out a boycott of classes, and it was then that their mobilization reached the highest levels of participation and radicalism. Day after day, millions of young people took to the streets of the most important Spanish cities.

Así, por ejemplo, las negociaciones que se (*tener*)[5] programadas para el 11 de febrero con la Coordinadora de Estudiantes, no (*poder*)[6] realizarse por los desacuerdos entre el estudiantado al nombrar sus representantes.

Thus, for example, the negotiations that were scheduled for February 11th with the Coordinator of Students, did not take place due to the disagreements among the student body when naming their representatives.

ACTIVIDAD 8. **Dime una cosa...**

¿Ha habido recientemente elecciones estudiantiles en su universidad? ¿Se acuerda Ud. de ellas? ¿O se acuerda mejor de las últimas elecciones nacionales, estatales o municipales? Con un compañero (una compañera), describa una campaña electoral cualquiera, empleando el pretérito y el imperfecto, donde sea necesario. Use las siguientes preguntas como guía.

1. ¿Cuándo se realizó la campaña?
2. ¿Quiénes eran los candidatos? ¿Qué cargos (*offices*) querían ocupar?
3. ¿Cómo fue la campaña? ¿Participaste? ¿Cómo?
4. ¿Cuáles eran las cuestiones (*issues*) de mayor importancia?
5. ¿Votaste? Si no votaste, explica por qué. Si votaste, di por quién votaste y explica por qué. ¿Ganó tu candidato?
6. ¿Qué cambios has visto como resultado de esas elecciones?

Si hablaron de unas elecciones estudiantiles, ¿has ocupado alguna vez un cargo en el gobierno estudiantil? ¿Cuál? Describa esa experiencia.

Si hablaron de otras elecciones, ¿tienes ambiciones políticas? Es decir, ¿te gustaría ocupar algún día un cargo en el gobierno? ¿Cuál?

ACTIVIDAD 9. **Mesa redonda**

¿Debe ser mayor la participación del estudiantado en la administración de las universidades norteamericanas? Por ejemplo, ¿deben los estudiantes participar en decisiones sobre los siguientes puntos?

- el calendario académico (¿semestres o trimestres? ¿cuándo debe empezar el año académico? ¿cuándo debe terminar?)
- los requisitos básicos para graduarse en la universidad (¿cuántos cursos de ciencias? ¿de inglés? ¿debe ser obligatorio estudiar una lengua extranjera?)
- el presupuesto de la universidad (¿de dónde provienen los fondos? ¿para qué se deben usar?)

Formen grupos de tres o cuatro personas para hacer una lista de las ventajas y desventajas del status quo y de una participación estudiantil más amplia. Traten de apoyar cada opinión con ejemplos específicos. Después, explique a los demás compañeros lo que su grupo ha escrito.

ACTIVIDAD 10. **Dime una cosa...**

Con un compañero (una compañera), haga y conteste preguntas para saber algo sobre la familia del otro. Si su compañero/a tiene hijos, debe hablar también de ellos en vez de hablar sólo de sí mismo/a.

1. ¿Vives con tus padres o vives independientemente? ¿Dependes de tus padres económicamente? ¿En qué sentido? ¿Piensas vivir con tus padres después de recibir tu título?
2. ¿Vienen tus amigos a visitarte a casa de tus padres? ¿Qué hacen tú y tus amigos cuando te visitan en esa casa? ¿Pasan la noche allí tus amigos? A tus padres, ¿les gusta que tus amigos vengan a su casa?
3. ¿De qué hablan tú y tus amigos, por lo general? ¿del futuro? ¿del trabajo que esperan obtener? ¿de la política nacional? ¿de la política internacional? ¿de _____ ?

EN OTRAS PALABRAS...

Para hablar de la familia

Sustantivos

el hogar	home	**la informática**	computer science
el horario	schedule	**la llave**	key

Verbo		Adjetivos	
llevarse disgustos	to get upset	**antiguo/a**	old-fashioned
		enfadado/a	angry

■ COMENTARIOS DE HOY

Antes de leer

El tono del siguiente artículo es informal y el lenguaje muy natural, ya que se trata de presentar la vida íntima de una familia. Verá sobre todo el uso típico de las siguientes palabras, que tienen varios significados en los países de habla española.

> comer = almorzar
> mi mujer = mi esposa
> los viejos = los padres

Fíjese también en el siguiente vocabulario.

> la mili = el servicio militar (que es obligatorio en España)
> dos platos = los que se sirven en una comida típica (en los Estados Unidos, la comida típica consiste en un solo plato)

Antes de empezar a leer, mire primero el dibujo de la página 382 y trate de aprender los nombres de los miembros de la familia.

Qué largo es ser joven

Arturo tiene veinticinco años, y su hermana Elena, veintidós. Viven con sus padres en una ciudad española. Tienen una hermana, María, de quince años, con la que Elena comparte una habitación.

Arturo y Elena son totalmente independientes. Tienen llave de la casa y entran y salen a su antojo.° Su padre, Fernando, hace tiempo que decidió no imponer horas estrictas ni para comer ni para cenar, primero por razones de salud («no quiero llevarme disgustos por los horarios, no quiero tener un infarto°») porque su esposa, Carmen, que también trabaja, no está por° la labor de organizar dos comidas diarias de mantel° y dos platos. Se come fuera y se cena frugalmente frente al televisor.

Arturo empezó Derecho, luego se fue a la mili y a la vuelta° se matriculó en Politécnicas, y ahora está terminando Económicas, pero lo que le hubiera° gustado hacer es Ciencias Empresariales° o Música. Elena empezó Biológicas, pero ahora quiere pasarse a Sociología o Farmacia.

Elena tiene dos novios. Ernesto, que fue al colegio con ella y es hijo de unos amigos íntimos de sus padres, prácticamente se criaron juntos. Ernesto trabaja en el banco de su padre. Es ambicioso y muy deportista. El otro chico es José Ramón, un estudiante

a... as they please

heart attack

no... is not up to / tablecloth

a... upon returning
he would have
Ciencias... Business Administration

| Arturo | Elena | María | Fernando | Carmen |

de ingeniero de telecomunicaciones. Cuando ve a Elena salir con uno y al día siguiente con otro, su madre no puede reprimirse.° «¿Cómo puedes salir con dos chicos a la vez? No lo entiendo.» Elena es tajante°: «Pero mamá, no seas antigua, a ellos no les importa y qué quieres, ¿qué me ennovie° a mi edad? Hay que conocer mundo antes de tomar decisiones.»

keep silent

sharp, cutting (in her answer)

me... I get serious

Arturo y Elena tienen muchos amigos y primos, que van mucho por casa. «No sé qué tendrá esta casa que les gusta tanto», suele comentar Fernando con su mujer cuando escucha los sonidos de Ted Nugent a todo trapo° desde el portal. Arturo, que es más tímido que Elena, no pone el tocadiscos alto, sino que prefiere los auriculares. Los amigos de Elena se arremolinan° en su cuarto y sólo salen para abastecerse° en la cocina de Coca-Colas y bocatas.°

a... at full blast

se... mill around / to stock up

snacks

A veces, Arturo—y Elena menos, pero también—llega tarde a casa por la noche y da con los nudillos° en la puerta del dormitorio paterno: «Mamá, que estoy aquí». «Y para eso me despiertas, sádica?», contesta Carmen enfadada. «Bueno, es que he venido con Ernesto (o con Katia), así que ya sabes, no nos molestéis.» A veces Ernesto, el novio fijo° de Elena, se queda a desayunar, o la chica de Arturo, una tal Juanita, muy tímida, que se empeña en ordenar° todo por la mañana y lavar los platos del desayuno.

da... raps

steady

se... insists on straightening things up

A menudo los padres discuten sobre este tema, cuando ni Arturo ni Elena les oyen, claro. «Será todo lo liberal y normal que quieras, pero a mí me parece una guarrería° dejar que los chicos traigan aquí sus planes°», dice Carmen. «De todas maneras lo harían, pero a saber dónde y con quién», suspira° Fernando. «Te juro° que estoy deseando», dice la madre, «que se casen o se independicen o se vayan de casa». «Pues vas lista, porque si tienen libertad, sus necesidades cubiertas y el calor de un hogar, no sé por qué se van a ir. Fíjate en mi sobrino Javier, que con lo de la informática se ha colocado estupendamente° y sigue viviendo en casa de sus padres.» «Eso es lo que deberían hacer nuestros hijos, informática, o fontaneros° o electricistas, y dejarse de tonterías de carreras, que no sirven luego para nada.»

indecency

novios

sighs / I swear

se... he got a great job

plomeros

Arturo y Elena hablan con sus amigos del futuro. Algunos piensan que cuando acaben sus estudios harán oposiciones° a la Administración. «Es lo más seguro, te pasas estudiando como bestia unos años, pero luego no tienes que preocuparte nunca más.» «Eso es terrible,» opina Elena, «eso es enterrarte° para toda la vida en la vulgaridad,° en la limitación de tus propias posibilidades. ¡Y qué otra cosa se puede hacer! Después de la Universidad es casi imposible encontrar trabajo, porque los pocos que hay exigen experiencia. Es un círculo infernal.» «A mí», dice Arturo, «no me importaría trabajar de lo que fuera,° aunque no tenga nada que ver con los estudios.» «Entonces, para qué estudias.» «Pues, yo qué sé, para hacer algo porque a los viejos les hace ilusión y algo se me pegará.°»

De todas maneras, no importa mucho, porque al final estallará° la guerra nuclear y se acabará todo. Es la reflexión que se hacen siempre al final de la discusión. El Gobierno tiene la culpa de todo, aunque a ninguno le interesa mucho la política. Es un comecocos° para adultos. Todos coinciden en que cuando empieza el telediario° se van a la cocina a prepararse un bocata. Sólo han ido a una manifestación pacifista anti-OTAN. El servicio militar habría que prohibirlo, de paso.° A Arturo le llevaron sus padres a un mitin político en 1975 y sólo recuerda que pasó° hambre. ¿Votar? No saben bien, pero lo más probable es que no voten en las próximas elecciones. El padre de Elena la llevó a votar en 1982 a la fuerza,° que votara lo que quisiera, pero que votara. Decía que a ellos, los padres, les ha costado mucho conseguir la democracia, que hay que usarla, como si° la democracia fuera° una aspiradora° o un friegaplatos.°

María, la hermana pequeña, se ríe de Arturo y Elena porque éstos fuman un porro° de cuando en cuando, son de lo más antiguo. Los padres pactan con° cualquier cosa que no sea droga dura. Libertad, permisividad, dependencia económica, con tal de alejar° el espectro pavoroso° de la droga dura.

civil service exams

burying yourself
banality

de... at anything

algo... something will stick to me (I'll get something out of it)
will break out

obsesión / noticiario

de... (a topic of) passing interest
tuvo

a... by force

como... as though / were / vacuum cleaner / lavaplatos
joint
pactan... put up with

to keep away / dreadful

ACTIVIDAD 11. **Comprensión de la lectura**

Complete las oraciones, escogiendo entre los siguientes sujetos para demostrar su comprensión del artículo: los padres, los hijos, la madre, el padre, Arturo, Elena, María, toda la familia. Si es necesario, cambie los verbos del singular al plural.

1. _____ trabaja.
2. _____ comparte una habitación con _____ .
3. _____ cena frente al televisor.
4. _____ cree que _____ es antiguo/a.
5. _____ tiene muchos amigos.
6. _____ permite que los amigos duerman en casa.
7. _____ trata de evitarse disgustos.
8. A _____ no le gusta cómo se comporta _____ .
9. _____ dice que es mejor saber con quiénes _____ está y qué hace.
10. _____ cree que es una tontería estudiar para tener una carrera.

11. _____ dice que trabajaría en cualquier empleo.
12. _____ no sabe por qué estudia.
13. _____ es pesimista con respecto al futuro.
14. A _____ no le interesa mucho la política.
15. _____ no tiene interés en mirar el noticiero.
16. _____ no vota.
17. _____ dice que es importante votar.
18. _____ permite cualquier cosa que no sea la droga dura.
19. _____ es un pasota.

Actividad 12. **Semejanzas y diferencias**

En su opinión, ¿cuáles son las diferencias entre la situación y opiniones de Elena y Arturo y las del típico joven norteamericano de la misma edad? Si quiere, puede comparar su propia vida con la de Elena y Arturo. Si tiene hijos, puede hablar de ellos. Comente por lo menos cuatro de los siguientes puntos.

1. lo que es vivir con los padres
2. las comidas en familia
3. la libertad de traer muchos amigos y primos a la casa
4. la posibilidad de conseguir trabajo en la carrera que estudian o que han estudiado
5. las opiniones respecto a la política, incluyendo la posibilidad de una guerra nuclear en el futuro
6. el hecho de votar
7. la actitud de los padres en cuanto al comportamiento de los hijos
8. ¿____ ?

Actividad 13. **Yo, en su lugar...**

Ud. ya sabe cómo es la familia de Elena y Arturo. En su opinión, ¿qué hacen que podrían hacer de otra manera? Complete las siguientes oraciones para decir lo que Ud. diría o haría en su lugar, teniendo en cuenta los detalles que Ud. ha leído en este capítulo.

MODELO: Ernesto →

En tu lugar, no le permitiría a mi novia salir con otro. Le diría que tiene que tomar una decisión. Le diría: «¿Te gustaría casarte conmigo?»

1. Arturo
2. Elena
3. María
4. Carmen
5. Fernando
6. Ernesto

ACTIVIDAD 14. **Dime una cosa...**

Como ya sabemos, en realidad la «familia típica» no existe porque cada familia es distinta. Con un compañero (una compañera), intercambien comentarios sobre los puntos de vista de sus respectivas familias con relación a lo siguiente.

1. si el esposo y la esposa trabajan
2. cenar frente al televisor
3. saber con quiénes están los hijos y qué hacen
4. los amigos y novios que duermen en casa
5. el uso de la mariguana y la droga dura
6. las ideas anticuadas

■ LENGUA Y ESTRUCTURAS

C. PRESENT PERFECT SUBJUNCTIVE

—¿Qué opinas de lo que han hecho tus hijos?
—Pues, me alegro de que **se hayan independizado** muy temprano.
—Y tu esposo, ¿no los echa de menos?
—¡Qué va! Esta contentísimo de que **se hayan ido** de casa. Así tenemos más tiempo para los dos... ¡y también más espacio!

The present perfect subjunctive is used instead of the present perfect indicative when the subjunctive is required.

> *present subjunctive of* **haber** + *past participle*

yo haya llegado	nosotros hayamos comido
tú te hayas bañado	vosotros hayáis dicho
él, ella, Ud. haya recibido	ellos, ellas, Uds. se hayan ido

The present perfect subjunctive form of **hay** is **haya habido** (*there have/has been*).

ACTIVIDAD 15. **Una familia moderna**

Comente los siguientes aspectos de la familia del artículo, haciendo oraciones completas según el modelo.

MODELO: Elena y Arturo se independizarán. Consiguen trabajo. (cuando) →
Elena y Arturo se independizarán cuando hayan conseguido trabajo.

1. Elena saldrá con los dos chicos. Toma la decisión de casarse con uno de ellos. (hasta que)
2. Es sorprendente. Ni Ernesto ni José Ramón se queja. (que)

3. Los padres se acuestan. Sus hijos llegan a casa. (antes de que)
4. Algunos amigos de Arturo y Elena harán oposiciones. Terminan sus estudios en la universidad. (cuando)
5. ¿Será posible? ¿Arturo y Elena fuman porros? (que)
6. Los padres creen que es bueno. Su sobrino estudia informática. (que)
7. Ellos no están contentos. Sus hijos deciden estudiar ciertas carreras en la universidad. (de que)
8. Los hijos dicen: «Es imposible conseguir un empleo». «Tienes experiencia.» (a menos que)
9. Es probable. Ningún miembro de la familia vota en las últimas elecciones. (que)

ACTIVIDAD 16. **Y Ud., ¿qué opina?**

Exprese su opinión de lo que hace la familia del artículo, según el modelo.

MODELO: Los padres han dado la llave de la casa a sus hijos. →
(Es bueno, Es malo, Me sorprende, Dudo...) que los padres les hayan dado la llave de la casa a sus hijos.

1. Los hijos han decidido estudiar en la universidad.
2. Los padres han sido bastante permisivos.
3. Los padres han discutido sobre sus hijos.
4. Varios amigos han pasado la noche en casa.
5. Los padres no les han dicho a sus hijos que se vayan de la casa.
6. Los chicos no han votado.
7. Los chicos no han probado nunca la droga dura.
8. Los padres les han dado mucha libertad a sus hijos.
9. Las oportunidades de empleo han cambiado desde que el artículo fue escrito.
10. ¿——?

ACTIVIDAD 17. **¿Qué pasará?**

Haga predicciones de lo que posiblemente ocurra en el futuro en la familia de Carmen y Fernando, completando las oraciones lógicamente. Use las **Palabras útiles** o añada sus propias ideas.

1. Arturo y Elena se independizarán tan pronto como...
2. Arturo tendrá que aceptar un empleo aunque...
3. Carmen se pondrá muy contenta cuando...
4. Fernando seguirá siendo muy liberal con los hijos hasta que...
5. Los padres permitirán que sus hijos traigan sus amigos a la casa aunque...
6. Les permitirán vivir en casa a condición de que...

Palabras útiles: quedarse toda la noche, encontrar empleo, hacer algo horrible, no usar la droga dura, no ser el de sus sueños, por fin irse de casa

CH. THE CONDITIONAL OF PROBABILITY

Just as the future is used to express probability in the present, the conditional expresses probability in the past.

¿Dónde estarán los niños? ¿Salieron? —Seguro que saldrían con unos amigos.

Where can the children be? Did they go out? —I'm sure they (They probably) went out with some friends.

Esteban no estuvo en clase hoy. ¿Dónde estaría? —Tendría que prepararse para un examen en otra clase.

Esteban wasn't in class today. I wonder where he was. —He probably had to prepare for an exam in another class.

ACTIVIDAD 18.   **¡Se fue!**

Su compañero/a no está en la habitación que Uds. comparten, pero en su escritorio encuentra esta foto con un mensaje. La letra (*handwriting*) no es la del novio (de la novia) de su compañero/a…. Use su imaginación para contestar las siguientes preguntas.

1. ¿Con quién podría estar a las 4:00?
2. ¿En dónde lo/la conocería?
3. ¿Qué le diría a su novio/a?
4. ¿Adónde irían los dos?
5. ¿Qué diría su compañero/a al ver el coche?
6. ¿Cuánto costaría este coche?
7. ¿Lo manejaría él/ella?
8. ¿A qué velocidad iría?
9. ¿A qué hora pensaría volver?

¿Te gustaría probarlo hoy a las 4?

◼ PALABRAS PROBLEMÁTICAS

The meaning of the English word *but* is expressed in Spanish by the conjunctions **pero**, **sino**, and **sino que**. When the part of the sentence that precedes *but* is affirmative, **pero** must be used.

Me gustaría comprar este coche, **pero** no puedo.

I would like to buy this car, but I can't.

When the part of the sentence that precedes *but* is negative, **pero** is used if the information it introduces contrasts with or expands what precedes it.

El precio de este coche **no** va con mi presupuesto, **pero** me gusta de todas formas.

The price of this car doesn't fit into my budget, but I like it anyway.

Sino and **sino que** are used only if what precedes them is negative. They express *but rather*, since they introduce information that contradicts and/or replaces previous information. **Sino** connects a word or phrase to the sentence; **sino que** connects a clause.

Este coche no es económico **sino** caro.	*This car isn't inexpensive but (rather) expensive.*
económico → caro	
No es un coche americano **sino** europeo.	*It isn't an American car but (rather) European.*
americano → europeo	
No quiero que manejes mi coche **sino que** lo laves.	*I don't want you to drive my car but (rather) wash it.*
manejes → laves	

The equivalent of *not only . . . but* is expressed in Spanish with **no sólo... sino que**.

No sólo no tengo dinero para comprar este coche, **sino que** tampoco (no) tengo licencia de conducir.	*I not only don't have the money to buy this car, but I don't even have a driver's license.*

Actividad 19.   ¡Sí, me gustaría probarlo!

Aquí hay más detalles sobre el coche de la Actividad 18. Complete la descripción con **pero**, **sino** o **sino que**, según sea necesario.

Me gustaría invitarte a dar una vuelta en este coche _____¹ no puedo. No es mío _____² de mi tío Alfonso. No lo compró _____³ lo ganó en una rifa.° El tío Alfonso no trabaja _____⁴ se pasa el día en la plaza charlando con sus amigos y dándole de comer a las palomas.° Nunca lleva el coche a ninguna parte _____⁵ lo deja aquí delante de su casa, para que todos lo admiren. Sin embargo, ¿qué más da? ¿Adónde querría ir el tío? Ya tiene 87 años y nunca ha tenido licencia de conducir. Dice que un coche como éste no es para manejar _____⁶ para admirar... como una obra de arte. ¡Cuidado! Es como las cosas que hay en los museos. Puedes mirarlo _____⁷ no lo puedes tocar.

raffle

pigeons

■ DE TODO UN POCO

Actividad A.   La reforma académica

Como Ud. sabe, tanto en los países hispanos como en los Estados Unidos, hay mucho interés en la reforma académica. A continuación se dan unos cambios propuestos por una comunidad académica hispánica. Complételos con la forma apropiada de las palabras entre paréntesis. Cuando se dan dos palabras, escoja la más apropiada.

1. Uso de (el/la)¹ calificación numérica (por/para)² la evaluación de conocimientos.

2. Determinación de la bibliografía básica en cada materia, (*por/para*)[3] entregarla a (*cada*)[4] alumno al comienzo del curso.

3. Creación o, en su caso,° consolidación (*del/de la*)[5] sistema de exámenes departamentales, (*por/para*)[6] materia.

       en... as appropriate

4. Impartación de cursos intensivos de actualización° (*por/para*)[7] el personal académico.

       bringing up to date

5. Cumplimiento° (*del/de la*)[8] personal académico con el número de horas (*por/para*)[9] semana (*que/lo que*)[10] está comprometido a trabajar.

       Compliance

6. Reforzamiento° del diálogo entre los universitarios y el sector productivo, tanto público y social (*que/como*)[11] privado, con el propósito de que (*realizarse*)[12] programas juntos y con metas concretas (*por/para*)[13] beneficio del país.

       Strengthening

Según los cambios propuestos, ¿cuál cree Ud. que haya sido el problema inicial en cada caso? Aquí hay un modelo para el número 1.

1. La calificación por medio de letras (**A**, **B**, **C**, etcétera) no sirve porque con ella no se puede describir con precisión el trabajo de un alumno.

ACTIVIDAD B. **Con sus propias palabras**

PRIMERA PARTE

¿Qué problemas académicos existen en su universidad? Haga la siguiente encuesta para contestar parcialmente la pregunta.

	SÍ	NO
1. ¿Hay un examen u otro requisito para conseguir el ingreso?	☐	☐
2. ¿Cree que es justo el sistema de evaluación?	☐	☐
3. ¿Hay materiales de autoaprendizaje (*self-instruction*)?	☐	☐
4. ¿Hay cursos para enseñar técnicas de estudio?	☐	☐
5. ¿Están en la biblioteca todos los libros que Ud. necesita para sus cursos?	☐	☐
6. ¿Hay exámenes departamentales?	☐	☐
7. ¿Hay orientación vocacional?	☐	☐
8. ¿Hay cursos para preparar a los profesores para enseñar?	☐	☐
9. ¿Se corresponden los cursos con las necesidades de los estudiantes?	☐	☐
10. ¿Hay cursos o programas juntos con la industria, empresas privadas o agencias públicas?	☐	☐

SEGUNDA PARTE

Ahora imagine que Ud. es miembro de un comité de estudios cuyo propósito es proponer ciertas reformas en la enseñanza superior de los Estados Unidos. Escriba una lista de las reformas que Ud. sugiere. Piense en lo que Ud. ha leído en la Actividad A y en la primera parte de esta actividad y también en otras partes de esta unidad, y considere los siguientes puntos.

Temas sugeridos: la matrícula, las becas, el uso de las computadoras, los cursos de estudios, la preparación profesional, la inversión (*investment*) de fondos universitarios en Sud África. Después compare su lista con las de sus compañeros. ¿Cuáles son las reformas que se mencionan más?

«Con el título debajo del brazo»

© LARRY MANGINO/IMAGE WORKS

¡Qué lengua más difícil! Una clase de inglés en Toledo, España

ACTIVIDAD 1. Una encuesta

¿Qué piensa Ud. hacer después de recibir su título? Haga la siguiente encuesta para explorar algunas posibilidades. De las siguientes alternativas para después de graduarse, ¿cuál(es) ha considerado Ud.?

	SÍ	NO
1. trabajar	☐	☐
2. hacer estudios de postgraduado	☐	☐
3. casarse y no trabajar fuera de la casa	☐	☐
4. vivir con sus padres	☐	☐
5. independizarse inmediatamente	☐	☐
6. viajar en Europa (Latinoamérica...) un año	☐	☐
7. ¿——?		

A muchos estudiantes hispánicos también les gustaría tener algunas de estas alternativas, pero no siempre las tienen. Para darle una visión de las preocupaciones actuales de los estudiantes y profesores de España y la Argentina, las lecturas de este capítulo son un mosaico formado con fragmentos de varios artículos. Pero no por eso son menos auténticas las voces que Ud. va a escuchar.

EN OTRAS PALABRAS...

UNIVERSIDAD DE LOS ANDES
PROGRAMA DE ECONOMIA
PARA GRADUADOS
FACULTAD DE ECONOMIA

Programa de postgrado para profesionales de todas las disciplinas, conducente al título de Magister en Economía.

El Programa ofrece en su Ciclo Avanzado dos campos de profundización: i) Desarrollo y Política y ii) Evaluación Social de Proyectos.

INSCRIPCIONES: Hasta Noviembre 30 de 1990
INICIACION DE CURSOS: Enero de 1991

Dirigirse a:
Programa de Economía para Graduados
Apartado Aéreo 4976 - Bogotá, D.E.
Teléfonos: 241 03 77 - 243 02 95 y 82 40 66 Ext. 256

Res. 28 de Feb. 28/49 Minjusticia

La búsqueda de trabajo

La persona que **solicita** empleo es **el/la aspirante**. Inicia la búsqueda enviando el **currículum** a varias **empresas** solicitando **un puesto**. Por lo general, también tiene que llenar **una solicitud de trabajo**.

Muchas veces una persona tiene que **atravesar (ie)** muchos obstáculos para obtener un buen empleo. A veces la posibilidad de conseguir un empleo no **tiene nada que ver con** las capacidades del individuo, sino que **tiene que ver con la oferta** y **la demanda** de puestos. Hay que tener en cuenta este factor, porque no importa cuán capacitada sea una persona.

looks for, applies for / candidate, applicant
résumé / companies / job
job application
to go through

has nothing to do with
has something to do with / supply / demand

COMENTARIOS DE HOY

Antes de leer

El título y la primera oración del primer artículo que sigue le darán una buena idea de su tema. Léalos antes de empezar la lectura.

De la universidad, al paro

Las listas de parados del Instituto Nacional de Empleo engordarán° a finales del mes de junio, cuando cerca de 95.000 flamantes° licenciados, «con el título debajo del brazo», inicien la desesperanzada° búsqueda del primer empleo.

will be fatter
brand-new
hopeless

Complete el siguiente párrafo según lo que Ud. acaba de leer.

En junio, en España, como en otras partes del mundo, los estudiantes _____ en las universidades. Este año habrá más de _____ egresados. Después de recibir su título, estos estudiantes van a buscar _____ , pero la situación es _____ .

Al leer los siguientes fragmentos, trate de buscar la razón—mejor dicho, las razones—de esta situación desesperanzada. El primero se refiere a España, el segundo, a la Argentina.

De la universidad, al paro

Las listas de parados del Instituto Nacional de Empleo engordarán a finales del mes de junio, cuando cerca de 95.000 flamantes licenciados, «con el título debajo del brazo», inicien la desesperanzada búsqueda del primer empleo. Actualmente, 200.000 titulados están en paro, siendo los más afectados por esta lacra° los profesores de EGB° y los licenciados en Filosofía y Letras, Medicina, Derecho y Biología. Ellos forman el «desempleo de élite», sobre todo si se tiene en cuenta que crear un licenciado cuesta al Estado español cerca del millón de pesetas.   *defect / Educación General Básica*

Las titulaciones clásicas, como Magisterio,° Derecho o Medicina, están saturadas; el mercado es incapaz de absorber la gran demanda de puestos de trabajo existente y requiere una regulación que ajuste° más la oferta y la demanda. Pero no sólo las conocidas como «licenciaturas clásicas» atraviesan una difícil situación. Otras profesiones, consideradas desde siempre con muy buen futuro, están ahora en la «cuerda floja°». Es el caso de Informática, porque las expectativas despertadas han sido mucho mayores que la oferta real de puestos de trabajo, o Biológicas, debido a la escasa investigación que se desarrolla en España en este campo.   *Teaching*   *adapte*   *cuerda... tightrope*

Para el próximo curso, la Universidad Complutense de Madrid abrirá sus puertas a unos 25.000 nuevos alumnos, que podrán matricularse durante todo el mes de julio. ¿Hasta dónde van a llegar los números si a los 200.000 titulados en paro ya existentes se le añaden° otros 100.000 cada mes de junio?   *se... are added*

La voz estudiantil: Universidad Simón Bolívar en Caracas, Venezuela

José Enrique, licenciado en Historia Contemporánea, España
«Yo estoy haciendo el doctorado para prepararme más a fondo,° pero ello me supondrá hipotecar° otros cinco años más de mi vida, y realizar un enorme esfuerzo económico. Tengo que trabajar en unos grandes almacenes para costeármelo, porque las becas que dan para el doctorado son mínimas, y siempre recaen en° los mismos.»   *a... thoroughly*   *to mortgage*   *recaen... se dan a*

Marta, estudiante de Geológicas, España

«Cuando termine la carrera tendré que buscarme la vida yo sola, porque nadie va a ayudarme. El Ministerio de Educación no se preocupa para nada de nuestro futuro, y la prueba es que recibimos una enseñanza que no tiene nada que ver con las necesidades de las empresas. Nuestra preparación es básica y muy general. Para encontrar trabajo tenemos que hacer cursillos de especialización al terminar la carrera, que son carísimos y están, por ello, al alcance° de muy pocos.»

al... within the reach

Isabel, licenciada, España

«Yo termino la carrera ahora, en junio, y no sé lo que voy a hacer. Imagino que me convertiré en uno de los miles de aspirantes a sacar una plaza° de agregado° por oposición.° Pero eso es casi imposible, porque apenas° salen plazas. Este año hay 60 para toda España, y eso es muchísimo comparado con años anteriores, en que sólo salían dos o tres. Si se tiene en cuenta que más de 3.000 licenciados aspiran cada año a estas plazas, el panorama no puede ser más desolador.°»

puesto / maestro
competitive exam / hardly ever

devastating

(Continúa.)

Lo que dicen los egresados

Entre las numerosas dificultades por las que atraviesa la Argentina, la ubicación° laboral de sus jóvenes profesionales no es de las menores. Quienes salen de la Universidad con un diploma bajo el brazo traen, también, un equipaje de posibilidades y de ilusiones. Estas ilusiones y esas posibilidades fatalmente habrán de ser abandonadas en un país que no parece salir de su estancamiento,° que no se decide a explotar sus posibilidades de desarrollo económico y cultural, que ha padecido° largos años de la dictadura° militar.

placement

stagnation
sufrido / dictatorship

Alejandro, computador científico, Argentina

«Mi título es computador científico, y mi idea era llegar a hacer el trabajo para el cual me preparé. Pero es un área nueva de la computación y no estará desarrollada en la Argentina mientras no tengamos una legislación y un control de mercado acorde con nuestras necesidades. Estoy trabajando en esto desde hace cuatro años; con la formación y la experiencia que tengo no me resulta difícil conseguir empleo. Pero no es esto lo que yo quería hacer; esto no es la computación científica que estudié durante tantos años.»

Lucía, médica, Argentina

«Mis compañeros de promoción° se pelean por conseguir una guardia° de 24 horas por la que apenas reciben 10.000 pesos argentinos. Muy pocos médicos recién recibidos° pueden abrir consultorio; para los demás, la posibilidad es hacer una residencia hospitalaria, pero hay cupos muy limitados y es dificilísimo el examen de ingreso. Yo, por mi parte, estoy salvada económicamente porque trabajo como técnica de laboratorio y hago revisaciones° en una pileta.° Pero me interesa la investigación, y en la Argentina la única posibilidad de hacerla es heredar° a un pariente millonario. Por eso cada día se me presenta más tentadora° la perspectiva de irme al exterior.°»

graduating class / hospital shift
graduados

examinations / piscina
to inherit
tempting / extranjero

Roberto, arquitecto, Argentina

«Ni bien° me recibí° estaba muy embalado° con eso de viajar al exterior; veía que acá° no pasaba nada. Pero empezaron a salirme algunos pequeños trabajos, y llegué a la conclusión de que no podía irme sin antes hacer algo en la Argentina: Era cosa de no tirar la toalla.° Ahora quiero quedarme y participar en la resolución del grave problema habitacional° que tiene nuestro país, un problema que es sufrido por muchísima gente. Claro, si me ofrecen construir una casa en un barrio residencial no voy a rechazar la obra, pero no es eso lo que verdaderamente me interesa. Lo que quiero es devolverle al país lo que invirtió° en mi formación.»

Ni... Hardly / me... me gradué / wrapped up / aquí

tirar... to throw in the towel
housing

it invested

ACTIVIDAD 2.   **Comprensión de la lectura**

¿Cierto o falso? Corrija las oraciones falsas.

1. Hay más titulados que puestos disponibles en España y la Argentina.
2. Las posibilidades de empleo son escasas en España, pero esto no existe en la Argentina.
3. El paro afecta principalmente a los licenciados en filosofía y letras.
4. A los gobiernos de España y la Argentina les cuesta mucho la formación de los profesionales porque las universidades son nacionales.
5. En la computación y la informática hay muchos empleos disponibles.
6. Hay grandes oportunidades en el campo de la investigación en España y la Argentina.
7. La Universidad Complutense de Madrid piensa reducir el número de estudiantes que ingresa cada año.
8. Los estudiantes de las universidades de España y la Argentina reciben una formación práctica y especializada.
9. Algunas personas tienen empleo, pero no es exactamente en lo que han estudiado.
10. Una alternativa que consideran algunos jóvenes argentinos es la de emigrar a otro país para encontrar trabajo.

ACTIVIDAD 3.   **Dime una cosa...**

Con cuatro o cinco compañeros, háganse las siguientes preguntas. Tomen nota de las respuestas para reportar la información al resto de sus compañeros. ¿En qué coinciden o difieren las respuestas de todos los grupos?

1. ¿Cuándo vas a graduarte? ¿Cuál es tu especialización?
2. ¿Qué piensas hacer después de licenciarte, trabajar o hacer estudios de postgraduado?
3. ¿En qué campo te gustaría trabajar? ¿Sabes cómo está la oferta y la demanda de puestos en esa profesión? ¿Crees que te será fácil o difícil conseguir exactamente el empleo que quieres?

4. ¿Cómo piensas iniciar la búsqueda de empleo? ¿Te va a ayudar la universidad? ¿el gobierno? ¿tus parientes? ¿tus amigos? ¿tus profesores? ¿Cómo te van a ayudar?

5. ¿Crees que estás recibiendo una buena formación profesional en la universidad? ¿Es una formación básica, práctica o teórica?

■ LENGUA Y ESTRUCTURAS

A. USING THE INDICATIVE OR THE SUBJUNCTIVE WITH *DECIR*

As you know, the expression of persuasion in the independent clause is one of the concepts that triggers the use of the subjunctive in the dependent clause. The verb **decir** can express both *tell* in the sense of telling someone to do something and *tell* in the sense of conveying information. Note these two meanings of **decir** in the following examples.

La recepcionista me **dice** que **puedo** pasar.	*The receptionist tells me that I can go in.*
La recepcionista me **dice** que **pase**.	*The receptionist tells me to go in.*
La recepcionista me **dice**: «**Pase Ud.** La doctora lo está esperando».	*The receptionist tells me: "Go in. The doctor is waiting for you."*

When **decir** conveys a command, it is followed by the subjunctive in the dependent clause. When **decir** merely conveys information, however, it is followed by the indicative. When **decir** is used to quote directly what someone has said, it has no effect on the verb form used after it. Here is another set of examples that demonstrate these concepts.

Sus padres le **dicen** que **es** difícil conseguir un empleo.	*His parents tell him that it is hard to find a job.*
Sus padres le **dicen** que **consiga** un empleo.	*His parents tell him to get a job.*
Sus padres le **dicen**: «**Consigue** un empleo para finales del mes, si puedes.»	*His parents tell him: "Get a job by the end of the month, if you can."*

ACTIVIDAD 4. **¡Quiero ser periodista!**

Las siguientes oraciones describen las experiencias de Rita, una estudiante española de periodismo. Complételas, poniendo el verbo entre paréntesis en el indicativo o el subjuntivo o dando un mandato.

1. Los estudiantes españoles dicen que no (*tener*) suficientes oportunidades.

2. El periodista dijo que (*haber*) más estudiantes de periodismo que periodistas trabajando en todo el país.
3. «¿Qué quiere decir esto?», dice Rita, «¿que yo no (*estudiar*) periodismo?»
4. Rita estudió periodismo, pero sus padres le dicen que (*deber*) haber estudiado informática.
5. Uno de sus profesores le dice que (*solicitar*) un empleo en un periódico.
6. Rita consigue una entrevista, pero después el jefe de personal le dice: «No (*llamarnos*). Nosotros la llamaremos a Ud.»
7. Ella leyó en un artículo que algunos estudiantes argentinos dicen que (*haber*) pensado en irse al exterior, pero ella no piensa así.
8. Le dice a su amigo Manolo: «(*Irse*) a la universidad, pero no (*hacerse*) ilusiones».

Actividad 5. Situaciones

El Sr. Enrique Nieves es decano de una universidad y pasa muy ocupado todo el día. Ha hablado hoy con estas personas sobre los siguientes casos. Con un compañero (una compañera), hagan los papeles del Sr. Nieves y de las personas con quien trata, imaginando lo que hablan entre ellos.

1. un estudiante que se portó muy mal en una fiesta el sábado por la noche porque se emborrachó (*got drunk*)
2. los padres del mismo estudiante
3. un estudiante que acaba de recibir una beca para estudiar en el extranjero
4. un profesor (una profesora) que quiere saber lo que debe decirles a los estudiantes que faltan a su clase
5. la secretaria del Sr. Nieves, cuando ella le avisa de que tiene una llamada del rector (*president*) de la universidad
6. la secretaria del Sr. Nieves, cuando sale para asistir a un mitin con los otros decanos

B. PRETERITE REVIEW

Later in this chapter, you will begin to use the past subjunctive. Since it is based on the third-person plural of the preterite, this section focuses specifically on those preterite forms.

Regular Verbs

solicitar → solicitaron   comer → comieron
recibir → recibieron

Spelling Changes

leer → leyeron

The spelling changes in **-car**, **-gar**, and **-zar** verbs do not occur in the third person.

Stem-Changing Verbs

-Ar and **-er** stem-changing verbs do not show a change in the preterite. **-Ir** stem-changing verbs show the second change in the third-person singular and plural forms. Review these forms by completing the following chart.

preferir (ie, i)	pref__rió	pref__rieron
pedir (i, i)	p__dió	p__dieron
dormir (ue, u)	d__rmió	d__rmieron

Irregular Verbs

Most common irregular verbs have an irregular stem in the preterite and take a special set of preterite endings. Review them by giving the third-person plural forms of the indicated verbs.

tener	ir	ser	decir	traer	poder	venir
hacer	querer	saber	dar	estar	poner	

ACTIVIDAD 6. **Un examen fatal**

Dé el pretérito de los verbos entre paréntesis para decir lo que pasó la semana pasada en la clase de dos profesores.

1. Los profesores Anaya y Fernández (*dar*) un examen y algunos estudiantes (*sufrir*) horrores.
2. Tres estudiantes no (*estar*) presentes; por eso no (*poder*) tomar el examen.
3. Marcos y Elena (*leer*) el examen y (*decir*): «¡Qué horror!»
4. Luz, María y Federico (*traer*) sus libros al examen, pero los profesores no les (*permitir*) usarlos.
5. Entonces, ellos (*sentarse*) y (*poner*) sus libros debajo de las sillas.
6. Los estudiantes que habían estudiado mucho (*escoger*) las respuestas correctas, (*terminar*) rápidamente y (*salir*) temprano.

7. Pero los que no habían estudiado suficientemente (*sentirse*) muy nerviosos porque no (*acordarse*) de nada.
8. Después del examen, algunos estudiantes no (*hacer*) nada; (*irse*) a casa y (*dormir*) porque no habían dormido nada la noche anterior.
9. Los profesores (*irse*) a casa y (*corregir*) los exámenes.
10. Ayer, cuando (*recibir*) las notas, dos estudiantes (*saber*) que habían sido suspendidos. Los estudiantes que no se habían presentado (*pedir*) otro examen.

Y Uds., ¿cómo (*salir*) en su último examen de español? ¿(*Ser*) suspendidos todos? ¿(*Estar*) contentos con sus notas?

ACTIVIDAD 7. **Para conseguir empleo**

¿Qué hay que hacer, saber o tener para conseguir empleo? ¿Qué pueden hacer los estudiantes españoles que ya tienen su título pero que se enfrentan con escasas oportunidades de empleo? En la próxima lectura, Ud. va a leer las respuestas de varios profesionales españoles a estas preguntas. Pero, primero, indique lo que Ud. cree que es importante en la búsqueda de empleo, dando un valor del 1 (de mínima importancia) al 5 a los siguientes factores.

	1	2	3	4	5
1. la apariencia del (de la) aspirante	☐	☐	☐	☐	☐
2. la personalidad del (de la) aspirante	☐	☐	☐	☐	☐
3. la especialización	☐	☐	☐	☐	☐
4. la experiencia práctica en el campo	☐	☐	☐	☐	☐
5. las recomendaciones	☐	☐	☐	☐	☐
6. el conocimiento de una o más lenguas extranjeras	☐	☐	☐	☐	☐
7. el saber operar computadoras	☐	☐	☐	☐	☐
8. la capacidad de viajar o de trasladarse (*to move*)	☐	☐	☐	☐	☐
9. el estar dispuesto/a a trabajar muchas horas	☐	☐	☐	☐	☐
10. una amplia cultura general	☐	☐	☐	☐	☐

¿Qué orden de importancia dieron sus compañeros a los factores de la lista? Para saber los resultados, multiplique el número de respuestas en cada categoría por el número de orden de importancia y sume el total, según el modelo.

MODELO: la apariencia del (de la) aspirante   1   2   3   4   5 = Total
                                                 1   3   2   5   1

EN OTRAS PALABRAS...

Para hablar de las profesiones

Sustantivos

el contrato	contract
el/la director(a)/ el gerente	manager
el/la ejecutivo/a	executive
el entrenamiento	training
las finanzas	finance
los negocios	business
la renta/los ingresos	income

Verbos

capacitar	to qualify
competir (i, i)	to compete
ejercer (ejerzo)	to practice (a *profession*)

Adjetivos

competitivo/a	competitive
imprescindible	essential, indispensable

Expresiones

estar al día/estar al tanto	to be up-to-date
por su cuenta	on one's own, for oneself

COMENTARIOS DE HOY

Antes de leer

En la primera lectura de este capítulo, se habló principalmente de los aspectos negativos de la situación actual en España y en la Argentina en cuanto al paro: las quejas de los que buscan trabajo y no lo encuentran, las dificultades por las que han pasado los que ya tienen empleo. Los fragmentos de esta lectura ofrecen recomendaciones para los que todavía buscan empleo. Mientras lea, trate de ver si hay puntos comunes mencionados por todos los que hablan.

De la universidad, al paro (continuación)

ABOGADO

Los abogados jóvenes deben estudiar a fondo para adquirir una cultura europea y universal, que no la dan en las universidades. Es imprescindible saber idiomas, sobre todo inglés, y estar siempre bien informados. Los nuevos abogados tienen que ser negociadores, conocedores del derecho europeo y capaces de efectuar contratos en los que las partes sean de distintas nacionalidades.

MÉDICO

La especialización parece ser la única salida. En este sentido, hay que prepararse y luchar con las armas° de nuestro tiempo. Los nuevos médicos tienen que estudiar idiomas° e informática y dedicarse a especialidades punteras,° como biología molecular, ingeniería genética, endocrinología, inmunología o geriatría.

weapons
lenguas extranjeras / *outstanding*

ARQUITECTO

La escuela aporta° conocimientos, pero no puede formar arquitectos. El profesional que empieza tiene que establecer contactos con las empresas constructoras y aprender arquitectura con la práctica. Yo aconsejaría que los arquitectos jóvenes se prepárasen de una forma práctica, en vez de buscar un sueldecito para ir tirando.°

contribuye

ir... *just to get by*

PERIODISTA

La única esperanza de oferta de empleo reside, hoy por hoy,° en las nuevas emisoras° de televisión privada y en los nuevos canales de las televisiones autonómicas.° Esta tremenda competencia por el puesto hace que sólo los aspirantes muy preparados y con gran conocimiento cultural y profesional tengan una razonable esperanza de colocación.

hoy... actualmente / *stations*
private

«Titulitis», la obsesión por el título universitario

UN CAZADOR DE CABEZAS (CONSULTOR)

Los estudiantes salen de la Universidad con su título, pero sin tener idea de cómo funcionar, de cómo tratar las finanzas de una empresa, sus recursos humanos. Las empresas no nos piden siempre que busquemos directivos con tal o cual° título, sino gente con experiencia, con buenos conocimientos básicos, con idiomas, con estudios de «marketing», con una trayectoria° profesional. La Universidad te enseña, en cambio, a racionalizar, a tener abiertas las ideas, a servir para todo si has estudiado bien. Luego no hace falta trabajar exactamente en aquello que has estudiado. Un buen ingeniero de caminos puede ser perfectamente un gran director general de «El Corte Inglés°», porque tiene una formación sólida y práctica que le capacita para cualquier puesto directivo.

tal... *this or that*

direction, path, future

El... un almacén grande en España

Si usted quiere sacar de la Universidad un título que le dé garantías de vida con altos niveles de renta, vaya a una Universidad profesionalizada y técnica, pero no haga filosofía, sociología o historia del arte. Estará en paro. Yo había estudiado una carrera de «letras», pero después hice económicas y empresariales. Porque si usted quiere ser una persona culta° y al mismo tiempo tener un buen trabajo, tendrá que hacer dos carreras....

educated

EMPRESARIO

Si una empresa quiere ser moderna, competitiva y tener futuro, tiene que hacer que sus empleados aprendan, se reciclen, estén al día. Si la Universidad no te ha enseñado idiomas, informática o «marketing», tienes que aprenderlo por tu cuenta, aunque sea a cargo de° la empresa. Es más rentable.°

a... *at the expense of* / *profitable*

ACTIVIDAD 8.   **Comprensión de la lectura**

De los siguientes puntos, ¿cuáles fueron mencionados por al menos uno de los profesionales que ofrecieron consejos?

1. la apariencia del (de la) aspirante
2. la personalidad del (de la) aspirante
3. la especialización
4. la experiencia práctica en el campo
5. las recomendaciones
6. el conocimiento de una o más lenguas extranjeras
7. saber operar computadoras
8. la capacidad de viajar o de trasladarse
9. el estar dispuesto/a a trabajar muchas horas
10. una amplia cultura general

Piense ahora en los resultados de la Actividad 7. ¿Coinciden los factores de máxima importancia indicados por sus compañeros con los factores mencionados por los profesionales?

Piense también en los puntos *no* mencionados por ninguno de los profesionales. ¿Qué importancia les dieron sus compañeros a esos factores?

ACTIVIDAD 9.   **Los requisitos profesionales**

En su opinión, ¿cuáles son los requisitos para poder trabajar en ciertas profesiones? Empareje las capacidades de la Columna A con las profesiones de la Columna B. Puede indicar varias respuestas para cada profesión.

COLUMNA A	COLUMNA B
1. saber algo de finanzas	ejecutivo/a
2. saber informática	profesor(a)
3. saber desarrollar los recursos humanos	abogado/a
4. participar en programas de entrenamiento	médico/a
5. tener una especialización	arquitecto/a
6. saber idiomas	periodista
7. tener conocimientos prácticos	directivo/a
8. tener conocimientos teóricos	científico/a
9. saber negociar contratos	cantante de rock
10. tener experiencia	
11. establecer contactos relacionados con su profesión	
12. saber tratar con la gente	
13. poder trabajar por su cuenta, con una supervisión mínima	

¡ES ASÍ!

Actualmente en los Estados Unidos hay muchas leyes que regulan y controlan varios aspectos del mundo laboral: lo que uno puede y no puede preguntar durante una entrevista, los requisitos que se pueden exigir para un puesto, etcétera. Pero hasta ahora la situación es distinta en el mundo hispánico.

Lea los siguientes anuncios de España y

comente con sus compañeros las siguientes preguntas.

- ¿Hay correspondencia (*relationship*) entre lo que recomendaron los profesionales en la última lectura con lo que «Se requiere» para estos puestos?

- ¿Hay cosas en estos anuncios que llamen la atención, vistas desde un punto de vista norteamericano?

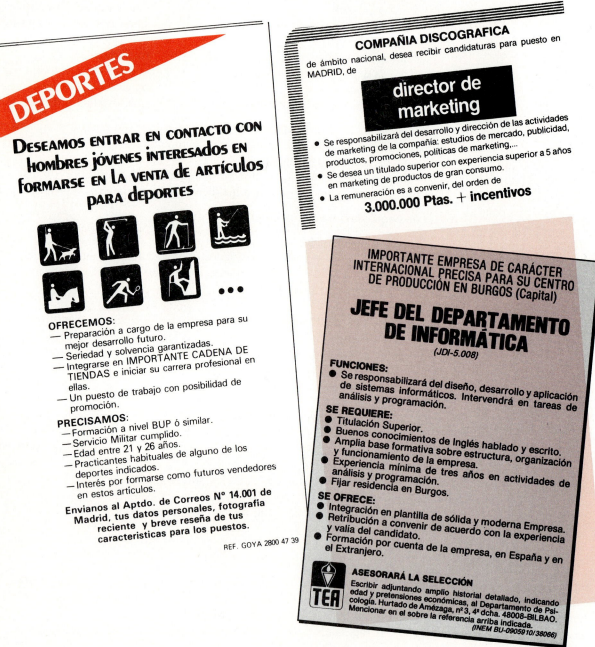

DEPORTES

Deseamos entrar en contacto con hombres jóvenes interesados en formarse en la venta de artículos para deportes

...

OFRECEMOS:
— Preparación a cargo de la empresa para su mejor desarrollo futuro.
— Seriedad y solvencia garantizadas.
— Integrarse en IMPORTANTE CADENA DE TIENDAS e iniciar su carrera profesional en ellas.
— Un puesto de trabajo con posibilidad de promoción.

PRECISAMOS:
— Formación a nivel BUP ó similar.
— Servicio Militar cumplido.
— Edad entre 21 y 26 años.
— Practicantes habituales de alguno de los deportes indicados.
— Interés por formarse como futuros vendedores en estos artículos.

Envianos al Aptdo. de Correos Nº 14.001 de Madrid, tus datos personales, fotografía reciente y breve reseña de tus características para los puestos.

REF. GOYA 2800 47 39

COMPAÑIA DISCOGRAFICA

de ámbito nacional, desea recibir candidaturas para puesto en MADRID, de

director de marketing

- Se responsabilizará del desarrollo y dirección de las actividades de marketing de la compañía: estudios de mercado, publicidad, productos, promociones, políticas de marketing,...
- Se desea un titulado superior con experiencia superior a 5 años en marketing de productos de gran consumo.
- La remuneración es a convenir, del orden de

3.000.000 Ptas. + incentivos

IMPORTANTE EMPRESA DE CARÁCTER INTERNACIONAL PRECISA PARA SU CENTRO DE PRODUCCIÓN EN BURGOS (Capital)

JEFE DEL DEPARTAMENTO DE INFORMÁTICA

(JDI-5.008)

FUNCIONES:
- Se responsabilizará del diseño, desarrollo y aplicación de sistemas informáticos. Intervendrá en tareas de análisis y programación.

SE REQUIERE:
- Titulación Superior.
- Buenos conocimientos de Inglés hablado y escrito.
- Amplia base formativa sobre estructura, organización y funcionamiento de la empresa.
- Experiencia mínima de tres años en actividades de análisis y programación.
- Fijar residencia en Burgos.

SE OFRECE:
- Integración en plantilla de sólida y moderna Empresa.
- Retribución a convenir de acuerdo con la experiencia y valía del candidato.
- Formación por cuenta de la empresa, en España y en el Extranjero.

TEA **ASESORARÁ LA SELECCIÓN**
Escribir adjuntando amplio historial detallado, indicando edad y pretensiones económicas, al Departamento de Psicología. Hurtado de Amézaga, nº 3, 4ª dcha. 48008-BILBAO. Mencionar en el sobre la referencia arriba indicada.
(INEM BU-0905910/38066)

ACTIVIDAD 10. **La oferta y la demanda**

¿Cuál será la oferta y la demanda de puestos en las siguientes carreras en España? ¿Habrá mucha o poca demanda de personas especializadas en estos campos? Conteste, teniendo en cuenta lo que Ud. ha leído en las lecturas de este capítulo y también con la información de esta tabla.

TASA DE PARO DE CADA TITULACION

	39,5%
Biología	32,3%
Informática	32,1%
Medicina	23,1%
Filosofía y Letras	22,2%
Magisterio	18,6%
Química	16,2%
Ingenieros de Telecomunicaciones	14,3%
CC. Políticas y Sociología	12,9%
CC. Información	
CC. Económicas y Empresariales	11,6%

Fuente: Secretaría General del Consejo de Universidades.

1. empresariales o administración de empresas
2. historia del arte
3. biología
4. periodismo
5. informática o computación
6. medicina
7. derecho
8. económicas
9. arquitectura
10. lenguas
11. filosofía
12. sociología

LENGUA Y ESTRUCTURAS

C. THE PAST SUBJUNCTIVE

Forms of the Past Subjunctive

The stem for forming the past subjunctive is the third-person plural of the preterite, minus **-on**. Once the stem has been determined, the endings for all verbs are identical in the past subjunctive: **-a**, **-as**, **-a**, **-amos**, **-ais**, **-an**.

Regular Verbs

solicitar: solicitar~~on~~ → **solicitar-**
   solicitara, solicitaras, solicitara, solicitáramos, solicitarais, solicitaran

comprometerse: se comprometier~~on~~ → **se comprometier-**
   me comprometiera, te comprometieras, se comprometiera, nos comprometiéramos, os comprometierais, se comprometieran

recibir: recibier~~on~~ → **recibier-**
   recibiera, recibieras, recibiera, recibiéramos, recibierais, recibieran

Stem-Changing Verbs

Since the third-person plural shows the second stem change, **-ir** stem-changing verbs show the second stem change in all forms of the past subjunctive.

preferir: prefirier~~on~~ → **prefirier-**
   prefiriera, prefirieras, prefiriera, prefiriéramos, prefirierais, prefirieran

pedir: pidier~~on~~ → **pidier-**
  pidiera, pidieras, pidiera, pidiéramos, pidierais, pidieran

dormir: durmier~~on~~ → **durmier-**
  durmiera, durmieras, durmiera, durmiéramos, durmierais,
  durmieran

Spelling-Change Verbs

All persons of the past subjunctive reflect the change from **i** to **y** between two vowels in verbs like **creer**, **leer**, and so on.

creer: creyer~~on~~ → **creyer-**
  creyera, creyeras, creyera, creyéramos, creyerais, creyeran

Verbs Irregular in the Preterite

Verbs with irregular preterite stems show the same change throughout the past subjunctive.

dar: dier~~on~~ → **diera**
decir: dijer~~on~~ → **dijera**
estar: estuvier~~on~~ → **estuviera**
hacer: hicier~~on~~ → **hiciera**
ir: fuer~~on~~ → **fuera**
poder: pudier~~on~~ → **pudiera**
poner: pusier~~on~~ → **pusiera**
querer: quisier~~on~~ → **quisiera**
saber: supier~~on~~ → **supiera**
ser: fuer~~on~~ → **fuera**
tener: tuvier~~on~~ → **tuviera**
venir: vinier~~on~~ → **viniera**

¡Atención!

There is another set of past subjunctive forms that contain **-se**: **hablase**, **hablases**, **hablase**, **hablásemos**, **hablaseis**, **hablasen**. In these words the stem is the third-person plural of the preterite minus **-ron**. Note the use of the **-se** form in the following sentence from the reading.

> Yo aconsejaría que los arquitectos jóvenes **se preparasen** de una
>   forma práctica...

The **-ra** forms are more frequently used in speech; therefore, they are the ones that you will practice in this text. Usage of the **-se** forms varies by country and, sometimes, within a country.

Uses of the Past Subjunctive

The uses you have learned for the present subjunctive are also applicable to the past subjunctive. The use of the present subjunctive or the past subjunctive is usually determined by the tense of the verb in the independent clause. The following chart shows the sequence of tenses for the forms that have been presented thus far. Although there are exceptions, you can use the chart to help you determine which tense to use to meet most of your needs.

INDEPENDENT CLAUSE	DEPENDENT CLAUSE
present present perfect present progressive command future future perfect	present subjunctive present perfect subjunctive
preterite imperfect past perfect conditional	past subjunctive

Compare the tenses in the following pairs of examples, taken directly from the reading, and try to give their English equivalents. Look for the sentences in the reading if you need to see the examples in context.

PRESENT → PRESENT SUBJUNCTIVE

Las empresas no nos **piden** siempre que **busquemos** directivos con tal o cual título.

PRETERITE → PAST SUBJUNCTIVE

Las empresas no nos **pidieron** siempre que **buscáramos** directivos con tal o cual título.

PRESENT → PRESENT SUBJUNCTIVE

La empresa **tiene que hacer** que sus empleados **aprendan**, **se reciclen**, **estén** al día.

IMPERFECT → PAST SUBJUNCTIVE

La empresa **tenía que hacer** que sus empleados **aprendieran**, se **reciclaran**, **estuvieran** al día.

PRESENT → PRESENT SUBJUNCTIVE

Yo **aconsejo** que los arquitectos jóvenes **se preparen** de una forma práctica.

CONDITIONAL → PAST SUBJUNCTIVE

Yo **aconsejaría** que los arquitectos jóvenes **se prepararan** de una forma práctica.

All the preceding examples involved the subjunctive cue of persuasion. As you know, the subjunctive is also used with the following triggers: feelings, doubt or denial, and the unreal or the indefinite. The past subjunctive can be used with **tal vez** and **quizá(s)** and **aunque**, and is *always* used with some adverbial conjunctions (**para que**, **sin que**, and so on).

The following activities practice the preceding uses of the past subjunctive. The use of the past subjunctive with conjunctions of time will be treated in the next section in this chapter.

ACTIVIDAD 11. **La experiencia de buscar un empleo**

¿Qué le pasó a la promoción (*class*) de este año cuando los egresados buscaron empleo? Dé el imperfecto del subjuntivo de los verbos entre paréntesis.

1. Josefina temía que su título no la (*capacitar*) para el puesto que quería.
2. Le sorprendió que tantos egresados (*competir*) por tan pocos puestos.
3. Un empresario le dijo que era importante que (*saber*) informática.
4. Un consultor le aconsejó que (*tomar*) un cursillo y que (*estudiar*) finanzas.
5. Su profesor le sugirió que (*emigrar*) a otro país.
6. Ya sabía que su papá le diría que (*aprender*) informática.
7. Se dio cuenta de que era necesario encontrar un trabajo que le (*ofrecer*) un programa de entrenamiento.
8. Sus amigos no creían que (*ser*) tan difícil conseguir trabajo.
9. Un gerente le había dicho que era una lástima que no (*tener*) experiencia en manejar computadoras.
10. Vio un aviso que decía que una empresa buscaba una persona que (*saber*) japonés.
11. Esperaba que su familia la (*ayudar*) a establecer contactos.
12. Yo le había recomendado que (*conseguir*) conocimientos prácticos antes de que (*solicitar*) un empleo.
13. Les pidió a sus parientes y amigos que le (*dar*) consejos.
14. Yo le di varios artículos sobre asuntos laborales para que los (*leer*) y se (*informar*).
15. Sus amigos se quejaban de que ellos tampoco (*poder*) encontrar trabajo.

16.　Cuando por fin Josefina consiguió un puesto interesante, ¡estaba tan alegre que quería que todo el mundo lo (*saber*)!

ACTIVIDAD 12.　Dime una cosa...

Complete las siguientes oraciones lógicamente para contar unas anécdotas de diferentes épocas de su vida. Luego compare sus experiencias con las de un compañero (una compañera).

> MODELO:　Cuando yo estaba en la escuela secundaria, no prestaba atención cuando mis padres me decían que... →
> 　　　　　—Cuando estaba en la escuela secundaria, no prestaba atención cuando mis padres me decían que estudiara más (que no jugara al fútbol, que sacara buenas notas, que no mirara tanto la televisión...). Ahora yo sé que tenían razón. Y tú, ¿prestabas atención cuando tus padres te decían algo?

1.　Cuando yo era niño/a, mis padres siempre me decían que...
2.　Cuando yo era estudiante de secundaria, en mi ciudad (pueblo) era importante que los estudiantes...
3.　Antes de mi primera cita, temía que...
4.　La primera vez que iba a manejar un coche solo/a, mis padres me aconsejaron que...
5.　Cuando yo trabajaba cuidando niños, quería que los niños... Quería que sus padres...
6.　Antes de llegar a la universidad, yo quería un compañero (una compañera) de cuarto que...
7.　Cuando llegué a la universidad me sorprendió que algunos estudiantes...
8.　Una vez mis padres me regalaron... para que yo...

ACTIVIDAD 13.　Sus reacciones

Como Ud. se dio cuenta al leer los artículos de esta unidad, hay semejanzas y diferencias entre la situación de los estudiantes en otros países y la suya. Complete las siguientes oraciones para decir lo que siente o piensa con respecto a lo que Ud. ha leído y para comentar su propia situación.

1.　Me sorprendió que la situación de los estudiantes en otros países...
2.　Temo (Me alegro de) que la oferta y la demanda de puestos en este país...
3.　(No) Creo que las respuestas de los profesionales...
4.　Mientras leía los artículos, sentí que esos estudiantes...
5.　Puede ser que ahora la situación...
6.　Para trabajar en la profesión que yo he elegido, es necesario que una persona...

7. Antes de mi ingreso en la universidad, mis padres insistieron en que yo (no)...

ACTIVIDAD 14. **Tu profesión y tu futuro**

Lea el siguiente anuncio y complete la primera oración de los grupos 1 a 4 según su contenido. Luego, en la segunda oración, cuente cómo eran las cosas antes. En el quinto grupo, podrá expresar su propia opinión sobre el anuncio.

1. Es importante elegir bien una profesión para que uno/a...
   Antes, no era posible que una mujer...
2. Es bueno que hoy en día no haya ninguna profesión que...
   Era malo que antes...
3. Sin embargo, es necesario que la formación y capacidades de uno/a...
   En otra época, era casi imposible que una mujer...
4. El Consejo Rector del Instituto de la Mujer ha puesto en marcha el plan para la igualdad entre mujeres y hombres para que...
   No había un plan para la igualdad entre mujeres y hombres antes de que...
5. Me alegro (No me alegro) de que el Consejo Rector del Instituto de la Mujer...
   (No) Era una lástima que...

**Elige bien tu profesión.
Elige bien tu futuro.**

Elegir bien o mal tu profesión influye mucho en las posibilidades de encontrar un trabajo interesante. Y, ten por seguro, hoy en día no hay ninguna profesión que no te convenga tan sólo por el hecho de ser mujer. Lo que cuenta son tus gustos y capacidades y que tu formación se corresponda con el trabajo existente.

Para que puedas decidir tu futuro libremente, el Consejo Rector del Instituto de la Mujer ha puesto en marcha el Plan para la Igualdad entre Mujeres y Hombres.

AHORA YA PUEDES ELEGIR

CH. MORE ABOUT THE SUBJUNCTIVE WITH ADVERBIAL CLAUSES OF TIME

You have already learned some general guidelines for using the subjunctive with adverbial conjunctions of time. Review them now. Which mood is used, the indicative or subjunctive, when . . .

- the events of both clauses are habitual?
- the events have already happened?
- the events are anticipated, to take place at some future time?

The subjunctive, of course, is used in only the latter case, when the events described in the adverbial clause are anticipated, to take place at some future time *from the point of view of the sentence.*

Keep in mind that an event can be in the future even when the sentence is in the past. Compare these sentences:

José **se graduó** tan pronto como **cumplió** todos los requisitos de su carrera.	*José graduated as soon as he met all of the requirements of his major.*
José **iba a graduarse** tan pronto como **cumpliera** todos los requisitos de su carrera, pero resultó que...	*José was going to graduate as soon as he met all of the requirements of his major, but as it turned out...*

The first sentence describes something that has already happened: José is out of school. The second sentence describes something that is in the "future," that is, the event in question has not yet happened from the point of view of the speaker. For all we know, José may still be in school, working on his requirements. Note the same contrast in the following sentences. Can you give their English equivalents?

> Salí para Europa en cuanto me gradué en la secundaria. Iba a salir para Europa en cuanto me graduara en la secundaria, pero...

ACTIVIDAD 15. **Hablando de los estudios**

Hable de su carrera académica, completando las oraciones lógicamente. Para cada oración, añada por lo menos una más, usando conjunciones adverbiales cuando sea necesario.

1. Cuando yo estaba en la primaria, pensaba que iba a... hasta que...
2. Mi familia y yo fuimos a... cuando yo... años.
3. Tan pronto como me gradué en la secundaria, (yo)...
4. Empecé a estudiar español cuando...
5. Seguiré estudiando español hasta que...
6. Cuando termine mi carrera, buscaré un empleo que...
7. Cuando vaya a buscar empleo, será importante (que)...

D. THE SUBJUNCTIVE WITH *COMO SI*

Whether the independent clause is in the present or past tense, the phrase **como si** (*as if, as though*) is always followed by the past subjunctive. The use of the past subjunctive with this phrase indicates improbability, that someone or something is not really what appearances or actions would seem to indicate.

Esos empleados trabajan **como si tuvieran** todo el tiempo del mundo.	*Those employees work as if (as though) they had all the time in the world.*
Alaska se vistió **como si fuera** un vampiro.	*Alaska dressed as though (as if) she were a vampire.*

ACTIVIDAD 16.   **Apariencias**

Las cosas no siempre son como parecen. Explique cómo parecen, dando el verbo entre paréntesis en el imperfecto del subjuntivo y completando la oración con sus propias palabras.

1. Boy George a veces se viste como si (*ser*) mujer, pero en realidad...
2. Cuando miramos «Star Trek», nos sentimos como si (*estar*) en el futuro, pero en realidad...
3. En varias películas Meryl Streep habla como si el inglés no (*ser*) su lengua materna, pero en realidad...
4. Siempre hay unos estudiantes que hablan como si (*estar*) a punto de fracasar, pero en realidad...
5. Los estudiantes de esta clase responden hoy como si (*tener*) mononucleosis, pero en realidad...
6. El profesor (La profesora) explica el subjuntivo como si (*ser*) muy difícil de comprender, pero en realidad...

■ PALABRAS PROBLEMÁTICAS

The following words all refer to people who work, but they have different connotations.

- The words **obrero/a** and **trabajador(a)** usually refer to those who do manual labor.
- **Un perito** (**Una perita**) is one who does skilled labor or is especially qualified in a trade.
- **Un empleado** (**Una empleada**) usually works in a store or an office. **Empleado** is also a general word for *employee*.
- The word **funcionario/a**, which means *official*, usually refers to government employees.
- **Un(a) profesional** is one who practices a profession and is usually a university graduate.

ACTIVIDAD 17.   Busque la palabra apropiada

Indique si las siguientes personas son **empleados**, **funcionarios**, **obreros**, **peritos**, **profesionales** o **trabajadores**.

1. un instalador de asbestos
2. una psiquiatra
3. un piloto
4. una catedrática
5. un electricista
6. una farmacéutica
7. un actor
8. un taxista
9. una veterinaria
10. un político
11. un inspector de aduana
12. un secretario
13. una azafata
14. una geóloga
15. un detective
16. una vendedora
17. un ingeniero
18. una editora
19. un mesero
20. un consultor

DE TODO UN POCO

ACTIVIDAD A.   En sus propias palabras

Ya es el momento de que Ud. comience a pensar en hacer su currículum. Un buen currículum en español tendrá la siguiente forma e incluirá los siguientes datos. Complételo con información verdadera.

Datos personales

Nombre:

Domicilio:

Teléfono:

Lugar de nacimiento:

Edad:

Estado civil:

Educación

Títulos académicos	Institución	Fecha

Premios y becas

Experiencia

Viajes educativos y profesionales

Lenguas

Referencias

1.

2.

3.

ACTIVIDAD B. **En busca de un puesto**

Complete la siguiente anécdota con el subjuntivo, indicativo o infinitivo de los verbos entre paréntesis. El indicativo puede darse en el presente, el pretérito, el imperfecto o el futuro, según el contexto.

Después de recibir mi título, era necesario que (yo: *buscar*)[1] un empleo porque mis padres insistieron en que (yo: *independizarse*)[2] de ellos. Como yo había estudiado literatura, uno de mis profesores me sugirió que (*trabajar*)[3] en una casa editora,° y me (*parecer*)[4] una buena idea. Entonces, (*enviar*)[5] mi currículum a varias casas editoras. Dudaba que alguien me (*contestar*)[6] en seguida. Pero imagínese mi sorpresa cuando una semana más tarde una secretaria me (*llamar*)[7] y me (*preguntar*):[8] «¿Sería posible que Ud. (*venir*)[9] para una entrevista el próximo lunes a las 10:00 de la mañana?» «¡Sí, cómo no!»

casa... publishing house

El día de la entrevista llegué a la oficina de la casa editora a las 9:45, nerviosa y vestida en lo que esperaba que (*resultar*)[10] ropa de aspecto profesional. La recepcionista me dijo que (*sentarse*)[11] y (*esperar*)[12] hasta que la Sra. Amador, la que me iba a entrevistar, (*estar*)[13] lista.

A las 10:00 en punto la Sra. Amador salió de su oficina y me dijo que (*pasar*).[14] Ella era muy amable y simpática, y charlamos un rato de nuestros autores preferidos como si (*ser*)[15] viejas amigas. Después me pidió que (yo: *tomar*)[16] una prueba de mecanografía.° Yo sabía que no (*escribir*)[17] muy rápidamente a máquina y que siempre (*cometer*)[18] muchos errores. Pero al (*terminar*)[19] la prueba, ¡no podía creer que (*ser*)[20] tantos! «Además», me dijo

typing

la secretaria que me había dado la prueba, «Ud. (*escribir*)²¹ solamente 35 palabras correctas por minuto». ¿Qué importaba? ¡Yo quería un trabajo que me (*permitir*)²² leer manuscritos y (*almorzar*)²³ con autores famosos! ¡No tenía ningún interés en (*ser*)²⁴ secretaria! Creo que es evidente que yo no (*conseguir*)²⁵ ese puesto.

En los meses siguientes (*tener*)²⁶ muchas entrevistas más. Y siempre me (*decir*)²⁷ lo mismo: «Sentimos mucho, señorita, que no le (*poder*)²⁸ ofrecer el puesto, pero… », «Es una lástima que Ud. (*haber*)²⁹ hecho tan mal la prueba de mecanografía». «Ya le habíamos dado el puesto a otra persona antes de que Ud. (*llegar*).³⁰ ¡Qué lástima!» «Buscamos una persona que (*saber*)³¹ informática, que (*hablar*)³² cuatro idiomas y que también (*tener*)³³ conocimientos profundos de física.» «¿Tiene Ud. experiencia? Queremos una persona que (*tener*)³⁴ por lo menos cuatro años de experiencia en este campo. Cuando Ud. (*tener*)³⁵ más experiencia, (*volver*)³⁶ a hablar con nosotros.» «No nos (*llamar*);³⁷ nosotros la (*llamar*).³⁸»

Estaba ya un poco desesperada cuando (*ver*)³⁹ este aviso en una revista. Pensando que (*ser*)⁴⁰ un chiste, (yo: *mandar*)⁴¹ mi currículum y una foto al apartado° número 185 y no (*pensar*)⁴² más en el asunto. Entonces, me sorprendió mucho que los dueños de la discoteca me (*llamar*)⁴³ una semana maś tarde y me (*dar*)⁴⁴ una entrevista. Todavía no creía que el aviso (*ser*)⁴⁵ en serio, pero otra vez (*vestirse*)⁴⁶ apropiadamente como si (*tratar*)⁴⁷ de una entrevista formal y (*irse*)⁴⁸ a la discoteca. Afortunadamente, nadie me pidió que (*tomar*)⁴⁹ ninguna prueba, no les importaba que no (*tener*)⁵⁰ experiencia previa, y no era necesario que (*saber*)⁵¹ ni química ni física. Puede que (*ser*)⁵² un trabajo absurdo, pero ¡lo (*conseguir*)⁵³! Ahora, durante el día (porque trabajo de noche), estoy (*escribir*)⁵⁴ un libro que se llama *Yo era vampiro*. Me alegro de (*decirles*)⁵⁵ que la casa editora que lo (*ir*)⁵⁶ a publicar es la misma de mi primera entrevista. Espero que cuando mi libro (*salir*)⁵⁷, Uds. (*querer*)⁵⁸ saber más de mis experiencias como vampiro y lo (*comprar*).⁵⁹

P.O. box

Conteste las siguientes preguntas según la descripción.

¿Por qué…

1.   buscaba empleo la señorita?

2. envió su currículum a varias casas editoras?
3. llegó a la casa editora a las 9:45?
4. no hizo bien la prueba de mecanografía?
5. no se desanimó cuando no consiguió el trabajo en la casa editora?
6. se desesperó mucho?
7. contestó al aviso que decía «Se necesita vampiro auténtico»?
8. consiguió el trabajo?
9. tiene tiempo para escribir un libro?
10. espera que los lectores compren el libro?

Y Ud., ¿compraría este libro? ¿Por qué?

ACTIVIDAD C. **Hablando de trabajos absurdos...**

¿Cree Ud. que es absurdo trabajar como vampiro? Con tal de que sea en una discoteca, tal vez es posible. Pero hay otros trabajos que son igualmente fuera de lo común. Con un compañero (una compañera), escriba un anuncio para los siguientes trabajos, siguiendo el ejemplo de los avisos en **¡Es así!** en este capítulo. Escriba unos solicitando empleo y otros ofreciéndolo.

1. cocinero/a en un zoológico
2. lavador(a) de ventanas en un rascacielos (*skyscraper*)
3. payaso/a (*clown*) en un hospital para niños
4. entrenador(a) de animales en un circo
5. ¿——?

La comunicación

Comunicación sin palabras: mimos
en el Parque Alameda de México, D.F.

¿Sabe Ud. cuál es el eslabón (*link*) principal entre los Estados Unidos, el Canadá, Inglaterra, Escocia, Irlanda, Australia y Sudáfrica? ¿Y qué es el lo que une a España con México, algunos países del Caribe, la América Central y Sudamérica? Si ha contestado «la lengua» a ambas preguntas, Ud. tiene razón.

En esta unidad se presentan diversas formas de comunicación—o la falta de comunicación—a través de la lengua y la cultura con la que se identifica: los conflictos que puede provocar una lengua, la relación entre la lengua y la cultura y algunos aspectos humorísticos de la lengua española.

Aquí se habla inglés y español

© DAVID KUPFERSCHMID

El festival hispano es un
acontecimiento anual en
Washington, D.C.

ACTIVIDAD 1.   Los hispanos en los Estados Unidos

¿Cuánto sabe Ud. de los hispanos y del español en los Estados Unidos?
Empiece a explorar este tema contestando las siguientes preguntas, a solas
o con un compañero (una compañera). Las respuestas correctas están al pie
de la página.

1.   ¿Cuántos hispanos había en el gabinete (*cabinet*) del Presidente George
Bush en enero de 1989?
a. uno   b. dos   c. ninguno

2.   ¿Qué porcentaje de la población de los Estados Unidos es de origen
hispano?
a. 2 por ciento   b. 5 por ciento   c. 8 por ciento

3. ¿En qué estados vive el mayor número de hispanos?
   a. California y Texas   b. Nueva York y la Florida   c. Texas y Arizona
4. ¿Qué estado tenía una Constitución en 1849 que explícitamente estipulaba el bilingüismo en el estado?
   a. la Florida   b. Nuevo México   c. California

EN OTRAS PALABRAS...

Definiciones para hablar del bilingüismo

un analfabeto (una analfabeta) = una persona que no sabe ni leer ni escribir

la ascendencia = el origen étnico o nacional de una persona
Los norteamericanos pueden tener ascendencia inglesa, escocesa, irlandesa, alemana, polaca, italiana, rusa, danesa, sueca, noruega, china, japonesa, hispana... y otras más.

beneficiar = hacer bien, el antónimo de **perjudicar**

el bilingüismo = la capacidad de hablar dos lenguas
La gente que habla dos idiomas es **bilingüe**.

la boleta electoral = un papel que se usa para votar

el censo = una lista estadística que ofrece datos sobre una ciudad, una región o un país

el ciudadano (la ciudadana) = el/la habitante de un país que goza de ciertos derechos políticos
La gente adquiere **la ciudadanía** por nacimiento o por naturalización.

una enmienda = un cambio o una corrección en un texto
En los Estados Unidos, la mayoría de los estados tienen que **aprobar (ue)** una enmienda en la Constitución antes de que sea válida. Luego el presidente tiene que **firmar**la, es decir, poner su **firma** (su nombre) en ella.

un gobernador (una gobernadora) = una persona que gobierna
En los Estados Unidos, cada estado tiene un gobernador.

el idioma = la lengua

impresionante = adjetivo que describe lo que causa una gran impresión

los impuestos = el dinero que el gobierno les exige a los ciudadanos que paguen
En los Estados Unidos, el último día para pagar los impuestos es el 15 de abril.

3. a. El mayor número de habitantes de origen hispano vive en California y Texas.
4. c. En 1849 la Constitución del estado de California explícitamente estipulaba el bilingüismo en el estado.

> **un intercambio** = un cambio mutuo
>
> **un(a) inversionista** = una persona que **invierte** dinero en cierta cosa para ganar más
> Para un estudiante, la mejor **inversión** es en su educación.

■ COMENTARIOS DE HOY

Antes de leer

Con casi 19 millones de personas, los hispanos actualmente son una mayoría importante de la población de los Estados Unidos. Entonces, ¿es necesario que haya letreros en español? ¿boletas electorales en español? ¿clases bilingües? En la Florida y California ha habido recientemente movimientos para que el inglés sea declarado la lengua oficial de los Estados Unidos. Si esto ocurre, serán ilegales las susodichas (*previously mentioned*) manifestaciones de la presencia hispana en este país.

¿Qué cree Ud.? ¿Es necesario hacer una enmienda en la Constitución que permita establecer una lengua oficial en los Estados Unidos? ¿Cuáles serían los efectos de tal enmienda? Antes de que Ud. se forme una opinión sobre esta cuestión, lea los dos artículos de este capítulo, que tratan del punto de vista de dos cubanos que viven en la Florida.

El primer artículo tiene un título y cuatro subtítulos. Léalos antes de contestar la siguiente pregunta: ¿Cuál es el tema principal del artículo?

- El autor está en contra del bilingüismo y apoya una ley que trata de eliminarlo.
- El autor defiende el bilingüismo y le preocupa una ley que lo ataca.

Al leer el artículo, busque las respuestas a las siguientes preguntas.

- ¿A qué lucha se refiere el primer subtítulo del artículo?
- ¿Qué dicen los que están en contra del bilingüismo?
- ¿Qué dicen los que están a favor?
- ¿Cuáles son los beneficios del bilingüismo, según el autor del artículo?

¿Stop al bilingüismo?

LOS PELIGROS DE UNA CRUZADA

UNA VEZ MÁS, LOS ENEMIGOS DEL BILINGÜISMO VUELVEN A LA LUCHA.

No deja de ser curioso—y al mismo tiempo doloroso°—el hecho con el que algunos individuos dedican gran parte de sus fuerzas a combatir una realidad que, a la larga,° beneficia a todos los ciudadanos. Hablamos, por supuesto, del problema del bilingüismo,   *painful*   a... *in the long run* que nuevamente está en el tapete° de las discusiones. Los enemigos del bilingüismo sostienen su postura con argumentos generalmente pobres. Básicamente, «vivimos en Estados Unidos y en Estados Unidos hay que hablar inglés». Partiendo° de esa base, dedican tiempo y dinero a una causa que, en realidad, no tiene antecedentes históricos en este país, y está en el polo opuesto° a todo lo que significa la sociedad actual bajo el punto de vista humano, económico y hasta político.

está... is under consideration

Starting

polo... opposite end

    Ese esfuerzo ha significado para organizaciones como *US English* y *Florida English* el conseguir grandes cantidades de firmas, aparentemente suficientes para que la enmienda que declara al inglés como lengua oficial del estado de la Florida forme parte de la boleta electoral del próximo noviembre. Ahora bien, ¿qué significa para el ciudadano general la posibilidad de que una ley semejante° sea aprobada? ¿Qué cambiará en la realidad de la Florida?

como ésta

UN PROBLEMA QUE NO DEBIERA SERLO

Buena parte de la postura contra el bilingüismo está basada en una especie° de reacción patriotera, como si se tratara de un fenómeno antiestadounidense. En realidad, se trata de todo lo contrario. Entre las grandes conquistas que ha realizado este país hay que destacar° la asimilación de emigrantes, en los cuales se fundamenta° su impresionante desarrollo industrial, político y humano. Estados Unidos es el producto de millones de personas que han llegado a estas fronteras° en busca de oportunidad, de libertad y de trabajo, aportando° al mismo tiempo un bagaje cultural, sencillamente impresionante.

tipo

emphasize / basa

borders

bringing

    Ahora bien, como muy bien dice un informe publicado a principios de este año por el Consejo° Nacional Cubano Americano, «ningún estudio sugiere que los latinos del Sur de la Florida rechacen el inglés, o que se opongan a asimilar la cultura y las instituciones americanas. Más aún,° durante todo este siglo ningún grupo de americanos de una determinada ascendencia ha propuesto que el inglés sea reemplazado por otra lengua. Además, ninguna investigación histórica sugiere que la mayoría de los emigrantes que llegan a Estados Unidos no aprendan inglés, o que los hijos de los emigrantes no lleguen a aprender el inglés como su idioma principal.» No hay bases, pues, para las afirmaciones de cuantos° se oponen al bilingüismo de que se está intentando desalojar° al inglés como idioma oficial de los Estados Unidos. Hay que analizar las realidades antes de votar por una ley que nos puede perjudicar a todos en un gran número de aspectos.

Council

Más... Además

los que
to dislodge

    Entre estas realidades, hay que destacar que en 1985 y en 1987, la Corporación de Investigaciones Estratégicas ofreció un dato realmente interesante: entre un 98 y 100% de los padres hispanos de Miami afirmaron que era «muy importante» que sus hijos estudiaran inglés, hasta llegar a hablarlo y escribirlo perfectamente. Es un dato que, por ser tan masivo, sería suficiente para eliminar cualquier duda de que los hispanos residentes en Miami rechazan el inglés. Por si dicho° dato no fuera suficiente para algunos, podemos mencionar otros. Prácticamente nueve de cada diez jóvenes hispanos socializan con amigos anglos. Es decir, las generaciones jóvenes se asimilan con inusitada° facilidad la cultura y tradición de Estados Unidos. Por otra parte, uno de cada dos latinos habla en su trabajo tanto el inglés como el español. Finalmente, más de la mitad de la población latina del Sur de la Florida está en grado de° hablar inglés. Y esto a pesar de que uno de cada tres residentes hispanos es un anciano° o llegó a Estados Unidos durante los últimos diez años.

Por... As though this

unusual

en... en camino de
elderly person

Son datos, pues, que confirman la imagen general de todos los emigrantes—no sólo los de origen hispano—en los Estados Unidos. Es decir, que a partir de la segunda generación el inglés se convierte en su idioma básico. Esto sucedió ayer con los italianos y con los polacos, por ejemplo, y está sucediendo hoy con los hispanos. Por lo tanto, el grito de alarma de organizaciones como *US English* y *Florida English* está fuera de lugar.° está... *is inappropriate*

Además, limitándonos a lo que sucede en Miami, basta° darse una vuelta° por los es suficiente / darse... *to stroll around* centros donde se ofrecen clases de inglés a los emigrantes de origen hispano para ver cómo están prácticamente por encima de° su capacidad. Un informe de *Education Week* por... *over* demostró que un número cada vez más elevado de americanos que no hablan inglés han sido rechazados en los centros de instrucción por carecer° de espacio y de medios por... *for lack* para satisfacer una educación que buscan. Según el Consejo Nacional Cubano Americano «es difícil comprender por qué quienes apoyan la ley del inglés como único idioma oficial no apoyaron de igual modo el *English Proficiency Act*, que hubiera permitido el uso de ayuda federal para programas de educación dirigidos° a los adultos cuyo idioma *aimed* nativo no es el inglés».

UNA LEY TOTALMENTE ALEJADA° DE LA REALIDAD
separada

No deja de ser curioso que en una época como la nuestra, cuando son más frecuentes que nunca los intercambios entre los países, se trate de limitar las increíbles posibilidades que significa el bilingüismo, en pro de una postura patriotera siempre discutible.° *arguable* Basta ver lo que sucede en cualquier sector de nuestra sociedad. Los países de mayor desarrollo social, económico e industrial dedican grandes cantidades de dinero para que sus ciudadanos hablen y escriban en el mayor número posible de idiomas. Cualquier europeo—salvo raras excepciones—puede llegar a una cita de negocios en Detroit y defenderse° en inglés. Los japoneses estudian con igual ahinco° el inglés y el español, *manage, get along* / entusiasmo idiomas que les son muy útiles a la hora de realizar sus negocios en Estados Unidos o en Latinoamérica... Es decir, mientras que en el resto del mundo el hecho de ser bilingüe significa un punto a favor, un gran medio para encontrar más oportunidades de trabajo, en la Florida parece como si se tratara de un peligro del que° hay que huir° del... *from which* / *flee* por todos los medios. Tal vez por ello, durante la reunión de Gobernadores del Sur en 1986, se dijo que «en la actualidad, los ciudadanos de Estados Unidos son internacionalmente analfabetos».

Por otra parte, la posibilidad de que el electorado de la Florida apruebe una ley semejante lleva consigo otra serie de problemas. Uno de ellos es el de un seguro aumento en nuestros impuestos. La razón es clara. Con frecuencia se habla de Miami en particular y la Florida en general como «La puerta° de las Américas». Esto es mucho *gateway* más que un slogan. Es un símbolo cargado de° significado y de realidad. Si el Sur de cargado... *loaded with* este Estado ha experimentado el impresionante desarrollo financiero, industrial y social que hasta los mismos enemigos del bilingüismo se ven obligados a aceptar, ha sido en gran parte debido a la pujante° presencia hispana. Tanto para el inversionista latino- *fuerte* americano como para el simple turista, el hecho de llegar a un lugar y poder expresarse en su idioma es una ventaja que no tiene paralelo. Son muchos los millones de dólares que llegan a la Florida precisamente porque aquí es posible mantener relaciones económicas directas, concretadas° en el propio idioma. La consecuencia de esta ley sería *stated, realized* que muchos negocios que hoy tienen sus representantes en este estado se irían para otros. Y con ellos los millones que pagan en impuestos, que tendrían que cubrir *todos* los ciudadanos de este estado.

No olvidemos tampoco que la Florida es un estado básicamente turístico. Y que un porcentaje de ese turismo proviene de Latinoamérica. Es fundamental, pues, que cuando todos esos turistas lleguen a este Estado para dejar tantos millones de dólares que permiten a los residentes el tener que pagar menos impuestos, sean recibidos con programas, proyectos, ideas, etcétera, redactados° en su propio idoma.

En fin, no hay razones para una ley que establezca al inglés como idioma oficial de la Florida. ¿Por qué, después de 200 años de asimilación de inmigrantes, se quiere proponer una ley semejante?

escritos

ACTIVIDAD 2. Comprensión de la lectura

Dé la siguiente información según el artículo.

1. la lucha a que se refiere el subtítulo
2. algunos argumentos en contra del bilingüismo
3. las respuestas de los que están a favor del bilingüismo
4. algunos beneficios del bilingüismo

¡ES ASÍ!

El primer artículo del **Capítulo 19** trata de la cuestión del bilingüismo en la Florida, donde la mayor parte de los hispanos son de origen cubano. Sin embargo, la misma cuestión existe en una forma u otra en todas las partes de los Estados Unidos donde hay grandes concentraciones de gente de habla española.

Aunque todos los hispanos hablan el mismo idioma, también hay muchas diferencias históricas, políticas, económicas y sociales entre ellos. Muchos de los mexicanoamericanos que están radicados principalmente en el oeste y el suroeste del país son descendientes de los primeros habitantes o colonizadores de esta región que, hasta el siglo XIX, pertenecía en gran parte a México. Otros son inmigrantes recientes que han cruzado la frontera entre México y los Estados Unidos en busca de mayores oportunidades económicas.

Puerto Rico fue una colonia de España hasta 1898, cuando España la cedió a los Estados Unidos después de una guerra entre los dos países. Ahora, como la isla es un Estado Libre Asociado, los puertorriqueños son ciudadanos norteamericanos por nacimiento. No pueden votar en las elecciones de los Estados Unidos, pero tienen un representante en el Congreso (que tampoco puede votar) y sirven en las fuerzas militares de este país. Mientras algunos puertorriqueños están contentos con la relación entre la isla y el continente, algunos reclaman la independencia; otros preferirían ser un estado como Alaska o Hawaii.

Distintos a los mexicanoamericanos y puertorriqueños, los cubanos forman un grupo de inmigrantes. Después del triunfo de la revolución cubana de Fidel Castro sobre la dictadura de Fulgencio Batista en 1959, muchos cubanos huyeron de su país. Entre ellos había profesionales y comerciantes de la clase media que se radicaron en Florida donde han prosperado y han participado activamente en la política.

Hoy en día, debido a la situación política y económica en Centroamérica, un creciente número de inmigrantes de los países de esa región llega a los Estados Unidos.

Alabama 33.100	Illinois 635.525	Montana 9.974	Rhode Island 19.707
Alaska 9.497	Indiana 87.020	Nebraska 28.020	South Carolina 33.414
Arizona 440.915	Iowa 25.536	Nevada 53.786	South Dakota 4.028
Arkansas 17.873	Kansas 63.333	New Hampshire 5.587	Tennessee 34.081
California 4.543.770	Kentucky 27.403	New Jersey 491.867	Texas 2.985.643
Colorado 339.300	Louisiana 99.105	New Mexico 476.089	Utah 60.302
Connecticut 124.499	Maine 5.005	New York 1.659.245	Vermont 3.304
Delaware 9.671	Maryland 64.740	North Carolina 56.607	Virginia 79.873
District of Columbia 17.652	Massachusetts 141.043	North Dakota 3.903	Washington 119.986
Florida 857.898	Michigan 162.388	Ohio 119.880	West Virginia 12.707
Georgia 61.261	Minnesota 32.124	Oklahoma 57.413	Wisconsin 62.981
Hawaii 71.479	Mississippi 24.731	Oregon 65.833	Wyoming 24.499
Idaho 36.615	Missouri 51.667	Pennsylvania 154.004	

1. Los Angeles/Long Beach 2.065.727
2. New York/New Jersey 1.493.081
3. Miami 581.030
4. Chicago 580.592
5. San Antonio 481.511
6. Houston 424.901
7. San Francisco/Oakland 351.915
8. El Paso 297.001

9. Riverside/San Bernardino 289.791
10. Anaheim/Santa Ana/Garden Grove 286.331
11. San Diego 275.176
12. Dallas/Fort Worth 249.613
13. McAllen/Pharr/Edinburgh 230.212
14. San Jose 226.611
15. Phoenix 198.999

ACTIVIDAD 3. **Una encuesta**

Piense bien en las siguientes oraciones e indique su opinión. ¿Está Ud. de acuerdo (**Sí**)? ¿No está de acuerdo (**No**)? ¿Todavía no se ha formado una opinión (**¿?**)?

	SÍ	NO	¿?
1. Vivimos en los Estados Unidos, y en los Estados Unidos hay que hablar inglés.	☐	☐	☐
2. El bilingüismo beneficia a todos los ciudadanos.	☐	☐	☐
3. Los inmigrantes enriquecen la cultura de los Estados Unidos.	☐	☐	☐
4. En los Estados Unidos no es importante ser bilingüe.	☐	☐	☐
5. El turismo beneficia a los ciudadanos de una región.	☐	☐	☐
6. Los turistas se sienten más cómodos en un país cuando pueden comunicarse y leer en su propio idioma.	☐	☐	☐
7. Los norteamericanos son internacionalmente analfabetos.	☐	☐	☐
8. No es importante saber otros idiomas porque el inglés es la lengua del mundo.	☐	☐	☐

Ahora compare sus respuestas con las de sus compañeros para saber qué opinan ellos.

ACTIVIDAD 4. **Dime una cosa...**

Haga y conteste las siguientes preguntas con un compañero (una compañera).

1. ¿Eres bilingüe? ¿Qué otra lengua hablas? ¿Se habla otra lengua en tu casa? ¿Cuál? ¿Quién de tu familia la habla?
2. ¿En qué país nacieron tus padres? ¿tus abuelos? ¿tus bisabuelos? ¿tus tatarabuelos (los padres de tus abuelos)? ¿Qué ascendencia tienes?
3. ¿Se hablan otras lenguas en la región donde vives? ¿Cuáles son? Históricamente, ¿por qué se hablan en esa región estas lenguas? ¿Cuáles han sido los efectos causados por la coexistencia de lenguas?
4. ¿Has viajado por otros países? ¿Cuáles? ¿Hablabas bien la lengua del país (las lenguas de los países) que has visitado? ¿Te relacionabas con los habitantes de ese lugar (esos lugares) en la lengua nativa o siempre buscabas las compañía de gente de habla inglesa? Si no hablabas bien la lengua del país, ¿cómo te las arreglabas para comunicarte?

ACTIVIDAD 5. **Otra enmienda**

La Florida no es el único estado en que existe la preocupación por el futuro del inglés. Las siguientes oraciones se refieren a una proposición que fue presentada hace unos años en California. Cámbielas al pasado, usando el pretérito, el imperfecto y el imperfecto del subjuntivo.

1. La Proposición 63 es aprobada en California en 1986.
2. Esta enmienda declara el inglés como lengua oficial del estado de California.
3. Organizaciones como *US English* y *English Only* consiguen grandes cantidades de firmas, suficientes para que la enmienda sea aprobada.

4. Esta proposición afecta no sólo a los hispanos, sino también a la población asiática de California.
5. Muchos hispanos creen que el propósito de esta proposición es reducir los adelantos políticos y sociales que han obtenido.
6. Es posible que la Proposición 63 represente una reacción nacionalista en contra de los extranjeros.
7. Muchas personas temen que la Proposición 63 separe a California del resto del hemisferio.
8. El uso de dos o más idiomas no perjudica el inglés como lengua oficial del país.
9. Tampoco sugiere que los hispanos no aprendan inglés.
10. Después de que los votantes aprueben la Proposición 63, un político introduce una medida para eliminar la educación bilingüe.
11. En otros países siempre ha sido preferible que la gente que trata con los turistas hable más de un idioma.
12. Es curioso que en una época como la nuestra, cuando son más frecuentes que nunca los intercambios entre los países, se trate de limitar las posibilidades que representa el bilingüismo.

LENGUA Y ESTRUCTURAS

A. STRESSED POSSESSIVE ADJECTIVES AND PRONOUNS

mío/a/os/as	*my, (of) mine*	nuestro/a/os/as	*our, (of) ours*
tuyo/a/os/as	*your, (of) yours*	vuestro/a/os/as	*your, (of) yours*
suyo/a/os/as	$\begin{cases} your, (of) yours \\ his, (of) his \\ her, (of) hers \\ its \end{cases}$	suyo/a/os/as	$\begin{cases} your, (of) yours \\ their, (of) theirs \end{cases}$

In the preliminary lesson and **Capítulo 3** you reviewed Spanish possessive adjectives that precede nouns. Like all Spanish adjectives, possessive adjectives agree with the nouns they modify in terms of number and gender.

Spanish has another set of possessive adjectives, called the long, or stressed, possessives. These possessives always follow the noun and often express English *of mine*, *of yours*, and so on. Possessive adjectives must agree with the noun, which is usually preceded by an article.

> El artículo fue escrito por **un** profesor **mío**.
>
> *The article was written by a professor of mine.*

> Ya sé que **las** ideas **nuestras** son un poco distintas, pero...
>
> *I know that our ideas are a bit different, but . . .*

Note that after forms of the verb **ser**, the article is often omitted.

¿**Es** amigo **tuyo?** —No, no **es** amigo **mío**.

Is he a friend of yours? —No, he's no friend of mine.

A phrase consisting of *preposition + pronoun* can be used instead of the possessive adjective to make the meaning clear.

Es amigo **suyo**. → Es amigo **de ella**.
Es amigo **de él**.
Es amigo **de Ud./Uds.**

The long, or stressed, possessives are used instead of the shorter forms that precede the noun when the speaker wants to

- emphasize the possessor rather than the thing possessed.

Sara es **mi** amiga.
Sara es una amiga **mía**.

Sara is my friend.
Sara is a friend of mine.

Mis opiniones son razonables.
Las ideas **suyas**, sin embargo, no lo son.

My opinions are reasonable.
Her ideas aren't (reasonable), however.

- form possessive pronouns, usually accompanied by the definite article.

Mi **familia** habla español. ¿Y **la tuya**? —**La mía** habla portugués.

My family speaks Spanish. And yours? —Mine speaks Portuguese.

No deja de ser curioso que en una **época** como **la nuestra**...

It is odd that in a time like ours . . .

ACTIVIDAD 6. **¿De quiénes son?**

Con un compañero (una compañera), indique de quiénes son las cosas del dibujo. Si es necesario, consulte la lista de personas.

MODELO: un Óscar → —¿De quién es el Óscar? ¿de Cher?
—Sí, es suyo.

Personas: Karl Malden, Bruce Springsteen, Michael Jackson, nosotros, yo, Donald Trump, el profesor (la profesora), el Pato Donald, ¿_____?

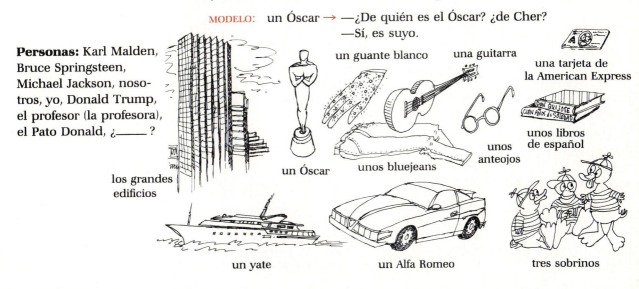

los grandes edificios

un Óscar

un guante blanco

unos bluejeans

una guitarra

unos anteojos

una tarjeta de la American Express

unos libros de español

un yate

un Alfa Romeo

tres sobrinos

Actividad 7. Dime una cosa...

Intercambie información con un compañero (una compañera) sobre los siguientes temas. Sigue el modelo, modificando las oraciones según sea necesario.

MODELO: Mi familia (no) habla español. →
—Mi familia (no) habla español. ¿Y la tuya?
—La mía sí lo habla. (La mía también/tampoco lo habla.)

1. Mis padres hablan otra lengua en casa.
2. Algunos de mis amigos no estudian español. Estudian otra lengua.
3. En la ciudad donde yo vivo hay muchos programas de televisión en español.
4. Algunos de mis hermanos todavía viven en casa con mis padres.
5. Mis clases son difíciles (fáciles) este semestre/trimestre.
6. Entre mis amistades, hay mucha gente de origen hispano.
7. En mi familia muchas personas han hecho estudios universitarios.
8. En mi residencia (casa) hay mucho interés en los equipos universitarios. Todo el mundo asiste a los partidos.

B. THE CONDITIONAL PERFECT

The conditional perfect expresses what would have happened at some point in the past. It is formed as follows.

> *conditional of* **haber** + *past participle*

yo habría dado	nosotros habríamos visto
tú habrías contestado	vosotros habríais leído
él, ella, Ud. habría escrito	ellos, ellas, Uds. habrían dicho

En esa situación, ¿que **habrías hecho**?	*In that situation, what would you have done?*
Y Uds., ¿qué **habrían dicho**?	*And you, what would you have said?*

Compare the *conditional* perfect (which describes *past* events), with the *future* perfect (which describes *future* actions).

Habré terminado la tarea para las 6:00. Si la hubiera hecho ayer, ya la **habría terminado**.	*I will have finished my homework by 6:00. If I had done it yesterday, I would have finished it already.*

As you can see in the preceding example, the conditional perfect is also used in sentences with *if* clauses that express situations that are contrary to fact. You will learn more about this use of the conditional perfect in **Ca-pítulo 21**. In this section, you will practice using the conditional perfect in single-clause sentences.

ACTIVIDAD 8. **Yo, en tu lugar...**

Lea lo que hicieron las siguientes personas en ciertas circunstancias. Luego diga si, en su lugar, las personas indicadas habrían hecho lo mismo o si habrían hecho otra cosa. Piense lógicamente y justifique sus respuestas cuando pueda.

MODELO: Cuando yo era joven, vivía en la Florida y estudiaba francés en la escuela secundaria. (yo) →
Pues... yo habría hecho lo mismo. En efecto, yo estudié francés en la escuela secundaria.
(Yo no habría hecho lo mismo. Habría estudiado español porque es mas útil en la Florida.)

1. El Sr. John Adams, quien vive en Palo Alto, votó por la Proposición 63. (el Sr. Manuel Gutiérrez, Los Ángeles)
2. Elena y Marcela estudiaron francés por 5 años y después hicieron un viaje a Italia. (mi amigo Julio y yo)
3. Aunque en la escuela primaria ofrecían clases de español, Linda no quiso tomarlas. (Patricia)
4. Aunque tienen un examen hoy, algunos estudiantes de física estuvieron anoche en una fiesta hasta muy tarde. (tú)
5. Alberto trató de obtener un empleo en un banco internacional aunque nunca había aprendido otro idioma. (yo)
6. Cuando sus abuelos hablaban italiano, Carmela no prestaba atención. (sus amigos que estudiaban italiano)

Ahora invente una situación semejante y preséntela a sus compañeros de clase para ver cómo reaccionan.

ACTIVIDAD 9. **Una encuesta**

¿Por qué empezó Ud. a estudiar español y por qué lo sigue estudiando? Indique con sí o no si los siguientes factores entraron en su decisión. Luego ordénelos según la importancia que cada uno tiene para Ud.

Estudio español porque...   SÍ   NO

_____ creo que me será útil en mi carrera.   ☐   ☐
_____ creo que es importante tener una perspectiva internacional.   ☐   ☐
_____ espero viajar algun día a los países de habla española.   ☐   ☐
_____ creo que una persona no tiene una buena formación si no puede hablar por lo menos   ☐   ☐
una lengua extranjera.

Estudio español porque...   SÍ NO

_____ me será útil en mis estudios postgraduados.   ☐   ☐

_____ me encanta la literatura española.   ☐   ☐

_____ tengo mucho interés en la cultura de los países de habla española.   ☐   ☐

_____ tengo muchos amigos que hablan español.   ☐   ☐

_____ hay mucha gente de habla española en mi ciudad (estado).   ☐   ☐

_____ estudiar una lengua extranjera es un requisito en esta universidad.   ☐   ☐

_____ ¿_____ ?   ☐   ☐

Ahora compare sus respuestas con las de sus compañeros de clase. ¿Hay un factor que la mayoría de la clase haya indicado? ¿Hay un factor que ninguna persona haya indicado? No se olvide de hacerle preguntas a su profesor(a) de español, quien hace algunos años, por alguna razón, también tomó la decisión de estudiar español.

■ EN OTRAS PALABRAS...

Para hablar más del bilingüismo		**Adjetivos**	
Sustantivos		**considerado/a ≠ des-**	considerate ≠
los modales	manners	**considerado/a**	inconsiderate
la (buena) voluntad	(good) will	**mayoritario/a ≠**	majority ≠ minority
Verbos		**minoritario/a**	
atraer	to attract	**Expresión**	
pretender	to claim; to try to get	**ni siquiera**	not even

■ COMENTARIOS DE HOY

Antes de leer

El siguiente artículo, escrito por un periodista cubano que vive en Miami, ofrece una perspectiva personal de lo que es ser bilingüe. Al leer el artículo, busque las respuestas a las siguientes preguntas.

- ¿Qué ventajas tiene la persona bilingüe?
- ¿Por qué es importante ser bilingüe hoy en día?

Si queremos bilingüismo, seamos bilingües

Cada vez que algún latinoamericano residente en esta ciudad sale en defensa del bilingüismo como lo entiende él, le pregunto si habla inglés. Seis de cada diez me contestan *no*. Esta respuesta, evidentemente en clara contradicción con el principio lingüístico que esos seis defienden, tiene fundamento° en un torcido° razonamiento°: Que todo el mundo hable español para que pueda comunicarse con los que no hablan inglés.

base / twisted / reasoning process

Miremos la otra cara de la moneda.° La mayoría de los norteamericanos rehusan° el concepto bilingüista por considerar que se les quiere imponer un idioma extranjero que jamás han necesitado para desarrollar sus actividades en su patria.° Ese idioma extranjero es, desde luego, el español. Si situáramos a uno de estos norteamericanos en debate con uno de los seis latinoamericanos mencionados, la incomprensión y la falta de comunicación llegarían a niveles insospechados.° Esto es lo que está sucediendo en Miami.

la... the other side of the coin / deny

homeland

unsuspected

Ni el delegado latinoamericano del grupo de seis quiere aprender inglés, ni el norteamericano del grupo mayoritario desea en lo absoluto aprender español. Sencillamente no lo encuentra tan indispensable como los latinoamericanos pretenden.

Soy bilingüe desde que tengo uso de razón. Gracias a esto, desde que llegué hace 21 años a los Estados Unidos, he podido ejercer mi profesión de periodista, lo mismo en español que en inglés. Es por eso que comprendo cabalmente° las ventajas que tienen sobre los que sólo conocen un idioma, aquéllos que conocen dos o más. Sobre todo, cuando se trata de idiomas predominantes en una comunidad como la nuestra, la falta de comunicación directa entre grupos étnicos distintos, fragmenta a la sociedad. Y la única manera de comunicarse directamente es el idioma.

exactamente

¿Qué está ocurriendo ahora? Pues que seis de cada diez latinoamericanos y aproximadamente la misma proporción de norteamericanos, permiten que terceros° sirvan de puente° de comunicación entre ellos—lo cual muchas veces ahonda° más aún las diferencias. Y, peor todavía, hay casos en que ni siquiera existe esa defectuosa comunicación mediante terceros.

third parties

bridge / deepens

En Cuba asistí a un colegio *americano*, como le llamaban, donde además de aprender inglés, aprendí a comunicarme con norteamericanos en su propio idioma—y yo era cubano y vivía en Cuba. Ellos eran los inmigrantes. El beneficio fue para mí. Debo decir, que yo también beneficié a algunos de ellos, pues siendo mis amigos, tuvieron ocasión de aprender algo de español.

Estoy de acuerdo con muchos norteamericanos, de que muchas veces es una falta de consideración, por parte del inmigrante, no *esforzarse*° en aprender el idioma nacional. En lo que no estoy de acuerdo con ellos, es en creer que todo inmigrante que no hable inglés es un desconsiderado. Factores diversos—cultura, edad, salud, etcétera—pueden hacer muy difícil al inmigrante aprender un nuevo idioma. Pero por lo menos, todo inmigrante debe hacer un esfuerzo para tratar de comunicarse, aunque sea defectuosamente, con los nativos del país en el idioma de éstos.

no... not to make an effort

Por otro lado, la misma ley es aplicable al reverso de la medalla.° Hay falta de consideración cuando un norteamericano rehusa esforzarse en comunicarse en otro idioma que no sea el propio, con un extranjero que no lo habla.

al... to the other side of the coin

Es evidente que nos encontramos ante un problema de educación—de modales, de *buenos modales*. Y de falta de buena voluntad.

Se me antoja° que los norteamericanos que votaron contra el bilingüismo oficial en el Condado° de Dade, no comprendieron que haciéndolo votaron contra sí mismos, si no en la práctica, al menos en espíritu. Hay una masa enorme de población latinoamericana joven, pujante, estudiosa, trabajadora y *bilingüe*. El intercambio comercial con Latinoamérica aumenta cada año. Crecen las inversiones latinoamericanas en esta zona de Miami. Cada día vienen aquí más turistas que no hablan inglés, sino español—y que precisamente porque en esta zona se habla tanto español, se sienten atraídos por ella y la visitan.

Se... I have a feeling
County

De modo que° si el norteamericano joven y trabajador se dejara llevar° por el voto de sus mayores contra el idioma español, cuando ingrese en la fuerza laboral tendría que competir con un joven latinoamericano apto° en los dos idiomas.

De... So that / se... lets himself be swept along
capaz

Hace algún tiempo, en un forum efectuado en la Universidad Internacional de la Florida, una joven estudiante norteamericana se quejó de que no había conseguido un empleo porque no sabía español. Preguntaba si yo creía que eso era justo. Le respondí que hace 25 años, si un aspirante cubano no sabía inglés en Cuba, no podía obtener muchos de los empleos mejor pagados porque la empresa que fuera° necesitaba personal bilingüe para comunicarse con sus clientes de Estados Unidos.

que... whichever it was

«Joven», le pregunté, «¿qué idioma extranjero estudió en high school?»

«Francés», me respondió.

Su respuesta me maravilló.° Es más,° todavía estoy asombrado.° No acabo de comprender por qué, habiendo nacido en una comunidad donde el 43 por ciento de los habitantes son latinoamericanos, a esa muchacha no se le ocurrió aprender español. ¡Y como ella hay tantos... !

amazed / Es... Además / astonished

Actividad 10.   Comprensión de la lectura

¿Cuáles son las ideas y los datos que nos ofrece el autor del artículo? Diga si las siguientes oraciones son ciertas o falsas según el artículo. Corrija las falsas.

1.   El autor está a favor del bilingüismo.
2.   Cree que los hispanos deben aprender inglés.
3.   La comunicación entre la gente es deficiente cuando hay que hablar a través de intermediarios o traductores.
4.   Los norteamericanos creen que es necesario aprender español.
5.   Las personas bilingües tienen más ventajas que las que hablan solamente un idioma.
6.   Las diferencias étnicas fragmentan a la sociedad.
7.   Los inmigrantes no aprenden inglés porque no quieren aprenderlo.
8.   En la Florida, el 43 por ciento de los habitantes hablan español.

Actividad 11.   El mundo es un pañuelo

Hace unos años, una empresa norteamericana de coches lanzó al mercado un modelo nuevo que se llamaba el Nova. El coche tuvo mucho éxito en los Estados Unidos, pero fue un fracaso en Latinoamérica. ¿Por qué? Porque ningún hispano quiere comprar un coche que... no va. Éste es un ejemplo notable de la importancia de saber otras lenguas e interesarse por otras culturas en el pequeño mundo actual.

Debido a los últimos adelantos de la ciencia y la tecnología, en realidad, el mundo es un pañuelo, como dicen los hispanos. Para comentar esta situación, formen grupos de seis personas. Tres personas del grupo van a comentar esta pregunta: ¿Es necesario que los norteamericanos aprendan otras lenguas hoy en día? Justifique su respuesta.

Las otras tres personas deben escuchar atentamente. Después deben comentar esta pregunta: De todas las lenguas extranjeras, ¿cuáles son las dos lenguas que es más importante (lógico, útil,...) que aprendamos los norteamericanos? Explique su respuesta.

Después presente sus opiniones a sus compañeros de clase. ¿Están todos de acuerdo sobre la utilidad de aprender otras lenguas?

LENGUA Y ESTRUCTURAS

C. *NOSOTROS* COMMANDS

The **nosotros** command is the same as the first-person plural of the present subjunctive.

Si queremos bilingüismo, **seamos** bilingües.	If we want bilingualism, let's be bilingual.
Miremos la otra cara de la moneda.	Let's look at the other side of the coin.

¡Atención!

In affirmative **nosotros** commands using reflexive verbs, the final consonant is dropped.

¿Nos sentamos aquí?	Do we sit down here?
¡Sí, **sentémonos** aquí!	Yes, let's sit down here.

Either **vámonos** or **vayamos** can be used as the affirmative **nosotros** command form of **ir**.

¿Nos vamos ahora?	Are we leaving now?
¡Sí, **vámonos (vayamos)**!	Yes, let's go!

ACTIVIDAD 12. **El mitin de la Cámara de Comercio**

La Cámara de Comercio de una ciudad de los Estados Unidos ha decidido fomentar el turismo en esa ciudad. En un mítin, los miembros aportan sugerencias para lograrlo. Dé sus sugerencias, según el modelo.

MODELO: construir un hotel nuevo → ¡Construyamos un hotel nuevo!

1. publicar folletines de turismo en varios idiomas
2. montar una campaña de publicidad
3. mejorar el transporte público
4. enseñar otras lenguas en las escuelas
5. ser corteses con los extranjeros
6. mostrar buena voluntad
7. distribuir mapas de los puntos de interés turístico
8. tener guías bilingües
9. ¿—— ?

CH. USING THE PAST SUBJUNCTIVE IN *SI* CLAUSES

To express a hypothetical situation, one that is contrary to fact, or improbable or wishful thinking, Spanish uses the sentence structure that follows.

> **si** + *imperfect subjunctive, conditional*
> or
> *conditional* + **si** + *imperfect subjunctive*

«**Si situáramos** a uno de estos norteamericanos en debate con uno de los seis latinoamericanos mencionados, la incomprensión y la falta de comunicación **llegarían** a niveles insospechados.»

"If we were to place one of these North Americans in a debate with one of the six Latin Americans mentioned, the incomprehension and lack of communication would reach unsuspected levels."

«...**si** el norteamericano joven y trabajador **se dejara llevar** por el voto de sus mayores contra el idioma español, cuando ingrese en la fuerza laboral **tendría** que competir con un joven latinoamericano apto en los dos idiomas.»

". . . if the young, hard-working North American were to allow himself to be carried along by his elders' vote against the Spanish language, when he enters the labor force he would have to compete with a young Latin American adept in the two languages."

¡Atención!

- Note that the imperfect subjunctive always occurs in the **si** clause, regardless of whether the clause comes first or last in the sentence.
- Remember that the imperfect subjunctive is always used after **como si** (*as if, as though*) to express situations quite similar in meaning to the hypothetical situations: **Habla *como si* lo *supiera* todo.**

It is possible to use **si** clauses with other verb forms in Spanish to express other situations. You will learn more about **si** clauses later in this chapter and in **Capítulo 21**.

ACTIVIDAD 13. **Si yo pudiera...**

¿Qué haría Ud. en las siguientes circunstancias? ¿Cuáles serían las consecuencias de las siguientes ocurrencias? Conteste, usando la forma apropiada del verbo indicado o cualquier otro.

MODELOS: si pudiera ser astronauta (sentirse) →
Si pudiera ser astronauta, me sentiría muy orgullosa.

me sentiría muy orgulloso/a si (ser astronauta) →
Me sentiría muy orgulloso si fuera astronauta.

1. si tuviera la lámpara de Aladino (pedir)
2. si no hubiera clases mañana (pasar)
3. si Robert Redford (Cher) me pidiera una cita (decirle)
4. si me tocara el premio gordo de la lotería (gastar)
5. si pudiera cambiar algo de mi pasado (ser)
6. si pudiera pasar una semana con una familia protagonista de un programa de televisión (vivir)
7. este verano, estaría contentísimo/a si (poder)
8. mis padres estarían muy enfadados si yo (¿____?)
9. mi vida sería perfecta si (¿____?)
10. el mundo sería un lugar ideal si (¿____?)

ACTIVIDAD 14. **Dime una cosa...**

Ud. y su compañero/a están en la Isla de la Fantasía, donde sus sueños se vuelven realidad. Exprese las siguientes oraciones como situaciones hipotéticas y luego hágaselas a su compañero/a.

MODELO: Puedes tener un don (*talent*) que no tienes. →
—Si pudieras tener un don que no tienes, ¿cuál sería?
—Pues a mí me gustaría cantar como Tracy Chapman.
—Y yo querría ser una actriz dramática como Glenn Close.

1. Puedes invitar a tres personas famosas para cenar en tu casa esta noche.
2. Puedes cambiar tu apariencia.
3. Puedes tener un don que no tienes.
4. Tienes la oportunidad de hacer algo que no has podido hacer antes.
5. Puedes volver a este mundo por 30 minutos al año 1776 (1492, 1945,...).
6. Puedes visitar por 30 minutos el mundo del futuro en el año ____ .
7. ¿____?

D. USING THE INDICATIVE IN *SI* CLAUSES

You have just learned to use the imperfect subjunctive in **si** clauses that express hypothetical or contrary-to-fact situations. Sentences with **si** clauses can also refer to possible or probable situations. In these circumstances only indicative tenses—the present, the imperfect or preterite, the future, and the perfect tenses—are used.

Si **llego** a casa temprano, te **llamaré**.	*If I get home early, I'll call you.*
Si **habla** bien el inglés, es porque **asistió** a un colegio norteamericano en Cuba.	*If he speaks English well, it's because he attended a North American school in Cuba.*
Si te **he llamado** mil veces ¡es porque **necesitaba** hablar contigo!	*If I called you a thousand times, it's because I needed to speak with you!*

¡Atención!

In most dialects of Spanish, the present subjunctive is never used in a **si** clause.

ACTIVIDAD 15.   **Un viaje a la Florida**

Complete el siguiente comentario sobre algunos aspectos de un viaje a la Florida con la forma apropiada de los verbos entre paréntesis, subjuntivo o indicativo, según el contexto de cada oración.

1. Si (tú: *ir*) a la Florida, debes incluir en tu itinerario un día en Disneylandia.
2. Si (yo: *tener*) tiempo, te acompañaría en el viaje.
3. Pregúntale a tu agente de viajes si te (*poder*) conseguir un pasaje más económico.
4. Si (*visitar*) Miami primero, te sentirás como si (*estar*) en un país hispano.
5. Si yo (*ser*) tú, repasaría el libro de español antes de irme.
6. Si (tú: *tener*) tiempo, da una vuelta por la Sagüesera,* el barrio cubano.
7. Cuando mi amiga Nancy estuvo en Miami, todos le preguntaron si ella (*ser*) española porque habla español muy bien.
8. Te daría el nombre de ese restaurante fabuloso donde comimos si (yo: *poder*) recordarlo.

ACTIVIDAD 16.   **Dime una cosa...**

Hágale preguntas a un compañero (una compañera) para saber su opinión sobre por lo menos tres de las siguientes situaciones.

---

*Así se refieren los cubanos a la parte suroeste de Miami.

1. Si «*English Only*» estuviera en la boleta electoral de tu comunidad, ¿cómo votarías? ¿Por qué?

2. Si tuvieras la oportunidad de mandar a tus hijos a una escuela bilingüe (donde enseñaran en inglés y español), ¿lo harías? ¿Por qué sí o por qué no?

3. Si te ofrecieran un empleo en Francia, ¿lo aceptarías? ¿Y si el empleo estuviera en Latinoamérica? ¿Si estuviera en la China? Explica.

4. Si te ofrecen la oportunidad de proponer una enmienda en la Constitución de los Estados Unidos, ¿qué cuestión elegirías? ¿el control de las armas? ¿los derechos de la mujer? ¿el uso del inglés? ¿Por qué?

5. Si algún día tienes que emigrar a otro país por razones políticas, ¿adónde irás? ¿Por qué?

6. Si llegas a casa temprano esta noche y no tienes que estudiar, ¿qué vas a hacer? ¿con quién(es)? ¿Por qué?

PALABRAS PROBLEMÁTICAS

- *moverse*, *mudarse*, and *trasladarse*

The Spanish words **moverse**, **mudarse**, and **trasladarse** can all express *to move*, but each is used in a different situation.

> **moverse (ue)** *to move* (*an object or a part of the body*)
> **mudarse** *to change residence*
> **trasladar(se)** *to move* (*be moved*) *or transfer* (*be transferred*)(*from one place to another*)

¡No **se mueva** Ud.! Tengo una pistola...	*Don't move! I've got a gun . . .*
Cuando yo era niña, mi familia **se mudaba** con frecuencia porque **trasladaban** cada año a mi padre a otro lugar.	*When I was a child, my family moved frequently because they would transfer my father every year.*

- *dato*, *hecho*

Both **dato** and **hecho** express the meaning of *fact*. **El dato** means *data*, or the *findings* or *results* of research, a study, or a survey. **Un hecho** is a *proven fact*, a *deed*, or an *event*. The Spanish saying **Del dicho al hecho hay mucho trecho** (literally, *there is a great distance between what is said and what is done*) corresponds to the English saying *There's many a slip twixt the cup and the lip.*

ACTIVIDAD 17. Dime una cosa...

Hágale las siguientes preguntas a un compañero (una compañera) para saber más de sus ideas y experiencias.

1. ¿Te has mudado alguna vez o siempre has vivido en la misma casa?
2. ¿Te has trasladado alguna vez a otro estado o a otro país o siempre has vivido en el mismo lugar?
3. Si has vivido en diferentes estados o países, ¿qué lugar te gustó más? ¿Por qué?
4. Cuando termines tus estudios, ¿quieres quedarte en el lugar donde vive tu familia o piensas trasladarte? ¿Por qué?
5. ¿En qué circunstancias dices: «¡No puedo moverme!» ¿Cuando estás muy cansado/a? ¿muy enfermo/a? ¿Cuando has comido mucho?
6. ¿Cuáles son los hechos de la segunda mitad del siglo XX que más te han impresionado?
7. Según los datos, hay casi 20.000.000 de hispanos en los Estados Unidos. ¿Qué otros datos conoces del último censo? Por ejemplo, ¿cuántos habitantes hay en todos los Estados Unidos?

DE TODO UN POCO

ACTIVIDAD A. **Una yuxtaposición interesante**

Mire la siguiente foto de dos carteleras (*billboards*) mexicanas y complete la descripción, escogiendo la palabra apropiada entre paréntesis.

© DAVID KUPFERSCHMID

¿Una yuxtaposición por casualidad o a propósito (*on purpose*), en México?

(*Miremos/Miramos*)[1] bien esta foto de una cartelera de México que (*está/esté*)[2] debajo de otra cartelera que anuncia una marca° de ropa norte-americana. La cámara (*ha/haya*)[3] captado una yuxtaposición curiosa que (*provoca/provoque*)[4] una serie de preguntas.

brand

¿Cómo reaccionaría Ud. si (*vea/viera*)[5] una cartelera que (*dijo/dijera*)[6] «(*Protejamos/Protegemos*)[7] nuestro idioma, es parte de la identidad nacional. (*Hablamos/Hablemos*)[8] inglés»? ¿Se (*enojaría/enojaba*)[9]? ¿O (*estará/estaría*)[10] de acuerdo con lo que dice?

(*Es/Será*)[11] interesante estudiar las razones que motivaron la decisión de poner esta cartelera en el país. ¿(*Habría sido/Habrá sido*)[12] porque México es el país latinoamericano que está más cerca de los Estados Unidos y por eso siente más la influencia norteamericana? Si el nombre de este producto (*estaría/estuviera*)[13] en español, ¿(*tendrá/tendría*)[14] la gente una reacción diferente?

Si Ud. (*viajaría/viajara*)[15] por Latinoamérica, (*vería/viera*)[16] la pujante influencia norteamericana en esos países. (*Vería/Verá*)[17] restaurantes McDonald's, Wendy's y Kentucky Fried Chicken en muchas partes. Ud. (*podría/pudiera*)[18] comprar productos de marcas norteamericanas como ropa, coches y otras cosas. En el campo de la computación, Ud. (*escuchará/escucharía*)[19] muchos términos en inglés como *software*, *disk drive* y *bytes*. Si Ud. (*era/fuera*)[20] latinoamericano, ¿cómo (*se sentiría/se sentirá*)[21] al ver la influencia de la lengua inglesa en su país?

Antes de que Ud. (*conteste/contesta*)[22] la última pregunta (*miremos/miramos*)[23] la otra cara de la moneda. A muchos norteamericanos les gusta usar ropa y ponerse perfumes de marcas francesas. Si nosotros (*estamos/estuviéramos*)[24] en un restaurante, podemos pedir un croissant, una quiche, un cappucino, suchi o un taco. Los coches japoneses, franceses y alemanes se ven por todas partes en los Estados Unidos. Palabras españolas como *patio*, *siesta*, *poncho* y *macho* ya forman parte del vocabulario corriente de muchos norteamericanos. ¿Cómo (*sería/será*)[25] nuestro mundo si nosotros no (*habríamos/hubiéramos*)[26] tenido ningún intercambio lingüístico y cultural a través de los siglos?

Ahora que Ud. ha completado la descripción de la foto, conteste las preguntas que se hacen en ella.

- ¿Cómo reaccionaría Ud. si viera una cartelera semejante en los Estados Unidos?
- ¿Por qué habrían puesto la cartelera?
- Si Ud. fuera latinoamericano/a, ¿qué opinaría de la fuerte influencia del inglés en su región?
- En general, ¿qué opina Ud. de los diferentes aspectos del intercambio lingüístico y cultural descritos en la Actividad A?

ACTIVIDAD B. **Más sobre el intercambio lingüístico y cultural**

En la Actividad A se mencionan algunas palabras, comidas, bebidas y otros productos extranjeros que ya son parte de la vida de los Estados Unidos. ¿Qué otros ejemplos puede mencionar en las siguientes categorías? ¿De qué lengua (país) provienen? Escriba todas las cosas que pueda en 5 minutos. Luego compare su lista con las de sus compañeros de clase para tener una idea de la influencia extranjera en estos aspectos de la vida de los Estados Unidos.

1. las comidas: el croissant, la quiche, el cappucino, el suchi, los tacos,...
2. las modas: la ropa francesa, los perfumes franceses...
3. el arte y la arquitectura:

4. la música (incluso bailes):

5. las máquinas: los coches extranjeros,...

ACTIVIDAD C.   **Con sus propias palabras**

A lo largo de este capítulo, Ud. ha leído una serie de argumentos en pro y en contra del bilingüismo y ya debe haber formado su propia opinión. Exprésela, completando el siguiente párrafo brevemente. Sería bueno que repasara las lecturas y actividades del capítulo antes de empezar.

Estoy (*a favor/en contra*) del bilingüismo en este país. Los (*proponentes/oponentes*) del bilingüismo dicen que... pero yo creo que.... Para mí, el factor más convincente es que.... También considero importante el hecho de que...

Palabras en la pared y palabras al viento

Grafitti en un aula de la Universidad de El Salvador

© JERRY BERNDT/STOCK, BOSTON

ACTIVIDAD 1. **Los *graffiti***

La siguiente actividad lo/la ayudará a enfocar su atención en el tema de la primera lectura de este capítulo. Con un compañero (una compañera), describan en un párrafo la palabra *graffiti*. Piensen en las siguientes preguntas.

- ¿Qué son los *graffiti*?
- ¿Dónde se escriben?
- ¿Qué temas o propósito tienen en los Estados Unidos?
- ¿Son una forma de arte los *graffiti*? ¿una forma válida de hacer comentarios políticos o sociales? ¿o sencillamente vandalismo?

Deben consultar el vocabulario de **En otras palabras...** mientras escriban la descripción. Luego comparen su definición con las de otras parejas. ¿Tienen todos el mismo concepto de la palabra *graffiti*?

EN OTRAS PALABRAS...

Los *graffiti*

Sustantivos

el lema	slogan	**el mensaje**	message
el letrero	sign	**el muro**	wall (*usually outside*)
la mayúscula/	capital letter/	**la pared**	wall
la minúscula	lowercase letter	**la pobreza ≠**	poverty ≠ riches
		la riqueza	

439

Verbos

burlarse (de)	to make fun (of)
castigar	to punish
pintar	to paint
unir(se)	to join (together)

Adjetivos

espontáneo/a	spontaneous
ingenioso/a	ingenious, clever

■ COMENTARIOS DE HOY

Antes de leer

A primera vista (*glance*), el título del siguiente artículo, «Bogotá: los muros que hablan», puede parecer absurdo, pues se sabe que los muros no son capaces de hablar. Pero no se habla sólo verbalmente. Mire la foto de la primera página de este capítulo para ver un muro que «habla». Es obvio que el tema de este artículo se refiere a los *graffiti*, y aquí se presentan tal como se escriben en las paredes de las calles de Bogotá, capital de Colombia, y en otras ciudades de Latinoamérica también.

Los *graffiti*, como los chistes, a veces son difíciles de entender, y más cuando están escritos en una lengua extranjera. No se desanime Ud. si no capta el significado de los *graffiti* la primera vez que los lea. Vuelva a leer, usando las definiciones que se dan al margen y tratando de descubrir, por lo menos, si su tema es político, religioso, feminista, etcétera. Lo/La ayudará a comprender los *graffiti* las notas al pie (*footnotes*) del artículo.

En el artículo se ofrecen también las teorías de un profesor colombiano que ha escrito un libro sobre los *graffiti* latinoamericanos y su transformación en los últimos años. Al leer, busque los siguientes datos.

- el nombre del profesor y su campo
- el nombre del libro que ha escrito
- el cambio que ha ocurrido con los *graffiti*, según el profesor

Bogotá: los muros que hablan

Bogotá se ha convertido en los últimos años en una ciudad con paredes que hablan. Sus muros se ven poblados de leyendas° callejeras° cada vez más ingeniosas, y recientemente apareció el primer libro que analiza el fenómeno, escrito por un conocido profesor universitario de comunicación visual.

inscriptions / (of the) street

Los *graffiti*, como se llaman clásicamente a estas pinturas o letreros murales, han sido usados desde años atrás por los sindicatos, los movimientos políticos de izquierda y los grupos guerrilleros, con mensajes panfletarios° invitando a la huelga, al paro° cívico o a la revolución armada.

of a pamphlet type / labor stoppage

La transformación del *graffiti* urbano en los últimos tiempos ha hecho que los muros hayan vuelto a ganar° la expresividad que los viejos lemas políticos les habían quitado. Las nuevas leyendas recurren° más al arte, la poesía, la imaginación, la ironía y cuidan más la forma con dibujos y colores.

En lugar de escribir «Abajo° el militarismo», como se hubiera hecho en la década de los años 60 ó 70, los nuevos *graffiteros* pintan ahora, aludiendo al apellido del Presidente° colombiano: «Barco de papel, soldado de plomo°».*

Para burlarse de un lema policial exhibido en vallas° oficiales que dice: «Educad al niño y no tendréis que castigar al hombre», las paredes rezan,° ahora: «Castigad al niño y no tendréis que torturar al hombre».†

Frente al principal programa del gobierno, consistente en erradicar la pobreza absoluta, las paredes gritan: «Acabemos mejor con la riqueza absoluta».

El contenido de los nuevos *graffiti* bogotanos, que han aparecido también en otras ciudades como Medellín, Cali y Pereira, tiene un fuerte tono anarquista,‡ y algunos de ellos agregan al texto el símbolo de esta corriente° de pensamiento, una letra «A», mayúscula, encerrada en un círculo.

Pero su solo sentido los delata.° Algunos botones de muestra°: «Abajo la ley de la gravedad°», «Abajo el estado del tiempo», «Esta obsesión por el suicidio me va a matar».

Los muros bogotanos son «filósofos»: «Siento, luego insisto».§ Son «feministas»: «Mujer, únete a la lucha... libre°»;** «Dios es negra».

El auge° del nuevo *graffiti* en Bogotá llevó a que el diario *El Espectador*, segundo en importancia del país, instituyera hace dos años una original galería de pintadas° en una columna semanal llamada «Lunes del *graffiti*».

El semiólogo†† Armando Silva, autor del recientemente lanzado° libro *Una ciudad imaginada: Graffiti, expresión urbana*, vincula° esta explosión mural a la búsqueda de una identidad cultural latinoamericana, y afirma que «el *graffiti*, al menos en Colombia, se desarrolla como práctica contrainformativa, creando a su vez una notable capacidad de ironizar° y cuestionar la realidad circundante°».

Califica al *graffiti* como «un fabuloso mapa de la cotidianeidad urbana». Y afirma que «sus mensajes son parte de un programa en cierta manera descodificado y espontáneo, con los cuales algunos sectores enfrentan el capitalismo de la palabra, de los *mass-media*, de la agobiante° ideología de la dominación».

Marginal glosses:
- tener, poseer
- *draw on*
- *Down with*
- Virgilio Barco Vargas / soldado... *lead soldier*
- *barricades*
- dicen
- *line*
- los... *gives them away* / botones... *samples*
- *gravity*
- lucha... *wrestling*
- *peak*
- galería... *visual section*
- publicado
- *connects*
- *to ridicule* / *surrounding*
- *oppressive*

***Barco de papel... :** Un juego de palabras (*pun*) que sugiere que el presidente (su apellido es Barco) es de papel, es decir, no pesa nada. Los que sí pesan son los soldados, que son de plomo y que hundirán (*will sink*) el barquito cuando quieran.

†En este *graffito* se hace alusión a la tortura por razones políticas, práctica que se asocia con ciertos gobiernos en la actualidad.

‡**Anarquía:** Régimen social en el que el individuo se emancipa de todo control gubernamental pues propone la supresión del estado.

§**Siento... :** Una parodia de la declaración del filósofo francés Descartes: «Pienso, luego existo».

****Mujer... :** Otro juego de palabras: únete a la lucha como mujer libre (lema feminista) versus únete a la lucha libre.

††**Semiótica:** Ciencia de los signos o símbolos. Una persona que estudia semiótica es un semiólogo.

ACTIVIDAD 2. **Comprensión de la lectura**

PRIMERA PARTE

¿Cómo han cambiado los *graffiti*, según el profesor Silva? Conteste según la lectura.

1. Antes los *graffiti* tenían principalmente un propósito...
   a. feminista   b. político   c. artístico
2. A diferencia de los antiguos *graffiti* políticos, los *graffiti* en la actualidad son más...
   a. sociales y feministas
   b. expresivos e imaginativos
   c. atrevidos y satíricos
3. El hecho de que haya más *graffiti* en la actualidad en Latinoamérica se debe...
   a. al aumento de personas que usan las drogas.
   b. a la inestabilidad política de ciertos regímenes.
   c. a una crisis de identidad cultural en Latinoamérica.

SEGUNDA PARTE

Hay diferentes tipos de *graffiti*. Unos contienen mensajes políticos, sociales, económicos, filosóficos, feministas. Otros son religiosos, poéticos, imaginativos, irónicos, artísticos. Indique a qué categoría(s) pertenecen los siguientes.

1. «¡Abajo el militarismo!»
2. «Barco de papel, soldado de plomo.»
3. «Educad al niño y no tendréis que castigar al hombre.»
4. «Acabemos mejor con la riqueza absoluta.»
5. «¡Abajo la ley de la gravedad!»
6. «¡Abajo el estado del tiempo!»
7. «Esta obsesión por el suicidio me va a matar.»
8. «Siento, luego insisto.»
9. «Mujer, únete a la lucha... libre.»
10. «Dios es negra.»

ACTIVIDAD 3. **Ud. y los *graffiti***

Claro está que es prohibido escribir en las paredes. Pero... si fuera permitido hacerlo, ¿qué escribiría Ud. en los muros o paredes de cuatro de los siguientes lugares? Explique su motivo en cada caso. ¿Lo haría con intenciones serias o por divertirse? ¿para hacer propaganda política? ¿o por razones muy personales?

1. la Gran Muralla, en la China
2. las paredes de la cafetería de su residencia (universidad)
3. los muros que rodean la casa de una persona muy rica
4. los muros del Kremlin (o el de Berlín)

5. las paredes de su residencia (o la residencia de un amigo [una amiga])
6. las paredes de la Casa Blanca
7. los muros que rodean a Graceland
8. las paredes de un centro para el tratamiento de drogadictos
9. los muros que rodean una prisión
10. ¿——— ?

▮ LENGUA Y ESTRUCTURAS

A. USING *SE* TO EXPRESS UNINTENTIONAL OCCURRENCES

Throughout *Un paso más*, you have learned about a number of uses of the word **se**: as a third-person reflexive pronoun to express reflexive and reciprocal actions, in double object pronoun constructions to replace **le** or **les**, and in various constructions with verbs. This section presents yet another use of **se**.

> *(a + noun/pronoun)* + **se** + *indirect object* + *verb* + *subject pronoun*

The word **se** is used with an indirect object pronoun to express an unplanned or unintentional occurrence, something viewed as accidental by the person to whom it happened. In the following examples note that, as in constructions with **gustar** and verbs like **gustar**, the verb agrees with the subject in number.

A Sara se le rompieron las gafas.	*Sara's glasses broke (on her).*
¿**Se te** olvidaron los papeles? —Sí, creo que **se me** quedaron en casa.	*Did you forget the papers? —Yes, I think I left them at home.*
A mis padres se les descompuso el coche.	*My parents' car broke down (on them).*

Se nos acabó la gasolina en la carretera.

We ran out of gas on the highway.

¡Atención!

- The person to whom the "accident" occurs must be indicated with an indirect object pronoun. If the person is actually named in the sentence, the name occurs in the **a** + *noun/pronoun* phrase, and the indirect object pronoun is still used.

- An **a** + *pronoun* phrase can also be used to emphasize the person to whom the incident occurs: **¿*Se te* descompuso el coche *a ti*? No me digas...**

Verbs frequently used in this construction include the following.

acabar	to finish, end; to run out of
caer	to fall
descomponer	to break down (*machinery*)
ocurrir	to occur (to one), think of, come up with
olvidar	to forget
perder (ie)	to lose
quedar	to remain behind
romper	to break (*objects*)

ACTIVIDAD 4. **Martes 13**

En los Estados Unidos, la gente supersticiosa cree que el viernes 13 es un día que trae mala suerte. Pero en los países de habla española, los supersticiosos creen que el día de mala suerte es el martes 13.

Imagínese que Ud. es el Sr. Héctor Anaya, dueño de un restaurante. Según el modelo, cuente lo que les pasó a las siguientes personas en su restaurante el último martes 13.

MODELO: Un cliente no pudo pagar la cuenta. (perder la billetera) →
Se le perdió la billetera.

1. Un mesero rompió una docena de platos. (caer de las manos)
2. El cocinero quemó el pan. (olvidar apagar el horno)
3. La persona que lava los platos dejó caer cinco vasos. (romper en pedacitos)
4. Un cliente salió a la calle y no encontró su coche. (olvidar en qué lugar lo dejo)
5. Una cliente lloraba porque su novio no se acordó de su cumpleaños y ella le preguntó... («¿no ocurrir mirar el calendario?»)
6. Entonces el novio pidió champán y no se lo pudimos servir. (acabar)
7. Después me acordé de que hoy era martes 13 y... (¡ocurrir cerrar el restaurante!)

ACTIVIDAD 5.   **Dime una cosa...**

Aunque Ud. no sea supersticioso/a, de seguro que tiene de vez en cuando días en que todo le sale mal. Con un compañero (una compañera), intercambien las experiencias que han tenido en esos días, según el modelo.

MODELO: olvidar algo importante →
—¿Se te olvidó algo importante alguna vez?
—¡Ay, sí! Se me quedaron las llaves en casa de un amigo. Así que no pude manejar el coche ni entrar en mi casa.

1. olvidar una fecha importante
2. caer una cosa frágil
3. romper algo de gran valor (algo suyo o que pertenecía a otra persona)
4. romper (olvidar, perder) algo que te gustaba mucho
5. acabar algo muy necesario
6. descomponer (el coche, la computadora, ...)
7. ocurrir una idea (genial, brillante, excepcional)
8. ¿——?

© DAVID KUPFERSCHMID

Este mural en East Los Ángeles, California, presenta aspectos de la historia de México.

■ ¡ES ASÍ!

En los barrios hispanos de Los Ángeles, San Francisco, Chicago y Nueva York se ven murales parecidos a él de la foto. Con tonos fuertes y dinámicos estilos artísticos, expresan los sentimientos, el orgullo y la esperanza de los habitantes de esos barrios a través de temas históricos, míticos y actuales. Algunos, por ejemplo, tienen lemas que se refieren a la unidad hispana, mientras el contenido de otros es político. A veces reflejan la vida cotidiana de los habitantes del barrio, pero en los barrios mexicoamericanos frecuentemente son una representación del pasado precolombino de México. Igualmente importante es el hecho de que estos murales son obra de los artistas hispanos residentes allí.

■ LENGUA Y ESTRUCTURAS

B. REVIEW OF IMPERSONAL *SE* AND PASSIVE FORMS

In **Chapters 5**, **6**, and **13** of *¡Un paso más!* you learned to use several related constructions that use **se** or express passive forms. You may want to review those sections before beginning Section B of this chapter. Consider three of the constructions you have learned about.

1. **se** + *third-person singular verb*, to express *one*, *they*, etc.
2. **se** + *third-person singular* or *plural verb*, to express *to be* + *past participle*
3. **ser** + *past participle* + **por** + *agent*, to express true passive voice

The sentences that follow were in the reading at the beginning of this chapter. Which type of construction does each represent?

_____ «Los *graffiti*... **han sido usados** desde años atrás por los sindicatos, los movimientos políticos de izquierda y los grupos guerrilleros...»

_____ «Sus muros **se ven** poblados de leyendas callejeras cada vez más ingeniosas...»

_____ «En lugar de escribir "Abajo el militarismo", como **se hubiera hecho** en la década de los años 60 ó 70, los nuevos *graffiteros* pintan ahora... "Barco de papel, soldado de plomo".»

¡Atención!

* Remember that the true passive construction is used when the agent of the action is stated explicitly in the sentence.
* Remember that the past participle functions as an adjective in the true passive construction.

ACTIVIDAD 6. **Los murales**

Haga oraciones con los siguientes elementos para describir los murales que se ven en las calles de algunas ciudades estadounidenses, como el de la última foto. Use construcciones con **se** o la voz pasiva, según sea apropiado.

MODELO: ver / murales interesantes en las calles de algunas ciudades →
Se ven murales interesantes en las calles de algunas ciudades.

1. por ejemplo / poder ver / murales en el barrio chicano de Los Ángeles
2. estos murales / pintar / artistas chicanos

3. en los murales / expresar / el orgullo de la identidad cultural mexicanoamericana
4. pintar / murales en los barrios hispanos de otras ciudades también
5. en los murales / contar / la historia de los habitantes
6. las obras de algunos muralistas / también exhibir / en museos
7. su valor artístico / apreciar / muchos

Actividad 7. **Dime una cosa...**

Con un compañero (una compañera), haga y conteste las siguientes preguntas.

1. ¿Se escribe en los muros de tu ciudad (pueblo)? ¿Quién(es) escribe(n) los *graffiti*? ¿Qué tema(s) predomina(n) en estos *graffiti*?
2. ¿Se prohíbe en este país escribir en muros y paredes? ¿Estás de acuerdo o no con esta prohibición? ¿Por qué?
3. En tu localidad, ¿se usan mucho las pegatinas en los parachoques (*bumper stickers*)? ¿Qué se imprime en estas pegatinas? ¿temas religiosos, propaganda política, mensajes ecológicos, sociales? ¿Qué tema(s) predomina(n)?
4. ¿Se pueden comparar las pegatinas con los *graffiti*? ¿En qué son semejantes y en qué son diferentes?
5. ¿Hay murales en tu ciudad? ¿Quién los pinta? ¿Qué sentimientos se expresan en ellos? Si no hay murales en tu ciudad (pueblo), ¿crees que la ciudad (el pueblo) sería más lindo si los tuviera? ¿Por qué sí o por qué no?

EN OTRAS PALABRAS...

Hablando de los piropos

El piropo es una costumbre muy divulgada en el mundo hispano. Se explica así la costumbre en una guía turística publicada por el gobierno de España.

> Hay palabras bonitas que el español, algunos españoles, dicen al ver pasar damas o señoritas de buen ver (*good-looking*): es el «piropo». Suele constituir un homenaje verbal—no solicitado—desde luego—del peatón (*pedestrian*) a la belleza o al donaire (*poise*) de la mujer que pasa. Lo mejor que puede usted hacer, señora o señorita que pueda estarnos leyendo, es seguir su camino sin reaccionar en ningún sentido. Él no espera respuesta. Se trata, salvo excepciones, de un admirador desinteresado, platónico, puro.

Aquí hay unas palabras que lo/la aydarán a hablar de la costumbre del piropo, tema de la siguiente lectura.

Sustantivos		**Adjetivos**	
la alabanza, el elogio	compliment	**antiguo/a**	old, ancient
el reflejo	reflection	**herido/a**	injured, wounded
el requiebro	flattery	**orgulloso/a**	proud
Verbos		**Expresión**	
alabar	to compliment	**a lo largo de**	throughout
elogiar	to compliment, praise		
reflejar	to reflect		
suponer	to suppose		

COMENTARIOS DE HOY

Antes de leer

Al leer el siguiente artículo, tenga en cuenta la definición clásica del piropo que acaba de ver en **En otras palabras....**

- ¿Cuáles de las siguientes oraciones describen el piropo?
  _____ Es una costumbre de España solamente.
  _____ Es una costumbre del mundo hispano.
  _____ Es algo que se dice a las turistas solamente.
  _____ Son palabras bonitas, de homenaje a una mujer.
- ¿Qué debe hacer la mujer que recibe un piropo?
  _____ Entablar una conversación con el hombre que le da un piropo.
  _____ Responder con otro piropo.
  _____ Seguir caminando, sin prestar atención.
  _____ Decir «Gracias, señor», muy cortésmente.

Ahora piense en el título del artículo que va a leer: «Nuevos piropos argentinos». Es obvio que en el artículo se trata de la costumbre del piropo tal como se practica en la Argentina, pero ¿qué implica la palabra «nuevos»? Tenga en cuenta que, mientras algunas costumbres se conservan vigentes a lo largo de los siglos, algunas dejan de usarse, volviéndose arcaicas, y otras se modifican o se adaptan a los tiempos. ¿Qué cree Ud. que significa «nuevos» en el contexto de este título?

- Los piropos que se presentan en el artículo son «nuevos» porque se trata de una costumbre del Nuevo Mundo, no de España, donde se originó la costumbre.
- Los piropos son «nuevos» porque representan la adaptación de una costumbre vieja a la actualidad.

Si escogió la segunda respuesta, tiene razón. Mientras lea, busque las maneras en que los piropos se han adaptado a los tiempos en la Argentina.

Nuevos piropos argentinos

Sus antecedentes pueden encontrarse en el requiebro, remota costumbre de los varones° andaluces° de franquear el paso° a bonitas muchachas mientras les prodigaban° una frase ingeniosa y galante. Su significado nace de la sugerente conjunción de dos vocablos° griegos° que forman la palabra «piropo»: *pyr*, fuego, y *ops*, vista, aspecto. Con el correr° de los años, la costumbre andaluza fue imitada en distintas ciudades del globo y sobre todo en las capitales hispanoamericanas.

hombres / from the Spanish region of Andalusia / franquear... to clear the way
lavished
palabras / Greek
passing

Si bien la costumbre del piropo se mantiene, a lo largo de los años ha ido variando su contenido. Para muchos este cambio no es más que el reflejo de las transformaciones sociales y culturales que va experimentando° la sociedad.

experiencing

Ya casi nada queda de los antiguos e ingeniosos versos rimados que constituían los piropos de otras épocas. En la actualidad los adjetivos que reciben las mujeres a su paso van desde referencias gastronómicas hasta frases cuyo contenido tiene más que ver con el insulto que con la alabanza.

Esta revista dialogó con varios habitantes de la ciudad para conocer las distinas modalidades° que tuvo y tiene el piropo.

formas

EL «CONGRESO INTERPLANETARIO DE ENTOMOLOGÍA°»

estudio de los insectos

«Lo que se dice en la calle a una chica»—explica Juan Rivero de 19 años—«ya no es solamente una frase elogiando una de sus cualidades, sino es más bien una pregunta ingeniosa que necesita respuesta. Por ejemplo: Yo a vos° te conozco. ¿No estuviste en el Quincuagésimo° Congreso Interplanetario de Entomología? Si de alguna forma te contesta, se puede seguir adelante y empezar una conversación directamente.»

ti
Fiftieth

Además de ejemplificar el cambio producido en la forma de encarar una relación, Juan también comenta algo acerca del cambio de actitud en los jóvenes varones de hoy en día: «Ahora, si no hay una respuesta no importa, ya no es como en otras épocas en que el hombre se sentía herido en su orgullo ante la falta de una respuesta. Ya no hay tanto machismo y nosotros reconocemos que las leyes de este juego son así.»

LA FRASE DIRECTA MATÓ LA RIMA Y EL ELOGIO

Para algunos jóvenes ya no se trata de piropear a una señorita que pasa sino de incluir el elogio en algo que se parezca más a una conversación. «Decirle algo lindo a una chica que pasa a tu lado y esperar su reacción ya pasó a la historia», afirma Mariano Ríos, estudiante universitario, de 20 años. «Ahora las cosas son más francas y directas. Si caminando por la calle veo a una chica que me gusta, yo voy y la encaro de frente.° Empiezo a hablar de cualquier cosa que suponga que puedo tener en común con ella y en la misma conversación dejo salir el halago° sobre lo que me llamó la atención, pero dentro del diálogo, no como algo aislado al pasar y nada más.»

la... I face her directly
alabanza

Para los hombres mayores el piropo expresado en forma clásica aún continúa teniendo vigencia.° «Si los jóvenes creen que el piropo es una frase galante y nada más dicha al pasar, están en un error», detalla Miguel Ángel Ambrosini, de 45 años. «De acuerdo con la reacción que provoca en la mujer elogiada se puede seguir o no el juego de la seducción.»

teniendo... being valid

A la luz de sus varios años de experiencia como piropeador, Ambrosini reconoce que el lenguaje utilizado en los elogios ha ido cambiando al pasar de los años. «Hace unos años, al pasar una chica yo le podía decir: Lo que es la ciencia; el hombre llegó a la Luna y las flores caminan. Ahora hay que modernizarse. Si pasa una señorita a mi lado mi homenaje verbal es: "Muchacha cibernética, cómo me gustaría que me programes".»

LA GASTRONOMÍA, LAS MADRES Y OTRAS YERBAS

La amplia gama° de lisonjas° que se pueden escuchar en nuestros días hace que se las pueda catalogar bajo distintos rubros.° «Mi especialidad»—cuenta Esteban Henríquez—«es el piropo gastronómico del que ya no quedan muchos cultores.° Una de mis frases preferidas es: Adiós quesito rallado° de mis tallarines° con tuco.° Me gusta la imagen de inseparabilidad que dan el queso rallado y el tuco, uno no tiene sentido sin el otro.»

    Otra especialidad, dentro de los cultores del piropo, es la de homenajear a las chicas cuando van acompañadas de su madre. «Cuando salgo con mis hijas»—cuenta Estela Madanes, madre de dos jóvenes de 19 y 23 años—«es muy frecuente escuchar piropos dirigidos a mí que hablan sobre ellas. "Señora, me dicen, si se saca la grande° me deja la chica, o le cambio a su hija por mi papá."»

    Si bien el piropo todavía continúa vigente, para los jóvenes de las nuevas generaciones no tiene el mismo valor que para las anteriores. «Relacionarse en un lugar público con una persona del sexo opuesto»—cuenta Claudia Marengo, de 23 años—«ya no pasa tanto por el piropo como forma de entrar en conversación como en otras épocas. La gente de nuestra generación es más franca y sincera, tenemos menos represiones que nuestros padres. En esta época, una mirada dice mucho más de lo que podía decir un piropo para nuestros mayores. La excusa para la charla puede ser cualquiera.»

NUEVO ESPACIO SOCIAL DE LA MUJER

Los cambios producidos en el rol que ocupa la mujer en nuestra sociedad también han influido, de alguna manera, sobre esta tradicional costumbre. «Cada vez son más las mujeres que trabajan»—explica Laura Giménez, estudiante de sociología, de 23 años—«y este fenómeno hace que las chicas de hoy ocupen un lugar distinto en la sociedad al que tenían nuestras madres. Las chicas de hoy quieren liberarse de cualquier forma de dominación que se base en su femineidad. Y una mujer que convive° y hasta compite con el varón en el trabajo y el estudio, no despierta en el hombre los mismos y continuados deseos de piropear.»

range / alabanzas
headings
cultivadores
grated / *noodles* / *sauce*

la... la (hija) mayor

vive (con)

ACTIVIDAD 8. **Comprensión de la lectura**

¿Cierto, falso o no se sabe según la lectura? Corrija las oraciones falsas.

1. El piropo es de origen latinoamericano.
2. Llegó a la Argentina con los conquistadores españoles.
3. Los cambios en el piropo reflejan los cambios de los tiempos y de la sociedad.
4. Los piropos argentinos actuales son rimados.
5. Ningún argentino usa el piropo para comenzar una conversación con una mujer.

6. Los piropos ahora incluyen referencias modernas, como a las ciencias, por ejemplo.

7. Muchos piropos se refieren a los automóviles.

8. En otras épocas, el hombre se sentía herido en su orgullo si la mujer no le contestaba.

9. Nunca se le dice un piropo a una chica que va acompañada por su mamá.

10. Los jóvenes argentinos no usan más el piropo porque el papel de la mujer ha cambiado.

ACTIVIDAD 9. **Mesitas redondas**

En todas las sociedades los hombres y las mujeres jóvenes quieren conocerse, y en cada sociedad hay diferentes maneras de hacerlo. Formen grupos de cuatro personas, dos mujeres y dos hombres, si es posible, para intercambiar ideas sobre las siguientes cuestiones.

Traten de comparar las opiniones de las mujeres del grupo con las de los hombres. Si hay gran diferencia de opiniones, traten de explicarla en el grupo. En cada caso se trata de comentar los puntos de vista que Uds. han leído en «Nuevos piropos argentinos».

1. «Yo a vos te conozco. ¿No estuviste en el Quincuagésimo Congreso Interplanetario de Entomología?»
   ¿Qué opinan las mujeres del grupo de esta manera de comenzar una conversación? ¿Qué opinan los hombres? ¿Qué hacen las mujeres para iniciar una conversación con un hombre? ¿Qué hacen los hombres?

2. «Lo que es la ciencia; el hombre llegó a la Luna y las flores caminan.»
   «Muchacha cibernética, cómo me gustaría que me programes.»
   «Adiós quesito rallado de mis tallarines con tuco.»
   ¿Consideran las mujeres del grupo que estas oraciones sean alabanzas? ¿Qué opinan los hombres del grupo?

3. «La gente de nuestra generación es más franca y sincera, tenemos menos represiones que nuestros padres.... La excusa para la charla puede ser cualquiera.»
   ¿Están de acuerdo las mujeres con esta definición de las relaciones entre ambos sexos tal como se ven en los Estados Unidos? ¿Están de acuerdo los hombres?

Ahora, hablando entre todos los miembros de la clase, ¿qué opinan los hombres de la costumbre del piropo? ¿Qué opinan las mujeres? Si estuvieran en un país de habla española, ¿daría piropos la mayoría de los hombres? ¿Cómo reaccionaría la mayoría de las mujeres si estuvieran en un país hispano y un hombre les diera un piropo?

¡ES ASÍ!

En otras épocas las relaciones entre los chicos y las chicas en los países hispanos eran más restringidas, estaban más controladas por las costumbres y tradiciones. Por lo general, los jóvenes asistían a escuelas separadas, se conocían a través de la presentación por medio de los miembros o amigos de la familia y salían en grupos. Cuando un chico salía sólo con una chica, un miembro de la familia de ella los acompañaba.

Hoy en día la situación es bastante parecida a la de los Estados Unidos. Muchos jóvenes están ahora en escuelas mixtas, tantas chicas como chicos asisten a la universidad y la gente joven se conoce a través de sus estudios o su trabajo. Todavía salen en grupos para ir a una fiesta, al cine o a una discoteca, para asistir a un concierto o simplemente para pasar horas en un café hablando de sus estudios, de su futuro o de la política. Y si una pareja quiere hacer las mismas cosas sin compañía, es libre de hacerlo.

LENGUA Y ESTRUCTURAS

C. USING THE PRESENT PARTICIPLE WITH VERBS OF MOTION

You have already learned to use the present participle with forms of **estar** to describe what is going on at the moment of speaking. The following sentences, taken from **«Nuevos piropos argentinos»**, demonstrate another use of the present participle. Read them, then give English equivalents for the boldface phrases.

> «Si bien la costumbre del piropo se mantiene, a lo largo de los años **ha ido variando su contenido**.» (...su contenido ha ido variando.)

> «Para muchos este cambio no es más que el reflejo de las transformaciones sociales y culturales que **va experimentando la sociedad**.» (...la sociedad va experimentando.)

> «Para los hombres mayores el piropo expresado en forma clásica aún **continúa teniendo vigencia**.»

If you tried to stay close to the meaning of individual words in the boldface phrases, you may have had a difficult time coming up with English equivalents. Here are some suggested equivalents.

> . . . *its content has continued to vary.*
> . . . *society is continuously experiencing.*
> . . . *continues being (to be) valid.*

There are, of course, other possible equivalents. Note, however, that when the present participle is used with verbs like **ir** and **continuar**, as in the examples, the phrase stresses that the action is continuing, ongoing. Other verbs that can be used with the present participle for this purpose include **andar**, **entrar**, **llegar**, **salir**, **seguir (i, i)**, and **venir**. These auxiliary verbs may occur in any tense or mood; the form of the present participle is invariable, however.

Remember that the present participle is formed as follows.

> **-ar** verbs: *stem* + **-ando** (**hablando**)
> **-er/-ir** verbs: *stem* + **-iendo** (**comiendo, viviendo**)

¡Atención!

- When the stem of an **-er** or **-ir** verb ends in a vowel, **i** changes to **y**: **le*y*endo**.
- **-Ir** stem-changing verbs show the second stem change in the present participle: **s*i*ntiendo**, **d*u*rmiendo**.

ACTIVIDAD 10. **Hoy es lunes...**

Por interesante que sea la clase, a veces es difícil empezar de nuevo después de un fin de semana. Complete la siguiente descripción de una clase que parece que no quiere ponerse en marcha. Seguro que las clases de Ud. nunca son así, ¿verdad?

MODELO: Ya es hora de empezar, pero los estudiantes... (seguir / hablar del fin de semana) →
Ya es hora de empezar, pero los estudiantes siguen hablando del fin de semana.

1. Aunque es la hora, la profesora... (seguir / hablar con un colega en el pasillo [*hallway*])
2. Por fin la profesora... (entrar / buscar sus apuntes en su maletín [*briefcase*])
3. Cuando empieza la conferencia, algunos estudiantes... (seguir / llegar y buscar asientos)
4. La profesora... (continuar / dar la conferencia)
5. Algunos estudiantes... (seguir / hablar del fin de semana)
6. Quince minutos más tarde Rafael... (venir / entrar con su perro)
7. En vez de sentarse silenciosamente,... (andar / buscar un asiento en la primera fila)
8. Mientras los minutos pasan lentamente, la profesora... (ir / explicando la filosofía del existencialismo)
9. De repente un estudiante... (salir / correr)
10. Al día siguiente el mismo estudiante... (volver / decir que no se sentía bien)

ACTIVIDAD 11. **En la calle**

El Sr. Henríquez va caminando por la Avenida Santa Fe en Buenos Aires. Como acostumbra, les dice un piropo a casi todas las mujeres que pasan.

Describa lo que ocurre, completando las oraciones lógicamente. Consulte la lista de sugerencias o use cualquier verbo apropiado.

Sugerencias: correr al otro lado de la calle, pensar que las cosas no son como antes, pasear, acercarse, andar a su café preferido, caminar sin responder

1. Juana Figueroa ya conoce muy bien al Sr. Henríquez. Por eso ella sigue...
2. Becky Jackson, una turista norteamericana que acaba de llegar a Buenos Aires, se va...
3. El Sr. Henríquez no le dice nada a una señora mayor muy seria que viene con su perro...
4. Amalia Meléndez y su amiga no lo miran y continúan...
5. Por fin el Sr. Henríquez se va...
6. Llega...

CH. ORDINAL NUMBERS

primero/a	sexto/a
segundo/a	séptimo/a
tercero/a	octavo/a
cuarto/a	noveno/a
quinto/a	décimo/a

Fútbol: la Copa América

Uruguay, campeón por novena vez

El diario *El Espectador*, **segundo** en importancia de Colombia...	*The newspaper* The Spectator, *second in importance in Colombia . . .*
Nos perdimos porque nadie nos había dicho que la Avenida de las Américas en Nueva York también se conoce como la **Sexta** Avenida.	*We got lost because nobody had told us that the Avenue of the Americas in New York is also known as Sixth Avenue.*

Ordinal numbers agree in gender and number with the nouns they modify. Like **bueno** and **malo**, **primero** and **tercero** drop the final **-o** when used before a masculine singular noun.

Adán fue el **primer** hombre y Eva fue la **primera** mujer.	*Adam was the first man and Eve was the first woman.*

Ordinal numbers greater than ten are rarely used in Spanish. Cardinal numbers are used instead.

¿En qué piso está su oficina?	*On what floor is your office?*
—En el (piso) **catorce**.	*—On the fourteenth (floor).*

Note in the preceding example that the number can be nominalized by omitting the noun. Both ordinal and cardinal numbers can be nominalized in this way.

ACTIVIDAD 12.   Los habitantes de habla española de los Estados Unidos

Mire el mapa en la página 422 del **Capítulo 19** e indique el número de residentes de origen hispano de algunos estados, usando numéros ordinales.

1º   El mayor número de hispanos, 4.543.770, vive en California.

2º   Después, en orden numérico, _____ tiene el _____ número más grande de habitantes hispánicos.

3º   Con 1.659.245 habitantes de origen hispano, _____ tiene la _____ población más grande.

4º   El _____ grupo más grande vive en _____ .

5º   La _____ población más grande de hispanos está en _____ .

6º   Con 476.089 habitantes de origen hispano, _____ tiene el _____ número más grande de hispanos.

7º   Y _____ tiene la _____ población más grande de hispanos.

8º   _____ tiene la _____ población más grande.

9º   La _____ concentración más grande de hispanos está en _____ .

10º   Y la _____ población más importante se encuentra en _____ .

PALABRAS PROBLEMÁTICAS

- Si Ud. busca la palabra *date* en un diccionario inglés-español, encontrará las siguientes palabras: **cita**, **dátil**, **dato**, **fecha**. Pero cada palabra tiene un significado diferente. Una cita tiene lugar cuando dos personas se ponen de acuerdo para encontrarse en un sitio y hora determinados. **El dátil** es la fruta de un árbol que se llama palmera. Y, como Ud. ya sabe, **un dato** es un tipo de información estadística. **La fecha** se encuentra en el calendario.

- Lo mismo ocurre con la palabra *question*. En el diccionario se encuentran varias palabras equivalentes. **Un asunto** significa *question, matter*. **Una cuestión** es *an issue*, algo que hay que comentar o discutir. Y **una pregunta** es lo que Ud. quiere hacer cuando no entiende algo: «Profesor, quiero hacerle una pregunta».

ACTIVIDAD 13.   El sábado próximo

Complete la siguiente descripción de una cita con palabras de **Palabras problemáticas**.

1.   Cuando Diego llama a Luz para saber si ella quiere salir con él el sábado, lo que quiere es...

2.   Cuando Luz pregunta si el sábado es el 5 o el 6, quiere saber...

3.   El sábado van al cine y después a un café donde pasan dos horas hablando. A Diego le ha gustado la película pero a Luz no. Es... de opiniones.

4. Luego empiezan a hablar de unos problemas actuales, o sea (*that is*), de...

5. No siempre tienen toda la información que necesitan para apoyar sus argumentos. Les faltan...

DE TODO UN POCO

Actividad A.   El lenguaje del humor

Las tiras cómicas, como los *graffiti* y los piropos, muchas veces dependen del uso ingenioso del lenguaje. Lea los siguientes dibujos y trate de explicar por qué son cómicos.

directions
comes up (lit., leaves)
just the same
living room
wake up

es... has a funny way of lying down

Palabras útiles: interpretar, literalmente, fuera de contexto, embarazada (*pregnant*)

Actividad B.   Mesa redonda

Las costumbres relacionadas con las relaciones entre hombres y mujeres son distintas en todas partes del mundo. Seguro que Ud. tiene mucho interés en saber cómo se relacionan los chicos con las chicas en el mundo hispano. De igual manera, los jóvenes hispanos se interesan en las costumbres estadounidenses.

Imagínese que un grupo de amigos hispanos le han hecho las siguientes preguntas sobre varios aspectos de la vida social en los Estados Unidos, sobre todo en su universidad y en el círculo de sus amistades. Con cinco compañeros, comenten las siguientes preguntas, tratando de llegar a un acuerdo entre todos. Luego compare sus respuestas con las de otros grupos. ¿Están todos de acuerdo?

1. ¿Cómo (¿Dónde) se conocen los chicos y las chicas, por lo general? (Se puede dar varias respuestas.)
2. ¿Es aceptable que una chica sea la que llame a un chico por teléfono la primera vez?
3. En general, ¿salen Uds. en grupos o siempre en pareja?
4. Cuando tienen una cita los fines de semana, ¿adónde van o qué hacen?
5. En una cita, ¿quién paga por lo general, el chico o la chica?
6. ¿Cómo son las fiestas? ¿A quiénes invitan? ¿Dónde las dan? ¿Qué hacen en las fiestas?

ACTIVIDAD C.   Con sus propias palabras

Varios periódicos hispanos tienen una columna semanal o mensual que se llama algo así como «Declaraciones íntimas». En estas columnas, una persona famosa revela sus pensamientos más íntimos contestando una serie de preguntas. De esta forma se supone que el público llega a conocerla un poco más a fondo.

El siguiente formulario se basa en una columna de este tipo. Complételo, tratando de contestar con toda sinceridad.

DECLARACIONES ÍNTIMAS

1. el rasgo (*feature*) principal de mi carácter: _____
2. la cualidad que prefiero en el hombre: _____
3. la cualidad que prefiero en la mujer: _____
4. mi principal defecto: _____
5. lo que prefiero hacer en mi tiempo libre: _____
6. mi sueño para el futuro: _____
7. mis escritores favoritos: _____
8. mis músicos favoritos: _____
9. mi deporte favorito: _____
10. mis políticos favoritos _____
11. los héroes novelescos que más admiro: _____
12. las personas actuales que más admiro: _____
13. la comida y bebida que prefiero: _____
14. lo que más detesto en este mundo: _____
15. una reforma o un cambio que creo necesario: _____
16. lo que me hace feliz: _____
17. lo que me hace furioso/a: _____
18. lo que me hace triste: _____

¿Cree Ud. que los cuestionarios de este tipo son una manera efectiva de llegar a conocer a una persona? Si Ud. tuviera una cita a ciegas (*blind date*), ¿usaría este formulario de antemano (*beforehand*) para saber algo de la personalidad, los gustos y la forma de ver las cosas de la otra persona? ¿Por qué? ¿Cree Ud. que las respuestas que acaba de escribir lo/la describirían bien? Explique.

Lengua y literatura

© DAVID KUPFERSCHMID

Jeroglíficos en un bajorrelieve (*bas-relief*) en un templo maya

¡ES ASÍ!

En el siglo XVI, cuando los conquistadores españoles llegaron a lo que hoy es Centro América y Sudamérica, encontraron tres grandes civilizaciones precolombinas: la azteca, en México; la inca, en lo que es hoy Perú y Bolivia; y la maya, que ocupaba principalmente la región que actualmente se conoce como la península de Yucatán y Guatemala. Estas tres civilizaciones habían desarrollado complejos sistemas sociales, gubernamentales y religiosos, tenían un avanzado arte y dispusieron de su conocimiento de la arquitectura para construir grandes ciudades, templos y pirámides de piedra (*stone*).

Además de haber desarrollado un sistema jeroglífico de escritura, los mayas también tenían conocimiento de las ciencias abstractas como las matemáticas y la astronomía. Ya habían desarrollado el concepto del cero aunque éste todavía no se conocía en Europa, tenían un calendario más exacto que el calendario europeo de esa época y utilizaban su conocimiento de las órbitas de los planetas para prever los eclipses lunares y solares.

ACTIVIDAD 1. **Complete la siguiente tabla con información de ¡*Es así!*

1. las tres grandes civilizaciones precolombinas: ____ ____ y___
2. la región de los incas: ____
3. la región de los aztecas: ____
4. la región de los mayas: ____
5. aspectos de las civilizaciones precolombinas: ____ ____ y___

6. conocimiento maya de las matemáticas: _____
7. conocimiento maya de la astronomía: _____ y _____
8. conocimiento maya de la arquitectura: _____ _____
9. conocimiento maya de la escritura: _____

EN OTRAS PALABRAS...

Para hablar de «El eclipse»

el lecho = la cama	**disponerse a** = prepararse	**confiado/a** = con confianza
la selva = la jungla	**valerse (de)** = utilizar	**mediano/a** = mediocre

---

COMENTARIOS DE HOY

Antes de leer

El siguiente cuento por el autor guatemalteco Augusto Monterroso (1921-) demuestra lo que puede ocurrir cuando dos civilizaciones muy diferentes se miran cara a cara. Por una parte, un hermano (*Catholic brother*) español: inteligente, culto, europeo. Por otra, una tribu de indios guatemaltecos. ¿El escenario? la selva centroamericana del siglo XVI, adonde ha acudido el hermano como representante de la Santa Iglesia Católica para ganar almas (*souls*).

Imagine por un momento que Ud. es el hermano y conteste las siguientes preguntas.

- ¿Cómo cree Ud. que son los indios que habitan esta tierra? ¿salvajes? ¿cultos? ¿inteligentes? ¿primitivos? ¿_____ ? Dé por lo menos dos adjetivos.
- ¿Qué conocimientos o habilidades cree Ud. que los indios tienen? ¿el arte de la caza (*hunting*)? ¿la escritura? ¿gran conocimiento de los animales de la jungla? ¿la habilidad de hacer textiles? ¿Poseen una medicina primitiva pero eficaz? ¿conocimiento de los secretos de los astros? ¿una música rítmica? ¿_____ ? Dé por lo menos el nombre de dos conocimientos o habilidades que Ud. cree que los indios poseen.

Ahora, lea el cuento, teniendo en cuenta lo que Ud., como el hermano español, cree que sabe sobre los habitantes de esta tierra salvaje.

¡Atención!

Hay dos saltos temporales en el cuento. Uno ocurre entre el primero y el segundo párrafo, el otro antes del último párrafo. Ponga atención al leer y trate de adivinar lo que ocurre durante estos lapsos.

El eclipse

Cuando fray° Bartolomé Arrazola se sintió perdido aceptó que ya nada podría salvarlo. La selva poderosa de Guatemala lo había apresado,° implacable y definitiva. Ante su ignorancia topográfica se sentó con tranquilidad a esperar la muerte. Quiso morir allí, sin ninguna esperanza, aislado, con el pensamiento fijo° en la España distante, particularmente en el convento° de Los Abrojos, donde Carlos Quinto° condescendiera una vez a bajar de su eminencia para decirle que confiaba en el celo° religioso de su labor redentora.°

Al despertar se encontró rodeado por un grupo de indígenas de rostro impasible que se disponían a sacrificarlo ante un altar, un altar que a Bartolomé le pareció como el lecho en que descansaría, al fin de sus temores, de su destino, de sí mismo.

Tres años en el país le habían conferido un mediano dominio de las lenguas nativas. Intentó algo. Dijo algunas palabras que fueron comprendidas.

Entonces floreció° en él una idea que tuvo por digna° de su talento y de su cultura universal y de su arduo conocimiento de Aristóteles. Recordó que para ese día se esperaba un eclipse total de sol. Y dispuso, en lo más íntimo, valerse de aquel conocimiento para engañar° a sus opresores y salvar la vida.

«Si me matáis»—les dijo—«puedo hacer que el sol se oscurezca en su altura°.»

Los indígenas lo miraron fijamente y Bartolomé sorprendió la incredulidad en sus ojos. Vio que se produjo un pequeño consejo, y esperó confiado, no sin cierto desdén.

Dos horas después el corazón de fray Bartolomé Arrazola chorreaba° su sangre vehemente sobre la piedra de los sacrificios (brillante bajo la opaca luz de un sol eclipsado), mientras uno de los indígenas recitaba sin ninguna inflexión de voz, sin prisa, una por una, las infinitas fechas en que se producirían eclipses solares y lunares, que los astrónomos de la comunidad maya habían previsto y anotado en sus códices sin la valiosa ayuda de Aristóteles.

Brother, Friar
imprisoned

set
monasterio / Carlos... rey de España en aquella época
zeal
redeeming

se le ocurrió / worthy

to deceive
se... darken in the sky

was gushing

ACTIVIDAD 2. **Comprensión de la lectura**

PRIMERA PARTE

Demuestre su comprensión del cuento contando lo que Ud. cree que habrá ocurrido durante los dos saltos temporales.

después del primer párrafo: _____   antes del último párrafo: _____

SEGUNDA PARTE

Complete las oraciones con información del cuento. Siga las indicaciones entre paréntesis cuando las haya.

1. Fray Bartolomé es _____ . (origen, nacionalidad)
2. Está en _____ . Lleva _____ años allí.
3. Ha venido al Nuevo Mundo por fines (*purposes*) _____ .
4. Durante su estancia en estas tierras, ha aprendido _____ sobre los indígenas de la zona. (mucho/poco).
5. Cree que él sabe _____ de lo que saben ellos en muchos campos. (más/menos)
6. Al empezar el cuento, la situación de fray Bartolomé es seria: cree que está _____ .

7. Es capturado por _____ .
8. Trata de salvarse demostrando su conocimiento de _____ . (campo)
9. Pero resulta que los indios saben _____ fray Bartolomé. (más que/menos que/tanto como)
10. Al final del cuento, los indios han _____ al hermano.

ACTIVIDAD 3. **¿Qué es la civilización?**

¿Cuándo se puede afirmar que una sociedad es culta, civilizada? ¿Hay una tendencia a juzgar otras culturas según los valores de la nuestra? ¿Pueden coexistir costumbres e ideas primitivas con conocimientos científicos avanzados? Es interesante considerar estas preguntas a la luz de lo que pasa en «El eclipse».

Despúes de hacer la siguiente actividad, tal vez Ud. quiera contestar esas preguntas en forma escrita. De momento, con un compañero (una compañera), analicen su concepto de la civilización, diciendo si las siguientes oraciones se refieren a una sociedad culta (**C**) o primitiva (**P**).

_____ 1. No destruye el medio ambiente en que vive.
_____ 2. Tiene un sistema de escritura muy complejo.
_____ 3. Admite la existencia de varios dioses.
_____ 4. Por lo general no se usan drogas de ningún tipo.
_____ 5. Permite el sacrificio humano.
_____ 6. Tiene sistemas para que sus miembros no padezcan de hambre y para que todos tengan alojamiento.
_____ 7. La violencia a nivel individual no existe.
_____ 8. Todos son iguales, no importa su sexo, estado civil, religión, raza.
_____ 9. Sus miembros disponen de poco tiempo libre.
_____ 10. El individuo se sacrifica por el bien del grupo.

Si Ud. y su compañero/a han podido ponerse de acuerdo sobre la mayoría de los puntos, hagan un análisis de la sociedad en que viven, partiendo de esos puntos.

LENGUA Y ESTRUCTURAS

A. THE PLUPERFECT SUBJUNCTIVE

En el cuento, fray Bartolomé dudaba que los mayas **hubieran estudiado** astronomía.

In the story, Fray Bartolomé doubted that the Mayas had studied astronomy.

Era sorprendente que fray Bartolomé no **hubiera estudiado** más la cultura de los mayas.

It was surprising that Fray Bartolomé hadn't studied the Mayan culture more.

The pluperfect (past perfect) subjunctive (**el pluscuamperfecto del subjuntivo**) is used instead of the past perfect indicative when the subjunctive is required.

> *past subjunctive of* **haber** *+ past participle*

yo hubiera dicho	nosotros hubiéramos huido
tú hubieras engañado	vosotros hubierais comido
él, ella, Ud. hubiera previsto	ellos, ellas, Uds. se hubieran ido

The pluperfect subjunctive form of **hay** is **hubiera habido** (*there had been*).

The syntactic and semantic conditions for the subjunctive also apply to the pluperfect subjunctive. Remember in particular that the pluperfect subjunctive occurs in the dependent clause, usually in the following sequence.

INDEPENDENT CLAUSE	DEPENDENT CLAUSE
preterite imperfect past perfect conditional	past subjunctive or pluperfect subjunctive

ACTIVIDAD 4. Hablando más de «El eclipse»

PRIMERA PARTE

Las oraciones incompletas de la Columna A se refieren a ciertos acontecimientos del cuento de Monterroso y le dan a Ud. la oportunidad de expresar algunas de sus opiniones. Complete las oraciones con las frases apropiadas de la Columna B, usando el pluscuamperfecto del subjuntivo.

COLUMNA A

1. Cuando estaba perdido en la selva, fray Bartolomé pensó en España y se alegró de que...
2. Al despertar, fray Bartolomé se sorprendió de que...
3. Él dudaba que los indios...
4. Era bueno que fray Bartolomé...
5. Es lástima que él no...
6. Para salvarse, esperaba que...
7. Pensaba que era imposible que...
8. Es una lástima que al fin fray Bartolomé...

COLUMNA B

murió de esa manera.
los indígenas lo rodeaban.
los indios no habían estudiado astronomía.
el rey visitó su convento.
los indígenas sabían que se esperaba un eclipse solar.
estaban hablando del bienestar del desconocido.
había estudiado la cultura de los indios.
ya había aprendido un poco la lengua de los indígenas.

SEGUNDA PARTE

Ahora complete las siguientes oraciones sobre el cuento, siempre con la forma apropiada del subjuntivo o del indicativo del verbo entre paréntesis.

1. Cuando fray Bartolomé se sintió perdido, aceptó que ya nada (*poder*) salvarlo.
2. Sintió como si la selva poderosa de Guatemala lo (*haber*) apresado.
3. Quiso morir allí, sin que nadie lo (*saber*).
4. Carlos Quinto le había dicho que (*confiar*) en el celo religioso de su labor redentora.
5. Se asustó cuando (*encontrarse*) rodeado por un grupo de indígenas de rostro impasible.
6. Temía que los indios (*disponerse*) a sacrificarlo.
7. Dudaba que los indios (*tener*) conocimiento de Aristóteles como él.
8. Es posible que fray Bartolomé (*pensar*) engañar a sus opresores.
9. Les dijo: «Si me matáis, puedo hacer que el sol (*oscurecerse*) en su altura».
10. A los indígenas les sorprendió que fray Bartolomé les (*decir*) eso.
11. Se lo dijo a ellos para que lo (*liberar*).
12. Fray Bartolomé había esperado que estas palabras (*ser*) suficientes para obtener su libertad.
13. Es lástima que fray Bartolomé no (*saber*) más de la cultura maya.
14. Mientras yo leía el cuento, temía que al final fray Bartolomé (*perder*) la vida.

B. USING THE PAST PERFECT IN *SI* CLAUSES

Si fray Bartolomé **hubiera sabido** más de la cultura de los mayas, no **habría hecho** ese error fatal.

Si no los **hubiera tratado** con cierto desdén, a lo mejor **habría podido** salvarse. ¿Quién sabe?

If Fray Bartolomé had known more about the Mayan culture, he wouldn't have made that fatal error.

If he hadn't treated them with a certain disdain, perhaps he might have been able to save himself. Who knows?

Hypothetical speculation about things that have already happened is expressed in Spanish with perfect forms according to the following structures.

> **si** + pluperfect subjunctive, conditional perfect
> or
> conditional perfect + **si** + pluperfect subjunctive

Note that the sequence of tenses is the same as that used for expressing hypotheses or contrary-to-fact situations.

ACTIVIDAD 5. **Y Ud., ¿qué habría hecho?**

Complete las siguientes oraciones para decir lo que Ud. habría hecho si hubiera estado en el lugar de fray Bartolomé.

1. Si yo hubiera sido misionero en Centroamérica en la época de los conquistadores,...
2. Si hubiera estado perdido en la selva,...
3. Si me hubiera encontrado con un grupo de indígenas,...
4. Si hubiera visto que los indígenas se disponían a sacrificarme,...
5. Si hubiera tenido conocimiento de los eclipses,...
6. Si hubiera querido salvarme,...

La policía chilena echa gases lacrimógenos a manifestantes que celebran la derrota del General Pinochet en un referéndum.

© AP/WIDE WORLD PHOTOS

 ¡ES ASÍ!

En 1970 Salvador Allende fue elegido presidente de Chile en elecciones democráticas. El gobierno que encabezó estaba respaldado (*supported*) por la Unidad Popular, que consistía en una coalición de partidos del centro y de la izquierda. Allende se dedicó a introducir cambios económicos, sociales y políticos que beneficiarían a la gente pobre del país. El 11 de septiembre de 1973, aunque Chile tenía una larga tradición de gobiernos democráticos sin obstrucción militar, las Fuerzas Armadas se rebelaron y exigieron la renuncia (*resignation*) de Allende. Allende se negó y perdió la vida. Las Fuerzas Armadas se apoderaron del gobierno, y cientos de miles de chilenos que habían apoyado las reformas de Allende murieron, fueron llevados presos o tuvieron que huir (*to flee*) del país al exilio en otros países latinoamericanos, los Estados Unidos, el Canadá o Europa. El presidente actual sigue siendo Augusto Pinochet, el general que dirigió el golpe militar. Sin embargo, en 1988, los chilenos decidieron tener elecciones democráticas en 1989 y Pinochet ha dicho que cumplirá con el mandato del pueblo.

EN OTRAS PALABRAS...

Para hablar de No pasó nada

Sustantivo

el militar	member of the military

Verbos

caber	to fit into
defenderse (ie)	to get along, not to do badly
despedir de (i, i)	to fire (*from a job*)
echar	to throw out
meterse	to get into
retar	to scold

Adjetivos

flaco/a	skinny
militar	military
predilecto/a	favorite

Expresiones

no costarle (ue) nada	it takes no effort (*on someone's part*)
darle pena	to hurt someone (*emotionally*)
estar conforme	to be satisfied, resigned
tiene remedio	it can be fixed
tomarle el pelo (a alguien)	to pull someone's leg

COMENTARIOS DE HOY

Antes de leer

Antonio Skármeta, dramaturgo, actor, director de teatro y cine y, sobre todo, escritor de cuentos y novelas, nació en Chile en 1940, nieto de inmigrantes yugoeslavos que llegaron a ese país a fines del siglo XIX. En 1973, después del golpe de estado, Skármeta tuvo que partir de su país al exilio, primero a la Argentina y después a Alemania Occidental, donde todavía vive.

La siguiente lectura es un extracto del comienzo de una novela corta por Skármeta. Es el relato de una familia que ha tenido que salir de Chile, su país natal, y adaptarse a la vida en el exilio en Alemania. Sabiendo esto, es fácil deducir que el título de la novela, *No pasó nada*, es irónico. En efecto, muchas cosas pasaron que cambiaron por completo el destino de todos los miembros de la familia, sobre todo el del narrador de la novela, un adolescente llamado Lucho.

Con un compañero (una compañera) hagan lo siguiente para prepararse para leer el extracto de la novela.

- Hagan una lista de los aspectos de la vida que Uds. creen que serán problemáticos para la familia en el exilio.
- Siendo Lucho un adolescente normal, ¿cuáles creen Uds. que van a ser sus intereses y preocupaciones?

No pasó nada

El 11 de septiembre hubo un golpe° militar en Chile, y asesinaron al presidente Allende, y murió mucha gente, y los aviones le tiraron bombas al palacio presidencial, y en la casa tenemos una foto grande en colores donde está el palacio lleno de llamas.° El 13 de septiembre era mi cumpleaños y mi papi me regaló una guitarra. Yo entonces quería ser cantante. Me gustaban los programas musicales de la televisión y me había dejado el pelo largo y con los amigos del barrio cantábamos en la esquina y queríamos formar un conjunto para tocar en las fiestas de los liceos.° Pero nunca pude tocar la guitarra, porque el día de mi cumpleaños nos cambiamos a la casa de mi tía que estaba enferma y a mi papá supimos que lo andaban buscando para llevárselo preso.° Mi papá le escribió después a mi tía y le dijo que vendiera no más° la guitarra porque a mi tía le echaron de su trabajo en el hospital. Allá en Chile despidieron a mucha gente de sus trabajos y las cosas ahora están muy caras. A mí ya no me importa que hayan vendido la guitarra y que nunca pude tocarla, porque ya no quiero ser más cantante. Ahora quiero ser escritor. En el colegio el profesor me dice que tengo pasta,° pese a que° no puedo escribir bien el alemán. Claro que yo pienso que eso tiene remedio, porque cuando llegamos con mi papi, mi mamá y mi hermano chico, ninguno sabía hablar el alemán. No es que ahora yo me crea° Goethe,° pero de defenderme, me defiendo. Además tengo una amiga alemana. Con la Edith nos vemos todos los días desde hace tres meses. Estamos en el mismo colegio, y después de clases yo voy a visitarla, y lo que más me gusta es cuando nos quedamos solos en la casa en que nos ponemos colorados° de tanto abrazarnos y besarnos.

Yo los sábados voy a ver jugar al Hertha° al Olympia Stadion y no estoy muy conforme con la campaña del equipo. Mi jugador predilecto era Kosteddes. Lástima que el Hertha lo vendiera. Yo encuentro que juega con mucha picardía,° y me acuerdo mucho viéndolo en acción de un chileno que se llama Caszelly, que jugaba allá por el Colo-Colo,° que era de la Unidad Popular, y que ahora triunfa en España. Además me interesa cómo juega Kliemann en la defensa, que también se parece a otro jugador chileno, el Elías Figueroa, alias «El Impasable°». Me gusta mucho cuando el Hertha gana, y me da pena cuando pierde, pero no soy de los fanáticos que van al estadio con bandera y trompetas, y que se colocan° la camiseta del Hertha. En mi familia todos somos del Hertha y antifascistas. Mi papi está convencido que un gobierno como el de la junta militar chilena tiene que caer muy luego,° porque nadie en el mundo los quiere y la gente allá sufre mucho.

En el colegio antes ninguno de mi clase sabía dónde quedaba Chile. Yo después se lo mostré en el mapa. Muchos se reían porque no podían creer que hubiera un país tan flaco. Y en realidad en el mapa se ve como un tallarín.° Me preguntaban que cuánta gente cabía allá dentro. Cuando yo les dije que cabían como diez millones, creyeron que les estaba tomando el pelo. Yo les dije que el Estadio Nacional de Chile era más grande que el Olympia Stadion de aquí y que allá se había jugado el mundial° del 62, cuando ganó Brasil, segundo Checoslovaquia y tercero Chile. Ellos no saben que en ese Estadio después los militares metieron mucha gente presa,° y allí mataron a mi tío Rafael que era profesor y el mejor amigo de mi papi. Yo nunca ando contando estas cosas porque no me gusta que la gente se ponga triste. Ahora Brasil ya no es el mejor equipo del mundo, sino Argentina. Yo les mando postales a mis amigos de allá con las fotos de Maier y Beckenbauer.°

Al comienzo no nos acostumbrábamos para nada.° Mi papá y mi mami no tenían trabajo, mi hermano chico se enfermó con mucha fiebre° por el cambio de clima y

coup	
flames	
colegios	
llevárselo... to take him prisoner	
no... en seguida	
talento / pese... aunque	
No... It's not that I think I'm / autor y dramaturgo alemán (1749–1832)	
nos... we get flushed	
equipo de fútbol alemán	
cunning	
equipo de fútbol chileno	
Impenetrable	
se... se ponen	
pronto	
se... it looks like a strand of spaghetti	
Campeonato Mundial de Fútbol	
metieron... took a lot of people prisoner	
Maier... jugadores alemanes	
para... at all	
fever	

vivíamos en una pieza° los cuatro en el departamento° de un amigo alemán que había   cuarto / apartamento
estado en Chile. Mi mami era la que más sufría porque allá teníamos una casita con
patio en Nuñoa° con hartas° piezas, y cada uno tenía lugar para hacer lo que quería.   suburbio de Santiago / bastantes
A mí el que más me molesta es mi hermano chico que entiende poco alemán, y cada
vez que vemos la televisión me pregunta a cada rato° qué está pasando, y yo me pongo   a... all the time
a traducirle, y entonces no oigo yo a los actores y mi hermano me sigue jodiendo° con   pestering (vulgar)
que le explique, hasta que tengo que pegarle un coscorrón,° y se pone a llorar, y mi   pegarle... to belt him
mamá me pega un coscorrón a mí, y se pone de mal humor y reta a mi papá, y el viejo
estaba cansado porque venía de buscar trabajo, y mi mamá salía con que° no podía   salía... came out with the fact that
seguir así, que ella se iba a Chile, que no tenía nada que hacer aquí, y mi papá se iba
a acostar sin comer.

.
.
.

Yo fui el primero en aprender alemán de mi familia, y cada vez que sonaba el
teléfono, mi papá me iba a buscar para que yo atendiera.° A veces cuando yo no estaba   contestara
en la casa, el papi y la mami dejaban que el teléfono sonara no más° porque les daba   no... just
vergüenza levantarlo. Y cuando yo llegaba a la casa me retaban porque no había estado
cuando sonó el teléfono. Ahora dejamos que suene todo el tiempo que quiera, pero los
primeros meses dependía del teléfono que comiéramos. Resulta que el papi y la mami
se habían conseguido un trabajo enseñando español, clases particulares.° Como los   privadas
dos son profesores, no les cuesta nada enseñar. Yo les anotaba en la libreta° la dirección   address book
de los alumnos, y escribía el día en que querían clases.

ACTIVIDAD 6.   **Identificaciones**

Empareje los nombres y las fechas de la Columna A con las descripciones
de la Columna B.

COLUMNA A

1. Salvador Allende
2. el 11 de septiembre
3. el 13 de septiembre
4. el padre de Lucho
5. el tío de Lucho
6. Edith
7. el Hertha

COLUMNA B

a. el cumpleaños de Lucho
b. la amiga de Lucho
c. lo buscaron después de la muerte de Allende
ch. un equipo alemán de fútbol
d. lo mataron después de la muerte de Allende
e. la fecha del asesinato de Allende
f. expresidente de Chile

ACTIVIDAD 7.   **Comprensión de la lectura**

Dé la siguiente información según la lectura.

1. miembros de la familia de Lucho que se mencionan en la lectura:
   _____ , _____ , _____ , _____ , _____

2. razón por la cual la familia tiene que emigrar: _____

3. intereses y habilidades de Lucho que son típicos de los adolescentes: _____ , _____ , _____

4. lo que ambiciona Lucho: _____

5. Problemas con que la familia tuvo que enfrentarse: _____ , _____ , _____ , _____

ACTIVIDAD 8. **Si no hubiera...**

Complete las siguientes oraciones según la novela.

1. Si la familia de Lucho no hubiera salido de Chile...
   estar preso el papá / seguir viviendo en su casa / no tener que aprender otro idioma / no conocer a Edith / ¿_____ ?

2. Si la familia todavía estuviera en Chile...
   no hablar alemán / no seguir los partidos de fútbol alemanes / no tener que enseñar español / poder contestar el teléfono sin dificultades / ¿_____ ?

ACTIVIDAD 9. **La familia de Lucho**

Ud. ya sabe mucho de la familia de este adolescente chileno que vive en Alemania. Descríbalos a todos, haciendo oraciones completas con los verbos **ser**, **estar** o **tener**. ¡OJO! Todas las oraciones pueden hacerse en el presente, pero la descripción también puede hacerse en el pasado usando el pretérito y el imperfecto.

> MODELO: Lucho:
> adolescente, con Edith todos los días →
> Lucho es adolescente. Está con Edith todos los días.
> (Lucho era adolescente. Estaba con Edith todos los días.)

1. el narrador:
   14 años, chileno, enamorado de Edith, aficionado al fútbol, no conforme con la campaña del equipo Hertha, contento cuando el equipo gana, triste cuando pierde, adaptable, listo, enojado cuando tiene que traducir lo que se dice en la televisión, el primero de su familia que aprendió alemán, el traductor de la familia

2. el hermano de Lucho:
   menor, enfermo cuando llegaron, siempre pidiendo explicaciones de lo que pasa en la televisión

3. la mamá:
   infeliz en Alemania, sufriendo mucho, de mal humor a veces, profesora

4. el papá:
   miedo que lo llevara preso en Chile, exilado político, convencido que la junta militar va a caer pronto, antifascista, el mejor amigo del tío Rafael, cansado cuando buscaba trabajo, deprimido a veces, profesor

LENGUA Y ESTRUCTURAS

C. USES OF THE INFINITIVE

Throughout *Un paso más* you have used Spanish infinitives in a number of ways, not all of which correspond exactly to English usage. As you read the following summary of the uses you have learned so far, think of an appropriate English equivalent for each.

The Spanish infinitive is used . . .

- when two verbs appear in sequence.*

   La familia no **podía comprar** carne porque no tenía suficiente dinero.

- after a preposition or the word **que**.

   Queríamos formar un conjunto **para tocar** en las fiestas de los liceos.
   Mi padre se iba **a acostar sin comer**.
   ¡Tengo **que pegarle** un coscorrón!

- after **al** (*upon, on*).

   Al hablar de Chile, el chico se acuerda de muchas cosas.

- after generalizations (impersonal expressions), when there is no expressed subject.

   Era necesario contestar el teléfono.

- with indirect object pronouns and verbs like **permitir**, **prohibir**, **hacer**, **dejar**, and so on, instead of the subjunctive.

   Su hermano **le hizo traducir** lo que decían.
   Le prohibió al chico **contar** cosas tristes.

In the preceding examples note that the English equivalent of the Spanish infinitive often ends in *-ing*.

   sin comer = without eating
   al hablar de Chile = on talking about Chile

---

*Exceptions:

- **estar** + *present participle*, as well as several other verbs like **seguir**, **continuar**, **andar**, and so on
- **haber** + *past participle*, to form the perfect tenses

The *-ing* form is also used to express the Spanish infinitive when the infinitive (never the Spanish present participle) is used as a noun, with or without the definite article.

(El) Defenderse en otro idioma es importante.	*Getting along (To get along) in another language is important.*
A los padres de Lucho les gusta **(el) enseñar** español.	*Lucho's parents like teaching (to teach) Spanish.*

ACTIVIDAD 10.   **¿Para quién es más difícil?**

En *No pasó nada*, Ud. ha visto algunos aspectos de la vida de una familia chilena en el exilio. ¿A quién le es más difícil adaptarse, a los padres o a Lucho, el adolescente? Complete las siguientes oraciones según la lectura, usando infinitivos de la lista o cualquier otro verbo, para saber la opinión de otra persona. Luego podrá expresar su propia opinión.

Verbos útiles: aprender, asistir, vivir, acostumbrarse, defenderse, olvidarse, buscar, escuchar, hablar, jugar, pasar, pensar, dar, mantener, tener, traducir

1. Es bastante difícil _____ a otra lengua, otra cultura y otro ambiente cuando se está en el exilio.
2. _____ otra lengua es más difícil para los padres que para el chico, porque los chicos tienen la ventaja de _____ al colegio.
3. Al _____ con otros chicos y _____ a clases, los chicos aprenden el idioma.
4. Los padres tienen que _____ trabajo y _____ a la familia. En el caso de la familia de Lucho, no les cuesta demasiado _____ clases de español, porque son profesores.
5. Pero hay que _____ en cuenta que todo el día tienen que _____ español con los estudiantes y que tienen pocas oportunidades de _____ alemán.
6. Prefieren _____ el tiempo libre con sus compatriotas.
7. La mamá sufre porque la familia tiene que _____ en una pieza en vez de vivir en una casa.
8. _____ en otro país es _____ otra realidad, y los chicos lo hacen más rápidamente.
9. Los adultos no pueden _____ por completo de su cultura. No dejan de _____ en su tierra y en la familia y los amigos que han dejado atrás.
10. Cuando los padres no aprenden el idioma, los papeles de los hijos y los padres pueden invertirse (*be reversed*). Los padres dependen del hijo para _____ y ayudarlos a _____ .

¿Qué opina la persona que ha escrito estas oraciones? ¿Es más difícil para los padres o para el hijo asimilarse a otra cultura? Y Ud., ¿qué opina?

CH. USES OF THE PRESENT PARTICIPLE

As you saw in the last section, the Spanish equivalent of an English word ending in *-ing* is often the infinitive, not the present participle. In Spanish, the primary use of the participle is to emphasize the ongoing nature of an event or condition, as in the progressive tenses (with **estar**) or with verbs like **continuar**, **seguir**, **andar**, and so on. You have used the participle in this way in various chapters of this text.

> El papá **estaba buscando** trabajo.
> Lo **andaban buscando** para llevárselo preso.

The present participle in Spanish is also used to describe the manner or method in which something is done. This use of the present participle corresponds to English usage.

Llorando, mi hermano le dijo a mi mamá que le había pegado.	*Crying, my brother told my mother that I had hit him.*
Mantenía a la familia **enseñando** español.	*He supported the family (by) teaching Spanish.*

ACTIVIDAD 11. **La historia continúa...**

Seguramente Ud. quiere saber más de Lucho, el joven narrador de *No pasó nada*. Si Ud. completa los siguientes párrafos con el infinitivo o el participio presente del verbo entre paréntesis, sabrá más de este chico chileno que pasó la adolescencia exiliado en Alemania.

Cuando comenzó a (*estudiar*)[1] en el colegio alemán, Lucho no tenía amigos. Pero después de un rato se hizo amigo de dos chicos griegos que eran hermanos y que tenían la misma edad de Lucho y su hermano menor. El mayor se llamaba Homero y el menor Sócrates. Hablaban bien el alemán porque llevaban más de cinco años (*vivir*)[2] en Alemania. Pero cuando el gobierno de Grecia cambió, Homero, Sócrates y sus padres volvieron a Grecia.

Durante la misma época, Lucho había conseguido un trabajo en un supermercado del barrio, (*ordenar*)[3] las cajas de cartón y (*lavar*)[4] el piso. Pensaba (*ahorrar*)[5] el dinero que ganaba para (*ir*)[6] a (*visitar*)[7] a sus amigos griegos. Pero también era necesario (*contribuir*)[8] con algo para (*ayudar*)[9] a su familia.

Le gustaba (*escuchar*)[10] la música popular, y pasó mucho tiempo en una tienda de música donde se enamoró de Sophie, una chica cinco años mayor que él que trabajaba allí. Una noche, cuando Lucho iba (*caminar*)[11] con Sophie después de (*haber*)[12] asistido a una manifestación chilena, un grupo de jóvenes medio borrachos° los empezó a (*insultar*).[13] Lucho le pegó a uno, (*dejarlo*)[14] inconsciente.

medio... *half drunk*

Al día siguiente Lucho supo que el joven estaba en el hospital y que su hermano mayor andaba (*buscarlo*),[15] (*decir*)[16] que quería (*hacerle*)[17] lo mismo que Lucho le había hecho a su hermano. Michael, el hermano, lo siguió (*llamar*),[18] (*tratar*)[19] de arreglar un día y una hora para una pelea, y Lucho por fin tuvo que (*acceder*).[20] Después de una pelea sangrienta y violenta, los dos se fueron a (*comer*)[21] pizza y (*beber*)[22] vino. Pronto se hicieron amigos y después Michael le pregunto qué podía (*hacer*)[23] para (*ayudar*)[24] a los chilenos en su lucha contra Pinochet.

Aquí dejamos a Lucho y a su familia, Lucho (*pasar*)[25] por la adolescencia como cualquier otro chico y sus padres (*tratar*)[26] de (*defenderse*)[27] en Alemania.

¿Cierto o falso? Corrija las oraciones falsas.

1. En Alemania, en aquella época, había exiliados de otros países también, no sólo de Chile.
2. Lucho no tuvo ningún buen amigo alemán.
3. Trabajaba en una tienda para ahorrar dinero.
4. Toda su adolescencia siguió enamorado de Edith.
5. Le gustaba mucho pelear y buscaba ocasiones para hacerlo.

ACTIVIDAD 12. **Dime una cosa...**

Ud. ha leído mucho sobre la adolescencia de Lucho: sus gustos e intereses, lo que hacía en su tiempo libre, dónde trabajaba. Con un compañero (una compañera), haga y conteste preguntas para intercambiar opiniones sobre Lucho y para compararse con él.

1. Las siguientes cosas eran parte importante de la vida de Lucho. ¿Cuáles de ellas eran de interés para Ud. y su compañero/a cuando eran adolescentes?
   _____ la música
   _____ estar con un chico (una chica) especial
   _____ la política
   _____ la literatura
   _____ los deportes
   _____ la televisión
   _____ las lenguas extranjeras
   _____ meterse en líos (*to get into trouble*)
2. Entre los dos, hagan una lista de frases y adjetivos que Uds. creen que caracterizan a Lucho. Es... ¿atrevido? ¿interesante? ¿inteligente? ¿buen hijo? ¿Qué mas? Luego comparen su lista con las de otros estudiantes.
3. ¿Qué libros sobre la adolescencia han leído Uds.? ¿Qué películas o programas de televisión han visto sobre el mismo tema? ¿Creen que representan bien las preocupaciones de los adolescentes? ¿Cómo podrían mejorarse esos programas?

■ PALABRAS PROBLEMÁTICAS

el cuento (*short*) *story* (*literary genre*)
el relato *report, account; story* (*literary*)
la historia *history; story, account* (*of what happened*)

¡Atención!

la cuenta (*bill, check*)

> ### ACTIVIDAD 13. **¿Palabras relacionadas?**
>
> Escoja las palabras relacionadas de cada grupo.
>
> 1. literatura, relatos, relaciones, poesía, novelas
> 2. historia, geografía, histeria, ciencia política, sociología
> 3. cuentos, cuentas, ensayos, historias, leyendas
> 4. escritor, autor, vendedor, historiador, contador

¿APRENDIO VD. A HABLAR
ESTUDIANDO?

¡¡NO PIERDA EL TIEMPO!!
¡APRENDA
INGLES SIN ESTUDIAR!

■ DE TODO UN POCO

> ### ACTIVIDAD A. **Cómo aprender una lengua extranjera**
>
> Como Ud. ya sabe, Lucho fue el primero de su familia que aprendió bien el alemán. En el siguiente párrafo de la novela, Lucho habla de cómo lo estudiaba. Complete el párrafo con los infinitivos entre paréntesis, usando el pretérito, el imperfecto, el participio presente o el infinitivo mismo cuando sea apropiado.

Dejé de (*ir*)[1] a mirar las revistas, cuando (*convertirse*)[2] en un fanático de la radio portátil. (*Ser*)[3] una chiquita [radio], japonesa, que el viejo° (*traer*)[4] a la casa para (*oír*)[5] las noticias. (*Tener*)[6] esa cosa para meterse en el oído,° y pronto me supe las melodías de todos los Schlager° de la semana. Así fui (*aprender*)[7] las primeras frases en alemán. (*Pasear*)[8] por Kudamm° con el cable en la oreja, y cuando (*agarrar*°)[9] una palabra, (*abrir*)[10] el diccionario y la iba (*repetir*)[11] hasta (*aprenderla*).[12] Al° mes (*saber*)[13] las obras completas de la estupidez humana. Recién ahora° me doy cuenta que uno no necesita (*saber*)[14] cantar tonterías para (*conseguirse*)[15] una amiguita. Yo creo que había sacado esa idea de las revistas donde siempre los cantantes populares (*aparecer*)[16] fotografiados con chicas lindas. Después (*aprender*)[17] que

papá
ear
top ten
calle en Berlín
to catch
After a
Recién... *Just now*

ni siquiera palabras se necesitan. Como sea,° yo era el tipo que (*saber*)[18]   *Como... In any case*
más canciones que nadie en Berlín. Me imaginaba que (*haber*)[19] un con-
curso en la televisión y que (*tocarse*)[20] los primeros compases° de cualquier   *bars*
melodía y que yo (*decir*)[21] de inmediato el nombre, y (*ganar*)[22] cualquier
cantidad de marcos° y en el colegio todos me (*admirar*).[23]   *dinero alemán*

Ahora dé la siguiente información sobre el método de Lucho.

1. máquina que usó para aprender alemán: _____
2. tipo de programa que escuchaba: _____
3. aspecto de la lengua que aprendía de esa manera: _____
4. su opinión de lo que escuchaba: _____
5. otro motivo para escuchar lo que escuchaba: _____
6. su fantasía relacionada con lo que iba aprendiendo: _____

ACTIVIDAD B. **Con sus propias palabras**

Es probable que Ud. no aprendiera español como Lucho aprendió alemán. Tampoco es probable que Ud. tuviera la ventaja de vivir en un país de habla española. Sin embargo, ¡Ud. ya ha aprendido mucho!

Describa la manera en que Ud. empezó a estudiar español y los méto-dos que usaba. Use el siguiente párrafo como guía, variándolo y amplián-dolo según sea necesario.

Palabras útiles: la repetición en coro, escuchar cintas (*tapes*) y discos, el laboratorio de lenguas, las fichas (*index cards*)

Empecé a estudiar español hace _____ , en _____ . Mi primer profesor (pri-mera profesora) de español se llamaba _____ y era de _____ . Una cosa que hacía en clase que me gustaba era que _____ . Yo siempre hacía la tarea para la clase, como _____ . Además, yo _____ .

Este semestre/trimestre es mi _____ año de español. En comparación con mis otras clases de español, este semestre/trimestre es diferente en que _____ . Como tarea, _____ . Además yo _____ .

Mis experiencias en el aprendizaje del español son distintas de las de Lucho con el alemán porque _____ . (Nunca) He tratado de usar algunos (ninguno) de sus métodos.

ACTIVIDAD C. **Situación**

Con un compañero (una compañera), invente un diálogo breve para la siguiente situación.

Ud. está trabajando como instructor(a) de natación en un campamento de verano para niños. Hay un niño, recién llegado de Chile, que no sabe nadar y no habla inglés. Además, le tiene miedo al agua. Trate de convencerlo/la de que no tenga miedo, que Ud. lo/la vaya a cuidar, que pueda aprender a nadar y que le vaya a gustar.

Los Estados Unidos vistos por ojos hispanos

Hemos cambiado las carabelas por aviones. Pero seguimos manteniendo la tradición, viajamos más que nadie al nuevo continente. Iberia es la única compañía que le lleva a 20 países americanos.

Por todas estas razones, su próximo viaje hágalo con nosotros. La segunda compañía aérea de Europa es la primera cuando se trata de América.

Consulte a su Agente de Viajes.

Desde 1492 nadie viaja a América tanto como nosotros.

IBERIA

Este libro trata del mundo hispano, su lengua y su cultura, su modo de pensar y de actuar. Entonces, ¿por qué hay una unidad sobre los Estados Unidos? Porque es importante reconocer también las relaciones políticas, culturales y económicas que tienen los países hispanos con este país.

Algunos admiran a los Estados Unidos, otros los censuran, y hay otros más que, aunque admiran ciertos aspectos del sistema y la vida norteamericanos, rechazan otros. Cada cual tiene sus motivos. Y, ¿por qué no? La influencia política y la presencia cultural de los Estados Unidos son evidentes por todas partes del mundo, y son tema incesante de conversación y discusión. Entonces, es importante que los norteamericanos conozcan las actitudes, impresiones, percepciones, reacciones y también los estereotipos que tienen los hispanos de la gente y la cultura de los Estados Unidos para saber cómo y por qué son vistos así.

Dos perspectivas diferentes

Como visitar los Estados Unidos

ACTIVIDAD 1. **Y Ud., ¿qué piensa de los Estados Unidos?**

En este capítulo se presentan dos perspectivas diferentes sobre algunos aspectos de los Estados Unidos. Antes de leer, examine las opiniones que Ud. tiene de su patria, contestando las siguientes preguntas. Dé solamente una respuesta para cada una. Ya que estas preguntas se parecen a las de una encuesta que aparece en la primera lectura, podrá comparar las respuestas de la clase con las de un grupo de hispanos.

1. ¿Qué le causa mucho orgullo de los EE.UU.?*
    a. la independencia
    b. la riqueza nacional
    c. la libertad
    ch. la fuerza militar
    d. la prosperidad económica
    e. ¿——?

---

*EE.UU. = una abreviación de los Estados Unidos, que también se escribe EE UU o EEUU. Fíjese también que a este país se le llama Estados Unidos (**es**) o **los** Estados Unidos (**son**). El verbo varía (singular, plural) según el uso del artículo.

2. ¿Qué le causa menos orgullo de este país?
    - a. el crimen (los delitos)
    - b. la discriminación racial
    - c. la desigualdad económica
    - ch. el derroche (*waste*) del gobierno
    - d. la pobreza
    - e. la corrupción
    - f. ¿——?

Ahora analice las respuestas de todos los miembros de la clase, poniéndolas en orden según la frecuencia con que se repiten.

■ EN OTRAS PALABRAS...

> ### *Hablando de los Estados Unidos*
>
> El autor del siguiente artículo cree que es necesario...
>
> | | |
> |---|---|
> | **atreverse (ie)** a decir lo que uno piensa. | to dare |
> | hacer algo cuando uno **esta harto de** algo. | is fed up with |
> | **superar** a veces las viejas creencias. | to overcome |
>
> Al describir al pueblo norteamericano, habla de...
>
> | | |
> |---|---|
> | **la fe** | faith |
> | **el juicio** | judgment |
> | **el raciocinio** y | reasoning processes |
> | **la sabiduría** | wisdom |
>
> de la gente de este país.
>
> | | |
> |---|---|
> | En general, **¿le caen bien o mal** al autor los habitantes de este país? | does he like or dislike |
>
> Pronto sabrá la respuesta.

■ COMENTARIOS DE HOY

Antes de leer

El autor del siguiente artículo, el argentino Eduardo Gudiño Kieffer, presenta una perspectiva personal, equilibrada, de los Estados Unidos. Habla de las cosas que le gustan y también de algunas que no le gustan. Basándose en el título, ¿cree Ud. que su actitud va a ser positiva o negativa? Al leer, búsquele las dos caras a la moneda.

Me gustan los Estados Unidos ¿Y qué°?

¿Y... And so what?

Puedo decir, sin engañar ni engañarme, que por una u otra razón admiro a todos los pueblos del mundo, empezando por el mío. Pero no siempre me atrevo a confesarlo. Porque parece que está bien visto admirar a la India, a Cuba, a Burundí o a Nicaragua— los admiro, sí, como ya dije, por una u otra razón. En cambio, no está bien visto experimentar el mismo sentimiento hacia los países llamados «superdesarrollados». En especial los Estados Unidos de Norteamérica. Cuando digo que admiro a esa nación, que sus habitantes me caen bien, que Nueva York y San Francisco me fascinan, que la libertad imperante° allá es ejemplar, pese a° las discriminaciones, porque los discriminados tienen derecho al pataleo°... bueno, me miran medio torcido° y dudan tanto de mi raciocinio como de mi capacidad intelectual, espiritual y hasta moral.

prevailing / pese... a pesar de
protest / medio... askance

Y bueno, paciencia. La duda es patrimonio de todos. Así como lo es la verdad personal de cada uno. Y mi verdad personal, frente a los Estados Unidos de Norteamérica, se llama admiración. Por supuesto, no es una admiración enceguecedora.° No me gustan ni me gustaron nunca, y creo que jamás me gustarán, las actitudes paternalistas y colonialistas que habrán de superarse con los años. Me gustan en cambio, otras actitudes de los norteamericanos que desconocemos, y que quiero puntualizar° aquí porque, si queremos ser equilibrados en nuestros juicios, bueno será tenerlas en cuenta.

blinding

mencionar, notar

Everett Carll Ladd, profesor de ciencias políticas y director del Centro de Datos de Ciencias Sociales en la Universidad de Connecticut, ha investigado el acervo° de la opinión pública norteamericana, publicando algunas conclusiones en el artículo «Los estadounidenses vistos por ellos mismos». Las conclusiones son reveladoras, y transcribo sólo algunas, porque son clave° del ejercicio verdadero de la democracia.

gran cantidad

key

Según las encuestas, durante la guerra de Vietnam, los estadounidenses comenzaron a manifestar una marcada disminución de su confianza en los «responsables de gobernar» las diferentes instituciones centrales de la sociedad. La mencionada y otras encuestas, entre los años 60 y 70, tuvieron una enorme repercusión en el ejercicio de los derechos civiles. Significaron que el pueblo «estaba harto y buscaba la forma de comunicar su opinión a sus gobernantes», pero confiando en que el futuro del país «será siempre profundo y próspero». He aquí° una lección: se puede criticar y protestar sin perder la fe en la propia nación.

He... Here is

A la pregunta «¿qué le causa menos orgullo de los EE.UU?» hubo respuestas diferentes: el 11% dijo que el crimen, el 7% que la desigualdad económica y la pobreza, el 6% la corrupción, el 5% la discriminación racial, el 4% el derroche del Gobierno, y así sucesivamente. Pero hubo casi unanimidad cuando se interrogó acerca de lo que causaba más orgullo: las respuestas mayoritarias correspondieron a «nuestra independencia» y a «nuestra libertad». Sólo el 4% se refirió a la prosperidad económica o a la riqueza nacional, y apenas el 1% a la fuerza militar estadounidense.

Sí, me gustan los Estados Unidos de Norteamérica. Los admiro porque su pueblo aplica la sabiduría del [pensamiento] «conócete a ti mismo» sin autodestruirse por eso, y porque valora más su libertad y su independencia que otras cosas, en una magnífica profesión° de fe.

expresión

ACTIVIDAD 2. **Comprensión de la lectura**

¿Qué es lo que el autor del artículo admira de los Estados Unidos y qué es lo que no admira? Indique su respuesta en la columna apropiada.

	ADMIRA	NO ADMIRA	NO LO DICE
1. Nueva York y San Francisco	☐	☐	☐
2. el pueblo norteamericano en general	☐	☐	☐
3. la libertad	☐	☐	☐
4. la discriminación	☐	☐	☐
5. el hecho de que los discriminados puedan protestar	☐	☐	☐
6. la actitud paternalista	☐	☐	☐

7. la forma en que el pueblo manifiesta su oposición al gobierno ☐ ☐ ☐
8. la prosperidad económica ☐ ☐ ☐
9. la confianza en el futuro ☐ ☐ ☐
10. el orgullo que los norteamericanos sienten por la independencia y la libertad ☐ ☐ ☐
11. el hecho de que los norteamericanos se conozcan a sí mismos ☐ ☐ ☐
12. el hecho de que el pueblo valore más la libertad y la independencia que otras cosas ☐ ☐ ☐

Ahora escoja las respuestas que expresan mejor las dos «actitudes de los norteamericanos» que el autor admira más.

_____ Le gustan mucho las grandes ciudades como Nueva York y San Francisco.
_____ Se autocritican pero sin destruirse al mismo tiempo.
_____ Son capaces de cambiar actitudes que ya no son vigentes en este siglo.
_____ Ponen los valores como la libertad y la independencia por encima del materialismo.

ACTIVIDAD 3. Y Ud., ¿qué opina?

Al mismo tiempo que elogia varios aspectos de la cultura norteamericana, Gudiño Kieffer menciona también algunas cosas que no le gustan o que le preocupan. ¿Coinciden sus preocupaciones y críticas con las de Ud. y las de su familia y amigos? ¿Cuál es la actitud de las siguientes personas con relación a los problemas citados por el autor? ¿Comparten su preocupación? ¿No les dan mucha importancia? ¿No creen que sea un problema? Explique.

Personas: Ud., los miembros de su familia, sus mejores amigos

1. la discriminación racial
2. la actitud paternalista y colonialista de los Estados Unidos frente a los otros países del mundo
3. la pobreza de algunos
4. la corrupción en el gobierno

ACTIVIDAD 4. Dime una cosa...

PRIMERA PARTE

Con un compañero (una compañera) haga y conteste preguntas para saber si admira o no las siguientes partes de la cultura de los Estados Unidos. Explique sus respuestas en cada caso, teniendo en cuenta que las respuestas no siempre son tan obvias como lo parecen.

1. los programas de televisión como el de Phil Donahue
2. el programa espacial
3. los concursos para elegir a la Señorita América
4. el énfasis que ponemos en el trabajo

5. los atletas que representan a los Estados Unidos en las Olimpiadas
6. Disneylandia o Disneyworld
7. ¿———?

SEGUNDA PARTE

Ahora cambie de compañero/a y haga y conteste preguntas para intercambiar las siguientes opiniones personales.

1. el país que más admira (después de los Estados Unidos)
2. tres aspectos de la vida actual que le agradan y tres que detesta
3. el problema nacional que más le preocupa
4. la cuestión que tiene que ver con la política internacional que más le interesa
5. la ciudad de los Estados Unidos que más le fascina

ACTIVIDAD 5.   Hablemos de estereotipos

PRIMERA PARTE

Con cuatro o cinco compañeros, emparejen los siguientes títulos con los dibujos apropiados. Luego describan detalladamente la gente, las cosas y los lugares que se ven en los dibujos. Al terminar, comparen sus descripciones con las de otros grupos. ¿Han descubierto todos los mismos detalles?

Títulos: La típica familia latinoamericana
La típica familia norteamericana
Unos españoles típicos
El típico turista norteamericano
El típico país latinoamericano
La típica ciudad norteamericana

Dibujos:

1. _____   2. _____   3. _____

4. _____   5. _____   6. _____

SEGUNDA PARTE

Lamentablemente, los dibujos que Uds. han visto representan algunos de los estereotipos que los norteamericanos tienen de los hispanos y vice versa. Con todos los miembros de la clase, contesten las siguientes preguntas.

1. ¿Cuál es su reacción al ver esta representación de los Estados Unidos y su gente? ¿Les parecen cómicos los dibujos? ¿tristes? ¿ofensivos? ¿Les importa o no que algunos hispanos los vean a Uds. así? ¿Creen que los hispanos tendrían una reacción idéntica a la de Uds. al ver los estereotipos de su cultura?
2. ¿En qué se basa esta visión estereotipada de los Estados Unidos? ¿Es cierto que los estereotipos siempre tienen algo de verdad que luego se exagera?
3. De las siguientes palabras, ¿cuáles se asocian con los estereotipos y cuáles con la realidad objetiva?

simplista	variado	comprensión
razonable	inteligente	superficial
ignorancia	conocimiento	

4. En la opinión de Uds., ¿cuál es el mayor peligro de los estereotipos?

EN OTRAS PALABRAS...

Sigamos hablando de los Estados Unidos

La autora del siguiente artículo habla del **sistema** norteamericano. Comenta lo que pasa con...

los conformistas, **los críticos** del sistema y **los disidentes** (los que no **se fían** del sistema).
los espías y **los sospechosos**.

system

conformists / critics / dissidents
fiarse: to trust
spies / suspects

los granjeros y **los intelectuales**.   farmers
el hombre **medio**.   average

¡Atención!

Las palabras **libre** y **gratis** expresan *free* pero el sentido de cada uno es muy
diferente. **Libre** se refiere a la libertad. **Gratis** indica el precio de algo.

Los Estados Unidos son un país **libre**.
Se dice que las mejores cosas de la vida son **gratis**.

COMENTARIOS DE HOY

Antes de leer

La siguiente lectura es parte de una serie de tres artículos que salió en un
periódico español. La serie se llama «Estampas bostonianas», lo cual le
puede parecer raro si no sabe el significado de la palabra **estampas**. No
significa *stamp* sino *illustration, picture, vignette*.

Antes de comenzar la lectura, lea primero este párrafo, que sirvió de
introducción a la serie y presentó a la autora, una escritora española, a los
lectores del periódico.

Rosa Montero no es solamente una periodista excepcional, sino que ya hace algunos
años ha probado con creces° una habilidad narrativa indiscutible. Desde la *Crónica del*   con... *amply*
desamor y *La función delta*, hasta *Te trataré como una reina*, que ha sido una de las
novelas más vendidas del año pasado, esta escritora ha mostrado una eficacia° narra-   talento
dora poco común. Una reciente estancia° de algunos meses en Estados Unidos, donde   *stay*
ha impartido° clases de literatura española en una universidad en las cercanías° de   dado / *outskirts*
Boston, le ha inspirado esta serie de notas sorprendentes, originales, tiernas,° agresivas,   *tender*
que publicamos en los capítulos sucesivos.

Dé la siguiente información según la introducción a la serie.

1. las profesiones literarias que ejerce Rosa Montero: _____ y _____
2. lo que hizo en Boston: _____

Fíjese con cuidado en las palabras que se usan en la introducción para
describir la serie de artículos de Rosa Montero. Según los adjetivos que los
describen, ¿cree Ud. que las opiniones de Montero sobre lo que vio en los
Estados Unidos son tímidas o son todo lo contrario?

Estampas bostonianas (Primera parte)

Uno de los tópicos° sobre EE UU es el de la famosa libertad estadounidense. Una   *old standard beliefs*
profesora cubana que lleva° en Norteamérica desde niña me habla de ello: «En este   está

país la verdad es que la gente no se mete contigo por nada. Por ejemplo, cuando yo me divorcié estuve en España, y todos parecían sentirse con derecho a opinar sobre ello. No sólo mis conocidos, sino incluso los funcionarios, a los que les parecía fatal° que yo tuviera dos hijos y sin embargo figurara° en mis papeles° como soltera. En Estados Unidos, en cambio, nadie te dice nada, nadie te impone nada, tienes completa libertad.»

terrible
I was listed / documentos

Sin duda tiene razón en lo que dice. En Norteamérica hay una serie de libertades individuales que son muy respetadas. Pero se me ocurre que las dificultades vienen con los disidentes al sistema, o con aquéllos a los que el sistema considera disidentes. Oh, sí, hay muchos intelectuales críticos en Estados Unidos, y además sobreviven bien. Muchos de ellos desarrollan incluso una brillante carrera profesional. Es natural: Estados Unidos es un país elástico y enorme en el que hay cabida° para todo, y ese todo incluye una minoría radical que también puede ser útil.

lugar

No estoy hablando, pues, de esa elite crítica. Estoy hablando del oficinista de Ohio, del granjero de Wisconsin. O sea, de la masa del país. Y caben tantas suspicacias° en esa enorme franja° de pensamiento uniformado.... Tal parecería que una divergencia de opinión respecto a, pongo por caso,° la política de EE UU en Centroamérica puede llegar a convertir al granjero o al oficinista en sospechoso. Por lo menos se le tachará° de antiamericano; alguna mente particularmente febril° puede creerle incluso un sucio espía, un agente provocador, un mercenario. No le van a mandar a Siberia por eso, lo cual es, a todas luces,° una gran ventaja. Pero es posible que en su trabajo le miren mal, que los vecinos le hagan el vacío,° que los amigos le consideren demasiado extraño para poder fiarse. Todo esto sin hablar de las reservas de indios Quinault, por ejemplo: alcoholizados, sin posibilidades, sin futuro. Es decir, todo esto sin hablar de aquéllos que no tienen libertad ni para plantearse° el derecho de ser libres. Pero ése es otro asunto, desde luego.°

suspicions
fringe, strip
por... por ejemplo
se... he will be accused
feverish

a... obviamente
le... will ignore him

to raise the question of
desde... por supuesto

Una profesora española de la universidad de Wellesley me dice una de las cosas más lúcidas que he oído sobre la sociedad norteamericana, que ella conoce bien y aprecia mucho: «Estados Unidos es un país conformista, sí. Pero es que es muy fácil conformarse cuando estás en una sociedad en la que si te conformas, medras.° Y aquí el dinero es muy importante.»

you will thrive

No voy a decir que EE UU sea la perfecta tierra de las oportunidades que el tópico proclama. No hay más que ver las estadísticas sobre los ingresos medios de los blancos y los negros, por ejemplo, para darse cuenta de que las oportunidades no son las mismas para todos. Pero ésta es una sociedad muy rica y con muchas posibilidades. Si perteneces a esa extensa clase media con suficientes privilegios, y empleas toda la energía de tu vida en el trabajo, y, como dice la profesora, te *conformas*, lo más seguro es que consigas el éxito, es decir, ese dinero aquí divinizado.° En Estados Unidos todo el sistema propicia° las pequeñas innovaciones, siempre que se demuestren rentables.° En eso es una sociedad mucho más dúctil,° más abierta, lo cual es envidiable. Lástima que haya que pagar un precio tan alto en conformidad, en obsesión productiva, en competencia.

exalted
favors / profitable
pliant

Actividad 6.   Comprensión de la lectura

¿Qué es lo que admira y lo que critica de los Estados Unidos la autora del artículo? Indique su respuesta en la columna apropiada.

	ADMIRA	CRITICA	NO LO MENCIONA
1. el pueblo norteamericano	☐	☐	☐
2. la libertad	☐	☐	☐
3. la discriminación	☐	☐	☐
4. el hecho de que los discriminados puedan protestar	☐	☐	☐
5. la desigualdad económica	☐	☐	☐
6. la forma en que el pueblo manifiesta su oposición al gobierno	☐	☐	☐
7. la confianza en el futuro	☐	☐	☐
8. el orgullo que los norteamericanos sienten por la independencia y la libertad	☐	☐	☐
9. el hecho de que los norteamericanos se conozcan a sí mismos	☐	☐	☐
10. el hecho de que el pueblo valore más la libertad y la independencia que otras cosas	☐	☐	☐
11. la prosperidad económica	☐	☐	☐
12. el conformismo	☐	☐	☐

ACTIVIDAD 7. **Dos perspectivas diferentes**

Rosa Montero y Gudiño Kieffer hablan de la libertad en los Estados Unidos, pero sus impresiones y opiniones son muy diferentes. Para analizarlas, conteste las siguientes preguntas.

Sobre Gudiño Kieffer

- La actitud de él es...
  a. de admiración. b. crítica. c. de incomprensión.
- Cree que hay/no hay libertad e independencia en los Estados Unidos.

Sobre Rosa Montero

- ¿Cómo es la actitud de Montero? ¿de admiración, crítica o incomprensión?
- De las siguientes oraciones, ¿cuáles representan la opinión de Montero? Puede indicar más de una. Luego cambie las que Ud. no ha indicado para que estén de acuerdo con el punto de vista de Montero.

_____ Todos creen que hay libertad en los Estados Unidos pero la realidad es distinta.
_____ Hay libertad individual pero no política.
_____ No hay radicales en los Estados Unidos.
_____ Hay discriminación sutil contra los que no se conforman.
_____ Todos participan en la libertad general.
_____ Hay que conformarse para tener éxito.

ACTIVIDAD 8. **¿Es Ud. conformista?**

Complete el siguiente cuestionario para descubrir cuáles son sus actitudes hacia el conformismo y el individualismo.

	SÍ	NO	NO SÉ
1. No me opongo a ninguna política del gobierno actual de los Estados Unidos.	☐	☐	☐
2. Soy (Fui) miembro de un *fraternity/sorority*.	☐	☐	☐
3. Me casaría (Me he casado) con una persona de otra religión.	☐	☐	☐
4. Si me opusiera a la política del gobierno, demostraría mi opinión públicamente.	☐	☐	☐
5. Nunca he violado ninguna ley.	☐	☐	☐
6. Los que se oponen a lo que dice el presidente no son patriotas.	☐	☐	☐
7. El bien del estado es más importante que el bien del individuo.	☐	☐	☐
8. No se puede fiar de la gente con ideas divergentes.	☐	☐	☐

Ahora compare sus respuestas con las de un compañero (una compañera) y comente cada punto. ¿Qué tiene que ver cada uno—si es que tienen algo que ver—con el conformismo? Deben estar preparados para presentar su opiniones y defenderlas.

© BERYL GOLDBERG

Estos jóvenes son de Caracas, Venezuela, pero por la ropa que visten podrían ser de cualquier parte del mundo.

■ DE TODO UN POCO

ACTIVIDAD A. Los norteamericanos, ¿cómo son?

Aquí se presenta la respuesta que Rosa Montero les dio a esta pregunta a sus lectores españoles. Complétela, dando la forma apropiada de los verbos entre paréntesis. Cuando se dan dos infinitivos, escoja el más apropiado.

Lo único que he (*llegar*)[1] a (*saber/conocer*)[2] a ciencia cierta° sobre los norteamericanos es que (*ser/estar*)[3] raros, muy raros. Estados Unidos (*ser/estar*)[4] un país diverso y enorme, un continente en sí mismo, un mundo (*encerrar*°)[5] en su colosalismo. Ni los cinco meses que he (*vivir*)[6] últimamente allí ni la docena de viajes que antes (*realizar*°)[7] por esas tierras proporcionan° el conocimiento suficiente como para (*desentrañar*°)[8] el tuétano° del monstruo. Sólo (*haber*)[9] la certidumbre, una evidencia: su rareza.

a... for sure

to lock

hacer

dan / to figure out

essence

Resulta particularmente inquietante porque en apariencia (*ser/estar*)[10]
como nosotros. O sería mejor decir que nosotros (*ser/estar*)[11] como ellos.
(Nosotros: *vestir*°)[12] los idénticos pantalones vaqueros, (*comprar*)[13] las mis-　　　　　　llevar
mas marcas de electrodomésticos, (*tararear*°)[14] sus canciones de moda y　　　　　cantar
(*beber*)[15] *Coca-Cola* como ellos. Los indios de Nueva Delhi, los chinos de
Pekín, los aborígenes de Papúa, (*ser/estar*),[16] sin duda, distintos a nosotros,
eso (*ser/estar*)[17] obvio. Pero los norteamericanos... nos creemos que son
como nosotros y que (nosotros: *saber/conocer*)[18] su cultura de memoria.
Craso error. Yo (*decir*)[19] que la misma sociedad inglesa (*semejarse*)[20] más a
la española que a la que han (*organizar*),[21] en un tiempo *récord* de la Histo-
ria, sus hijos de ultramar.°Desde allí me he (*dar*)[22] cuenta de que Europa　　　*the other side of the ocean*
(*existir*).[23] Norteamérica (*ser/estar*)[24] la diferencia, es otra cosa.

En este párrafo Rosa Montero habla de algunas diferencias y semejanzas
entre los Estados Unidos y España, tal como ella las ve. Indique si ambos
países, según ella, son iguales o diferentes en lo siguiente.

	DIFERENTES	SIMILARES
1. el tamaño	☐	☐
2. la apariencia de la gente	☐	☐
3. el modo de vestir	☐	☐
4. los objetos de uso cotidiano	☐	☐
5. la música	☐	☐
6. la cultura en general	☐	☐

ACTIVIDAD B.　Una diferencia de opiniones

Diga cuál de los dos autores, Gudiño Kieffer o Rosa Montero, escribió las
siguientes oraciones.

1. «...por una u otra razón admiro a todos los pueblos del mundo, empezando por el mío.»
2. «Lo único que he llegado a saber a ciencia cierta sobre los norteamericanos es que son raros, muy raros.»
3. «Cuando digo que admiro a esa nación, que sus habitantes me caen
   bien,... que la libertad imperante allá es ejemplar...»
4. «Ni los cinco meses que he vivido últimamente allí ni la docena de
   viajes que antes realicé por esas tierras proporcionan el conocimiento
   suficiente como para desentrañar el tuétano del monstruo.»
5. «No voy a decir que EE UU sea la perfecta tierra de las oportunidades
   que el tópico proclama.»
6. «No me gustan ni me gustaron nunca, y creo que jamás me gustarán,
   las actitudes paternalistas y colonialistas que habrán de superarse con
   los años.»

7. «He aquí una lección: se puede criticar y protestar sin perder la fe en la propia nación.»

8. «En Estados Unidos todo el sistema propicia las pequeñas innovaciones, siempre que se demuestren rentables.»

ACTIVIDAD C.   **Con sus propias palabras**

¿Está Ud. de acuerdo o no con lo que dice Rosa Montero? ¿O hay algo que le gustaría decirle o explicarle sobre los siguientes temas? Escríbale una carta explicándole su punto de vista sobre uno de los siguientes temas, según el modelo.

MODELO: Primer párrafo: Preséntese y dígale el motivo por el cual Ud. le escribe.
           Segundo párrafo: Plantee y desarrolle sus argumentos, dando ejemplos.
           Tercer párrafo: Resuma breve y cortésmente.

1. la actitud de ella hacia los Estados Unidos
2. la libertad
3. la discriminación
4. la actitud norteamericana hacia el dinero
5. la gente con ideas divergentes
6. el conformismo

CAPÍTULO 23

Tres estudiantes y un profesor

Los tres estudiantes españoles de «Aprender en Nueva York»

ACTIVIDAD 1. Un año en el extranjero

Como Ud. estudia otra lengua, a lo mejor ya ha pensado en estudiar en el extranjero. Tal vez quiere hacer el famoso *junior year abroad* o sencillamente sueña con pasar un verano estudiando en un programa para extranjeros.

A continuación hay una lista de razones por las que muchos estudiantes van al extranjero a estudiar español. Póngalas en orden según la importancia que tienen para Ud.

_____ para adquirir dominio del español
_____ para conocer a fondo otra cultura
_____ para seguir estudios especializados, como arte o arquitectura
_____ para conocer otro continente
_____ para tener experiencias nuevas y diferentes
_____ para (aprender a) ser más independiente
_____ para hacer nuevas amistades
_____ para cambiar de ritmo
_____ ¿_____?

Ahora compare sus respuestas con las de sus compañeros de clase. ¿Hay una razón indicada por la mayoría de la clase? ¿una que ninguna persona haya indicado? Pregúntele a su profesor(a) de español si ha estudiado en el extranjero. ¿Dónde y cuándo hizo sus estudios? ¿Qué razones motivaron su primer viaje a un país hispano?

EN OTRAS PALABRAS...

Hablando de las artes creativas

Ud. ya sabe muchas palabras relacionadas con las artes creativas. Repase el significado de las siguientes palabras explicando lo que hace...

un(a) artista	un escritor (una escritora)
un escultor (una escultora)	un pintor (una pintora)

Aquí hay otras palabras relacionadas con el tema.

un(a) cineasta = una persona que trabaja en cualquier aspecto artístico de la cinematografía

un(a) guionista = una persona que escribe guiones (*scripts*)

un fotógrafo (una fotógrafa) = una persona que se dedica a sacar fotografías

un(a) periodista = una persona que escribe artículos para los periódicos y las revistas

---

COMENTARIOS DE HOY

Antes de leer

Así como a muchos jóvenes norteamericanos les interesa estudiar en el extranjero, muchos europeos y latinoamericanos quieren venir a los Estados Unidos a estudiar. En su universidad, ¿hay estudiantes extranjeros? ¿De dónde son? ¿Por qué han venido a estudiar a esta universidad?

En el campo de las artes creativas, París ha sido a lo largo de muchos años el lugar soñado por los jóvenes artistas, tanto en las artes plásticas como en las literarias. El siguiente artículo trata de algunos aspectos de las experiencias de tres jóvenes españoles, hijos de artistas, que han ido, no a Francia, sino a Nueva York a estudiar. Con un compañero (una compañera), haga una lista de lo que Uds. creen que serán algunas de las ventajas y desventajas de estudiar en Nueva York según la perspectiva de estos jóvenes.

Aprender en Nueva York

Nueva York es hoy punto de convergencia de jóvenes españoles que acuden° a esta ciudad con el fin de proseguir° o iniciar estudios más especializados. Entre ellos se encuentran tres jóvenes que comparten la especial particularidad de ser hijos de pro-

vienen

hacer

minentes artistas españoles. Miguel Tàpies, catalán, de 27 años, es hijo del pintor Antoni Tàpies, uno de los artistas contemporáneos más conocidos en el extranjero a través de sus innumerables exposiciones en galerías y museos internacionales. Daniel Canogar, madrileño, de 23 años, es hijo del pintor toledano Rafael Canogar, uno de los miembros más jóvenes del grupo El Paso, y Antonio Saura Medrano, de 27 años, es hijo del cineasta Carlos Saura.

Miguel Tàpies decidió venir a Nueva York para adquirir una experiencia sobre el funcionamiento de los museos y poder así aplicar más tarde estos conocimientos, sobre todo los de gestión° de administración básica, trabajando en la Fundación Antoni Tàpies con su padre en Barcelona. Miguel ha terminado con éxito sus cinco meses de internado, o *internship*, en el Guggenheim Museum de Nueva York. Su trabajo ha sido muy variado, para poder así observar más de cerca las diferentes estructuras componentes del funcionamiento de un museo. Ha estado trabajando más especialmente en el departamento dedicado a conservación, preparando la exposición del 50º aniversario de la Fundación Guggenheim y otras varias exposiciones que saldrán el próximo año.   *management*

Antonio Saura Medrano está acabando el segundo año de sus estudios de *master* en la universidad de Columbia, en Nueva York. Aunque es licenciado en historia moderna, decide proseguir su verdadera vocación de escritor, y después de un período intenso de intentar acabar inútilmente sus primeras 20 novelas, de flirtear con la poesía y de trabajar como periodista *free-lance* en Madrid para ganarse la vida, consigue una beca del Comité Conjunto° Hispano-Norteamericano de Madrid y se traslada a Nueva York para iniciar sus estudios de guionista de cine.   *Joint*

Daniel Canogar siempre ha mantenido una estrecha° relación con el mundo de la fotografía. Sólo tenía 17 años cuando hizo su primera exposición colectiva° en Madrid, y de allí su trabajo artístico lo llevó a París y Nueva York. Al terminar su carrera de ciencias de la información en Madrid obtuvo una beca del Comité Conjunto Hispano-Norteamericano para poder continuar sus estudios de postgraduado, y actualmente se encuentra cursando el primer año de su programa de estudios de *master* de fotografía, que ofrecen conjuntamente el Centro Internacional de Fotografía y la universidad de Nueva York.   *close*   *group*

Nueva York es una ciudad que ofrece una oferta infinita a todos los niveles: artísticos, culturales y laborales. Es natural que los españoles elijan venir concretamente a esta ciudad tan profesional y especializada. Daniel vino a Nueva York para poder continuar sus estudios a un nivel más especializado de postgraduado, cosa que para él «hubiera sido imposible de haber permanecido en España».

Un factor costosísimo de esta ciudad es la educación en las universidades, y aunque existen todo tipo de ayudas y becas, un gran promedio de los estudiantes tiene que trabajar parte del tiempo para ayudar a pagarse los estudios. Antonio me habla de la gran calidad del profesorado en Columbia University y de la actitud seria y responsable de sus compañeros. «El estudiante aprovecha al máximo, y casi diríamos que sangra° a sus profesores para sacar así el mayor beneficio posible del dinero que está invirtiendo en sus estudios.»   *he bleeds*

Lo que más le interesa a Daniel de este sistema educativo es la gran flexibilidad que el estudiante encuentra en estos centros, permitiéndole amoldar el currículo, o plan de estudios, a sus propias necesidades. Esta falta de rigidez convierte el proceso educativo en una experiencia sumamente° personal. Daniel insiste en que la educación académica especializada es un factor importante, si no indispensable, en la formación de los jóvenes de hoy.   *muy*

En el pasado, el peregrinaje° a París era una experiencia indispensable para el artista español. Hoy la ciudad de Nueva York es el centro donde los jóvenes creadores españoles se reúnen para ponerse en contacto con la realidad del arte contemporáneo. Las vivencias° en Nueva York de estos tres jóvenes españoles son variadas y de índole° tremendamente personal.

pilgrimage

experiencias / nature

Por su mezcla° de energías, Nueva York, más que ninguna otra ciudad, incita al descubrimiento personal. Antonio me dice: «Profesionalmente, he aprendido muchísimo. Ya sé cómo hacer guiones y películas a la americana, pero también he aprendido que no es eso lo que necesariamente me interesa. Personalmente me he ido descubriendo más como español y como entidad diferente a todo lo que me rodea, y esto es muy importante.»

mixture

Para Daniel lo más válido de su experiencia neoyorquina ha sido la «capacidad de aislamiento y una dedicación absoluta y total en mi proceso creativo». Para Miguel, fundamentalmente, «me he beneficiado en el terreno° profesional, pues ha sido muy intenso. He recibido una visión global de cuáles son los problemas en la profesión y cómo hay que resolverlos.» Esta sensación de libertad para poder realizarse más en sus trabajos y con ellos mismos parece ser el factor más significativo que comparten estos tres jóvenes españoles en Nueva York.

campo

ACTIVIDAD 2. **Comprensión de la lectura**

Dé la siguiente información según la lectura.

1. algunas cosas que tienen en común los tres jóvenes
2. las razones por las cuales los tres han ido a Nueva York
3. lo que hacen en Nueva York
4. algunas ventajas del sistema educativo norteamericano, según los jóvenes
5. algunas ventajas de la ciudad de Nueva York
6. para ellos, lo más importante de la experiencia de estudiar aquí

¡ES ASÍ!

Entre los nombres sobresalientes en la historia de las artes plásticas figuran los de muchos españoles: el de El Greco, en el siglo XVI: el de Diego Velázquez, en el siglo XVII; el de Francisco Goya, quien pintó en dos siglos, en el XVIII y en el XIX; y los nombres de Pablo Picasso, Salvador Dalí, Juan Gris y Joan Miró en el siglo XX. Su técnica innovadora y su perspectiva original tuvieron una influencia enorme en la pintura mundial, tanto de su generación como en la obra de las generaciones de artistas que los han seguido.

Antoni Tàpies y Rafael Canogar son dos destacados (*outstanding*) pintores españoles contemporáneos que continúan esta larga e ilustre tradición con su estilo original y su técnica sobresaliente.

ACTIVIDAD 3. **Una entrevista**

La entrevista para el artículo «Aprender en Nueva York» fue hecha cuando los tres jóvenes estudiaban en Nueva York. Seguramente ya han vuelto a

España y están trabajando en sus respectivos campos. Entonces, sería interesante hacerles otra entrevista para saber cómo ven ahora, a distancia, la experiencia neoyorquina.

Para hacer la entrevista, primero hay que preparar las preguntas que se le harán a cada uno.

> MODELO: Miguel: a. su edad en aquel entonces →
> ¿Cuántos años tenías cuando llegaste a (estuviste en) Nueva York?

1. Miguel
   a. motivo por el cual fue a Nueva York   b. la duración de su estancia   c. su trabajo en Nueva York   ch. su experiencia en el trabajo en el campo   d. los beneficios profesionales de su estancia en Nueva York
2. Antonio
   a. su edad en aquel entonces   b. la universidad a que asistió en Nueva York   c. su especialización   ch. sus observaciones con respecto a sus profesores y compañeros   d. la experiencia que tenía antes de ir a Nueva York   e. sus reflexiones sobre la experiencia en Nueva York
3. Daniel
   a. su edad en aquel entonces   b. su primera experiencia en el mundo de la fotografía   c. sus estudios en España antes de ir a Nueva York   ch. sus estudios en Nueva York   d. motivo por el cual fue a Nueva York   e. lo más valioso de su experiencia en Nueva York

ACTIVIDAD 4. La entrevista continúa

Ya que Ud. tiene listas las preguntas para las entrevistas, hágaselas a un compañero (una compañera), que debe usar la información del artículo para hacer el papel del entrevistado.

> MODELO: —Miguel, ¿cuántos años tenías cuando llegaste a Nueva York?
> —Tenía veinte y siete años (cuando llegué allí).

ACTIVIDAD 5. Momentos inolvidables

Hay ciertos momentos en la vida que son inolvidables, que uno recuerda para siempre. Por ejemplo, los tres jóvenes del artículo han vivido en Nueva York una época que recordarán toda su vida.

Formen grupos de cuatro personas para compartir con ellas uno de estos momentos (o épocas) inolvidables en su vida. Es importante que cada uno mencione...

- qué, cuándo y dónde ocurrió.
- el tiempo que hacía en ese momento (en esa época).
- quiénes participaron o estaban allí.

- cómo eran la gente y el lugar.
- la impresión que le causó lo que pasó.

Pueden hablar de...

1. un día (una época) muy feliz.
2. un incidente muy cómico.
3. algo que le causó un susto muy grande pero que no tuvo graves consecuencias.
4. un incidente que estuvo a punto de causarle un ataque de nervios.
5. un momento muy emocionante.
6. ¿——?

EN OTRAS PALABRAS...

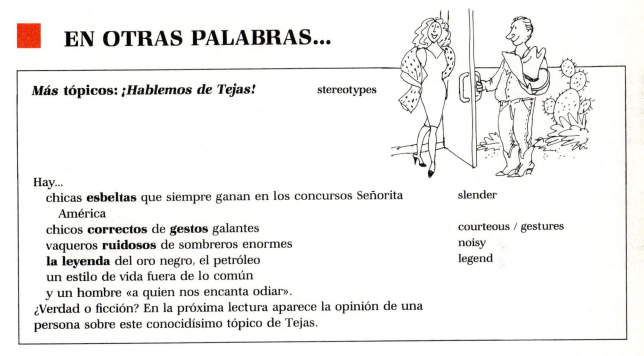

Más tópicos: ¡Hablemos de Tejas!   stereotypes

Hay...
    chicas **esbeltas** que siempre ganan en los concursos Señorita   slender
        América
    chicos **correctos** de **gestos** galantes   courteous / gestures
    vaqueros **ruidosos** de sombreros enormes   noisy
    la leyenda del oro negro, el petróleo   legend
    un estilo de vida fuera de lo común
    y un hombre «a quien nos encanta odiar».
¿Verdad o ficción? En la próxima lectura aparece la opinión de una
persona sobre este conocidísimo tópico de Tejas.

COMENTARIOS DE HOY

Antes de leer

El autor del siguiente artículo, Fernando Díaz-Plaja, es uno de los escritores más conocidos de España. Ha venido varias veces como profesor invitado a enseñar en universidades norteamericanas. Aquí escribe de sus experiencias en Tejas, estado legendario entre los mismos norteamericanos que sirve de escenario para novelas, películas y programas de televisión.

En **En otras palabras...** se han presentado algunos aspectos de la leyenda tejana. Con un compañero (una compañera), traten de hacer una lista de unos detalles más para completar el estereotipo. Piensen en...

- el tamaño de Tejas.
- los modales de los tejanos.
- la riqueza de sus habitantes.
- algunas leyendas tejanas.

Como es de esperar, Díaz-Plaja va a comentar aspectos de la visión estereotipada de Tejas. Al leer, fíjese en la forma en que él presenta el estereotipo. ¿Lo ha captado bien o no? ¿Lo encuentra verdadero o no?

Tejas

La verdad es que a los europeos que llegamos a USA no nos gusta nada. Sabemos que tienen más dinero, más soldados y más coches que nosotros, pero que, en cambio, los viejos nombres de la historia nos pertenecen. Y luego resulta que también se los apropian,° y en el tren, en el autobús, en el avión encontramos a alguien que es de Londres, Minnesota, Madrid, Illinois... o de París, Tejas.
    se... they take them over

Tejas tenía ya de todo y ¿va a tener también París? Tejas, hogar de los tejanos ruidosos, exagerados, vociferantes, con sombreros gigantescos. La verdad es que si encontramos un americano llamando la atención por sus gritos y sus gestos en un cabaré de París es más que posible que sea de Houston....

Y sin embargo, yo he sido profesor en la universidad de su capital, Austin, y mi impresión es totalmente distinta de la de todos los europeos, incluso de los norteamericanos que no son de allí. Los nativos deben de cambiar mucho en su salsa° o la idea que de ellos se tiene obedece a la más mentirosa leyenda negra. Sus estudiantes son de lo más correcto que encontré en mis años docentes° de Estados Unidos, unos muchachos que se echan atrás° ante el ascensor° murmurando un «*please, sir*», dejándonos pasar; unos estudiantes que, me decía la *housemother*, la gobernanta de una de sus fraternidades, no dejaban de levantarse cada vez que ella entraba en el comedor para presidir la cena. Algo muy distinto de lo que el tópico asocia con los muchachotes° de Tejas.
    en... when they're in their element (in Texas)
    teaching
    se... step backwards / elevator
    muchachos muy grandes

Afortunadamente las chicas sí responden al tópico. Son tan altas, esbeltas, guapas y rubias como aparecen en los anuncios del Estado.

¡Ah! A los que siguen creyendo, quizá para consolarse de sus miserias, que riqueza y cultura son incompatibles, les recordaré que la biblioteca de la universidad de Austin, situada en una alta torre° que preside° el *campus*, tiene la mejor colección del mundo de obras relativas a América Latina, desde la gramática guaraní,* escrita por un padre jesuita, al último tratado° socioeconómico sobre Centroamérica.
    tower / domina
    treatise

Con casi 200.000 kilómetros cuadrados más que España, todo está en proporción a su tamaño. Cuando yo estuve allí sobraba° el petróleo, y con el petróleo, el dinero. Basta decir que era el único Estado de la Unión que no tenía impuestos propios, cobrando sólo los federales. Luego los implantaron, pero mi impresión personal es que eso se hizo más para ponerse a la altura común° e inspirar menos envidia que por necesidad urgente de numerario.
    there was plenty of
    a... on the same level

Estado «gigante», como la película que intentaba reflejar su vida y que no gustó nada a los tejanos. «La autora de la novela no tiene ni idea. Lo máximo que ha hecho ha sido sobrevolar° Tejas», me decían. Sobrevolar es un concepto familiar para los que
    fly over

*****guaraní** = nombre de la población indígena del Paraguay y también del lenguaje que habla

allí viven; ¿cómo relacionarse si no? «¿Fulano°? ¡Ah sí!, es vecino mío», dice el   *So-and-so*
granjero.° Luego me entero° que el aludido° vive a 200 kilómetros de distancia, pero   *ranchero / me... I find out /*
¿qué es eso para un Cessna o un Comanche que tantos poseen aparcado en su   *el... the person in question*
aeropuerto familiar?

    Se le llama el Estado de la estrella solitaria y es verdad, siempre que recordemos
que esa singularidad es una muestra de orgullo, pero jamás de una idea separatista,
tendencia que en realidad no existe en ninguna región de Estados Unidos, a pesar de
las diferencias que pueda haber entre el norte y el sur. La tragedia de El Álamo, la
capilla° y convento donde los gringos* se defendieron hasta morir contra los ataques   *chapel*
de los mexicanos que mandaba el general Santa Ana, es considerada allí como una
hazaña° que honra a todo el país y no sólo a Tejas. Por otra parte, el sentimiento hostil   *feat*
hacia el vecino del sur se ha desvanecido,° y los incorporados por la fuerza de las armas   *se... has disappeared*
del antiguo México son tan ciudadanos como los otros.

    ACTIVIDAD 6. **Comprensión de la lectura**

    Díaz-Plaja fue a Tejas con estereotipos e ideas preconcebidas. Descubrió
que la realidad a veces respondía a ellos y a veces era distinta. Al leer los
siguientes pasajes del artículo, indique la realidad si se trata de un estereotipo o vice versa.

             LA REALIDAD   EL ESTEREOTIPO O LA IDEA PRECONCEBIDA

1. _____   «...a los europeos que llegamos a USA no nos
                                          gusta nada.»

2. _____   «Tejas, hogar de los tejanos ruidosos, exagerados,
                                          vociferantes, con sombreros gigantescos.»

3. «Sus estudiantes son de lo más correcto que
    encontré en mis años docentes de Estados   _____
    Unidos...»

4. _____   «[Las chicas son] tan altas, esbeltas, guapas y
                                          rubias...»

5. «...la biblioteca de la universidad de Austin...
    tiene la mejor colección del mundo de obras   _____
    relativas a América Latina...»

6. «"¿Fulano? ¡Ah sí!, es vecino mío", dice el
    granjero. Luego me entero que el aludido vive   _____
    a 200 kilómetros de distancia.»

7. _____   «...pero ¿qué es eso para un Cessna o un Coman-
                                          che que tantos poseen aparcado en su aeropuerto
                                          familiar?»   (continúa)

*****gringo** = nombre que usan los mexicanos para referirse a los estadounidenses. Una teoría del
origen de la palabra es que la formaron del refrán de una canción que cantaban los primeros
colonos estadounidenses, «**Green grow** the rushes, ho».

8. «Se le llama el Estado de la estrella solitaria y es verdad, siempre que recordemos que esa singularidad es una muestra de orgullo, pero jamás de una idea separatista...»

Actividad 7. **Otras impresiones**

Imagínese que Ud. es el Sr. Díaz-Plaja, contándoles a sus amigos en España sus impresiones de Tejas sobre los temas que siguen. Como se refiere al pasado, use el pretérito, el imperfecto y otros tiempos pasados.

> MODELO: los sombreros gigantescos →
> Vi a algunos hombres que llevaban los famosos sombreros gigantescos de los tejanos.

1. el comportamiento de los estudiantes
2. una descripción de las chicas
3. la situación económica
4. lo que opinan los tejanos de la novela *Gigante*
5. lo que se encuentra en la biblioteca de Austin
6. el significado de El Álamo

Actividad 8. **¡Bienvenida!**

Imagine que una profesora ha venido de España para enseñar en su universidad. Como nunca ha estado en esta universidad, necesita un poquito de orientación. Con un compañero (una compañera) que va a hacer el papel de la profesora, déle todas las indicaciones con todos los detalles que pueda, sobre los lugares y costumbres de su universidad y ciudad. «La profesora» debe hacerle otras preguntas de su propia iniciativa.

> MODELO: —Para buscar un apartamento, ¿qué debo hacer? →
> —Pues yo le sugiero que lea primero los anuncios del periódico.
> —¿Y si no encuentro nada que me interese?
> —Entonces llame a una agencia. En efecto, creo que en la universidad hay una agencia que ayuda a los estudiantes a buscar alojamiento. A lo mejor ayudan a los profesores también.

1. Si quiero un apartamento cómodo en un barrio tranquilo cerca de la universidad, ¿dónde me recomienda Ud. que viva?
2. ¿Es bueno el transporte público por aquí o es necesario tener coche?
3. ¿Dónde se puede almorzar bien en la universidad? ¿Hay algo que deba pedir o evitar?
4. Me gustaría comer en un buen restaurante de vez en cuando. ¿Cuál me recomienda?
5. Quiero comprar libros en español. ¿Me puede decir dónde los venden?
6. Me encanta jugar al tenis. ¿Cómo puedo conseguir una pareja?

7. Como es la primera vez que estoy aquí, no sé cómo relacionarme con los estudiantes. ¿Cuáles son las costumbres que deba tener en cuenta?

8. Me gusta escuchar conciertos de música clásica. ¿Cómo puedo saber dónde y cuándo los presentan?

9. Estoy invitada a cenar con una familia norteamericana. ¿Debo llevar algo como bombones, vino o flores? ¿Es costumbre llegar tarde y marcharse exactamente dos horas después de llegar?

10. En España las mujeres se besan cuando se encuentran y los hombres se dan la mano. ¿Hago lo mismo aquí?

DE TODO UN POCO

ACTIVIDAD A. Es una cuestión de perspectiva...

Cada uno de los autores de los artículos referentes a los Estados Unidos que aparecen en esta unidad escribe desde su propia perspectiva. Su punto de vista es personal y único. Generalmente es el resultado de una mezcla de las experiencias que tiene mientras está en el país, de su interpretación de estas experiencias y de las ideas preconcebidas que tenía antes de llegar.

Para comprender lo fácil que es dar diferentes interpretaciones a la misma situación con sólo cambiar de perspectiva, mire la tira cómica arriba. Después, con un compañero (una compañera) improvise el diálogo entre el médico y el policía.

(continúa)

Palabras útiles: el estetoscopio, ponerle una multa (*ticket*), la receta (*prescription*), tomarle el pulso, una infracción, auscultarle el corazón

> MODELO: Dibujo 1: EL MÉDICO: ¡Señor! ¡Señor! ¡Momentito, por favor! ¡Momentito!
> Dibujo 2: EL MÉDICO: ¡Mire! Soy médico. He estacionado el coche aquí porque tenía que ver urgentemente a un paciente enfermo... muy enfermo... gravemente enfermo...

Después de interpretar la tira cómica con su compañero/a, formen dos parejas. Cada pareja presentará la perspectiva de cada uno de los protagonistas de la tira cómica. Deben hablar en primera persona, como si fueran el médico o el policía.

> MODELO: EL MÉDICO: Mire, fui a ver al Sr. Echeverría a su casa porque este hombre estaba tan enfermo que no podía ir a mi consultorio. Sabía que era prohibido...

ACTIVIDAD B.   El comité

Uds. son miembros del comité a cargo de la orientación de los estudiantes extranjeros, y ahora están haciendo planes para el año entrante. Uds. quieren que los estudiantes extranjeros conozcan muchos aspectos de la vida estadounidense, que tengan experiencias variadas, y que lo pasen bien. Divídanse en los subcomités nombrados aquí, según sus intereses personales, para hacer una lista de sugerencias. Después preséntenlas a la clase.

> MODELO: el subcomité de diversiones →
> Llevémoslos a las discotecas de la calle...

Los subcomités son...

1.   fiesta de bienvenida
2.   comida típica norteamericana para la fiesta
3.   orientación sobre las actividades culturales de la universidad
4.   un día de excursión para conocer la región
5.   un día en casa de una familia norteamericana
6.   otras diversiones durante el semestre

ACTIVIDAD C.   Con sus propias palabras

Imagine que Ud. ha decidido estudiar por un año en un país de habla española. Para ser aceptado/a en el programa que ha elegido, le piden que demuestre su capacidad lingüística contestando la siguiente pregunta en forma de una composición. Escriba la mejor composición que pueda.

> ¿Por qué quiere Ud. estudiar en el extranjero? Conteste brevemente en un párrafo, dando las razones de mayor importancia para Ud.

Dos perspectivas más

En las calles de Nueva York.
¿Cuántas culturas se pueden ver?

ACTIVIDAD 1. **Y Ud., ¿cómo es?**

Los siguientes temas se relacionan con el contenido de la primera lectura de este capítulo. Piense en sus propias costumbres y actitudes. ¿Son semejantes o diferentes a las de la lista? Luego compare sus respuestas con lo que el autor dice sobre el norteamericano típico.

	SÍ	NO	DEPENDE
1. Contesto todas las cartas que recibo.	☐	☐	☐
2. Nunca contesto las llamadas telefónicas.	☐	☐	☐
3. Siempre soy puntual.	☐	☐	☐
4. Ando por las calles rapidísimamente.	☐	☐	☐
5. Mis amistades son más importantes que mi trabajo.	☐	☐	☐
6. Entre las 5:00 y las 6:00 de la tarde, suelo tomar un trago (*drink*) con mis amigos.	☐	☐	☐

COMENTARIOS DE HOY

Antes de leer

Después de una visita a los Estados Unidos, el periodista argentino César Magrini escribió un artículo muy largo titulado «Últimas reflexiones sobre una muy breve visita». En el fragmento que se presenta aquí, Magrini compara el carácter norteamericano con una serie de creencias populares sobre los habitantes de los Estados Unidos. Antes de leer el artículo, vuelva a leer los puntos de la Actividad 1 y trate de expresar las creencias de Magrini.

Por ejemplo:

1.   Los norteamericanos siempre contestan las cartas.

Cómo son

Se suele decir de ellos que son un pueblo frío, sólo preocupado por la marcha de sus trabajos y de sus intereses, que no tienen tiempo para la amistad. No es cierto. Podría llenar páginas con ejemplos de lo contrario. Sucede que ellos a la amistad la practican, no la declaman.° Que tienen bastante que hacer—la vida es dura en todas partes. Pero jamás dejan una carta sin contestar (yo suelo hacer todo lo contrario), ni una llamada sin interesarse después por quién la ha hecho, ni son impuntuales en sus citas, hasta el colmo° de que a la entrada de muchos teatros hay escrita, en un pizarrón, la hora exacta de conclusión del mismo, hora que indefectiblemente se cumple. Y ésta es otra lección que hay que aprender: la de que el tiempo del prójimo° vale tanto o más que el propio.°

    Asistí a ese gran espectáculo, virtualmente interminable, que son las calles de Nueva York. Su gente, que no camina como loca y apurada° de un lado al otro, tal como cierta clase de cine insiste (o mejor dicho, insistía) en mostrarla, sino que anda pausada, dándose tiempo, como diciendo que la vida es una, es irreemplazable,° y hay que vivirla tomándole el sabor.° No sé si dije que para los yanquis en general, aproximadamente a las cinco o seis de la tarde empieza lo que ellos llaman «*the happy time*», algo así como «la hora feliz». Salen de sus empleos e instantáneamente van todos a lo que se parece a una confitería° para tomar un trago, o «*drink*», al cual, no hay por qué ocultarlo,° son tan afectos° (y a más de uno, dicho sea sin ánimo de ofender). Es el rato para charlar con los amigos, para olvidar el «*busy time*» que ha precedido ese momento. A eso de° las siete o siete y media, dichos° lugares empiezan a vaciarse. La vida nocturna termina relativamente temprano, con respecto a lo que acostumbramos aquí. Hay que acostarse, dormir, levantarse al día siguiente también temprano, y trabajar, con ahínco,° única manera de conseguir que el país ande y de paso, progrese. Yo no estoy convencido de que se trate de una concepción materialista de la vida. Los museos, los cines, los teatros repletos,° la ópera o las salas de concierto en los que no cabe un alfiler,° están diciendo más bien lo contrario. Pero a las cosas se les reconoce su justo precio, el que hay que pagar por ellas, sin regateos° ni excesos de ninguna clase. Y ese precio se llama, en cada caso, y vuelvo a decirlo, porque alguna vez tendremos que pensar seriamente en trabajar sin egoísmos, seguir trabajando y volver a trabajar. No hay otra.

comentan

limit

others
el... el tiempo de uno mismo

hurried

irreplaceable
tomándole... savoring it

café (Argentina) / hide it
fond of

A... About / esos

con... hard

packed / en... which are jam-packed

bargaining

ACTIVIDAD 2.   **Comprensión de la lectura**

¿Qué dice el autor del artículo de los estadounidenses? Al leer los siguientes comentarios, indique con **cierto** o **falso** si o no es lo que opina el autor. Corrija las oraciones falsas.

César Magrini cree que los estadounidenses...

1.   son un pueblo frío.
2.   tienen interés solamente en el trabajo.

3. no tienen tiempo para la amistad.
4. siempre contestan sus cartas.
5. son puntuales.
6. son considerados con el tiempo de otra gente.
7. salen de sus empleos e instantáneamente van a tomar un trago.
8. toman muchas bebidas alcohólicas.
9. trabajan duro.
10. son buenos modelos para otros.

ACTIVIDAD 3. **Y Ud., ¿qué opina?**

¿Habla el Sr. Magrini de Ud., su familia y sus amigos? ¿Podrían aplicarse sus observaciones a todos los estadounidenses? ¿Presenta estereotipos? ¿Hace una generalización basada en la forma de ser y vivir de pocas personas?

	CREO QUE ASÍ ES.	ES UN ESTEREOTIPO.	ES UNA GENERALIZACIÓN.
1. Los norteamericanos son fríos.	☐	☐	☐
2. Tienen interés solamente en el trabajo.	☐	☐	☐
3. No tienen tiempo para la amistad.	☐	☐	☐
4. Siempre contestan sus cartas.	☐	☐	☐
5. Siempre son puntuales.	☐	☐	☐
6. Son considerados con el tiempo de otra gente.	☐	☐	☐
7. Salen de sus empleos y van directamente a tomar un trago.	☐	☐	☐
8. Les gusta mucho beber.	☐	☐	☐
9. Trabajan mucho.	☐	☐	☐

Ahora analice las respuestas de la clase. Según la mayoría, ¿qué comentarios son una descripción verdadera de los norteamericanos? ¿Cuáles son un estereotipo? ¿Y cuáles creen Uds. que son una generalización?

ACTIVIDAD 4. **Y Ud., ¿qué dice?**

Al leer algunas de las siguientes opiniones del artículo «Cómo son», dé su opinión usando expresiones como (**no**) **creo**, (**no**) **es verdad**, (**no**) **es cierto**, (**no**) **niego**, (**no**) **estoy de acuerdo**, **puede ser**, etcétera.

MODELO: «La vida nocturna en los Estados Unidos termina relativamente temprano.» →
—Es verdad que la vida nocturna en los Estados Unidos termina relativamente temprano. Por lo menos, así es en mi ciudad (pueblo). Pero no creo que termine temprano en Las Vegas.
—No es verdad que la vida nocturna en los Estados Unidos termine relativamente temprano en todas partes. Puede ser que en algunas partes sea así.

1. Los estadounidenses son un pueblo frío.
2. Están preocupados sólo por la marcha de sus trabajos y de sus intereses.
3. No tienen tiempo para la amistad.
4. La vida es dura en todas partes.
5. Los estadounidenses jamás dejan una carta sin contestar.
6. Siempre son puntuales en sus citas.
7. Los habitantes de Nueva York caminan como locos y apurados de un lado a otro.
8. Cuando los norteamericanos salen de sus empleos van instantáneamente a tomar un trago.
9. Tienen una concepción materialista de la vida.

Ahora hagan Uds. una encuesta de las opiniones de la clase. ¿Cuáles son las diferentes opiniones? ¿En qué consisten esas diferencias?

ACTIVIDAD 5. **Programas para exportar**

En su artículo, Magrini dice, refiriéndose a Nueva York: «Su gente, que no camina como loca y apurada de un lado al otro, tal como cierta clase de cine insiste (o mejor dicho, insistía) en mostrarla...». Es cierto que el cine y la televisión tienen un impacto muy fuerte en la formación de actitudes e ideas. Y, como se ve aquí, en la opinión del Sr. Magrini los programas de televisión son una exportación muy importante de los Estados Unidos. Para muchos españoles y latinoamericanos, estos programas son el único contacto que tienen con la vida norteamericana. ¿Qué pensarán ellos de la cultura, la vida cotidiana y la gente de los Estados Unidos al ver los siguientes programas? Use una expresión de la Columna A—o cualquier otra—para expresar su opinión sobre la perspectiva de la vida norteamericana que da cada uno de los programas de la Columna B.

MODELO: Temo que «Miami Vice» dé la impresión de que hay mucho crimen y violencia en los Estados Unidos.

Me gusta que se vea una familia típica norteamericana como la de «Roseanne».

COLUMNA A

1. Creo que les sorprenderá que...
2. No me gusta que...
3. ¿Hay algún programa que...
4. Si nosotros queremos que...
5. (No) Es bueno/posible/ necesario/absurdo/impor- tante que...
6. (No) Van a creer que...
7. Es lástima que...
8. Ellos estarán convencidos de que...
9. Espero que...
10. ¿———?

COLUMNA B

«Barrio Sésamo»	«La isla de fantasía»	«Dallas»
«Roseanne»	«Los Muppets»	«Las calles de
«La canción triste	«Miami Vice»	San Francisco»
de *Hill Street*»	«MASH»	«La familia Cosby»
«Dinastía»	«Colombo»	«L.A. Law»

EN OTRAS PALABRAS...

Sigamos hablando de los estadounidenses

En este fragmento de «Estampas bostonianas», la autora habla de...

la costumbre de tener **agenda**. — appointment/date book

la amabilidad de los norteamericanos. — friendliness

su actitud hacia **los compromisos**. — dates, engagements

la medida de sus valores. — measure

el poder o **la potencia** de los Estados Unidos. — power

Verbos

apuntar — to put (write, jot) down
callar — to silence
concertar (ie) una cita — to make (set up) a date
dar vueltas — to go around (in circles)

Expresiones

a fin de cuentas — all things considered / when all is said and done
en cualquier caso — in any case

Adjetivos

correcto/a ≠ **grosero/a**   polite, courteous, well-mannered ≠ rude, vulgar, ill-mannered

---

COMENTARIOS DE HOY

Antes de leer

En este fragmento de la serie de artículos periodísticos escritos por la escritora española Rosa Montero, ella sigue ofreciéndonos las impresiones de su estancia en Boston. Mencionará las siguientes características que cree que son típicas de la vida norteamericana. Antes de leer, indique si Ud. cree que la escritora las considera positivas o negativas.

1. El planear la vida social con anticipación (*ahead of time*).
2. Tener dos esposos, siendo uno de ellos un ex.
3. Hablar del tiempo durante una cena.
4. No mostrar públicamente ideas controvertibles (*controversial*).
5. Tener opiniones, es decir, ser «opinionado».

Estampas bostonianas (Segunda parte)

Amabilísimos, son amabilísimos, de eso no hay duda. Nada más llegar me invitan para diversas comidas y cenas. Es bien sabido que en EE UU las citas de placer se conciertan con un mes de anterioridad, semana más o menos. Las citas de negocios creo que son mucho más rápidas. En cualquier caso, tan demorada° vida social te obliga a apuntar en algún lado los compromisos amistosos, porque de otro modo es imposible el acordarse. Me asombro de lo complicado de este ritual de encuentros, y lo comento.

delayed

«¿Cómo? ¿Quieres decir que en España la gente no usa agendas para apuntar las citas con sus amigos?» me contesta una estadounidense, en el colmo de la perplejidad y el pasmo.°

astonishment

Aquí la gente decente tiene un juego° de agendas. La profesional y la social son obligadas. Tal parecería que su vida de placer se rige° por las mismas reglas y obsesiones que la vida laboral. Como si la vida social fuera también trabajo, un trabajo que hay que desempeñar° para no salirse de la norma. Lo normal aquí es tener un empleo, adquirir una casa en propiedad,° poseer uno o dos coches, uno o dos hijos, uno o dos cónyuges° (alguno de ellos con categoría de ex), trabajar desaforadamente° y salir de cuando en cuando a cenar con amigos, porque de otro modo se sería raro. Y en esta rara sociedad norteamericana ser *raro* debe de ser asunto incomodísimo. Entonces vas a la comida o la cena y te preparan manjares° suculentos, y te miman, y te tratan a cuerpo de reina,° y hablas del tiempo. Porque lo correcto es permanecer dos horas en la casa ajena,° justamente dos horas, ni más ni menos. Y, claro, no se va a sacar un tema interesante, un tema que pueda enzarzarse° en un debate y que prolongue la estancia, ¡qué grosero!

set
se... is ruled

carry out
adquirir... to buy a house
esposos / excesivamente

platos
a... like a queen
someone else's
get involved

Aunque tampoco es muy probable que haya un debate, y menos un enzarzarse en cosa alguna. Se diría que los norteamericanos no discuten. La verdad es que de primeras° esta falta de empecinamiento° es todo un gozo.° Pero después una empieza a asfixiarse entre tanto Versailles,° tanto minué° verbal, tanto dar vueltas incesantes sin llegar al núcleo de las cosas, sin encontrar un centro entre la nada. Tengo la impresión de que los norteamericanos no te llevan nunca la contraria.° Si dices algo con lo que no están de acuerdo, es muy probable que cierren el asunto con un cortés «¡Qué interesante!» y un pequeño silencio embarazoso.

de... al principio / stubbornness / placer
paz / minuet (dance)

te... contradict you

Llevando la generalización, que siempre es engañosa,° hasta su extremo, diría que son gente que procura° evitar el dar cualquier tipo de opinión, el mostrar públicamente sus ideas. El idioma inglés posee, como el nuestro, toda una familia de palabras para adjetivar a aquellos que se exceden en rigidez de ideas: intransigentes, dogmáticos, totalitarios.... Pero hay una expresión más, una palabra/insulto que nosotros no tenemos: *opinionated*, que se podría traducir por *opinionado*, es decir con opiniones. Es un término menos descalificador° que intransigente,° por ejemplo, pero es claramente negativo, y se aplica a aquellos que parecen tener ideas hechas sobre las cosas: por lo visto, construir un universo propio de opiniones no es correcto. O al menos no es correcto el expresarlo. Quizá crean que es posible pasar por la vida en un estado de levitación mental, sin definirse, olvidando que el mundo te define aunque no quieras. O quizá sea todo un resultado natural de su pasado. A fin de cuentas, los norteamericanos han improvisado un país sobre la marcha.° De un conjunto heterogéneo de italianos, irlandeses, rusos, chinos, africanos, judíos, indios, polacos, ingleses y otros etcéteras, cada grupo con su cultura y sus creencias, han tenido que construir una homogeneidad, una convivencia.

deceptive
trata de

discrediting / unyielding

sobre... as they went along

Quizá ese callar las opiniones fuera una táctica necesaria para admitirse mutuamente y no matarse. Hace sólo 150 años, la mitad de Estados Unidos era todavía una tierra sin ley, un Oeste salvaje y fronterizo. En tan asombroso y breve lapso de tiempo se han convertido en la primera potencia del mundo occidental. Si el éxito se mide sólo en una escala de poder, el triunfo norteamericano es colosal. Lo que pasa es que yo creo que hay otras medidas y que a veces los costes son sangrientos.

ACTIVIDAD 6.   **Comprensión de la lectura**

Para completar cada oración hay tres respuestas apropiadas y una que no lo es. Indique cuáles son las respuestas que dan la perspectiva u opinión de la autora del artículo.

1. En los Estados Unidos la vida social...
    a. es un ritual complicado y rígido.   b. es como la vida laboral.
    c. tiene que detallarse en la agenda.   ch. es rara.
2. Es normal...
    a. tener una o dos casas.   b. tener uno o dos esposos.   c. tener uno o dos coches.   ch. tener uno o dos hijos.
3. Cuando los norteamericanos tienen invitados para cenar...
    a. los tratan bien.   b. preparan una comida deliciosa.   c. hablan del tiempo.   ch. hablan de temas controvertibles.
4. No es correcto...
    a. quedarse más de 2 horas.   b. entrar en un debate.   c. decir algo con lo que todos están de acuerdo.   ch. discutir.
5. A los norteamericanos, no les gusta...
    a. dar su opinión.   b. hablar de sus ideas.   c. hablar mucho.   ch. ser raros.
6. Los norteamericanos son así...
    a. porque quieren convivir.   b. porque los EE UU son un país heterogéneo.   c. para no matarse.   ch. para tener más poder.

ACTIVIDAD 7.   **¡Qué interesante!**

¿Está Ud. de acuerdo con lo que dice la autora sobre las costumbres de los norteamericanos? ¿O le gustaría decirle qué es lo correcto, lo normal, lo raro y lo grosero en los Estados Unidos o en su región o entre su familia y amigos? Hágalo, según el modelo.

MODELO: la manera de concertar una cita →
           Lo correcto es llamar por lo menos una semana antes.
           Lo normal es llamar unos días antes.
           Lo raro es escribir una carta.
           Lo grosero es llamar 5 minutos antes.

1. la manera de concertar una cita social
2. la manera de concertar una cita profesional

3.   la manera de tratar a los invitados que vienen a cenar
4.   los temas de conversación con los invitados

ACTIVIDAD 8.   **Dime una cosa...**

Como Ud. sabe, la serie «Estampas bostonianas» se publicó primero en un periódico español. Por lo tanto, si un lector español nunca ha estado en los Estados Unidos, puede ser que lo único que sepa de este país sea lo que lee en el artículo de Rosa Montero.

¿Qué le sugeriría Ud. a este lector español que hiciera para obtener una perspectiva más amplia de los Estados Unidos? Con un compañero (una compañera), déle sugerencias, usando los siguientes elementos y completándolas con nombres concretos. Explique su selección en todo caso. ¡A ver si Ud. y su compañero/a tienen opiniones diferentes!

MODELO: sugerir / leer / los libros de... →
—Yo le habría sugerido que leyera los libros de Hunter Thompson para que tuviera otra perspectiva de los Estados Unidos.
—Yo no. Yo le habría sugerido que leyera los libros de Tom Wolfe para que sepa cómo es la vida actual de los Estados Unidos.

1.   sugerir / leer / los libros de... (el libro...)
2.   aconsejar / ver / la película... (las películas de...)
3.   recomendar / mirar / el programa...
4.   decir / comprarse / la revista... (el periódico...)
5.   ¿____ ?

▮ DE TODO UN POCO

ACTIVIDAD A.   **A manera de epílogo...**

A continuación aparecen unos fragmentos de una respuesta a «Estampas bostonianas» escrita por Elena Gascón-Vera que fue publicada en el mismo periódico poco después de salir el artículo de Rosa Montero. Al leer el artículo, busque la siguiente información.

1.   la profesión de la autora y la relación que guarda con Montero
2.   las razones por las cuales escribió una respuesta a la serie de artículos
3.   su evaluación de la perspectiva de Montero

Glosa° a las «Estampas bostonianas»

Comentario

Sí, es cierto que últimamente está de moda hablar mal de Estados Unidos. Esta tendencia es natural y, yo diría, necesaria y sana, teniendo en cuenta que es el país más rico y poderoso del mundo y que su actual Gobierno mantiene con intransigencia una política económica e internacional que oprime° y sojuzga° a los países más débiles que

oppresses / subjugates

intentan escapar a su control. Toda crítica que sirva para poder distinguir y eliminar los aspectos imperialistas y autoritarios a los que tienden las democracias occidentales y, sobre todo, la nación democrática y capitalista que fundó Washington y ratificó Lincoln, es, en sí misma, una necesidad humanista e intelectual. Sin embargo, las críticas económicas y políticas se vuelven especulativas y abstractas cuando se empieza a hablar del pueblo norteamericano. La inmensidad de este gran país, con su variedad de culturas y razas, plantea la casi imposibilidad de objetivar y profundizar en el análisis de las costumbres, problemas, anhelos° y frustraciones de los norteamericanos.   *deseos*

Esta dificultad se ve clara en la serie de artículos que mi querida amiga Rosa Montero ha publicado recientemente en *El País*. Todo lo que Rosa narra, con su personal estilo de crónica y viñetas, sobre su reciente estancia en EE UU, puede ser perfectamente reconocido por cualquier turista que tenga la oportunidad de adentrarse en la vida diaria del mundo universitario norteamericano; sin embargo, también pienso que Rosa, en sus «Estampas bostonianas», peca de° excesivamente simplista, parcial y precipitada° en unos juicios° elaborados desde este pequeño núcleo de población intelectual y universitario localizado en Boston. Reconozco que en esta contestación mía a las observaciones de Rosa hay un deseo de querer afinar° sobre ciertos aspectos que, al no ser adecuadamente presentados, desvirtúan° la realidad personal del americano que vive y trabaja en un sistema de educación liberal y privado del que Wellesley College, MIT y Harvard son máximos exponentes y cuyo modelo está perfectamente realizado en Estados Unidos.   *peca... is guilty of being / hasty judgments*   *refine*   *detract from*

Cuando invité a Javier Marías, en el otoño, y a Rosa Montero, en la primavera, para que me sustituyeran en mi año sabático tenía dos claras intenciones. En primer lugar, deseaba que ellos, como jóvenes novelistas y como profesionales intelectuales, ligeramente marginados° de lo establecido, trajeran a Wellesley una cierta mentalidad nueva española, que yo, como académica y profesora trabajando durante siete años fuera de España, no podía adecuadamente dar. También deseaba que ellos, como amigos míos, disfrutaran de las excelencias de enseñar en un ambiente peculiar° y extraño de una universidad de mujeres como es Wellesley y que, al hacerlo, aprendieran, asimismo,° algo de la gran libertad de pensamiento y de las infinitas posibilidades académicas que la universidad privada norteamericana ofrece.   *ligeramente... slightly on the fringes*   *especial*   *del mismo modo*

Mi intención en cuanto a° la aportación° de mis amigos al departamento ha sido un éxito, ya que tanto colegas como alumnas no hacen más que ensalzarme° su profesionalidad, su dedicación y la simpatía que ambos han despertado. Sin embargo, en cuanto a mi segundo deseo temo, después de leer el artículo de Rosa, que no ha logrado percibir° lo que es y representa la lucha por la integridad y la libertad intelectual y personal del sistema universitario americano.   *en... con respecto a / contribución*   *praise to me*   *perceive*

.
.
.

Rosa Montero encuentra a los americanos raros, y, aunque el calificativo° es de por sí° ambiguo e inocuo, los ejemplos en los que ella apoya su rareza son, simplemente, unas muestras de un comportamiento° y de una forma de vida que están basados en una cultura que, evidentemente, no es europea, porque es el resultado de un colonialismo y de una emigración típicamente americanos. No es el lugar aquí ni tampoco soy yo la indicada para repasar la historia del puritanismo de Nueva Inglaterra, ni de la necesidad de tolerancia, distanciamiento y respeto que se requieren en una sociedad que, como ella misma apunta, ha amalgamado e integrado, en menos de dos siglos, a millones de emigrantes pobres de todo el mundo. Ya en los años sesenta se admitió que era una falacia la idea optimista de ver América como una coctelera° donde razas   *adjetivo*   *de... in itself*   *behavior*   *cocktail shaker* y orígenes dispares se mezclaban en una unidad indiferenciada; sin embargo, también es cierto que cualquier turista español que se pasee por las calles de Boston o de Nueva York se asombrará de ver la variedad de razas y subculturas que integran estas ciudades de emigrantes y que, a pesar de sus enormes diferencias, se sienten todos ellos americanos.

Rosa comenta, con una mezcla de admiración y rechazo la amabilidad americana que ella parece no comprender bien, porque la equipara° con el avasallamiento° y el afán° de control y dominio al que estamos tan acostumbrados en las relaciones familiares y sociales de nuestro país. Es cierto que, de entrada, el norteamericano no será campechano° ni espontáneo, y que se mostrará sonriente y alejado,° como a la expectativa de tus reacciones, pero en ese estar alerta hay casi siempre un deseo de dar lo que se le pida....

sees it as the equivalent / sujeción

deseo

open / *remote*

.
.
.

Me gustaría preguntarle a Rosa por qué además de hablar de la belleza y riqueza del Boston universitario, de sus privilegios y de su bienestar, de su competitividad y de su alienación, no ha hablado de la apertura° y generosidad de la gente que ha conocido; de la entrega° y dedicación de los profesores de Wellesley; de la libertad, tolerancia y humanismo de su administración. Estoy convencida de que acaso no lo ha hecho por discreción y pudor,° pero también me temo que, tal vez, no lo ha hecho porque hablar de lo bueno no es excesivamente periodístico y, como todos sabemos, no está de moda hablar bien de nada en la España de hoy, y mucho menos de EE UU. Creo que el placer, el afecto° y la felicidad que experimentó en Wellesley también forman parte de sus estampas bostonianas, y estoy segura de que también hubieran interesado a sus ávidos lectores.

openness

giving nature

modesty

cariño

ACTIVIDAD B. **Comprensión de la lectura**

Complete las siguientes oraciones con las palabras o frases apropiadas. Luego dé en cada grupo la oración que falta, según la lectura.

1. Elena Gascón-Vera es...
    a. _____ en Wellesley College.
    b. _____ de Rosa Montero.
    c. ¿_____ ?
2. Según Gascón-Vera, hablar mal de los Estados Unidos es una tendencia natural porque...
    a. es el país más _____ del mundo.
    b. algunas personas no están de acuerdo con la política de _____ .
    c. ¿_____ ?
3. Gascón-Vera escribió su artículo para...
    a. aclarar _____ .
    b. presentar _____ .
    c. ¿_____ ?

4. Invitó a Rosa Montero para que...
    a. la sustituyera en _____ .
    b. trajera a Wellesley _____ .
    c. ¿_____ ?
5. Su intención fue un éxito con respecto a lo siguiente:
    a. Sus colegas hablaban muy bien de _____ .
    b. ¿_____ ?
6. Gascón-Vera teme que Rosa Montero...
    a. no haya logrado _____ .
    b. ¿_____ ?
7. Según ella, el norteamericano...
    a. no será _____ .
    b. será _____ .
    c. ¿_____ ?

ACTIVIDAD C. **Con sus propias palabras**

Imagine que el Departamento de Español de su universidad quiere invitar a un profesor del extranjero para dar clases el semestre entrante. Algunos profesores han sugerido el nombre de Eduardo Gudiño Kieffer, otros prefieren invitar al Sr. Díaz-Plaja y otros quieren invitar a Rosa Montero. ¿Cuál de los tres preferiría Ud. que el Departamento invitara? Escriba las razones por las cuales Ud. está a favor y en contra de invitar a cada uno/a de ellos, basándolas en los artículos que acaba de leer.

Appendix 1: Numbers

■ CARDINAL NUMBERS

0	cero	31	treinta y uno (treinta y un[a])
1	uno (un, una)	40	cuarenta
2	dos	50	cincuenta
3	tres	60	sesenta
4	cuatro	70	setenta
5	cinco	80	ochenta
6	seis	90	noventa
7	siete	100	cien, ciento
8	ocho	101	ciento uno (un, una)
9	nueve	120	ciento veinte
10	diez	200	doscientos/as
11	once	201	doscientos uno/a
12	doce	300	trescientos/as
13	trece	400	cuatrocientos/as
14	catorce	500	quinientos/as
15	quince	600	seiscientos/as
16	dieciséis (diez y seis)	700	setecientos/as
17	diecisiete (diez y siete)	800	ochocientos/as
18	dieciocho (diez y ocho)	900	novecientos/as
19	diecinueve (diez y nueve)	1.000	mil
20	veinte	2.000	dos mil
21	veintiuno (veintiún, veintiuna)	100.000	cien mil
	(veinte y un[o], veinte y una)	500.000	quinientos/as mil
22	veintidós (veinte y dos)	1.000.000	un millón
30	treinta	2.000.000	dos millones

1. **Uno/a** agrees in gender with the noun it modifies. The final **-o** is dropped before a masculine noun.

> —¿Cuántos hijos tienen los señores Gómez, uno o dos?
> —Tienen **un** hijo y **una** hija.

2. **Cien** is used instead of **ciento** before a noun and before **mil** and **millones**.

> Mi coche me costó **ciento** cincuenta dólares porque tiene más de **cien** mil millas... mucho más.

3. **Millón** and **millones** require the preposition **de** when followed by a noun.

> Hay casi diecinueve **millones de** personas de ascendencia hispana en los Estados Unidos.

4. Numbers in the hundreds, from 200 to 900, agree in gender with the nouns they modify.

> Hoy la cafetería sirvió **quinientas** hamburguesas, **cuatrocientas** ensaladas y **ochocientos** refrescos.

5. All other cardinal numbers are invariable.

> Un atleta comió **cuatro** hamburguesas y tomó **cinco** refrescos.

FRACTIONS

¹⁄₁₀ un décimo
¹⁄₉   un noveno
¹⁄₈   un octavo
¹⁄₇   un séptimo
¹⁄₆   un sexto
¹⁄₅   un quinto
¹⁄₄   un cuarto
¹⁄₃   un tercero
¹⁄₂   un medio

Medio/a is used to express *half* in expressions of time and measurement. Otherwise, **la mitad (de)** is used.

> Pasamos por tu casa a las nueve y **media**. Es decir, en **media** hora.
> **La mitad del** público salió del teatro después del intervalo, pero **la** otra **mitad** se quedó para ver la segunda **mitad** del drama.

Appendix 2: Telling Time

¿Qué hora es?	*What time is it?*
Es la una.	*It's one o'clock.*
Son las dos **y cuarto** (**quince**).	*It's two fifteen (quarter after two).*
Son las tres **y media**.	*It's three thirty.*
Son las cuatro **menos** veinte.	*It's three forty (twenty to four).*
Son las cinco **menos cuarto** (**quince**).	*It's a quarter to five (four forty five).*
Son las cinco **de la tarde**.	*It's five o'clock in the afternoon.*
Son las ocho **en punto**.	*It's eight on the dot (sharp).*
Era (el) **mediodía**.	*It was noon(time).*
Era (la) **medianoche**.	*It was midnight.*
Es **hora de** comer.	*It's time to eat.*
¿A qué hora es la fiesta?	*What time is the party (at)?*
A las nueve.	*At nine o'clock.*

¡Atención!

- **Ser** is used to express the hour of the day. The imperfect is used to express the hour in the past.
- There is no Spanish equivalent for *o'clock*. The definite articles **la** and **las** are always used with the hour.
- The verb and the article are singular for 1 o'clock and plural for all other hours.
- The word **minutos** is not generally used when telling time.
- To indicate morning, afternoon, or night, the following expressions are added: **de la mañana**, **de la tarde**, **de la noche**.* De la madrugada indicates dawn hours.

¿Cuándo estudias, **por la mañana** o **por la noche**? Siempre empiezo a estudiar a las ocho **de la noche**.	*When do you study, in the morning or at night? I always start to study at 8 P.M..*

---

*Contrast this usage with **por** (**la mañana**, **tarde**, **noche**), which is used to indicate a part of the day, never with a specific time.

Appendix 3: Days, Months, Seasons, Dates, and Years

■ LOS DÍAS DE LA SEMANA

(el) domingo	(el) jueves
(el) lunes	(el) viernes
(el) martes	(el) sábado
(el) miércoles	

lunes, **el** lunes	*Monday, on Monday*
martes, **los** martes	*Tuesday, on Tuesdays*
el fin de semana	*(on) the weekend*
hoy, mañana, pasado mañana	*today, tomorrow, the day after tomorrow*
Hoy es viernes (domingo).	*Today is Friday (Sunday).*
el próximo martes (jueves)	*next Tuesday (Thursday)*

¡Atención!

- The days of the week are not capitalized in Spanish (unless they are the first word of a sentence).
- **Lunes** (*Monday*) is the first day of the week on the Spanish calendar.
- **En** is not used with the name of the days of the week. The word **el** (**los**) expresses English *on* in that context.

    Beatriz va al dentista **el miércoles**, ¿verdad?

- Except for **el sábado/los sábados** and **el domingo/los domingos**, all the days of the week use the same form for the plural as they do for singular. Only the definite article changes for the days that end in **-s**: **el viernes/*los* viernes**.
- Los meses y las estaciones del año; la fecha

se(p)tiembre			marzo	
octubre	} el otoño		abril	} la primavera
noviembre			mayo	

diciembre		junio	
enero	el invierno	julio	el verano
febrero		agosto	

¿Cuál es la fecha de hoy?
¿A cuánto estamos?

(Hoy) Es el primero de enero.
(Hoy) Es el cinco de julio.

(Hoy) Es lunes, 24 de julio.

¡Atención!

- The ordinal number **primero** expresses the first day of the month. Cardinal numbers (**dos**, **tres**, and so on) are used for other days.
- The definite article **el** is used before the date. However, when the day of the week is expressed, **el** is omitted.
- El año

    1492   mil cuatrocientos noventa y dos
    1898   mil ochocientos noventa y ocho
    1991   mil novecientos noventa y uno

¡Atención!

The year is almost always given in this complete form. If both speakers know the year(s) referred to, it might be shortened to the last two digits.

    ¿Vas a graduarte en el noventa y uno?
    No, no me gradúo hasta el noventa y dos.

Appendix 4: Verbs

A. REGULAR VERBS: SIMPLE TENSES

INFINITIVE PRESENT PARTICIPLE PAST PARTICIPLE	INDICATIVE					SUBJUNCTIVE		IMPERATIVE
	PRESENT	IMPERFECT	PRETERITE	FUTURE	CONDITIONAL	PRESENT	IMPERFECT	
hablar hablando hablado	hablo hablas habla hablamos habláis hablan	hablaba hablabas hablaba hablábamos hablabais hablaban	hablé hablaste habló hablamos hablasteis hablaron	hablaré hablarás hablará hablaremos hablaréis hablarán	hablaría hablarías hablaría hablaríamos hablaríais hablarían	hable hables hable hablemos habléis hablen	hablara hablaras hablara habláramos hablarais hablaran	habla tú, no hables hable Ud. hablemos hablen
comer comiendo comido	como comes come comemos coméis comen	comía comías comía comíamos comíais comían	comí comiste comió comimos comisteis comieron	comeré comerás comerá comeremos comeréis comerán	comería comerías comería comeríamos comeríais comerían	coma comas coma comamos comáis coman	comiera comieras comiera comiéramos comierais comieran	come tú, no comas coma Ud. comamos coman
vivir viviendo vivido	vivo vives vive vivimos vivís viven	vivía vivías vivía vivíamos vivíais vivían	viví viviste vivió vivimos vivisteis vivieron	viviré vivirás vivirá viviremos viviréis vivirán	viviría vivirías viviría viviríamos viviríais vivirían	viva vivas viva vivamos viváis vivan	viviera vivieras viviera viviéramos vivierais vivieran	vive tú, no vivas viva Ud. vivamos vivan

B. REGULAR VERBS: PERFECT TENSES

	INDICATIVE					SUBJUNCTIVE	
	PRESENT PERFECT	PAST PERFECT	PRETERITE PERFECT	FUTURE PERFECT	CONDITIONAL PERFECT	PRESENT PERFECT	PAST PERFECT
	he	había	hube	habré	habría	haya	hubiera
	has	habías	hubiste	habrás	habrías	hayas	hubieras
	ha hablado	había hablado	hubo hablado	habrá hablado	habría hablado	haya hablado	hubiera hablado
	hemos comido	habíamos comido	hubimos comido	habremos comido	habríamos comido	hayamos comido	hubiéramos comido
	habéis vivido	habíais vivido	hubisteis vivido	habréis vivido	habríais vivido	hayáis vivido	hubierais vivido
	han	habían	hubieron	habrán	habrían	hayan	hubieran

C. IRREGULAR VERBS

INFINITIVE / PRESENT PARTICIPLE / PAST PARTICIPLE	INDICATIVE					SUBJUNCTIVE		IMPERATIVE
	PRESENT	IMPERFECT	PRETERITE	FUTURE	CONDITIONAL	PRESENT	IMPERFECT	
andar	ando	andaba	anduve	andaré	andaría	ande	anduviera	
andando	andas	andabas	anduviste	andarás	andarías	andes	anduvieras	anda tú,
andado	anda	andaba	anduvo	andará	andaría	ande	anduviera	no andes
	andamos	andábamos	anduvimos	andaremos	andaríamos	andemos	anduviéramos	ande Ud.
	andáis	andabais	anduvisteis	andaréis	andaríais	andéis	anduvierais	andemos
	andan	andaban	anduvieron	andarán	andarían	anden	anduvieran	anden
caer	caigo	caía	caí	caeré	caería	caiga	cayera	
cayendo	caes	caías	caíste	caerás	caerías	caigas	cayeras	cae tú,
caído	cae	caía	cayó	caerá	caería	caiga	cayera	no caigas
	caemos	caíamos	caímos	caeremos	caeríamos	caigamos	cayéramos	caiga Ud.
	caéis	caíais	caísteis	caeréis	caeríais	caigáis	cayerais	caigamos
	caen	caían	cayeron	caerán	caerían	caigan	cayeran	caigan

C. IRREGULAR VERBS (CONTINUED)

INFINITIVE / PRESENT PARTICIPLE / PAST PARTICIPLE	INDICATIVE					SUBJUNCTIVE		IMPERATIVE
	PRESENT	IMPERFECT	PRETERITE	FUTURE	CONDITIONAL	PRESENT	IMPERFECT	
dar dando dado	doy das da damos dais dan	daba dabas daba dábamos dabais daban	di diste dio dimos disteis dieron	daré darás dará daremos daréis darán	daría darías daría daríamos daríais darían	dé des dé demos deis den	diera dieras diera diéramos dierais dieran	da tú, no des dé Ud. demos den
decir diciendo dicho	digo dices dice decimos decís dicen	decía decías decía decíamos decíais decían	dije dijiste dijo dijimos dijisteis dijeron	diré dirás dirá diremos diréis dirán	diría dirías diría diríamos diríais dirían	diga digas diga digamos digáis digan	dijera dijeras dijera dijéramos dijerais dijeran	di tú, no digas diga Ud. digamos digan
estar estando estado	estoy estás está estamos estáis están	estaba estabas estaba estábamos estabais estaban	estuve estuviste estuvo estuvimos estuvisteis estuvieron	estaré estarás estará estaremos estaréis estarán	estaría estarías estaría estaríamos estaríais estarían	esté estés esté estemos estéis estén	estuviera estuvieras estuviera estuviéramos estuvierais estuvieran	está tú, no estés esté Ud. estemos estén
haber habiendo habido	he has ha hemos habéis han	había habías había habíamos habíais habían	hube hubiste hubo hubimos hubisteis hubieron	habré habrás habrá habremos habréis habrán	habría habrías habría habríamos habríais habrían	haya hayas haya hayamos hayáis hayan	hubiera hubieras hubiera hubiéramos hubierais hubieran	
hacer haciendo hecho	hago haces hace hacemos hacéis hacen	hacía hacías hacía hacíamos hacíais hacían	hice hiciste hizo hicimos hicisteis hicieron	haré harás hará haremos haréis harán	haría harías haría haríamos haríais harían	haga hagas haga hagamos hagáis hagan	hiciera hicieras hiciera hiciéramos hicierais hicieran	haz tú, no hagas haga Ud. hagamos hagan

C. IRREGULAR VERBS (CONTINUED)

ir / yendo / ido

	INDICATIVE					SUBJUNCTIVE		IMPERATIVE
	PRESENT	IMPERFECT	PRETERITE	FUTURE	CONDITIONAL	PRESENT	IMPERFECT	
	voy	iba	fui	iré	iría	vaya	fuera	
	vas	ibas	fuiste	irás	irías	vayas	fueras	ve tú,
	va	iba	fue	irá	iría	vaya	fuera	no vayas
	vamos	íbamos	fuimos	iremos	iríamos	vayamos	fuéramos	vaya Ud.
	vais	ibais	fuisteis	iréis	iríais	vayáis	fuerais	vayamos
	van	iban	fueron	irán	irían	vayan	fueran	vayan

oír / oyendo / oído

PRESENT	IMPERFECT	PRETERITE	FUTURE	CONDITIONAL	PRESENT	IMPERFECT	IMPERATIVE
oigo	oía	oí	oiré	oiría	oiga	oyera	
oyes	oías	oíste	oirás	oirías	oigas	oyeras	oye tú,
oye	oía	oyó	oirá	oiría	oiga	oyera	no oigas
oímos	oíamos	oímos	oiremos	oiríamos	oigamos	oyéramos	oiga Ud.
oís	oíais	oísteis	oiréis	oiríais	oigáis	oyerais	oigamos
oyen	oían	oyeron	oirán	oirían	oigan	oyeran	oigan

poder / pudiendo / podido

PRESENT	IMPERFECT	PRETERITE	FUTURE	CONDITIONAL	PRESENT	IMPERFECT	IMPERATIVE
puedo	podía	pude	podré	podría	pueda	pudiera	
puedes	podías	pudiste	podrás	podrías	puedas	pudieras	
puede	podía	pudo	podrá	podría	pueda	pudiera	
podemos	podíamos	pudimos	podremos	podríamos	podamos	pudiéramos	
podéis	podíais	pudisteis	podréis	podríais	podáis	pudierais	
pueden	podían	pudieron	podrán	podrían	puedan	pudieran	

poner / poniendo / puesto

PRESENT	IMPERFECT	PRETERITE	FUTURE	CONDITIONAL	PRESENT	IMPERFECT	IMPERATIVE
pongo	ponía	puse	pondré	pondría	ponga	pusiera	
pones	ponías	pusiste	pondrás	pondrías	pongas	pusieras	pon tú,
pone	ponía	puso	pondrá	pondría	ponga	pusiera	no pongas
ponemos	poníamos	pusimos	pondremos	pondríamos	pongamos	pusiéramos	ponga Ud.
ponéis	poníais	pusisteis	pondréis	pondríais	pongáis	pusierais	pongamos
ponen	ponían	pusieron	pondrán	pondrían	pongan	pusieran	pongan

querer / queriendo / querido

PRESENT	IMPERFECT	PRETERITE	FUTURE	CONDITIONAL	PRESENT	IMPERFECT	IMPERATIVE
quiero	quería	quise	querré	querría	quiera	quisiera	
quieres	querías	quisiste	querrás	querrías	quieras	quisieras	quiere tú,
quiere	quería	quiso	querrá	querría	quiera	quisiera	no quieras
queremos	queríamos	quisimos	querremos	querríamos	queramos	quisiéramos	quiera Ud.
queréis	queríais	quisisteis	querréis	querríais	queráis	quisierais	queramos
quieren	querían	quisieron	querrán	querrían	quieran	quisieran	quieran

C. IRREGULAR VERBS (CONTINUED)

INFINITIVE PRESENT PARTICIPLE PAST PARTICIPLE	INDICATIVE					SUBJUNCTIVE		IMPERATIVE
	PRESENT	IMPERFECT	PRETERITE	FUTURE	CONDITIONAL	PRESENT	IMPERFECT	
saber sabiendo sabido	sé sabes sabe sabemos sabéis saben	sabía sabías sabía sabíamos sabíais sabían	supe supiste supo supimos supisteis supieron	sabré sabrás sabrá sabremos sabréis sabrán	sabría sabrías sabría sabríamos sabríais sabrían	sepa sepas sepa sepamos sepáis sepan	supiera supieras supiera supiéramos supierais supieran	sabe tú, no sepas sepa Ud. sepamos sepan
salir saliendo salido	salgo sales sale salimos salís salen	salía salías salía salíamos salíais salían	salí saliste salió salimos salisteis salieron	saldré saldrás saldrá saldremos saldréis saldrán	saldría saldrías saldría saldríamos saldríais saldrían	salga salgas salga salgamos salgáis salgan	saliera salieras saliera saliéramos salierais salieran	sal tú, no salgas salga Ud. salgamos salgan
ser siendo sido	soy eres es somos sois son	era eras era éramos erais eran	fui fuiste fue fuimos fuisteis fueron	seré serás será seremos seréis serán	sería serías sería seríamos seríais serían	sea seas sea seamos seáis sean	fuera fueras fuera fuéramos fuerais fueran	sé tú, no seas sea Ud. seamos sean
tener teniendo tenido	tengo tienes tiene tenemos tenéis tienen	tenía tenías tenía teníamos teníais tenían	tuve tuviste tuvo tuvimos tuvisteis tuvieron	tendré tendrás tendrá tendremos tendréis tendrán	tendría tendrías tendría tendríamos tendríais tendrían	tenga tengas tenga tengamos tengáis tengan	tuviera tuvieras tuviera tuviéramos tuvierais tuvieran	ten tú, no tengas tenga Ud. tengamos tengan
traer trayendo traído	traigo traes trae traemos traéis traen	traía traías traía traíamos traíais traían	traje trajiste trajo trajimos trajisteis trajeron	traeré traerás traerá traeremos traeréis traerán	traería traerías traería traeríamos traeríais traerían	traiga traigas traiga traigamos traigáis traigan	trajera trajeras trajera trajéramos trajerais trajeran	trae tú, no traigas traiga Ud. traigamos traigan

C. IRREGULAR VERBS (CONTINUED)

INFINITIVE / PRESENT PARTICIPLE / PAST PARTICIPLE	INDICATIVE					SUBJUNCTIVE		IMPERATIVE
	PRESENT	IMPERFECT	PRETERITE	FUTURE	CONDITIONAL	PRESENT	IMPERFECT	
venir viniendo venido	vengo vienes viene venimos venís vienen	venía venías venía veníamos veníais venían	vine viniste vino vinimos vinisteis vinieron	vendré vendrás vendrá vendremos vendréis vendrán	vendría vendrías vendría vendríamos vendríais vendrían	venga vengas venga vengamos vengáis vengan	viniera vinieras viniera viniéramos vinierais vinieran	ven tú, no vengas venga Ud. vengamos vengan
ver viendo visto	veo ves ve vemos veis ven	veía veías veía veíamos veíais veían	vi viste vio vimos visteis vieron	veré verás verá veremos veréis verán	vería verías vería veríamos veríais verían	vea veas vea veamos veáis vean	viera vieras viera viéramos vierais vieran	ve tú, no veas vea Ud. veamos vean

D. STEM-CHANGING AND SPELLING CHANGE VERBS

INFINITIVE / PRESENT PARTICIPLE / PAST PARTICIPLE	INDICATIVE					SUBJUNCTIVE		IMPERATIVE
	PRESENT	IMPERFECT	PRETERITE	FUTURE	CONDITIONAL	PRESENT	IMPERFECT	
pensar (ie) / pensando / pensado	pienso piensas piensa pensamos pensáis piensan	pensaba pensabas pensaba pensábamos pensabais pensaban	pensé pensaste pensó pensamos pensasteis pensaron	pensaré pensarás pensará pensaremos pensaréis pensarán	pensaría pensarías pensaría pensaríamos pensaríais pensarían	piense pienses piense pensemos penséis piensen	pensara pensaras pensara pensáramos pensarais pensaran	piensa tú, no pienses piense Ud. pensemos piensen
volver (ue) / volviendo / vuelto	vuelvo vuelves vuelve volvemos volvéis vuelven	volvía volvías volvía volvíamos volvíais volvían	volví volviste volvió volvimos volvisteis volvieron	volveré volverás volverá volveremos volveréis volverán	volvería volverías volvería volveríamos volveríais volverían	vuelva vuelvas vuelva volvamos volváis vuelvan	volviera volvieras volviera volviéramos volvierais volvieran	vuelve tú, no vuelvas vuelva Ud. volvamos vuelvan
dormir (ue, u) / durmiendo / dormido	duermo duermes duerme dormimos dormís duermen	dormía dormías dormía dormíamos dormíais dormían	dormí dormiste durmió dormimos dormisteis durmieron	dormiré dormirás dormirá dormiremos dormiréis dormirán	dormiría dormirías dormiría dormiríamos dormiríais dormirían	duerma duermas duerma durmamos durmáis duerman	durmiera durmieras durmiera durmiéramos durmierais durmieran	duerme tú, no duermas duerma Ud. durmamos duerman
sentir (ie, i) / sintiendo / sentido	siento sientes siente sentimos sentís sienten	sentía sentías sentía sentíamos sentíais sentían	sentí sentiste sintió sentimos sentisteis sintieron	sentiré sentirás sentirá sentiremos sentiréis sentirán	sentiría sentirías sentiría sentiríamos sentiríais sentirían	sienta sientas sienta sintamos sintáis sientan	sintiera sintieras sintiera sintiéramos sintierais sintieran	siente tú, no sientas sienta Ud. sintamos sientan
pedir (i, i) / pidiendo / pedido	pido pides pide pedimos pedís piden	pedía pedías pedía pedíamos pedíais pedían	pedí pediste pidió pedimos pedisteis pidieron	pediré pedirás pedirá pediremos pediréis pedirán	pediría pedirías pediría pediríamos pediríais pedirían	pida pidas pida pidamos pidáis pidan	pidiera pidieras pidiera pidiéramos pidierais pidieran	pide tú, no pidas pida Ud. pidamos pidan

[Handwritten margin notes: empezar, poder, morir, preferir]

D. STEM-CHANGING AND SPELLING CHANGE VERBS (CONTINUED)

INFINITIVE PRESENT PARTICIPLE PAST PARTICIPLE	INDICATIVE					SUBJUNCTIVE		IMPERATIVE
	PRESENT	IMPERFECT	PRETERITE	FUTURE	CONDITIONAL	PRESENT	IMPERFECT	
reír (i, i) riendo reído	río ríes ríe reímos reís ríen	reía reías reía reíamos reíais reían	reí reíste rió reímos reísteis rieron	reiré reirás reirá reiremos reiréis reirán	reiría reirías reiría reiríamos reiríais reirían	ría rías ría riamos riáis rían	riera rieras riera riéramos rierais rieran	ríe tú, no rías ría Ud. riamos rían
seguir (i, i) (ga) siguiendo seguido	sigo sigues sigue seguimos seguís siguen	seguía seguías seguía seguíamos seguíais seguían	seguí seguiste siguió seguimos seguisteis siguieron	seguiré seguirás seguirá seguiremos seguiréis seguirán	seguiría seguirías seguiría seguiríamos seguiríais seguirían	siga sigas siga sigamos sigáis sigan	siguiera siguieras siguiera siguiéramos siguierais siguieran	sigue tú, no sigas siga Ud. sigamos sigan
construir (y) construyendo construido	construyo construyes construye construimos construís construyen	construía construías construía construíamos construíais construían	construí construiste construyó construimos construisteis construyeron	construiré construirás construirá construiremos construiréis construirán	construiría construirías construiría construiríamos construiríais construirían	construya construyas construya construyamos construyáis construyan	construyera construyeras construyera construyéramos construyerais construyeran	construye tú, no construyas construya Ud. construyamos construyan
producir (zc) produciendo producido	produzco produces produce producimos producís producen	producía producías producía producíamos producíais producían	produje produjiste produjo produjimos produjisteis produjeron	produciré producirás producirá produciremos produciréis producirán	produciría producirías produciría produciríamos produciríais producirían	produzca produzcas produzca produzcamos produzcáis produzcan	produjera produjeras produjera produjéramos produjerais produjeran	produce tú, no produzcas produzca Ud. produzcamos produzcan

Vocabulary

The **Spanish-English Vocabulary** contains all the words that appear in the text, with the following exceptions: (1) most close or identical cognates that do not appear in the chapter vocabulary lists; (2) most conjugated verb forms; (3) diminutives in **-ito/a**; (4) absolute superlatives in **-ísimo/a**; (5) most adverbs in **-mente**; (6) most numbers; (7) subject and object pronouns and possessive and demonstrative adjectives; (8) some vocabulary from realia and authentic readings. Only meanings that are used in the text are given.

The gender of nouns is indicated, except for masculine nouns ending in **-o** and feminine nouns ending in **-a**. Stem changes and spelling changes are indicated for verbs: **dormir** (**ue**, **u**); **llegar** (**gu**).

Words beginning with **ch**, **ll**, and **ñ** are found under separate headings, following the letters **c**, **l**, and **n**, respectively. Similarly, **ch**, **ll**, and **ñ** within words follow **c**, **l**, and **n**, respectively. For example, **coche** follows **cóctel**, **calle** follows **calor**, and **añadir** follows **anuncio**.

The following abbreviations are used:

adj.	adjective	*inf.*	infinitive	*poss.*	possessive
adv.	adverb	*inv.*	invariable in form	*prep.*	preposition
approx.	approximately	*irreg.*	irregular	*pron.*	pronoun
Arg.	Argentina	*L.A.*	Latin America	*refl. pron.*	reflexive pronoun
conj.	conjunction	*m.*	masculine	*s.*	singular
d.o.	direct object	*Mex.*	Mexico	*sl.*	slang
f.	feminine	*n.*	noun	*Sp.*	Spain
fam.	familiar	*obj. (of prep.)*	object (of a preposition)	*sub. pron.*	subject pronoun
form.	formal	*p.p.*	past participle	*subj.*	subjunctive
gram.	grammatical term	*pl.*	plural	*v.*	verb
i.o.	indirect object				

SPANISH-ENGLISH VOCABULARY

A

abajo *prep.* down; down with
abandonar to abandon
abastecer (**zc**) to supply
abeja bee
abierto/a (*p.p. of* **abrir**) open(ed)
abigarrado/a many-colored; motley
abordar: tarjeta de abordar boarding pass
abrazar (**c**) to hug
abrazo embrace, hug

abrigo coat
   abrigo de pieles fur coat
abril *m.* April
abrir (*p.p.* **abierto/a**) to open
   abrirse paso to make one's way
absoluto: en absoluto not at all
absorber to absorb
abuelo/a grandparent
abundar to be abundant
aburrido/a bored, boring

aburrir to bore
acá here
acabar to finish
   acabar con to put an end to
   acabar de to have just
   se acabó that's the end of it
acampar to camp out
acaso perhaps
acceder to agree to
aceite *m.* oil

acelerar to speed up
acerca: acerca de about, concerning
acercarse (qu) to approach
acertado/a correct
acertar (ie) to guess right; to be right
acervo values
aciago/a fateful
ácido *n.* acid
ácido/a *adj.* sour, tart
aclamado/a acclaimed
aclarar to clarify
acomodador(a) usher
acomodar to find a place for, accommodate
acompañar to accompany
aconsejar to advise
acontecimiento event
acoplar to connect
acordar (ue) to agree on
  acordarse de to remember
acorde a/con in accord
acostar (ue) to put (*someone*) to bed
  acostarse to go to bed
acostumbrar to be in the habit of
  acostumbrarse a to get accustomed to
acta record of proceedings
actriz *f.* (*pl.* **actrices**) actress
actuación *f.* performance
actual current
actualidad *f.* present situation
actualización *f.* modernization
actuar to behave; to act (as in a movie)
acudir to go, attend
acuerdo agreement
  ¡de acuerdo! we agree!
  de acuerdo con in accordance with
  estar de acuerdo to be in agreement
  ir de acuerdo to go along with
  llegar (gu) a un acuerdo to reach an agreement
  ponerse de acuerdo to come to an agreement
adelante ahead, forward
adelanto progress, advance
ademán *m.* gesture
además *adv.* furthermore
  además de *prep.* besides
adentrarse to delve into, research
adiós goodbye
adivinar to guess
adjetivar to use as an adjective
admirar to admire; to be amazed
admitir to admit; to agree
adoptivo/a adopted
adquirir (ie) acquire
aduana customs
aducir (zc) to cite

advertencia warning
advertir (ie, i) to warn
aerolínea airline
aeropuerto airport
afán *m.* zeal
afectar to affect
afectivo/a emotional
afecto *n.* affection
afecto/a a *adj.* attached to
afectuosamente affectionately
afeitadora eléctrica electric shaver
afeitar: brocha de afeitar shaving brush
afeitar(se) to shave
afición *f.* enthusiasm
aficionado/a fan, enthusiast
afinar to perfect, refine
afrontar to face, confront
afuera outside
afueras *n., f. pl.* outskirts
agarrar to catch hold of
agenda memo book; agenda
ágil agile, quick
agitar to disturb
agobiante *adj.* overwhelming
agobiar to exhaust
agolpar to pile up
agonizar (c) to be in agony; to be dying
agosto August
agotado/a (*pp. of* **agotar**) exhausted
agotamiento exhaustion
agotar to exhaust, use up
agradable agreeable
agradecer (zc) to thank
agrario/a agrarian
agregado/a *n.* (diplomatic) attache
agregar (gu) to add
agrícola *inv.* agricultural
agricultor(a) farmer
ágrio/a sour; tart
agua water
  agua del grifo tap water
  agua potable drinkable water
agudo/a sharp
águila eagle
ahí there
  por ahí over there
ahinco eagerness
ahogar (gu) to drown, suffocate
ahondar to make deeper
ahora now
  ahora mismo right now
ahorrar to save
aire *m.* air
  al aire libre in the open air
  un día de aire puro a day of clean air
aislado/a isolated

aislamiento isolation
aislarse to withdraw
ajedrez *m.* chess
ajeno/a belonging to another; distant
ajo garlic
ajustar to fit
ala wing
alabanza praise
alabar to praise
alarma alarm
  dar la alarma to sound the alarm
  sonar la alarma to go off (alarm clock)
alarmante alarming
albergue *m.* lodging, hostel
albóndigas meatballs
alcachofa artichoke
alcance: al alcance de within reach of
alcanzar (c) to be sufficient; to be able to (*see, hear, and so on*); to reach, achieve
alcázar *m.* castle, fortress
alegrarse to become happy
alegre happy
alegría happiness
alejado/a distant
alejar to keep at a distance
alemán *m.* German language
alemán, alemana German
Alemania Germany
alentarse (ie) to be encouraged
alergia allergy
alerta *inv.:* **estar alerta** to be alert
alfiler *m.* a pin
algo *n.* something; *adv.* somewhat
alguien somebody
algún *adj.* *apocopated form of* **alguno**
alguno/a *adj.* some
  cosa alguna anything whatsoever
alhaja jewel
aliado/a *n.* ally
aliciente *m.* attraction
alimentación *f.* food, nutrition
alimentar to feed
alimentario/a *adj.* nourishing
alimenticio/a *adj.* having to do with nutrition
alimento food
aliviar to alleviate
alma *f.* (*but* **el alma**) soul; human being
almacén *m.* large store
almanaque *m.* almanac
almohada pillow
almorzar (ue) (c) to eat lunch
almuerzo *n.* lunch
alojamiento lodging
alpinista *m. and f.* mountain climber

alquilar to rent
alquiler *n., m.* rent
alrededor de around
altivo/a haughty
alto *n.:* **alto al fuego** cease fire
alto/a high
  alta costura high fashion
  en voz alta in a loud voice
altura height
aludir to allude to
alumno/a student
allá there
  más allá de beyond
allí there
  por allí that way
amabilidad *f.* kindness
amable nice, kind
amalgamar to mix
amanecer (**zc**) to appear; to dawn
amante *m. and f.* lover
amar to love
amargo/a bitter
amarillo/a yellow
ambicionar to want to have
ambiental environmental
ambiente *n., m.* surroundings,
  atmosphere; *adj.* surrounding
ambiguo/as ambiguous
ambos/as both
amenaza threat
amenazar (**c**) to threaten
amigo/a friend
  hacerse amigos to become friends
  ser muy amigo to be a good friend
amistad *f.* friendship
amistoso/a friendly
amnistía amnesty
amo/a: amo/a de casa housekeeper;
  housewife
amoldar to adapt
amor *m.* love
ampliación *f.* enlargement
ampliar to enlarge
amplio/a wide, extensive
amplitud *f.* size, scope
amuleto amulet, charm
analfabetismo illiteracy
analfabeto/a illiterate person
analizar (**c**) to analyze
anaranjado/a *adj.* orange-colored
anciano/a *n.* elderly person; *adj.* old
ancho/a *adj.* wide
andaluz(a) from Andalucia (Spain)
andante: caballero andante knight in
  shining armor
andar *irreg.* to walk; to function
  ¿cómo andas? how are you doing?
andino/a pertaining to the Andes
  Mountains

anfitrión, anfitriona host, hostess
anglo/a of English origen; American
anhelo longing
anillo ring
animado/a vivacious, lively
animar to animate
ánimo spirit; intention
  estado de ánimo state of mind
animoso/a courageous
anoche last night
anotar to make note of
ansia longing
ansiado/a longed for
ansiedad *f.* worry
ansioso/a eager
ante *prep.* in front of; in view of; before
anteayer the day before yesterday
antecedentes *m. pl.* background
  (*information*)
antemano: de antemano beforehand
anteojos *m., pl.* eyeglasses
anterior previous
anterioridad: de anterioridad
  previously
antes *adv.* before, previously
  antes de *prep.* before
anticipar to anticipate
anticuado/a antiquated
antiestadounidense anti-United States
antigripales anti-flu
antigüedades *f. pl.* antiques
antiguo/a old, old-fashioned
antipatía dislike
antipático/a disagreeable
antojarse to feel like; to crave
antojo: a su antojo as one pleases
antónimo antonym
antros *sl. Sp.* rock-and-roll clubs,
  usually located in basements
anulación *f.* nullification
anunciar to announce
anuncio announcement
añadir to add
año year
  el Año Nuevo New Year
  el correr de los años the passing
   of time
  ¿cuántos años tiene(s)? how old
   are you?
  cumplir... años to have one's . . .
   birthday
  llevar... años to have spent . . .
   years
apagar (**gu**) to turn off
aparato appliance, device
aparcado/a parked
aparecer (**zc**) to appear
apariencia appearance
apartado *n.* post office box

aparte *adv.* apart
  aparte de *prep.* besides, in addition to
apasionado/a passionate
apático/a apathetic
apellido last name
apenas hardly, barely
apertura opening; openness
apetitoso/a delicious
aplacar (**qu**) to placate
aplaudir to applaud
aplauso applause
aplicar (**qu**) to apply
apoderar: apoderarse de to take
  possession of
apogeo height (of power)
aportar to contribute
aporte *m.* contribution
apostar (**ue**) to bet
apoyar to support
apoyo support
apreciar to appreciate, esteem
aprender to learn
aprendizaje *m.* apprenticeship
apresar to seize
apretado/a tightly packed
aprobar (**ue**) to approve; to pass a bill,
  a test
apropiado/a appropriate
apropiar to take possession
aprovechar to take advantage of
apto/a apt, capable
apuntar to point; to point out; to write
  down
apuntes *m. pl.* notes
apurado/a in a hurry
aquel: en aquel entonces at that time
árbitro/a referee
árbol *m.* tree
arcaico/a archaic
arcano/a secret
arco arch; bow
  tiro con arco archery
ardiente burning
arduo/a difficult
arena sand
arenoso/a sandy
arete *m.* earring
argumentar to argue
argumento reasoning; plot
arisco/a rude
armamentista: carrera arma-
  mentista arms race
armamentos *m. pl.* weapons
armario closet, cupboard
arraigado/a deeply rooted
arrancar (**qu**) to start off
arreglar to arrange; to fix
arreglárselas to get along, cope
arreglos repairs

arremolinar   to mill around
arterio: arterio esclerótico   sclerotic artery
artesanía   craftsmanship; handicraft
artículo   article
asado/a *adj.*   roasted
asado *n.*   dish of barbecued meats
ascendencia   ancestry
ascender (ie)   to rise
ascensor *m.*   elevator
asegurar   to guarantee; to reassure; to make sure
asesinar   to assassinate
asesinato   assassination
asfixia   smothering
asfixiar   to smother
así   like this, like that
  así como   as soon as
  así nomás   just like that
  así que   so
  es así   that's the way it is
asiduamente   assiduously
asiduo/a   frequent
asiento   seat
asignatura   course (in school)
asimilar   to assimilate
asimismo   also
asistencia   attendance
asistir   to attend
asma   asthma
asociar   to associate
asolar (ue)   to devastate
asombrar   to astonish; to frighten
asombroso/a   amazing
aspiradora   vacuum cleaner
aspirante *m. and f.*   candidate
aspirar   to breathe
asumir   to assume (command, responsibility, and so on)
asunto   matter, question, issue
asustado/a   frightened
asustar   to frighten
atacar (qu)   to attack
ataque *m.*   attack
atar   to bind
atemorizante   terrifying
atender (ie)   to pay attention (to); to take care (of)
atentamente   respectfully
atenuado/a   lessened
aterrizar (c)   to land an airplane
aterrorizar (c)   to terrify
atesorar   to treasure
atraer   to attract
atraído/a (*p.p. of* **atraer**)   attracted
atrás   back; ago
atrasar   to delay
atravesar (ie)   to go through
atreverse   to dare

atrevido/a   daring
atroz   atrocious
aturdido/a   dazed
auge *m.*   popularity
aula *m.*   classroom
aumentar   to increase
aumento *n.*   increase
aun *adv.*   even, even though
aún *adv.*   still, yet
  más aún   furthermore
aunque   even though
auriculares *m. pl.*   earphones
auscultar   to auscultate
ausencia   absence, lack
autoabastecimiento   self-sufficiency
autoaprendizaje *m.*   self-instruction
autobús *m. s.*   bus
autocriticar (qu)   to criticize oneself
autodestruir (y)   to destroy oneself
automatizar (c)   to automate
autonómico/a   autonomous
autónomo/a   autonomous
avance *m.*   advance
avanzar (c)   to advance
avariento/a   greedy person
avasallamiento   subjugation
avena   oats
aventurado/a   daring
aventurero/a   adventurer
avión *m.*   airplane
avisar   to inform
aviso *n.*   advertisement
avispa   wasp
ayer   yesterday
ayuda *n.*   help
ayudar   to help
azafata   stewardess
azar: al azar   at random
azúcar *m.*   sugar
azufre *m.*   sulphur
azul   blue

B

bachillerato   high school degree
bagaje *m.*   baggage
bahía   bay
bailar   to dance
bailarín, bailarina   dancer
baile *m.*   dance
baja   drop
bajar   to lower; to go down; to get off (*a bus, train*)
bajo/a *adj.*   lower; short
bajo *prep.*   under
balón *m.*   ball, football, soccer ball
baloncesto   basketball
ballena   whale
bancarrota   bankruptcy

banco   bank; bench
bandeja   tray
bandera   flag
bañadera   bathtub
bañar(se)   to bathe
bañista *m. and f.*   bather, swimmer
baño   bathroom; bath
  cuarto de baño   bathroom
  traje *m.* **de baño**   bathing suit
barato/a   inexpensive
barbacoa   barbecue
barbaridad *f.*   outrage, excess
  ¡qué barbaridad!   what nonsense!
barbero   barber
barco   boat
barra   bar
barrer   to sweep
barrio   district
basar   to base
base *f.*   base
  a base de   as the basic ingredient
bastante   enough
bastar   to be enough
basura   trash
batidora   beater, blender, mixer
batir   to beat, whip
beber   to drink
bebida   a drink
beca   scholarship
becario/a   recipient of a scholarship
béisbol *m.*   baseball
belleza   beauty
bello/a   beautiful
bendecido/a   blessed
beneficiar   to benefit
beneficio   benefit
berenjena   eggplant
bermuda: pantalón *m.* **bermudas**   Bermuda shorts
besar   to kiss
beso   kiss
bestia   beast
biblioteca   library
bicicleta   bicycle
  montar en bicicleta   to go bike-riding
bienestar *m.*   well-being
bienvenido/a   welcome
bife *m.*   beef
bigote *m.*   moustache
bilingüismo   bilingualism
billete *m.*   ticket
billetero/a   lottery ticket vendor
biológicas *f. pl.*   biological science
bioquímico/a   biochemist
bisabuelo/a   great grandparent
bisnieto/a   great grandchild
bistec *m.*   beefsteak
bizantino/a   Byzantine

blanco white, white person; target
  en blanco blank
  tirar al blanco shoot at a target
blando/a soft
boca mouth
bocado snack
bochar *sl. Arg.* to fail
bochazo *sl. Arg.* failure
boche *m. sl. Arg.* failure
boda wedding
boite *m.* night club
boleta ballot
boleto ticket
bolígrafo ballpoint pen
bolívar *m.* Venezuelan unit of money
bolsa bag
bolsillo pocket
bomba bomb
bombón *m.* candy
bondad *f.* goodness
bonito/a pretty
borde *m.:* **al borde de** on the verge of
borracho/a drunk
bosque *m.* forest
bostezar (**c**) to yawn
botánica botany
botella bottle
botín *m.* boot
botiquín *m.* medicine chest
botón *m.:* **botones de muestra** pins
  (*with a message, often political*)
boxeador(a) boxer
boxeo boxing
bravo/a fierce
brazo arm
breve brief
  a breve plazo in a short time
  en breve in short
brillante brilliant
brillar to shine
brillo shine
brocha brush
  brocha de afeitar shaving brush
bronceador(a) tanning
broncearse to get a tan
bruñido/a polished
buceador(a) diver, scuba diver
buceo scuba diving
buen *apocopated form of* **bueno**
bueno/a good
  ¡buen provecho! enjoy your meal!
  buena voluntad good will
  de buen ver good-looking
  estar de buen humor to be in a
    good mood
  hacer buen tiempo to be a nice day
bueno *adv.* well
bulbo bulb
burlarse (**de**) to mock, make fun (of)

buscar (**qu**) to look for
  en busca de in search of
búsqueda search
buzo: traje *m.* **de buzo** outfit for deep-
  sea diving

C

cabalgar (**gu**) to ride
cabalmente exactly
caballero gentleman
  caballero andante knight
caballo horse
cabaré *m.* cabaret
caber *irreg.* to fit
cabeza head
cabida: hay cabida there is room
cabina cabin
cacto cactus
cachivache *m.* knickknack, junk
cada each
  a cada rato every once in a while
  cada cual each one
  cada tanto every once in a while
cadena chain
caer(se) *irreg.* to fall
  caer bien to suit one; to like
  caer mal to not suit one; not to
    like
café *m.* cafe; coffee
cafeína caffeine
cafetalero/a coffee-growing
caja box
calabaza pumpkin
calamar *m.* squid
calcetines *m. pl.* socks
calculadora calculator
calentar (**ie**) to heat
calidad *f.* quality
caliente hot
calificación *f.* grading; grade
calificar (**qu**) to grade
calificativo word to describe
calma calmness
calmar to calm down
calor *m.* heat
  hace calor it's hot (*weather*)
  tener calor to be hot
callar to be quiet
calle *f.* street
callejero/a of the streets
cama bed
cámara camera; chamber
  Cámara de Comercio Chamber of
    Commerce
camarero/a waiter/waitress
cambiar to change
cambio *n.* change
  a cambio de in exchange for
  en cambio on the other hand

caminar to walk
camino road, way
camión *m.* truck
camioneta station wagon
camisa shirt
camiseta T-shirt
campamento camp
campaña campaign
campechano/a easygoing
campeón, campeona champion
campesino/a peasant
campo country; field of specialization
canal *m.* channel
cancelar to cancel
canción *f.* song
cancha: cancha de tenis tennis
  court
cándido/a sincere
canelones *m. pl.* pasta dish
canguro kangaroo
cansado/a tired
cansancio fatigue
cantante *m. and f.* singer
cantar to sing
cantidad *f.* quantity
canto song
caña cane
caño: caño de escape exhaust pipe
caos *m. s.* chaos
capa: capa de ozono ozone layer
capacitar to train
capaz (*pl.* **capaces**) capable
capilla small church, chapel
capital *f.* capital city
capitán *m.* captain
capítulo chapter
captar to understand; to depict
cara face
  cara a cara face to face
  la otra cara de la moneda the
    other side of the coin
carabela light sailing ship
caracol *m.* snail
carácter *m.* personality, disposition,
  character
caracterizar (**c**) to characterize
caramba *expression of surprise or*
  dismay
caramelo candy
caraqueño/a pertaining to Caracas
carbón *m.* coal
carcajada outburst of laughter
  soltar una carcajada to burst out
    laughing
cárcel *f.* jail
cardíaco/a cardiac
cardinal *adj.* fundamental
carecer (**zc**) to lack
cargado/a loaded down

cargo position
  a cargo de in charge of
  hacerse cargo de to take charge of
caridad *f.* charity
cariño affection
cariñoso/a affectionate
carne *f.* meat
caro/a expensive
carpeta folder
carrera race; career; academic studies
carretera highway
carro car, wagon
carta letter
cartel *m.* poster
cartelera billboard; listing of entertainment in newspaper
cartera wallet
cartón *m.* cardboard
casado/a married
  recién casados newlyweds
casar to marry
  casarse to get married
casero/a homemade
casi almost
caso *n.* case
  en caso de que in case
  hacer caso to pay attention
  poner por caso for example
castigar (**gu**) to punish
castigo punishment
castillo castle
cataclismo catastrophe
catalán *m.* language spoken in Catalonia, Spain
catalán, catalana person from Catalonia, Spain
catalizador *m.* catalyst
catarata waterfall
cátedra professorship
catedral *f.* cathedral
catedrático/a professor
causa cause
  a causa de because of
  por causas de because of
cazador(a) hunter
cazar (**c**) to hunt
cebolla onion
cedazo strainer, sieve
ceder to concede
celebrar to celebrate
celo fervor
célula cell
cena evening meal
cenar to eat the evening meal
cenicero ashtray
Cenicienta Cinderella
censo census
censura censorship
censurar to censor

centenares *m. pl.* hundreds
centímetro centimeter
centro center; downtown
cepillar to brush
  cepillarse to brush (*teeth*)
cepillo brush
cera wax
cerca near
  más de cerca nearer
cercanía vicinity
cercano/a near
cerebro brain
cernerse (**ie**) to threaten (to happen)
cero zero
cerrar (**ie**) to close
certamen *m.* competition
certidumbre *f.* certainty
cerveza beer
cesto basket
cicatriz *f.* (*pl.* **cicatrices**) scar
ciclismo cycling
ciclo cycle
ciego/a blind
  a ciegas blindly
cielo sky; heaven
cien one hundred
científico/a *adj.* scientific
científico/a *n.* scientist
ciento one hundred
  por ciento percent
cierto/a certain; sure; true
  a ciencia cierta beyond a shadow of doubt
  por cierto absolutely
cigarrillo cigarette
cincuentenario fiftieth anniversary
cine *m.* movie theater
cineasta *m. and f.* person involved in movie production
cínico/a cynical
cinta film; audio tape
cinturón *m.* belt
  Cinturón Ecológico Green Belt
circo circus
circular to circulate
círculo circle
  círculo infernal vicious circle
circundante surrounding
cita *n.* appointment; date
citar to refer to; to quote
ciudad *f.* city
ciudadanía citizenship
ciudadano/a citizen
cívico/a patriotic
civil civil
  derechos civiles civil rights
  estado civil marital status
claridad *f.* clarity
claro/a *adj.* clear

claro *adv.* of course
cláusula *gram.* clause
clave *n., f.* key aspect
clave *adj.*: **palabra clave** key word
clima *m.* climate
coaccionado/a coerced
cobrar to charge (*money*)
cocción *f.* cooking
cocido/a cooked
cocina kitchen
cocinar to cook
cocinero/a cook
cocodrilo crocodile
coctelera cocktail shaker
coche *m.* car
códice *m.* manuscript
cognado *n.* cognate
coincidir to coincide
col *f.* cabbage
cola: **hacer cola** to stand in line
colectivo *n.* bus (*Arg.*)
colectivo/a *adj.* communal
colega *m. and f.* colleague
colegio school
cólera fury
colgado/a hanging
colmo height
  en el colmo de at the height of
  hasta el colmo de to the extreme of
colocación *f.* placement
colocar (**qu**) to place; to get a job
colonizador(a) colonizer
colono/a settler
coloquio conversation
colorado/a: **ponerse colorado/a** to blush
colorante *n., m.* coloring
colosalismo hugeness
combi *f.* van
comedor *m.* dining room
comentar to comment
comentarios *m. pl.* comments
comentarista *m. and f.* commentator
comenzar (**ie**) (**c**) to begin
comer to eat
comerciante *m. and f.* businessman, woman
cometa *m.* comet
cometer to commit
cómico/a *n.* comedian
cómico/a *adj.* comical
  tira cómica comic strip
comida meal; food
comodidad *f.* comfort; *pl.* facilities
cómodo/a comfortable
compañerismo companionship
compañero/a companion, friend
  compañero/a de clase classmate
  compañero/a de cuarto roommate

compañero/a (*continued*)
  compañero/a de viaje fellow traveler
comparar to compare
compartir to share
compás *m.* tempo, rhythm
compilado/a compiled
completar to complete
completo/a complete
  por completo completely
complicar (**qu**) to get more difficult
comportamiento behavior
comportarse to behave
compra purchase
  hacer compras to go shopping
comprar to buy
comprender to understand
comprimido pill, tablet
comprobar (**ue**) to substantiate
comprometerse to be involved with; to become engaged
comprometido/a involved, committed to something
compromiso commitment; engagement
compuesto/a (*p.p. of* **componer**) composed
computación *f.* computer field
computador(a) person working with computers
computadora computer
común usual, common
  fuera de lo común out of the ordinary
  poco común unusual
  por lo común generally
  sentido común common sense
  tener en común to have in common
comunicar (**qu**) to communicate
comunidad *f.* community
  Comunidad Europea European Common Market
comunitario/a communal
concebir (**i, i**) to conceive, imagine
conceder to give, grant
concentrar to focus
concertar (**ie**) to agree on
concierto concert
concluir (**y**) to conclude
concretado/a (*p.p. of* **concretar**) made clear
concretamente specifically
concretar to make specific
concreto/a specific
concurso competition, contest
concha shell
condado county
condecoración *f.* decoration

condenar to condemn
condensado/a condensed
condescender (**ie**) to acquiesce
condición *f.:* **a condición de** on the condition that
conducir (**zc**) to drive
  licencia de conducir driver's license
conductor(a) driver
conejo rabbit
conferencia lecture, talk
conferido/a (*p.p. of* **conferir**) to bestow, confer
confesar (**ie**) to confess
confianza trust
confiar to trust
confirmar to confirm
confitería candy shop, tea room, café
conformar to conform
conforme in agreement
conformidad *f.* agreement
conformista *n., m. and f.* conformist; *adj.* conforming
confundir to mix up
congelación *f.* freezing
congelado/a frozen
conjuntamente jointly
conjunto group; musical group
conmigo with me
conmovedor(a) moving, touching
conocedor(a) knowledgeable person
conocer (**zc**) to know
  conocer mundo to be worldly wise
  dar a conocer to reveal
conocido/a *n.* acquaintance
conocimiento knowledge
conquistar to conquer
consciente aware
conseguir (**i, i**) (**g**) to obtain; to achieve
consejero/a adviser
consejo advice; council
conservador(a) conservative
conservar to conserve
conservas *n., f. pl.* preserved food
considerar to consider, believe
consiguiente: por consiguiente consequently
consistente consistent
consistir: consistir en to consist of
constituir (**y**) to constitute
constructora: empresa constructora construction company
construir (**y**) to build
consultar to consult
consultor(a) consultant
consultorio doctor's office
consumir to consume
consumo consumption
contador(a) accountant

contar (**ue**) to count; to tell
contener (*like* **tener**) to contain
contenido *n.* content
contenido/a *adj.* contained
contento/a happy
contestación *f.* answer
contestar to answer, respond
contigo with you
continuar to continue
continuo/a *adj.* continual
contorno outline
contra against
  los "contra" rebels fighting against Nicaraguan government
contrariedad *f.* obstacle
contrario/a opposite
  al contrario on the contrary
  llevar la contraria to contradict
  por el contrario on the contrary
  todo lo contrario the complete opposite
contrastar to contrast
contraste *m.* contrast
contratación *f.* hiring
contribuir (**y**) to contribute
controlar to control
controversista controversial
controvertible debatable
convencer (**z**) to convince
convenir (*like* **venir**) to suit
convergencia convergence
conversar to talk
convertir (**ie, i**) to convert, change
convivencia living together, coexistence
convivir to live together
cónyuge *m. and f.* spouse
copa glass, drink
copia copy
copiar to copy
copioso/a abundant
corazón *m.* heart
corazonada hunch
corbata tie
corcho cork
coro: en coro in chorus, together
corredor(a) runner; race-car driver
corregir (**i, i**) (**j**) to correct
correos *m. pl.:* **oficina de correos** post office
correr to run
corresponder to fall to; to match
corrida de toros bullfight
corriente current
corromper (*like* **romper**) to corrupt
cortar to cut
cortedad *f.* shyness
cortés, cortesa courteous
cortinas *f. pl.* curtains

corto/a short
  a corto plazo in a short time; short range
cosa thing
coscorrón *m.*: **pegarle un coscorrón** to give someone a knock on the head
cosecha harvest
cosechar to harvest
costa coast
  a costa de at the expense of
costar (**ue**) to cost
costarricense *m. and f.* Costa Rican
coste *m.* price
costo cost
costoso/a expensive
costumbre *f.* habit; custom
costura sewing
cotidianeidad *f.* daily occurrences
cotidiano/a daily
craso/a gross
creador(a) *adj.* creative
crear to create
crecer (**zc**) to grow, increase
creces *f. pl.*: **con creces** abundantly
creciente growing
crecimiento increase
creencia belief
creer (**y**) to believe
crema cream
  crema bronceadora suntan lotion
  crema chantillí whipped cream
creyones *m. pl.* crayons
criadero breeding place
crianza nurturing, raising
criar to raise (*children or animals*)
criatura baby; creature
crimen *m.* crime
crítica criticism
criticar (**qu**) to criticize, judge
crítico *n.* critic
crítico/a *adj.* critical
cronista *m. and f.* historian
crudo/a raw
cruz *f.*: **Cruz Roja** Red Cross
cruzada crusade
cruzar (**c**) to cross
cuaderno notebook
cuadra (*city*) block
cuadro painting; picture
¿cuál? which
  cada cual each one
  tal o cual any old
cualesquiera *pl.* any, whatever
cualquier(a) any
cuanto: en cuanto a with regard to
cuanto/a how many, how much
  ¿a cuánto sale? how much is it?
  cuanto lo siento I'm so sorry

¡cuánto tiempo! it's been so long!
cuarto room
  compañero/a de cuarto roommate
  cuarto de baño bathroom
cuarto/a fourth
cubierto/a (*p.p. of* **cubrir**) covered
cubierto *n., m.* table setting
cubreojos *m. s.* eyeshade
cubrir (*p. p.* **cubierto/a**) to cover
cucaracha cockroach
cuello neck
cuenta calculation; bill
  a fin de cuentas all things considered
  darse cuenta to realize
  llevar la cuenta to keep account of
  por su cuenta on one's own
  tener en cuenta to keep in mind
  tomar en cuenta to take into account
cuento short story
cuerda floja tightrope
cuero leather
cuerpo body
  tratarle a cuerpo de reina to treat (*someone*) like a queen
cuidado care
  tener cuidado to be careful
cuidar to care for
culpa blame, fault
  echar la culpa a to blame
  tener la culpa to be to blame
cultivar to grow
cultivo cultivation; crop
culto *n.* cult
culto/a *adj.* refined, learned
cumbre: reunión *f.* **cumbre** summit meeting
cumpleañero/a birthday celebrant
cumpleaños *m. s.* birthday
cumplimiento fulfillment
cumplir to fulfill; to comply
cumplir... años to have one's . . . birthday
cupo space
curandero/a witch doctor
curioseo act of watching carefully
curioso/a curious, strange
cursar to take courses
cursillo short course
curso course, class; course of a river
cuyo/a whose

CH
chaleco vest
  chaleco salvavidas life jacket
champán *m.* champagne
champiñón *m.* mushroom

champú *m.* shampoo
chantillí *m.*: **crema chantillí** whipped cream
chapulín *m.* locust, grasshopper
chaqueta jacket
charlar to talk, chat
cheque *m.* check
chicano/a Mexican-American
chico/a *n.* young person; *adj.* small, young
chileno/a Chilean
chinchulines *m. pl.* barbecued tripe
chino/a Chinese
chirimbolo tool, gadget
chisme *m.* bit of gossip
chiste *m.* joke
chistoso/a humorous
chivo goat
chorizo sausage
chorrear to spurt, gush
chupar: ser para chuparse los dedos to be delicious
chupete *m.* baby's pacifier
churro fritter

D
dama lady
danés, danesa *adj.* Danish
dañar to hurt, damage
dañino/a harmful
daño danger, harm
dar *irreg.* to give; to knock
  dar igual to be all the same
  dar la mano to shake hands
  dar lo mismo to be all the same
  dar marcha atrás to go into reverse
  dar un paseo to take a walk
  dar una vuelta to take a walk
  darse cuenta to realize
  darse por entendido to be clearly understood
  darse prisa to be in a hurry
  ¿qué más da? who cares?
dátil *m.* date (*fruit*)
dato data, item
debajo de under, underneath
debatir to debate
deber to ought to; to owe
  deber de must
deberes *m. pl.* chores
debido a because of
débil weak
debilidad *f.* weakness
decaer (*like* **caer**) to decay
decano/a dean
decenio decade
decidir to decide
décimo/a tenth

decir *irreg.* to say
  es decir that is to say
decisión *f.* decision
  tomar decisiones to make decisions
declamar to declaim
dedicar (**qu**) to dedicate
dedo finger; toe
deducir (**zc**) to include; deduce
defectuoso/a defective
deficitario/a having a shortage
dejar to leave; to allow
  dejar de + *inf.* to stop (*doing something*)
  dejarse llevar to allow oneself to be carried away
delante (**de**) in front of
delatar to inform on
deleite *m.* pleasure
delgado/a slender
delito crime
demanda: oferta y demanda supply and demand
demás: los/las demás the rest
demasiado/a too, too much, too many
demócrata *n., m. and f.* democrat
democrático/a *adj.* democratic
democratizado/a become more democratic
demorado/a delayed
demostrar (**ue**) to show, demonstrate
denominado/a named
dentro: dentro de within
departamento department; apartment
depender to depend
  depender de to depend on
dependiente/a *n.* clerk, salesperson; *adj.* subordinate
deporte *m.* sport
deportista *inv.* sports-minded
deportivo/a pertaining to sports
deprimido/a depressed
derecha *n.* right-hand side
  a la derecha on the right-hand side
derecho *n.* right; law
  Facultad *f.* **de Derecho** law school
derecho/a *adj.* right
derivar to derive
derretir (**i, i**) to melt
derroche *m.* waste
derrota defeat
derrotar to defeat
desacuerdo disagreement
desafiar to challenge
desafío *n.* challenge
desafortunadamente unfortunately
desalojar displace
desanimar to lose hope
desaparecer (**zc**) to disappear

desaparición *f.* disappearance
desaprovechar to waste
desarrollar to develop
desarrollo development
desayunar to eat breakfast
desayuno *n.* breakfast
descalificador(a) negative
descansar to rest
descarapelado/a rough, raw
descartado/a discarded
descodificar (**qu**) to decode
desconcertado/a confused
desconocer (**zc**) to not know
desconsiderado/a thoughtless, inconsiderate
descortés, descortesa rude, discourteous
describir (*p. p.* **descrito/a**) to describe
descubrimiento discovery
descubrir (*p. p.* **descubierto/a**) to discover
descuidar to neglect
desde since
  desde luego of course
  desde niño/a since being a child
desdén *m.* disdain
desdeñar to scorn
desdoblamiento explanation
desear to desire
desembocar (**qu**) to flow into
desempeñar to fill, carry out
desempleado/a unemployed
desempleo unemployment
desencadenar to let loose
desenlace *m.* outcome
desentrañar to disembowel
deseo desire
desertización *f.* forming of a desert
desesperado/a desperate
desesperanzado/a discouraging, hopeless
desesperar to become discouraged
desfavorable unfavorable
desgracia misfortune
deshidratación *f.* dehydration
desierto desert
desigualdad *f.* inequality
desilusionar to become disillusioned
desmayo fainting spell
desmesurado/a excessive
desocupado/a unoccupied
desolador(a) distressing
desorientado/a disoriented
despacio slowly
despedida farewell
despedir (**i, i**) to say goodbye; to fire (*someone*)
  despedirse de to say goodbye to
despejado/a clear

despertador *m.* alarm clock
despertar (**ie**) to wake up
despreciable worthless
despreciado/a disdained
después de *adv. and prep.* after
destacar (**qu**) to stand out
destape *m.* opening up
destreza skill
destrozar (**c**) to destroy
destruir (**y**) to destroy
desvanecido/a disappeared
desventaja disadvantage
desvestir(se) (**i, i**) to undress
desvirtuar to weaken
detallar to relate in detail
detalle *m.* detail
detener (*like* **tener**) to stop
detestar to hate, despise
detrás de *adv. and prep.* behind, after
devastador(a) destroyer
devolver (**ue**) to return
día *m.* day
  al día per day
  día con día day after day
  estar al día to be up-to-date
  hoy en día nowadays
diablo devil
diagnosticar (**qu**) to diagnose
diagnóstico diagnosis
dialogar (**gu**) to converse
diálogo dialogue
diario *n.* daily newspaper
diario/a *adj.* daily
dibujante *m. and f.* sketcher
dibujar to draw
dibujo drawing
dictador(a) dictator
dictadura dictatorship
dictar to dictate
dicho *n.* saying
  del dicho al hecho, hay mucho trecho there's many a slip 'twixt the cup and the lip
dicho/a *adj.* aforementioned
diente *m.* tooth
diestro/a right-handed
dieta diet
  estar a dieta to be on a diet
diferenciar to be different
diferir (**ie, i**) to be different
difícil difficult
dificultad *f.* difficulty
digno/a worthy
dinero money
dios *m. s.* God
dióxido dioxide
diputado/a delegate
dirección *f.* address; direction

directivo/a   board of directors, management

dirigente *m. and f.*   manager, executive

dirigir (**j**)   to direct, manage

disco   record; disco

díscolo/a   disobedient

disculpar   to pardon

discurso   speech

discutir   to discuss; to argue

diseñador(a)   designer

diseño   design

disfrazar (**c**)   to disguise

disfrutar   to enjoy

disgusto   irritation

disimular   to hide, conceal

disminución *f.*   decrease

disminuir (**y**)   to reduce

dispar *adj.*   unequal

disparar   to shoot; to hurl

disponer (*like* poner)   to dispose; to have at one's disposal

disponible   available

disposición *f.*: estar en disposición   to be ready

dispuesto/a (*p.p. of* disponer): estar dispuesto/a   to be willing

distorsionar   to distort

distribuir (**y**)   to distribute

diversión *f.*   amusement

divertido/a   amusing

divertir(se) (**ie, i**)   to enjoy; to entertain

divinizar (**c**)   to deify; to praise excessively, exalt

divulgado/a   well-known

doblado/a: estar doblado/a   to be dubbed

docena   dozen

docente *adj.*   teaching

docente *m. and f.*   teacher

doctorado   doctorate

documental *n. m.*   documentary

doler (**ue**)   to cause pain

dolor *m.*   pain

doloroso/a   painful

domador(a)   tamer

domicilio   home

dominar   to dominate

domingo   Sunday

dominio   authority, control

don *n., m.*   natural gift

don   title of respect used with first name

donaire *m.*   charm, poise

donar   to donate

doña   title of respect used with first name

dormir (**ue, u**)   to sleep

dormirse   to fall asleep

dormitorio   bedroom

dorsal   pertaining to the back

dosis *f.*   dose, amount

dotado/a   gifted

dúctil   malleable, pliant

ducha   shower

duchar(se)   to take a shower

duda   doubt

dudar   to doubt

dudoso/a   doubtful

dueño/a   owner

dulce *adj.*   sweet; *n. m.* candy

durante   during

durar   to last

duro *adv.*   a great deal

duro/a *adj.*   hard

E

e   and (*before words beginning with* **i**, **hi**)

ecologista *m. and f.*   ecologist

economista *m. and f.*   economist

ecosistema *m.*   ecosystem

echar   to throw; to pour

   echar a perder   to spoil

   echar atrás   to lean backward

   echar de menos   to miss

   echar la culpa   to blame

   echar mano a   to lay hands on

edad *f.*   age

edificio   building

editor(a) *n.*   editor; *adj.* publishing

educador(a)   educator

educar (**qu**)   to educate

educativo/a   educational

efectuar   to carry out

eficacia   effectiveness

eficaz (*pl.* eficaces)   effective

egoísta *m. and f.*   self-centered person; *adj.* selfish

egresado/a *n.*   a graduate

egresar   to finish one's studies

ejemplar   exemplary

ejemplificar (**qu**)   to illustrate

ejemplo   example

ejercer (**z**)   to practice (a profession)

ejercicio   exercise

   hacer ejercicio   to exercise

ejército   army

elaborar   to work out

electo/a   chosen; elected

electricista *m. and f.*   electrician

elegir (**i, i**) (**j**)   to choose; to elect

elevado/a   high

elevar   to raise

elogiar   to praise

elogio   praise

ello   it

emancipar   to liberate

embalado/a   at full speed

embarazada   pregnant

embarazoso/a   embarrassed

embargo: sin embargo   nevertheless

emborracharse   to get drunk

embotellado/a   bottled

embriagar (**gu**)   to enrapture; to intoxicate

embudo: ley *f.* de embudo   one-sided agreement

emisora   broadcasting station

emocionante   thrilling; touching

emotivo/a   causing emotion

empanada   turnover with filling

emparejar   to match up

empecinamiento   obstinacy

empeñar   to begin

   empeñarse en   to be bent on

emperador(a)   emperor, empress

empezar (**ie**) (**c**)   to begin

empleado/a *n.*   employee

emplear   to employ

empleo *n.*   job

   conseguir un empleo   to get a job

   oferta de empleo   a job offer

empollón, empollona   student who studies a great deal; grind

empresa   a company

empujar   to push

empuje *m.*   push

enamorado/a   in love

enamorarse   to fall in love

encabezar (**c**)   to be at the head

encantado/a   I'm happy to meet you

encantador(a) *adj.*   charming

encantar   to please

encarar   to confront

encarnar   to embody; to personify

enceguedor(a)   blinding

encender (**ie**)   to turn on

encerrar (**ie**)   to enclose; to lock up

encima   above; in addition

   por encima de   above and beyond

encogimiento   timidity

encontrar (**ue**)   to find

   encontrarse con   to meet, come across

encrespar   to curl up

encuentro *n.*   meeting

encuesta   survey, poll

enemigo/a   enemy

enero   January

enfadado/a   angry

enfermar(se)   to become sick

enfermedad *f.*   illness

enfermo/a   sick

enfocarse (**qu**)   to focus

enfoque *m.*   focus

enfrentar   to confront

enfrente opposite, in front of
engañar to fool, deceive
engañoso/a deceptive
engordar to fatten
engrosar to swell
enmienda amendment
enojado/a angry
enojar to irritate, anger
enojo annoyance
enorme enormous
enriquecer (**zc**) to make wealthy
ensalada salad
ensalzar (**c**) to praise
ensayar to test out, try
ensayista *m. and f.* essayist
ensayo essay
enseñanza teaching
enseñar to teach
ensuciar to dirty
entablar to begin
entender (**ie**) to understand
enterarse to find out
entero/a whole
enterrar (**ie**) to bury
entidad *f.* entity
entonces then
  en aquel entonces back then, at
    that time
entrada entrance
  de entrada from the first
entrante next, coming
entrañar to contain
entrar to enter
entre between
  entre sí between themselves
  entre tanto meanwhile
entrecejo space between the
    eyebrows
entrega devotion
entregar (**gu**) to hand over; to deliver
entrenador(a) trainer
entrenamiento training
entretenimiento entertainment
entrevista interview
entrevistado/a person interviewed
entrevistador(a) interviewer
entrevistar to interview
entusiasmado/a enthused, excited
entusiasmarse to become excited
entusiasmo excitement, enthusiasm
entusiasta *adj., inv.* enthusiastic; *n., m.
    and f.* fan
envasado/a canned, packaged
envenenamiento poisoning
envenenar to poison
enviar to send
envidia envy
envidiable enviable
envoltorio bundle

envoltura wrapping
envolver (**ue**) (*p. p.* **envuelto/a**) to
    wrap
enzarzarse (**c**) to get involved with
equilibrado/a balanced
equilibrio balance, equilibrium
equipado/a equipped
equipaje *m.* equipment, luggage
equipar to equip
equiparable comparable
equipo team; equipment
equitación *f.* horseback riding
equitativo/a fair, just
erizo de mar sea urchin
erradicar (**qu**) to eradicate
eructar to burp
esbelto/a slender
escala scale
escalador(a) climber
escalar to scale, climb
escalera stairs
escama scale (*of a fish*)
escape *m.* escape
  caño de escape exhaust pipe
escarabajo beetle
escarolado/a curled
escaso/a scarce
esclerótico: arterio esclerótico scler-
    otic artery
escocés, escocesa Scottish
escoger (**j**) to choose
escolar *adj.* pertaining to school year;
    n., m. and f. scholar
escondido/a hidden
escribir (*p. p.* **escrito/a**) to write
  máquina de escribir typewriter
escrito/a (*p.p. of* **escribir**) written
escritor(a) writer
escritorio desk
escritura writing
escrupuloso/a carefully
escuchar to listen to; to hear
escudero squire
escuela school
  escuela primaria elementary
    school
  escuela secundaria (**superior**)
    high school
escultor(a) sculptor
esforzarse (**ue**) (**c**) to make an effort
esfuerzo effort
esgrima fencing
eslabón *m.* link
espacial *adj.* pertaining to space
espacio space
espadaño bulrush
espanto terror
especializar (**c**) to specialize, major in
especie *f.* species

espectáculo show, spectacle
  mundo del espectáculo show business
espectador(a) spectator
espectro specter, ghost
espejo mirror
esperanza hope
esperar to wait for; to hope
espina thorn
espinaca spinach
espionaje *m.* espionage
espíritu *m.* spirit
esposo/a spouse
espuma foam
esquema *m.* scheme, plan; chart
esquí *m.* skiing; a ski
esquiador(a) skier
esquiar to ski
esquina corner
estable *adj.* stable
establecer (**zc**) to establish
establecimiento establishment
establo stable for animals
estación *f.* station; season
estacionamiento parking
estacionar to park
estadio stadium
estadística *n.* statistic; *adj.* statistical
estado state
  estado civil marital status
estadounidense pertaining to the
    United States
estallar to explode
estampa vignette
estancamiento stagnancy
estancia stay
estandardizado/a standardized
estante *m.* shelf
estar *irreg.* to be
  estar a punto de to be about to
  estar al día to be up-to-date
  estar al tanto to be up-to-date
  estar de acuerdo to be in
    agreement
  estar de moda to be fashionable
  estar de vacaciones to be on vacation
  estar en la onda to be with it
  estar en paro to be unemployed
estatal pertaining to the state
estatua statue
estatura height
estetoscopio stethoscope
estiércol *m.* manure
estilo style, manner
estipular to stipulate
estómago stomach
estrategia strategy
estratégico/a strategic
estrecho/a narrow; close
estrella star

estrenar to present for the first time
estribar to rest on
estricto/a strict
estructura structure
estudiantado student body
estudiante *m. and f.* student
estudiantil *adj.* pertaining to students
estudiar to study
estudio *n.* study
estudioso/a studious
esfuerzo effort
estufa stove
eternidad *f.* eternity
eterno/a eternal
étnico/a ethnic
europeo/a European
evaluar to evaluate
evitar to avoid
evolucionar to evolve
exagerar to exaggerate
examen *m.* test, examination
examinar to examine
exceder to exceed
exceso excess
exclamar to exclaim
excluir (**y**) to exclude
excusa excuse
exhibir to exhibit
exigencia demand
exigir (**j**) to demand
exilar to exile
exiliado/a exiled
exiliar to exile
exilio exile
existente existing
existir to exist
éxito success
    tener éxito to be successful
expectativa: a la expectativa de to be in hope of
experimentar to experience
explicación *f.* explanation
explicar (**qu**) to explain
explícito/a explicit
explorador(a) explorer
explorar to explore
explotar to exploit; to explode
exponente *m.* example
exponer (*like* **poner**) to exhibit
expresar to express
expresividad *f.* expression
expresivo/a expressive
expulsado/a thrown out, expelled
extenso/a extensive, long
extranjero/a *adj.* foreign; *n.* foreigner
  en el extranjero abroad
extrañar to be surprising; to miss (*a person, place, and so on*)
extraño/a strange

F
fábrica factory
fabricante *m.* manufacturer, maker
fabricar (**qu**) to make, manufacture
faceta aspect, facet
fácil easy
facilidad *f.* ease
factible feasible
facultad *f.* faculty; school
  Facultad de Arquitectura school of architecture
  Facultad de Derecho law school
  Facultad de Medicina medical school
falacia fallacy
falda skirt
falta lack
  hacer falta to need
faltar to be lacking; to be absent
fallecer (**zc**) to die
fallecido/a *n.* deceased person
familiar *adj.* familiar; pertaining to the family; *n. m.* acquaintance
famoso/a famous
  hacerse famoso/a to become famous
fantasma *m.* ghost
farmacéutico/a pharmacist
fascinante fascinating
fascinar to fascinate
fascista *m. and f.* fascist
fase *f.* phase
fastuoso/a ostentatious
fatal deadly; bad
fatiga fatigue
favor *m.* favor
  estar a favor de to be in favor of
  por favor please
favorecer (**zc**) to favor
faz *f.* (*pl.* **faces**) face
fe *f.* faith
febril feverish
fecha date
felicidad *f.* happiness
felicitaciones *f. pl.* congratulations
felicitar to congratulate
feliz (*pl.* **felices**) happy
femineidad *f.* femininity
feminismo feminism
feminista *m. and f.* believer in feminism
feo/a ugly
feria fair, bazaar
feroz (*pl.* **feroces**) ferocious
fertilizante *m.* fertilizer
festivo: día *m.* **festivo** holiday
fiar to trust
fibra fiber
ficha index card

fiebre *f.* fever
fiesta party
figura *n.* figure
figurar to appear
fijamente fixedly
fijar to fix; to establish
  fijarse en to pay attention to
  fíjate just imagine
fijo/a fixed; definite
fila row
  en primera fila in the front row
filósofo/a philosopher
filtrador(a) filtering
filtrar to filter
fin *m.* end
  a fin de cuentas all things considered
  al fin at the end
  en fin anyway
  fin de semana weekend
  por fin finally
final *adj.* final
  a finales del mes around the end of the month
  al final at the end
financiero/a financial
finanzas *f. pl.* finance
firma signature
firmar to sign
firme *adj.* firm
física physics
físico/a physical
flaco/a thin
flamante brand new
flan *m.* custard
flirtear to flirt
flojo/a slack
flor *f.* flower
florecer (**zc**) to bloom
florero/a florist
flotar to float
folletín *m.* brochure
fomentar to promote
fondo bottom
  a fondo thoroughly
  de fondo main, leading
  en el fondo basically
fontanero/a plumber
forestal *adj.* pertaining to forests
forma form
  de todas formas anyway
  la única forma the only way
formar to form
formular to express
formulario questionnaire
forrar to put in a lining
forrado/a lined
forzado/a forced

foto *f.* photograph
fotógrafo/a photographer
fracasar to fail
fracaso failure
fragmentar to break up
francés, francesa French
franco/a open, frank
franela flannel cloth
franja border
franquear el paso to clear the path
frase *f.* sentence, phrase
fray *m.* brother of religious order
frenar to stop
frente *f.* front
  de frente without hesitation
  frente a in front of
fresa strawberry
fresco/a fresh
friegaplatos *m. s.* dishwasher
frijoles *m. pl.* beans
frío *n.* cold
  tener frío to be cold
frío/a *adj.* cold
  empezar en frío to start out cold
frito/a fried
  papas fritas French fried potatoes
frontera border
fronterizo/a *adj.* frontier
frotar to rub
fruncir (z) el entrecejo to knit one's brow
frustrar to frustrate
fruta fruit
frutilla strawberry
fuego fire
  alto al fuego ceasefire
fuente *f.* source; fountain
fuera out, outside
  fuera de casa u hogar outside the home
  fuera de lo común out of the ordinary
fuerte strong
fuerza force
  Fuerzas Armadas Armed Forces
fulano/a so-and-so
fumador(a) smoker
fumar to smoke
función *f.* function, performance
funcionamiento operation
funcionar to function
funcionario/a official, government employee
fundación *f.* foundation
fundamentar to establish
fundamento foundation, basis
fundar to found
fútbol *m.* soccer
  fútbol norteamericano football

futbolista *m. and f.* soccer player, football player
futuro *n.* future
futuro/a *adj.* future

G

gabinete *m.* cabinet
gafas *f. pl.* glasses
  gafas de sol sunglasses
galante courteous
galería gallery
galleta cookie, cracker
gama gamut, range
gamba shrimp
ganar to win; to earn
  ganarse la vida to earn a living
ganas *f. pl.* desire
  tener ganas de (+ *inf.*) to feel like (*doing something*)
garantizar (c) to guarantee
garganta throat
gastar to spend; to use up
gasto *n.* expense
  cubrir gastos to pay the bills
gato/a cat
gazpacho cold vegetable soup of Spanish origin
gelatina jelly, gelatin
gemelos/as *pl.* twins
general general
  por lo general in general
generar to produce
genial agreeable
genio/a genius
gente *f.* people
gentil polite, pleasant
geólogo/a geologist
geriatría geriatrics
germánico/a Germanic
gestión *f.* management
gesto gesture
gigante *m.* giant
gigantesco/a huge, gigantic
gimnasia gymnastics
gira tour
gitano/a gypsy
globo globe; balloon
gobernador(a) governor
gobernante *m. and f.* ruler
gobernar (ie) to govern
gobierno government
gol *m.* goal (*soccer*)
golpe *m.* hit, blow
  golpe militar coup de etat, military takeover
golpear to strike
goma rubber; gum

gordo/a fat
  el Gordo y el Flaco Laurel and Hardy
  el premio gordo the top lottery prize
  sacarse el gordo to win the lottery
gozar (c) to enjoy
gozo *n.* joy
grabación *f.* recording
grabar to tape, record
gracioso/a amusing
grado rank; intensity; degree
  estar en grado de to be willing to
graduado/a *n.* graduate
graduarse to graduate
grafitero/a graffiti writer
grafito *pl.* graffiti
gramática grammar
gran, grande great; large
  Gran Clase first class
  llegar a grande to get famous
  sacarse la grande to win the lottery
granada pomegranate
granizo hail
granjero/a farmer
grano grain
gratis free of cost
gratuito/a free
grave serious
gravedad *f.* seriousness
griego/a Greek
grifo water tap
gritar to shout
grito *n.* shout
grosero/a vulgar
guagua bus (*Carib.*)
guante *m.* glove
guapo/a attractive
guaraní *m.* Guarani, an Indian language
guardar to save, keep
guardia guard
  estar de guardia to be on call
guarecedor(a) protective
guarrería dirty trick
guerra war
guerrero/a fighter, soldier
guerrillero/a guerrilla soldier
guerrero/a fighter, soldier
guía *f.* guidebook; *m. and f.* guide
guiar to guide
guión *m.* screenplay
guionista *m. and f.* scriptwriter
gustar to be pleasing
gusto *n.* pleasure; taste
  mucho gusto I'm happy to meet you
  sentirse (ie, i) a gusto to be comfortable

H

haber (**hay**) to have (*aux. v.*); to be (there is, there are)
hábil skillful
habitación *f.* room; residence
habitacional pertaining to housing
habitante *m. and f.* inhabitant
habitar to inhabit
hábito habit
hablar to speak
hacer *irreg.* to make; to do
  hacer + *time* ago
  hacer calor to be hot
  hacerse cargo de to take charge of
  hacer caso to pay attention
  hacerse compañía to keep someone company
  hacer falta to need
  hacer frío to be cold
  hacer ilusión to have hopes
  hacer una pregunta to ask a question
  hacerse mala sangre to get upset
haceres *n., m. pl.* duties, chores
hacia toward; about
hacinado/a piled up
halago flattery
hallar to find
hambre *f.* hunger
  tener hambre to be hungry
hambriento/a *n.* hungry person
hambruna famine
harto/a fed up
hasta *prep.* until; up to; *adv.* even
  hasta ahora up to now
  hasta el colmo to the extent
  hasta luego see you later
hazaña deed, feat
hecho *n.* deed, action; fact
  de hecho really, truly
  del dicho al hecho hay mucho trecho there's many a slip 'twixt the cup and the lip
hecho/a (*p.p. of* **hacer**) *adj.* ready-made
helado ice cream
helar (**ie**) to freeze
heredar to inherit
herido/a wounded
hermano/a brother, sister
hermoso/a beautiful
héroe *m.* hero
heroína heroine
hervir (**ie, i**) to boil
hidrocarburo hydrocarbon
hidrocongelación *f.* freeze drying
hielo ice
hierro iron

hígado liver
higiénico/a sanitary
hijo/a son, daughter
hilera row
hipócrita *inv.* hypocritical
hipotecar (**qu**) to pledge, sign away
hispanohablante *m. and f.* Spanish speaker
hispanoparlante *m. and f.* Spanish speaker
historiador(a) historian
hogar *m.* home
hoja sheet
hola hello
hombre *m.* man
  hombre medio average man
hombro shoulder
homenaje *m.* tribute, homage
homenajear to pay homage to
honestidad *f.* honesty
hongo mushroom, toadstool
honradez *f.* honor
honrar to honor
honroso/a proper, honorable
hora hour
  ¿a qué hora? when
  media hora half an hour
  por hora per hour
  reloj *m.* **de horas** hourglass
horario schedule
horizonte *m.* horizon
hormiga ant
horno oven
horroroso/a horrible
hospitalario/a hospitable
hostil hostile
hoy today
  hoy día today; nowadays
  hoy por hoy nowadays
huelga strike
huerto garden, orchard
huevo egg
huir (**y**) to flee
humano/a human
  ser humano human being
humedad *f.* humidity
húmedo/a humid
humilde humble
humo smoke
humor *m.* humor
  estar de buen humor to be in a good mood
  estar de mal humor to be in a bad mood
  sentido de humor sense of humor
humorista *m. and f.* humorist
humorístico/a humorous
hundir to sink
huracán *m.* hurricane

I

ida departure
  pasaje *m.* **de ida** one-way ticket
  pasaje de ida y vuelta round-trip ticket
idea idea
  cambiar de idea to change one's mind
identidad *f.* identity
identificar (**qu**) to identify
idioma *m.* language
iglesia church
igual equal
  al igual que equal to
  dar igual to be all the same
  de igual manera in the same way
  de igual modo in the same way
igualdad *f.* equality
ileso/a unhurt
ilógico/a illogical
ilusión *f.* illusion
  hacer ilusión to have hopes
ilustre distinguished
imagen *f.* image
imaginable imaginable
imaginar to imagine
  imagínate just imagine
imitado/a imitated
impactante dramatic
impartación *f.* giving
impartido given
impasable impenetrable
impasible impassive
impedir (*like* **pedir**) impede
imperante dominant
imperio empire
impermeable *adj.* waterproof; *n., m.* raincoat
implantar to implant
implicar (**qu**) to implicate
imponer (*like* **poner**) impose
importar to be important to
  poco importa it matters very little
  ¿qué importa? what does it matter?
imprescindible essential
impresionante impressive
impresionar to impress
impresor(a) printer
imprevisible unforeseeable
impuesto (*p.p. of* **imponer**) imposed
impuestos *pl. n. m.* taxes
impulsado/a driven
impulsar to drive, impel
impulso momentum
impuntual not punctual
inaugurar to inaugurate; to open
incansable untiring
incapaz (*pl.* **incapaces**) incapable
incendio fire

incertidumbre *f.* uncertainty
incesante incessant
incierto/a uncertain
incitar to lead to
inclemente harsh
inclinado/a inclined
incluir (**y**) to include
inclusive moreover
incluso including; even
incómodo/a uncomfortable
inconcebible inconceivable
inconsciente unconscious, unaware
incontrolado/a uncontrolled
incorporar to unite, join
incrementar to increase
inculcar (**qu**) to implant
    knowledge
incurrir en to bring upon oneself
indefectiblemente without fail
indicar (**qu**) to indicate
índice *m.* index
indiferenciado/a indistinguishable
indígena *n., m. and f.* native;
    adj. inv. indigenous
indio/a Indian
indiscutible indisputable
individuo/a *n.* individual
índole *f.* character
inductor(a) producer
ineludible unavoidable
inestabilidad *f.* instability
infarto heart attack
infeliz (*pl.* **infelices**) unhappy
infernal: círculo infernal vicious
    circle
infiel unfaithful
infinidad *f.* infinity
influir (**y**) to influence
informado/a informed
informar to inform
informática computer science
informe *m.* report
infractor(a) violator
ingeniería engineering
ingeniero/a engineer
ingenioso/a clever
ingerir (**ie, i**) to eat, swallow
ingresar to enter
ingreso entrance
    examen (*m.*) **de ingreso** entrance
    exam
iniciador(a) initiator
iniciar to begin
iniciativa initiative
inicio beginning
innovador(a) innovative
inocuo/a harmless
inolvidable unforgettable
inoperante ineffective
inoportunidad *f.* bad timing

inquietante disturbing
inquietar to disturb
inquieto/a troubled
inquietud *f.* restlessness
insatisfecho/a dissatisfied
inscribir (*p. p.* **inscrito/a**) to enroll
inscrito/a enrolled
insensible insensitive
insistir en to insist on
insospechado/a unsuspected
inspirar to inspire
instalador(a) installer
instituir (**y**) to establish
insuficiencia weakness
insultar to insult
insurgente *m. and f.* rebel
integrar to make up; to integrate
intensidad *f.* intensity
intentar to try
intento *n.* attempt
intercambiar to exchange
interés *m.* interest
interesar to interest
interlocutor(a) speaker
intermedio/a medium
internado internship
interpretar to perform; to interpret
interrogar (**gu**) to question
interrumpir to interrupt
intervenir (*like* **venir**) to intervene
íntimo/a intimate
inundación *f.* flood
inusitado/a unusual
inútil useless
invadir to invade
inventar to invent
invento invention
inversión *f.* investment
inversionista *m. and f.* investor
invertir (**ie, i**) to invest; to reverse
investigación *f.*: **hacer investiga-**
    ciones to do research
investigador(a) researcher
investigar (**gu**) to research; to
    investigate
invierno winter
invitado/a *n.* guest
invitar to invite
ir *irreg.* to go
irlandés, irlandesa Irish
ironizar (**c**) to ridicule
irrealizable unattainable
irreductible irreducible
irreemplazable irreplaceable
irremediable hopeless
irrestricto/a unlimited
isla island
izquierda *n.* left
    a la izquierda to the left
izquierdo/a *adj.* left

J
jamás never
jamón *m.* ham
jardín *m.* garden
jardinero/a gardener
jefe/a boss
jerarquía hierarchy
jerarquizar (**c**) to arrange in a
    hierarchy
jerga slang
jesuita *m.* Jesuit
joder (*vulgar*) to bother, annoy
jornada journey
joven *adj.* young; *n., m. and f.* youth
jubilación *f.* retirement
jubilado/a retired
judío/a Jewish
juego game
jueves *m. s.* Thursday
jugador(a) player
jugar (**ue**) (**gu**) to play
juguete *m.* toy
juicio mind; judgment
jungla jungle
juntar to join
junto/a together
    junto a next to
jurar to swear
justificar (**qu**) to justify, prove
justo/a fair
juvenil pertaining to youth
    albergue *m.* **juvenil** youth hostel
juventud *f.* youth
juzgar (**gu**) to judge

K
kilométrico/a *adj.* measured in
    kilometers
kiosko kiosk, newsstand

L
laboral pertaining to work, labor
lacra fault, flaw
lado side
    al lado de alongside
    de un lado on one side
    por otro lado on the other hand
ladrón, ladrona thief
lago lake
lágrima tear
laminilla drawing, picture
lámpara lamp
langosta lobster
lanzado/a published
lapicero pencil holder
lápiz *m.* (*pl.* **lápices**) pencil
lapso lapse
larga: a la larga in the long run
largo/a long
    a largo plazo in the long run

a lo largo throughout
de largo lengthwise
lástima pity
¡qué lástima! what a shame!
lata tin can
lavador(a) washer
lavandería laundry; laundromat
lavaplatos *m. s.* dishwasher
lavar to wash
leal loyal
lealtad *f.* loyalty
lector(a) reader
lectura reading
leche *f.* milk
lecho bed
leer (y) to read
lego toy Lego
legua league (3 1/2 miles)
legumbre *f.* vegetable
lejano/a distant
lejos distant, far away
a lo lejos in the distance
lema *m.* slogan
lengua language; tongue
lenguaje *m.* language
lento/a slow
letargo lethargy
letra handwriting; letter of the
  alphabet
letrero sign
levantador(a) rebel
levantar to raise
levantar pesas to lift weights
levantarse to stand up; to get up,
  get out of bed
ley *f.* law
ley del embudo one-sided
  agreement
leyenda legend
liberar to liberate
libertad *f.* liberty, freedom
librar to rescue, free
libre free
al aire libre in the open air
lucha libre wrestling
librería bookstore
libreta notebook
libreta de direcciones address
  book
libro book
licencia license
licencia de conducir driver's
  license
licenciado/a college graduate
licenciar to receive a college degree
licenciatura college degree
liceo school
líder *m. and f.* leader
liga league
ligero/a light

limitar to limit
limo lime tree
limón *m.* lemon
limpiar to clean
limpieza cleanliness
limpio/a clean
lindo/a pretty
línea line
lío mess, trouble
hacer lío to get into trouble
lisonja flattery
lista list
pasar lista to call the roll
listado/a listed
listo/a: estar listo/a to be ready
ser listo/a to be bright, sharp
liviano/a light, loose
localidad *f.* location
localizado/a located
loco/a crazy
lograr to achieve
logro *n.* achievement
lúcido/a lucid, clear
lucir (zc) to shine
lucha fight
lucha libre wrestling
luchador(a) fighter
luego later; then
desde luego of course
hasta luego see you later
lugar *m.* place
en lugar de in place of, instead of
en primer lugar in the first place
estar fuera de lugar to be out of
  place
tener lugar to take place
lujo luxury
luna moon
luna de miel honeymoon
lunes *m. s.* Monday
luz *f.* (*pl.* **luces**) light
a todas luces from every point of
  view

LL
llama flame
llamada call
llamamiento appeal
llamar to call
llamarse to be named
llamativo/a flashy, attention-getting
llanto crying
llave *f.* key
llavero key ring
llegada arrival
llegado: recién llegado/a newcomer
llegar (gu) to arrive
llegar a un acuerdo to reach an
  agreement
llenar to fill; to fill out (*a form*)

lleno/a full
llevar to take; to lead; to carry
llevar la voz cantante to call the
  shots
llevar preso to take prisoner
llevarse bien to get along well
llevarse mal to not get along well
llorar to cry
llover (ue) to rain
lluvia rain

M
machismo exaggerated masculinity
machista *m.* domineering male
macho/a *adj.* masculine, manly
madera wood
madre *f.* mother
madrileño/a from Madrid
madrugada early morning
maduración *f.* ripening
maduro/a mature; ripe
maestro/a teacher
magia *n.* magic
mágico/a *adj.* magic
magisterio teaching profession;
  education
magistral masterly; superb
magnífico/a magnificent
magno/a great
mago: Reyes *m. pl.* **Magos** Magi, Three
  Wise Men
mal *n., m.* evil
mal de ojo evil eye
mal *adv.* badly; ill, not well
caer (le a uno) mal not to like
llevarse mal not to get along
salir mal to do badly (*on an exam*)
mal, malo/a *adj.* bad
de mal humor in a bad mood
hace mal tiempo it's bad weather
maldito/a *adj.* accursed, damned
maléfico/a *adj.* evil
maleta suitcase
maletín *m.* briefcase
maltratar mistreat
mamá, mami *f.* mom, mother
mandar to send
mandato command; mandate
manejar to drive; to use, operate
  (*a machine*)
manera manner, way
a manera de by way of
de ninguna manera not at all; no way!
de otra manera otherwise
de todas maneras in any case;
  anyway
manifestación *f.* (public)
  demonstration
manifestar (ie) to manifest; to demonstrate; to show.

manjar *m.* tidbit; delicacy
mano *f.* hand
  dar la mano to shake hands
  ir de la mano to go hand in hand
manso/a tame
manteca lard, grease; butter
mantel *m.* tablecloth
mantener (*like* **tener**) to maintain, keep up; support
mantequilla butter
manzana apple
mañana *n.* morning; *adv.* tomorrow
mapa *m.* map
maquillado/a made up (*with cosmetics*)
maquillaje *m.* make-up
máquina machine
  máquina de escribir typewriter
mar *m.* sea
maratón *m.* marathon
maravilla wonder, marvel
  a las mil maravillas wonderfully
maravillar to amaze
maravilloso/a wonderful, marvelous
marca brand, make
marcar (**qu**) to mark; to note
marcial martial
marcha *n.* course, progress
  dar marcha atrás to go backward
  ponerse en marcha to get started
  sobre la marcha on the spot, offhand, improvised
marchar to proceed, go
  marcharse to leave
marfil *m.* ivory
marginado/a left out; outside
mariachis *m. pl.* Mexican band and singers
marido husband
marinería sailors
mariscal *m.* marshal
mariscos *pl.* shellfish
Marte *m.* Mars
martes *m. s.* Tuesday
marzo March
más more; most
  no más que only
  nunca más never again
masa mass; populace; dough
  en masa en masse
masaje *m.* massage
mascar (**qu**) to chew
  goma de mascar chewing gum
máscara mask
masculinidad *f.* masculinity
mástil *m.* mast
matar to kill
materia matter, material; course, subject

materia prima raw material
materno/a maternal
matiz *f.* (*pl.* **matices**) shade, hue
matrícula enrollment; registration fees
matricularse to register, enroll
matrimonio marriage; married couple
máximo/a maximum, highest
  como máximo at most
mayor greater, greatest; older, oldest
  la mayor parte de most of
mayoría majority
mayoritario/a *adj.* majority
mayúscula capital letter
mecánica mechanics
mecánico/a *n.* mechanic; *adj.* mechanical
mecanismo mechanism
mecanografía typewriting
medalla medal
  el reverso de la medalla the other side of the coin
media stocking
media: (la una) y media (one) thirty, half past (one)
mediados: a mediados de toward the middle of (*a month, year, and so on*)
mediano/a middle; average
medianoche *f.* midnight
mediante by means of, through
médico/a physician; *adj.* medical
medida measure, measurement
  en la medida en que to the extent that
medidor *m.* measurer, meter
medio *n.* means, way; medium.
  medio ambiente environment
  medioambiental *adj.* environmental
  por medio de by means of
medio/a *adj.* half, middle; intermediate, average
  término medio average
medir (**i, i**) to measure
meditar to meditate, think
medrar to thrive, prosper
mejillón *m.* mussel
mejor better, best
  a lo mejor perhaps
mejoramiento improvement
mejorar to improve
  mejorarse to recover, get better
melón *m.* melon
mellizo/a twin
mención *f.* mention
mencionar to mention
menor younger, youngest; minor, least
menos less, minus; least
  a menos que unless
  al menos, a lo menos, por lo menos at least

echar de menos to miss (*someone or something*)
mensaje *m.* message
mensual monthly
mentalidad *f.* mentality
mente *f.* mind
mentir (**ie, i**) to lie
mentira lie
mentiroso/a false
menudencia trifle, detail
menudo: a menudo often
mercado market
merecer (**zc**) to deserve
mes *m. s.* month
mesa table
mesero/a waiter, waitress
mestizaje *m.* mixing of races
metáfora metaphor
meter to put in
  meter la pata to put one's foot in it; to goof
  meterse to become involved
método method
metro subway
mezcla mixture
mezclar to mix
mí *obj. of prep.* me
micro *f.* bus (*L. A.*)
microonda microwave
  horno de microondas microwave oven
miedo fear
  tener miedo to be afraid
miel *f.* honey
  luna de miel honeymoon
miembro/a member
mientras while
miércoles *m. s.* Wednesday
mil a thousand, one thousand
  a las mil maravillas wonderfully
"mili" *f. sl.* military service
milla mile
millón (**de**) *m.* million
millonario millionaire
mimar to pamper, spoil
mimbre *m.* wicker
mínimo/a least, minimal
minoría minority
minoritario/a *adj.* minority
minué *m.* minuet
minúscula small letter, lowercase letter
mirada glance, look
mirar to look at, watch
miseria misery
misión *f.* mission
mismo/a self; same
  (me) da lo mismo it's all the same to (me)

por lo mismo   for that very reason
misterio   mystery
misterioso/a   mysterious
místico/a   mystic(al)
mitin *m.*   meeting
mitología   mythology
mitológico/a   mythological
mixto/a   mixed
mochila   backpack
moda   fashion, style
  a la moda, de moda   in style
  pasado/a de moda   out of style
  ponerse de moda   to become
    fashionable
modales *m. pl.* manners
modelo *m. and f.* model
modernizar (**c**)   to modernize
moderno/a   modern
modesto/a   modest
modo   manner, way
  de otro modo   otherwise
  de modo que   so that
molestar   to bother, annoy
molestia   annoyance
molestoso/a   annoying, bothersome
molino   mill
molleja   gizzard; sweetbread
momentáneo/a   momentary
moneda   coin
monedero   money purse
monstruo   monster
montaña   mountain
montañoso/a   mountainous
montar   to mount
  montar en bicicleta   to ride a
    bicycle
montón *m.* pile
montura   seat, saddle
morado/a   purple
moralidad *f.* morality
moreno/a   brunette
moribundo/a   dying
morir (**ue, u**) (*p.p.* **muerto/a**)   to die
  morirse de hambre   to starve
mortal   fatal
mortalidad *f.* mortality
mosca   fly
mostaza   mustard
mostrar (**ue**)   to show, exhibit
motivar   to account for, explain; to
    motivate
motivo   reason, motive
motocicleta   motorcycle
motociclista *m. and f.* motorcyclist
mover (**ue**)   to move
movida *sl.* new wave (*in Spain*)
movilidad *f.* mobility
movimiento   movement
muchacha   girl

muchachote *m.* big boy
mucho *adv.* much, a lot
mucho/a(s) *adj.*   a lot of, many
  muchas veces   frequently
mudarse   to move, change residence
muebles *m. pl.* furniture
muerte *f.* death
  pena de muerte   death penalty
muestra   show; sign
mujer *f.* woman; wife
multa   fine
  poner una multa   to fine
multar   to fine
multiplicar (**qu**)   to multiply
mundial   worldwide; of the world
mundo   world
  todo el mundo   everybody
municipalidad *f.* municipality, city
muñeca   doll
muralla   wall
murmurar   to murmur
muro   thick wall
músculo   muscle
museo   museum
música   music
músico/a   musician
mutuo/a   mutual
muy   very

N

nacer (**zc**)   to be born
nacimiento   birth
nación *f.* nation
nacionalidad *f.* nationality
nada   nothing; not anything
  de nada   you're welcome
  no... para nada   not at all
nadar   to swim
nadie   no one, nobody, not anybody
naipes *m. pl.* (playing) cards
naranja   orange
nariz *f.* (*pl.* **narices**)   nose
narrador(a)   narrator
narrar   to narrate
natación *f.* swimming
natal *adj.* native
naturaleza   nature
nave *f.* ship
navegación *f.* sailing
  navegación a vela   sailing;
    windsurfing
navegante *m.* navigator
navegar (**gu**)   to navigate, sail
Navidad *f.* Christmas
necesario/a   necessary
necesidad *f.* necessity, need
necesitar   to need
negación *f.* denial
negar (**ie**) (**gu**)   to deny

negarse   to refuse
negociar   to negotiate
negocio(s)   business
negro/a   black
neoyorquino/a   of New York
nervio   nerve
nervioso/a   nervous
nevar (**ie**)   to snow
ni   neither; nor
  ni... ni   neither . . . nor
  ni siquiera   not even
nicaragüense *n., m. and f.;*
    adj. Nicaraguan
nieto/a   grandson/daughter
  nietos   grandchildren
nieve *f.* snow
ningún, ninguno/a   no, none, not any
  de ninguna manera   in no way
  a ninguna parte   nowhere, not
    anywhere
niñez *f.* (*pl.* **niñeces**)   childhood
niño/a   child; boy/girl
  de niño/a   as a child
nitrogenado/a   nitrogenous
nitrógeno   nitrogen
nivel *m.* level
nocturno/a   nocturnal
  vida nocturna   night life
noche *f.* night
  buenas noches   good night
  de/por la noche   at night, in the
    evening
  esta noche   tonight
"nomás": "aquí... nomás"   right here
  "así nomás"   just like that
nombrar   to name; to nominate,
    appoint
nombre *m.* name
nórdico: esquí *m.* **nórdico**   cross-
    country skiing
norma: salirse de la norma   to be dif-
    ferent from the norm
norte *m.* north
norteamericano/a   North American
noruego/a   Norwegian
nota   grade (in a class); note
notar   to note, notice
noticiero   newscast
novecientos/as   nine-hundred
novedad *f.* novelty
novelesco/a   fictional
noveno/a   ninth
noviazgo   engagement
novio/a   boy/girlfriend; fiancé(e);
    groom/bride
  novios   engaged couple; bride and
    groom; newlyweds
nube *f.* cloud
nublado/a   cloudy

núcleo nucleus
nudillo knuckle
dar con los nudillos to knock (at a door)
nuevo/a new
de nuevo again
numerario cash
numérico/a numerical
número number
nunca never
más que nunca more than ever
nutrición f. nutrition
nutriólogo/a nutritionist
nutritivo/a nutritious

O
o or
o... o either . . . or
obedecer (zc) to obey
obesidad f. obesity
obligar (gu) to compel, force
obligatorio/a required; compulsory
obra work
obrero/a working man/woman; laborer
obsequio gift
observar to observe
obstáculo obstacle
obtener (like tener) to get, obtain
obvio/a obvious
ocasión f. occasion; opportunity
occidental occidental, western
ocio leisure
octavo/a eighth
octubre m. October
oculista m. and f. eye doctor, ophthalmologist
ocultar to hide
ocupado/a busy, occupied
ocupar to occupy, fill
ocuparse de to be busy with
ocurrencia happening, event
ocurrir to happen, occur
odiar to hate
odio hate
odontología dentistry
oeste m. west
ofender (ie) to offend
oferta offer
oferta y demanda supply and demand
oficina office
oficinista m. and f. office worker
ofrecer (zc) to offer
oído n. ear
oír irreg. to hear; to listen
ojal m. buttonhole
ojalá would that; I hope
ojo eye
mal m. **de ojo** evil eye

no pegar ojo not to sleep a wink
¡ojo! watch out!
ola wave
Olimpiada Olympic games
olvidadizo/a forgetful
olvidar(se) (de) to forget (about)
olvido n. forgetfulness
olla pot
onda: "estar en la onda" to be in the know, be "with it"
opaco/a opaque
operar to operate
opinar to think, have an opinion
oponer(se) (like poner) to oppose
oportunidad f. opportunity
oposición f. opposition; competitive examination
oprimir to oppress
optar (por) to choose (to)
optativo/a adj. elective
opuesto/a opposite
oración f. sentence
orden f. order, command; m. order, sequence
ordenar to order, put in order
oreja ear
organizar (c) to organize
orgullo pride
orgulloso/a proud
origen m. origin
originar to originate
orilla bank (of a river)
oro gold
oscilar to fluctuate
oscurecerse (zc) to become dark
oscuridad f. darkness
oscuro/a dark
osito little bear; teddy bear
ostra oyster
otoño autumn
otorgar (gu) to confer, grant
otro/a other, another
de otro modo otherwise
por otro lado on the other hand
oveja sheep
oxidado/a rusty
óxido oxide
oxígeno oxygen
oyente m. and f. listener
ozonósfera ozone layer

P
paciencia patience
paciente m. and f. patient
pacificador(a) peacemaker
pacífico/a peaceful
pactar to agree to, on
padecer (zc) to suffer
padre m. father; pl. parents

paella paella (dish made with saffron-flavored rice, shellfish, often chicken)
pagar (gu) to pay
página page
país m. s. country, nation
paisaje m. landscape
pájaro bird
palabra word
palacio palace
pálido/a pale
palillos m. pl. chopsticks
palo pole, mast
paloma pigeon
pan m. bread
pandilla gang, band
panfletario/a adj. from pamphlets, leaflets
pantalón m. pants
pantalones vaqueros blue jeans
pantalla screen
pañuelo handkerchief
papa potato (L. A.)
papá, papi m. dad, father
papagayo parrot
papel m. paper; role, part
hacer un papel to play a role
paquete m. package
par m. pair
para prep. (intended) for; in order to; by
no... para nada not . . . at all
para que conj. so that
para siempre forever
parachoques m. s. bumper
parada parade; stop
parado/a adj., n. unemployed
parador m. inn (Sp.)
paraguas m. s. umbrella
paraguayo/a Paraguayan
paralizado/a paralyzed
parar to stop
parcial partial
parecer (zc) to seem; to appear
al parecer apparently
parecerse a to look like
parecido/a similar
pared f. wall
pareja pair; couple; partner
parentesco relationship
pariente m. and f. relative
paro n. unemployment
parodiar to parody
parque m. park
párrafo paragraph
parrilla: a la parrilla grilled, broiled
parte f. part
en cualquier parte anywhere, everywhere
en gran parte to a large extent

en ninguna parte nowhere
en todas partes everywhere
la mayor parte de most of
por otra parte on the other hand
por parte de on behalf of
por su parte as far as (*someone*) is concerned
participar to participate, take part
participio *gram.* participle
particular particular; private
particularidad *f.* peculiarity
partida departure
partidario/a partisan; supporter
partido game; (political) party
partir to leave
  a partir de starting with/from
parto brainchild
pasacassettes *m., s.* tape recorder
pasado *n.* past
pasado/a past, last (*in time*)
pasaje *m.* ticket passage
pasajero/a passenger
pasaporte *m.* passport
pasar to happen; to go, pass (by), enter; to spend (*time*)
pasar de moda to be out of style
pasatiempo pastime, diversion; hobby
Pascua(s) Easter
pasear to stroll
paseo *n.* stroll
  dar un paseo to take a walk
pasillo hall, corridor
pasivo/a passive
pasmo astonishment, wonder
paso step; way, path
  de paso by the way
"pasota" *m. and f. sl. Sp.* apathetic person
pasotismo *sl. Sp.* apathy
pasta paste
pastel *m.* cake, pie
pata: meter la pata to put one's foot in it; to botch, bungle
pataleo *n.* kicking
patata potato (*Sp.*)
paternalista *m. and f.* paternalistic
paterno/a paternal, parental
patín *m.* skate
patinaje *m.* skating
patio patio; yard
pato duck
patria motherland, native land
patriotero/a *adj.* chauvinist
patrón: santo patrón patron saint
pausado *adv.* slowly
pavada foolishness, nonsense
pavo turkey
pavoroso/a frightful
payaso clown

paz *f.* (*pl.* **paces**) peace
peatón, peatona pedestrian
pecar (**qu**) to sin
pedazo piece
pedir (**i, i**) to ask for, request
  pedir prestado/a to borrow
pedrea rock throwing
pegar (**gu**) to hit, strike; to attach, stick
  no pegar ojo not to sleep a wink
pegatina bumper sticker, sticker
peinar(se) to comb (one's hair)
pelar to peel
pelea *n.* fight
pelear(se) to fight
película film, movie
peligro danger
peligroso/a dangerous
pelo hair
  tomarle el pelo (a alguien) to tease, pull someone's leg
pelota ball
pena punishment, penalty; pain, sorrow
  me da pena it makes me feel sorry
  (no) vale la pena it's (not) worth(while)
pensamiento thought
pensar (**ie**) to think; to intend
  pensar de to think of (*opinion*)
  pensar en to think about
pensión *f.* boarding house
peor *adj., adv.* worse; worst
pequeño/a small, little
percibir to perceive
perder (**ie**) to lose; to waste; to miss (a *train, and so on*)
  echar a perder to spoil
pérdida loss
perdidamente: enamorarse perdidamente to fall madly in love
perdón pardon; excuse me
perdurar to last, endure
perecer (**zc**) to perish, die
peregrinaje *m.* pilgrimage
peregrino/a pilgrim
perezoso/a lazy
perfumar to perfume
periódico newspaper
periodismo journalism
periodista *m. and f.* journalist
periodístico/a journalistic, in newspapers
período period; era
perjudicar (**qu**) to harm
perjudicial harmful
permanecer (**zc**) to stay, remain
permanencia stay(ing)
permisividad *f.* permissiveness

permiso permission
  con permiso excuse me
permitir to permit, allow
pero *conj.* but
perplejidad *f.* perplexity, puzzlement
perro/a dog
personaje *m.* character (*of a story or a play*)
personal *n., m.* personnel
personalidad *f.* personality
perspectiva view, perspective
pertenecer (**zc**) to pertain, belong
petróleo petroleum, oil
pez *m.* (*pl.* **peces**) fish
pibe *m. sl. Arg.* kid, child
picador *m.* picador (bullfighter on horseback)
picante hot, spicy
picardía mischievousness
pie *m.* foot
  a pie on foot
piedra stone
piel *f.* skin; fur
pienso *n.* fodder
pierna leg
pieza room; flat
pijama *m. and f.* pajama
pila battery
pileta bowl; sink; swimming pool
piloto/a pilot
pimienta pepper
pingüino penguin
pino pine
pintar to paint
pintor(a) painter
pintoresco/a picturesque
pintura painting
piña pineapple
pionero/a pioneer
piropeador(a) flatterer
piropear to flatter, compliment
piropo compliment, flattery, gallantry
piscina swimming pool
piso story, floor
pista clue; lane; running track
pizarrón *m.* chalkboard
placa license plate
placer *n., m.* pleasure
  cita de placer social engagement
plaga pest; plague
plaguicida pesticide
planchar to iron
planeta *m.* planet
planificacíon *f.* planning
planificador(a) planner
planta plant
plantar to plant
plantear to state; to outline; to establish; to pose (a *question*)

plasmarse to be molded
plata silver; money (*L. A.*)
plato dish; plate
playa beach
plaza square; place or opening (*at the university, and so on*)
  plaza de toros bullring
plazo term, period of time
  a corto plazo short-term
  a largo plazo long-term, in the long run
pleno/a full, complete
  en pleno/a in the middle of
plomo lead (*metal*)
pluscuamperfecto *gram.* pluperfect, past perfect
población *f.* population; city, town, village
poblado/a populated
pobre poor; unfortunate
pobreza poverty
poco *adv.* little, a little bit
  hace poco a short time ago
  poco a poco little by little
  poco después soon after, a little later
poco/a *adj.* little, few
poder *irreg.* to be able to, can
poder *n., m.* power; energy
poderoso/a powerful
poema *m.* poem
poesía poetry
polaco/a Polish
policía *m. and f.* police officer; *f.* police force
policíaco/a: película policíaca detective movie
polietileno polyethelyn
política *n.* politics; policy
político/a *n.* politician; *adj.* political
polo pole
polvo dust; powder
pollo chicken
pomada salve
pomelo grapefruit (*L. A.*)
poner *irreg.* to put, place; to turn on (*appliances*)
  poner atención to pay attention
  poner (nombre, por caso) to give (*a name, an example*)
  poner una multa to fine
  ponerse to put on (*clothing*); to become, get
  ponerse a (+ *inf.*) to begin to (+ *inf.*)
  ponerse de acuerdo to come to an agreement
  ponerse en marcha to get started
popularidad *f.* popularity

por *prep* for; per; by; through; during; because of; on account of; for the sake of; through
  en un dos por tres in the wink of an eye
  no... por nada not . . . at all
  por ahí at this point
  por allí around there
  por + *adj.* + **que** no matter how . . .
  por (la mañana, tarde, noche) in the (morning, afternoon, evening)
  por ciento percent
  por cierto certainly
  por completo completely
  por consiguiente consequently
  por ejemplo for example
  por el contrario on the contrary
  por eso therefore, for that reason
  por favor please
  por fin finally
  por lo común generally, usually
  por lo general generally, usually
  por lo menos at least
  por lo mismo therefore, for that reason
  por lo tanto therefore, for that reason
  por lo visto evidently
  por medio de by means of
  por otra parte, por otro lado on the other hand
  por parte de on behalf of
  por su cuenta on one's own
  por suerte luckily
  por supuesto of course
  por todas partes everywhere
  tener por to consider
¿por qué? *inter.* why?
porcentaje *m.* percentage
porción *f.* portion, serving
poro pore
porque because
porro *sl.* "joint"
portal *m.* doorway
portarse to behave
portátil portable
portavoz *m.* (*pl.* **portavoces**) spokesperson
porvenir *m.* future
poseer (**y**) to possess, own
posibilidad *f.* possibility
posponer (*like* **poner**) to postpone
postal *n., m.* postcard
postergar (**gu**) to postpone
postre *m.* dessert
  de postre for dessert
postura position
potable drinkable

potencia power
potenciar to utilize, exploit
potro colt
practicante *n. m. and f.* practitioner
practicar (**qu**) to practice
práctico/a practical
prado meadow; grassy spot
precalentamiento preheating; warm-up
precedido/a preceded
precio price
  tener precio to cost
precipitado/a hasty
preciso/a precise; necessary
precolombino/a precolumbian
preconcebido/a preconceived
predecir (*like* **decir**) to predict, foretell
predilecto/a favorite
predominar to predominate
preferido/a favorite
preferir (**ie, i**) to prefer
pregunta question
  hacer una pregunta to ask a question
preguntar to ask
premio prize
preocupación *f.* worry; concern
preocuparse to worry
preparar to prepare
  prepararse to get ready
presenciar to witness, be present at
presentar to present; to introduce
preservar to preserve
presidir to preside over
presión *f.* pressure
preso/a *n.* prisoner; *adj.* imprisoned
prestar to lend
  pedir prestado/a to borrow
  prestar atención to pay attention
prestigio prestige
pretender to pretend; to attempt to
prevenir (*like* **venir**) to forestall
prever (*like* **ver**) to foresee
previo/a previous
prima: materia prima raw material
primario/a primary, elementary
primavera spring (season)
primer(o/a) *adj.* first
  a primera vista at first glance
primero *adv.* first
primicia first fruit; scoop
primo/a cousin
principal principal, main
principio beginning; principle
  a principios de toward the beginning of
  al principio at first
prioritario/a of highest priority

prisa haste, hurry
  darse prisa to hurry
  tener prisa to be in a hurry
prisión *f.* prison
prisionero/a prisoner
privado/a private
privilegio privilege
pro: en pro in favor of
probar (**ue**) to taste, try
  probarse to try on
problema *m.* problem
procedente originating, coming from
procedimiento procedure
proclamar to proclaim
procurar to try
prodigar (**gu**) to lavish, regale
pródigo prodigal
producir *irreg.* to produce
"profe" *sl.* teacher, "prof"
profesionalidad *f.* professionalism
profesor(a) teacher, professor
profundizar (**c**) to deepen
programar to program
progresar to progress
progresista *inv.* progressive
prohibir to prohibit, forbid
prójimo fellow man; neighbor
prolongar (**gu**) to prolong
promedio average
promesa promise
prometedor(a) promising
prometer to promise
promoción *f.* promotion; (graduating)
  class
  compañero/a de promoción
  classmate
promovido/a promoted
promulgar (**gu**) to promulgate
pronombre *m. gram.* pronoun
pronóstico forecast
pronto soon
  de pronto suddenly
  lo más pronto posible as soon as
  possible
  tan pronto como as soon as
pronunciar to pronounce
propiciar to favor
propicio/a propitious, favorable
propiedad *f.* property
propietario/a proprietor, owner
propina tip
propio/a own, one's own; himself, her-
  self, and so on
proponer (*like* **poner**) to propose
proporcionar to provide, supply
propósito aim, purpose; subject
  matter
propuesta proposal

prórroga extension
proseguir (**i, i**) (**g**) to pursue; to
  continue
prosperar to prosper, thrive
prosperidad *f.* prosperity
próspero/a prosperous
protector(a) *adj.* protective
proteger (**j**) to protect
protestar to protest
provecho: ¡Buen provecho! Bon
  appetit!, Enjoy your meal!
proveer *irreg.* to provide, supply
provenir (*like* **venir**) to come from,
  originate
provinciano/a provincial
provocar (**qu**) to provoke; to cause
próximo/a next (in time)
proyectar to project
proyecto project
prueba test, examination
psiquiatra *m. and f.* psychiatrist
publicar (**qu**) to publish
publicidad *f.* publicity
público/a *adj.* public
  público *n.* audience, public
puchero stew
pudiente wealthy
pudor *m.* modesty
pueblo people; town
puente *m.* bridge
puerta door, gateway
puertorriqueño/a Puerto Rican
pues then, well then
puesto job; stand
pujante energetic, vigorous; powerful
puntero/a leading
punto point; dot
  en punto sharp, on the dot
  punto de partida point of departure
  punto de vista point of view
puntual punctual
puntualizar (**c**) to define, set forth in
  detail
puro/a pure
púrpura *adj., n. f.* purple

Q

que that which; who, whom;
  lo que what, that which
¿qué? what? which?
  ¡qué + adj.! how . . . !
  ¡qué + n.! what a . . . !
  ¿qué tal? how are you (doing)? how
  are things?
quebrado/a broken
quedar to remain, be left; to be located
  quedarse to stay, remain
quehacer *m.* task, chore

quejarse (**de**) to complain (about)
quemar to burn
querer *irreg.* to want; to love (with
  persons)
querido/a dear; beloved
queso cheese
quiebra bankruptcy
quien(es) who
¿quién(es)? who? whom?
  ¿de quién(es) whose?
quijotada quixotic state
química *n.* chemistry
químico/a *n.* chemist; *adj.* chemical
quincuagésimo/a *adj.* fiftieth year
quinto/a fifth
quiosco kiosk; stand, booth
quitar to remove, take away
  quitarse to take off (*clothing*)
quizá(s) perhaps

R

rabia anger
raciocinio reasoning
racionalizar (**c**) to reason
radicar (**qu**) to settle; to reside
radiografía X ray
raíz *f.* (*pl.* **raíces**) root
rallado/a grated
rápido *adv.* fast, rapidly
rápido/a *adj.* fast
raro/a rare, unusual; strange
raya stripe
rayo ray
raza race (of people)
razón *f.* reason
  no tener razón to be wrong
  tener razón to be right
razonable reasonable
razonamiento reasoning; argument
razonar to reason
reaccionar to react
real *adj.* real; royal
realidad *f.* reality
  en realidad really
realista *adj., inv.* realistic; *n., m. and f.*
  realist
realizar (**c**) to bring about, realize;
  fulfill
rebajar (**de peso**) to lose weight
rebelar(se) to revolt, rebel
rebelde *adj.* rebellious; *n., m. and f.*
  rebel
rebeldía rebelliousness
rebozo shawl
recaer (*like* **caer**) to fall again; to
  relapse
receta recipe
recibir to receive

reciclar to recycle

recién (+ *p.p.*) *adv.* recently, just, newly; just now

reciente recent

recinto area, enclosure; yard

recipiente *m.* container

recitar to recite

reclamar to claim, demand; to complain

reclamo *n.* complaint

recogido/a suspended

recolección *f.* collection

recomendar (**ie**) to recommend

reconocer (**zc**) to recognize; to acknowledge

reconocimiento recognition

recordar (**ue**) to remember; to remind

recorrer to go through

recorrido trip, run, route

recorte *m.* clipping

recreo recreation

rector(a) *adj.* governing; *n.* principal, rector, president (of a university)

recuerdo memory; remembrance, souvenir

recurrir to resort to; to have recourse to

recurso resource

rechazar (**c**) to reject

rechazo rejection

red *f.* network

redactado/a written up; edited

redentor(a) *adj.* redeeming

rediseñar to redesign

redondo/a round

reducir (**zc**) to reduce

reemplazar (**c**) to replace

referente referring, relating

referirse (**ie, i**) to relate, have reference to

reflejar to reflect

reflejo reflection (light)

reflexión *f.* reflection (thought)

reflexivo/a thoughtful, considerate

reforzamiento reinforcement

refrán *m.* refrain; proverb

refrescar (**qu**) refresh

refresco refreshment, cold drink

refugio refuge

regadío irrigation

regalar to give, present

regalo gift

regateo bargaining

régimen *m.* regime, order

regir (**i, i**) (**j**) to rule, govern

registrar to inspect, examine

regla rule

reglamento regulation

regresar to return, come back

regreso return

regulación *f.* adjustment

regular *adj.* regular; *adv.* so-so, fair; *v.* to regulate, adjust

rehusar to refuse

reina queen

reinar to reign

reír(se) (**i, i**) (**de**) to laugh (at, about)

reiterar to reiterate

relación *f.* relation(ship); account, narrative

relacionar to relate

relacionarse to get acquainted, become involved

relajar(se) to relax

relato narrative, account, report

reloj *m.* watch; clock

remedio remedy, help

no tiene remedio it can't be helped

renovado/a renewed

renta rent; income

rentable profitable

renuente *adj.* unwilling

renuncia resignation

renunciar to renounce; to give up

repartir to divide; to distribute

repasar to review

repente: de repente suddenly

repetir (**i, i**) to repeat

repleto/a replete, full

repoblación *f.*: **repoblación forestal** reforestation

repollo cabbage

reportaje report, account

representante *m. and f.* representative

reprimir to repress

requerir (**ie, i**) to require

requiebro flattery, gallantry

requisito requisite, requirement

res: carne *f.* **de res** beef

resecar (**qu**) to dry thoroughly

resentimiento resentment

resentir (**ie, i**) to resent

reseña (critical) review

reserva reservation

reservar to reserve

resfrío *n.* cold (illness)

residencia residence; dormitory

residir to reside

resistir to resist, withstand

resolver (**ue**) (*p.p.* **resuelto/a**) to resolve

respaldado/a backed, supported

respecto: con respecto a concerning, with regard to

respetar to respect

respeto respect

respirar to breathe

responder to respond, answer

responsabilidad *f.* responsibility

respuesta *n.* answer

restar to subtract, take away from

resto rest; *pl.* remains

restringido/a restricted

resuelto/a resolved

resultado result

resultar to result, turn out

resumen *m.* summary

resumir to summarize

retar to scold

retener (*like* **tener**) to retain

retirar to withdraw

retraído/a shy, reserved

retraso delay

reunente *adj.* assembled, gathered

reunión *f.* gathering, meeting

reunión cumbre summit, conference

reunirse to gather; to meet

revalorizado/a validated, confirmed

revancha revenge

revelador(a) *adj.* revealing

revelar to reveal

reverso: reverso de la medalla exact opposite

revés: al revés backward; the opposite way

revisación *f.* revision

revista magazine

revivir to revive

revolver (**ue**) (*p.p.* **revuelto/a**) to mix, stir

rey *m.* king

Reyes Magos Magi, Three Wise Men

rezar (**c**) to pray

ricachón(a) *n., adj.* nouveau rich; filthy rich

rico/a rich, wealthy; delicious

rienda rein

rienda suelta free rein

riesgo risk

rifa raffle

rigidez *f.* (*pl.* **rigideces**) rigidity, inflexibility

rima rhyme

rimado/a rhymed

rinoceronte *m.* rhinoceros

riñón *m.* kidney

río river

riqueza wealth, richness

risa laughter

risueño/a smiling; cheerful

ritmo rhythm

roca rock

"rocanrolero/a" *sl.* rock-and-roll musician

"rockero/a" *sl.* rock musician

rodear to surround

rojo/a red
rol *m.* role, part
rollo roll
romano/a *adj.* Roman
romper (*p.p.* **roto/a**) to break; to tear
ropa clothing
rostro face
roto/a broken
rubio/a blond(e)
rudo/a rude, rough
ruido noise
ruidoso/a noisy
rumbo direction, course
ruso/a Russian
ruta route
rutina routine

S
sábado Saturday
sabático sabbatical
saber *irreg.* to know; + *inf.* to know how to (*do something*); *n., m.* knowledge
sabiduría wisdom
sabio sage, wise man
sabor *m.* taste, flavor
  tomar el sabor to savor
saborear to savor
saboteador(a) saboteur
sabroso/a delicious, flavorful
sacar (**qu**) to take out, remove; to get, receive
  sacar fotos to take pictures, photographs
  sacarse el gordo to win first prize (in lottery)
sacrificar (**qu**) to sacrifice
sacrificio sacrifice
sádico/a sadist
sal *f.* salt
sala room; living room
salado/a salted, salty
salario salary
salchicha sausage
salida exit; departure
salir *irreg.* to leave, go out;
  ¿A cuánto sale? How much does it cost?
  salir bien (**mal**) to do well, pass (fail) (*in an exam*)
  salirse de la norma to depart from the norm
salón *m.* classroom
salpicar (**qu**) to splash; to sprinkle
salsa sauce, dressing
saltar to jump
  saltar a la vista to be self-evident
salto jump, leap; waterfall
salud *f.* health

saludable healthful; healthy
saludar to greet
salvaje *adj.* savage, wild; *n., m.* savage
salvar to save
salvavidas *m. s.* life preserver
salvo except for
sangre *f.* blood
sangriento/a bloody
sano/a healthy
santo/a saint
sarmiento shoot of a grapevine
satírico/a satirical
satirizar (**c**) to satirize
satisfacer *irreg.* to satisfy
satisfecho/a satisfied
saturado/a saturated
seco/a dry
secuestrar to kidnap
secundario/a secondary
  escuela secundaria high school
sed *f.* thirst
  tener sed to be thirsty
seducir (**zc**) (**j**) to seduce
seguida: en seguida immediately
seguir (**i, i**) (**g**) to continue, keep on; to follow; to take (*a course*)
según according to
segundo *n.* second (*time*)
segundo/a *adj.* second
seguridad *f.* security
seguro/a sure, certain; safe
seleccionar to select, choose
selectividad *f.* selectivity
selva jungle; forest
semana week
semblanza biographical sketch
sembrar (**ie**) to sow
semejante similar; such a; of this kind
semejarse (**a**) to resemble, be like
sencillo/a simple, easy
sensibilidad *f.* sensitivity
sensible sensitive
sentado/a seated, sitting
sentar (**ie**) to seat
  sentarse to sit down
sentido sense; meaning
sentir (**ie, i**) to regret, to feel sorry
  sentirse to feel
seña sign; signal
señalar to point out
señor *m.* Mr., sir; gentleman; (*pl.*) Mr. and Mrs.; gentlemen
señora Mrs., Madam; lady
señorita Miss; young lady
separar to separate
septiembre *m.* September
séptimo/a seventh
sepultura grave
sequía drought

ser *n., m.* **humano** human being
ser *v. irreg.* to be
  llegar a ser to become, get to be
serie *f.* series
serio/a serious
servicio service
  servicios restrooms
servir (**i, i**) to serve
  no servir para nada to be useless
  servir para algo to be useful
severo/a severe
si if
sí yes
siempre always
  para siempre forever
siesta nap
  dormir la siesta to take a nap
siglo century
significado meaning
significar (**qu**) to mean
significativo/a significant
signo sign
siguiente *adj.* following, next
silencioso/a silent
silla chair
sillón *m.* armchair
similitud *f.* similarity
simpatía sympathy; congeniality
simpático/a likeable
simple simple, mere
simultáneamente simultaneously
sin *prep.* without
  sin embargo nevertheless
sin que *conj.* without
sinceridad *f.* sincerity
sindicato syndicate; union
singularidad *f.* oddity, peculiarity
sino *conj.* but (rather); except
sinvergüenza *m. and f.* scoundrel, shameless person
síquico/a psychic
siquiera: ni siquiera not even
sistema *m.* system
sitio place, site
situado/a located
situar to place
sobaco armpit
sobrar to be more than enough
sobre *n., m.* envelope
sobre *prep.* about; above; on
  sobre todo especially, above all
sobrecalentarse (**ie**) to become overheated
sobrellevar to bear; to share
sobrenatural supernatural
sobresaliente outstanding, excellent
sobresalir (*like* **salir**) to excel
sobresaltar to startle, frighten
sobrevivir to survive

sobrevolar (ue) to overfly
sobrino/a nephew/niece
sociedad f. society
socio partner
sociólogo/a sociologist
socorro help, aid
sojuzgar (gu) to conquer; to subjugate
sol m. sun
solamente only
soldado soldier
soledad f. solitude
soler (ue) to be accustomed to; to be used to
solicitar to apply for; to ask for
solicitud f. application; request
solidaridad f. solidarity
solitario/a lone, solitary
sólo adv. only
solo/a adj. alone
  a solas alone
soltar (ue) to loosen; to let out
soltero/a unmarried man/woman
  apellido de soltera maiden name
solucionar to solve
sombra shade, shadow
sombrero hat
sombrío/a somber, gloomy
someter(se) to submit; to subject (oneself)
sonar (ue) to sound; to ring
sonido n. sound
sonreír (i, i) to smile
sonriente smiling
sonrisa n. smile
soñar (ue) (con) to dream (of, about)
sopa soup
soplar to blow; to blow out
soportar to support; to tolerate, bear
sorprendente surprising
sorprender to surprise
sorpresa surprise
sortear to choose (by lot)
sospechar to suspect
sospecho suspicion
sospechoso/a suspicious
sostener (like tener) to support; to maintain
sótano basement
suave soft, gentle
subasta auction
subdesarrollo underdevelopment
subir to go up; to get into, onto (an airplane, car, and so on)
subrayado/a underlined
subsuelo subsoil
subtítulo subtitle
suceder to happen, occur
sucesivo/a successive, next

suceso event, happening
sucio/a dirty
Sudáfrica South Africa
Sudamérica South America
sudar to sweat, perspire
sueco/a Swedish
suela sole (of a shoe)
sueldo salary
suelo floor; ground
suelto/a loose
  rienda suelta free rein
sueño sleep; dream
  tener sueño to be sleepy
suerte f. luck
  por suerte luckily
  tener suerte to be lucky
sufijo suffix
sufrir to suffer, endure
sugerencia suggestion
sugerente suggestive
sugerir (ie, i) to suggest
Suiza Switzerland
sujeto gram. subject
sujeto/a a subject to
sumamente extremely
sumar to add (up)
sumergir (j) to submerge
superar to overcome, surmount
superdesarrollado/a overdeveloped
superficie f. surface; area
superior higher
  enseñanza superior higher education
  escuela superior high school
supermercado supermarket
superpoblación f. overpopulation
superpoblado/a overpopulated
suponer (like poner) to suppose
supuesto: por supuesto of course
sur m. south
surgir (j) to surge; to emerge
suroeste m. southwest
surtido assortment
susodicho/a above-mentioned
suspender to suspend
  ser suspendido/a to fail (a course, and so on)
suspicacia suspiciousness, distrust
suspirar to sigh
sustancia substance
sustantivo gram. noun
sustituir (y) to substitute
susto scare, fright
sutil subtle

T

tabaco tobacco
tabla (surf)board; list; table

tablista m. and f. (wind)surfer
tachar to label (a person)
tajante cutting
tal adj. such; such (a); adv. thus, so
  con tal (de) que provided that
  el (la) tal the so-called
  ¿qué tal? how's everything?
  tal como just as
  tal vez perhaps
tala n. felling; cutting down of trees
talón m. heel
tallado/a engraved, carved
tallarín m. noodle
tamaño size
también also
tampoco neither, not either
tan as, so
  tan...como as . . . as
tanto/a as much; so much; (pl.) as many, so many
  cada tanto every once in a while
  por lo tanto therefore
tapa cover, lid
tapas f. pl. tidbits, hors d'oeuvres
tapete m. carpet
taquilla box-office
tararear to hum
tardar (en) to delay, be late; to take (a certain time)
tarde n., f. afternoon; evening
tarde adv. late
  tarde o temprano sooner or later
tarea task; assignment
tarjeta card
  tarjeta de abordar boarding pass
tasa rate
tatarabuelo/a great-great-grandfather(mother)
té m. tea
  té de manzanilla camomile tea
teatro theater
técnica n. technique
técnico/a adj. technical; n. technician
tecnología technology
techo roof
tejano/a adj., n. Texan
tele f. (la televisión) T. V.
telediario television news program
telefónico/a adj. telephone
teléfono telephone
telenovela soap opera
televidente m. and f. T. V. viewer
televisor m. television set
tema m. theme; topic
temer to fear
temor m. fear, dread
templado/a temperate
temporada season

temporal   temporary; temporal
temprano/a   early
   tarde o temprano   sooner or later
tener *irreg.*   to have
   tener... años   to be ... years old
   tener cuidado   to be careful
   tener en cuenta   to keep in mind
   tener ganas de   to feel like
   tener hambre   to be hungry
   tener prisa   to be in a hurry
   tener que   to have to, must
   tener razón   to be right
   tener sueño   to be sleepy
   tener vergüenza   to be embarrassed, ashamed
tenista *m. and f.*   tennis player
tensionar   to tense
tenso/a   tense
tentación *f.*   temptation
tentador(a) *adj.*   tempting
tentativa   attempt
teoría   theory
teórico/a   theoretical
tercer(o/a) *adj.*   third; *n.* mediator, third party
terminación *f.*   ending
terminar   to end; to finish
término   term; place
   término medio   average
termo   thermos
termómetro   thermometer
ternera: carne *f.* **de ternera**   veal
terreno   terrain; plot
terrestre *adj.*   ground, land, earth
tesoro   treasure
testarudo/a   stubborn
testigo/a   witness
ti *obj. of prep*   you, yourself (*fam. s.*)
tía   aunt
tiburón *m.*   shark
tiempo   time; weather; (verb) tense
   a tiempo   on time
   ¿cuánto tiempo?   how long?
   hace buen (mal) tiempo   it's good (bad) weather
   ¿qué tiempo hace?   what's the weather like?
tienda   store; shop
tierno/a   tender
tierra   earth; land
tilo: té *m.* **de tilo**   linden-blossom tea
tinieblas *pl.*   darkness
tinto: vino tinto   red wine
tío/a   uncle, aunt
típico/a   typical
tipo   type, kind, class; "guy"
   todo tipo de   all kinds of
tira: tira cómica   comic strip

tirar   to pull; to draw; to shoot; to throw
   ir tirando   to get along, manage
tiro *n.*   shot
   tiro al blanco   target shooting
   tiro con arco   archery
tiroide *m.*   thyroid gland
titulado/a *adj.*   titled; *n.* (university) graduate, holder of degree
titular *m.*   headline; heading
título   title; (university) degree
toalla   towel
tocadiscos *m., s.*   record player
tocar (qu)   to touch; to play (an instrument)
   tocarle a uno   to be one's turn
todo/a   all, every
   a toda vela   at full sail
   de todos modos   anyway
   en/por todas partes   everywhere
   sobre todo   especially
   todos los días   every day
toledano/a   from Toledo
tolerar   to tolerate; to endure
tomar   to take; to eat or drink
   tomar en cuenta   to keep in mind
   tomarle el pelo a uno   to tease, to pull one's leg
tonelada   ton
tontería   foolishness; nonsense
tonto/a   foolish
torcido/a   twisted
torneo   tournament
toro   bull
toronja   grapefruit
torre *f.*   tower
torta   cake
tortilla   (*L. A.*) tortilla, flat corn-meal bread; (*Sp.*) omelet
tortuga   turtle
torturar   to torture, torment
tosco/a   coarse, rough
tostarse   to get tanned
total   total, complete; in short
trabajador(a) *adj.*   hard-working; *n.* worker
trabajar   to work
trabajo   work, job
traducción *f.*   translation
traducir (zc) (j)   to translate
traductor(a)   translator
traer *irreg.*   to bring
traficante *m. and f.*   dealer
trago   (alcoholic) drink
   tomar un trago   to have a drink
trama   plot (of play or novel)
trámite *m.*   transaction; procedure
tranquilidad *f.*   tranquility

tranquilizante *m.*   tranquilizer
tranquilo/a   tranquil, calm
transcurrir   to pass, elapse
transmitir   to broadcast, transmit
transporte *m.*   transportation
tranvía *m.*   streetcar
trapo   rag
   a todo trapo   full sail; full blast
tras   after
trasfondo   background
trasladar   to move, relocate
tratado *n.*   treaty
tratamiento   treatment
tratar   to treat
   tratar de (+ *inf.*)   to try to (*do something*)
   tratarse de   to deal with, be a matter of
trato   treatment; dealings
través: a través (de)   through, by means of
travesura   mischief
trayectoria   course, route
trecho   stretch
tregua   respite, letup, truce
tren *m.*   train
   en tren   by train
tribu *f.*   tribe
tribunal *m.*   court
triciclo   tricycle
trigo   wheat
trineo   sled
tripulación *f.*   crew
tripular   to man
triste   sad
tristeza   sadness
triunfar   to triumph, win
triunfo   triumph
trompeta   trumpet
tronco   (tree) trunk
   dormir (ue, u) como un tronco   to sleep like a log
tropas *pl.*   troops
trozo   piece
truco   trick
tubería   tubing, piping
tubo   tube, pipe
tuco   sauce
tuétano   essence
tumba   tomb, grave
turba   peat
turismo   tourism
turista *m. and f.*   tourist
turno   turn
tuyo/a *poss.*   your; (of) yours (*fam. s.*)

U

u   or (*instead of* **o** *before words beginning with* **o**, **ho**)

ubicación *f.* placement; location
ubicar (qu) to place; to locate
últimamente lately; recently
último/a last; latest
ultramar *m.* country overseas
unanimidad *f.* unanimity
único/a only; unique
unidad *f.* unity; unit
unido/a united
  Estados Unidos (EE. UU.) United
    States (U. S.)
unir(se) to unite
universidad *f.* university
universitario/a *adj.* university;
  n. university student
uña (finger, toe) nail
urgir (j) to be urgent, pressing
usar to use; to operate (a machine)
uso *n.* use
útil useful; helpful
  útiles *n., m. pl.* (writing) materials
utilizar (c) to use, make use of
uva grape

V

vacaciones *f. pl.* vacation
  estar de vacaciones to be on
    vacation
  ir de vacaciones to go on vacation
vaciar(se) to empty; to become empty
vacío/a *adj.* empty; *n., m.* emptiness
  hacer el vacío to ignore, shun
vago bum
valer *irreg.* to be worth
  más vale it is better
  no vale la pena it's not worth it
valiente valiant, brave
valija satchel, suitcase
valioso/a valuable
valor *m.* value; worth
valorar to value
valla fence
vapor *m.* steam
vaquero cowboy
  pantalones vaqueros blue jeans
variado/a varied
variar to vary; to change; to be
  different
variedad *f.* variety
varios/as several; various
varón *n., m.* man, male
vaso (drinking) glass
vecindario neighborhood
vecino/a neighbor
vegetal *m.* vegetable
vehículo vehicle
vela sail; candle
  a toda vela at full sail
  navegación a vela sailing

velocidad *f.* speed, velocity
vencer (z) to conquer
vendedor(a) salesperson
vender to sell
veneno poison
venezolano/a Venezuelan
venir *irreg.* to come
venta sale
  a la venta on sale
ventaja advantage
ventana window
ventanilla window (of a car, bank, and
  so on)
ver *irreg.* to see; to look at
  a ver let's see
  no tener nada que ver con
    not to have anything to do with
verano summer
veras: de veras truly, really
verbo *gram.* verb
verdad *f.* truth
  de verdad true; real
  es verdad it's true
  ¿no es verdad? (¿verdad?) isn't that
    so?
verdadero/a true, real
verde green
verduras *pl.* vegetables, greens
vergüenza shame; embarrassment
  tener vergüenza to be ashamed
vestido dress
vestigio vestige; trace
vestir (i, i) to dress
vestirse (i, i) to get dressed
vez *f.* (*pl.* **veces**) time; turn
  a la vez at the same time
  a su vez in turn; on his part
  a veces at times, sometimes
  cada vez más more and more
  de una vez at one time, all at once
  de vez en cuando from time to time
  en vez de instead of
  muchas veces often
  otra vez again
  tal vez perhaps
  una vez once
vía way, path; canal (*medical*); track
viajar to travel
viaje *m.* journey; trip
  agencia de viajes travel agency
viajero/a traveler
  cheque *m.* **de viajero** traveler's
    check
vianda food; meal
vibrar to vibrate
vicio vice
víctima victim
vida life
  llevar una vida to lead a life

vidriera shop window
vidrio glass
viejo/a *adj.* old; *n.* old man/woman
viento wind
  hace viento it's windy
viernes *m. s.* Friday
vigencia effect; force
vigente in effect; viable
vigilancia watchfulness; care
vigilar to watch over
vinagre *m.* vinegar
vincular to link
vino wine
viña vineyard
viñeta vignette
virtud *f.* virtue; quality, power
visitante *m. and f.* visitor
visitar to visit
víspera eve
vista view
  a primera vista at first sight
  punto de vista point of view
  saltar a la vista to be self-evident
visto/a (*p.p. of* **ver**) seen
  bien (mal) visto well (poorly)
    regarded
  por lo visto evidently
vitalidad *f.* vitality
vivencia home, residence
vivir to live
vivo/a alive, living; bright
vocablo word, term
vocación *f.* vocation, calling
vociferante vociferous, loud
volar (ue) to fly
volcar (ue) (qu) to tip over, upset
voltear to turn around, turn over
voluntad *f.* will
  buena voluntad willingness; good
    will
volver (ue) (*p.p.* **vuelto/a**) to return
  volver a (+ *inf.*) to do (*something*)
    again
  volverse to become
vos *sub. pron.* you (*fam. s. and
  pl. L. A.*); *obj. of prep.* you
  (*fam. s. and pl. L. A.*).
votante *m. and f.* voter
votar to vote
voto vote
voz *f.* (*pl.* **voces**) voice
  en voz alta loudly
vuelo flight
vuelta return; turn
  a la vuelta upon returning
  dar una vuelta to take a stroll,
    ride
  estar de vuelta to be back
vuelto/a (*p.p. of* **volver**) returned

Y

y   and

ya   already; now

  no ya... sino   not only . . . but also

  ya no   no longer

  ya que   since, considering that; as
    long as

yate *m.*   yacht

yerba (**hierba**)   herb

yuxtaposición *f.*   juxtaposition

Z

zanahoria   carrot

zapatero/a   shoemaker

zapatilla   slipper; sneaker

zapato   shoe

zarcillo   tendril

zoológico *n.*   zoo

zurdo/a   left-handed

Index

For a listing of cultural topics and problem words see entries under *Hispanic Culture* and ***palabras problemáticas***.

ESTADOS UNIDOS

Tijuana
Mexicali
Nogales
Ciudad
Juárez

Golfo de California

Río Bravo
(Río Grande)

Nuevo Laredo

Monterrey

GOLFO DE MÉXICO

MÉXICO

Mérida

Uxmal
Chichén I

Guadalajara

México, D.F.
Cholula   Veracruz

Taxco
Palenque   Tikal

Acapulco   Oaxaca

OCÉANO PACÍFICO

GUATEMALA   Qui

Guatemala

Antigua

San Salvador

EL SALVADOR

México, América Central y el Caribe

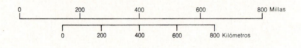

0   200   400   600   800 Millas

0   200   400   600   800 Kilómetros

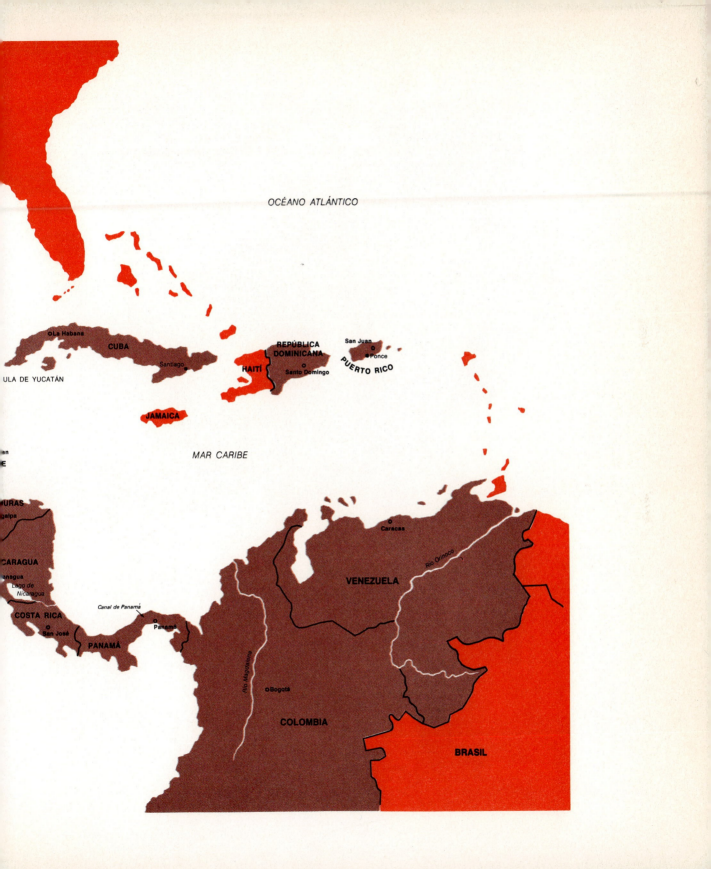

OCÉANO ATLÁNTICO

ULA DE YUCATÁN

○La Habana

CUBA

Santiago ○

JAMAICA

HAITÍ

REPÚBLICA
DOMINICANA

○ Santo Domingo

San Juan
● Ponce

PUERTO RICO

MAR CARIBE

an
E

URAS
galpa

ARAGUA

anagua
Lago de
Nicaragua

COSTA RICA

San José ○

Canal de Panamá

PANAMÁ

Panamá ○

Río Magdalena

○ Bogotá

COLOMBIA

Caracas ●

VENEZUELA

Río Orinoco

BRASIL

MAR CARIBE

OCÉANO ATLÁNTICO

Barranquilla
Cartagena
Lago de
Maracaibo
Caracas
VENEZUELA
Río Orinoco
GUYANA
SURINAM
GUAYANA FRANCESA

Manizales
Bogotá
Río Magdalena
COLOMBIA
Cali

ECUADOR

Otavalo
Quito
ECUADOR

Iquitos
Río Amazonas

BRASIL

Cajamarca

PERÚ

Machu Picchu
Pisac
Lima
Cuzco
Ayacucho
Lago Titicaca
BOLIVIA
La Paz
Brasilia
Sucre
Potosí
PARAGUAY
Río Paraná

OCÉANO PACÍFICO

Salta
Asunción
Río de Janeiro

Iguazú

Río Uruguay
URUGUAY
Montevideo
Santiago
Buenos Aires
Punta del Este
OCÉANO ATLÁNTICO
CHILE
Río de la Plata
ARGENTINA

Temuco

América del Sur

0   200   400   600   800 Millas

0   200   400   600   800 Kilómetros

Estrecho de Magallanes

TIERRA DEL FUEGO